GRUNDFRAGEN DER PREDIGT

GRUNDFRAGEN DER PREDIGT

Ein Studienbuch

*Herausgegeben von Wilfried Engemann
und Frank M. Lütze*

EVANGELISCHE VERLAGSANSTALT
Leipzig

Die Deutsche Bibliothek – Bibliographische Information

Die Deutsche Bibliothek verzeichnet diese Publikation in der Deutschen Nationalbibliographie; detaillierte bibliographische Daten sind im Internet über <http://dnb.ddb.de> abrufbar.

2. Auflage 2009
© 2006 by Evangelische Verlagsanstalt GmbH · Leipzig
Printed in Germany · H 7094
Alle Rechte vorbehalten
Gedruckt auf alterungsbeständigem Papier
Satz: Frank M. Lütze, Münster
Umschlaggestaltung: Kai-Michael Gustmann, Leipzig

ISBN 978-3-374-02375-2
www.eva-leipzig.de

Inhalt

Vorwort 9

I Predigt als theologische Herausforderung

I.1 Theoretische Grundlegung
Einleitung: Die Predigt und das Weltbild
der christlichen Antike 15
Die eine Wirklichkeit. Vorspiel zur Freude
an der Predigt (*Manfred Mezger*) 19

I.2 Überlegungen zur Praxis
Einleitung: Die Predigt als
Ausgangspunkt neuer Geschichten 29
Die Predigt muß etwas wollen (*Gottfried Voigt*) 33

II Zur Bedeutung der Person für die Predigt

II.1 Theoretische Grundlegung
Einleitung: Als Subjekt predigen 45
Die Bedeutung des Subjekts für die Predigt (*Otto Haendler*) 51
Die Persönlichkeit des Predigers aus
tiefenpsychologischer Sicht (*Fritz Riemann*) 61

II.2 Überlegungen zur Praxis
Einleitung: Das Ich auf der Kanzel 79
Der Prediger in der Predigt. Sündiger Mensch
oder mündiger Zeuge? (*Manfred Josuttis*) 81

III Zum Verhältnis von Text und Predigt

III.1 Theoretische Grundlegung
Einleitung: Vom Umgang mit Texten im Predigtprozeß 107
Der Text in der Predigt – die Predigt als Text. Herausfor-
derungen für Prediger und Hörer (*Wilfried Engemann*) 111

III.2 Überlegungen zur Praxis
Einleitung: Spielerische Inszenierungen des Textes 139
Der Text und sein Prediger. Hoffentlich
entlastende Bemerkungen zu einer Phase
der Predigtvorbereitung (*Andreas Horn*) 141

IV Zum Hörerbezug der Predigt

IV.1 Theoretische Grundlegung
Einleitung: Predigt mit Sitz im Leben (F. M. Lütze) 153
Funktion und Struktur des homiletischen Aktes (*Ernst Lange*) ... 157

IV.2 Überlegungen zur Praxis
Einleitung: Homiletische Situationsanalyse (F. M. Lütze) ... 171
Auf der Suche nach einem
homiletischen Verfahren (*Ernst Lange*) 175

V Struktur und Gestalt der Predigt

V.1 Theoretische Grundlegung
Einleitung: Die Bedeutung der Form
für die Brauchbarkeit der Predigt 189
Offenheit und Eigensinn. Plädoyer für eine
eigensinnige Predigt (*Karl-Heinrich Bieritz*) 195
Kleine Apologie des Erzählens (*Johann Baptist Metz*) 217

V.2 Überlegungen zur Praxis
Einleitung: Der Ereignischarakter der Predigt 231
PredigtKunst. Ästhetische Überlegungen
zur homiletischen Praxis (*Martin Nicol*) 235
Narrative Theologie (*Harald Weinrich*) 243

VI Predigt als Sprachereignis

VI.1 Theoretische Grundlegung
Einleitung: Predigt im Licht der Rhetorik 255
Predigt als Sprache. Eine Zusammenfassung
in sechs kommentierten Thesen (*Gert Otto*) 259

VI.2 Überlegungen zur Praxis
Einleitung: Sprache als Werkzeug 281
Die Handlungsdimension der Predigt (*Frank M. Lütze*) 283

VII Predigt als Teil des Gottesdienstes

VII.1 Theoretische Grundlegung
Einleitung: Priester und Prophet.
Rollenwechsel im Gottesdienst 301
Ritus und Rede. Die Predigt im
liturgischen Spiel (*Karl-Heinrich Bieritz*) 303

VII.2 Überlegungen zur Praxis
Einleitung: Die liturgischen Koordinaten der Predigt 321
Die Predigt im Gottesdienst (*Klaus-Peter Hertzsch*) 323

VIII Aspekte der Predigtanalyse

VIII.1 Theoretische Grundlegung
Einleitung: Die Beziehungsdimension der Predigt 341
Die Predigtanalyse (*Hans-Christoph Piper*) 345

VIII.2 Überlegungen zur Praxis
Einleitung: Mentale Konzepte in der Predigt 361
Predigt als Arbeit an mentalen Bildern.
Zur Rezeption der Textsemiotik in der Predigtanalyse
(*Jan Hermelink / Eberhard Müske*) 365

IX Zur Erarbeitung einer Predigt

IX.1 Theoretische Grundlegung
Einleitung: Der Kunstwerkcharakter der Predigt.
Prolegomena einer homiletischen Ästhetik 391
Predigt als inszenierter Text.
Überlegungen zur Kunst der Predigt (*Henning Luther*) 395

IX.2 Überlegungen zur Praxis
Einleitung: Der Weg zur Predigt und die
Schwierigkeiten homiletischer Didaktik 409
Die Problematisierung der Predigtaufgabe als Basis
homiletischer Reflexion. Eine Methode der
Predigtvorbereitung (*Wilfried Engemann*) 411

Quellenverzeichnis 429

Vorwort

Theologiestudium ist in hohem Maße Lektürestudium, was vielen Studierenden spätestens im Examen bewußt wird. In dieser Situation ist die Versuchung groß, nach diversen *abstracts* aus zweiter und dritter Hand oder nach Examensreadern zu greifen, die – auf alles vermeintlich Überflüssige verzichtend – ganze theologische Ansätze auf wenige Schlagwörter reduzieren. Mit der Fixierung auf Kurzinformationen gehen jedoch häufig die hinter ihnen liegenden Gedanken verloren, die ein bestimmtes Werk oder eine theologische Konzeption erst verständlich machen. Wer auf das zusammenhängende Lesen entsprechender »Urtexte« eines Fachgebiets verzichtet, bringt sich überdies um die Chance, wichtige Zusammenhänge (wieder) zu erkennen, die für den eigenständigen Umgang mit theologischen Argumentationsmustern sowie für die Weiterentwicklung des eigenen Denkens und die eigene Kritikfähigkeit unerläßlich sind.

Solche Probleme entstehen natürlich nicht erst im Examen; und sie sind mit bestandenen Prüfungen auch nicht erledigt. Theologinnen und Theologen stehen immer wieder vor der Herausforderung, sich in einem begrenzten Zeitraum mit fremden Ideen und Hypothesen auseinanderzusetzen, um in einer bestimmten Sache zu einem eigenen Urteil zu gelangen. Dabei spielt die Verfügbarkeit geeigneter Texte eine besondere Rolle. »Geeignet« bedeutet in diesem Zusammenhang mindestens zweierlei: Die Texte sollten – *erstens* – angemessen in ein bestimmtes Thema einführen und informieren, *zweitens* müssen sie für die notwendige Problematisierung des betreffenden Gegenstandes sorgen. Nur dann, wenn man die Fraglichkeit dieser »Gegenstände« und den damit verbundenen Klärungsbedarf nachvollzogen hat, kann man auch verstehen, weshalb man sich überhaupt mit diesem Thema befassen sollte und inwiefern er Gegenstand wissenschaftlicher Betrachtungen ist.

Diesem Anliegen folgend, legen wir ein problemorientiertes Buch vor. Es erschließt das Fach Homiletik weder im Sinne eines Literaturberichts, noch durch das Abarbeiten einzelner Epochen oder homiletischer Ansätze. Das Studienbuch geht von den *grundlegenden Elementen des Predigtprozesses selbst* aus und macht gewissermaßen jedes für sich zum »Problem«: Im Bezug auf die Theologie der Predigt, die Person des Predigers, die Funktion des Textes, die Rolle der Hörer, strukturelle und sprachliche Aspekte der Predigt, die Predigt als liturgischen Akt, auf Fragen der Analyse und der praktischen Erarbeitung von Predigten wird das gesamte homiletische Feld exemplarisch in Augenschein genommen. Damit kommen jene Facetten des Predigtgeschehens in den Blick, die sich im Laufe der Geschichte der Homiletik als »Problemzonen der Predigt« herauskristallisiert haben – und zu denen man sich als Prediger irgendwie verhalten muß.

Daß die einschlägigen homiletischen Konzeptionen nicht die Gliederungsstruktur dieses Buches vorgeben, bedeutet nicht, daß man in ihm nicht auch Wesentliches über *Ansätze* erfahren könnte. Dabei ist jedoch folgendes zu berücksichtigen:

In der homiletischen Literatur begegnet man zum Beispiel dem »Ansatz beim Text«. Er wird gern als »Texthomiletik« apostrophiert und u. a. einem Praktischen Theologen wie Hans-Joachim Iwand zugeordnet. Ebenso mag man im Kapitel über den Hörerbezug der Predigt – mit Berufung auf Ernst Lange – die Konturen einer »hörerorientierten Homiletik« erkennen oder das Nachdenken über die »Bedeutung des Subjekts für die Predigt« (Otto Haendler) als »subjektorientierte Homiletik« verstehen. Solche Zuschreibungen sind jedoch nur dann homiletisch korrekt, wenn sie – um bei den genannten Beispielen zu bleiben – bestimmte Versuche der Text-, Hörer- und Subjektorientierung der Predigt (1.) nicht auf diese eine Perspektive reduzieren und (2.) nicht von ganz anderen Formen des Umgangs mit dem Text, dem Hörer und dem Prediger isolieren.

Mit anderen Worten: Bei Ernst Lange spielt natürlich auch der Text eine herausragende Rolle, und er hätte mit Sicherheit dagegen protestiert, das Prädikat der »Texthomiletik« für den Ansatz Iwands reservieren zu wollen. Das Gleiche gilt für die äußerst intensive Auseinandersetzung mit dem Text in der semiotisch oder rezeptionsästhetischen argumentierenden Homiletik, die man gleichwohl nicht auf den Begriff der Texthomiletik reduzieren könnte. Ähnliches trifft für die Funktion des Textes in der Homiletik Otto Haendlers zu: Daß der Prediger vor der Herausforderung steht, ihn sich als Teil des Bekenntnisses der Kirche zu »assimilieren«, bedeutet nicht, ihn individualistisch auszudeuten, sondern sich ihm persönlich zu stellen.

Wer einen homiletischen »Ansatz« ausreichend verstehen will, kann sich also nicht auf die Beschäftigung mit dem methodischen *Zugang* eines Verfassers beschränken, sondern muß fragen, welchen theologischen Stellenwert die jeweils anderen Elemente des Predigtprozesses in dem betreffenden homiletischen Konzept haben. Andererseits ist der »Zugang« zur Predigt, für den sich ein Autor schließlich entscheidet, theologisch und homiletisch signifikant. Er impliziert klare Prämissen, Thesen und Antithesen, an denen sich die homiletischen Debatten immer wieder entzünden.

Um den Leserinnen und Lesern solche Zugänge zur Homiletik zu eröffnen und ihnen gleichzeitig eine angemessene Einordnung dieser Zugänge – jenseits von »Schubkästen« – zu ermöglichen, folgt jedes Kapitel dieses Buches einem bestimmten *Schema*: Zum einen ist jedem Text eine *Einleitung* vorangestellt, die die Leserinnen und Leser an die Orte bzw. in die Kontexte führt, an bzw. in denen die entsprechenden Problemanzeigen theologiegeschichtlich und homiletisch (je nach Thema werden weitere Perspektiven einbezogen) verankert sind. Dabei werden die einzelnen Texte – soweit sinnvoll und möglich – dem Gesamtwerk der Autoren zugeordnet. Des weiteren haben wir uns dazu entschlossen, zu jedem Schwerpunkt in der Regel *zwei Texte* zu bieten: Einen eher *systematischen*, der die Grundgedanken der jeweiligen Perspektive theoretisch auf den Punkt bringt, und einen eher *praktischen*, aus dem hervorgeht, was das theoretisch Entfaltete für die Erarbeitung einer Predigt bedeutet.

Für die Auswahl der Texte war vor allem entscheidend, inwieweit sie sich für eine Fokussierung der genannten Elemente und Aspekte des Predigtprozesses eignen. Das Alter der Texte und ihr theologischer Ansatz spielten demgegenüber kaum eine Rolle. Angesichts dessen liegt es auf der Hand, daß auch andere Texte eine gute Wahl gewesen wären. Wenn sie den Leserinnen und Lesern dieses Buches vertraut sind, ist es um so besser, daß sie hier nicht schon wieder auftauchen; falls sie ihnen noch nicht bekannt sein sollten, kann dieses Buch – nicht zuletzt durch seine Einleitungen – vielleicht eine Hilfe sein, auch auf diese Texte noch zu stoßen.

In die hier veröffentlichten Aufsätze ist die Paginierung der ursprünglichen Veröffentlichungsorte[1] – in eckige Klammern gesetzt – dann übernommen worden, wenn die Beiträge ohne Neubearbeitung wieder abgedruckt worden sind. Da der weitaus größere Teil der Beiträge nach den Regeln der alten Rechtschreibung geschrieben worden ist, haben wir uns dazu entschieden, auch die Einleitungen entsprechend abzufassen, um einen ständigen Wechsel in der Schreibweise zu vermeiden.

Dieses Buch verdankt sich nicht nur den einzelnen Autoren und Herausgebern. Daß es nun in dieser schönen Form vorliegt, ist auch dem kollegialen Engagement der Mitarbeiterinnen und Mitarbeiter des Seminars für Praktische Theologie an der Evangelisch-Theologischen Fakultät der Universität Münster zu verdanken. Darüber hinaus gebührt der Liturgischen Konferenz der EKD und der Evangelischen Kirche von Westfalen großer Dank dafür, daß sie dieses Projekt finanziell unterstützt haben.

Wilfried Engemann und Frank M. Lütze
Münster, im Frühjahr 2006

---

1 Vgl. dazu das Quellenverzeichnis (429-431).

I
Predigt als theologische Herausforderung

I.1 Theoretische Grundlegung

Die Predigt und das Weltbild der christlichen Antike

Zum Beitrag von Manfred Mezger

Manfred Mezger (1911-1996) lehrte Praktische Theologie zuletzt (1958-1976) an der Universität Mainz. Seine Arbeiten, z. B. *Verkündigung heute* (1966), *Verantwortete Wahrheit* (1968) und *Kritischer Glaube* (1969), fanden seinerzeit viel Aufmerksamkeit. Besonders widmete sich Mezger der Frage, inwieweit sprachliche Ausdrucksweisen den Inhalten des Glaubens bzw. der Botschaft des Evangeliums angemessen sind. Dieses Interesse zeichnete sich bereits in dem Band *Glaube und Sprache* (1963) ab.

In dem hier wiederabgedruckten Beitrag geht es um ein ähnlich gelagertes Problem, nämlich um die grundsätzliche Frage nach dem Wirklichkeitsbezug der Predigt(sprache), eine Frage, die im Blick auf die Verständlichkeit, Plausibilität und Glaubwürdigkeit der Kanzelrede eine besondere Rolle spielt. Mezger geht von der Beobachtung aus, daß viele Prediger – ohne sich dessen immer bewußt zu sein – dazu neigen, mit einer Art Zwei-Welten-Theorie zu operieren, die bei genauerem Hinsehen mehr dem antiken Weltbild als dem biblischen Wirklichkeitsverständnis entstammt: Während die jeweilige Problemanzeige der Predigt, wenn es gut geht, noch den Alltagserfahrungen der Hörer entnommen wird (indem z. B. von Schwierigkeiten die Rede ist, die Menschen mit sich selbst, mit ihrem Leben, im Zusammenleben mit anderen usw. haben), ist häufig ein deutlicher »Welten-« und Sprachwechsel zu verzeichnen, sobald von einem angemessenen Umgang oder einem Ausweg aus diesen Schwierigkeiten gesprochen wird. Der Prediger verläßt dann gewissermaßen die untere, »irdische« Ebene – und eine jedermann verständliche Sprache – und argumentiert in bzw. mit einer »himmlischen« Welt und Sprache weiter. Er redet in abstrakten Begriffen von überirdischen Realitäten und blendet angesichts allzu karger Berührungspunkte zwischen dieser und jener Welt zu seiner Entlastung die unter Christen allbekannte eschatologische Zeitverschiebung ein: Wenn uns nicht ein paar Probleme blieben, wäre ja vom Jüngsten Tag nichts mehr zu erwarten. Mezger wendet sich mit provokant anmutenden Thesen gegen jene homiletischen Traumfabriken, die in einem diffusen, zwanglosen Verheißungsgefasel kurzerhand *alles* möglich erscheinen lassen und sich dabei gern auf die ausgesparten Räume zurückziehen, in die die Wissenschaft noch nicht vordringen konnte.

Diese Aufspaltung der Wirklichkeit in eine Wirklichkeit Gottes, eine Wirklichkeit der Welt – und zusätzlich vielleicht gar eine des Teufels – hält Mezger nicht nur für eine unnötige Verwirrung der Hörer, sondern auch für unredlich und theologisch falsch. In Anknüpfung an Dietrich Bonhoeffer wendet er christologisch vom Inkarnationsgedanken her ein: »Mit der Menschwerdung Jesu Christi ist es uns verboten, Gott und Mensch, Göttliches und Weltliches, Heiliges und Profanes, Übernatürliches und Natürliches, Christliches und Unchristliches in zwei Räume zu trennen.«

Das Insistieren auf der einen Wirklichkeit bedeutet keineswegs, sich resigniert mit bloßen Beschreibungen der Wirklichkeit zu begnügen und von Gott nichts zu erwarten. Im Gegenteil: Mezger sieht die Belanglosigkeit vieler Predigten gerade darin, daß sie Gott vorzugsweise in seiner göttlichen Pseudowelt zeigen, wo er den Teufel gewissermaßen ›mit Links‹ besiegt, permanent dem Tod die Macht nimmt und uns von früh bis spät seine Engel zur Seite stellt. Gott wird nicht ernst genommen und sprachlich aus unserem Dasein gerade ausgeklammert, wenn der Prediger sich mit allerlei Sonderwahrheiten und Fragmenten einer Extrawirklichkeit um die eine *einfache Wirklichkeit* des Menschen herumdrückt und lieber an einem – ihm allein zugänglichen – göttlichen *Plus an Wirklichkeit* herumbastelt. Demgegenüber kommt es darauf an, mit Bezug auf die Räume und Zeiten, in denen sich Menschen tagein, tagaus bewegen, zur Sprache zu bringen, was die Wirklichkeit Gottes als Teil der Wirklichkeit unseres Lebens für unser Leben bedeutet, d. h. auch, welche Konsequenzen es für die »Sachverhalte unseres Lebens« hat, daß wir an ihn glauben.

Die Arbeit an einem profilierten Wirklichkeitsbezug und – damit eng verbunden – das Bemühen um Verständlichkeit laufen nicht darauf hinaus, das Fremde und Sperrige der Frohen Botschaft aus der Predigt herauszuhalten. Vielmehr wird das Ärgernis der Predigt an die richtige Stelle gerückt. Weil Glaube nicht darin besteht, Widernatürliches im Ausnahmefall für möglich zu halten, sondern darin, in, mit und unter den Bedingungen des Alltags aus der Gegenwart Gottes zu leben, bleibt eine Predigt, die diesen Alltag und diese Gegenwart nicht im Blick hat, dem Hörer Entscheidendes schuldig. Zum »Ärgernis« des Evangeliums gehört ja letztlich die Herausforderung zu einem Leben in Freiheit, in dem gewohnheitsmäßige Ängste, eine hoffnungslose Grundstimmung oder Gleichgültigkeit gegenüber dem eigenen Dasein abgelegt werden, wodurch es ernst wird mit dem eigenen Leben – wodurch Menschen wirklich anfangen zu leben.

Der von Mezger geforderte Bezug auf die eine Wirklichkeit ist für ihn die entscheidende Voraussetzung der Wahrhaftigkeit einer Predigt. Wahrhaftigkeit setzt zumindest so viel »Sachlichkeit« voraus, daß ein gedanklicher Mitvollzug der Predigt durch den Hörer auch und gerade dort möglich ist, wo er mit *seiner*

Wirklichkeit als einer *veränderbaren* Wirklichkeit konfrontiert wird. Die Rede von dieser Wirklichkeit bleibt unwahrhaftig, wenn sie sich lediglich aus exklusiven Begriffswelten zusammensetzt und nicht auf die Erlebniswelt der Hörer bezogen ist.

Diese Problemanzeige wird wenig später von Ernst Lange unter dem Begriff der »homiletischen Situation« zugespitzt (vgl. Kapitel IV). Die Relevanz der sprachlichen Dimension der Predigt für den Prozeß der Kommunikation des Evangeliums insgesamt ist vor allem mit dem Namen des Praktischen Theologen Gert Otto und seiner »Rhetorischen Predigtlehre«[2] verbunden.

W. E.

---

2 Gert Otto: Rhetorische Predigtlehre. Ein Grundriss, Mainz / Leipzig 1999.

Manfred Mezger

Die eine Wirklichkeit

Vorspiel zur Freude an der Predigt

Wer von Berufs wegen Predigten zu lesen hat, stellt etwas Merkwürdiges fest: Die Frage nach der letzten Wirklichkeit bleibt unbeantwortet. Es fehlt zwar nicht an Wörtern, die vollen Klang haben. Der Prediger möchte sein Bestes mitteilen; so bringt er Gott, Christus, den Geist ins Spiel, in der Meinung, beim Hörer würden sich die erforderlichen Klärungen von selbst vollziehen. Der Hörer bleibt aber im Ungewissen, wo er das alles finden soll. Weiß er nicht, was er sich bei einem Wort zu denken hat, so verschafft er sich, wie das Kind, zum Begriff die Anschauung; nämlich eine falsche. Wer das Gespräch nach der Predigt übt, weiß, was an Peinlichem und Heiterem zum Vorschein kommt. Erhabene Ausdrücke, die nicht in den Alltag übersetzt werden, lassen den Menschen in seiner Welt allein oder sie ermuntern ihn zum Flug in die Übernatur[1]. Leider weiß niemand, was das ist. Wie kommt's zu diesem Stand der Dinge?

I KLARHEIT

Es sind wesentlich zwei Gründe.

Einmal dies, daß viele Zeitgenossen, Theologen und Nichttheologen, sich – aus Angst oder vermeintlicher Treue – zäh an die besagten klangvollen Worte klammern. Es heißt, eine kleine, ungefährliche Freiheit sei in der Deutung und Auslegung wohl erlaubt; im Grunde aber seien die Wörter streng festzuhalten, denn mit dem Weggehen vom Wortlaut, mit dem Auswechseln oder Neufassen der biblischen Leitbegriffe, verliere man zwangsläufig die Sache. Wenn dem so wäre, dürfte ein gewissenhafter Prediger heute den Wortlaut seines Textes nicht einmal umschreiben, geschweige denn selbständig auslegen. Er dürfte lediglich, was in direkter Rede dasteht, in indirek[216]ter Rede wiederholen (worauf es nachweislich bei solcher Theologie denn auch herauskommt).

---

1 Etwa wie im Liedvers: »Schwinge dich fein oft im Geist über alle Himmelshöhen; Laß, was dich zur Erde reißt, weit von dir entfernet stehen.« (»Seele, was ermüdst du dich«, von J. G. Wolf, 1684-1754: Strophe 7).

Dann das andere: Daß viele Zeitgenossen, Theologen und Nichttheologen, an einem – ihnen nicht bewußten – erledigten Weltbild festhalten, in der Meinung, die rettende Wahrheit des Neuen Testaments stehe und falle mit den Vorstellungen seiner Verfasser. Zu diesem (ein für allemal erledigten) Weltbild gehört nicht nur, daß die Sonne sich um die Erde dreht, sondern auch die Teilung: Diesseits – Jenseits, Gott – Welt, Himmel – Erde, Zeit – Ewigkeit. Diese Gegensätze werden – aus Angst oder vermeintlicher Treue – festgehalten, weil mit ihnen die Sache des Evangeliums bewahrt oder preisgegeben werde. Die antiken Weltbilder und Vorstellungen, mit ihrem Subjekt-Objekt-Schema, sind aber heute nicht die Garantie, sondern der Tod des Glaubens. Unser Vorstellungsvermögen und unser Denken – also unsere Vernunft –, nehmen an ihnen keinen Anstoß, weil überholte Weltbilder und Vorstellungen leicht nachvollziehbar, keinesfalls jedoch übernehmbar sind. Der *Glaube* nimmt an ihnen Anstoß, weil der Glaube sich keine Pflichtleistungen vorschreiben läßt. Er ist freies, kühnes Wagnis des Vertrauens, kein Schlucken von Widersinn. Die Gesprächslage ist also schwierig: Was der eine für Glaubensvoraussetzung hält, hält der andere für Glaubenszerstörung. Genau wie zu Paulus' Zeiten: Was der eine für nützlich hielt, nämlich das Gesetz als Weg zum Heil, hielt der andere für verderblich. Wird hartnäckig an unvereinbaren Standpunkten festgehalten, so besteht wenig Aussicht auf Verständigung. Man soll sie trotzdem suchen. Vielleicht sind es nur Scheinfronten, was sich da bekämpft.

Aus der Praxis und Erfahrung ergibt sich, daß das Objekt-Subjekt-Denken, das viele Jahrhunderte der Theologiegeschichte beherrschte, nicht hielt, was es versprach: Die Unverfügbarkeit der Offenbarung angemessen auszudrücken und der Vereinnahmung Gottes durch den Menschen zu wehren. Auch ein leidenschaftlich absolut verstandener Gott ist nichts weiter als eine menschliche Definition; er hat obendrein den Nachteil, so restlos aus der Welt hinausgewiesen zu sein, daß man in der Christologie alle Mühe hat, ihn wieder hereinzukriegen. Die Zweiteilung der Wirklichkeit in ein – nicht bloß räumlich gedachtes, sondern inhaltlich gemachtes – Oben und Unten führt zu gespaltener Existenz, zur zwiespältigen Predigt, zum doppelten Kanzelboden. Man hat die schlimme Beweislast, dem Hörer anzudemonstrieren, es gebe jeweils zunächst *eine* Wirklichkeit: das, was grobsinnenfällig zur Hand ist samt allem menschlich Erreichbaren; dann aber, darüber hinaus, die *zweite*, die Überwelt, die eigentliche; sie ist das erwünschte Dermaleinst, nach dem wir uns sehnen. Wie soll der Hörer das zusammenbringen? Er ist ja *eine* Person, nicht zwei. Er [217] probiert's, in einem andauernden Hin und Her, wird auf diese Weise niemals er selbst und meint, das gerade sei das Christliche, von einer Ebene nach Belieben auf eine andere umzusteigen. Hier der Werktag, in dem's nach Ursache und Folge, Motiv und Tat zugeht; dort der Sonntag, in dem unerhörte

Sachen möglich sind, die – eben deshalb – auf den Werktag keinen Einfluß haben. Mag sein, daß viele Hörer es nicht merken. Sie haben sich dran gewöhnt, daß die Predigt eben von »ganz anderen« Dingen spricht; ein bißchen was kann man sich wohl immer auch davon noch mitnehmen. Aber der Prediger merkt's um so deutlicher. Er muß ja zusammenbringen, was nicht mehr beisammen ist, und darf stellvertretend für andere die theologische Theorie der zwei Welten austragen. Was geschieht? Wachsende historische Distanz, formaler Leerlauf, unfrohe Resignation: Wie soll man es aushalten, fortgesetzt zweierlei Wahrheit zu predigen? »Der Großteil unserer Patienten besteht aus Theologen, die neurotisch geworden sind an der prinzipiellen Zwiespältigkeit ihrer Amtssituation.«[2] Im Konflikt zwischen der Wahrheit des Textes und der Wahrhaftigkeit des Predigers ist die Natur ein strenger Richter.

II REDLICHKEIT

Es ist eine berechtigte Sorge der Theologie, daß die Freiheit Gottes nicht an den Menschen verkauft, daß die unverdiente Gnade nicht zur innerweltlichen Selbstverständlichkeit werde. Man muß aber den drohenden Immanentismus nicht mit dem latenten Transzendentalismus austreiben. Beide sind untauglich, die *eine* Wirklichkeit des Lebens herauszustellen. Das Interesse, das sich in der Abwehr des Immanenzdenkens anmeldet, kann auf andere Weise und ohne pathologische Spaltung der Existenz wahrgenommen werden. Man muß sich nur (es wäre an der Zeit) entschließen, den Tatsachen ins Auge zu sehen. »Es gibt keine ausgesparten Räume mehr, in denen es nach irgendwelchen anderen, ›metaphysischen‹ oder ›göttlichen‹ Gesetzen zuginge.«[3] Anders ausgedrückt: »Es gibt nur *eine* Wirklichkeit, nicht etwa eine Wirklichkeit Gottes plus eine Wirklichkeit der Welt oder gar des Teufels ... Mit der Menschwerdung Jesu Christi ist es uns verboten, Gott und Mensch, Göttliches und Weltliches, Heiliges und Profanes, Übernatürliches und Natürliches, Christliches und Unchristliches in zwei Räume zu trennen.«[4] Aber was dann? Ist das Ganze der Welt *ein* Teig: gut und böse, wahr und falsch ununter[218]scheidbar vermengt? »Dann ist ja Gott dem Menschen ausgeliefert und muß sich dafür bedanken, daß er allenfalls in unserer Aktivität und Moralität noch unterkommt.«

Wer erfindet solche geistlosen Alternativen? Sie dienen lediglich dazu, das, was mit ›Gott‹ gemeint ist, nicht ernst zu nehmen und ihn aus unserem Leben draußenzuhalten. »Das ewige Du wird *nur* in, mit und unter dem zeitlichen Du

---

2 Berichtszitat der Arbeitsgemeinschaft »Arzt und Seelsorger«.
3 H. Zahrnt, Die Sache mit Gott (München 1966), S. 161.
4 D. Bonhoeffer, zit. nach G. Schnath, Fantasie für Gott (Stuttgart 1965), S. 52.

angetroffen, entweder in der Begegnung mit anderen Menschen oder der natürlichen Ordnung. Geht die Predigt von dieser Voraussetzung aus, macht sie mit der Wirklichkeit Ernst. Leistet dies die Predigt nicht, bleibt sie des frommen Christen Traumfabrik.«[5] Daß diese Traumfabrik ihre Produkte nicht los wird, beklagt man dann als ›mangelnden Hunger nach dem Evangelium‹. Nach solchem – besteht freilich keiner. Es ist nicht schwer, den metaphysischen Überbau abzutragen; es bedarf nur des klaren Denkens und der einfachen Redlichkeit. Eine Sprachprobe und ein Sachbeispiel. Sie mögen als Hinweis gelten, nicht als Gegenstände, auf denen man herumhacken kann, mit dem alten Einwand, Beispiele seien für überirdische Sachverhalte immer untauglich.

Ein Wort kann nicht *mehr* geben als der Sachverhalt, der damit bezeichnet werden soll. Wenn ich einen Menschen ermahne: »Sag die Wahrheit!« – so ist damit die reine Wahrheit gefordert, nicht die halbe und auch nicht eine Wahrheit geringeren Grades, die erhöht und verschärft werden könnte durch den Zuruf: »Ich frage dich vor Gott!« Wozu das? Ich sage dir auch ohne diese Vokabel, was wahr ist. Wahr ist eben wahr. Es kann nicht noch »wahrer« werden. Jesus wendet diese einfache Regel auf ein anderes Gebiet an: den Eid. Er ist unnötig, seinen Jüngern sogar verboten. Stimmt's, was du bezeugst, so stimmt's; stimmt's nicht, so helfen auch Schwüre nichts. Also laß das Schwören bleiben und sag die Wahrheit (Mt. 5,37). Es ist nicht bloß unerfreulicher Brauch, sondern anfechtbare Theologie, wenn (Apg. 5,4) gesagt wird: »Du hast nicht Menschen, sondern Gott belogen.« Als ob's Menschen gegenüber weniger schlimm wäre. Es gibt keine untere und keine obere Instanz der Wahrheit; es gibt nur Wahrheit oder Unwahrheit, dargestellt in den Sachen oder Vorgängen, wie sie tatsächlich sind. Unsere Predigt verfährt weithin im Gegensinne zu Mt. 5,34-36: Sie ruft, wenn's ans »Letzte« geht, wenn's »ganz ernst« wird, die höchsten Instanzen an, meist in der Sprachform der Beteuerung. Das macht aber den Inhalt der Predigt weder »wahrer« noch besser. Ist die Aussage der Predigt gut unterbaut und offen nachprüfbar, so kann der Hörer sagen: »Da hat er recht; ich will mich darnach richten.« Macht die Predigt Flausen und sagt: »Meine Worte sind keine ›gewöhnlichen‹ Worte, sondern Extraworte [219] und Sonderwahrheit«, kann der Hörer nur sagen: »Vielleicht. Wer steht mir dafür? Wenn er sich doch ausdrücken würde wie ein normaler Mensch.« Das läßt sich, durchs Sachbeispiel, leicht übertragen auf das Ganze unserer Wirklichkeit.

---

5 A. a. O. S. 52.

III EINFACHHEIT

Wer zwei gleiche Bilder nebeneinander legt, sieht nichts Besonderes. »Wozu zweimal dasselbe?« Steck sie in ein Stereoskop, gleich wirst du staunen: ›Das ist ja *ein* Bild, und es hat Tiefe!‹ Wer Jesus hört und versteht, vor allem: Wer sich auf seine Sache einläßt, für den bekommt das flache Bild der »zwei Welten« plötzlich *Einheit und Tiefe*. Er hört anders. Er sieht anders. Er lebt anders. Kurzum: Er hat erfahren, was »metanoeite« heißt – »Lernt anders denken!« Dieser Vorgang ist nicht bloß ein bißchen Verbesserung des Seitherigen, sondern grundstürzende Wandlung. Wer will, kann im Nachgang von Buße, Glauben, Bekehrung, Umkehr sprechen; die Ausdrücke tun zum Vorgang nichts hinzu. Zu den zwei Bildern im Stereoskop kommt auch nichts »hinzu« als die neue, freilich gänzlich andere Sicht. Im Ergebnis des verstehenden Hörens, also des Glaubens, kommt nichts Neues hinzu, außer dem Einen, daß alles schlechterdings »neu« wird: es gewinnt Einheit und Tiefe. Gott ist kein »Plus« an Wirklichkeit, sondern diese unsere Wirklichkeit, aber »total anders«. Das Emporschwingen in eine andere Welt, die nur eine idealisierte diesseitige wäre, darf also – so wunderschön es sich ästhetisch ausnimmt – unterbleiben. Es gibt nämlich kein größeres, auch kein »schöneres« und erfreulicheres Erlebnis als dies, daß durch Jesu Wort und Beispiel unsere gespaltene, flache Weltsicht Einheit und Tiefe bekommt. Der Mensch wird frei vom Gesetz des transzendentalen Wahns, vom Fluch des Sichselber-Übersteigens. ›Bleibe nur hier. Gott ist hier, nicht dort!‹ Oder ohne Gott-Vokabel gesagt: Hier ist alles – Heil und Leben oder Tod und Hölle, je nachdem du dir offene Ohren und Augen geben läßt durch Jesu Wort.

»Aber dieses Minimum an Verwandlung der Welt« (so hört man schon den Widerspruch) »kann sich der Mensch ebensogut selber verschaffen. Dann ist ja alle Lehre, die ›Fülle der biblischen Wahrheit‹ entbehrlich?« Nun, wir lassen's auf den Versuch ankommen, ob der Mensch auch ohne Begegnung mit Jesus zur Einheit und Tiefe der Welt und seines Lebens kommt. Daß durch die Begegnung mit Jesus allerdings vieles andere entbehrlich wird, sei nicht bestritten, sondern begrüßt. Und die »Fülle der biblischen Wahrheit« liegt nicht in der Masse der ›Gegenstände‹ oder in der Menge der Aussagen, sondern in der vollen, reinen Erscheinung des Lebens und der Wahrheit. Alle grundstürzenden, weltverwandelnden Ereignisse und Erkenntnisse haben materiell zum Vorhandenen nichts Neues hinzugebracht. Sie haben aber etwas bisher nicht Begriffenes, nicht Gesehenes, nicht Erkanntes, durch eine neue Sicht der Wirklichkeit ans Licht gebracht. Und das ist nicht nur »etwas«, oder »viel«, sondern alles, weil durch eine radikal veränderte Sicht und Deutung der Wirklichkeit diese selbst neu wird und also neue, bisher nicht bekannte, nicht geahnte Wirkungen hervorruft. Galilei und Newton haben, ebenso wie Kopernikus, nichts Neues entdeckt (es sei denn, man bezeichne einen bislang nicht entdeckten Stern als ›neu‹; das ist er aber gar nicht; er war nur mit den bisherigen Beobachtungsmethoden oder -instrumenten nicht wahrnehmbar); sie haben aber durch ganz neue Sicht der Wirklichkeit eine Umwälzung des Weltverstehens wie des menschlichen Selbstverständnisses hervorgerufen. So hat auch Luther kein einziges neues Wort ›gemacht‹ oder ›gefunden‹. Er hat aber das überlieferte Wort in seiner Tiefe erfaßt und durch radikal neues Verstehen entscheidender biblischer Sachverhalte ein neues Zeitalter heraufgeführt.

Man hört auch hier den Widerspruch: »Das ist Leugnung jeder wirklichen Geschichte. Die banale Feststellung: ›Nichts Neues unter der Sonne!«« O, doch! Beständig Neues und Unerhörtes unter der Sonne; aber auf andere Weise. Es werden nicht neue Sachen als Inventar für den Welthaushalt angeschafft. Es wird auch nicht auf die natürliche Erkenntnis eine übernatürliche draufgesetzt. Sondern es wird – durch ein auf keine Weise verfügbares Geschehen und Geschenk – dem Menschen die Wirklichkeit in ihrer Einheit und Tiefe erschlossen. Er ist nicht mehr mit sich allein; er sieht, daß er mit anderen auf dem Weg ist. Der Vorzug horizontal verstandener Lebensverwandlung ist die leichte Nachprüfbarkeit. Es hört auf, daß man »sich über Wolken seinesgleichen dichtet«: Man darf auf das Verhalten gegenüber dem Mitmenschen angesprochen werden. Und zu *ihm* »transzendieren«, d. h. den Graben und die Abneigung überwinden, ist ein bißchen schwieriger als ein unkontrollierbares direktes Gottes- oder Jesus-Verhältnis. Man bleibt auch, innerhalb des »Testfalles Nebenmensch«, nüchtern, weil man täglich innewird, wie bruchstückhaft die eigene neue Wirklichkeit sich ausnimmt und wie viel man dem andern schuldig bleibt. Dennoch wächst aus dieser Erfahrung der neue Mut des liebestätigen Glaubens. Man ist ja nicht bloß dauernd gefordert oder gar überfordert, sondern unverdient beschenkt durch die Zuwendung anderer Menschen.

Das trifft nicht nur für die Selbstkontrolle, sondern auch für die Sachprüfung zu. Dachten wir, im Schema des gewohnten Diesseits-Jenseits-Denkens, die ›Objektivität‹ der Gottesbegegnung sei dann [221] eindeutig, wenn in der Sprache das »ganz Andere« wie ein überweltliches Faktum erscheine, so merken wir jetzt, daß sich unter solcher Rede rein Ideologisches verbergen kann. Ein Mensch aber, der mir die unausweichliche Ermunterung zur tätigen Gemeinschaft kundtut, ist auf jeden Fall keine Idee und keine Ideologie, sondern eine lebendige Person, die auch der Naivste nicht mit sich selber verwechseln oder vertauschen kann. Transzendierende Begrifflichkeit oder Vorstellung ist gerade *kein* Beweis für die Öffnung des Ich-Gefängnisses, denn Höhenflüge ins Absolute verpflichten zu nichts. Will ich sicher sein, ob ein Mensch, mit Wesen und Willen, nicht sich selber meint, sondern Gott, so muß ich seine Kommunikation betrachten, nicht seine Terminologie. Im übrigen wird der

Aufenthalt im Überweltlichen schon deshalb uninteressant sein, weil die Berufung auf unsichtbare Instanzen auch nicht *mehr* bewirken oder Besseres herbeiführen kann als den neuen Menschen, der vom Wort lebt und es ins Leben übersetzt. Darauf, nicht auf den Überbau, kommt's an.

IV WAHRHAFTIGKEIT

Für die Predigt bedeutet das: Höhere Anforderung an Realität, nämlich verständliche Sachbezogenheit jeder Behauptung im Umkreis unseres Lebens. Es bedeutet aber zugleich Entlastung von peinlichen Rückzugsgefechten der Apologetik, jenen kümmerlichen Passagen der Defensive, in denen dem Hörer (vergeblich) schmackhaft gemacht werden soll, daß auch ein überholtes Weltbild, naturwissenschaftliche Absurditäten und mirakulöse Sonderereignisse, um den Preis intellektueller Redlichkeit, ganz interessant, gar nicht ganz unmöglich und also eigentlich beinahe doch schon so gut wie möglich – wer weiß, am Ende sogar »Tatsache« sein könnten. Diese kostbare Zeit und die noch kostbarere Aufmerksamkeit darf nützlicheren Sachen dienen, zum Beispiel dem Hinweis, daß und warum Jesus kein Formaltheologe, sondern ein durch Menschenkenntnis und Lebensbeobachtung unmittelbar verständlicher, unwiderlegbarer Gesprächspartner war. Das zu erfahren macht fröhliche Prediger und gespannte Hörer. Das fremde Werk des Plädoyers für Gott oder die Bibel (die beide nicht darauf angewiesen sind) ist erledigte Last, und der Bericht über Vorgänge und Sachverhalte, die es (anhand aktueller Texte) immerhin noch gibt, ist neue Lust morgenfrischer Auslegung. Noch sind wir nicht überall so weit.[6] Sicher ist, daß das Evangelium [222] (bei Luther) nicht saure Reportage, sondern süße Frucht ist. Wer aber soll was zu freuen haben, wenn die beste Kraft an falscher Stelle eingesetzt und dem Hörer eingeredet wird, der Text habe recht – in Dingen, in denen er gar nicht recht haben möchte (weil der Textwille auf was ganz anderes hinausgeht)?

---

6 Was Waltraut Schmitz-Bunse, in »Kritik an der Kirche« (Stuttgart 1958), S. 238 f. an gehörtem Kanzel-Unsinn niederschrieb, darf der Verfasser dieses Beitrags in dreistellig eintreffenden Leserbriefen (auch noch heute) bestätigt sehen und in ebensovielen Antwortbriefen, zur Einübung in christliche Geduld, aufarbeiten. Ein Beispiel, für viele: »Heute hörte ich eine Predigt, deren Inhalt es war, daß Christus seine Königsherrschaft aufrichten werde und am Ende der Zeit als König auf einer Wolke wiederkomme; daß mit der Wiederkunft Christi die Welt in Scherben gehe, die Menschen alle sterben müßten und er, Jesus, sie alle richten werde. Das sei das Endgericht.« Stellt man fest, daß heute noch, und leider nicht selten, so gepredigt wird, dann muß man sich sagen lassen, das sei Pauschalurteil und Übertreibung. Ein homiletischer Unsinn, der die wenigen Hörer auch noch vergrault, gilt als kleine Entgleisung. Sagt jedoch ein Prediger, daß Jesus sich für seine Geburt aus einer Jungfrau nicht im mindesten interessiert habe (was ja zutrifft), so ist das »ein Skandal«, und er »gehört auf keine Kanzel«. Die ihr Mücken siehet ...

Erledigte Last, weil untauglicher Versuch, ist es auch, im geschlossenen System moderner, vor ihren eigenen Konsequenzen nicht zurückschreckender Naturwissenschaft Lücken zu suchen, in denen man seine metaphysischen Vorstellungen ansiedeln kann. Der kaum verhaltene Jubel mancher Theologen und Nichttheologen, wenn ein exaktes Experiment einen atypischen Kurvenverlauf, wenn ein Elektromagnetfeld außerreguläre Reaktionen anzeigt, verrät den Wunsch, es möge irgendwo noch etwas Nichtkausales herausschauen, damit man mit seinem transzendenten Gottesbegriff salonfähig bleibt. Urteil eines theoretischen Physikers beim Gespräch über diese Beobachtungen: »Das bestimmen dann immer noch *wir* und nicht die Theologen, wie solche Regelabweichungen zu bewerten sind.«[7] Die Unstimmigkeit der Naturwissenschaft als Ermöglichung ›Gottes‹: ein würdiges Kapitel der Glaubenslehre. Auf gleichem Niveau steht der verschleierte Geschichtsbegriff, der (man hält's nicht für möglich, wenn man's nicht gedruckt sieht) in *einem* Atem sagt: »Der Glaube ist nie ein Soll von Fakten. Hier handelt es sich nicht um Quantität von geglaubten und zu glaubenden Tatsachen. Dennoch bezieht sich der Glaube auf Tatsachen: er kommt von solchen her und ist auf sol[223]che bezogen.«[8] Ein methodisch imponierendes Beispiel jener ›theologischen‹ Argumentation, bei welcher der Glaube als Mittel dient, historische ›Tatsachen‹ zu erschleichen. Wie eine dazu passende Predigt aussieht, braucht man erst gar nicht zu fragen. Als ob es der Theologie freistünde, ins Gefüge rational aufweisbarer Wirklichkeit nach Belieben eine willkürliche, sozusagen höhere Kausalität – die sog. »Wirklichkeit Gottes« – einzuführen, die darin besteht, den Mythen und Mirakeln antiker Weltbilder bei uns Zutritt zu verschaffen. Was für ein ›Gott‹ ist denn das, der auf solche Künste angewiesen ist? Die Predigt, die dieses Handwerk triebe, müßte Sklavenarbeit tun, weil sie dem tötenden Gesetz dienstbar wäre, nicht dem Geist, der lebendig und fröhlich macht. Um aber falscher Konsequenzmacherei zu wehren, sei klar gesagt: Evangelische Predigt steht unter keinem Sprachverbot; *kein* Wort oder Gedan-

---

7 C. Fr. v. Weizsäcker (in seinen Gifford-Lectures, Glasgow 1959 / 1961): »Heutige Wissenschaftler können sich unter einer religiösen Deutung der Naturgesetze höchstens eine hinzugebrachte Privatmeinung des eigenen Denkens vorstellen, vermutlich mythischen Charakters, ganz gewiß ohne jeden logisch zwingenden Zusammenhang mit dem Begriff des Naturgesetzes selbst. Kein guter Wille und kein religiöser Eifer kann diese Entwicklung rückgängig machen.« (Zit. nach H. Zahrnt, Die Sache mit Gott. S. 173). In einen Mondflug kann man hymnische Äußerungen oder Bibelzitate einbringen; das ist dem Piloten freigestellt. Aber der Garant des Gelingens ist nicht religiöse Begleitmusik, sondern das lückenlos strenge System der Berechnung, in dem für »Wunder« kein Platz ist.

8 J. Heubach »Wahrer Gott und wahrer Mensch«, Arbeitsgruppe ›Streit um Jesus‹. Stuttgart 1969. S. 46. – Solche Scharlatanerien, Anzeichen der Abwesenheit jeder philosophischen Propädeutik und – was noch schlimmer ist – des minimalsten Anstandes denkerischer Redlichkeit, wagt man heute noch auf Kirchentagen öffentlich anzubieten.

ke biblischen Textes ist ihr von Hause aus verwehrt. Sie steht lediglich unter einem – allerdings strikten – Wahrhaftigkeitsgebot: »Sage, was du mit den heiligen Vokabeln meinst! Zeige, wo sie, als Sachverhalte unsres Lebens, anzutreffen sind! Da gibt's kein Pardon.« Erhabene Wörter, feierliche Vokabeln, heilige Begriffe zu sagen – besagt nichts. Wir wollen wissen, welche konkreten Realitäten damit angesprochen sind. Ist die wahrlich geringe Bedingung redlicher Methode erfüllt, so geht die Tür ins Land der Sprache weit auf und wir können ohne schlechtes Gewissen, ohne Trick und Verschleierung, auch den wunderlichsten Texten frei ins Gesicht sehen, weil uns nichts peinlich zu sein braucht. Schon der einfache Satz, jedem Sextaner zuzumuten: »Es versteht sich von selbst, daß man nicht auf einer Wolke in den Himmel schwebt; damit ist die Sache aber nicht am Ende; sie fängt erst richtig an« schafft reine Atmosphäre. Nicht einmal dieser Satz wird in der durchschnittlichen Himmelfahrts-Predigt riskiert. Was soll man da an Ostern erwarten? Die beste, oft die meiste Kraft wird schon im Zugang, nämlich beim Herummanövrieren um die Entmythologisierung, verbraucht. Die Mühe, den Wortlaut eines mythologisch befrachteten Textes zu retten, statt seinen gemeinten Sachverhalt freizugeben, ergibt ein klägliches Präludium; wie mag's da mit der Fuge werden? Die Folge des falschen Ansatzes ist, mit fataler Zwangsläufigkeit, daß die Schwerpunkte falsch gelegt oder gar nicht gefunden werden; daß das Ärgernis der biblischen Botschaft an die falsche Stelle rückt und [224] der Hörer zu dem Irrtum verführt wird, des Glaubens eigentliches Meisterstück sei dies: widervernünftiges Zeug für möglich zu halten.

Stellt man diesen simplen Sachverhalt fest, so folgt prompt der Einwand (wie oft soll man ihn eigentlich noch widerlegen?): Hier solle das Ärgernis des Neuen Testaments um platte Rationalität verkauft werden, damit man »möglichst modern« predige, dem Hörer jeden Anstoß erspare und die »Ware« billiger auf den Großmarkt bringe. Das Ärgernis des Evangeliums liegt, ein für allemal, in dem aller Vernunft Hohn sprechenden Faktum Golgatha. Da will keiner gerne dran. Eben das gilt's festzuhalten. Das Ärgernis liegt aber nicht in mirakulösem Zeug, das entweder sowieso erledigt oder für unser Leben bedeutungslos ist. Geschluckte Wunder verändern nichts. Das übernommene Kreuz verwandelt die Welt, denn in diesem Vorgang kriegen alle Dinge ein anderes Vorzeichen. Die sogenannte »moderne« Theologie ist deshalb ärgerlich, weil sie das Ärgernis des Kreuzes mit unerhörter Schärfe ins Licht stellt. Reformatorische Theologie tut das Gleiche. Sie ist Theologie des Kreuzes. Wer daraus eine Theologie der Auferstehung macht, gibt diesen Ansatz preis und ist auf dem Weg zur Theologia gloriae. Predigtbeispiele beweisen es. Aber die eigentliche, die paradoxe Freude evangelischer Predigt liegt in der Verkündigung des Kreuzes, dieses jedoch nicht dekorativ symbolisch verstanden, sondern in einfache Lebensvorgänge übersetzt, wie Jesu Rede und Verhalten es zeigt: Der Gebundene ist der Erlöste. Der Arme ist reich. Der Verachtete ist geliebt. Der Traurige ist fröhlich. Darin ist selbst schon neues Leben, Auferstehung und Herrlichkeit. Das *ein* Mal richtig zu verstehen, heißt, aus dem ›Gesetz‹ der Beweispredigt herauskommen in die Freiheit der frohen Botschaft, die sich selber durchsetzt.[9]

Wir meinen, die Absicht der homiletischen Arbeit von Martin Doerne wie auch den Wert seiner (nicht zufällig wieder neu geschriebenen) Perikopen-Auslegung darin zu erkennen (und hoffentlich nicht zu verkennen): Daß Anfang und Ende der Predigt die große Freude ist, die mit Jesus in die Welt kam. Von hier aus wird alles thematisiert, d. h. ›ganz anders‹ gesehen. Von hier aus werden auch die aktuellen, nicht einfachen Probleme der ›Verkündigung heute‹ mit Verstand angegangen, in »gelassener Freiheit vom Wettlauf mit den Scheinmächten ›auf den Gassen‹ wie in Hinordnung auf die Hirtenstimme«[10]. Predigt soll – am nützlichen Beispiel Luthers zu lernen – nicht transzendieren wollen, sondern den Weg der Freund[225]lichkeit Gottes von oben nach unten gehen. »Die Forderung neuer *Weltlichkeit*, die im Vollzuge solcher Selbstkritik heute für unser Predigen erhoben wird, kommt zu ihrer Wahrheit da, wo wir *menschlich* predigen lernen.«[11] Menschlich hieße doch wohl: Verständlich. Redlich. Barmherzig. Der *einen* Wirklichkeit treu, die wir mit Seinem Namen aussprechen: Er kommt. Die Finsternis vergeht.

---

9 Die immer erneuerte Behauptung: »Mit solcher Theologie kann man kein Evangelium predigen« bewirkt keinen Ärger, sondern Heiterkeit. Nimm und lies ...
10 M. Doerne: Die Finsternis vergeht. Predigten (Göttingen 1963), S. 188.
11 Ders., ebd.

I.2 Überlegungen zur Praxis

Die Predigt als Ausgangspunkt neuer Geschichten

Zum Beitrag von Gottfried Voigt

Gottfried Voigt (Jahrgang 1914) lehrte von 1958 bis 1979 als Praktischer Theologe am (heute nicht mehr bestehenden) Theologischen Seminar Leipzig. Er ist vor allem durch die zwei Folgen seiner insgesamt 12 Bände umfassenden Predigtmeditationen bekannt geworden. Seit 1989 lebt er in Berlin.

Ähnlich wie Mezger geht Voigt von dem Postulat der Klarheit und Verständlichkeit einer Predigt aus. Von einer guten Predigt, so Voigt, sollte man auch nach Tagen noch auf Anhieb zusammenfassend sagen können, worauf sie hinaus wollte. Diese Qualität einer Predigt hängt nach Voigt weniger mit ihrer Rhetorik als vielmehr mit ihrer »Substanz« zusammen. Daß der Verfasser die Redekunst eher für unwesentlich hält, wenn es um die Aneignung der Predigt durch den Hörer geht, die substantielle Erarbeitung der »ganz sachlichen Botschaft« dagegen für wesentlich, widerspiegelt eine Grundüberzeugung der Wort-Gottes-Theologie, wonach das Wort Gottes selbst für seine Verständlichkeit sorgt, wenn es nur gehört wird. Rhetorik wird hier als Technik der Emotionalität mißverstanden, von der man – so das Urteil Voigts in jener Zeit – abgekommen sei. In der Homiletik der 70er und 80er Jahre ist diese Alternative nicht nur aufgegeben worden; im Rückgriff auf sprachwissenschaftliche und rhetorische Forschungsergebnisse hat man auch erkannt, daß zwischen der sprachlichen Form einer Predigt und dem kommunizierten Inhalt ein untrennbarer Zusammenhang besteht.

Gleichwohl ist der Beitrag von Voigt nicht nur in historischer Hinsicht von Bedeutung. Der Verfasser markiert hier ein theologisches Arbeitsprinzip, das auch seine »Auslegung der Predigttexte« in den erwähnten Meditationen bestimmt hat und noch immer als homiletische Tugend gelten darf: Wie es zum Verständnis eines Textes gehört, nicht nur einzelne Aussagen oder gar die Hauptaussage wiedergeben zu können, sondern seine »Tendenz« zu erfassen, seine Absicht, sein »Wollen« zu ergründen, sollte auch die Predigt selbst nicht nur Wahres und Richtiges zum besten geben, sondern eine Wirkungsabsicht haben – etwas wollen. Wie »der Text damals« etwas gewollt hat, und aus bestimmten Gründen in einer bestimmten Absicht abgefaßt wurde, so ist auch im Blick auf die Predigt zu klären und zur Sprache zu bringen, wozu sie gehalten wird. Dazu gehört ein Predigtverständnis, nach dem in der Predigt nicht *über* das Evangelium gehandelt wird, sondern die das Evangelium auch kommuniziert. Es geht nicht um die bloße Erörterung christlicher Lehre, sondern um die Veränderung von Situationen. Zugespitzt könnten wir formulieren: Tatsachen des Glaubens werden nicht kommuniziert, um für wahr gehalten zu werden, sondern um neue Tatsachen zu schaffen.

In der Antwort auf die Frage, was eine Predigt gewollt hat, müßte also gesagt werden, was nach dieser Predigt anders gewesen sein sollte als vorher – oder noch besser: was sich nach dem Hören der Predigt verändert hat. Dieser sprachpragmatische Zugang zum Predigtgeschehen war in der damaligen homiletischen Landschaft – zumal in Verbindung mit Voigts Kritik am historisch-exegetischen Abarbeiten der Texte auf der Kanzel – ausgesprochen modern. Es ist später durch die Einbeziehung neuer Reflexionsperspektiven in die Praktische Theologie theoretisch vertieft und methodisch präzisiert worden, wobei die Rezeption der Sprechakttheorie und der Semiotik eine besondere Rolle gespielt haben.

Wer als Prediger klären will, was es in der konkreten Predigt zu »wollen« gilt, steht – parallel zur Auseinandersetzung mit der Situation und der Intention des Textes – vor der Aufgabe, die Situation zu klären, in der er redet. Er muß sich die Adressaten vor Augen stellen, die seine Predigt hören werden, und sich die Frage stellen, angesichts welcher Umstände er predigen wird. Dies nicht allein aus kommunikationspraktischen Gründen, sondern ebenso aus theologischen: Die Kommunikation des Evangeliums besteht nicht im Wiederholen der alten Texte, sondern stiftet neue Wirklichkeit. Eine Predigt aber, die neue Wirklichkeit stiftet, bezieht sich nicht nur auf alte Geschichten, sondern wird zum Ausgangspunkt neuer Geschichten. Sie macht den Hörer zum Zeugen der Fortsetzung der Predigt in seinem Leben und in diesem Sinne zum Täter des Wortes.[1]

Bei all dem ist für Voigts Predigtauffassung entscheidend, daß die Predigt *argumentiert* und Satz um Satz nachvollziehbar ist. Damit wendet er sich vor allem gegen den gedankenlosen Gebrauch von Phrasen und gegen das homiletische Laster bloßen Behauptens. Der Glaube hat Gründe. Er ist die Folge der Kommunikation des Evangeliums, Ergebnis einer Botschaft, die sich in Worte fassen läßt. Zur Reizung und zur Stärkung des Glaubens durch die Predigt – dies ist nach Ansicht der Reformatoren die Grundfunktion der Verkündigung – gehört es, Gründe zu kennen, die für diesen Glauben sprechen. Deshalb ist nichts gewonnen, wenn Glaubensinhalte vor allem als zu bejahende Unglaublichkeiten vorgestellt werden; es kommt darauf an, dem Hörer sein Leben im Licht des Evangeliums neu »begreiflich« zu machen.

---

1 Weiterführendes hierzu in: Wilfried Engemann: Predigt als Schöpfungsakt. Zur Auswirkung der Predigt auf das Leben eines Menschen, in: Ders.: Theologie der Predigt. Grundlagen – Modelle – Konsequenzen, Leipzig 2001, 71-92.

Bei aller Relevanz, die den Überlegungen Voigts bis heute zuerkannt werden muß – sie lassen kritische Rückfragen zu.

Über die oben vorgebrachte Kritik hinaus ist grundsätzlich zu fragen, ob in der Tat jede Art von Predigt so beschaffen sein muß, daß man sie auf einen intentionalen Kernsatz und ein maßgebliches Argument reduzieren kann. Die Kommunikationsstile des Menschen sind sehr verschiedenartig, und seine Sprache entfaltet in ganz unterschiedlichen Funktionen ihre Wirkung. Dabei steht keineswegs immer das Argumentieren im Vordergrund. Kommunikation hat neben der informellen auch eine partizipatorische Note: Menschen – und Gott und Mensch – treten miteinander in Kommunikation, um gegenseitig an ihrer Geschichte zu partizipieren, um ihre Gemeinschaft zu festigen. Letztlich geht es im Glauben nicht um Informationen, sondern um Beziehungen. Wenn nun die Kommunikation des Evangeliums im Kontext von Predigt vor allem der Festigung der Gemeinschaft mit Gott dienen soll, muß die Behaltbarkeit oder Wiederholbarkeit der Kanzelrede keineswegs als Optimalergebnis gelten. Ebenso wichtig wäre es, daß jemand im Vollzug des Hörens der Predigt die Erfahrung machen kann, ernst genommen zu werden, daß er zu seiner Lebenssituation Distanz gewinnt bzw. zu neuem Engagement ermutigt wird – ganz zu schweigen von den Möglichkeiten einer eher meditativen, imaginären Predigtweise, die nicht Neues vortragen will, sondern längst »Bekanntes« vertiefen und mit aktuellen Lebenskontexten »virtuell« verknüpfen will. Das kann dazu führen, daß der Hörer neuer Bilder für seine Wirklichkeit ansichtig wird – ohne auf Anhieb sagen zu können, was das nun »soll«.

Schließlich ist anzufragen, ob Voigts Empfehlung, auf die »Denknöte der Gemeinde« mit einer »durchschlagenden Auskunft« zu reagieren, homiletisch nicht zu kurz greift. Soweit es um die Auskunftsfähigkeit von Pfarrern als Ausdruck einer erworbenen Kompetenz theologischer Fachgelehrter geht, ist Voigt zuzustimmen. In einer Predigt geht es aber nicht um theologische Dispute, sondern um unsere Existenz. Sie im Horizont von Theologie zu reflektieren, kann nicht darauf hinauslaufen, durchschlagende Antworten fürs Leben zu formulieren. Pfarrerinnen und Pfarrer haben der Gemeinde *als Predigende* nichts Grundsätzliches voraus. Sie sind zwar in aller Regel *theologisch* gebildeter als andere Gemeindeglieder, übertreffen sie aber »qua Amt« weder an Lebenserfahrung noch an geistlicher Reife. Von daher sollte neben die durchaus legitime Suche nach Antworten auf existentielle Fragen das Bemühen treten, überhaupt existentielle Fragen in den Blick zu nehmen und mit der Gemeinde im Horizont der Erfahrung ihres Glaubens zu reflektieren.

I PREDIGT ALS THEOLOGISCHE HERAUSFORDERUNG

Nachdem im Jahre 1971 ein vielbeachteter Band zur Aufgabe der Predigt[2] erschienen war, hat es einige Zeit gebraucht, bis die Frage nach Ursache, Aufgabe, Kontext und den gesellschaftlichen Funktionen der Predigt erneut in theologischer Zeitgenossenschaft diskutiert wurde.[3]

W. E.

---

2 Gert Hummel (Hg.): Die Aufgabe der Predigt, Darmstadt 1971, mit Beiträgen von Friedrich Niebergall, Martin Schian, Heinrich Vogel, Karl Barth, Herbert Girgensohn, Alfred Dedo Müller, Jürgen Moltmann u. a.
3 Wilfried Engemann (Hg.): Theologie der Predigt. Grundlagen – Modelle – Konsequenzen (FS Karl-Heinrich Bieritz), Leipzig 2001, mit Beiträgen von Peter Cornehl, Wilhelm Gräb, Christian Grethlein, Albrecht Grözinger, Klaus-Peter Hertzsch, Klaus-Peter Jörns, Manfred Josuttis, Gerhard Marcel Martin, Michael Meyer-Blanck, Wolfgang Ratzmann, Roman Roessler, Henning Schröer, Eberhard Winkler, Jürgen Ziemer u. a.

Gottfried Voigt

Die Predigt muß etwas wollen

Ein junger Theologe berichtete einem erfahrenen Prediger, er habe am vergangenen Sonntag eine ausgezeichnete Predigt gehört. Der Ältere fuhr herum und schaute den jungen Mann mit einem nahezu inquisitorischen Blick an: »Was hat er gewollt? – Sagen Sie es in *einem* Satz!« Die Frage wirkt verblüffend und verwirrend. Vielleicht ist sie in dieser Schärfe unberechtigt. Vielleicht hat sie guten Sinn und stellt nur – für den Augenblick – an die Formulierungskraft des so Angeredeten allzu hohe Anforderungen. Ich weiß nicht, ob und wie der Student oder Kandidat geantwortet hat. Das tut jetzt auch nichts zur Sache. Es geht uns um die Frage und den in ihr gemeinten Sachverhalt.

Auf jeden Fall legt der Frager Wert auf die Behältlichkeit einer Predigt. Wer so fragt, ist darin sogar unerbittlich. Er setzt voraus, daß die »ausgezeichnete« Predigt in ihrem Gehalt so beschaffen war, daß sie nicht wie ein Ton verklingen konnte, sondern haften mußte, als ein erworbener, wenn nicht unverlierbarer, so doch für eine ganze Weile wirksamer Besitz. Die Frage nach der Einprägsamkeit einer Predigt hat es gewiß nicht nur mit der Gabe fesselnder Redeweise zu tun – Konkretheit, Bildkraft, Farbigkeit, Dramatik im Denkstil usw. Hier geht es zuerst um die Substanz! Substanzlose Predigten müssen dem Gedächtnis entschwinden. Dann sind sie aber nicht »Brot«, von dem die Gemeinde leben kann, sondern eher flüchtig wirkende Genußmittel. Es gibt Predigten, die eine gewisse Erhabenheit erzeugen, im Augenblick das Menschenherz erwärmen, aber ihre Wirkung beschränkt sich auf die Stunde des Vernehmens. Man kann wohl, ohne ungerecht zu sein, behaupten: Dies sind nicht die Predigten, die dem Evangelium entsprechen. Zum Glück ist diese Predigtweise im ganzen aus der Mode gekommen. Die zur Festrede entartete Predigt – die griechische Rhetorik würde hier vom γένος ἐπιδεικτικόν sprechen – ist eine Verirrung. Wir wissen, daß wir eine ganz sachliche Botschaft auszurichten haben. Wir meinen nicht, daß dies in kaltschnäuziger Weise zu geschehen habe. Wer »Zeuge« ist, bringt seine Sache mit innerer Beteiligung, unter Drangabe seiner ganzen Person, an den Mann. Da darf, ja da soll auch das »Herz« mitsprechen, so wahr die Botschaft eben nicht bloß eine Sache des Intellekts ist, sondern im Vernehmen wie im Weitergeben den ganzen Menschen beansprucht. Aber, um es etwas boshaft zu sagen: Homiletische »Lyrik« ist uns ein Greuel, und das mit Recht. Was der »Zeuge« mit Einsatz seiner ganzen Person vertritt, das ist eben die in der Predigt zum Ausdruck kommende Sache: das Evangelium von Jesus Christus. Diese »Sache« muß man nachträglich aussagen können. Sie darf nicht verfliegen und sich auflösen. Sie kann und will gegriffen, sozusagen mit beiden Händen umfaßt und mitgenommen sein. Darum ist es wohl ein Kriterium für die rechte Predigt, daß man nach Tagen noch sagen kann, was sie gewollt hat. [139]

Von einer Predigt, die ihr Wesen im Emotionalen hat, sind wir also abgekommen. Trotzdem dürfte die These, die unser Thema darstellt, für uns nicht überflüssig sein. Denn mit der »Sachlichkeit« allein kann man die Predigtaufgabe auch verfehlen; dann nämlich, wenn man unter Sachlichkeit etwas Falsches versteht. Ich könnte mir Prediger denken, die folgendes sagen würden: »Die Predigt muß etwas wollen«, meinst du? Ganz einfach: Sie muß die Gedanken des Textes wiedergeben wollen! Wehe ihr, wenn sie etwas anderes will als das! Wehe ihr, wenn sie – wie oft kommt das vor! – mit einer bestimmten Absicht an den Text herangeht: das und das muß er sagen! Die Lieblingstheologumena des Predigers, mit Thema und (drei) Teilen jeweils schön in Form und Formel gebracht, werden dem Text abgepreßt. Daß die Predigt etwas »wollen« soll, ist wegen der diesbezüglichen Versuchlichkeit aller Prädikanten eine gefährliche Parole. Man kann dieser Gefahr nur entgehen, wenn man sich ganz in den Gehorsam gegenüber dem Text begibt, seine Aussagen Vers um Vers, vielleicht Wort um Wort reproduziert und es somit dem Text selbst überläßt, zu sagen, was er »will«. – Wohlgemerkt: So *könnte* man sagen. Wir verkennen hoffentlich nicht, was daran richtig ist. Die Gefahr, daß wir auf unseren eigenen Überzeugungen und »Anliegen« herumreiten, ist immer gegeben – auch dann, wenn wir meinen, ganz »am Worte« zu sein. Daß unsere Systematik den Text zum Schweigen bringt, droht auch dann, wenn wir auf Thema und Partition verzichten. Es gibt keine Methode, dem zu entgehen! Bereitsein zu sorgsamem Hören ist etwas so eminent Geistliches, daß mit methodischen Grundsätzen hier nicht viel zu machen ist. Unsere Sorge, daß unser dominierendes Schema, unsere allgewaltige Systematik dem Worte Gottes den Mund verschließen könnte, kann nicht tief genug gehen. Daß die Predigt etwas wollen muß, darf keinesfalls so verstanden werden, als wollten wir sie dieser Vorentscheidung menschlicher Einsicht, Absicht und damit Begrenzung und Irrung unterwerfen.

Aber nun muß doch geltend gemacht werden, daß der Text selbst immer etwas »will« und daß dieses Wollen des Textes vom Prediger nicht nur wahrgenommen – das wäre die exegetische Aufgabe –, sondern auch bei der Predigt kenntlich gemacht werden muß. Noch einmal: Wir meinen, daß es Verrat am Text und damit am Herrn ist, wenn wir sein Wort durch unsere vorgefaßten Gedanken und Meinungen verdrängen und unsere eigenen Tendenzen mit der angemaßten Autorität Gottes verkleiden. Aber es wäre ein Irrtum zu meinen, dem entgehe man, indem man den Text einfach reproduziert, Satz für Satz. »Einfach hinstellen«, lautete ein homiletisches Programm, das – wir verkennen es nicht – dem Ernste einer neuentdeckten Theologie des Wortes gerecht werden wollte. Schon richtig: Die Predigt holt sich nicht irgendwoher Stützen und plausible Argumente, sie macht nicht Anleihen bei einer irgendwie gearteten natürlichen Theologie, sie »stellt« die Aussagen des Textes »einfach hin«, weil sie davon überzeugt ist, daß Gottes Wort sich selbst vertritt und beglaubigt. Dabei soll es bleiben – auch wenn wir nachher über das »Argument« noch einiges zu sagen haben werden. Aber diese richtige, unaufgebbare Einsicht darf nicht falsch angewendet werden: »einfach hinstellen« darf nicht heißen, daß man mit den einzelnen Worten des Textes hantiert, ohne seinen Zusammenhang wahrgenommen zu haben. Man hält dann die Teile in der Hand, aber es fehlt zu allem das geistige Band. Die Aufgabe des Verstehens fordert immer eine synthetische Denkbewegung. Und dies [140] in zweierlei Sinne: Es gilt herauszubekommen, wie die einzelnen Aussagen des Textes sich zueinander verhalten, wie sie sich also zusammenreimen oder auch auseinanderstreben, wie sie auseinander hervorgehen oder sich gegeneinander stemmen, und damit wäre die »Tendenz« des Textes zu ermitteln. Ist der Text so in sich nach seinem »Wollen« begriffen, so gilt es eine zweite Synthese zu vollziehen: es gilt, dieses Wollen in seiner Relevanz für die Hörer der Predigt, also für die Gemeinde Christi jetzt und hier sichtbar zu machen. Und nun sagen wir ohne Wenn und Aber: Ist die »Tendenz« des Textes, sein Wollen, begriffen und seine Bedeutung für die Gemeinde heute erkannt, dann muß das auch formuliert werden können. »In *einem* Satz«, forderte der erfahrene Prediger von dem jungen Theologen. Es mag Predigttexte geben, die sich so einheitlich nicht begreifen lassen. Aber das werden seltene Ausnahmen sein. Man müßte sie der Perikopenkommission zur Überprüfung unterbreiten.

Das Wort »Tendenz« mag etwas herausfordernd klingen. Aber es sagt in hinreichender Deutlichkeit, worauf es uns ankommt. Jeder biblische Text »will« etwas. Diese These muß jetzt, wo nicht bewiesen, so doch in ihrer Bedeutung ein wenig beleuchtet werden. Das Evangelium begnügt sich keineswegs damit, unsere Lage zu »interpretieren«, es will sie vielmehr »verändern«. Das hängt ganz tief mit dem Wesen des Evangeliums zusammen. Ginge es ihm um ewig-unveränderliche »Sachverhalte« und »Tatbestände«, so brauchte man die nur zu entdecken, und es wäre alles gut. Auch dann freilich würde die Entdeckung bereits die Situation verändern: wer »entdeckt« hat, ist damit nicht mehr der, der er vorher war. Aber wir hätten damit das, was das Evangelium will, nicht nur unzureichend, sondern sogar falsch beschrieben. Nicht nur unsere (subjektive) Sicht wird eine andere, wo das Evangelium gepredigt wird, sondern auch die (objektive) Lage, in der wir uns gegenüber Gott und Mitmensch und Welt befinden. Wo Christus nicht ist, da ist der Zorn, da ist Gericht und Verdammnis. Wohin er kommt, da gilt Gottes Angebot. Es gilt nicht außer ihm, sondern in ihm. Da werden aus Feinden Gottes Gottes Kinder. Da fahren Teufel aus. Da fallen Fesseln ab. Da wird Traurigkeit in

Freude verwandelt. Man könnte das *eine* Thema noch vielfältig variieren. Der Reichtum der Schrift besteht ja darin, daß sie die Botschaft vom »Heil«, von der »Rettung« in ungezählten Brechungen darstellt und in unübersehbar großer Vielfalt in ihren Konsequenzen erkennbar macht. Das Wort verändert die Lage. Gott ruft dem, das nicht ist, daß es sei. Und er macht mit seinem Worte das, was zu Unrecht *ist,* zunichte. Das Wort »reißt aus« und »zerbricht« und »verstört« und »verderbt« – und »baut« und »pflanzt« (Jer. 1,10).

Daß der Text etwas »will«, wird am unmittelbarsten deutlich an den paränetischen Texten des Neuen Testaments. Da stehen Imperative, die sagen, was hier geschehen soll. Man muß nur wissen, daß dieses »Wollen« die indikativischen (»dogmatischen«) Aussagen voraussetzt und insoweit einschließt. Umgekehrt: Wo Texte von Glaubenstatsachen reden, zielen sie immer auf das, was sich dadurch nun in der Gemeinde Jesu ereignen wird. Auch hier ist immer etwas »gewollt«. Man mache es sich am Hebräerbrief klar! Da sind Menschen, die ihres Christseins müde werden oder schon geworden sind; ein Zurücktreten auf den Boden des Alten Bundes würde sie der Anfechtungen entheben. Und nun wird um diese Menschen in einem groß angelegten λόγος τῆς παρακλήσεως (13,22) gerungen. Bedenkt, wieviel besser der Neue Bund ist! Jetzt heißt es »heute«! Einen solchen Hohenpriester haben wir! So sieht die Wolke von [141] Zeugen auf unsern Kampf herab! usw. Mit jedem Wort »will« der Brief etwas: angefochtenen Christen dazu helfen, daß sie durchhalten.

Wir könnten dasselbe an jedem beliebigen anderen Brief des Neuen Testaments zeigen, wie auch an den Perikopen des Alten Testaments. – Nur an einer Stelle sei die Linie noch ein wenig ausgezogen: im Blick auf die evangelischen Perikopen. Einem oberflächlichen Blick stellen sich besonders die synoptischen Texte so dar, als werde hier einfach berichtet. Was »will« der Text? Besteht seine Botschaft nicht einfach darin, daß man nacherzählt, was hier berichtet ist? Wir wissen heute, daß auch die evangelischen Perikopen nicht aus dem Bedürfnis chronistischer Berichterstattung heraus überliefert sind, sondern weil damit etwas »gewollt« ist. Gegenwärtige Glaubensanliegen, z. B. in der jeweiligen Stunde auftauchende Zweifelsfragen über das rechte Verhalten der Gemeinde Christi, waren der Anlaß, nach dem zurückzufragen, was Jesus selbst in dieser Sache gesagt und getan hatte, und das gegenwärtige Interesse war nicht nur der Anlaß des Sich-Erinnerns, sondern auch Richtpunkt für die Zuspitzung der Pointe wie für die Auswahl dessen, was überhaupt auf uns gekommen ist. Wir haben eine solche Perikope dann richtig verstanden, wenn wir herausbekommen haben, was mit ihr »gewollt« ist, wenn wir also den Anlaß ihrer Überlieferung in den ersten christlichen Gemeinden, wenn wir den »Sitz im Leben« uns klargemacht haben. Denn schon die synoptische Berichterstattung ist Verkündigung, ist Predigt – zweckbezogen, tendenziös (wenn man bereit ist, dem Worte Tendenz einen guten Sinn beizulegen).

Wir brauchten bei all dem nicht lange zu verweilen, wenn die Predigten, die wir halten, nicht immer wieder erkennen ließen, daß wir damit nicht recht Ernst machen. Will unsere Predigt wirklich immer etwas? Vielleicht wissen nach unserer Predigt oft die Hörer nicht anzugeben, worauf es uns ankam, was wir gewollt haben. Vielleicht ließ unsere Predigt gar nicht erkennen, was Gott in diesem Gottesdienst mit seiner Gemeinde vorhatte. Und er hatte etwas ganz Bestimmtes vor! Es sollte etwas nach dieser Predigt nun wirklich anders sein, als es vorher war. Konnte das – eben das! – aus unserer Verkündigung so deutlich herausgehört werden? Vielleicht war es eine Predigt, die wir hielten, weil der Zeitplan am Sonntagvormittag es eben vorsieht, daß da gepredigt wird? Vielleicht hat es den Hörern auch »gefallen«! Aber: Was haben wir gewollt? – Was hat Gott in diesem Text gewollt? – Man verzeihe den Vergleich: Eine Tiefbaufirma bewegt 1000 m^3 Erde. Wozu eigentlich? Weil die Erde am alten Ort überflüssig ist und am neuen gebraucht wird. Die Erdarbeiten dienen einem ganz bestimmten Zweck – etwa einer Planierung. Nicht um Menschen zu beschäftigen, wird dort im Erdreich gewühlt. Ein unerwünschter Zustand soll behoben, ein erwünschter herbeigeführt werden. So ist es mit unserer Predigt. Oft hat man den Eindruck: Es wird Erde bewegt – das kostet Mühe; aber wozu eigentlich die Anstrengung, das bleibt dem Zuschauer verborgen. Die Predigt muß etwas wollen!

Hier ist eines Mangels zu gedenken, der oft den Predigten von Anfängern anhaftet (wobei nicht zu vergessen ist, daß wir in gewissem Sinne alle Anfänger sind und bleiben). Das ist das Historisieren. Der Gemeinde wird – etwa bei einem Deuterojesajatext – lang und breit klargemacht, daß sich die Gemeinde Gottes im Exil befand. Ihre äußere und innere Lage wird geschildert, der zeitgeschichtliche »Prospekt« dahinter aufgemalt. Dann werden, vielleicht mit viel Fleiß, Feingefühl und Liebe, die Einzelheiten des Textes auseinandergelegt. Noch immer sind wir im Präteritum, und [142] 20 Minuten sind schon vorbei. Auf einmal der Einschnitt: »Auch heute noch, liebe Gemeinde, kommt es vor, daß. . .« Sieh da, die Vergegenwärtigung! Einige Parallelen werden herausgestellt. Vielleicht wird versichert, daß, wie man sieht, der Text heute noch aktuell ist. Aber dann ist die Predigt zu Ende. Und man fragt: Was soll Gott heute durch dieses Wort an seiner Gemeinde tun wollen? Die Gemeinde hat es nicht erfahren. Der Prediger weiß es vielleicht selbst nicht, denn er war mit seinen Gedanken im 6. Jahrhundert vor Christus und hat sein homiletisches Gewissen durch ein paar Parallelen zur Gegenwart beschwichtigt. – Daß wir uns jetzt nicht mißverstehen: Wir meinen nicht, daß wir die Fakten der Heilsgeschichte als solche nicht mehr wichtig nehmen sollten. »Es begab sich aber«, sagt die Schrift immer wieder. Unsere Predigt soll das, was Gott »unter Pontius Pilatus« hat geschehen lassen, nicht zu zeitlosen Wahrheiten verflüchtigen. »Ein für allemal« – darauf legt das Neue Testament Wert. Aber was Gott damals hat geschehen lassen, hat seine durchaus gegenwärtige Bedeutung. Christus ist gestorben und auferstanden; der Tod und Auferstehung hinter sich hat und nun ewig für uns lebt, ist zur Rechten Gottes und vertritt uns. Wir predigen der Gemeinde, was dieser Christus heute und morgen an ihr tun will! Auf das Vergangene haben wir zu verweisen, aber doch nur darum, weil die gegenwärtige Situation, das Heilsgeschehen *heute,* darauf beruht. *Heute* soll in dieser Gemeinde etwas passieren! Davon haben wir in unserer Predigt zu sprechen.

Damit ist ein weiterer Gesichtspunkt ausgesprochen. Was die Predigt »will«, geht auf die Gemeinde, der sie gehalten wird. Wingren hat es uns in seinem Buche über die Predigt eingehämmert: Die Verkündigung des Wortes Gottes ist ein zweipoliger Vorgang. Der Adressat ist ganz fest ins Auge gefaßt. Diese Menschen hier – sie habe ich anzusprechen. Die Situation, in der Gottes Wort sie anreden soll, ist nicht gleichgültig. Man kann das auch am Neuen Testament ablesen, wie die Situation der Empfänger die Verkündigung formt. Sind es Judenchristen? Sind es Gemeinden in Griechenland oder in Kleinasien? Sind es Gemeinden, die von der Gnosis angefochten sind? Oder ist ihr Problem die noch nicht eingetretene Parusie? Oder ist es der Totalanspruch des Kaiserkultes? Was ein Text »will«, wird in concreto mitbestimmt oder jedenfalls mitgeformt sein durch die Lage, in der die Herrschaft Jesu Christi sich realisieren soll. Die Predigt hat also immer zu beachten, an wen sie etwas auszurichten hat; je nachdem, wo das Evangelium »auftrifft«, wird es seine besondere Gestalt und Zuspitzung zu bekommen haben. So war es schon – wir erinnern uns – bei der Ausformung der synoptischen Tradition und bei der der einzelnen Perikope eigenen Akzentsetzung. So ist es auch bei der gesamten übrigen neutestamentlichen Literatur.

Was also soll unsere Predigt wollen? Konkret kann man darauf nur anhand des einzelnen Textes antworten. Wollte man überblicksweise die Absicht neutestamentlicher Verkündigung herausstellen, so müßte man sich klarzumachen suchen, was die einzelnen Verben besagen, die hier verwendet werden:

κηρύσσειν	bekanntmachen, wie ein *Herold* etwas bekanntmacht; also laut in die Öffentlichkeit hineinrufen, damit diese erfahre, was sie so noch nicht wissen kann.
εὐαγγελίζειν	(auch med.) eine froh machende Nachricht übermitteln, die die große Wende zum Guten enthält; wer es vernimmt, dem fällt ein Stein vom Herzen. [143]
πρεσβεύειν	als ein bevollmächtigter Gesandter die Verbindung zwischen dem sendenden Herrn und den Hörern herstellen, wobei der Inhalt dieser Vermittlung nach 2. Kor. 5,20 eine Bitte (!) Christi an uns ist.

μαθητεύειν	zum Jünger machen, in die Schule nehmen, so daß aus Unwissenden Wissende, aus Unerfahrenen Erfahrene werden.
διδάσκειν	lehren, nach griechischem und auch jüdischem Sprachgebrauch Klarheit schaffen, bei Jesus mehr: dem Willen Weisung geben.
νουθετεῖν	zurechtweisen, mahnen, warnen, den Sinn zurechtrücken, korrigierend auf jemanden einwirken.
παραμυθεῖσθαι	ermuntern, ermahnen, im Leide trösten.
παρακαλεῖν	ermahnen, aufrufen, ermutigen mit dem inhärierenden Nebensinn des Tröstens: παράκλησις ἐν Χριστῷ ist ein Aufruf »auf Grund der Erbarmungen Gottes« (Röm. 12,1), der Imperativ, der sich aus dem evangelischen Indikativ ergibt.
ἀπολογεῖσθαι	das Evangelium gegenüber Andersdenkenden, vielleicht gar Gegnern, vertreten (bes. 1. Petr. 3,15, wo das entsprechende Substantiv steht).

Wir brechen die Aufzählung ab. Es wird deutlich, daß die christliche Verkündigung, je nachdem, was sie »will«, verschiedene »Register« hat. Die Zielsetzung wird jeweils klar erkennbar sein.

So wird es also vorkommen, daß eine Predigt ganz einfach die Aufgabe hat, Menschen mit dem, was Gott in Christus getan hat, bekanntzumachen, freilich sofort mit dem Ziel, eine Glaubensentscheidung für Christus anzubahnen oder gar dringlich zu fordern. Eine andere Predigt wird es darauf abgesehen haben, eine zerspaltene Gemeinde zu neuer Gemeinsamkeit zu sammeln. Eine dritte will, daß resignierende Menschen begreifen, wieso sie allen Anlaß haben, neuen Mut zu fassen. Eine vierte will die Gemeinde missionarisch aktivieren. Eine fünfte hat die Aufgabe, durch Leid verwundete Menschen zu trösten. Wieder eine andere hat die Verantwortung der Gemeinde für ihre jungen Glieder zum Gegenstand. Ein andermal geht es darum, daß Menschen die Gabe des Altarsakraments neu entdecken. Wir könnten fortfahren – immer müßte es darum gehen, daß die Predigt, weil der Text es so fordert, sich etwas ganz Konkretes vornimmt. Solange der Prediger nicht sagen kann, worin dieses Konkrete besteht, hat er seinen Text noch nicht verstanden. Es wird in jedem Fall darauf ankommen, daß die Gemeinde, wenn der Prediger Amen sagt, an einem ganz bestimmten, d. h. angebbaren Punkt um ein Stück weitergebracht worden ist. Daß wir Prediger es nicht in der Hand haben, den geistlichen Erfolg unseres Bemühens herbeizuführen, soll in keinem Falle vergessen sein. Aber daß Gott, der Heilige Geist, sich unser bedienen will, ist uns verheißen. Daß wir unsere Aufgabe sachgemäß verstehen und anpacken, macht Gottes Wunder nicht überflüssig, ist uns aber aufgetragen. [144]

In solchen Erwägungen kommt m. E. das zur Geltung, was an dem Programm einer »erwecklichen« Predigt richtig und unaufgebbar ist. Wir werden uns hüten müssen, etwa hinsichtlich der Bekehrung irgendeinem Schematismus zu verfallen. Gott weiß für das, was er tun will, »viel tausend Weisen«. Und er tut vieles so im Verborgenen, daß es keine empirischen Mittel gibt, sein Tun zu registrieren. Was aber in dem Anliegen der »Erwecklichkeit« zu Recht sich meldet, ist die Einsicht: Wo Gottes Wort verkündigt wird, soll etwas »passieren«. Ob es wirklich passiert, das hat Gott in der Hand. Aber unsere Verkündigung muß es darauf absehen. Für Gott sind Wort und Tat nicht zweierlei. Gott will etwas, also muß die Predigt auch etwas wollen. Sonst wird sie zum verbalen Leerlauf.

Macht man sich dies alles recht klar, dann wird sich daraus einiges für unsere Predigtweise ergeben. Wir bekennen es offen: Unsere Predigt entartet leicht zum bloßen Amtsgeschäft, zur Routineleistung. Man steigt vielleicht auf die Kanzel, weil eben wieder einmal gepredigt werden muß. Es wird für unsere Einstellung zur Predigtaufgabe viel ausmachen, ob wir wissen, worauf es heute ankommt, was heute passieren soll. Verdeutlichen wir es uns an einem Vergleich. Ein Arzt hält Sprechstunde: fünfzig oder mehr Patienten gehen durch sein Sprechzimmer. Der Arzt wird trotz des geforderten Tempos seiner Arbeit sorgfältig sein, in jedem einzelnen Falle; aber er wird im allgemeinen sein Werk routinemäßig abwickeln. Auf einmal wird auf der Trage ein Patient in lebensbedrohlichem Zustand gebracht. Vielleicht ein Mensch mit einer inneren Blutung. Der Arzt ist nicht wiederzuerkennen: Es geht jetzt ums Ganze. Es gilt den Kampf mit dem Tode. Der Arzt ist gespannteste Aufmerksamkeit. – Hat man einmal begriffen, was bei aller Wortverkündigung geschieht, dann kann man das Geschäft nicht mehr bloß abwickeln (und geschähe es auch mit aller zu verlangenden Sorgfalt). Man weiß darum: Es gilt einen Kampf! Besonders Wingren und Vajta haben uns, darin Einsichten Luthers aufnehmend, klargemacht, daß Predigt Kampfhandlung ist. Was die Predigt will? Dem Satan Gelände abringen! Vielleicht noch ein wenig drastischer: Menschen aus seinen Klauen lösen! Man soll uns nicht mißverstehen: daß Verkündigung Kampf ist, bedeutet nicht, daß wir uns auf der Kanzel in kämpferischer Pose geben. Im Gegenteil, mit widerlichem Pathos arbeitet man dem Urfeind Gottes nur in die Hände. Aber das kann man wohl sagen, daß einer nur dann langweilig predigen kann, wenn er sich nicht vor Augen geführt hat, daß es jedesmal um den in einem letzten, tiefsten Sinne »lebensbedrohlichen Zustand« geht und daß darum unsere Predigt uns ganz fordert.

Will unsere Predigt wirklich etwas, dann wird ihr eine bezwingende innere Zielstrebigkeit eignen müssen. Fast möchte man von homiletischer Strategie reden. Wir meinen nicht einen Psychologismus, bei dem der geschickte »Umgang mit Menschen« den Erfolg verbürgt. Aber dies meinen wir, daß die in der

Predigt gewollte Sache nun auch mit guten Gründen vertreten wird. Die Predigt soll argumentieren – wie z. B. Paulus, wenn er an seine Gemeinden schrieb, mit guten Argumenten die ihm aufgetragene Sache vertrat. Es wird m. E. in unseren Predigten zu vieles einfach behauptet, ohne daß das Behauptete wirklich vertreten würde. Schon wahr: es gibt zentrale Aussagen des Evangeliums, die nur proklamiert, nicht aber demonstriert werden können. Wer z. B. die »Absolutheit« Christi beweisen wollte, müßte naturnotwendig immer wieder bei seiner Relativität landen. Wir nehmen noch einmal auf, [145] was wir vorhin schon sagten: Unsere Predigt hat nicht die Aufgabe, die Gottesoffenbarung in Christus naiv mit natürlichen Einsichten zu kombinieren. Wohl aber kann und soll auf dem Boden des Christusglaubens sauber und zwingend gedacht und dargelegt werden. Das Argument aller Argumente in unserer Predigt heißt: Jesus Christus. Aber was Christus für uns ist, soll nicht nur formelhaft beteuert werden – »ohne ihn kannst du nicht ...!« –, sondern will begreiflich gemacht werden. Paulus z. B. läßt es sich etwas kosten, seine Gedanken den Lesern seiner Briefe sorgsam zu begründen. Man ist oft bewegt von der unentrinnbaren Folgerichtigkeit seiner Ausführungen. Das macht: er *will* etwas, und darum ist seine Anrede an die Leser immer ein Angriff auf ihren Irrtum, ein Appell an ihre bessere Einsicht, ein leidenschaftlich vorgebrachter Anspruch auf ihre Zustimmung und auf ihr praktisches Mitgehen. Der Prediger muß wissen, welche Widerstände er zu überwinden hat, wenn er seine Gemeinde in Bewegung bringen will. Er muß die Denknöte kennen und ist hoffentlich um die durchschlagende Auskunft nicht verlegen. Er muß die Hartnäckigkeit des alten Menschen kennen, und er wird desto zielsicherer den Angriff der Sünderliebe Christi vortragen. Er weiß, wie leicht wir in Hoffnungslosigkeit verfallen; aber eben darum wird er nicht nur behaupten, *daß* Christen immer etwas zu hoffen haben, sondern er wird Christus so verkündigen, daß (»nach Strich und Faden!«) klar wird, worin unsere Hoffnung ihren Grund hat. Er wird alle billigen Argumente verschmähen. Er wird es sich schwer machen, weil er nur so helfen kann. Priesterliches Mitdenken mit dem anderen, stellvertretendes Eingehen in alle seine Anfechtungen ist dabei unentbehrlich. Ergehen wir uns immer nur in geistlichen Monologen, dann sind wir nicht mehr die Botschafter des Gottes, der in Christus die Sache der verlorenen Menschen zu seiner eigenen gemacht hat. Er kam, weil er etwas »wollte«: suchen und retten, was verloren ist.

Die Predigt muß »etwas« wollen. Legen wir zum Schluß den Finger auf dieses bescheidene »Etwas«. Man könnte es, gerade von dem oben Gesagten her, kräftig anfechten. Sagten wir nicht, es gehe jedesmal ums Ganze? Jawohl, letzten Endes ist es so. Aber zum Glück zerlegt sich das *eine* weiße Licht in viele Farben. Jede einzelne Farbnuance stammt aus dem einen weißen Licht. Wer in seiner Predigt immer alles auf einmal will, will im Grunde nichts. Das

Einmalige eben *dieses* Textes, der mir heute aufgegeben ist, zeigt das Eine, das not ist, in seiner Bedeutung eben für ein ganz Konkretes, Einmaliges. Unsere Predigt tut gut, wenn sie sich beschränkt. Keine Sorge, diese »Armut« an Gesichtspunkten werde ihr zum Schaden. Wenn nur das *eine,* um das es im Augenblick geht, von allen Seiten angeleuchtet und (Luther würde sagen:) kräftig »herausgestrichen« wird! Das Ganze, das im einzelnen zur Geltung kommt, ist jedesmal der Christus, den jede unserer Predigten zu verkündigen, dessen Herrschaft sie zu »wollen« hat.

II

Zur Bedeutung der Person für die Predigt

II.1 Theoretische Grundlegung

Als Subjekt predigen
Zu den Beiträgen von Otto Haendler und Fritz Riemann

Die zwei hier vorzustellenden Aufsätze wurzeln im Dialog zwischen Theologie und Psychologie, an dem sich beide Autoren – der eine als Theologe mit psychologischer Zusatzausbildung, der andere als Psychologe mit theologischem Interesse – mit wegweisenden Beiträgen beteiligten. Der erste Text aus der Feder von Otto Haendler wirft grundlegend die Frage nach dem Subjekt der Predigt auf, während der darauf folgende Aufsatz von Fritz Riemann eine konkrete Predigertypologie als Hilfe zur Selbsterkenntnis bietet.

1. HOMILETIK DES SUBJEKTS: OTTO HAENDLER

Als Otto Haendlers Predigtlehre 1941 in erster Auflage erschien,[1] stand die Thematisierung des Subjekts der Predigt unter dem Generalverdikt der Dialektischen Theologie, wie es etwa Eduard Thurneysen, Freund und theologischer Weggefährte Karl Barths, 1922 programmatisch formuliert hatte: »Er [sc. der Prediger] ist Zeuge vor Gericht, der eine Aussage macht [...], er redet nicht aus eigenem Antriebe, sondern in Auftrag; wo aber Auftrag ist, da ist eigener Antrieb Nebensache und wirkt *nur* verdunkelnd, wenn er sich hervordrängt.«[2] Dessen ungeachtet die Person des Predigers nicht nur ausführlich reflektiert, sondern sie zum »Ausgangspunkt und ständige[n] Orientierungspunkt«[3] seiner Homiletik gemacht zu haben, ist das Verdienst Haendlers.

---

1 Otto Haendler: Die Predigt. Tiefenpsychologische Grundlagen und Grundfragen, Berlin 1941 (²1949; ³1961). Die Zitate in der Einleitung und der unten abgedruckte Text folgen der zweiten Auflage. – Haendler wollte seine Homiletik ursprünglich unter dem Titel »Der Prediger und seine Predigt« veröffentlichen, verzichtete aber auf Bitte des Verlags auf diesen zweifellos passenderen Titel (vgl. Ernst-Rüdiger Kiesow: Der Prediger, in: Karl-Heinrich Bieritz u. a. [Hgg.]: Handbuch der Predigt, Berlin 1990, 99-135; hier: 105).
2 Eduard Thurneysen: Die Aufgabe der Predigt (1921), in: Gert Hummel, Aufgabe der Predigt, WdF 234, Darmstadt 1971, 105-118; hier: 112; Hervorhebung im Original.
3 O. Haendler, a. a. O. (s. Anm. 1), 15.

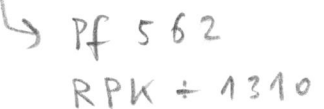

II Zur Bedeutung der Person für die Predigt

Otto Haendler (1890-1981)[4], Sohn des späteren Berliner Generalsuperintendenten Wilhelm Haendler, war nach dem Theologiestudium in Tübingen und Berlin etliche Jahre im Pfarramt tätig, bevor er – nach Promotion und Habilitation – 1945 als Professor nach Greifswald berufen wurde; 1951 wechselte er auf den praktisch-theologischen Lehrstuhl an der Humboldt-Universität in Berlin (Ost). Neben seiner Homiletik und etlichen Beiträgen zur Seelsorgelehre hat Haendler nicht lange vor seiner Emeritierung auch einen »Grundriß der Praktischen Theologie« (Berlin 1957) verfaßt. Der Inhalt und die Sprache von Haendlers Schriften lassen einige prägende Einflüsse erkennen. So verbindet ihn das engagierte Interesse an einer wechselseitigen Durchdringung von Glaube und Persönlichkeit mit der Berneuchener Bewegung, der Haendler von Beginn an verbunden war, während sich die tiefenpsychologische Ausrichtung seiner Schriften in erster Linie dem Kontakt (und der späteren persönlichen Freundschaft) mit Carl Gustav Jung verdankt. Die langjährige Erfahrung im Pfarramt schlägt sich schließlich in zahlreichen präzisen Beobachtungen nieder, die bis heute von ihrem heuristischen Wert nichts verloren haben.

Der nachfolgende Text, der dem Grundlagenkapitel von Haendlers Predigtlehre entnommen ist, macht in anschaulicher Weise das Problem deutlich, um dessen Bewältigung es Haendler vor allem geht: Es ist die subjektlose Predigt, d. h. eine Predigt, in der der Prediger als Person ungreifbar wird, indem er sich hinter vermeintlich objektiven theologischen Aussagen verschanzt. Die dialektisch-theologische Abwertung des Predigers als bloßem Übermittlungskanal[5] verschaffte dieser Tendenz noch eine verhängnisvolle homiletische Legitimierung.

Im Widerspruch dazu macht Haendler deutlich, daß das Subjekt im Predigtgeschehen gar nicht ausgeschaltet werden *kann* (Abschnitt 1), daß es mit *allem*, mit seiner Art zu glauben und auch mit seinen Zweifeln die Predigt prägt (Abschnitt 2), und daß schließlich die »*Kirchlichkeit*« einer Predigt nicht unabhängig vom, sondern allein vermittelt durch das Subjekt zustande kommt (Abschnitt 3). Die traditionellen, von der dialektisch-theologischen Homiletik erneut zur Geltung gebrachten Alternativen ›objektive *oder* subjektive Predigt‹, ›Evangelium *oder* Erfahrung‹ bzw. ›kirchliche *oder* individuelle Predigt‹ werden damit prinzipiell überwunden. Eine gelungene Predigt beruht vielmehr auf

---

4 Zur Biographie vgl. Michael Meyer-Blanck: Tiefenpsychologie und Strukturtheologie: Otto Haendler (1890-1981), in: Ders. / Christian Grethlein (Hgg.): Geschichte der Praktischen Theologie. Dargestellt anhand ihrer Klassiker, Leipzig 2000, 389-431 sowie die ausführliche Untersuchung von Kerstin Voigt: Otto Haendler. Leben und Werk, Eine Untersuchung der Strukturen seines Seelsorgeverständnisses, Frankfurt / M. 1993.
5 Hans Urner: Gottes Wort und unsere Predigt, Berlin 1961, 95 postuliert gar, man müsste jede Predigt eigentlich überschreiben mit: »Der Prediger als Hindernis«.

einer »Verschmelzung von objektiver und subjektiver Wirklichkeit«, denn: »Wir können das Evangelium lebendig verkündigen nur so, wie es uns lebendig geworden ist«. In der letztgenannten Aussage deutet sich zugleich an, daß ein reflektierter Umgang mit der eigenen Person in der Predigt nicht nur notwendig ist, um eine unkontrollierte und womöglich unter dem Deckmantel vermeintlicher Objektivität sich auswirkende Subjektivität in der Predigt zu vermeiden. Wer in eigener Person predigt, ohne dabei eigene Fragen und Zweifel zu verleugnen, eröffnet dem Hörer zugleich eine Chance zur Identifikation. Die Frage nach der Person des Predigers und der Situationsbezug der Predigt rücken damit in einen unmittelbaren Zusammenhang. Dieser Zusammenhang kehrt, aus anderer Perspektive, unter dem Begriff der »Anfechtung« bei Ernst Lange wieder (siehe unten Kap. IV).

Haendler hat mit der pointierten und für seine theologische Generation ganz unzeitgemäßen Fokussierung des Subjekts zweifellos Pionierarbeit für die Homiletik und darüber hinaus für die Praktische Theologie als Ganzes geleistet. Daß seine Impulse erst in den 70er Jahren des 20. Jahrhunderts wieder aufgenommen wurden, dürfte der langen Dominanz dialektisch-theologischer Denkmodelle geschuldet sein. Der (unten abgedruckte) Aufsatz von Manfred Josuttis zum »Ich auf der Kanzel«, Axel Deneckes Buch »Persönlich predigen«[6] und die Anwendung pastoralpsychologischer Fragen in der Predigtanalyse (Hans-Christoph Piper)[7] markieren neben anderen die Wiederentdeckung des Subjekts in der Homiletik. Im Vergleich zu der Schrift Haendlers hat sich dabei der Akzent freilich eher auf Fragen der Predigt*gestaltung* verschoben. Ohne deren prinzipielles Recht zu bestreiten, muß doch darauf hingewiesen werden, daß Haendlers Überlegungen auf einer fundamentaleren Ebene liegen. Seine Homiletik ist (um es in einem ihr entsprechenden Sprachduktus zu sagen) weniger eine *Stilkunde* als eine *Lebenskunde*; sie gibt kaum Anweisungen für »persönliches Predigen«, sondern ist vielmehr ein grundsätzliches Plädoyer dafür, *als Person* zu predigen.[8]

---

6   Axel Denecke: Persönlich predigen. Anleitungen und Modelle für die Praxis, Gütersloh 1979.
7   Vgl. den in Kap. VIII.1 abgedruckten, erstmals 1976 publizierten Aufsatz von Piper. Auf die Wirkungsgeschichte Haendlers in der *Pastoralpsychologie* (etwa mit Blick auf seinen Schüler Klaus Winkler) kann in unserem Zusammenhang nicht eingegangen werden.
8   Auch Denecke hat sich explizit gegen ein bloß technisches Verständnis seines Programms gewehrt (vgl. a. a. O. [s. Anm. 6], 44), obwohl es der Titel und manche Formulierungen im Buch nahelegen.

2. TYPOLOGIE DES PREDIGERS: FRITZ RIEMANN

Der zweite hier vorzustellende Aufsatz zur Person des Predigers stammt aus der Feder eines Psychologen: Fritz Riemann (1902-1979), Sohn einer Chemnitzer Fabrikantenfamilie, arbeitete als Psychoanalytiker in Leipzig, Berlin und München; in München zählt er zu den Gründern der Akademie für Psychoanalyse und Psychotherapie. Sein Buch »Grundformen der Angst«, erstmals 1961 veröffentlicht, avancierte rasch zu einem – bis heute viel gelesenen – Standardwerk der Psychologie.[9] Angeregt durch das Buch, bat der Praktische Theologe Richard Riess im Jahr 1974 Riemann um einen Beitrag für einen pastoralpsychologischen Aufsatzband.[10] Die dabei entstandene und im folgenden wieder abgedruckte Typologie des Predigers, die auf den »Grundformen der Angst« basiert, verdankt sich dem fachübergreifenden Gespräch zwischen Riess und dem kirchlich wenig geprägten Riemann.

Riemann geht von zwei polaren Spannungen aus, die von der frühen Kindheit an unser Leben bestimmen: Es geht (a) um die Spannung zwischen einer individuellen Identität und der Integration in die Gemeinschaft sowie (b) um die Spannung zwischen dem Bedürfnis nach Kontinuität und der Sehnsucht nach Veränderung. Zwischen diesen Polen, die Riemann in Anlehnung an Freuds psychosexuelles Phasenmodell jeweils einer bestimmten Entwicklungsphase des Kleinkindes zuordnet, stellt sich im Idealfall ein flexibles Gleichgewicht ein.[11] Störungen, besonders während der frühkindlichen Entwicklung, können dazu führen, daß die Balance zwischen Identität und Gemeinschaftsfähigkeit oder zwischen Geborgenheit in Überliefertem und Offenheit für Neues zu einer Seite hin verschoben wird: Der eine Pol wird überbetont, der andere hingegen angstbesetzt. Riemann benennt die denkbaren Einseitigkeiten jeweils mit dem Begriff für die entsprechende neurotische Störung:

- *schizoide* Persönlichkeitsstruktur: Überbetonung der eigenen Autarkie bzw. Angst vor Gemeinschaft;
- *depressive* Persönlichkeitsstruktur: Überbetonung von menschlichen Bindungen bzw. Angst vor Trennung und Einsamkeit;

---

9 Fritz Riemann: Grundformen der Angst, München / Basel 1961. Der zweiten Auflage der gebundenen Ausgabe von 1999 ist eine Kurzbiographie von Ruth Riemann beigefügt.
10 Richard Riess (Hg.): Perspektiven der Pastoralpsychologie, Göttingen 1974. Für Informationen über die Hintergründe des Aufsatzes danken wir Richard Riess herzlich.
11 »Eine solche Gleichgewichtigkeit bedeutet indessen nicht etwas Statisches, wie man meinen könnte, sondern sie ist voll ungemeiner innerer Dynamik, weil sie nie etwas Erreichtes, sondern etwas immer wieder Herzustellendes ist.« (F. Riemann, a. a. O. [s. Anm. 9], 16).

- *zwanghafte* Persönlichkeitsstruktur: Überbetonung von Autorität bzw. Angst vor Anarchie;
- *hysterische* Persönlichkeitsstruktur: Überbetonung von Spontaneität bzw. Angst vor Festlegungen.

Auf dieser Grundlage fragt der nachfolgend abgedruckte Aufsatz Riemanns nach Zusammenhängen zwischen der Persönlichkeitsstruktur von Predigenden auf der einen und korrespondierenden Predigtstrukturen, Predigtwirkungen und Gründen für die Wahl des Pfarrberufs auf der anderen Seite. Eine aufmerksame Lektüre des Textes kann sowohl im Blick auf fremde, als auch im Blick auf die eigene Predigttätigkeit von einigem Gewinn sein – vorausgesetzt, man umgeht jene Mißverständnisse, die Terminologie und Genre des Aufsatzes in gewisser Weise nahelegen: Erstens geht es, ungeachtet der aus der Psychopathologie übernommenen Begriffe (»schizoid«, »depressiv« usw.), nicht um eine Pathologie der Predigt, sondern um persönlichkeitsspezifische Ausprägungen mit ihren Stärken und Schwächen, wie sie bei *jedem* Prediger mehr oder minder ausgeprägt vorkommen. Entsprechend zielt der Aufsatz nicht auf eine krampfhaft ›neutrale‹ Predigt, sondern auf ein reflektiertes Verhältnis zur eigenen Persönlichkeit und zu ihren Grenzen. Es liegt, zweitens, in der Natur der Sache, daß eine Charaktertypologie die psychische Wirklichkeit des Menschen auf eine überschaubare Anzahl von Grundtypen reduziert, über deren Unterscheidung und Zahl sich im einzelnen diskutieren läßt.[12] Die Diskussion über die Angemessenheit bzw. ›Gültigkeit‹ solcher Texte verliert freilich an Schärfe, wenn eine Typologie nicht als schicksalsverkündendes Orakel, sondern als *heuristische Hilfe zur Selbsterkenntnis* benutzt wird. So kann auch eine noch so ausgefeilte homiletische Charaktertypologie dem Leser nicht sagen, wer er als Prediger ist oder in Zukunft sein wird. Aber sie kann ihm dazu verhelfen, seine Stärken und Schwächen im Blick auf die Predigt und ihre Wirkung selbst wahrzunehmen sowie eigene Bedürfnisse, die seine Entscheidung für das Pfarramt mehr oder weniger unbewußt mit beeinflußt haben, zu reflektieren.

Daß Charaktertypologien wie die im abgedruckten Text gebotenen eher der Selbsterkenntnis dienen als ihren Leser auf eine bestimmte Rolle für Gegenwart und Zukunft festlegen sollten, hat Riemann übrigens auch in einem kleinen Büchlein über die Astrologie (!) betont.[13] Mit seinen vergleichsweise nüchternen, von eigener Beratungspraxis geprägten Überlegungen zur Funktion von Horoskopen bietet er einen in mancher Hinsicht erhellenden Zugang zu einem von Theologen i. d. R. gemiedenen Thema.

---

12 So überzeugend Riemanns Beobachtungen sonst sind, scheint mir der fast metaphysische Wahrheitsanspruch, den er für die Vierzahl seiner Typen erhebt, nicht über jeden Zweifel erhaben.
13 Fritz Riemann: Lebenshilfe Astrologie. Gedanken und Erfahrungen, Stuttgart [17]1999.

Die Predigertypologie Riemanns ist in der Homiletik u. a. von Axel Denecke[14] sowie von Wilfried Engemann[15] aufgegriffen und mit zahlreichen weiteren Beobachtungen unterfüttert (Denecke) bzw. mit transaktionsanalytischen Kategorien kombiniert (Engemann) worden. Beide Untersuchungen bestätigen und präzisieren die von Riemann postulierten Zusammenhänge zwischen persönlichkeitsspezifischer Prägung und Predigtgestaltung, etwa im Blick auf individuelle Vorzugsthemen bzw. Tabuisierungen in der Predigt oder hinsichtlich typischer Beziehungsmuster zwischen Prediger und Gemeinde.

F. M. L.

---

14 Axel Denecke, a. a. O. (s. Anm. 6), 54 ff.
15 Wilfried Engemann: Persönlichkeitsstruktur und Predigt. Homiletik aus transaktionsanalytischer Sicht, Leipzig ²1992; vgl. ders.: Einführung in die Homiletik, Tübingen / Basel 2002, 209-222 (Zusammenfassung in Tabellenform: 221).

Otto Haendler

Die Bedeutung des Subjekts für die Predigt

I DIE UNMÖGLICHKEIT
 DER AUSSCHALTUNG DES SUBJEKTS

Die Tatsache, daß eine Predigt über einen Text gehalten wird und eine objektiv gegebene Wahrheit vermittelt, hat weithin hinweggetäuscht über das Ausmaß, in dem die Predigt dennoch *Produkt des Subjektes* ist. In wie hohem Maße das der Fall sein muß, ergibt sich schon ganz äußerlich aus der Länge der Predigt im Verhältnis zum Text. Denn es fragt sich nun, woher das kommt, was der Prediger »über« den Text sagt, und es muß deutlich werden, in wie umfassendem Maße die Predigt, unberührt von ihrer Objektivität und ohne diese zu schmälern, Produkt des Subjektes ist.

Um das herauszustellen, sei zunächst hingewiesen auf die umfassende Bedeutung, die das Subjekt in dem objektivsten Stück des Gottesdienstes hat, in der *Liturgie*. Wer Erfahrung nicht nur in gebundener Liturgie, sondern auch in gebundener liturgischer Haltung hat, weiß, wie sehr selbst die auf einen Ton gesprochene und völlig gebundene Liturgie die Persönlichkeit zum Ausdruck bringt. Man vergleiche etwa, wie verschieden Könnende und Nichtkönnende Liturgie halten, und es zeigt sich, daß man »objektiv« Liturgie nicht hält, indem man sich ausschaltet, sondern indem man sich mit seiner ganzen Subjektivität in die objektive Liturgie einschaltet. Subjektivistisch sein, als Verzerrung von subjektiv sein, bedeutet, durch seine Subjektivität die Sache stören. Objektiv sein bedeutet, *als Subjekt von der Sache getragen sein und als Subjekt die Sache tragen*. Subjektiv (nicht subjektivistisch) sein ist auch in diesem Falle möglich, und die Ausschaltung des Subjektes lähmt auch die Sache. Es geht immer nur um das Entweder-Oder, ob das Subjekt gegen die Sache oder mit der Sache eingeschaltet wird. –

Gilt das schon von der Liturgie, so erst recht von der *Predigt*. Es ist ein *Irrtum zu meinen, man könne das Subjekt irgendwie in der Predigt ausschalten*. Man kann es weder zurücktreten lassen noch durch Darbietung objektiver Wahrheiten über[47]flüssig oder nebensächlich machen. Der Satz eines Kandidaten[1],

---

[1] Formulierungen von Studenten und Kandidaten werden hier deshalb gelegentlich herangezogen, weil sie vielfach Irrtümer, die in der Predigtarbeit der Kirche eine verdeckte Rolle spielen, in noch naiver und unverdeckter Form zum Ausdruck bringen. Sie sind damit oft ein warnendes Zeichen für die praktischen Folgerungen, die aus nur gedanklich verarbeiteter Theologie gezogen werden.

»die Predigt ist überhaupt keine menschliche Leistung, sondern sie ist Verkündigung einer Botschaft in Vollmacht dessen, der sie gegeben hat«, ist eine unklare Vermengung zweier divergenter Gebiete, leider aber trotzdem typisch für gewisse Folgerungen aus unverarbeiteten theologischen Sätzen. Die Frage, ob Leistung oder nicht, hängt ganz und gar nicht ab von der Frage, ob Botschaft oder nicht, sondern es geht um geleitete oder ungeleitete Leistung, aber um Leistung in jedem Falle. Frisch und richtig sagt Krauß: »Es ist überhaupt ein meistens irrtümliches Gerede, wenn verlangt wird, daß der Prediger, wie man sich ausdrückt, ›nichts vom Eigenen zum Gotteswort hinzutue‹. Wer tut denn nichts vom Eigenen hinzu? Nur der gedankenlose, ideenlose Abschreiber ... Sobald ich wirklich predige, verwerte ich das Gotteswort individuell. Eine jede praktische Ausdeutung des letzteren macht sich also gerade dadurch und nur dadurch, daß ich mein Eigenstes über das Schriftwort disponieren lasse.«[2] Ähnlich Beyer »Die Individualität soll zur vollsten Entwicklung gebracht werden«[3] und Palmer »Der Prediger muß mit seiner Predigt *in eigener Person* vor der Gemeinde erscheinen«. Die Predigt ist »die volle Manifestation der Persönlichkeit«[4]. Wir führen diese Beispiele an als Beweis dafür, daß die alte Homiletik in vielem sehr viel lebendiger und richtiger sah als manche theologische Theorien neuerer Zeit es ermöglichen, die sich nur deshalb so sicher gebärden können, weil sie der Gesamtwirklichkeit ferner sind, als sie selbst es ahnen.

Es ist in Wahrheit keineswegs so, daß je mehr »objektive« Aussagen der Prediger tut, um so mehr er selbst zurückträte.

Zunächst ist selbst die objektivste Wiedergabe von Textteilen, also ihre Verlesung oder ihre Zitierung schon ein subjektives Bekenntnis, und zwar nicht nur durch die Tatsache, daß, sondern auch subjektive Nuancierung durch die Art, wie man diese Textteile wiedergibt. Erfolgt solche Wiedergabe »unter Ausschaltung des Subjektiven« gar in der falschen Meinung, man sei durch die geoffenbarte Wahrheit über die eigene Fassensmöglichkeit hinaus gedeckt, so ist das auch ein subjektives Bekenntnis, nur von negativem Charakter. Es gibt einen Rückzug auf die Dogmatik von den eigenen leeren Feldern aus. Die in solchem Falle als Verlegenheitsausfüllung verwendeten Reminiszenzen aus Kirchenlehre und Dogmatik sind keineswegs echte Objektivität, sondern eine Ausflucht, in der das Subjekt gleichsam einen fremden Mantel trägt, aber doch ihn trägt und dafür verantwortlich ist, daß es ihn umlegt und als in ihn nicht passendes Subjekt in Erscheinung tritt. [48]

Darüber hinaus können ja solche Ausflüchte und Aushilfen nur einen geringen Teil der Predigt ausfüllen. Die Praxis beweist, daß auch Anfänger zwangs-

---

2 Alfred Krauß, Lehrbuch der praktischen Homiletik. 1883, S. 135.
3 Beyer, Das Wesen der christlichen Predigt. 1861, S. 589.
4 Christian Palmer, Evangelische Homiletik. IV. Stuttgart 1857, S. 600.

läufig sich *bemühen, Eigenes in der Predigt zu sagen*. Wenn das auch oft kein adäquater und voll genügender Ausdruck dessen ist, was sie meinen, so ist es doch stets, wenn auch noch so unbeholfen, ein Ausdruck dessen, was sie sind. Das kann in zweierlei Richtung geschehen: entweder drückt der Prediger sein wirkliches Wesen aus, oder er drückt die Tatsache aus, daß er noch kein Wesen hat und das Fehlende durch Anleihen ersetzt.

Nicht nur für diesen Fall, sondern auch für den gelingenden Ausdruck gilt nun weiter, daß jeder Text *eine Fülle von Möglichkeiten der Auslegung* bietet, auch abgesehen von den verschiedenen exegetischen Auslegungsmöglichkeiten, für deren jede in sich vielmehr das hier zu Sagende gleichermaßen gilt.

Die Fülle der Möglichkeiten entsteht dadurch, daß jeder Mensch zwangsläufig einseitig ist und nur von einer Seite her an den Text herankommen kann. Der Text ist einem Standbild vergleichbar, das in der Mitte eines Saales steht, in den von allen Seiten her Türen hineinführen. Die Prediger sind die den Saal betretenden Beschauer. Jeder kann hineingehen, aber jeder nur durch eine Tür, die er wiederum nicht willkürlich wählt, sondern die ihm durch Art und Lebensgang bestimmt ist. Jeder kann das Standbild umschreiben, aber jeder hat seinen persönlichen Ersteindruck, und wenn er das ganze aufgenommen hat (soweit da von Ganzheit die Rede sein kann), seinen persönlichen Höchsteindruck, die Richtung, von der aus er das Standbild sehen muß, um es möglichst ganz zu erfassen und zu umgreifen.

Das Gesagte gilt nicht nur für die reichhaltigen Texte, bei denen man die Mannigfaltigkeit der Auslegung mit ihrer eigenen Vielseitigkeit in Verbindung bringen könnte. Es gilt vielmehr genau so von jedem zentralen kirchlichen Satz, sei es ein zentraler Spruch oder eine entscheidende dogmatische Wahrheit. Die Karfreitagswahrheit etwa »Christus ist für uns gestorben« wird tatsächlich so mannigfaltig ausgelegt, wie es Mannigfaltigkeit von auslegenden Menschen gibt.

Es ist also völlig abwegig, wenn ein Kandidat sagt, »der Prediger soll sich, seine Gedanken und Wünsche, soweit es ihm überhaupt möglich ist, völlig ausschalten«. Das ist ihm eben nicht möglich, und er irrt fundamental, wenn er das so entstehende Produkt (soweit man es dann noch Predigt nennen will) für objektive Verkündigung der objektiven Wahrheit hält. Wer »unter möglichster Ausscheidung alles Subjektiven ganz zu einem Werkzeug in Gottes Hand werden« will, wird nicht zu dem Werkzeug Prediger, Bote, Verkünder, sondern er würde zur Schallplatte, wenn von ihm noch etwas erklingen könnte. Wer sich in diesem Sinne glaubt »ausgeschaltet« zu haben, in dem wirken die subjektiven Kräfte sich unkontrolliert, ungeregelt und unnormiert aus. [49]

II DAS AUSMASS DER WIRKUNG DES SUBJEKTS

Jede Auslegung zieht das, was sie »Objektives« sagt, unbeschadet der Objektivität, in eine gewachsene Einheit hinein, die aus der *Verschmelzung von objektiver und subjektiver Wirklichkeit* entsteht. Wir können homiletisch-psychologisch nicht von dem »objektiven« Evangelium ausgehen, sondern nur von unserer Erkenntnis und Erfahrung des Evangeliums und von dem Maß, in dem es in uns realisiert ist. »Jeder kann nur das darstellen, was in ihm ist.«[5] Von hier aus ist zu warnen vor der weit verbreiteten Auffassung, die das Subjektive abwertet, indem sie es als »bloß« Subjektives bezeichnet.[6] Gerade der Rückgriff auf die Reformation hilft uns die Gefahr meiden, daß wir weniger erarbeiten als die Reformation, und daß wir in einer sie nicht verstehenden Zielsetzung »nichts bloß Subjektives« sagen wollen. Luther war in diesem echten Sinne höchst subjektiv!

Es gibt Predigten, die so stark spürbar Ausdruck der Persönlichkeit sind, daß diese gleichsam bildhaft erkennbar hinter ihnen erscheint. Es gibt andere, bei denen das weniger der Fall ist. Die letzteren beweisen aber nicht, daß das persönliche Moment nur bei den stark ausgeprägten Persönlichkeiten da ist, sondern nur, daß bei den anderen ein geringwertigeres und minder ausgeprägtes Persönliches da ist. Stammt die Verdrängung aus Unvermögen, so ist sie blutleere Selbstverleugnung. Stammt sie aus versteifter Theologie, so ist sie letzten Endes lieblose Selbstverleugnung. Man vergleiche in Gedanken zwei die objektive Wahrheit wirklich verkündende Karfreitagspredigten. Die eine sei von einer starken Persönlichkeit getragen, so daß die Predigt, unbeschadet der objektiven Wahrheit, einen starken persönlichen Charakter trägt. Die andere sei, ebenfalls die objektive Wahrheit verkündigend, von einer schwachen, subjektiv zurücktretenden Persönlichkeit getragen. Man sieht sofort, daß die zweite nicht eindrucksvoller objektiv ist, sondern daß die gleiche Objektivität beider Predigten hier zu ihrem Nachteil weniger von subjektiver Kraft und Formung getragen ist. Auch in der objektivsten Predigt wirkt sich umfassend die psychologische Wahrheit aus, »daß es kein Mittel gibt, sich vom Subjekt-

---

5 Schleiermacher, Prakt. Theologie, S. 73. (Ges. Werke I. Abtlg.) Zur Theologie. Bd.13, hrsg. v. Frerichs. Berlin 1850.
6 So auch neuerdings Fendt, a. a. O. S. 105. Sehr instruktiv handelt Jung über die Bedeutung des Subjektiven in Psychologische Typen, S. 536 ff. »Indem nun der subjektive Faktor seit ältesten Zeiten ... sich selber identisch bleibt ... so ist er eine ebenso festgegründete Realität wie das äußere Objekt ... Er ist das andere Weltgesetz, und wer sich auf ihn gründet, gründet sich auf ebensoviel Sicherheit, auf ebensoviel Dauer und Gültigkeit, als der, der sich auf das Objekt beruft.« – Man lese nach und denke nach, ehe man diese, immerhin überraschende, Behauptung verurteilt!

sein zu befreien«.[7] *Wir können das Evangelium lebendig verkündigen nur so, wie es uns lebendig geworden ist.* [50]

Demnach kommt in jeder, auch der kürzesten Predigt, nicht ein Teil, sondern die *ganze* Persönlichkeit voll zum Ausdruck. Der Mensch ist immer nur er. Ist er uneigentlich, so ist er als solcher »er«. Psychologisch gesehen ist auch der abhängige Mensch »er« – als ein abhängiger. *Das unoriginale Wesen hat psychologisch ebenso Eigengesetzlichkeit wie das originale.* Die negativen Teile der Persönlichkeit kommen negativ, die positiven positiv zur Geltung. Das Unausgebildete wirkt sich als Mangel an Bildekraft, das Unangebaute als Mangel an Substanz aus.

Man darf also nicht meinen, daß die Kraftströme des Evangeliums ein Ersatz für fehlende Kräfte und Möglichkeiten des Predigers seien. Die Wahrheit, daß Gott trotz des Predigers und nicht nur durch ihn hindurch sein Evangelium wirksam machen kann, bedeutet, daß durch übergreifende Zusammenhänge die negative Wirkung des Predigers überboten werden kann, nicht aber, daß die Wirkung des Predigers irgendwie ausgeschaltet wird. Vor allen Dingen werden nicht die Mankos und Leerflächen des Predigers gleichsam überdeckt durch über sie hinweg eilende Kräfte der verkündigten Wahrheit. Die Kraftströme des Evangeliums kommen, soweit überhaupt sie durch den Prediger wirken, *durch* seine positiven Kräfte, nicht trotz ihrer zur Geltung. Die beste Predigt kommt nicht am meisten aus dem Evangelium und am wenigsten aus dem Subjekt, sondern am meisten aus dem Evangelium und am meisten aus dem Subjekt; nicht dem »idealen«, sondern dem bluthaften Subjekt.

Das Höchstmaß von Objektivität umfaßt, wenn es sinnvoll und lebendig sein soll, das Höchstmaß von *Wirkung* der objektiven Wahrheit und ist deshalb nicht durch Ausschaltung des Subjektes, sondern im Gegenteil nur durch das Höchstmaß von Subjektivität (nicht Subjektivismus, sondern Aktivität des Subjektes) und Hervortreten des Subjektes zu erreichen. Das Subjekt hat also nicht die Möglichkeit, Teile seines Seins von seinem Wirken auszuschalten, sondern es wirkt als Ganzes.

In dieser Hinsicht sind weithin ungenügend diejenigen Hinweise der Homiletiken, welche für die Christlichkeit der Predigt vom Prediger einfach fordern, daß alles, *was dem Christsein widerspricht*, nach Möglichkeit in ihm *überwunden* werden müsse. Nitzsch sagt: »Allerdings hat sich die homiletische Persönlichkeit von der Seite der Individualität, wo sie mit allerlei Gebrechen und Leidenschaften behaftet ist, zu verleugnen.«[8] Ähnlich Th. Harnack[9] und Schweizer,

---

[7] Fritz Künkel, Einführung in die Charakterkunde. S. 117.
8 Nitzsch, a. a. O. S. 50.
9 Th. Harnack, a. a. O. S. 222.

dieser mit dem Zusatz: Es sei »unrichtig, wenn das Leben der Individualität als profan aus dem Kultus soll abgewiesen werden«[10]. In diesem letzteren Satz klingt an, was die so oft wiederholte Forderung problematisch macht hinsichtlich der [51] Möglichkeit ihrer Durchführung. Aber Schweizer fährt auch fort: »Nur dasjenige Individuelle, welches aus keinem gemeinsamen Glaubensgrund erfüllt wäre, kann im Kultus nicht erscheinen«. In diesem »nicht können« bzw. »nicht dürfen« liegt das Problem. Das abzuleugnende Individuelle erscheint eben!

Mit dieser und entsprechenden Forderungen ist daher im Grunde nur gesagt, wie der Prediger sein müßte, nicht wie er ist, und also für die konkrete Lage keine Hilfe gegeben. Denn es ist dabei nicht in Betracht gezogen, daß alles noch nicht Überwundene in dem Prediger wirkt, solange es da ist: Sünde, Privatpersönlichkeit, fehlende Erkenntnis und Erfahrung. Der Prediger wirkt immer mit allem Christlichen *und* Nichtchristlichen, das in ihm ist.

Das Bangen, das aus dieser Erkenntnis entstehen müßte, findet seine grundlegende Lösung nur in der vergebenden und tragenden Gnade. Das ist theologisch sauber zu erfassen und ethisch sauber anzunehmen. Der Tatbestand hat aber darüber hinaus noch eine doppelte psychologische Beziehung. Einmal die belastende, daß *wir unerbittlich auch mit allem Negativen wirken.* Was sie für die Gestaltung des Predigers bedeutet, wird noch zu erarbeiten sein. Sodann aber eine eigenartige *positive:* Dieses Mitwirken unseres negativen Seinsbestandes ist nämlich zugleich unaufhebbare Voraussetzung für ein Wirken überhaupt, nämlich *für die Herstellung konkreter Beziehungen* zu anderen Menschen. Nur der ganze Mensch in seiner illusionslos gesehenen Realität kann lebendig als Mensch zum Menschen wirken. Ein Mensch ohne Sünde könnte nur dann heilvoll wirken, wenn sein Erhobensein über die anderen nicht durch versteckten Hochmut wieder zur Sünde würde und die Größe seiner Liebe der Größe seines Erhobenseins entspräche. Luthers »pecca fortiter« hat auch zu den hier vorliegenden Zusammenhängen eine Beziehung. Indem wir in »getroster Verzweiflung« wissen müssen und dürfen, daß wir nur als ganze Menschen mit unseren positiven und negativen Seiten wirken können, wird uns eben darin zugleich das Wirken möglich. Auch der Prediger des Evangeliums ist Mensch unter Menschen, wie der Arzt Mensch unter Menschen ist, und nur durch sein ganzes Menschsein hindurch kann er Vertrauen finden und zur Gesundung helfen.

Das Wirken des Predigers ist zwangsläufig und gesund dadurch begrenzt, daß *nur die assimilierten Stücke seiner Verkündigung befruchtend wirken können.* Hier spielt das Wesen der Produktivität, des schöpferischen Gestaltens und erken-

---

10 Schweizer, a. a. O. S. 138.

nenden Schauens, eine entscheidende Rolle. Man kann nur das original ausdrücken, was echte Überzeugung im engeren Sinne ist. *Original* bedeutet nicht originell. Das Wort »originell« ist orientiert an der Absetzung gegen das Gewohnte und bezeichnet eine unechte, usurpierte Originalität. Das Wort »original« ist orientiert an dem echten Kern der Persönlichkeit und besagt, daß dieser seinen adäquaten Ausdruck findet. Jeder originale Ausdruck ist schöpferisch, auch wenn er ganz schlicht und keineswegs originell ist. Auch übernommene Ausdrücke und Sätze können [52] durch lebendige Assimilation original werden. Am krassen Gegensatz vermögen wir uns unmittelbar deutlich zu machen, in wie hohem Maße eine wiedergegebene Wahrheit des Glaubens original wirkt bei dem, der sie wirklich glaubt und unecht bei dem, der sie vortäuscht.

III DIE TIEFENDIMENSION

Eine weitere Verfestigung des Gesagten liegt darin, daß die Wirkung der Persönlichkeit in positiven wie in negativen Stücken nicht flächig, sondern plastisch ist. Sie hat *Tiefendimension*. Sie trägt nicht nur das augenblickliche Sein des Redenden an die Hörenden heran, sondern sie wirkt aus dem Ganzen der durchlebten Zeit und des durchschrittenen Raumes des Subjektes. Das Schicksal wirkt mit der gesamten Vergangenheit im jeweiligen Jetzt sich aus. Auch das *Gemeingut* wirkt als Teil der Persönlichkeit sich aus. Es ist außer ihm, aber zugleich in ihm assimiliert.

Das Gemeinsame wird durch das Eigene mitbestimmt und das Eigene durch das Gemeinsame. So kommt es, daß die Gemeinde jungen Predigern manche Unreife nachsieht, die sie älteren nicht verzeihen würde. Ebenso, daß die Predigt eines gereiften und erfahrenen älteren Mannes nicht von einem jüngeren ohne diese Erfahrung gehalten werden könnte, und daß es überhaupt eine Reife gibt, die auf keine Weise vor einem bestimmten, gegebenenfalls hohen, Alter gewonnen oder erschlichen werden kann. Von einer Predigt des greisen Dryander sagte ein ihm Nahestehender einst: »Er hat manches so ausgedrückt, wie es eben nur ein 70jähriger sagen kann«.

Ein alter Bauer, heißt es, steht nach jahrzehntelangem Streit zweier Nachbardörfer in der im Scheitern begriffenen Versöhnungsversammlung auf, betet das Vaterunser und bei der Bitte: »Vergib uns unsere Schuld« sieht er langsam alle Anwesenden an. Unter diesem Eindruck kam die Versöhnung zustande: ein Beispiel für die Bedeutung von durchlebter Zeit und durchmessenem Raum für die Wirkung der Persönlichkeit! Selbst mit der Macht des Vaterunsers und seiner 5. Bitte konnte nur ein *greiser* Mann diese Wirkung hervorrufen. Die Einordnung des Subjektes in die Predigt kann also zwar fälschlich zu subjektivistischer Predigt führen, grundsätzlich aber muß sie das keineswegs tun, sondern, wenn es recht geht, führt sie zur objektiven Verkündigung. *Der Gegensatz gegen objektiv ist nicht subjektiv, sondern willkürlich und beziehungslos* unter *falscher* Einschaltung des Subjektes. Psychologisch gesehen ist das Haben und Glauben der objektiven Wahrheit ein ebenso subjektiver Zustand, wie jeder »Subjektivismus« es ist. In jedem Falle ist das, was der Prediger verkündigt, subjektiv in ihm.

Die objektive Wahrheit, die in der Predigt verkündigt wird, tritt mit der Gesamtheit ihrer Wirklichkeiten und Kraftströme dem Prediger als *»Kirche«* im weitesten Sinne entgegen. In der Kirche »begegnet« dem Prediger aber nicht nur die Wirkungsmächtigkeit der Sache, sondern sie [53] verbindet sich in ihm mit seiner persönlichen Erfahrung, Reife und Tiefe zur zugleich überpersönlichen Wirkung. Das, was in dem Subjekt an zugleich überpersönlichen Momenten in dieser Richtung enthalten ist und sich auswirkt, kommt also aus der größeren Gemeinschaft, in der der Prediger steht und aus der er die Möglichkeit der Verkündigung schöpft. Das ist, psychologisch gesehen, der Sinn der »Kirche«. *Jede Predigt geschieht von der Kirche aus und in der Kirche.* Denn es gibt keine nur persönliche Erfahrung und kein nur persönliches Einssein mit einer Wahrheit, die nicht aus einer größeren Gemeinschaft der Erfahrung stammten und von daher in dem Einzelnen zum erleuchtenden Licht und zur lebendigen Erfahrung würden. In diesem Sinne wirkt sich hinsichtlich der Übersubjektivität der Predigt am Prediger das »kollektive Unbewußte« aus.

Die Kirche wirkt einerseits neben und über dem Prediger als die objektive, von ihm unabhängige und außer ihm stehende Macht, die die Möglichkeiten des Subjektes weit übergreift, andererseits wirkt die Kirche in ihm, soweit er sie seiner Persönlichkeit assimiliert hat, und sie von ihm als Subjekt Besitz ergriffen hat. *»Kirchlichkeit«* ist demnach nicht nur die Zustimmung zu einer bestimmten Auffassung, aber auch nicht nur die willentliche Einordnung in eine bestimmte Gemeinschaft, sondern *das gelebte Resultat einer gelebten und lebensmäßigen Einordnung.* Eine »kirchliche Persönlichkeit« ist nicht schon der, der sich mit Hingabe oder gar nur Emphase für die Kirche, wie er sie versteht, einsetzt, sondern erst der, der mit seinem subjektiven Sein aus der Wahrheit der Kirche lebt. Er muß also substantiell von ihr bestimmt sein, und daß er das wird, ist lebendiges Geschehen von Jahren oder Jahrzehnten.

Predigtarbeit ist also immer *Fusion* beider Mächte: der Kirche und des predigenden Subjektes. Sie kann gelungene Fusion sein, indem wirklich die Erkenntnis der Kirche durch den Prediger zum Ausdruck kommt. Sie kann auch mißlungene Fusion sein auf zweierlei Weise. Entweder: der Prediger predigt als ein Heimatloser, er ist nicht eingeordnet in die Gemeinschaft der Kirche und nicht eingegangen in den lebendigen Raum ihrer geistlichen Erkenntnis. Oder: er macht eine mißverstandene Kirche (etwa eine liberalistisch oder rationalistisch verstandene oder mit fremden Elementen verknüpfte) ohne Wissen um die echte Kirche zur Quelle seiner Verkündigung. Ist die Entwicklung günstig gelaufen und also Verkündigung aus echter kirchlicher Erkenntnis da, so *ist* alles, was der Prediger sagt, in tiefstem Sinne aus der Wahrheit der Kirche geschöpft und also kirchlich und objektiv wahr und richtig. Dabei können sehr »subjektive« Gedanken, auch solche, die nicht nur original, sondern originell sind, durchaus objektiv kirchlich richtig sein. Im andern Falle können Gedanken, die dem Anscheine nach mit der objektiven Verkündigung der Kirche übereinstimmen, und gegen die von der »Lehre« aus sich nichts einwenden läßt, in ihrer tieferen Wirkung doch sehr subjektiv im unguten Sinne, ja durchaus subjektivistisch sein. Es ist gar nicht unmöglich und geschieht zuweilen, daß ein dünner Strom trockener, [54] objektiver Richtigkeit zur Scheinlegitimation wird für einen starken Unterstrom subjektivistischer Willkür.

Das Problem der Kirchlichkeit einer Predigt ist also nicht der Gegenpol zum Problem der Subjektivität, als ob der Prediger entweder von der objektiven Kirche oder von der subjektiven Persönlichkeit bestimmt wäre, oder beides in je verschiedener Mischung. Sondern Kirche und Subjekt sind zwei Mächte, die sich durchdringen sollen, und je stärker dabei die Persönlichkeit ist, um so stärker kommt bei echter Durchdringung die Kirche zur Geltung. Das Problem der Kirchlichkeit muß aus der Tiefendimension verstanden werden und wird verfehlt, wenn man es nur linear nimmt.

Fritz Riemann

Die Persönlichkeit des Predigers aus tiefenpsychologischer Sicht

Jede Lehre, auch wenn sie in sich noch so geschlossen sein mag, wird abgewandelt durch ihren Interpreten. Dieser unterliegt individuellen Gesetzen, die ihn das zu Lehrende verschieden auslegen und vermitteln lassen. Aus solchen individuellen Persönlichkeitsvarianten erklären sich die Verschiedenheiten der Interpretation, die einerseits Farbigkeit, Lebendigkeit und Vielseitigkeit der Aspekte mit sich bringen, anderseits zu Widersprüchlichkeiten in der Auffassung, zu Streitigkeiten darüber, wer die »richtige« Lehre vertritt, bis zu reformerischen Abwandlungen oder radikalen Neuerungen führen können.

Das ist auf allen Gebieten der Fall, selbst in der naturwissenschaftlichen Forschung, wo diese individuellen Verschiedenheiten in der Beurteilung und Deutung eines Phänomens als »persönliche Gleichung« bekannt sind. Natürlich spielt die Persönlichkeit des Interpreten dann eine besonders große Rolle, wenn es um Sachen des Glaubens, der Ethik, der Sinngebung und um Dinge geht, die an sich einen breiteren Spielraum für die Deutung offenlassen, weil sie keine objektiven Fakten betreffen, sondern vom subjektiven Erleben, von persönlichen Wunsch- oder Angstvorstellungen, Überzeugungen oder Bedürfnissen abhängen.

In merkwürdiger Gesetzmäßigkeit lassen sich dabei immer wieder vier Einstellungen unterscheiden, die wir aus angeborenen Anlagen und / oder erworbenen Haltungen entstanden vermuten können (vier Temperamente der Alten, vier Elemente der Astrologie, vier Denkformen bei E. Wechßler, vier Funktionen bei C. G. Jung, vier Neuroseformen und Persönlichkeitsstrukturen in der Psychoanalyse). Das läßt eine Gesetzmäßigkeit vermuten, für die wir heute noch keine befriedigende Erklärung haben. Unabhängig vom Wandel der Zeiten, vom Zeitgeist, von sozialen, völkischen, rassischen oder sonstigen Bedingungen – die lediglich Verschiedenheiten in der Prävalenz oder Häufigkeit einer der vier Grundeinstellungen bedingen können – finden wir sie im Geistesleben auf allen Gebieten.

Mit diesen Grundeinstellungen erfassen wir jeweils Teilaspekte des Lebens und der Welt, die, wie beim Vierfarbendruck, erst zusammen sich [153] der Ganzheit, der »Wahrheit« nähern, die sich also ergänzen sollten, anstatt sich zu bekämpfen mit dem Anspruch auf alleinige Gültigkeit nur eines der vier Aspekte.

Eine Erklärungsmöglichkeit für diese Vierheit ist die tiefenpsychologisch-genetische oder biographische, nach welcher vier Persönlichkeitsstrukturen –

mit ihren extremen Ausformungen in den vier großen Neurosen – entstehen, je nachdem wie ein Mensch die vier Stufen der frühkindlichen Entwicklung durchlaufen hat. Ohne damit sagen zu wollen, daß diese Zusammenhänge die einzigen seien, wissen wir doch heute, daß schicksalhafte Fixierung an eine dieser Entwicklungsphasen, ihre Überbetonung oder ihr weitgehender Ausfall, im Sinne einer Prägung und als persönlichkeitsstrukturierend zu verstehen sind. Dieser genetisch-biographische Aspekt soll uns hier beschäftigen, wenn wir nun die Persönlichkeit des Predigers in tiefenpsychologischer Perspektive betrachten. Ich beginne jeweils mit der Skizzierung der einzelnen frühkindlichen Phase, schildere ihre Auswirkung auf die Persönlichkeitsentwicklung und versuche, das so Erarbeitete auf den Prediger anzuwenden. Dabei soll auch der Aspekt gestreift werden, wodurch die beschriebenen Predigertypen ecclesiogene Neurosen setzen können.

Vorweg sei noch gesagt, daß in den Entwicklungsphasen des Kindes von der Geburt bis etwa zum sechsten Lebensjahr jeweils bestimmte phasenspezifische Entwicklungsschritte zu vollziehen sind, deren Gelingen oder Mißlingen für die weitere Persönlichkeitsentfaltung fundamental wichtig ist. Wie weit dabei jeweils Erbanlagen oder sonstige Faktoren eine zusätzliche Rolle spielen, soll hier außer acht gelassen werden. Die Phasen sind als nicht scharf voneinander abgegrenzt zu verstehen; sie gehen fließend ineinander über, und das in ihnen Gelernte färbt jeweils die nachfolgende Phase mit. Der phasenspezifische Entwicklungsimpuls bleibt durch das ganze Leben bestehen, weil es sich dabei um etwas allgemein Menschliches handelt; er ist aber in der ihm zugeordneten Phase dominant und erhält in ihr seine Erstformung, wird in der weiteren Entwicklung nur immer mehr ausdifferenziert.

Alle seelsorgerische Tätigkeit spielt sich ab zwischen einem Seelsorger und einem oder mehreren Hilfe, Trost oder Führung Suchenden. Die Wirkung des Predigers hängt unter anderem sehr wesentlich davon ab, ob und wie tief er sein Gegenüber versteht, sich in es einfühlen, es »erreichen« kann. Jeder, der auf einem ähnlichen Gebiet tätig ist, weiß, wie verschieden Menschen angesprochen werden wollen, je nachdem, was ihnen »fehlt«, welche Hilfe sie brauchen. Denn auch die Hilfesuchenden gehören in verschiedener Akzentuierung zu diesen vier Persönlichkeitsstrukturen. Die Persönlichkeit des Predigers steht also immer verschiedenen Fremdstrukturen gegenüber; so wenig es »den« Prediger als gleichartige Persönlichkeit gibt, so wenig gibt es »den« Christen oder »den« Atheisten.

1. DER SCHIZOIDE MENSCH UND DIE ERKENNTNIS

Das nachgeburtliche Leben beginnt mit der sensorischen Phase, die bis etwa zum dritten Lebensmonat andauert. In ihr ist das Kind noch ohne menschliche Bindung; es erlebt die Welt über die Sinne, noch ganz welt[154]offen, zugleich aber noch völlig hilflos und ausgeliefert. Seine jeweilige Bedürfnis- und Triebbefindlichkeit, als Lust oder Unlust erlebt, entscheidet über seine Einstellung zur menschlichen Umgebung, zur Welt überhaupt. Da seine Bedürfnisse hier üblicherweise regelmäßig erfüllt werden, und es Ich und Du noch nicht unterscheiden kann, ist ihm seine Abhängigkeit nicht bewußt. Not und Mangelerlebnisse werden hier als existenziell bedrohend erlebt. Das phasenspezifische Entwicklungsziel der Frühstzeit ist die allmählich zu erkennende Polarisierung von Ich und Nicht-Ich, von innen und außen, sowie die Koordinierung des Eigenrhythmus mit dem der Welt, in der Anpassung von Wachen und Schlafen an Tag und Nacht.

Aus dieser Phase stammt das erste erkennende sich Orientieren in der Welt. Sie spiegelt den Menschen in der Polarität zum Weltganzen, die Einsamkeit des Individuums, die »schlechthinnige Abhängigkeit« oder, wie es die moderne Philosophie gern ausdrückt, sein »Geworfensein«.

Störungen der Entwicklung in dieser Phase lassen dieses Lebensgefühl übermertig werden. Die Störungsmöglichkeiten liegen in den beiden Extremen von Reizüberflutung und Reizmangel. Im ersten Fall wird das Kind die Welt als bedrohlich, überrennend, in sein Eigensein einbrechend erleben, und es entwickelt eine mißtrauische Distanz zu ihr, ein sich-auf-sich-selbst-Zurückziehen als Schutzhaltung. Im zweiten Falle werden seine mitgebrachten Anlagen und Instinktbereitschaften, wird seine reaktive Antwortbereitschaft zu wenig angesprochen; die Welt bleibt ihm fern, fremd und leer, das Kind wird auf sich selbst zurückgeworfen und autistisch. In beiden Fällen – dem der Überfremdung und der Isolierung – erlebt das Kind frühe Ungeborgenheit und kann sich nicht vertrauend der Welt öffnen.

Auf der Basis solcher Frühstörungen und der Fixierung an die sensorische Phase entwickeln sich schizoide Persönlichkeiten verschiedenen Schweregrades. Ihr Grundproblem ist die innere Einsamkeit, ihr Lebensgrundgefühl die mitmenschliche Ungeborgenheit. Da sie aus ihren Früherfahrungen die Zuwendung zur Welt als gefährlich und bedrohlich – weil überrennend – oder als enttäuschend – weil ohne Echo, ohne »feedback« – erlebt haben, entwickeln sie ein tiefes Mißtrauen und ein Bedürfnis nach schützender Distanz. Deshalb können sie sich schwer in Gefühlsbeziehungen einlassen; sie wagen keine sich öffnende Hingabe oder Bindung, die sie sich nur als Abhängigkeit und Ausgeliefertsein vorstellen können. Sie versuchen daher, autark zu werden, niemanden zu brauchen, auf niemanden angewiesen zu sein. Ihre Ungeborgenheit in der mitmenschlichen Welt, ihre mangelnde Vertrautheit mit anderen Menschen, suchen sie durch Intuition und Erkenntnis auszugleichen, und entwickeln so die für sie typische intellektuelle Frühreife bei emotionaler Unreife. Sie wollen das Leben erkennend, abstrakttheoretisch begreifen und bewältigen.

Der schizoide Mensch fühlt sich also allein in der Welt; sein Lebensgrundgefühl ist die Einsamkeit des Individuums, die er nun verschieden verarbeiten kann. Die Sehnsucht, aus seiner Isolierung herauszufinden, kann ihn über die Erkenntnis zu einem Aufgehobensein in überpersönlichen Zusammenhängen führen. Er kann aber auch die Isolierung *wollen* und dann in einen solipsistischen Autismus verfallen, sein Einmaligkeitsbewußtsein [155] kultivieren und in einsamer Selbstvergottung und Menschenverachtung enden.

Der Prediger mit vorwiegend dieser Persönlichkeitsstruktur wird folgende Merkmale aufweisen: Durch seine mitmenschliche Unbezogenheit hat er zu wenig Einfühlung in andere. Dadurch kann er die Wirkung seiner Worte nicht richtig einschätzen und – bewußt oder ungewollt – schockierend wirken. Er kann tief irritieren, die Toleranzgrenzen der anderen zu wenig beachten, verletzt daher leicht ihre Gefühle und hält sie für sentimental; er geißelt schonungslos alles, was ihm als Schwäche oder Naivität erscheint. So ist er als Prediger oft unbequem, weil er Probleme des Glaubens und der menschlichen Existenz eher aufreißt als mildert, nichts beschönigend und den Menschen auf sich selbst zurückwerfend, ihn so verunsichernd. Er verspricht keine Geborgenheit; Mitleid verachtet er; es geht von ihm eine kühle Distanz aus, die andere in Distanz hält. Aus seiner mitmenschlichen Unbezogenheit heraus kann er wenig emotionale Zuwendung geben und auslösen; dafür fördert er Kritik und Eigenständigkeit des Denkens, furchtlose Erkenntnis ohne Rücksicht auf Traditionen – die Lebenshaltung, durch die er sich selbst am meisten geholfen hat. Für ihn ist die Erkenntnis der Wahrheit der Weg zu Gott.

Auf dieser Linie finden wir recht verschiedene Persönlichkeiten des Predigers. Auf der Seite autistisch-narzißtischer Ichbetonung sowohl weltfremde Idealisten, sektiererische Heilsbringer, Weltverbesserer und »Religionsstifter«, utopische Propheten bis zum religiösen Wahn, als auch radikale Neuerer und Sektenbegründer, also alle hier möglichen Formen des Außenseitertums, womit die meist neurotischen Erscheinungsformen dieses Typus umrissen sind.

Anderseits finden wir hier Persönlichkeiten, die aus ihrer Ungebundenheit, Unabhängigkeit und Erkenntniskraft zu großer innerer Freiheit gelangen können. Sie sind furchtloser und brauchen daher weniger Rücksichten zu nehmen, als Gebundenere und Abhängigere, denen eine kollektive Zugehörigkeit wichtiger ist. Sie ertragen es, alleinzustehen und angefeindet zu werden, stehen mutig zu ihren Überzeugungen und vertreten auch unkonventionelle und eventuell kirchenfeindliche Ansichten, wenn sie sie für wahr halten. Sie sind oft die Freidenker, die in bestimmten Zeiten als Ketzer angesehen werden, nicht bereit, Dinge anzunehmen und zu glauben, nur weil sie ehrwürdiger Tradition entstammen oder gefordert werden. So sind sie oft Initiatoren neuer, historisch fälliger Entwicklungen, sind nahe am »Puls der Zeit«, Gegner sowohl aller sentimentalen und unechten Frömmelei, wie erstarrter und sinnleer gewordener Riten und Bräuche. Sie haben oft kühne neue Konzepte, kommen damit bei ihnen gleichgearteten Gemeindegliedern an, während sie von strukturfremden eher abgelehnt und gefürchtet werden.

Sie haben eine besondere Empfindlichkeit für das Echte, für den tragischen Aspekt der menschlichen Existenz. Als Leitmotiv könnte für sie der Satz »Hilf dir selbst, so hilft dir Gott« gelten. Sie stoßen in Denken und Predigen oft zu den »letzten Dingen« vor, sind daher schwer im Rahmen einer bestimmten Konfession zu halten, die sie nur als Facette der religiösen Wirklichkeit sehen. [156] Sie sind die Pfarrer, die leicht ihrer Konfession oder Kirche gefährlich werden können, weil sie nicht bereit sind, Mängel und Unzulänglichkeiten ohne Kritik hinzunehmen, weil ihnen Erkenntnis über Glauben geht, und weil sie mehr auf der Seite der Entwicklung als der der Tradition stehen. Anderseits verdankt ihnen die Kirche oft entscheidende neue Formulierungen religiöser Inhalte, die die Gesamtentwicklung und Wandlung innerhalb einer Generation oder Zeit mit einbeziehen.

Gott ist für sie der schöpferische Urgrund des Seins. Deshalb sind sie auch anderen Religionen gegenüber tolerant und achten sie, wenn sie das gleiche Prinzip verehren, wenn auch unter verschiedenem Namen. Der nach Erkenntnis strebende Mensch zählt religiös allein für sie, welchen Glauben er auch haben mag. Religionen und Institutionen sind für sie verschiedene Wege und Ausdrucksformen für den letztlich gleichen Urgrund. So vertreten sie ökumenische Einstellungen. Religion und Kirche sollen letztlich der Humanität dienen, sind Rückbesinnung des Menschen auf sich selbst, als Möglichkeit zu einer Humanität, die den Menschen verantwortlich auf sich selbst stellt.

Ecclesiogene Schädigungen können die neurotischen Vertreter dieses Typus am häufigsten dadurch setzen, daß sie durch zu subjektive und utopische Vorstellungen bzw. Forderungen die Gläubigen überfordern, sie zu Schritten veranlassen, denen diese nicht gewachsen sind, wie es ja oft bei Sekten vorkommt. Aber auch der reife Vertreter dieses Typus ist vielen gefährlich, weil er zuviel an Eigenständigkeit zumuten, den Gläubigen gewisse Geborgenheiten nehmen kann, die sie brauchen oder zu brauchen glauben; so werden vor allem kindlich Glaubende durch sie beunruhigt; sie können aber oft auch der Kirche und ihren Institutionen unbequem werden.

Sie selbst können als Mönch oder Eremit leben und aus der inneren Einsamkeit zu jenem All-eins-Sein hinfinden, in dem sie sich als mikrokosmischen Spiegel des Makrokosmos erleben; ihre Frömmigkeit ist untrennbar verbunden mit der Ehrfurcht vor der Schöpfung.

2. DER DEPRESSIVE MENSCH UND DIE LIEBE

Die folgende orale Phase, die etwa das weitere erste Lebensjahr ausfüllt, hat zum phasenspezifischen Ziel die Polarisation Ich – Du, erlebt an der emotionalen Bindung an *einen* Menschen, üblicherweise an die Mutter, die hier zum Erlebnismittelpunkt für das Kind wird. In einer geglückten Mutterbeziehung kann das Kind Hoffnung, Einfühlung und liebende Zuwendung entwickeln, aus erfahrener liebender Zuwendung. Das Kind nimmt seine Eindrücke und Erlebnisse zum Aufbau seiner Innenwelt in sich hinein. Wie alle Ersterfahrungen sind auch die ersten Eindrücke vom Menschlichen, von einem Menschen, besonders tief prägend. Das wird noch unterstützt durch das lange Angewiesensein des Kindes auf die Mutter, das ihr eine solche schicksalhafte Bedeutung gibt. Je nachdem, ob das Kind eine »gute« oder eine »böse« Mutter in sich aufnimmt, fühlt es sich in der Tiefe als liebenswert oder hassenswert, und kann im schlimmsten Fall allein schon sein Dasein als Schuld empfinden, wie das nicht selten bei Kindern zu [157] finden ist, die von früh an die Ablehnung der Mutter spürten, etwa weil sie unerwünscht waren.

Aus dieser Phase stammt unser Wunsch nach naher und vertrauter Bindung an *einen* Menschen. Sie spiegelt den Menschen in seinem Entworfensein auf einen Partner. Die Störungsmöglichkeiten dieser Phase liegen in den Extremen von Verwöhnung oder Versagung. In beiden Fällen kommt es zu überwertiger Bindung oder Fixierung an die Mutter. Bei der Verwöhnung, weil die Mutter das Kind für ihr eigenes Leben braucht, von *ihm* geliebt *werden* will. Sie hält es daher klein und in der Abhängigkeit, damit es sie nicht verläßt und sie immer braucht. Bei jedem natürlichen Entwicklungsschritt bekommt das Kind dann Schuldgefühle, weil die Mutter darauf so reagiert, als täte es ihr damit etwas an. Weil die Schuldgefühle und der drohende Liebesentzug für das Kind unerträglich sind, verzichtet es lieber auf seine Entwicklung der Mutter zuliebe. Bei der Versagung kann das Kind die Mutter nicht loslassen, weil es nie ausreichend von ihr gesättigt wurde, im engen wie im weitesten Wortsinn; wenn es nicht resigniert, bleibt es an die Mutter fixiert in der Hoffnung, vielleicht doch noch ihre Liebe zu erringen und bringt dafür alle erdenklichen Opfer. Die hier nun bewußt erlebte und auf die Mutter bezogene Abhängigkeit führt zu der überwertigen Trennungs- und Verlustangst, die das zentrale Problem der depressiven Persönlichkeiten ist. Aus dieser Angst und aus ihrer Schuldgefühlsbereitschaft wagen sie es nicht, eigenständig zu werden, und opfern lieber ihr Eigensein, als das Verlassenwerden und die Einsamkeit zu riskieren, oder aber schuldig zu werden. Kann diese Phase einerseits wichtigste und im besten Sinne menschliche Eigenschaften in der Erstform entstehen lassen, kann sie anderseits durch das Mißbrauchen der kindlichen Abhängigkeit schwerste Schädigungen setzen.

Depressive Persönlichkeiten suchen und brauchen immer einen Partner, mit dem sie größtmögliche Nähe anstreben, da sie allein nicht lebensfähig zu sein glauben. Um eine bestehende Beziehung nicht zu gefährden, versuchen sie, die Erwartungen des Partners zu erfüllen, sind überbereit zur Anpassung und bleiben oft lange naiv und kindlich, weil sie »das Böse« in sich und im andern nicht sehen wollen, denn das würde ihre Geborgenheitssehnsucht bedrohen. Sie brauchen einen Partner, um ihn lieben und von ihm geliebt werden zu können; aus der Liebe zu fallen, ist für sie das schlimmste, und sie möchten auch deshalb nicht schuldig werden – lieber leiden sie. An der Mutter-Kind-Beziehung entwickelt sich also die Frühform unserer Liebesfähigkeit; sie formt das Urbild unserer Du-Beziehung und bleibt in uns erhalten als die Sehnsucht nach dem Wiederfinden der hier einmal erlebten Geborgenheit in einem Menschen.

Der Prediger mit überwiegend dieser Persönlichkeitsstruktur ist oft der geborene Seelsorger, einfühlend, mitleidig, hilfsbereit, tröstend und aufrichtend. Er identifiziert sich mit dem anderen, setzt sich mit persönlichen Opfern ein, sucht die persönliche Beziehung zum Ratsuchenden, diesen oft zu sehr an sich bindend durch den Wunsch, von ihm gebraucht zu werden. Die Gemeinde ist ihm eine Familie, die er gleichsam mütterlich betreut.

Hier findet man den Pfarrer, der durch seine Person, Haltung und Lebensweise überzeugt, der verehrt und geliebt wird. Er versteht es, Hoffnung zu erwecken, an die Vergebung und Erlösung glauben zu lassen und lebt [158] seinen Glauben in tätiger Hilfe. Glaube ist für ihn Gnade, deren man sich aber würdig machen kann. Er ist verständnisvoll gegenüber aller menschlichen Not und allem Leid, vielleicht zu bereit, diese als unumgänglich zu sehen oder unter der Vorstellung, daß Gott den züchtigt, den er liebt. So neigt er oft zu einer Leidensideologie, betont die Leidensbereitschaft und sieht die Leidüberwindung zu sehr nur in der Selbstaufgabe. Das Böse im Menschen ist für ihn nur Irrtum; für ihn ist der Mensch primär gut, nur irregeleitet, und er ist überzeugt von der Gotteskindschaft des Menschen. Er glaubt an einen persönlichen Gott, der Liebe ist. Irren ist menschlich, Sünden sind daher verzeihlich und können vergeben werden, und ihm ist die Reue die wichtigste Form der Selbstbesinnung. Der Weg zu Gott geht für ihn über die Liebe.

Wir finden auf dieser Linie den Prediger mit echter Demut, Lebensfrömmigkeit und caritativer Nächstenliebe. Die Selbstaufgabe kann hier zur Selbstvergessenheit führen und der Glaube entstehen, der »Berge versetzt«, der überzeugt, weil er gelebt, nicht nur gelehrt wird. In opferfreudiger Selbsthingabe versucht er mystisch mit Gott eins zu werden – unbewußt wohl die frühe Union mit der Mutter wiedersuchend.

Dieser Typus des Pfarrers ist oft der homo religiosus aus Anlage. Sein Bedürfnis zu helfen, läßt ihn oft gleichsam therapeutische Haltungen einnehmen; er wird sich auch mit Psychotherapie tiefer beschäftigen, wenn er erkennt, daß hier helfende mitmenschliche Möglichkeiten vorliegen, die seine geistlichen Mittel vertiefen und erweitern können. Konnten wir vom schizoiden Pfarrer sagen, für ihn sei Gott als der schöpferische Urgrund des Seins überall im Seienden, so würde man vom depressiven sagen können, Gott sei in ihm oder er sei in Gott. Er sucht den »persönlichen Gott«, das Göttliche, zu dem er eine persönliche Beziehung haben kann.

Die neurotischen Vertreter depressiver Persönlichkeitsstrukturen unter Pfarrern sind einmal die kindlich Gläubigen, die die Welt und den Menschen verharmlosen, um den Konflikt zu vermeiden, den »lieben Gott« in Frage stellen zu müssen. Sie sind bestenfalls mehr Tröster, als daß sie die Eigenverantwortung des Gläubigen ansprechen, erwecken dadurch oft falsche Hoffnungen in ihm. Sie suchen zu wenig nach positiven Möglichkeiten, menschliches Elend zu mildern und zu mindern, sie erschöpfen sich oft im Mitklagen und in einem Mitgefühl, das den anderen zum Kinde macht. Überhaupt halten sie leicht die schöpferische Distanz nicht ein, kommen dem anderen zu nahe, weil sie selbst zuviel Nähe brauchen.

Ein anderer auf der neurotischen Linie zu findender Typus ist der der falschen Demut, hinter der sich eine masochistisch-leidsüchtige Neigung zur Selbsterniedrigung verbirgt, die er womöglich als besonders gottgefällig ansieht. Auf solcher Basis können die Märtyrer entstehen, für die das Märtyrertum eine Form der Selbstbefriedigung und Selbsterlösung, oder der Leidensbejahung aus Leidensgenuß, bis zur Christusidentifikation bedeutet.

Prediger dieses Typus können beim Gläubigen ecclesiogene Neurosen dadurch setzen, daß sie – aus eigener Angst und Unsicherheit – es schon als Vermessenheit auffassen, wenn der Gläubige Bedenken, Zweifel oder Kritik an kirchlichen Institutionen oder gar an Gott hat. Das erscheint ihnen als Blasphemie; sie drohen dann nicht, wie der gleich zu besprechende [159] zwanghafte Typus, mit Strafen; aber sie erwecken im Gläubigen den Eindruck, daß er sich so die Liebe Gottes verscherze. Da sie aus dem Dilemma, die Realität des menschlichen Lebens mit der Güte Gottes in Einklang zu bringen, nicht herausfinden, bleibt ihnen dann nichts weiter übrig, als überall den Willen Gottes zu sehen, was dann den Gläubigen so leicht in die gleichsam masochistische oder unmündige Haltung zwingt, alles ungefragt auf sich zu nehmen und noch dankbar dafür sein zu sollen, da es letztlich von Gott gut gemeint sei, auch wenn man es nicht erkennen kann. Er erweckt weiterhin jene Hoffnungen auf das Jenseits und die Wiedergutmachung dort, die oft so wenig Impulse übriglassen, sich darum zu bemühen, schon auf Erden eine Besserung anzustreben – das wäre ja schon gegen Gottes Absicht gehandelt, die man mit Ergebung auf sich zu nehmen hat. So kann er sein Gegenüber überfordern im Hinnehmen von »gottgewolltem« Leid oder im Suchen nach eigenem Verschulden bei »Leiden und Prüfungen«. Sie weisen ihr Gegenüber mitunter zu früh auf Gott, überbewerten den Opfergedanken. Manche Formen des Marienkultes lassen die nicht gelöste Mutterbindung oft noch deutlich erkennen. War die Motivierung, Pfarrer zu werden, beim schizoiden Menschen oft die Sehnsucht, zu einer Gemeinschaft (Männergemeinschaft) zu gehören, die Geborgenheit gibt, ohne nahe mitmenschliche Beziehungen zu fordern, wie es etwa in Klöstern möglich ist, so ist für den depressiven die Berufswahl oft aus einer Sehnsucht nach Aufgehobensein im Schoß der »Mutter Kirche« zu verstehen, oft auch aus seiner Bereitschaft zum Selbstopfer. Häufig allerdings werden depressive Menschen von der Familie zum Priester bestimmt und lassen sich dazu bestimmen, nicht selten auch, weil sie dann eine neue »Mutter haben«, die für sie sorgt, da sie oft für den Lebenskampf zu weich sind.

3. DER ZWANGHAFTE MENSCH UND DAS GESETZ

Nach der Phase der größten Abhängigkeit setzt um das zweite bis fünfte Lebensjahr die anale Phase mit wachsender Eigenständigkeit ein. Das Kind lernt hier zunehmend die Beherrschung seines Körpers und der Sprache, hat also viel mehr Möglichkeiten, sich verständlich zu machen und mit der Welt etwas zu tun, als in den Vorphasen. Im Erlernen der neuen Fähigkeiten erlebt das Kind sein Können, im Durchsetzen seines Wollens seine Macht. Zugleich ergibt sich für das Kind erstmals die Möglichkeit, aus den Reaktionen der Erwachsenen auf sein Verhalten, sich als gut oder böse zu erleben. Heißt der hier fällige Entwicklungsschritt Ablösung von der früheren Bindung und Abhängigkeit und wachsende Selbständigkeit, hängt sein Gelingen doch immer noch entscheidend von den Eltern ab, ob sie nämlich diese Entwicklung annehmen und unterstützen, oder einschränken und verbieten.

Dementsprechend liegen die Störungsmöglichkeiten dieser Phase in den elterlichen Verhaltensweisen gegenüber dem Eigenwillen des Kindes, und sie werden verschieden aussehen, je nachdem ob hier eine harte oder weiche Erziehung auf ein vital starkes oder vital schwaches Kind trifft bzw. ob die hier von den Eltern gestellten Forderungen altersangemessen oder zu früh [160] erfolgen. Treffen bei Eltern und Kind vital starke Naturen aufeinander, kommt es zum Machtkampf zwischen ihnen, beim Kind zu trotziger Opposition und Eigensinn bis zur Auflehnung um jeden Preis. Bei zu früher Dressur zum Gehorsam und / oder einem vital schwachen Kind entsteht dagegen bei diesem sich anpassende Nachgiebigkeit aus Strafangst, mit der späteren Folge von Unselbständigkeit und Autoritätsgläubigkeit oder den Extremformen von Gehorsam bis zur Rückgratlosigkeit.

In dieser Phase entwickelt sich also – erstmals konstelliert an der Sauberkeitserziehung – die gesunde oder gestörte Beziehung zur Autorität; die hier gelernten Verhaltensweisen spiegeln in oft grotesker Form die Erziehungsmethoden der Eltern wider. Die Störungen der Phase liegen vor allem in zu früher Forderung von Sauberkeit, Ordnung, Selbstbeherrschung und Gehorsam, wodurch die natürliche Spontaneität des Kindes gedrosselt wird. Das kann geschehen durch Unduldsamkeit gegenüber der Motorik, der Affektivität und den aggressiven Impulsen des Kindes, die hier phasenspezifisch fällig sind als Vorformen seines Eigenständiger-Werdens. Oder aber es kommt im Gegenteil durch laxe Gleichgültigkeit und völliges Gewährenlassen, ohne das Setzen gesunder Grenzen und Ordnungen, beim Kinde zu respektloser Willkür bis zum Anarchismus.

Verständnisvolles Verhalten der Eltern gegenüber den hier beim Kinde fälligen Entwicklungsschritten, z. B. Lenkung durch Erklären statt Strafen, ermöglichen dem Kind die Entwicklung einer gesunden Selbstbehauptung mit Verantwortungsbewußtsein und Gehorsam aus Einsicht. Auf der Basis der in dieser Phase gestörten Entwicklung entstehen die zwanghaften Persönlichkeiten, deren Grundkonflikt sich in die Formel »darf ich oder darf ich nicht« zusammenfassen läßt. Daraus erwächst jenes zögernde Zweifeln, das an der Wurzel aller zwanghaften Entwicklungen steht, und das jede Spontaneität und Ursprünglichkeit, jeden lebendigen Impuls unterdrücken läßt aus Angst vor Strafe und Liebesverlust. Da die unterdrückten lebendigen Impulse sich natürlich nie völlig unterdrücken lassen, sondern immer wieder – und durch Stauung stärker – auftauchen, müssen sie auch immer stärker abgesichert werden – dazu dienen dann die zwanghaften Verhaltensweisen, vom erwähnten Zweifeln und Zögern über Reaktionsbildungen bis zu den eigentlichen Zwangssymptomen.

Diese Phase prägt also in der Erstform unser Verhältnis zur Autorität, zu Gehorsam und Freiheit. Der Prediger mit vorwiegend dieser Persönlichkeitsstruktur in gesundem Rahmen neigt (als Hauptcharakteristikum) dazu, sich als Hüter der Tradition zu sehen. Die Überlieferung und sein Amt sind ihm verpflichtend, bedeuten Verantwortung. Die ihm als angemessen erscheinende Einstellung zu Amt und Funktion ist eine dienende. Im Bewußtsein seiner

Verantwortung ist er bestrebt, Vorbild zu sein. Gemäß der damit verbundenen Strenge gegen sich selbst, betont er auch in der Predigt den Forderungscharakter der Lehre, das »du sollst«. Daraus können leicht Überforderungen werden, wenn er die menschliche Natur zu wenig kennt oder beachtet. Seine Predigten sind durchdacht, thematisch klar und gründlich durchgeführt, wie er auch sonst in seiner Amtsführung verläßlich ist; Tiefe des Denkens und Glaubens sind seine Vorzüge.

Gott ist dem guten Vertreter dieses Typus die göttliche Ordnung, das Gesetz und das moralische Prinzip, etwas objektiv Gültiges und die Zeiten [161] Überdauerndes, für dessen Dauer er mit zu sorgen hat: Er hat Garant dafür zu sein, daß alles beim alten und die Reinheit der Lehre gewahrt bleibt. Daher hat er eine Neigung zum Absoluten; er ist der Dogmatiker unter den Pfarrern.

Man kann sich vorstellen, daß die Grenze zu den neurotischen Vertretern dieser Linie recht schmal ist. Dann neigt man zu orthodoxen, autoritären und intoleranten Verhaltensweisen, die zum großen Teil als Selbstschutz zu verstehen sind: Denn es gehört menschliche Größe dazu, anderen das zuzugestehen, was man sich selbst verbieten muß, z. B. die Sexualität. So ist es dieser Typus, der immer wieder vor dem Bösen, dem Verführer und Versucher warnt und gegen ihn ankämpft, in sich und im anderen. Er spricht die Strafangst an, fordert Buße und Sühne, predigt vom Jüngsten Gericht mehr als daß er Vergebung zuspricht. Er erweckt in seinen Gemeindegliedern die Vorstellung, daß Gebote und Verbote prinzipiell und absolut eingehalten werden könnten, ja sollten, so daß manch einer aus den Schuldgefühlen gar nicht herauskommt und der Pfarrer bzw. die Kirche ihn damit in der Hand haben.

Hier läßt sich die gefährliche Verbindung von Religion bzw. Kirche mit Macht erkennen. Durch das Erwecken von Schuldgefühlen bekommt der Pfarrer auch Macht über den (allerdings vorwiegend naiven und depressiven) Gläubigen, der, um versöhnt zu werden, mit der Vergebung auf ihn angewiesen ist. Vor allem einfache und autoritär aufgezogene Gemüter werden so abhängig gehalten, während kritischere und freiere gerade in dieser Verquikkung von Religion mit Macht und in dem Mißbrauch der Macht zur Kirchen- bzw. Glaubensfeindlichkeit gebracht werden können. Dieser Typus überbewertet die Tradition, die Riten, Zeremoniells und Formalitäten; er beharrt auf dem Buchstaben und dem genauen Einhalten kirchlicher Vorschriften – ihm ist wichtiger, daß man in der Gemeinde regelmäßig zur Kirche geht, als die Echtheit der Einstellung dazu. Er hat Angst vor allen Neuerungen und Wandlungen, die er aus der Vorstellung heraus bekämpft, daß man nur irgendwo etwas lockerer zu lassen brauche, um sofort das Chaos zu konstellieren. Darin spiegelt sich sowohl seine Angst vor dem Unterdrückten in ihm selbst, als auch die Sorge um eine mögliche Machtminderung.

Dieser Typus kann in höchstem Maße ecclesiogene Neurosen auslösen. Er behandelt die Gläubigen wie unmündige Kinder, die mit Geboten und Verboten erzogen werden müssen, mit Strafe und Belohnung. Schon der leiseste Zweifel am Glauben ist Sünde, schlechte Gedanken ebenfalls, so daß er einen Perfektionismus vertritt, der unerfüllbar ist und seine Gemeindeglieder sich immerwährend als Sünder erleben läßt. Im Ablaß ist seinerzeit die Verquickung von Religion mit Macht besonders kraß zum Ausdruck gekommen.

Der Schritt ist dann oft nicht mehr weit zu jenen zwangsneurotischen Pfarrern, die ihr Amt zu einer Machtposition ausbauen, die in extremen Fällen sich mit einem Sadismus verbinden kann, der, wie etwa bei der Inquisition, unter dem Schein, für den Glauben zu kämpfen, neurotische Triebe auslebt. So hat bis in die Gegenwart der kirchliche Kampf gegen die Sexualität sich auf viele junge Menschen verheerend ausgewirkt, und [162] die verdrängte eigene Sexualität hat bei den Pfarrern dieses Typs zu vielerlei neurotischen Symptomen und gefährlichen Verhaltensweisen geführt.

Hier finden wir den Typus des Pfarrers, der sich am stärksten für die Macht der Kirche einsetzt, und der heute, in dem langsamen Prozeß der Gläubigen zu größerer Mündigkeit, den die Fortschritte der Naturwissenschaften und der Psychologie mit sich gebracht haben, wohl am schärfsten bekämpft wird. Er ist auch der Intolerante anderen Glaubensformen gegenüber und kann der Missionar sein, dem es um die Ausweitung der Macht seiner Kirche geht, aber auch der, der aus Überzeugung missioniert.

Er vertritt die Orthodoxie und wir finden hier auch Fanatiker und Asketen. Unter den letzteren gibt es zwei Formen des Asketen: sowohl den, welcher durch einfaches Leben, Meditation und strenge Einhaltung entsprechender Regeln die Selbstvertiefung anstrebt, als auch den mit sadomasochistischen Zügen, mit der Tendenz zur Selbstkasteiung und Selbstbestrafung, Selbstquälerei aller Art, für den also eine bestimmte Methode wichtiger geworden ist als das Ziel, der im Technisch-Formalistischen steckenbleibt.

Die geschilderten zwanghaften Persönlichkeitsstrukturen spiegeln alle in irgendeiner Weise die Strenge gegen sich selbst und damit ein Stück ihrer Biographie. Die Strenge ihrer Glaubensforderung ist immer auch zugleich Selbstschutz, mag sie noch so klug mit »Begründungen« rationalisiert werden. Ist vielen hier der Glaube eine immer neu zu vollziehende Tat der Klärung, Festigung und Vertiefung, werden sich die schwachen Vertreter dieser Linie durch Absolutheitsforderungen vor Glaubenszweifeln schützen, die die Schwäche ihrer inneren Situation spiegeln. Dazwischen können die tragischen Zweifler und Suchenden liegen, die aufkommende Zweifel durch verstärkte Strenge gegen sich und andere in einem hoffnungslosen circulus vitiosus zu bekämpfen versuchen. Psychologisch gesehen kann man sagen, daß der depressive Typus meist mutterbetont ist, während beim zwanghaften Typus das

Väterliche eine größere Rolle in der Entwicklung gespielt zu haben pflegt. Psychoanalytisch ausgedrückt, hat dieser Typus ein zu strenges Über-Ich erworben, das ihn zum schablonenhaften Einhalten von Vorschriften zwingt. In der Predigt pflegt das darin zum Ausdruck zu kommen, daß im Inventar seiner Worte und Begriffe Über-Ichhaftes überwiegt, also etwa das Sollen und Müssen, das Nicht-Dürfen, die Strafandrohung und dergleichen.

Im positivem Sinne können wir hier aber auch Pfarrer von großem Format finden, die das Amt auf sich nehmen unter Zurückstellung der eigenen Person, die daran zu überpersönlicher Größe und Würde wachsen können. Sie umweht oft ein Hauch großer menschlicher Reife; bei aller Strenge und Unbestechlichkeit zeigen sie doch eine Milde und ein menschliches Verständnis dem einzelnen gegenüber, so daß ihnen jene Mischung aus Respekt und liebender Verehrung entgegengebracht werden kann, wie einer echten Vaterpersönlichkeit. Sie eignen sich für hohe, verantwortliche Ämter und erfüllen für den Gläubigen die Sehnsucht nach einem überzeugenden Vorbild menschlicher Größe. Das Zerrbild davon ist der Typus, der das alles nur mit Taktik und formal zu erreichen versucht.

Die Motivierung zum Predigerberuf ist hier häufig die Vorstellung der Macht, die damit verbunden ist oder, seltener, jenes dienende Auf-sich-Neh-[163]men eines Amtes; häufig ist es auch hier der ehrgeizige Wunsch der Familie, der die Berufswahl bestimmt und der gehorsam auf sich genommen wird.

4. DER HYSTERISCHE MENSCH UND DIE FREIHEIT

In der letzten – phallischen – Phase der frühkindlichen Entwicklung – das fünfte bis sechste Lebensjahr umfassend – geht es um das Hineinwachsen des Kindes in seine Geschlechtsrolle und in die Identität mit sich selbst; zugleich soll es hier mehr und mehr aus der bisherigen magischen Wunschwelt herauswachsen zugunsten der Realität. Um diesen Schritt vollziehen zu können, braucht das Kind Vorbilder; für den tastenden Zukunftsentwurf seines Eigenseins richtet es sich zunächst identifizierend nach den vorgelebten Leitbildern aus, es »möchte werden wie«. Daher ist es hier für seine Entwicklung von größter Wichtigkeit, was die Eltern ihm an Identifikationsmöglichkeiten anbieten, was sie ihm vorleben. So kann es über die Identifikation allmählich in sich selbst hineinwachsen und die Erfahrungen erwerben, die es braucht, um mit der Welt umgehen zu können, die Identität mit sich selbst zu finden.

Aus dieser Phase stammt unser Bedürfnis, als Gesamtperson angenommen zu werden und uns als Wert zu erleben, die Sicherheit des Selbstwertgefühles, das Ja zu uns selbst sowohl als Geschlechtsperson wie als Individuum. Das Kind soll sich hier als liebenswert, und auch die Liebe, die es selbst zu geben hat, als Wert erleben können.

Störungen in dieser Phase kommen zustande durch schillernde, unverläßliche oder unreife elterliche Vorbilder, die dem Kind keine Sicherheit geben, keine klare Linie für seine Selbstfindung. Wenn es sich als Geschlechtsperson oder als Gesamtperson nicht angenommen fühlt, resultieren daraus Minderwertigkeitsgefühle oder Rachetendenzen, die die spätere Einstellung zur Gemeinschaft oder zum Partner erschwerend vorformen. Findet es keine reizvollen Vorbilder, bleibt es in seiner Entwicklung in der befriedigenderen magischen Wunsch- und Phantasiewelt stehen und versucht, weiterhin unverantwortliches Kind zu bleiben. Oft ist es auch so, daß das Kind von der Familie in Haltungen und Rollen gedrängt wird, etwa Wunschvorstellungen der Eltern leben muß, die entweder ihm nicht gemäß sind oder nur intrafamiliär tragen, draußen in der Welt dann plötzlich versagen, weil sie nur auf ein bestimmtes Familienmilieu zugeschnitten waren.

Auf der Basis solcher Entwicklungsstörungen entsteht die hysterische Persönlichkeit. Ihr Grundproblem ist das unsichere Selbstwertgefühl, das je nach der Genese zwischen Minderwertigkeitsgefühlen und Selbstüberschätzung (oder von einem Extrem ins andere fallend) schwankt. Aus der mangelnden Identität mit sich selbst kommt es zu bleibender Unsicherheit über den eigenen Wert und über das, was man sein möchte (Leitbildunsicherheit), und daraus ergibt sich der Grundkonflikt des hysterischen Menschen: das Problem von Schein und Sein, das Problem der Echtheit. Da es zuwenig oder zuviel bejaht wurde, versucht das Kind wenigstens zum Schein das zu sein, was man von ihm erwartet, und spielt so immerwährend die Rolle, in der es von der Umwelt bestätigt wird. Oder es läßt sich von der familiären Bewunderung tragen und spielt die Rolle dessen, der es vielleicht einmal [164] sein könnte, gleichsam hochstaplerisch. In beiden Fällen kommt es zu dem für Hysteriker charakteristischen Rollenspiel, zum ausprobierenden Suchen nach einer befriedigenden Rolle, die doch nie wirklich befriedigen kann, weil es nicht das Eigenwesen ist, was man so lebt. Dahinter bleibt deshalb die tiefe Unsicherheit über sich selbst weiter bestehen. Man entwickelt so ein augenblicks-, situations- oder personenbezogenes Ich ohne Kontinuität und bleibt unverbindlich in der Angst vor allem Endgültigen und Verpflichtenden stehen. Man relativiert alles, läßt sich immer ein Hintertürchen offen, und das ganze Leben kann ein Schauspielen werden.

So bleibt der hysterische Mensch entweder in der Identifikation mit einer erlernten Rolle oder in der Identifikation mit oder der Opposition gegen eine frühe Bezugsperson stecken. Er überträgt dann die an dieser erworbenen Haltungen auf neue Menschen, wiederholt an ihnen die erlernten patterns des

Verhaltens und versucht, die in der Familie erprobte Rolle – etwa eine Starrolle – auch draußen weiter zu spielen. Dort trägt sie dann meist nicht mehr, wird von der neuen Umwelt nicht angenommen, weil sie nicht wirklich fundiert ist. So bleibt er letztlich immer mehr mit einer familiären, sozialen oder gesellschaftlichen Rolle identifiziert, als mit sich selbst; das daraus resultierende Unechtheits- oder Minderwertigkeitsgefühl wird durch betontes bis überwertiges Geltungsstreben auszugleichen versucht.

Der Prediger mit vorwiegend dieser Persönlichkeitsstruktur kann in der Predigt mitreißen, begeistern, beschwingen und erheben; er hat oft etwas Suggestives, Pathetisches, mit deutlichem Selbstgenuß im Reden. Ihm ist die Wirkung, besonders seine persönliche Wirkung, oft wichtiger als das Inhaltliche, und er kann auch Dinge überzeugend vertreten, an die er selbst nicht glaubt – wenn sie nur wirkungsvoll darzustellen sind, ihn zur Geltung bringen und ihm die Chance zu glänzen bieten. Er opfert also Sinn und Wert der Predigt leicht der Wirkung, die er erreichen will, und zieht oft eine ausgesprochene »Schau« ab. Er hat überhaupt schauspielerische Fähigkeiten und keine sehr festgelegte Richtung und Auffassung, er »kann« so und auch anders. Dadurch wirkt er farbig und interessant; er erreicht die Hörer, versteht sie zu packen, zu fesseln, zu erschüttern, ist stark im Improvisieren, dabei abhängig von seinen Stimmungen. Er ist oft der ausgezeichnete Redner, für den die Gemeinde schwärmt und von dessen Predigten man sich erzählt.

Wir finden hier aber auch die Startypen, die zu eingenommen von sich selbst und zu sehr auf ihre Wirkung bedacht sind, als daß sie echt einfühlend und mitfühlend dem Hörer gegenüber sein könnten. Sie neigen zum Pathos und Imponiergehabe und haben damit Erfolg bei denen, die sich gern imponieren lassen. Sie fühlen sich – auch darin eine Rolle einnehmend – als Repräsentanten ihres Amtes oder ihrer Funktion, legen daher Wert auf alles Zeremonielle; aber weniger deshalb, um die Tradition zu wahren, wie der zwanghafte Typus, sondern um sich persönlich mit Glanz zu umgeben, der ihrem Narzißmus schmeichelt.

Andere Vertreter dieses Typus sind die Schwärmer, Führer und Verführer, manchmal auch die Neuerer, Initiatoren und die Missionare aus Abenteuerlust. Ihnen wird die »persona«, wie C. G. Jung sie genannt hat, die Maske, für die ja kirchliche Ämter und Funktionen reichlich Möglichkeiten [165] bieten, leicht zu wichtig, worin sich das erwähnte Schein-Sein-Problem spiegelt.

Je nach seinem Format kann dieser Typus für viele zum Leitbild werden und seinerseits zur Identifikation anreizen. Er predigt von der Freiheit des Christenmenschen, von Hoffnung, Verheißung, Daseinsfreude und Lebensbejahung, und ist selbst den Freuden des Daseins nicht abgeneigt. Er vermeidet die düsteren Aspekte, die der zwanghafte Mensch so überbetont - es sei denn, daß er sie um der Wirkung willen dramatisierend benutzt.

Aber er kann auch der Schwärmer und Wirrkopf sein, der mehr Verführer als Führer ist, und die unerfreulichsten Vertreter dieses Typus sind die Heuchler und Blender, die salbungsvollen Schwätzer und eitlen Poseure. Auch diese können zu allgemeiner Kirchenfeindlichkeit beitragen, weil bei ihnen Schein und Sein zu weit auseinanderklaffen und zu wenig Vorbildlichkeit vorhanden ist, die man nun einmal von Menschen erwartet, die soviel Einfluß auf andere haben. Neigt der zwanghafte Typus leicht zu einer starren Buchstabenmoral, kann der hysterische Typus eine lebensnähere und dem Menschen gerechter werdende Ethik vertreten oder aber scheinheilig eine unverbindlich-biegsame Zweckmoral für den jeweiligen Augenblick. Dadurch und durch seine Unechtheit und die Widersprüchlichkeit zwischen Amtspersona und Lebensführung, vor allem, wenn er dabei gleichzeitig den Anspruch, Stellvertreter Gottes auf Erden zu sein, stellt, kann er den Hörer in Zweifel stürzen, die seine Glaubensbereitschaft erschüttern und zu Krisen führen, die vielleicht weniger Neurosen setzen, aber die Abwendung von der Kirche bewirken.

Die Motivierung zum Beruf des Pfarrers kommt bei ihm häufig aus Geltungsbedürfnis. Ihn reizt aus narzißtischen Gründen der Glanz und die Möglichkeit, seiner Person über das Amt eine Würde und Bedeutung zu geben, die er aus sich allein nicht hat. Dementsprechend wird dieser Typus in Zeiten allgemeiner und selbstverständlicher Anerkennung und Hochschätzung der Kirche und ihrer Vertreter häufiger diesen Beruf ergreifen als in ihren Krisenzeiten. Oft kommt er sich aber auch ausgesprochen als Berufener und Auserwählter vor, wobei er nicht selten in der neuen Funktion unbewußt eine alte, familiär erworbene Rolle weiterspielt; die Echtheit der Motivation wird dann den Maßstab für die wirkliche oder nur angemaßte Berufung abgeben.

* * *

Wie eingangs schon angedeutet, scheint es vier prinzipielle Einstellungen zum Religiösen zu geben. Hier wurde deren möglicher Zusammenhang mit frühkindlichen Schicksalen und Prägungen aufgezeigt. Aber wahrscheinlich sind es darüber hinaus überhaupt vier Möglichkeiten religiösen Erlebens, vier Komponenten, die erst zusammen unser religiöses Erleben ausmachen und die mit unserer Existenz gegeben sind; sie entstammen wohl Grundbedürfnissen unseres Menschseins, die zu unserer Natur gehören und in uns allen angelegt sind:

Wir haben das Bedürfnis nach Erkenntnis unserer selbst und der Welt; wir erleben uns als Teil des Weltganzen, erkennen die Entsprechung zwischen Makro- und Mikrokosmos, und können im Begreifen gültiger Gesetzmäßigkeiten die trennenden Grenzen unserer Individualität wieder ausweiten in die ursprüngliche Ununterschiedenheit von Ich und Nicht-Ich – der Weg der Metaphysik. [166]

Wir haben weiter das Bedürfnis nach Aufgehobensein in einem Überpersönlichen, von dem wir uns abhängig fühlen und von dem wir beschützt und geliebt werden möchten. Liebende Hinwendung zu und Hingabe unseres Ichs an eine höhere Macht, mit der Sehnsucht nach Einswerden mit ihr, ist der Weg der Mystik.

Unsere Sehnsucht nach etwas zeitlos Gültigem, dem Wandel der Zeiten Enthobenen, läßt uns nach einem höheren Willen suchen, der unser Zweifeln aufhebt und uns unser Schicksal als gottgewollt auf uns nehmen läßt, im Sinne des »Dein Wille geschehe«. Hierin gründet die religiös fundierte Ethik.

Und schließlich haben wir die Sehnsucht nach freier Selbstentfaltung und Selbstverwirklichung in immer neuer lebendiger Wandlung. Diese Möglichkeit grenzüberschreitender Fortentwicklung weckt in uns die Sehnsucht nach geahnten höheren Daseinsformen – der Weg der Transzendenz.

In einer Zeit der Krise der Kirche und des christlichen Glaubens, wie in der Gegenwart, erscheint es als besonders wichtig, daß die Prediger alle vier Elemente religiösen Erlebens anzusprechen verstehen. Das Bedürfnis nach Erkenntnis ist heute bei vielen stärker als früher, angeregt durch die Fortschritte der Naturwissenschaften und der Psychologie. Der Prediger sollte die neuen Erkenntnisse einbeziehen und nicht mehr einen unreflektierten Glauben fordern, zu dem viele sich heute nicht mehr fähig fühlen.

Anstatt Gottes Liebe zu predigen, sollte durch die Kirche mehr tätige Liebe bewiesen und durch ihre Vertreter vorgelebt werden. In Zusammenarbeit mit der Psychotherapie können die seelsorgerischen Möglichkeiten ausgebaut werden. Selbsterfahrungen in Einzel- und Gruppentherapie können dem Prediger hilfreich sein, eigene neurotische Verhaltensweisen zu erkennen und abzulegen, ihn aber auch besser erkennen lassen, wenn Gemeindeglieder in ihren Konflikten einer Psychotherapie bedürfen und nicht nur auf religiösem Wege zu heilen sind.

Die Macht, die die Kirche durch ihre weltweite Institutionalisierung besitzt, sollte humanen Aufgaben anstatt ihrer Machterhaltung oder Machterweiterung dienen. Sie hat dadurch Wirkungsmöglichkeiten, wie sie keine andere Institution besitzt. Hier liegt für sie eine Fülle von Aufgaben, die ich wohl nicht aufzuzählen brauche, von deren Erfüllung aber das Weiterbestehen der Kirche wesentlich abhängen dürfte.

Das Erkennen seiner Persönlichkeitsstruktur mit ihren Chancen und Gefahren und ihrer Rückwirkung auf die Gemeinde sollte für den Prediger heute ein echtes Anliegen sein. Es könnte ihm dazu verhelfen, daß er sich der Grenzen seiner Persönlichkeit bewußter wird und ihn davor bewahren, seine persönliche Einstellung als die allein gültige zu sehen und sie auch von anderen zu fordern.

II.2 Überlegungen zur Praxis

Das Ich auf der Kanzel
Zum Beitrag von Manfred Josuttis

Der Autor des folgenden Textes, Manfred Josuttis, zählt zu den einflußreichsten deutschsprachigen Praktischen Theologen im letzten Viertel des 20. Jahrhunderts. Josuttis (Jahrgang 1936) wurde nach seiner systematisch-theologischen Promotion in Bonn, einigen Jahren pfarramtlicher Praxis und einer praktisch-theologischen Habilitation bei Rudolf Bohren in Wuppertal 1968 auf den Lehrstuhl für Praktische Theologie in Göttingen berufen, den er bis zu seiner Emeritierung 2001 innehatte. Zahlreiche Monographien und Aufsätze zur Homiletik, zur Poimenik, zur Liturgik und insbesondere zur Pastoraltheologie spiegeln den Weg Josuttis' von der Prägung durch die späte dialektische Theologie[1] über die verstärkte Rezeption empirisch-humanwissenschaftlicher Erkenntnisse und Methoden in den 70er Jahren hin zu einer phänomenologisch beeinflußten, an der »Wirklichkeit des Heiligen« ausgerichteten Praktischen Theologie (etwa seit 1985).[2]

Darf ich »Ich« sagen auf der Kanzel? Manfred Josuttis wählt im folgenden Beitrag einen predigtpraktischen und auf den ersten Blick unscheinbar wirkenden Zugang, um die *Subjektivität der Predigt* nach Jahren der Tabuisierung erneut in den homiletischen Diskurs einzubringen. Damit greift er die Tradition einer subjektorientierten Homiletik auf, die von den Anfängen der modernen Homiletik bei Friedrich D. E. Schleiermacher (Predigt als »Mitteilung des [...] frommen Selbstbewußtseins«) über die Thematisierung der »Persönlichkeit« des Predigers in der liberalen Theologie bis zur konsequent an der Subjektivität des Predigers orientierten Homiletik Otto Haendlers reicht.[3]

Daß es sich ungeachtet der dort vorgebrachten Argumente für eine subjektive Predigt nicht von selbst versteht, in der Predigt »Ich« zu sagen, ist, wie

---

1 Eine bis 1996 reichende Bibliographie findet sich in: Christoph Bizer u. a. (Hgg.): Theologisches geschenkt. FS Manfred Josuttis, Bovenden 1996, 443-460.
2 Die drei Phasen spiegeln sich auch in einer autobiographischen Skizze wider: Manfred Josuttis: Wege zur Wahrnehmung des Heiligen, in: Georg Lämmlin / Stefan Scholpp (Hg.): Praktische Theologie der Gegenwart in Selbstdarstellungen, Tübingen / Basel 2001, 21-29.
3 Ganz zu schweigen von der Tradition der subjektiven Predigt, die sich bis in die biblischen Anfänge christlicher Predigt (Paulus!) nachweisen läßt. Zur Geschichte der Frage nach dem Subjekt pastoralen Handelns vgl. Wilfried Engemann: Die Person als Subjekt pastoralen Handelns. Positionen und Perspektiven, in: Ders.: Personen, Zeichen und das Evangelium. Argumentationsmuster der Praktischen Theologie, APrTh 23, Leipzig 2003, 273-292.

Josuttis zeigt, u. a. dem Einfluß der Dialektischen Theologie geschuldet. Sie betrachtete Subjektivität als homiletisches Malum und stellte sie unter den Verdacht, der Verfälschung der Botschaft Vorschub zu leisten. Weist der Beitrag im ersten und zweiten Kapitel auf die theologische Tabuisierung sowie die gesellschaftliche Marginalisierung des Subjekts hin, die zum Verschwinden der Person aus der Predigt beigetragen haben, so werden im dritten Kapitel entscheidende homiletische Gründe *für* ein Ich auf der Kanzel geltend gemacht. Vor diesem Hintergrund führt Josuttis schließlich im vierten Kapitel eine Unterscheidung verschiedener Formen ein, wie das Ich auf der Kanzel erscheinen kann.

Die theologischen und gesellschaftlichen Rahmenbedingungen haben sich seit der ersten Veröffentlichung des Textes 1974 in mancher Hinsicht verändert. Dialektisch-theologische Einflüsse spielen für die gegenwärtige Predigtpraxis kaum noch eine Rolle, und von einer gesellschaftlichen Tabuisierung des Ichs wird man in der Gegenwart kaum reden können. Im Kern hat freilich der Aufsatz nichts von seiner Aktualität eingebüßt. Das gilt zum ersten für den Nachweis, daß die homiletische Frage nach der Bedeutung der Predigerperson unmittelbare Auswirkungen auf die Predigtgestaltung hat. Das gilt zum zweiten für die Revision des traditionellen, von der Dialektischen Theologie prononciert ins Feld geführten Zeugenbegriffs, dessen Pointe jedoch, wie Josuttis zeigt, gerade in der Subjektivität des »Zeugen« liegt. Das gilt zum dritten für den Hinweis auf den scheinbar paradoxen Sachverhalt, daß eine Predigt gerade dann zur Identifikation einlädt, wenn ein Prediger seine *individuelle* Erfahrung zur Sprache bringt und auf allgemeingültige Wir-Aussagen verzichtet. Und das gilt schließlich im Blick auf die predigtanalytisch höchst anregende Unterscheidung verschiedener Formen des Ichs auf der Kanzel.

Die breite Rezeption, die das abschließende Kapitels des Beitrags gefunden hat, ist freilich nicht ohne Mißverständnisse geblieben. So wird gerne übersehen, daß das engagierte Plädoyer für ein Ich auf der Kanzel nicht auf eine pauschale homiletische Rechtfertigung des Ich-Sagens zielt. Ein »biographisches Ich« kann auch für biographische Belanglosigkeiten auf der Kanzel mißbraucht werden. Und das »repräsentative Ich« tritt in Predigten nicht selten einfach an die Stelle des Wir, ohne eine individuelle Perspektive einzuführen oder dem Hörer die Freiheit zur Identifikation zu eröffnen – etwa, wenn ein Prediger einem anonymen Ich ein Idealbekenntnis in den Mund legt, das vom Hörer am besten wörtlich nachzusprechen wäre (»Glauben, das hieße jetzt: ›Ja, Herr, du hast recht. Ich möchte mit deinem Sohn Jesus Christus zusammen leben. [...]‹«).[4]

F. M. L.

---

4 Vgl. zum »repräsentativen Credo« Frank M. Lütze: Absicht und Wirkung der Predigt. Eine Untersuchung zur homiletischen Pragmatik, Leipzig 2006, 250-267.

Manfred Josuttis

Der Prediger in der Predigt
Sündiger Mensch oder mündiger Zeuge?

»Wer erzählt den Roman?«, fragt der Göttinger Germanist W. Kayser in einem für die Theorie der modernen Literatur äußerst wichtigen Aufsatz.[1] Natürlich kennt Kayser den jeweiligen Verfassernamen vom Umschlag. Er will mit seiner Frage ermitteln: wo und wie zeigt sich der Verfasser als Erzähler, wo und wie erscheint er im Roman selbst, wo und wie bringt sich der Schöpfer des Kunstwerks selbst in das Kunstwerk mit ein? Kayser konstatiert eine bedeutsame Veränderung in der Stellung des Autors gegenüber seinem Produkt. Während der Erzähler des klassischen Romans im 19. Jahrhundert gleichsam aus der Perspektive göttlicher Allwissenheit berichtet und die äußeren Ereignisse sowohl als auch die inneren Reflexionen seiner Figuren in objektivierender Distanz einfach abrollen läßt, ist der Autor seit M. Proust und J. Joyce in das Geschehen des Romans immer stärker mit einbezogen; er ist sich nicht länger sicher, die Dinge adäquat erfassen und berichten zu können, er spricht über seine Schwierigkeiten mit der Erzählung, er betont immer wieder, daß er nur einen bestimmten Ausschnitt von Wirklichkeit darzubieten vermag. Der Autor erzählt also nicht länger von oben und außerhalb, er bringt sich selber in die Erzählung mit ein, schreibt aus der Perspektive des Ich. Objektivität gibt es dann allenfalls auf dem Wege theologisierender Ironie. »Wer läutet die Glokken?«, fragt es in Th. Manns Roman »Der Erwählte«. Die Antwort lautet: »Der Geist der Erzählung.« Th. Mann behauptet von ihm: »So geistig ist dieser Geist und so abstrakt, daß grammatisch nur in der dritten Person von ihm die Rede sein und es lediglich heißen kann: ›Er ist‹. Und doch kann er sich auch zusammenziehen zur Person, nämlich zur ersten und sich verkörpern zu jemandem, der in dieser spricht und spricht: ›Ich bin es‹.«[2]

Wer predigt die Predigt? Wer öfter Predigten hört oder liest, wird zu der freilich ernsthaft gemeinten Antwort neigen: der Geist der [71] Predigt. Denn die Person des Predigers kommt in den meisten Predigten gar nicht vor. Oder besser: sie verharrt weiterhin in der Pose des Allwissenden. Der Prediger redet von oben und außerhalb über Gott und Jesus, über Sünde und Heil, als ob das alles objektive Tatsachen wären und als ob er selbst mit seinen Wünschen und Ängsten, mit seinen Erfahrungen und Unsicherheiten davon unberührt bliebe.

---

1 W. Kayser, Wer erzählt den Roman?, in: Die Vortragsreise. Studien zur Literatur, Bern 1958, 82 ff., abgedruckt auch in: V. Klotz (Hg.), Zur Poetik des Romans, Darmstadt 1965, 197 ff.
2 Th. Mann, Der Erwählte, Stockholmer Gesamtausgabe, Frankfurt 1951, 10.

Der Prediger kommt in der Predigt nicht vor. Das aber bedeutet: der Geist der Predigt bleibt »geistig« und »abstrakt«, er kann sich nicht zusammenziehen zur Person des Zeugen und sprechen: ich bin es, ich behaupte, ich glaube, ich lade ein. Im Gegensatz zu den Schriftstellern haben die Prediger heute Schwierigkeiten, Ich zu sagen.

1. THEOLOGISCHE GRÜNDE GEGEN DAS ICH AUF DER KANZEL

Seit den Anfängen der dialektischen Theologie ist die Rede des Predigers von sich selber suspekt. »Den Tod des Menschen und alles Menschlichen zu verkündigen, ist die Aufgabe der Predigt«, heißt es 1921 programmatisch bei E. Thurneysen.[3] Gott, und Gott allein, soll im Mittelpunkt der Verkündigung stehen. Weil es aber zwischen Gott und Mensch keine Brücke gibt, weil die Kluft zwischen beiden so unergründlich ist »wie die Kluft zwischen Himmel und Erde, zwischen Diesseits und Jenseits«[4], deshalb darf der Prediger, wenn er von Gott reden will, auf keinen Fall auch von sich selber reden. Wegen des vorausgesetzten unendlichen qualitativen Abstandes, der zwischen Gott und Mensch besteht, werden all jene homiletischen Konzeptionen kritisiert, die wie der Pietismus und der Neuprotestantismus im Gefolge Schleiermachers[5] vom Prediger eine Art Selbstdarstellung der eigenen frommen Erfahrungen, des eigenen religiösen Erlebens erwartet haben. Gegen beide Richtungen macht Thurneysen geltend: »Wo Erlebnisse des Menschen (und wären es an Jesus gemachte Erlebnisse) in den Mittelpunkt gestellt werden, wo man auf den Menschen und seine Lebenserfahrungen eingeht ... da wird alsbald unvermeidbar das Menschliche selber zum Thema, das *fromme* Menschliche versteht sich, aber des[72]wegen nicht weniger das Menschliche, da dient das Göttliche nur noch zur Beleuchtung der Welt, da ist Gott schließlich doch wieder nur für den Menschen da (statt umgekehrt!) und wird damit – zum Götzen.«[6] Wer auf der Kanzel von Gott zu reden versucht, hat weder von seiner Bekehrung noch von seinen frommen Gefühlen zu reden; in beiden Fällen würde sich eine »Verwechslung des Göttlichen mit dem Menschlichen«[7] ereignen und würde sich der Mensch als »religiöse Persönlichkeit«[8] in den Vordergrund drängen.

---

3 E. Thurneysen, Die Aufgabe der Predigt (1921), in: G. Hummel (Hg.), Aufgabe der Predigt, Darmstadt 1971, 108, ähnlich 114.
4 A. a. O., 105.
5 Vgl. dazu W. Trillhaas, Schleiermachers Predigt und das homiletische Problem, Leipzig 1933, sowie H. Schreiner, Die Verkündigung des Wortes Gottes. Homiletik, Schwerin 1936², 134 ff.
6 A. a. O., 113.
7 A. a. O., 112.
8 A. a. O., 114.

Um der Reinheit und Wahrheit der Offenbarung willen gibt es für die frühe dialektische Theologie nur die harte Alternative: »Keine Mitteilung von Lebenserfahrung, auch nicht von frommer Lebenserfahrung (weder fremder noch zu allererst eigener!) auf der Kanzel zu Zwecken der Anregung neuer Lebenserfahrung bei anderen! Sondern: *Gotteserkenntnis, Gottesverkündigung!*«[9] Das Ich des Predigers ist von der Kanzel verbannt, weil die Offenbarung Gottes etwas anderes ist als menschliche Religion, menschliche Frömmigkeit, menschliche Erfahrung.

Der dialektischen Theologie ist die Rezeption des Predigerbildes, wie es Pietismus und Neuprotestantismus vertreten haben, unmöglich geworden, weil sie auch den Prediger mit den Kategorien der reformatorischen Rechtfertigungslehre beschrieben hat. Diese verbietet ein Verständnis christlicher Existenz, in der Rechtfertigung und Glaube zum habituellen Besitz des bekehrten oder religiösen Menschen geworden sind. So ist auch der Prediger ein Sünder; die Sünde besteht in der Ich-Verfallenheit des Menschen[10]; also hat der Prediger nicht von seinem eigenen Ich zu reden. In extremer Weise hat H. Urner in seiner Homiletik »Gottes Wort und unsere Predigt« diesen Grundsatz vertreten. Nach seinen eigenen Worten könnte der Abschnitt über den Prediger auch überschrieben sein: »Der Prediger als Hindernis« oder »Die Hindernisse in der Person des Predigers«.[11] Der Prediger ist ein Hindernis für die Predigt, weil er »ein Mensch Adams ist, wahrhaftig nicht allein in seinem Denken, sondern in allem«.[12] Gerade der Versuch, seiner Menschlichkeit zu entfliehen, muß scheitern und führt zur Karikatur des Pfaffen.[13] Mit seiner Körperlichkeit, mit seiner mangelnden geistigen Begabung, aber auch mit seinen hervorragenden Fähigkeiten steht der Prediger der Ausrichtung seines Auftrags andauernd im [73] Wege.[14] Erst recht zeigt der Blick in die unbewußten Tiefenschichten seiner Person, wie wenig er vom Glauben an das Evangelium Gottes geprägt ist.[15] Wenn der Mensch mit seiner Existenz dennoch Gottes Auftrag zu dienen vermag, dann nicht aufgrund seiner natürlichen Fähigkeiten, sondern kraft des Beistandes Gottes, der auch den sündigen Menschen zu seinem Boten macht. Dieser Sünder kann nur etwas Wahres sagen, wenn er sich allein auf den biblischen Text bezieht. Er soll also nicht auf sich selber blicken und nicht von sich selber reden, sondern die Botschaft des Textes weitersagen. »Was er *hört*,

---

9   A. a. O., 113.
10 Vgl. H. Vogel, Die Verantwortung unserer Predigt (1930), in: G. Hummel (Hg.), Aufgabe der Predigt, a. a. O., 155.
11 H. Urner, Gottes Wort und unsere Predigt, Göttingen 1961, 85.
12 Ebd.
13 A. a. O., 86.
14 A. a. O., 89 f.
15 A. a. O., 91.

soll er sagen – nicht was er denkt, nicht was er erfahren hat.«[16] Weil der Mensch, auch der wiedergeborene, auch der zur Verkündigung berufene Mensch grundsätzlich Sünder ist, kann er mit seiner Person das Verständnis des Evangeliums nur verdunkeln, keineswegs aber erhellen. Wer vom Evangelium reden will, muß von sich selber schweigen.

Alle Motive, mit denen sich das theologische Mißtrauen gegen das Ich in der vorigen Generation begründet hat, konzentrieren sich in einem bestimmten Verständnis der Predigerrolle. Der Prediger ist Zeuge[17] in der Art Johannes des Täufers. In einer Meditation zu Joh. 1,19-28 erklärt H. J. Iwand: »Wer Johannes versteht, versteht das Predigtamt, versteht dessen Zuordnung zu der Gottes-Offenbarung in Jesus Christus – und versteht auch dessen Unterordnung unter das prius der Offenbarung. Die Negation, das Nein des Johannes, sein unbedingtes ›Ich bin es nicht‹ gehört unaufgebbar hinein in die Ausübung dieses Amtes.«[18] Die Gestalt des Johannes ist also deshalb exemplarisch für das Predigeramt, weil er von sich weg auf Jesus Christus verweist.[19] Nach Iwand ist diese Differenz zwischen der Person des Zeugen und der Sache des Zeugnisses konstitutiv für den Zeugnisbegriff. Glaube und Verkündigung sind, wie er an anderer Stelle sagt, »nur etwas, haben nur insofern ihren Gehalt, als sie von sich wegweisen, als sie ein ›trans‹ haben, das nicht in ihnen liegt, das davon frei und offen liegt für jedermann«.[20] »Im Zeugnis wird die Wahrheit des Bezeugten von der Person dessen, der sie bezeugt, abgelöst, wird ›objektiv‹, öffentlich gültig.«[21] Jeder Versuch, das Zeugnis an den Zeugen zu binden, [74[wäre in Wirklichkeit die Versuchung, das Zeugnis vom Zeugen her zu beglaubigen. Solche Beglaubigung ist überflüssig, weil das Prius der Offenbarung ihre Abgeschlossenheit feststellt. Sie ist aber auch gefährlich, weil sich die beabsichtigte Sicherung der Botschaft auf mehr als schwankendem Boden erbaut. »Wenn ein Zeuge in seiner Rede ›sein persönliches Zeugnis‹ ablegt, so ist das nicht ohne weiteres schon Erweis der Wahrheit. Es bedeutet vielmehr oftmals ›aus sich selbst reden‹ … ›Alle Menschen sind Lügner‹ – eben darum, weil sie auch und gerade in ihren religiösen Zeugnissen ›von sich her‹ reden. Darum ist die Lehre Jesu Voraussetzung für uns, daß auch wir recht von Gott reden. Nur als Ihn Hörende und Erkennende werden wir – sekundär – Zeugen sein.«[22] Der neutestamentliche, vor allem johanneische Begriff des Zeugnisses

---

16 A. a. O., 95.
17 Vgl. A. Niebergall, Der Prediger als Zeuge, Handbücherei für Gemeindearbeit 4/5, Gütersloh 1960.
18 H. J. Iwand, Predigt-Meditationen, Göttingen 1963, 422.
19 Vgl. auch K. Barth, Der Christ als Zeuge, ThEx 12, München 1934, wieder abgedruckt in: Theologische Fragen und Antworten. Gesammelte Vorträge, Zollikon 1957, 185 ff (bes. 188).
20 A. a. O., 330.
21 A. a. O., 421.
22 A. a. O., 297.

schließt also gerade nicht das Moment der persönlichen Erfahrung ein, er verlangt vielmehr den Verzicht darauf, die eigene Person in das Zeugnis mit einzubringen. Was die dialektische Theologie im Pietismus und bei Schleiermacher abgewehrt hat, sieht Iwand als Gefahr der Existenztheologie R. Bultmanns: die Vermischung zwischen Zeugnis und Zeugen und damit die Preisgabe der absoluten Priorität des Zeugnisses gegenüber dem Zeugen. »Nur indem wir das Ich – auslöschen, das Leben nicht in *uns* inkarniert sehen, das Wort des Lebens nicht mit unserer Verkündigung identifizieren (gerade an diesem Punkte sind größte Gefahren im Anzuge!), werden wir dem gerecht, was von Gott her für uns und alle Menschen geschehen ist. Nur so bleibt das, was in dieser Weise bezeugt und verkündet geschehen ist – die Erscheinung des Wortes des Lebens mitten unter uns – frei in sich selbst, souverän, ein Licht, das von ihm selbst her leuchtet und aller Augen auf sich richtet.«[23] Der Zeuge braucht nicht Ich zu sagen, weil die Offenbarung in ihrer Abgeschlossenheit keine Verstärkung ihres Gewißheitsgrades benötigt. Der Zeuge darf auch nicht Ich sagen, weil er damit die Aufmerksamkeit der Hörer von der Offenbarung auf die eigene Person lenken und die Gewißheit des Heils gerade gefährden würde.

Die Frage, ob der Prediger auf der Kanzel Ich sagen soll oder darf, rührt also für die dialektische Theologie an theologische Grundentscheidungen. Weil in der Predigt nicht vom Menschen, sondern von Gott, nicht aus der Sünde, sondern vom Evangelium her, nicht vom Subjekt, sondern von der Sache der Theologie zu reden ist, deshalb hat der Prediger auf alle persönlichen Informationen und Konfessionen zu [75] verzichten.[24] Deshalb erfolgt auch eine Abgrenzung gegenüber solchen theologischen Positionen, die wie Pietismus, Neuprotestantismus und schließlich auch Existenztheologie den Menschen als Thema der Predigt an den Platz Gottes zu schieben scheinen. Vom Menschen braucht nicht geredet zu werden, weil Gott in Jesus Christus jenseits alles Erfahrens und Verstehens das Heil der Welt schon besorgt hat. Vom Menschen soll nicht geredet werden, weil die Anerkennung der Glaubwürdigkeit des Zeugen den Glauben an das Zeugnis der Offenbarung nicht ersetzen kann. Vom Menschen darf schließlich nicht geredet werden, weil auch der fromme und wiedergeborene, der religiöse und berufene Mensch als Sünder unter dem Gericht Gottes steht.

Das sind die wichtigsten theologischen Gründe, die die Prediger vom Gebrauch des Ich zurückschrecken lassen. Zu fragen ist freilich, ob diese Gründe allein die faktische Tabuisierung dieser Vokabel wirklich erklären können.

---

23 A. a. O., 330.
24 Vgl. D. Bonhoeffer, Finkenwalder Homiletik, Gesammelte Schriften IV, München 1965, 251: »Es ist, wie wenn ich einen Brief vorlese, den ein anderer schreibt. Ich richte aus in Sachlichkeit, was ein anderer sagt.«

Zumindest wird zu beachten sein, daß dieser theologischen Disqualifizierung des Ich auch einige nichttheologische, pädagogische und gesellschaftspolitische Tatbestände entsprechen. Theologische Theorien allein können den Menschen am Gebrauch eines so lebenswichtigen Wortes nicht hindern. Sie wirken erfolgreich nur dann, wenn sie bei den Theologen auf entsprechende, durch Erziehung und institutionelle Gegebenheiten geschaffene Dispositionen treffen. Wir fragen deshalb: Was sind die außertheologischen Gründe dafür, daß die Theologen das theologische Verbot des Ich wirklich respektieren?

2. AUSSERTHEOLOGISCHE GRÜNDE GEGEN DAS ICH AUF DER KANZEL

Im Deutschunterricht des Gymnasiums habe ich gelernt, daß ein guter Schüler im Aufsatz nicht von sich selbst redet. Statt eines unfeinen Ich sei das Wir des pluralis modestiae zu gebrauchen. Ähnliche Empfehlungen finden sich bis heute in manchen Anleitungen zur Stilistik der deutschen Sprache.[25] [76]

In einer solchen Stilistik steckt aber Politik. Die Tabuisierung des Ich signalisiert den Platz des Individuums in der Gesellschaft. Als wohlerzogen wird nur akzeptiert, wer von sich selber abzusehen gelernt hat. Das Ziel der Erziehung, abzulesen an der Zensur gegenüber dem Ich, besteht in der Preisgabe der individuellen Ansprüche, Wünsche, Bedürfnisse, besteht in der Anpassung an die Spielregeln, die das Individuum immer schon vorfindet.[26] Wer Wir statt Ich sagt, bekundet, daß er nicht als Spielverderber aufzutreten gedenkt. Solches Wohlverhalten wird in jeder Gruppe belohnt. Der konstante Ich-Sager dagegen gerät in die Position des Außenseiters.

---

25 Vgl. etwa B. Sowinski, Deutsche Stilistik. Beobachtungen zur Sprachverwendung und Sprachgestaltung im Deutschen, Fischer-TB 6147, Frankfurt 1973, 278 f. L. Reiners, Stilkunst. Ein Lehrbuch deutscher Prosa, München 1967, 166, verweist auf Jean Pauls Formulierung vom »grammatischen Selbstmord«: »Wir sind viel zu höflich, um vor ansehnlichen Leuten ein Ich zu haben. Ein Deutscher ist mit Vergnügen alles, nur nicht er selbst.«

26 Vgl. B. Bernstein, Sprache, symbolisches Verhalten und soziale Schichtung, in: O. W. Haselhoff (Hg.), Kommunikation, Berlin 1969, 112: »Ein eingeengter Code tritt dort auf, wo eine Kultur oder eine Subkultur das ›Wir‹ über das ›Ich‹ erhebt. Derartige Codes entstehen sowohl zur Steuerung wie zur Übermittlung der Kultur, und zwar vor allem in besonderen Gruppensituationen, wie im Gefängnis, in der Altersgruppe Heranwachsender, in der Armee, unter langjährigen Freunden und zwischen Eheleuten. Die Verwendung eines eingeengten Codes erzeugt soziale Solidarität auf Kosten der verbalen Gestaltung individueller Erfahrungen ... Eingeengte Codes lassen kein verbal ausdifferenziertes Ich entstehen.« – Die Begriffe »Gruppe«, »Kleingruppe« etc. bezeichnen in diesem Abschnitt soziale Gebilde, deren Strukturen und Prozesse noch nicht durch die methodische Anwendung der Gruppendynamik modifiziert sind.

Warum wird das Ich-Sagen in der Kleingruppe wie in der politischen Gemeinschaft von Sanktionen bedroht? Die formale Antwort lautet: Wer Ich sagt gegenüber der Gruppe, gefährdet deren Gleichgewicht, deren Identität, so daß es im Grunde als natürlich erscheint, wenn sie darauf ihrerseits im Sinne der Selbsterhaltung reagiert und den Störenfried mit Druck zur Anpassung an die Gruppenstandards zwingen will. Das wäre sozusagen ein gruppendynamisches Naturgesetz, das im politischen Kontext eine weitere Bestätigung erfährt. Die semantische Reduktion des Ich wäre dann die Konsequenz einer Selbstregulierung in Richtung auf Homöostase, wie sie zum sozialen System notwendiger- und natürlicherweise gehört. Ein politischer Sachverhalt hätte auf diese Weise eine natürliche Erklärung gefunden.

Eine andere Sicht ist mindestens möglich. Gewiß ist dies richtig: Der Ich-Sager stört das Gleichgewicht einer Gruppe, stürzt sie in eine Identitätskrise und mutet ihr eine Strukturveränderung zu. Ihre Gegenreaktion ist in diesem Sinne durchaus natürlich. Das schließt freilich nicht eine Betrachtung dieser Prozesse aus, die nach deren Nutzen für bestimmte Positionen in der Gruppe fragt. Denn die Gruppe konserviert mit ihrer homöostatisch orientierten Selbsterhaltung auch immer die Positionsverteilung innerhalb ihrer selbst. Die Selbstregulierungs[77]prozesse sind zugleich Prozesse der Machtkonsolidierung.[27] Was gruppendynamisch natürlich erscheint, hat zugleich immer politischen Sinn.

Das aber bedeutet für unser Problem: Wer Ich sagt in der Gesellschaft, mobilisiert nicht nur die Abwehrkräfte der Gesellschaft als solcher, er tangiert auch die Interessen anderer Menschen. Das Ich in der Gruppe ist auch immer eine Kampfansage im Streit um die Macht. Wer es gebraucht, bricht aus der Gefolgschaft der Wir-Sager aus, bedroht nicht nur die Gruppe als solche, sondern vor allem diejenigen, die ihre leitende Gruppenposition deswegen innehaben, weil ihr Ich sich den anderen gegenüber durchgesetzt hat. Eine Erziehung zum Ich-Verzicht garantiert also nicht nur einen störungsfreien Ablauf der gesellschaftlichen Selbstregulation, sie dient zugleich der Konservierung der überkommenen gesellschaftlichen Positionen.[28] Stilistik und Gruppendynamik, das war in diesem Zusammenhang zu erheben, haben ihre politischen Implikationen.

Das Ich bedroht die Macht. Max Horkheimer hat gezeigt, welche politischen Interessen der Verdammung des Egoismus durch die bürgerliche Moral in

---

27 Vgl. auch R. Reiche, Ist der Ödipuskomplex universell?, in: Kursbuch 29, Berlin 1972, 169.
28 Zur Möglichkeit »Politischer Lernerfahrungen im Training« vgl. die Beiträge von R. W. Floyd, H. Hüppauff und M. Pagès in: Gruppendynamik 4, 1973, 1 ff. Zur Reichweite des von der Gruppendynamik entwickelten Demokratiemodells vgl. H. Steinkamp, Gruppendynamik und Demokratisierung. Ideologiekritische und sozialethische Studien zur empirischen und angewandten Kleingruppenforschung, München / Mainz 1973.

ihrer optimistischen wie ihrer pessimistischen Spielart zugrunde liegen. »Sowohl bei der zynischen Verkündigung der Bosheit und Gefährlichkeit der menschlichen Natur, die durch einen starken Herrschaftsapparat im Zaume gehalten werden müsse und bei der ihr entsprechenden puritanischen Lehre von der Sündhaftigkeit des Einzelnen, der mit eiserner Disziplin, in absoluter Unterwerfung unter das Gesetz der Pflicht seine eigenen Triebe niederhalten solle, wie auch bei der entgegengesetzten Beteuerung der ursprünglich reinen und harmonischen Beschaffenheit der Menschen, die nur durch beengende und korrupte Verhältnisse der Gegenwart gestört sei, bildet die absolute Absage an jede egoistische Triebregung die selbstverständliche Basis.«[29] Wie kommt die bürgerliche Gesellschaft dazu, die Prinzipien ihrer Struktur moralisch zu disqualifizieren? Denn die Selbstdurchsetzung im freien Wettbewerb, die das eigentliche Kennzeichen des bürgerlichen Kapitalismus ist, wird von der bürgerlichen Ethik als unsittlich denun[78]ziert. Markt und Moral scheinen einander zu widersprechen – wenn nicht dieser Markt diese Moral benötigt, um am Leben zu bleiben. Horkheimer nennt zwei Motive, »das allgemein gesellschaftliche und das klassenmäßige«[30], die die bürgerliche Kritik des bürgerlichen Egoismus begründen. Im ersten Fall handelt es sich um eine Art Selbstregulativ: durch die Moral sorgt der Markt dafür, daß er nicht an sich selber zugrundegeht, indem er mit Hilfe der Ethik versucht, »das Konkurrenzprinzip in der von ihm beherrschten Epoche einzudämmen«[31]. Eine schrankenlose Verwirklichung des Egoismus würde zur Selbstauflösung der bürgerlichen Gesellschaft führen. Darüber hinaus erfüllt die Kritik des Egoismus durchaus auch eine Herrschaftsfunktion. Sie hält diejenigen in Schranken, die durch eine egoistische Praxis sich selber gewinnen könnten. »Der größere Teil der Menschheit sollte sich ... daran gewöhnen, den eigenen Anspruch auf Glück zu meistern, den Wunsch zurückzudrängen, ebenso gut zu leben wie jener kleinere Teil, der es sich eben darum gern gefallen ließ, daß, genaugenommen, seine Existenz von diesem brauchbaren moralischen Verdikt verurteilt wurde.«[32] In der Kritik am Egoismus meldet sich der Widerspruch einer Gesellschaft zu Wort, die nicht sein darf, was sie ist, damit sie bleibt, wie sie ist.

Die theologische Abwehr des Ich auf der Kanzel steht also in einem geistesgeschichtlichen und gesellschaftlichen Kontext, den man zur Kenntnis zu

---

29 M. Horkheimer, Egoismus und Freiheitsbewegung (1936), in: Traditionelle und kritische Theorie, Fischer-TB 6015, Frankfurt 1970, 98.
30 A. a. O., 101.
31 Ebd.
32 A. a. O., 101 f.

nehmen hat.[33] Ob evangelische Theologie diese unbedachte und unbeabsichtigte Koalition weiter aufrecht erhalten kann, ist eine Frage, die noch zu überdenken sein wird. Zunächst möchte ich darauf aufmerksam machen, daß sich für die Schwierigkeit, Ich zu sagen, noch eine weitere Ursache jenseits der theologischen Theorie anführen läßt, eine Ursache, die in der institutionellen Konstruktion der akademischen Ausbildung liegt.

Die Ausbildung des Theologen verläuft hochschuldidaktisch reflektiert bestenfalls für den kognitiven Bereich. Der Student begegnet im Lauf seines Studiums Aufgaben und Methoden, die sein intellektuelles Vermögen beanspruchen, ihm Einsichten und Fertigkeiten vermitteln, die aber seine emotionalen Bedürfnisse und Fähigkeiten in keiner Weise [79] berücksichtigen. Die Konstruktion der gesamten Universität beruht auf einer Anthropologie, die den kognitiven Bereich für das eigentlich Humane am Menschen hält und die mit ihrem Wissenschaftsideal der reinen Objektivität auf die Ausklammerung bzw. Überwindung aller subjektiven und affektiven Elemente angelegt ist. Eben daraus ergeben sich aber für den Theologiestudenten erhebliche Schwierigkeiten.

Man kann die emotionale Dimension menschlicher Existenz abblenden, man schafft sie damit aber nicht aus der Welt. Mindestens an drei Stellen ergibt sich im Theologiestudium eine Diskrepanz zwischen den emotionalen Bedürfnissen des Auszubildenden und der kognitiven Ausrichtung der Ausbildung. Es gilt zunächst für das Verhältnis von Studienmotivation und Studieninhalt. Der Theologiestudent beginnt sein Studium,[34] auch um eigene Lebensfragen gelöst zu erhalten und um später anderen Menschen helfen zu können. Er trifft auf ein Angebot, das ihm die Beschäftigung mit forschungsorientierten, scheinbar praxisfernen Aufgaben zumutet. Die Frustrationen, die sich aus dieser Diskrepanz ergeben, muß er in der Regel allein bewältigen. Das gilt auch für den zweiten Spannungsbereich, von dem hier zu reden ist. Der Theologiestudent sucht in seinem Studium oft nach einer emotionalen Stabilisierung. Er ist von den Grundfragen des Lebens bewegt, er hat seine Identität noch nicht gefunden. Oder er glaubt, aufgrund seiner Herkunft aus einem religiös geprägten, traditionsorientierten Elternhaus, eine eindeutige Identität auch hinsichtlich seiner theologischen Existenz schon gefunden zu haben. Wie jede Lernsituation bedeutet das Theologiestudium auch Verunsicherung der vor-

---

33 Zu den geistesgeschichtlichen Hintergründen des »Mutes man selbst zu sein« vgl. P. Tillich, Der Mut zum Sein, Stuttgart 1954, 84 ff., bes. 104: Die christlichen Theologen »sollten den Mut man selbst zu sein verstehen als das notwendige Korrektiv gegen den Mut als ein Teil zu sein«. Zu den Problemen der Ich-Bildung in der Primärsozialisation vgl. E. H. Erikson, Kindheit und Gesellschaft, Stuttgart 1968³, 185 ff.
34 Vgl. J.-M. Lohse, Theologiestudenten in eigener Sache. Auswertung einer Untersuchung R. Huschkes zu Studiensituation und -motivation, in: H.-E. Hess / H. E. Tödt (Hg.), Reform der theologischen Ausbildung 8, Stuttgart / Berlin 1971, 25 ff.

gegebenen Identität, in diesem Fall noch verschärft, weil hier die Basisfragen des persönlichen Sinngefüges zur Klärung stehen. Der Wunsch nach emotionaler Stabilisierung trifft im Studium auf eine Wirklichkeit, die faktisch in der kritischen Destruktion der mitgebrachten oder angestrebten Sinnzusammenhänge besteht.[35] Diese Destruktion wird aus sachlichen Grün[80]den unbestritten notwendig sein. Fragwürdig bleibt das Faktum, daß der Student diesen Krisenprozeß allein zu bewältigen hat. Schließlich ist noch auf ein drittes Spannungsverhältnis hinzuweisen. Wer sich heute zum Studium der Theologie entschließt, begibt sich automatisch in jene Zone, in der um die gesellschaftliche Relevanz von Kirche und Theologie gestritten wird. Der Theologiestudent sieht sich in der Regel als Außenseiter gegenüber den Kommilitonen, die andere, »normale« Studiengänge begonnen haben, und die Identifizierung mit der künftigen Berufsaufgabe fällt ihm auch deshalb so schwer, weil die gesellschaftliche Einschätzung der Berufsposition für ihn umstritten bleibt.

Das Fazit dieser hypothetischen Feldbeschreibung lautet: Das Theologiestudium macht es dem Theologen aus vielen Gründen schwer, Ich zu sagen. Die Ausbildung einer ausgeglichenen Identität wird hier gefährdet durch die Diskrepanz zwischen Studienmotivation und Studienangebot, durch den Widerspruch zwischen dem Bedürfnis nach emotionaler Stabilisierung und der faktischen Verunsicherung durch die historische, psychologische und soziologische Religionskritik, durch die ambivalente Einschätzung der gesellschaftlichen Relevanz von Kirche und Theologie, als deren Agent der Theologe zu wirken hat. Die Prediger, die auf der Kanzel nicht Ich zu sagen vermögen, haben das schon im Studium nicht lernen können. Nicht nur die theologische Theorie, auch die dem akademischen Ausbildungsverfahren zugrundeliegende Anthropologie sieht das Ich als ein Hindernis und einen Störfaktor an, der im Prozeß der Predigt bzw. der Wissenschaft möglichst ausgeschaltet bleiben soll. Außerdem läßt die Organisation des Studiums den Studenten bei der Aufgabe, das rational-emotionale Gleichgewicht zwischen dem »Ich glaube« und dem »Ich denke« zu finden, faktisch allein. In der Dimension kognitiver Lernprozesse, in der die Problematik im Laufe des Studiums natürlich immer wieder diskutiert wird, ist sie nämlich für den Menschen in der Einheit von

---

35 Vgl. M. Mezger, Redliche Predigt, in: Zeit und Geschichte. Festschrift für R. Bultmann, Tübingen 1964, 438: »Psychiater und Psychotherapeuten wissen einiges davon zu berichten, wie Pfarrer zerrieben werden und verzweifeln, durch den Widerspruch zwischen dem, was sie theologisch wissen, und dem, was sie homiletisch zu sagen wagen.« M. E. bleibt diese Beschreibung noch zu sehr an der rationalisierten Oberfläche des Problems. Die von Mezger konstatierte Diastase zwischen Wissen und Sagen ist Symptom einer weit tiefergreifenden zwischen Wissen und Glauben, was dazu führt, daß auch der kritische Theologiestudent sich nach der beruflichen Integration in die Kirche dem kirchlichen Sprachjargon zur Sicherung der eigenen Stabilität leicht und gern anpaßt.

Leib, Seele und Geist nicht zu lösen. Schließlich ist der Theologiestudent in seiner Ich-Entwicklung dadurch gehemmt, daß er sich mit seiner Studien- und Berufswahl von der Außenwelt mißachtet, vielleicht sogar bedroht fühlt.

So ergibt sich die Schwierigkeit, Ich zu sagen, nicht nur aus dem Verdikt der theologischen Theorie. Sie steht im Kontext einer gesellschaftlichen Struktur, deren Erziehungsziel, wie die Stilistik verrät, aus Gründen des Gruppengleichgewichts und der Herrschaftsstabilität auf die Unterdrückung der Ich-Bedürfnisse abgestellt ist. Und sie ergibt sich mit einer gewissen Zwangsläufigkeit aus der Organisation der beruf[81]lichen Sozialisation, in der die Ich-Problematik als wissenschaftsirrelevant prinzipiell ausgeklammert, faktisch aber verdrängt wird, weil das Bedürfnis nach weltanschaulicher und gesellschaftlicher Identität nicht durch Verleugnung zu befriedigen ist.

Die Theologie wird zu überlegen haben, ob und in welcher Weise sie an ihrer Ich-Verurteilung festhalten kann, wenn sie die faktische Übereinstimmung mit gesellschaftlichen Interessen und organisatorischen Gegebenheiten konstatiert. Gerade wenn die Intention der theologischen Theorie, die das Ich des Menschen als Ort der Sünde ansieht, mit der gesellschaftlichen Unterdrückung des Ich nicht kongruent ist, wird zu fragen sein, wie Theologie dann deutlich zu machen vermag, daß ihr Verdikt des menschlichen Ich nicht die ideologische Überhöhung der gesellschaftlichen Verhältnisse darstellen möchte. Es könnte ja umgekehrt sein, daß gerade die gesellschaftliche Disqualifikation des Ich zum Zwecke seiner Unterdrückung eine Gestalt der Sünde darstellt, weshalb evangelische Theologie das Recht und die Würde des Ich, von sich selber zu reden und sich selbst zur Geltung zu bringen, zu verteidigen hat.

3. GRÜNDE FÜR DAS ICH AUF DER KANZEL

Der Sünder sagt Ich gegenüber Gott und anstelle Gottes. Von diesem Verständnis der Sünde her rührt das Verdikt, das dem Prediger den Gebrauch des Ich auf der Kanzel verbietet. Das Ich ist immer Signal für den Hochmut, den Selbstbehauptungswillen, die Egozentrizität des Menschen. Zweifellos ist der Hochmut eine Gestalt menschlicher Sünde. Insofern ist auch der Verdacht, es möchte sich mit dem Ich dieser Hochmut zu Wort melden, berechtigt.

Freilich manifestiert sich die Sünde nicht nur in dieser Form. In seiner Hamartologie hat K. Barth im Anschluß an die Christologie drei Grundrichtungen menschlicher Sünde entfaltet.[36] Der Erniedrigung des Sohnes Gottes entspricht des Menschen Hochmut, der Erhöhung des Menschensohnes entspricht des Menschen Trägheit, der Zeugenschaft des Mittlers Jesus Chris-

---

36 Vgl. KD IV/1, 395 ff.; IV/2, 423 ff.; IV/3, 425 ff.

tus entspricht des Menschen Lüge und Verdammnis. Uns interessiert an dieser Stelle vor allem der Schritt von der ersten zur zweiten Gestalt der Sünde. Barth begründet ihn folgendermaßen: »Es gibt so etwas wie eine heroische, die prometheische Gestalt der Sünde. Sie tritt dann – aus des Menschen Hochmut, der nicht nur [82] vor seinem Fall kommt, sondern als solcher sein Fall ist – ans Licht, wenn man den Menschen in seiner Konfrontation mit dem für ihn niedrig, zum Knecht gewordenen Herrn, dem Fleisch gewordenen Sohn Gottes sieht, ...: seine Sünde als die menschliche Gegenbewegung zu der göttlichen Kondeszendenz, die in Jesus Christus Ereignis und offenbar ist ... Aber wie die versöhnende Gnade nicht nur rechtfertigende, sondern auch ganz und gar heiligende, aufweckende und aufrichtende Gnade ist, so hat die Sünde wirklich nicht nur jene heroische Gestalt des Hochmuts, sondern im Gegensatz, aber auch in tiefster Entsprechung dazu die ganz unheroische, die triviale Gestalt der Trägheit: die Gestalt des bösen Tuns nicht nur, sondern auch die des bösen Unterlassens, die des verbotenen und verwerflichen Übergriffs nicht nur, sondern auch die des verbotenen verwerflichen Versagens.«[37] Der Mensch als Sünder ist »nicht nur Prometheus oder Luzifer«, sondern »auch ganz einfach ein Faulpelz, ein Siebenschläfer, ein Nichtstuer, ein Bummler«.[38]

Bezogen auf die Problematik des Ich-Sagens bedeutet das: Gewiß kann das Ich-Sagen Ausdruck menschlichen Hochmuts, aber ebenso das Unterlassen des Ich-Sagens Anzeichen menschlicher Trägheit sein. Wie sich die Ich-Neurose in einer Ich-Übersteigerung, aber auch in einer Ich-Schwäche niederschlägt, so kann der Verzicht auf den Ich-Gebrauch Kennzeichen christlicher »Verlotterung«[39] sein. Die in einer langen theologischen Tradition gepflegte Verdächtigung des Ich ist also mindestens einseitig gewesen. Der Mensch dient Gott nicht nur in der Weise, daß er auf seinen Selbstbehauptungswillen und also auf das Zur-Geltung-bringen der eigenen Person verzichtet. Er dient Gott ebenso in der Weise, daß er mit seiner eigenen Person zum Zeugen der Gnade Gottes wird. Und umgekehrt muß es nicht einfach Kennzeichen des lebendigen Glaubens sein, wenn der Christ von sich selber absieht und nicht von sich selber spricht. Es kann ebenso Ausdruck seiner Unfähigkeit sein, über ein kirchlich-religiöses Mitläufertum hinauszugelangen; es kann Anzeichen für gesellschaftliche und institutionelle Fehlkonstruktionen sein, deren Opfer der einzelne geworden ist und die man gerade nicht durch ein einseitiges Sündenverständnis sanktionieren [83] darf. Das Ich-Sagen kann um des Glaubens

---

37 KD IV/2, 452 f.
38 A. a. O., 454.
39 A. a. O., 511: »Der Mensch verlottert, indem er von dem ihm durch Gottes Gnade zugewiesenen Ort abrutscht – und das widerfährt ihm, indem er es selbst nicht anders haben will. Er läßt sich gehen. er läßt sich treiben, d. h. aber: er läßt es zu, daß er, wo er seinerseits gehen und treiben sollte und dürfte, gegangen und getrieben wird.«

willen verboten, es kann aber auch um des Glaubens willen geboten sein.[40] Was spricht dafür, daß der Prediger auf der Kanzel auch von sich selber redet? Das Ich des Predigers wahrt den demokratischen und dialogischen Charakter der Predigt. Man hat der monologischen Kanzelrede in den letzten Jahren mit einem gewissen Recht vorgeworfen, sie stelle eine einlinige und autoritäre Kommunikationsform dar. In der Tat kann sich der Hörer vergewaltigt fühlen, wenn ihm der Prediger zumutet, transsubjektive Behauptungssätze im Sinne des »So spricht der Herr« und transsubjektive Integrationsversuche nach der Art von »Wir sind doch alle ...« zu akzeptieren. Wer Ich sagt, kann seine eigene Meinung nicht mehr hinter der Autorität Gottes verstecken.[41] Und wer Ich sagt, kann auch nicht einfach die ganze Gemeinde unter die eigene Meinung subsumieren. Demokratisch wird eine Predigt, die auf objektivierte Deus-dixit-Sätze verzichtet, weil erst auf dieser Basis ihre Aussagen diskussionsfähig werden.[42] Und dialogisch wird sie deswegen, weil nicht das verallgemeinernde Wir, sondern erst das Ich zur Antwort mit einer eigenen Ich-Aussage einlädt. Gegen den Pfarrer, der Wir sagt, kann ein mündiger Predigthörer nur aufbegehren und protestieren. Gegenüber einem Pfarrer, der Ich sagt, wird der Hörer überlegen, was er in dieser Hinsicht als eigenes Ich zu bemerken hat.

Was im letzten Abschnitt kommunikationsstrukturell formuliert worden ist, läßt sich auch in psychologischen Kategorien wiedergeben. Dann ist zu sagen: Das Ich des Predigers in der Predigt erschwert Projektionen seitens des Predigers auf die Gemeinde und erleichtert die [84] Identifikation der Gemeinde mit dem Prediger. Besonders bei Anfängern finden sich häufig Aussagen, die die Identifikation zwischen Text und Gemeinde erreichen wollen, faktisch aber unmöglich machen, weil der Prediger die eigenen Probleme der Gemeinde unterschiebt. Ich zitiere als Beispiel aus einer Seminarpredigt zu Psalm 22: »Wir haben diesen Verlust Gottes offenbar – ohne es genau zu merken – bereits hinter uns. Unglück und Krankheit empfinden wir nicht mehr als

---

40 Vgl. auch die »christologische« Begründung des Ich-Sagens bei D. Sölle, Ein Mensch sagt »ich«, in: Phantasie und Gehorsam. Überlegungen zu einer künftigen christlichen Ethik, Stuttgart / Berlin 1968, 61 ff. Anders interpretiert die entsprechenden Stellen E. Lohse, »Ich aber sage euch«, in: Die Einheit des Neuen Testaments. Exegetische Studien zur Theologie des Neuen Testaments, Göttingen 1973, 86: »Das ἐγώ Jesu, das vom ersten Evangelisten so stark betont wird, ist für ihn und seine Gemeinde Ausdruck der messianischen Vollmacht, in der Jesu lehrt und handelt.«

41 Und braucht auch nicht die Bibel zu personifizieren, indem er behauptet: »der Text will«, »die Bibel sagt«; vgl. dazu W. Schmidt, Überlegungen zur geistlichen Ansprache im Rundfunk, in: M. Josuttis (Hg.), Beiträge zu einer Rundfunkhomiletik, München 1967, 151.

42 Daß sich auch in der extensiven Verwendung des Ich ein klerikaler Machtanspruch melden kann, etwa der des religiösen oder politischen Enthusiasten, betont R. C. Kwant, Wort und Sprache, in: B. Dreher / N. Greinacher / F. Klostermann, Handbuch der Verkündigung I, Freiburg 1970, 50. Wie sich faschistoide Propaganda die emotionalen Elemente des Ich-Sagens nutzbar macht, zeigt Th. W. Adorno, Studien zum autoritären Charakter, st 107, Frankfurt 1973, 360 ff.

Trennung von Gott, weil wir auch in Glück und Gesundheit seine Nähe nicht mehr spüren. Wir haben ganz offensichtlich viel mehr Abstand von ihm. Wir sind daran gewöhnt, daß Gott uns fern ist - vielleicht nicht gerade völlig fremd und abwesend, aber doch soweit weg von uns, daß wir das Auf und Ab unseres Lebens und Gesundheit und Krankheit nicht mehr so direkt als Geschichte mit ihm verstehen. In unserem Lebensschicksal erkennen wir nur menschliche und weltliche Mächte wieder; wir erklären, meistern und erleiden es, ohne daß Gott für uns darin verwickelt wäre. Gott steht jedenfalls außerhalb unseres täglichen Lebens, verurteilt zur Charge mit gelegentlichen Gastspielverpflichtungen.«

Das ›Wir‹ in diesen Sätzen ist deswegen unberechtigt, weil es wohl den Erfahrungshorizont eines Teils der Predigthörer wiedergeben dürfte, aber eben nur eines Teils, während es sicher auch Gemeindeglieder geben dürfte, denen die Erfahrung einer solchen radikalen Gottesferne fremd geblieben ist. Sinnvoll werden die Sätze erst, wenn man das verallgemeinernde Wir durch das konzentrierte Ich ersetzt. Dann wird es immer noch von der Gemeinde abhängen und von der Vertrauensstellung des Predigers in der Gemeinde, ob solche Aussagen in der Predigt vertretbar sind. Aber dann ist auf jeden Fall sichergestellt, daß niemand durch das Wir vergewaltigt wird, weil der Prediger seine eigenen Probleme auf die gesamte Hörerschaft projiziert. Erst dann auch kann sich jene Identifikation zwischen Text, Prediger und Gemeinde ergeben, die der Verfasser eigentlich anstrebt; denn nur mit einem, der Ich sagt, kann ich als Hörer mich positiv oder negativ identifizieren. Zur Vorbild-Funktion des Predigers für die Gemeinde, von der besonders R. Bohren geredet hat[43], gehört auch die Anleitung, zu Inhalten des christlichen Glaubens Ich zu sagen. Aber nicht nur zwischen Prediger und Gemeinde werden die Kommunikations- und Identifikationsprozesse durchsichtiger und unkom[85]plizierter, wenn der Prediger Ich zu sagen wagt. Auch sein Verhältnis zur Sache der Verkündigung wird dadurch entkrampfter. Die bekannte Forderung der dialektischen Theologie, der Mensch müsse im Vorgang der Verkündigung von sich selber vollkommen absehen, er habe nicht seine eigene theologische Konzeption, seine eigenen Ideen und Einfälle vorzutragen, sondern das reine Wort Gottes, beruht in Wahrheit ja auf einer fragwürdigen Annahme. Auf der Annahme nämlich, als ließe sich im Akt der Predigt das Wort Gottes und das Wort des Menschen säuberlich trennen, auf der Annahme auch, als ob ein Mensch je wirklich gegen sich selber zu reden vermöchte. Darüber hinaus weckt die objektivierende Fassung des Zeugnisses, die vom Zeugen selber vollkommen absieht, immer auch den Verdacht, daß der Zeuge unter dem Mantel der Objektivität seine eigenen Probleme und Positionen recht kräftig

---

43 R. Bohren, Predigtlehre, München 1971, 388 ff.

zur Geltung zu bringen versteht. Weder garantiert die unpersönliche Redeweise die Wahrheit, noch verrät der persönlich gefärbte Redestil schon eindeutig deren Verfälschung. Gerade der Verzicht auf das Ich kann ein ideologisches Verstecken der eigenen Interessen bedeuten, während der klare Gebrauch dieses Wortes dem Hörer immerhin die Frage erlaubt, ob hier einer legitim im Namen Gottes zu reden wagt. Dadurch, daß der Prediger die eigene Person erwähnt, stiftet er an zur kritischen Unterscheidung zwischen seiner Rede und der Sache, um die es geht. Auf diese Weise verdrängt die Person des Predigers, wenn sie in der Predigt erscheint, den Inhalt des Evangeliums keineswegs[44]; vielmehr sorgt sie dafür, daß das Evangelium als solches mehr bleibt als seine Auslegung durch diese Person.

Natürlich schließt das ein etwas andersgeartetes Verständnis dessen, was Zeugnis und Zeuge in biblischem Sinn darstellen können, ein. An den Sätzen von Iwand, die ich im ersten Abschnitt zitierte, ist zweifellos richtig, daß der Begriff des Zeugnisses einen Verweisungszusammenhang, einen Gegenstandsbezug enthält. Das Zeugnis zeigt immer über sich hinaus auf eine jenseits seiner selbst liegende Sache oder Person. Insofern kann der Inhalt des Zeugnisses nie mit der Person des Zeugen zusammenfallen. Auf der anderen Seite ist aber auch daran festzuhalten, [86] daß es ein Zeugnis an der Person des Zeugen vorbei nicht gibt.[45] Das Zeugnis lebt sozusagen von der Zeugenhaftigkeit der Person. Der Zeuge redet aufgrund von Erfahrung. Er kennt das, wovon er zu reden hat, nicht nur vom Hörensagen; vielmehr ist gerade das Ich des Zeugen in seiner Aussage wichtig. Er ist einer, der der Sache, um die gestritten wird, konkret begegnet ist, der von konkreten, um nicht zu sagen handfesten Erfahrungen zu berichten weiß und der neues Licht in eine undurchsichtige Angelegenheit bringt. Natürlich ist die Sache mehr als der Zeuge. Aber Information über die Sache gibt es nicht ohne den Zeugen, ohne das subjektive Ich dieser irrtumsfähigen, bestechlichen, beeinflußbaren Person. Zum Begriff des Zeugen gehört nicht nur die Transsubjektivität der bezeugten Sache; es gehört dazu auch, und das haben wir wieder zu lernen, die Subjektivität der Zeugenerfahrung. Noch einmal ist zu sagen: die Sache ist größer als die Erfahrung von ihr. Aber wie es die Information über die Sache nicht ohne den

---

44 Natürlich ist zu beachten: »Die Gemeinschaft hat keinen Nutzen davon, die persönlichen Probleme und Unsicherheiten des Verkünders anzuhören, außer sie wären für die Gemeinschaft selbst relevant. Die Relevanz für die Hörer muß immer das Kriterium dafür sein, was gesagt und was nicht gesagt werden darf«; so J. Besemer, Der Verkünder heute, in: B. Dreher / N. Greinacher / F. Klostermann, Handbuch der Verkündigung II, Freiburg 1970, 69.
45 Vgl. H. Strathmann, Art. μάρτυς etc., ThWNT IV, 495: »Die Eigenart des Objekts, um das es sich bei diesem Zeugnis handelt, bringt es also mit sich, daß sich in den Begriff des Zeugen die Bekundung bestimmter Tatsachen und die gläubige, bekennende und werbende Verkündigung ihrer Bedeutung unlöslich miteinander verbinden.«

Zeugen gibt, so gibt es diese Information auch nicht ohne die Erfahrung des Zeugen. Er mag solche Erfahrungen mit der Sache nur höchst andeutungsweise aufzuweisen haben, sie sind dann immer noch wichtiger als die Darlegung objektiver Sachverhalte, deren Lebenszusammenhang undeutlich bleibt. Wenn der Glaube mit dem wirklichen Leben des wirklichen Menschen zu tun haben soll, dann gehört zu ihm eine, wahrscheinlich höchst spärliche, höchst zweideutige, aber doch auch höchst wichtige Erfahrungsqualität.

Wenn sich das Ich des Predigers in der Predigt ausformuliert und wenn auf diese Weise auch die Erfahrungsdimension des christlichen Glaubens zur Sprache kommt, dann läßt sich die herkömmliche Unterscheidung zwischen Verkündigung und Bekenntnis nicht länger aufrecht erhalten. Diese Unterscheidung lebt von der Voraussetzung, daß sich der Inhalt, der Gegenstand, der Grund des Glaubens in der Verkündigung weitergeben läßt ohne die Berücksichtigung der persönlichen Erfahrung des Predigers. Das Bekenntnis erfolgt sozusagen im Anschluß und als Antwort auf die Verkündigung, während die Verkündigung selber von subjektiv-persönlichen Aussageelementen freizuhalten ist. Eine solche Unterscheidung verzerrt schon die Realität des Verkündigungsvorgangs, der ja durchaus auch immer durch die Subjek[87]tivität der verkündigenden Person bestimmt wird. Sie muß aber auch aus sachlich-theologischen Gründen überdacht werden, weil sie die Wahrheit der Verkündigung in der Reinheit von subjektiv-menschlichen Faktoren gewährleistet sieht. Verkündigung und Bekenntnis kann man deswegen nicht auseinanderreißen, weil gewiß das Bekenntnis auf die Verkündigung folgt, weil aber auch die Verkündigung selber ein Akt des Bekenntnisses ist. Die Verkündigung vollzieht anhand der Bibel jene doxologische Differenz zwischen Gott und Welt, die den Glauben konstituiert, indem sie Gott Gott und die Welt Welt sein läßt. Als solches ist sie ein Verkündigungsakt an die Welt, aber auch ein Bekenntnisakt vor der Welt, insofern Verkündigung immer durch den Mund eines menschlichen Zeugen ergeht. Daß Gott im Mittelpunkt der Verkündigung steht, wie es E. Thurneysen gefordert hat, ist nur sinnvoll, wenn dieser Satz durch einen Menschen verkündigt und bekannt wird. »Gilt es, die Menschlichkeit Gottes menschlich zu verkündigen, dann gehört es zur Menschlichkeit des Predigers, daß er von sich selber redet. Der Prediger ist kein Abstraktum, kein in den Talar gehülltes Gespenst, sondern ein Mensch.«[46]

---

46 R. Bohren, Bemerkungen zu Karl Barths Predigtweise, in: Predigt und Gemeinde. Beiträge zur Praktischen Theologie, Zürich 1963, 78.

4. FORMEN DES ICH AUF DER KANZEL

Die Schwierigkeit, auf der Kanzel Ich zu sagen, mag groß sein. Ich habe zu zeigen versucht, daß ein totales Ich-Verbot aus theologischen Gründen nicht möglich ist, daß vielmehr vor allem homiletische Gesichtspunkte es dem Prediger nahe legen, seine Person aus dem Vollzug der Verkündigung nicht einfach auszuklammern. Wir können Ich sagen, wenn wir Ich sagen können. Das eben ist das Problem. Denn wenn die Schwierigkeiten nicht einfach durch theologische Aussagen geschaffen sind, wenn über theologische Theorien hinaus gesellschaftliche und institutionelle Gegebenheiten den Menschen und auch den Theologen an der Ich-Bildung hindern, dann sind diese Schwierigkeiten auch nicht einfach mit der Relativierung oder Widerlegung der theologischen Sätze behoben. Ich habe deshalb bei diesem letzten Abschnitt zu zeigen, wie man das Ich-Sagen lernen und wie solche Ich-Sätze auf der Kanzel aussehen können. [88]

Ich-Sagen kann man paradoxerweise nicht als einzelner lernen. Das Ich ist Ich immer nur in Gemeinschaft mit und in Beziehung zu anderen Menschen. Dementsprechend bildet es sich im sozialen Kontakt. Seit den Anfängen der Psychoanalyse geschieht die Ichstärkung gegenüber den Kräften des Es und des Über-Ich durch Kommunikation mit dem Therapeuten.[47] Die Gruppentheorien rechnen mit der Ausbildung eines starken und reifen Ich, wenn dieses Ich durch die Dialektik von Abgrenzung und Anpassung an das Wir der Gruppe sich selbst finden lernt.[48] Deshalb enthalten die Spielregeln der TIM-Gruppenarbeit von R. C. Cohn die Bestimmung: »Sprich nicht per ›man‹ oder ›wir‹, sondern per ›ich‹!«[49] Ich-Sagen lernt man, wenn überhaupt, in der Gemeinschaft. Daß man auf diese Weise die Folgen einer Ich-feindlichen Erziehung generell beseitigen kann, wird nicht zu erwarten sein.[50] Auch werden dadurch natürlich die Strukturen einer Ich-bedrückenden Gesellschaft keineswegs anders. Aber im Augenblick scheint die Gruppenarbeit die einzige Chan-

---

47 Zur psychoanalytischen Ich-Theorie vgl. außer S. Freud vor allem H. Hartmann, Ich-Psychologie. Studien zur psychoanalytischen Theorie, Stuttgart 1972, sowie H. Lincke, Der Ursprung des Ichs, in: Psyche 25, 1971, 1 ff.; die sozialpsychologische Grundlegung hat G. H. Mead, Sozialpsychologie, Neuwied / Berlin 1969, 263 ff., geliefert. – Die fachspezifischen Differenzierungen im psychologischen, tiefenpsychologischen und sozialpsychologischen Gebrauch der Vokabeln »Ich« bzw. »Selbst« müssen hier außer Betracht bleiben.
48 Vgl. R. Battagay, Der Mensch in der Gruppe III, Bern 1969, 68 ff.
49 Zitiert bei T. Schramm / K. Vopel, Ruth C. Cohns Methode der Gruppenarbeit. Darstellung und mögliche Anwendung in der kirchlichen Praxis, in: WPKG 61, 1972, 313. Vgl. jetzt auch A. Heigl-Evers / F. Heigl, Die themenzentrierte interaktionelle Gruppenmethode (R. C. Cohn): Erfahrungen, Überlegungen, Modifikationen, in: Neue Sammlung 13, 1973, 514 ff.
50 Vgl. L. Krappmann, Soziologische Dimensionen der Identität. Strukturelle Bedingungen für die Teilnahme an Interaktionsprozessen, Stuttgart 1971, 31.

ce zu sein, das Ich-Sagen, wenn auch in begrenztem Umfang, zu lernen.[51] [89 Seit einigen Jahren laufen Gruppen-Trainingskurse mit Theologen. Erste Erfahrungsberichte darüber liegen vor. Der Literatur wie der eigenen Beobachtung kann man entnehmen, daß das Interesse daran sehr verbreitet ist[52] und daß darüber hinaus von solcher Gruppenarbeit neben der Lösung von fachspezifischen Schwierigkeiten vor allem die Klärung der eigenen Ich-Position erwartet wird. Beides ist natürlich aufs engste miteinander verkoppelt. Aber die Tatsache, daß manche Balint-Seminare sich beinahe automatisch in Selbsterfahrungsgruppen verwandeln,[53] weist darauf hin, in welcher Richtung bei Pfarrern und Theologen ein besonders ausgeprägtes Bedürfnis besteht. Offensichtlich soll mit Hilfe der Gruppe jene Identität der theologischen Existenz[54] wiedergefunden werden, die heute aus verschiedenen Gründen verloren gegangen ist. Wie wir vermuten, leidet der Theologe binnentheologisch an der Diskrepanz zwischen seiner Erwartung an die Theologie, von der er ein stabiles Sinngefüge erhofft, und dem kritischen Impetus dieser Theologie, die ihm mitgebrachte und aufgebaute Sinngefüge immer wieder zerstört. In seiner gesellschaftlichen Stellung fühlt er sich unsicher, weil der dogmatisch behaupteten Universalität seines Auftrags kein allgemeines Interesse der Adressaten an seiner Sache entspricht. Soll ihm in dieser Situation permanenter und tiefgreifender Unsicherheit geholfen werden, dann muß sich die Gruppenarbeit, die das Ich des Theologen stärken will,[55] folgende Ziele setzen:

---

51 Vgl. D. Stollberg, Selbsterkenntnis für andere. Durch Gruppendynamik für die Seelsorgepraxis lernen, in: Luth. Monatshefte 12, 1973, 19: »In der Gruppe darf sich jeder aussprechen, er darf abladen, was ihn bedrückt, er darf sich fallen lassen – und sei es in einem wortlosen Spiel –, sich entspannen, er darf klagen, angreifen, Abneigung und Zuneigung entdecken und ausdrücken, er darf trauern und weinen, träumen und phantasieren; er darf das Kind in sich wieder zulassen, findet Verbündete gegen übermächtige Eltern, aber auch Begleiter, die ihm beistehen, wenn es darauf ankommt, sich mit den Eltern (oder Gott) wieder auszusöhnen, nachdem erst einmal der abgrundtiefe Haß entdeckt und zugelassen worden ist. – In der ›Solidarität der Not‹ (v. Gebsattel) wird es möglich, zwischen Sehnsüchten und Bedürfnissen des Es, Angst und Schuldgefühlen gegenüber einem fordernden und drohenden Über-Ich und Notwendigkeiten, Grenzen und Fakten der Alltagswelt verantwortend auszugleichen. Damit wird die Gruppe primär zum Ort der Geburt des Ich.« S. auch H. Argelander, Gruppenprozesse. Wege zur Anwendung der Psychoanalyse in Behandlung, Lehre und Forschung, rst 5, Reinbek 1972, 12.
52 O. Ruf, Erfahrungen mit einer Theologiestudentengruppe, in: Gruppenpsychotherapie und Gruppendynamik 5, 1972, 308 ff., betont insbesondere das Interesse von Theologiestudenten an solchen Ausbildungsangeboten.
53 E.-F. Sievers, Selbsterfahrungsgruppen mit Theologen, in: WzM 21, 1969, 440.
54 Über den Zusammenhang zwischen personaler, beruflicher und ideologischer Identität vgl. die Ausführungen von E. H. Erikson, Identität und Lebenszyklus, stw 16, Frankfurt 1973, 195 ff.
55 Vgl. auch R. Riess, Zur pastoralpsychologischen Problematik des Predigers, in: Praxis ecclesiae, Festschrift für K. Frör, München 1970, 314 ff.

- theologische Aussagen müssen mit personalen Emotionen vermittelt werden,
- das Ich soll theologische Aussagen auch kritischer Art nicht mehr als Bedrohung der eigenen Existenz empfinden müssen,
- das Ich soll theologische Aussagen nicht mehr zur Verteidigung der eigenen Existenz benutzen müssen;[56]
- die gesellschaftliche Stellung des Theologen muß mit seiner persönlichen Einstellung vermittelt werden, [90]
- das Ich soll die gesellschaftliche Kritik an Theologie und Kirche nicht mehr als Bedrohung der eigenen Existenz empfinden müssen,
- das Ich soll die Gesellschaftskritik nicht mehr zur Rechtfertigung der eigenen Existenz benutzen müssen (Konformitätsdruck in Richtung auf Gesellschaftskritik, Legitimationsversuch mit Hilfe von Gesellschaftskritik);
- in theologischer wie politischer Hinsicht soll die Ich-Bildung in der Gruppe die Kritikfähigkeit des Theologen nicht reduzieren, sondern ihr die sachlich fundierte und persönlich stabile Basis geben und damit erhöhen.

Wenn es richtig ist, daß die Schwierigkeit, Ich zu sagen, auch in einer Ausbildung begründet liegt, die sich an einem einseitigen Menschenbild orientiert, dann ist anzustreben, die methodischen Möglichkeiten der Ich-Stabilisierung schon in das Theologiestudium zu integrieren. Eine sekundäre Sozialisation, die mit Recht in der Stärkung der Kritikfähigkeit ihr wesentliches Ziel erblickt, wird dieses ihr Ziel nur erreichen können, wenn sie gleichzeitig sicherstellt, daß das Ich, dessen Kritikfähigkeit gestärkt werden soll, nicht im wörtlichsten Sinn auseinander bricht. Beim augenblicklichen Ausbildungsmodus bleibt dem Studenten nur die permanente Anpassungstaktik, wenn er die Roßkur der verschiedenen Wechselbäder überleben will. Er ist angepaßt kritisch und deshalb in Wahrheit unkritisch gegenüber der kritischen Theologie; er ist aber später ebenso angepaßt unkritisch in einer kritikfeindlichen Kirche. Im derzeitigen Ausbildungsmodus kann man also, so lautet die These, Kritik in der Regel nur als Anpassungsverhalten übernehmen, nicht dagegen, bezogen auf alle Bereiche der eigenen Existenz, lernen und durcharbeiten. Nur wenn es gelingt, Kritikfähigkeit und Ich-Bildung miteinander

---

56 Vgl. H.-Chr. Piper, Theologische Perspektiven und Erfahrungen in der klinischen Seelsorgeausbildung, in: WzM 24, 1972, 91 ff., abgedruckt auch in: W. Becher (Hg.), Klinische Seelsorgeausbildung, Frankfurt 1972, 130 ff.

zu koppeln,[57] ist sichergesellt, daß die Kritikfähigkeit auch nach der Ausbildungsphase erhalten bleibt.[58] [91]

Der Theologe soll Ich-Sagen lernen, damit er später auch auf der Kanzel Ich sagen kann. Wer in der Gruppe das Ich zu gebrauchen gelernt hat, wird es auch vor der Gruppe zu verwenden imstande sein. Ich führe einige Beispiele an, um die unterschiedlichen Funktionen, die ein solches Ich in einer Predigt versieht, zu verdeutlichen.[59]

In der Predigtgeschichte ist es lange Zeit üblich gewesen, die Textaussagen mit dem Bekenntnis der eigenen frommen Erfahrung zu verifizieren. Der Prediger verwies auf Erlebnisse, in denen das vom Text behauptete Walten der göttlichen Vorsehung sich im eigenen Schicksal als wahr und wirklich erwiesen oder in denen sich auf überwältigende Weise die Übermacht der Gnade gegenüber der eigenen Schuldverfallenheit aufgetan hatte. Man könnte in diesen Fällen von einem *verifikatorischen* Ich sprechen und ihm gegenüber zu Recht die kritische Frage der dialektischen Theologie wiederholen, ob sich hier die Subjektivität des Predigers nicht zuviel zumutet, nämlich die Begründung des Glaubens mit Hilfe der eigenen Person.[60] Die Wahrheit des Zeugnisses läßt sich nicht mit der Erfahrung des Zeugen beweisen.

Eher ist es dieser Wahrheit angemessen, daß der Zeuge über sich selbst hinaus und von sich selber weg weist. So geschieht es öfter in den Predigten aus der Spätzeit K. Barths. »Und nun sollte erst recht keiner von euch im Blick auf mich, der euch da die Sonntagspredigt hält, denken und sagen: ›Ja, der hat gut reden, der hat nichts angestellt, was ihn vor den Richter gebracht hätte, hat keine Strafe zu verbüßen, kann frei herumlaufen, ist überdies auch noch Theo-

---

57 Die Schwierigkeit, Ich zu sagen, hängt ja mit der Schwierigkeit, Nein zu sagen, aufs engste zusammen, und wer Ich sagen lernt, lernt auch Nein sagen (ein für den Pfarrer lebenswichtiges Wort!); vgl. K. Heinrich, Versuch über die Schwierigkeit nein zu sagen, Frankfurt 1964, 57 ff: »Die Schwierigkeit nein zu sagen als das Problem der Identität unter der Drohung des Identitätsverlustes.«

58 Vgl. H.-P. Dreitzel, Die gesellschaftlichen Leiden und das Leiden an der Gesellschaft. Vorstudien zu einer Pathologie des Rollenverhaltens, dtv WR 4128, Stuttgart 1972, 240: »Ohne eine gefestigte Ich-Identität kann es keine Befolgung sozialer Normen geben, geschweige denn Ich-Leistungen beim Rollenspiel; aber umgekehrt kann sich die Ich-Identität nur mit Hilfe bestimmter, einander nicht widersprechender Rollenidentifikationen ausbilden und festmachen.«

59 Damit sind ausgeschlossen die Fälle, in denen ein Ich im Zitat erscheint oder in denen das Ich-Sagen thematisiert wird, wie bei G. Otto, Denken – um zu glauben. Predigtversuche für heute, Hamburg 1970, 15 f.

60 Zur aktuellen Bedeutung dieser pietistischen Fragestellung vgl. M. Fischer, Die bleibende Bedeutung des Pietismus, in: Überlegungen zu Wort und Weg der Kirche, Berlin 1963, 239, sowie S. Hausammann, »Leben aus Glauben« in Reformation, Reformorthodoxie und Pietismus, in: ThZ 27, 1971, 288 f; zur Renaissance pietistischer Phänomene in der Gruppendynamik vgl. Th. C. Oden, The Intensive Group Experience: The New Pietism, New York 1971.

logieprofessor und also vermutlich ein überzeugter Christ und vielleicht ein halber Heiliger – der hat gut denken und sagen: Ich hoffe auf Dich.«[61] Und an anderer Stelle: »Ich gestehe euch offen, dass ich selbst, nachdem ich in einem nun schon ziemlich langen Leben immer wieder im Römerbrief des Paulus gelesen habe, mit so Vielem, was drin, was in der Bibel überhaupt steht, und so auch mit diesem Wort noch lange nicht fertig [92] geworden bin.«[62] Der Prediger redet von sich selber, nicht um mit der Wirklichkeit seines Lebens die Wahrheit des Textes zu belegen, sondern um an der eigenen Person die grundsätzliche Differenz zwischen der Wahrheit der Sache Gottes und der Wirklichkeit der menschlichen Existenz sowie die Überlegenheit der Offenbarung Gottes gegenüber menschlicher Erfahrung zu konstatieren. Gibt es über dieses positiv oder negativ *konfessorische* Ich hinaus andere Möglichkeiten, die Person des Predigers in die Predigt mit einzubeziehen?

Wer Ich sagt, redet von der eigenen Person und zugleich damit vom eigenen Leben. Man könnte das Ich des Predigers, das sich mit dem Kontext seiner Lebensgeschichte präsentiert, ohne die Wahrheit des Textes damit schon legitimieren zu wollen, das *biographische* Ich nennen. Als Beispiel zitiere ich den Anfang einer Rundfunkansprache des Psychoanalytikers T. Brocher über 1. Kor. 13,12: »Jetzt ist mein Erkennen Stückwerk ... Als ich das Wort zum ersten Male hörte, war ich noch ein Kind. Der Anlaß war traurig, ein Begräbnis. Der Tod, den ich noch nicht verstand, begegnete mir zum erstenmal aus der Nähe. Ich war noch nicht ganz sechs Jahre alt.«[63] Brocher erzählt dann weiter, wie ihn das Wort nach dieser Beerdigung seines Bruders weiter begleitet hat. Er berichtet von den Erfahrungen, die er mit diesem Wort gemacht hat, von den Fragen, die es ihm aufgegeben hat, auch von den Zweifeln, mit denen er jetzt noch lebt. Ich kenne kaum eine andere Predigt, in der ein Bibelwort so lebendig, so lebensbezogen erscheint. Dieses biographische Ich weist zurückhaltend und nüchtern auf die Tiefendimension menschlicher Existenz. Es macht deutlich, daß die biblische Tradition mit den Grundfragen unseres Lebens zu tun hat, mit dem Tod, mit der Liebe, mit der Vergangenheit unseres Kindseins, mit der Skepsis unseres Altwerdens. Das biographische Ich in der Predigt interpretiert den Text aus dem Erfahrungshorizont eines Menschenlebens.

In derselben Ansprache von T. Brocher erscheint noch ein anderes Ich, das ich als *repräsentatives* Ich bezeichnen möchte. Es geht um den zweiten Teil des behandelten Verses: »dann aber werde ich erkennen, wie auch ich völlig erkannt bin.« Brocher bemerkt dazu: »Fragen wir uns, was das bedeuten könnte.

---

61 K. Barth, Den Gefangenen Befreiung. Predigten aus den Jahren 1954-59, Zollikon 1959, 50.
62 A. a. O., 93.
63 T. Brocher, »Jetzt ist mein Erkennen Stückwerk ...«, in: M. Linz (Hg.), Nein und Amen. Versuche mit der Bibel, Gütersloh 1969, 175.

Heißt es, daß etwas da ist, ein Unbekanntes, eine Person, die mich völlig erkannt hat über alle Zeiten hinweg, bevor [93] ich selbst zu sehen vermag? ... Aber warum kann ich mich selbst nicht so erkennen, wie ich erkannt worden bin? Was verdunkelt mich mir selbst?«[64] Diesem Ich fehlt offensichtlich jeder biographische Bezug. Es kann in einer Predigt auftauchen, ohne daß der Prediger vorher etwas über sich selber gesagt hat. Es ist sozusagen das Wir in konzentrierter Form. Es repräsentiert nicht den Prediger als Individuum, sondern gewissermaßen als Hörer des Textes. Es dient nicht dazu, den Text aus seiner persönlichen Sicht heraus zu erläutern, sondern will den Text in gleichzeitig persönlicher und allgemeingültiger Zuspitzung befragen. Hier redet ein Ich stellvertretend für alle Hörer, und jeder der Hörer kann sich mit diesem Ich, weil die biographische Individuation fehlt, direkt identifizieren.

Noch in einer weiteren Funktion kann das Ich in der Predigt erscheinen. Ich möchte diese Möglichkeit mit einem Zitat aus einer Predigt von H. Braun belegen: »Das ist ja richtig: Ich selber kann ja auch nur leben und frei atmen und fröhlich in die Zukunft schauen dann, wenn ich mit mir, dem fraglichen Herbert Braun, nachsichtig bin. Wenn ich in meinen Augen nicht mehr sein will, als ich bin. Wenn ich mich annehme, so wie ich bin. Aber nicht nur mich. Auch die anderen werde ich dann ja wohl in ihrer Fraglichkeit annehmen müssen.«[65] Hier redet ein Prediger exemplarisch von sich selbst, um an der eigenen Person zu demonstrieren, was das Evangelium Jesu für menschliches Leben bedeutet. Dieses *exemplarische* Ich, wie ich es deshalb nennen möchte, unterscheidet sich dadurch von den anderen Funktionen, die das Ich in der Predigt wahrnehmen kann, daß die Person des Predigers als der erste Adressat des Textes erscheint. Der Prediger redet davon, was der Text für ihn persönlich bedeutet, um den Hörern zu sagen, was der Text auch ihnen zu sagen hat. Der Text wird also nicht von der Biographie her erläutert oder mit einer allgemeinen Ich-Formulierung befragt; vielmehr wird formuliert, was der Text für das Leben und die Person des Predigers bedeutet.

Zum Schluß eine Frage, die sich aus unserem Eingangsvergleich mit der Romantheorie ergibt. Das Ich des Erzählers ist mit dem Ich des Verfassers nicht immer identisch. Es kann ein *fiktives* Ich sein, vom Autor erfunden, um aus einer spezifischen Perspektive berichten zu können. Der Geist der Erzählung zieht sich bei Th. Mann zu einer »mönchischen Person, genannt Clemens der Ire«, zusammen.[66] Ist es [94] denkbar, daß auch der Geist der Predigt sich zu einem solchen fiktiven Ich konzentriert? Denkbar ist es natürlich, und

---

64 A. a. O., 181.
65 H. Braun, Predigten, Stuttgart / Berlin 1970, 112.
66 A. a. O., 15.

reizvoll wäre es auch. Ich deute einige Möglichkeiten an:[67] eine Predigt über die Kreuzigung Jesu, in der der römische Hauptmann berichtet und vor allem sein Bekenntnis interpretiert (Mark. 15,39); eine Predigt zur Bedeutung Jesu, in der ein typischer Zeitgenosse seine Überlegungen ausbreitet; eine Predigt als Selbstgespräch eines Jugendlichen, der sich mit seinen Fragen von der Kirche nicht verstanden fühlt. Der Haupteinwand gegen solche Versuche würde wohl in der Frage nach deren Echtheit bestehen. Muß nicht das Ich, das auf der Kanzel zu Wort kommt, auf jeden Fall echt sein, muß nicht die Person des Predigers immer dahinter stehen? Ich glaube, daß das Argument zu entkräften ist. Denn echt muß das Ich nur sein, wenn es erkennbares Ich des Predigers ist. Warum aber soll der Prediger aus einer bestimmten Absicht heraus und mit einigem artifiziellen Geschick nicht auch ein Ich vorführen, daß das, was Evangelium heißt, aus einer bestimmten Perspektive verdeutlicht? Auch hinsichtlich der Verwendung des Ich kann der Prediger von den Schriftstellern lernen.

---

[67] Vgl. die Ich-Erzählungen aus der Perspektive des Sterndeuters, Sarnuels, Sauls u. a. bei F.-K. Kurowski, Biblische Erzählungen. Rundfunkandachten, in: werkstatt predigt 2, März 1973, 31 ff, sowie bei G. Debus, Was gibt es Neues in Jerusalem? Biblische Geschichten – heute erzählt, Freiburg / Wuppertal 1973 (Platten-Nr. SCCLV 73781).

III

Zum Verhältnis von Text und Predigt

III.1 Theoretische Grundlegung

Vom Umgang mit Texten im Predigtprozeß

Bei dem nachstehenden Text handelt es sich um die gekürzte Druckfassung meiner Antrittsvorlesung (1995), in der ich versucht habe, ein Modell für den Umgang mit Texten im Predigtprozeß zu entwickeln. Dabei geht es sowohl um die Annäherung an den Text *im Vorfeld der Predigt* als auch um den Textgebrauch *in der Predigt selbst*. Analog dazu wird das Verhältnis der Hörer zur Predigt in den Blick genommen. Die Interpretation eines biblischen Textes und die Rezeption einer Predigt folgen vergleichbaren Regeln, deren Kenntnis dazu beitragen kann, den Grad der Verständlichkeit und Relevanz einer Predigt zu erhöhen.

Der Einstieg in diese Problematik ist empirisch bestimmt und skizziert zunächst das Phänomen des »Texttodes« der Predigt. Der Eindruck des »Texttodes« einer Predigt stellt sich beim Predigthören z. B. dann ein, wenn eine zunächst lebendige, interessante, vielleicht sogar spannende Predigt gerade in dem Moment an Plausibilität, innerem Zusammenhang und Spannung verliert, wenn der Prediger den Text ins Spiel bringt. Das liegt natürlich nicht am Text, sondern an der Art und Weise seiner Einbringung, die so gestaltet sein kann, daß die gesamte Predigt durch ihn zu Fall kommt, statt durch ihn ein konstitutives Element zu erhalten. Zu diesem Phänomen gehört es, daß der Text als Text gar keine Rolle spielt, sondern daß das historische oder dogmatische Wissen *über* den Text als eigentlicher Input in die Predigt eingeführt wird. Diese angeblich dem Text geschuldeten Informationseinheiten tauchen oft völlig unvermittelt in der Predigt auf; und ihre Wichtigkeit wird damit gerechtfertigt, daß sie schließlich einem biblischen Text zugeordnet werden können.

Im Zuge dieser Prozedur wird häufig auf abstrakte, den Textautoren unterstellte Überzeugungen abgehoben. Da man die Theologie von Paulus, Johannes usw. oft besser zu kennen scheint als deren Texte, werden die biblischen Autoren allzu leicht als »alte Bekannte« vereinnahmt. An diesem Verfahren nimmt die Predigt als Gattung insgesamt Schaden.

Diese Probleme hängen unter anderem damit zusammen, daß man in der theologischen Exegese und Hermeneutik häufig noch an einer falschen Alternative im Blick auf die Interpretation von Texten festhält: Es geht um die methodisch und theologisch falsche Fixierung entweder auf das, »was der Autor wollte« (intentio auctoris) oder das, »was der Ausleger will« (intentio lectoris). Deshalb ist es wichtig, sich der Probleme dieser Alternative stärker bewußt zu werden und Modelle zu erarbeiten, die die in der Geschichte der Hermeneutik immer wieder aufgeworfene Frage nach der »Intention des Textes« (intentio operis) neu verständlich machen. Zu diesen Modellen gehört die Beschreibung verschiedener Autor-Instanzen und Textwelten. Was bedeutet das in bezug auf die Autor-Instanzen eines Textes und für die Möglichkeiten der Textinterpretation?

Indem ein Autor schreibt, legt er sich gewissermaßen fest und tritt als *historischer* Autor hinter den Text zurück. Er läßt den Text an seiner Stelle sprechen. So gesehen ist das Schreiben ein Prozeß der literarischen Selbstenteignung des Autors bzw. der Auslieferung eines Textes samt seiner Botschaft an die Leser bzw. Ausleger als Interpreten. Die am Verstehen des Textes Interessierten sind jedoch nicht auf sich allein und ihre Phantasie gestellt; denn in gewisser Weise tritt ihnen der Autor im Text zur Seite: Er hat sich in den Text hineingeschrieben und ist als der auf das Geschriebene reduzierte Autor – in der Literaturwissenschaft »impliziter Autor« genannt – im Text präsent. Wir begegnen den Spuren seiner Präsenz dort, wo er sich uns als Darsteller, Erzähler oder heimlicher Beobachter zugesellt und den Text für spätere Leser entsprechend eingerichtet hat. Indem sich der Autor in verschiedenen »Textwelten« bald *darstellend*, bald *erzählend*, bald *zitierend* an seine Leser wendet, verschafft er ihnen eine eigentümliche Art der Gleichzeitigkeit zu den Ereignissen, von denen im Text die Rede ist. Dabei stiftet er mögliche Textsinne, die sich nicht aus der historischen Schau, nicht aus der Erörterung des im Text Dargestellten, nicht auf der Ebene der Erzählung oder aus einzelnen »mitgehörten« Dialogen allein erschließen lassen, sondern aus allen Textwelten gemeinsam.

Daher gehört es zur Interpretation eines Textes, seine Textwelten insgesamt in den Blick zu nehmen und sich z. B. nicht mit der Rekonstruktion seiner historischen Entstehungsgeschichte zufriedenzugeben. Das setzt wiederum voraus, sich auf eine Kooperation mit dem Text einzulassen und die Leser-Rollen zu übernehmen, die der Text braucht und anbietet, um als ganzer verstanden zu werden. Theologen neigen dazu, entsprechend ihrer Erfahrungen im Proseminar v. a. den historisch-kritischen Exegeten zu verkörpern oder – systematisch-theologisch geschult – eine im Text dargestellte theologische Idee rasch wiederzuerkennen und dem Irrtum zu verfallen, den Text damit schon verstanden zu haben. Naive Leser wiederum übertragen kurzerhand Fragmente aus der zitierten Welt unmittelbar in ihre Alltagswelt, ohne sich für die Kontexte oder für fiktive bzw. antizipierte Szenen zu interessieren, ohne den inneren Zusammenhang der Geschichte verstanden zu haben, die der Text erzählt.

Der Versuch, sich dem Text entsprechend den von ihm selbst eröffneten Lektüreangeboten anzunähern, läßt sich damit vergleichen, die im Text für potentielle Leser vorgesehenen »Enklaven« (Wolfgang Iser) zu bewohnen, unausgefüllte Stellen im Text bzw. Einsprengsel aus der Welt des Lesers. Diese Zwischenräume ermöglichen dem Leser nicht nur eine individuelle Interpretation (und zwar zu den Konditionen des Textes), sondern verschaffen ihm *gleichzeitig* eine veränderte, neue Sicht auf die eigene Existenz, auf die eigene wirkliche Gegenwart.[1]

Das Verhältnis eines Autors zu seinem Text steht in einer gewissen Analogie zum Verhältnis des Predigers gegenüber seiner Predigt. Sie sollte in dem Sinne für die Hörer »eingerichtet« sein, daß die Hörer darin unterkommen, sich mit ihrem eigenen Leben in der Predigt verorten können. Wenn man sie nach dem Gottesdienst fragte, worum es in der Predigt ging, sollten sie nicht die Predigt wiederholen müssen, um überhaupt etwas sagen zu können. Idealiter sollten sie von Dingen reden können, die der Prediger so gar nicht gesagt hat, von Einsichten, Entdeckungen, Visionen, Bildern, Szenen, zu denen sie durch die Predigt gelangt sind, von »Texten«, die also durchaus zur Predigt gehören, die aber bestimmte Erfahrungen, Fragen oder Perspektiven der eigenen Existenz so konkret und spezifisch zum Ausdruck bringen, wie man es – im Blick auf das eigene Leben – letztlich nur selbst vermag.

Sofern die Predigt u. a. *Resultat* der Auseinandersetzung mit dem Text ist, sollte sie in keinem Fall diese Auseinandersetzung auf der Kanzel wiederholen, sondern – selbst Ergebnis der Begegnung mit der Tradition und eigenständiger Text zugleich – darauf bedacht sein, daß aus den Hörern unter der Predigt quasi Autoren *eigener* Texte werden können. Die Tradition wird u. a. dadurch lebendig gehalten, daß die einzelnen Gemeindeglieder durch die Predigt dazu befähigt werden, im Alltag *selbst* die hermeneutische Arbeit der Vermittlung zwischen Tradition und Situation zu leisten.

W. E.

---

[1] In einer aufschlußreichen Studie über einen angemessenen homiletischen Umgang mit biblischen Texten hat Georg Lämmlin am Beispiel der Psalmen die Kriterien einer ebenso produktiven wie schriftgemäßen Relektüre der Heiligen Schrift erörtert. Dabei hat er u. a. gezeigt, inwieweit die – auf Seiten der Leser und Hörer nachvollzogene, also nicht nur behauptete – Relevanz und Plausibilität der Texte der biblischen Tradition in besonderem Maße davon abhängt, daß es zu dem (oben angedeuteten) Interaktionsverhalten der Rezipienten kommt, ein Prozeß, in dessen Verlauf sie als Subjekte neu konstituiert werden können. Vgl. Georg Lämmlin: Die Lust am Wort und der Widerstand der Schrift. Homiletische Re-Lektüre des Psalters, Münster / Hamburg / London 2002.

Wilfried Engemann

Der Text in der Predigt – die Predigt als Text
Herausforderungen für Prediger und Hörer

1. DER RUINIERTE TEXT UND DER AUCTOR EX MACHINA

Es predigt seit ungefähr fünf Minuten. Der Text ist mir entfallen. Aber ich erinnere mich, daß der Prediger ihn als »außerordentlich schwierig« bezeichnet, als »enorme Herausforderung« an ihn als Exegeten empfunden und als »höchst unzeitgemäß« apostrophiert hat. Inzwischen ist er dabei, den »modernen Menschen« und seine Welt zu schildern, die in diametralem Gegensatz zu der Welt stehe, die dem Text vorschwebe. Dies hält mich in einer mäßigen Neugier, da ich Texte mag, die sich querlegen und mich zu einer neuen Sicht auf Gott und die Welt und mein Leben provozieren. In der rhetorischen Strategie der Predigt zeichnet sich die Wiederkehr des Textes ab. Die Fragen ballen sich. Ein Abgrund tut sich auf zwischen Anspruch und Wirklichkeit, Sollen und Sein. Und da kommt er: Mit den beherzten Worten »Unser Text sagt ...!« stürzt sich der Prediger samt seinem Text mutig in jenen Abgrund. Ich werde Zeuge eines hermeneutischen Kamikaze, den der Prediger, mit den sechsundsechzig Heiligen Büchern gepolstert, übersteht, um alsbald, nachdem er die Trümmer des einzelnen Textes zu einer Leiter verbunden, auf der anderen Seite des Abgrunds wieder emporzusteigen, gefolgt von dem aus dem zerschlagenen Text erstandenen Autor, der ihm fortan als bereitwilliger Zeuge für die Historizität des Wechsels in die Welt jenseits des Abgrunds zu Diensten steht. Von jetzt ab braucht nicht mehr vom Text geredet zu werden. Jetzt heißt es, »der Autor sagt« – sei es nun Paulus oder Petrus, der Psalmist oder der Propheten einer. »Fragen wir den Autor unseres Predigttextes, worauf oder auf wen er sein Leben stützt.«[1]

Unversehens ist der Prediger ein dem Autor Gleichzeitiger, ein Eben-Bürtiger geworden. Die kühnsten Vorstellungen großer Ausleger der Alten Kirche, die forschesten Erwägungen der Scholastik, die ausgreifendsten Thesen der europäischen Humanisten und die zunächst ungebrochenen Erwartungen der

---

[1] Sämtliche in An- und Ausführungszeichen gesetzte Predigtzitate sind authentisch. Sie entstammen einer eigenen Manuskriptsammlung mit Texten vor allem von Studierenden und Examenskandidaten. Näheres zur Auswahl dieser Texte in Wilfried Engemann: Einführung in die Homiletik, Tübingen 2002, 1-3.

Aufklärer, den historischen Autoren *aequi*[2] zu werden, scheinen in Erfüllung zu gehen: Der Prediger ist jetzt *dabei,* wenn der Apostel denkt und der Prophet empfindet. »Wir spüren: [...] Jesaja will mehr.«

Der hier redet, hat die Rolle des eingeweihten Vertrauten des Autors übernommen, und die Kanzelrede bekommt Züge einer latenten Laudatio auf die hehren Absichten des Autors. In einer Predigt beispielsweise wird vierundzwanzig Mal beteuert, »wessen sich Paulus bewußt« war, als er schrieb, was »ihm deutlich vor Augen stand«, was er »ahnte« usw.[3] Es ist, als habe sich der Prediger den Autor auf die Kanzel bestellt, sichtlich davon überzeugt, im Zuge dieser vertraulichen, interview-gerechten Plausibilisierung[4] der Botschaft Anteile an den »Vaterrechten« am Text zu erwerben, als deren vornehmstes man unter Berufung auf *Platon* das der autorisierten Interpretation unterstellen könnte.

Um diese Interpretation zu untermauern, werden häufig weitere Autoren-Autoritäten auf die Kanzel zitiert, um – nach einer kurzen Befragung – resümieren zu können, daß sie den Prediger und sich untereinander samt und sonders bestätigen – daß also »Luther [...] nichts anderes sagen will als Paulus in unserem Predigttext.« Der Autor, den solche Predigt hochleben läßt, ist ein *auctor ex machina,* freilich nur so lange und in der Weise, wie der Prediger ihn reden läßt. Der vielzitierte Text aber mit den Welten, die er zeigt, die er möglich macht mit dem, was er erzählt, der Text mit seiner spezifischen Struktur von Sinngenerierung und Sinnverweigerung, der Text in seiner Individualität, etwas zu sagen, wie kein Text sonst es sagt, spielt keine Rolle mehr.

Ein theologischer Hermeneutiker, der sich ausgiebig mit den »historischen Umständen«[5] der Entstehung eines Textes befaßt und durchaus die Möglichkeit einer autor-adäquaten, weil historisch-objektiven Interpretation in Rechnung gestellt hat – Johann Salomo Semler –, muß bereits 1767 die Noncha-

---

2 Christian Wolff: Philosophia rationalis sive Logica, methodo scientifica pertractata, qua omnis cognitionis humanae principia continentur, Halle Magdeburgicae, 1728; zitiert nach den von Jean École u. a. herausgegebenen Gesammelten Werken, Abt. II, Bd I/2-3, Hildesheim / New York 1983, § 922.

3 Die vermeintliche Beugung unter die postulierte Sinnfindung des Autors kann derart devote Züge annehmen, daß schließlich der Autor als historischer Ermöglicher der Heilstatsachen erscheint. So spricht etwa eine Predigerin am Anfang, in der Mitte und am Ende ihrer Predigt stereotyp von der »Zusage des Apostels Paulus«. Selbst, »daß der Geist unserer Schwachheit zu Hilfe kommt«, wird sich sozusagen dank der Verläßlichkeit Pauli realisieren. »Diese Zusage machte Paulus der Gemeinde in Rom und sie gilt auch uns heute.«

4 In einer Predigt zu Joh 8,31-36 (ein Text, der selbst eine höchst dynamische Wechselrede bietet) steuert der Prediger in der Weise auf das Ziel seiner Rede zu, daß er Johannes als Autor des Evangeliums zur Rede stellt: »Johannes! Was beweist dir, daß du nicht auf dem Holzweg bist?«

5 Ein Ausleger soll nach J. S. Semler »die historischen Umstände einer biblischen Rede« erforschen und in ihm zu Hause sein. Vgl. Johann Salomo Semler: Vorbereitung zur theologischen Hermeneutik, Halle 1760, 160-163.

lance im Umgang mit biblischen Texten beklagen. Das allgemeine Vertrauen in die *vorgebliche* Sinnkraft eines Textes verhindere keineswegs, daß man »viel zu geschwind fertig sei mit der Erklärung selbst und diese ist alsdann nichts weiter als eine neue Einkleidung der gemeinen dogmatischen oder auch unmittelbar erbaulichen Vorstellungen«[6].

Dementsprechend heißt es in einer Predigt zu Röm 8,26-30: »Der Geist Gottes drängt Gott zu[r] Erlösung. Und darin drängt er zugleich uns zu diesem Ziel [...] Wieso erhoffst du für eine unbestimmte Zeit die Verbesserung der Verhältnisse? Es ist doch deine Nachbarin, die alt ist und sich einsam fühlt, und du brauchst nur über die Straße zu gehen und sie besuchen. Es ist doch dein Tetrapak, und du kannst ihn gegen eine Mehrwegflasche eintauschen! [...] Der Geist treibt uns also dazu, unsere Welt jetzt zu verändern, weil wir auf dem Weg sind zu Gottes Ziel. [...] Und wir erreichen es schon immer dort, wo wir uns ganz einlassen auf einen Mitmenschen, wo wir [...] uns wortwörtlich Zeit nehmen für die Begegnungen im Alltag, wo wir die Augen offenhalten für die Verletzungen der Natur. In diesen erfüllten Momenten bringt uns der Geist zum Ziel.«

Als *Text* wird Röm 8,26.27.28.29.30 nicht mehr gebraucht. Erniedrigt zur rezitativischen Ornamentierung der Absicht der Predigt, ist es ihm nicht vergönnt, seine eigene Ansicht darzulegen. Der Text ist zur Stiege geworden, durch die der Prediger dahin gelangt, wohin immer er will – ausgewiesen durch die ertrotzte, widerstandslose Gefolgschaft des revitalisierten Autors.[7]

Die Predigt der Gegenwart krankt in einer spezifischen Weise am Textbezug: Auf der einen Seite ist eine Art *Sinnverramschung* zu beobachten, eine Tendenz, in der sich die je individuellen Aussagestrukturen und -gehalte des Textes in allgemeine theologische oder zwischenmenschliche Sinne christlicher Existenz auflösen. So scheint sich die Predigt – sowohl als Rede wie als Verkündigung – paradoxerweise ausgerechnet durch den Umgang mit dem Text als demjenigen Element zu disqualifizieren, dem sie einen entscheidenden Impuls verdankt. Die Predigt – sie »schafft«, sie »verschrottet« ihren Text und gebraucht seine Einzelteile zur Beschwerung allzu windiger Sätze. Die Bilder, die Metaphern, die originären semantischen Erfindungen des Textes werden aus dem Bezugssystem, dem sie verwachsen sind, herausgerissen und dadurch zu alles und nichtssagenden Begriffen, zu gehorsamen Papierschiffchen im Redestrom des Predigers, die mit etwas heißer Luft zu jedem beliebigen Krisengebiet im Ozean des Lebens hinbeordert werden können.

---

6 So Semler in seiner Vorrede in Siegmund Jacob Baumgartens Auslegung der Briefe an die Galater, Epheser, Philipper, Colosser, Philemon und Thessalonicher, Halle 1767, 7; zitiert nach Gottfried Hornig: Über Semlers theologische Hermeneutik, in: Axel Bühler (Hg.): Unzeitgemäße Hermeneutik. Verstehen und Interpretation im Denken der Aufklärung, Frankfurt / M., 1994, 192-220, hier: 210.
7 »Paulus tut etwas ganz Unerwartetes: Er bringt den Geist bewußt mit all diesen Erfahrungen zusammen, er holt ihn vom fernen Himmel gerade mitten hinein in diese Situationen, die doch eigentlich so wenig mit Gottes Geist zu tun haben dürften.«

Auf der anderen Seite zeichnet sich in der Predigt parallel zur Vernachlässigung des Textes eine Art historisch-kritischer Renaissance der Text-*Autoren* auf der Kanzel ab, die dem Text die Chance nimmt, *zu sagen, was er sagen kann,* ihn aber auch der Möglichkeit beraubt, sich *gegen Sinne zu verwahren,* an deren Hervorbringung er nicht beteiligt war. Durch solchen Umgang mit dem Text werden wesentliche Funktionen des Textes im Rahmen der Gattung Predigt gestört; seine Funktion, meinen Ansichten zu widersprechen, seine Funktion, mir etwas zu zeigen, was ich mir nicht selbst ersehen habe, seine Gabe, mich unversehens in *die* Heilsgeschichte zu verwickeln, der sich dieser Text verdankt.

Wenn die Phase der Predigtvorbereitung solche Momente der Begegnung zwischen Text und Leser nicht mehr kennt, wird das Schreiben und Halten einer Predigt seinen schlechten Ruf nicht verlieren, die zufallsgenerierteste Unternehmung in Studium und Pfarramt und das lustloseste Kommunikationsereignis unserer Zeit zu sein. Daher ist im Untertitel dieses Vortrags nicht vom Texttod *in* der Predigt als einem ausgrenzbaren hermeneutischen Unglück die Rede, sondern die Methapher vom *Texttod* sieht in der eingangs dargestellten Prozedur die *gesamte* Predigt in Mitleidenschaft gezogen.

2. DIE PROBLEME DER FALSCHEN ALTERNATIVE ZWISCHEN AUTORINTENTION UND LESERINTENTION IN GESCHICHTE UND GEGENWART

Ohne damit die Summe all der Umstände zu erschließen, die die eben skizzierte Predigt begünstigt haben, und ohne zu unterstellen, daß die gegenwärtige Predigtpraxis *in globo* vom »Texttod« bedroht sei, möchte ich einige Bedingungsfaktoren des eingangs skizzierten Predigtverfahrens benennen.

Historisch gesehen ist die eilfertige Bevorzugung des *Gebrauchs* eines Textes zu Lasten seiner *Erschließung* unter anderem auf das unausweichliche Versiegen einer wiederholt an falschen Alternativen gescheiterten Diskussion zurückzuführen. Ich meine damit die Debatte um die *Billigkeit der Interpretation von Texten,* die häufig so geführt wurde, als stünde man vor der Wahl, entweder die *intentio auctoris* zu erkennen oder den Text einer eigenen, subjektiven Lesart – der *intentio lectoris* – zu unterwerfen.

Die Argumente, die für solche Extrempositionen geltend gemacht wurden, entstammen – die Erhebung des Autorsinns betreffend – vor allem den hermeneutischen Entwürfen der Aufklärung. Bereits für Theologen wie Herman Witsius (1636-1709) in den Niederlanden oder Philologen wie Jean Le Clerc (1657-1736) in Frankreich war es entscheidend, beispielsweise bei der Auslegung der Psalmen das Schreibebewußtsein Davids bestimmen zu können, um etwa zu der Einsicht zu gelangen, daß David um den christologischen

Bezug seiner Worte gewußt haben muß oder daß im übrigen jedwedes Textverstehen nichts anderes sei als ein Nachvollziehen derselben Reihe von Gedanken, die der Verfasser gedacht habe.

Die andere, leserorientierte Seite dieser Diskussion beruft sich in erster Linie auf rezeptionsästhetische Texttheorien der sechziger und siebziger Jahre unseres Jahrhunderts, die die konzeptuelle Beteiligung des Lesers an der Sinnkonstituierung des Textes vorsehen. Einige wenige dieser Ansätze kann man – Überzeichnungen in Kauf nehmend – so interpretieren, als interessiere an einem Text im Grunde nur das, was man in ihn hineinlesen kann, weshalb jeglicher Deutungsversuch eine bewußt riskierte Fehllektüre sei.[8]

Es ist verständlich, daß sich Theologen, solange sie sich vor die Alternative gestellt sahen, die Aussage eines Textes dem Autor oder dem Leser zuzuschreiben, für die *intentio auctoris* entschieden bzw. dies zu tun glaubten. In dem theologisch-hermeneutischen Streit um jene Alternative wird jedoch allzu häufig übersehen, daß es durch die Jahrhunderte hindurch Hermeneutiker, Exegeten, Theologen gegeben hat, denen die Begründung einer Interpretation mit der *intentio auctoris* gerade *aufgrund* sorgfältiger Textlektüre als zu gewagt, das Engagement des Lesers aber als notwendige Gegebenheit erschien.

Die Alternative zwischen historisch nachvollziehbarer Autorintention und kreativem Lesen wurde u. a. durch die frühe Einsicht in Frage gestellt, daß man biblische Texte nicht auf *einen eindeutigen Autorsinn* einschwören kann. Vielleicht ist es kein Zufall, daß die Theorie vom mehrfachen Schriftsinn ausgerechnet von Origenes gebildet wurde, von einem Ausleger, der, indem er sich gemäß Mt 19,12 verstümmelte[9], am eigenen Leibe schmerzlich zu spüren bekommen hatte, wohin man – etwas burschikos formuliert – mit literalistischer Schriftauslegung kommt.

Obwohl oder gerade weil Origenes von der durchgängigen Inspiriertheit der ganzen Bibel überzeugt ist, birgt sein hermeneutischer Ansatz – was seine Gegner alsbald bemerkten – eine Fülle enthistorisierender Komponenten und ermuntert zur Freiheit gegenüber dem Buchstaben aus Gehorsam gegenüber dem Geist. So liegt für Origenes, wie er selbst sagt, »die Ursache einfältigen Geredes von Gott« darin, »die Schrift nicht geistlich, sondern *nur* nach den nackten Buchstabenfakten zu verstehen«[10]. Demgegenüber sollte man *mehr* darauf achten, *quod significatur,* als *qualis verbis significetur.*[11]

---

8 In dieser Weise entschlossene Leser nennt der amerikanische Literaturtheoretiker Richard Rorty *misreaders* (vgl. ders.: Consequences of Pragmatism, Minnesota 1982, 151).

9 Vgl. die einleitenden Bemerkungen bei: Origenes: De principiis libri IV / Vier Bücher von den Prinzipien, hg., übers., mit krit. u. erl. Anmerkungen versehen v. Herwig Görgemanns und Heinrich Karpp, Texte zur Forschung 24, Darmstadt 1976, 4.

10 Vgl. Or., princ. IV 2,2 (700 Görgemanns / Karpp).

11 »Es möge sich daher jeder, dem an der Wahrheit gelegen ist, wenig ›um Namen und Worte‹ (vgl. Apg 18,15) kümmern [...], sondern er soll mehr das beachten, was bezeichnet wird, als die Worte, mit denen es bezeichnet wird« (Or., princ. IV 3,15 [778 Görgemanns / Karpp]).

»Weil es« – so Origenes – überhaupt »für Menschen äußerst schwierig« sei, »die (in einem Text gemeinten) Sachen«[12] zu finden – zumal, wenn die Schrift wie in »Rätseln« und »dunklen Worten« zu uns spricht – stünden wir nicht vor der Aufgabe, den Leib dieser Schrift so lange zu traktieren, bis er endlich eine uns plausibel erscheinende Auskunft darüber gebe, wie es gewesen sein möge; da der Text einen auf der Hand liegenden literalen bzw. historischen Sinn unter Umständen gar nicht enthalte, käme es hingegen darauf an, zu einer figurativen, zu einer »geistlichen« Auslegung vorzudringen, also – gegründet in der apostolischen Tradition – entschlossen danach zu fragen, *wofür das stehe*, was hier zu lesen ist, welche »pragmata« des Heils dieser Text typologisch signifiziere.

Die hier nur angedeutete Unterscheidung zwischen literalem und geistigem Schriftsinn stellt die Konsultation der *intentio auctoris* als einzige hermeneutische Alternative zum Irregehen in der Schrift zweifach in Frage: So erbaulich es sein mag, sich – wie Origenes sagt – am »Fleisch« der Schrift, an ihren Geschichten zu erfreuen, habe die Erhebung des *literalen Sinnes* mit geistlicher Auslegung noch nichts zu tun.[13] Im übrigen könne man bestenfalls vom *literalen Sinn* als von demjenigen sprechen, »quem auctor intendit«; man kann jedoch – wie auch Thomas von Aquin[14] und Augustin[15] des öfteren bemerkt haben – bei einer geistlichen Interpretation der Texte nicht unterstellen, daß sich die Autoren der weitreichenden spirituellen Signifikanz ihrer Texte, die sie kraft des Heiligen Geistes schrieben, bewußt gewesen wären, weshalb die Texte der Schrift mehr sagten als ihre Autoren beabsichtigten.

Wer demnach ganz auf die Eruierung des Autorsinns als auf den einzigen, historischen und zugleich auch geistlichen und aktuellen Textsinn setzt, wird dem Text gerade nicht gerecht. Er hätte vielleicht Melanchthon eine Zeitlang auf seiner Seite, der mit dem Postulat der Eindeutigkeit der Anrede Gottes in Christus die erst zwei, dann drei, dann vier Sinne der Schrift, nach denen das

---

12 Origenes spricht hier von den pragmata im Sinne von den konkreten Heilsgütern, die sich – in den »Typen« des Textes vorgebildet – erst in späterer Zeit einstellen werden (vgl. Or., princ. IV 2,2 [704 Görgemanns / Karpp]).
13 Vgl. Or., princ. IV 2,2-6 (700- 714 Görgemanns / Karpp).
14 Deshalb können neben dem Autorsinn auch andere, durchaus nicht unangemessene Sinne in Betracht gezogen werden (vgl. Summa theologica, I, q. I, 9 ad 2.).
15 Vgl. Aug., conf. XII 17,24-18,27 (CChr.SL 27, 228-230 Verheijen). Eine ähnliche Bemerkung findet sich in seiner ersten Rede über das Johannesevangelium: »Ich wage zu sagen, meine Brüder, vielleicht hat auch Johannes selbst nicht gesagt, wie es ist, sondern auch er, wie er konnte, weil ein Mensch von Gott gesprochen hat, zwar von Gott erleuchtet, aber doch ein Mensch.« (Aug. tract. Io. I 1 [CChr.SL 34, 1, 20-22 Willems]; Übersetzung W. E.). Dann gilt: Der Autor wußte zwar, was er schrieb, Gott jedoch hat dafür gesorgt, daß es anders interpretiert wird, als es gemeint war.

Mittelalter auszulegen pflegte[16], bestritt und stattdessen *einen* geistlichen Sinn propagierte, der nichts anderes besage als die *Worte* dem Glaubenden zeigten. Wer sich dem anschließt, teilt freilich auch die ganze Problematik dieser Hermeneutik, die sperrige Literalsinne mit Hilfe theologischer Gemeinplätze zurechtbiegen und unifizieren muß.

Steht und fällt das reformatorische Schriftprinzip *sola scriptura* in der Tat mit einer erhebbaren Eindeutigkeit des Schriftsinns? Haben dann Luther und Melanchthon dieses Prinzip selbst verlassen, wenn sie sich in ihren Auslegungen in hohem Maße von ihren Grundsätzen zur Ermittlung des einfachen und eindeutigen Schriftsinns gelöst, sie bisweilen völlig ignoriert und sich im Hinblick auf das »Nacherleben des Inhalts«, wie der Lutherforscher Karl Holl formulierte, auf ihren »genialen Instinkt« und die Hilfe des Heiligen Geistes verlassen haben?[17] Oder fordert nicht das *sola scriptura* letztlich den Verzicht auf ein zusätzliches *sola una lectione*?

Bedenkenswert für diese Fragen sind auch die deutlichen Ritardandi gerade jener Lehrer der Hermeneutik, die den Rückweg zur Absicht des Autors auf ihre Fahnen geschrieben hatten. Trotz ihres Erkenntnisrealismus[18] entwickelten viele von ihnen vor allem in ihren späteren Schriften ein Verständnis für den unüberwindbar *probabilistischen Charakter* einer einmal erkannten Absicht zu schreiben, so daß *erstens* jegliche Auslegung letztlich eine Erhebung dessen ist, was – so Christian Wolff – »einer wahrscheinlicher Weise gedacht hat«[19]. *Zweitens* folgt aus der immer nur »approximativen«[20] Erarbeitung der Autorintention – und nun zitiere ich aus einer hermeneutischen Studie des italie-

---

16 In der Exegese der Scholastik erscheint die Lehre vom vierfachen Schriftsinn in folgender Formulierung: »Littera gesta docet, quid credas allegoria, / moralis quid agas, quo tendas anagogia.« In den meisten Belegen wird dieses Zitat Nikolaus von Lyra zugeschrieben, der es von Gal 4,24 ff. her interpretiert. Vgl. Ernst von Dobschütz: Vom vierfachen Schriftsinn. Die Geschichte einer Theorie, in: Harnack-Ehrung, Leipzig 1921, 1.

17 Vgl. Karl Holl: Luthers Bedeutung für den Fortschritt der Auslegungskunst, in: Ders.: Gesammelte Aufsätze zur Kirchengeschichte Bd. I. Luther, Tübingen ⁶1932, 578. 569. In Anbetracht der präzisen rhetorischen Überlegungen Melanchthons (die für ihn auch unmittelbar hermeneutische Implikationen haben) ist bemerkenswert, wie zurückhaltend er in der Exegese davon Gebrauch macht; bisweilen verzichtet er beispielsweise gänzlich auf die Erhebung des Textgenus – eine philologische bzw. grammatikalische Anstrengung, die er in seiner Rhetorik als wesentliche Voraussetzung zur Erfassung des Literalsinns beschreibt. Gerade in einem Beispiel, an dem er den Gewinn dieser Methode erörtern will, kommt er ohne sie aus. Vgl. dazu die Erläuterungen von Uwe Schnell: Die homiletische Theorie Philipp Melanchthons, AGTL 20, Berlin / Hamburg 1986, 123.

18 »Kein endlicher Ausleger kann mit eben so großer Gewißheit den Willen und den Zweck des Autors erkennen als der Autor selbst. Folglich ist jedweder der beste Ausleger seiner eigenen Worte« (Georg Friedrich Meier: Versuch einer allgemeinen Auslegungskunst, [Halle 1757] Düsseldorf 1969, § 136).

19 Zitiert nach Luigi Cataldi Madonna: Die unzeitgemäße Hermeneutik Christian Wolffs, in: A. Bühler, a. a. O. (s. Anm. 6), 26-42, hier: 33.

20 Vgl. Wolf Schmid: Der Textaufbau in den Erzählungen Dostojewskijs, München 1973, 37.

nischen Philosophen Luigi Cataldi Madonna – daß »jeder Text [...] hinsichtlich der möglichen Auslegungen unerschöpflich« ist, so daß »jede Interpretation, auch wenn sie richtig ist, [...] verbessert werden [kann]«[21] – und zwar so weit verbessert, daß der Leser gegebenenfalls besser versteht als der Autor des Textes.[22]

Wenn ich richtig sehe, werden in der neutestamentlichen Textforschung gegenwärtig Wege beschritten, die dem alten hermeneutischen Topos des *Besserverstehens* insofern Rechnung tragen, als sie bestimmte, von Schreibern stammende Textänderungen zugunsten der *claritas* der *intentio auctoris* neu bewerten.

Wir könnten uns an dieser Stelle auch, wenn die Zeit dazu wäre, einer imposanten, nicht wiederspruchsfreien Literaturschau hingeben, um etwa in den Schriften Christian Wolffs, Siegmund Jacob Baumgartens, Georg Friedrich Meiers und vieler anderer vergleichbare Resümees zu finden: Die entschlossene Frage nach der *intentio auctoris* bekommt zwar viele hermeneutisch relevante historische Antworten, aber es ist nicht möglich, die Absicht des Autors am Text selbst zu demonstrieren oder gar als Maßstab einer wahrhaftigen, weil autoradäquaten Interpretation zu bewerten. Vor Letzterem warnt kein Geringerer als der Benediktiner Augustin Calmet, der von Beginn des 18. Jahrhunderts an einen wörtlichen Kommentar zur gesamten Heiligen Schrift herauszugeben begann und immerhin supponierte, in den historischen Kontext jeder Textstelle vordringen zu können. Dennoch ermahnte er seine Leser, das Verständnis der Schrift nicht auf das Niveau unergiebiger historischer Fündlein oder Binsenweisheiten herabzuzwingen.

Neuere Arbeiten, die die Problematik einer zum Kriterium erhobenen autorgerechten Interpretation methodisch reflektieren, setzen weitaus kritischere Akzente. Der jüdische Literaturwissenschaftler Harold Bloom hat in umfangreichen textkritischen Untersuchungen speziell zum Alten Testament auf verschiedene Schwierigkeiten aufmerksam gemacht: Wie verfährt man beispielsweise bei der Interpretation von Texten, die sich zwar auf große Originale und Autoritäten – wie z. B. den Jahwisten – gründen, aber ganz offensichtlich so normierend – also ohne an der *intentio auctoris* interessiert zu sein! – bearbeitet wurden[23], daß man vor der Frage steht, *welchen* der am Entstehen des nun vorliegenden Textes beteiligten Autorsinne man zu respektieren geneigt ist.

---

21 L. C. Madonna, a. a. O. (s. Anm. 19), 33.
22 »Wenn der Autor mit einigen Ausdrücken einen undeutlichen Begriff verbindet, der Leser aber einen deutlichen, und dieselbe Sache von beiden vorgestellt wird, dann versteht der Leser den Geist des Autors und erklärt ihn besser [...]; so ist es klar, daß der Leser, der beim Auslegen der Aussage des Autors einen undeutlichen Begriff durch einen deutlichen ersetzt, den Gedanken des Autors besser klar macht, als es durch den Autor selbst geschehen könnte.« So Christian Wolff in seiner Logica latina, § 929, zitiert nach L. C. Madonna, a. a. O. (s. Anm. 19), 35.
23 Vgl. Harold Bloom: Die heiligen Wahrheiten stürzen. Dichtung und Glaube von der Bibel bis zur Gegenwart, übers. v. Angelika Schweikhart, Frankfurt / M. 1991, 16 f.

Der Hang, sich den Autor zu suchen, den man braucht, mithin ihn sich zu schaffen, ist also schon alt; und die Stringenz der historischen Fakten, die einen Autor bald dies, bald jenes als Absicht zu unterstellen vermögen, ist ebenso frappierend wie zweifelhaft. Dazu gehört vielleicht auch der gelegentlich recht eilfertig wirkende Versuch, die Geschichten des Jahwisten als *anthropomorph* abzutun. Möglicherweise kann man hierin eine Art Selbstverteidigung des normierten und normierenden Lesers gegen den Autor beobachten, der, indem er die Signifikationen des Textes – wie Bloom meint – »überwörtlich genau« nimmt und »nicht figurativ« zu interpretieren bereit ist, zu einer »Vision von Gott als Urizen oder Nobodaddy« gelangt, der als »umwölkter alter Mann im Himmel schwebt«[24].

Wir können – ohne dabei überheblich zu tönen – heute zu Recht davon ausgehen, zuverlässiger denn je die *intentiones auctorum* biblischer Texte erheben zu können. Aber selbst dort, wo die Erhebung des Autorsinns weitgehend als gelungen gelten kann, ist – wie die verbreitete historisch-kritische Verkrebsung der Kanzelrede zeigt – hermeneutisch kaum etwas gewonnen. Sie dokumentiert wohl den Fortschritt der Methoden der Texterforschung, aber sie widerspiegelt auch das Mißverständnis, historisches *Wissen* um die Entstehung eines Textes impliziere notwendig auch sein *Verständnis*: als wisse – wer sich historisch-kritisch erschöpfend zu einem Text äußern könne – auch schon, was dieser Text *bedeute*.

Hier äußert sich eine unüberwundene zweite Naivität: Die erste Naivität wird im Laufe theologischer Bildung fast zwangsläufig durch eine Art theologischen Stimmbruchs abgelegt. Wer ihn durchlebt hat, geht mit der Überlieferung des Glaubens anders um als vorher. Die zweite Naivität besteht nun darin, zu meinen, die Ergebnisse historisch-kritischer Schriftbetrachtung könnten und sollten sozusagen das verlorene *Verstehen* der Schrift ersetzen.

Um es nicht noch komplizierter zu machen, übergehen wir in all diesen Überlegungen die Möglichkeit, daß dem Autor, als er den Text schrieb, selbst mehrere Interpretationen gegenwärtig und lieb waren, weshalb er sich vielleicht bewußt für eine fremde, poetische Sprache entschied, um sich und seine Leser an der Sinnfülle seines Textes zu erfreuen und zu erbauen.

So bleibt zunächst festzustellen, daß die Ignorierung der – insbesondere von Immanuel Kant offengelegten – hermeneutischen *Vorwissenschaftlichkeit* der *cognitio historica*[25] einem defizitären homiletischen Bewußtsein Vorschub geleistet hat, wonach eine Predigt die Summe aus Autorintention und aktualisierten Versionen traditioneller dogmatischer und ethischer Loci sei. Dies hat eine Verkündigung nach sich gezogen, in der Predigende in wachsendem Maße statt als *Hermeneuten* als *besser Belesene* auf der *Kanzel* hervortreten. Die in-

---

24 A. a. O., 13.
25 Immanuel Kant nimmt diesen von Wolff geprägten Begriff auf und spricht von der cognitio ex datis, dank derer man u. U. ein ganzes philosophisches System »im Kopf (haben) und alles an den Fingern abzählen könne«, ohne über »historische Erkenntnis« hinauszukommen. Wer diese Erkenntnis besitzt, hat zunächst nur »gut gefaßt und behalten; d. i. gelernt und ist ein Gipsabdruck von einem lebenden Menschen« (Ders.: Kritik der reinen Vernunft, A 836, Werke in zehn Bänden, hg. v. Wilhelm Weischedel, Bd. 4, Frankfurt / M. 1968, 698).

ständige Mahnung Wolfgang Trillhaas', »die Predigt [möge] für die Theologie nicht der verachtete Ort der ›Anwendung‹ anderwärts gewonnener besserer Erkenntnisse [sein], sondern [als] eine *Quelle* theologischer Fragen«[26] verstanden werden, hat also an Dringlichkeit nichts eingebüßt.

Jene unglückliche Alternative zwischen *intentio auctoris* und *intentio lectoris* ist aber nicht nur wegen ihrer Naivität hinsichtlich der Gültigkeit und Rolle des Autorsinns hinfällig, sie ist es auch angesichts ihrer Vorstellungen über eine Leser-geläuterte, also Interpretator-bereinigte Textinterpretation. Da zu diesem Problem wesentlich mehr und umfangreichere Arbeiten vorliegen als über die Bemühungen um den Autorsinn, kann ich mich hier auf eine kurze Vergegenwärtigung dreier wesentlicher Aspekte beschränken.

Der Prozeß des Verstehens und Interpretierens – nicht nur von Texten – ist immer ein *schöpferischer Akt*. Er vollzieht sich nicht so, daß die Intention eines Autors linear – Stück um Stück – zum Leser wanderte; sondern nur der findet den »Gehalt«, der dem, was er liest, wie Goethe sagt, »etwas hinzuzutun hat«[27], was er nicht liest.

Einen Text verstehen zu wollen, nötigt in jedem Fall dazu, im Text *etwas zu sehen,* was ich verstehen *will* bzw. *kann* – also etwas *auszuwählen* unter vielem anderen, was der Text sonst zeigt. Die Interpretationsgeschichte eines jeden Textes der Heiligen Schrift zeigt noch immer, daß das, was – u. U. auch von demselben Ausleger – im Laufe der Zeit jeweils gesehen wurde, im Unterschied zur Text*gestalt* episodisch ist und von Codes beeinflußt wird, die außerhalb des Textes liegen (was nicht heißt, daß diese selektiven Lektüren ihm nicht angemessen sein könnten).[28] Eine Interpretation, verstanden als Autorsinn-Erforschung, implizierte strengenommen ein abschließbares Buch der Interpretationen der Heiligen Schrift, das fortan als Ergänzungsband zur Bibel im Umlauf sein müßte.

Wer einen *historischen* Text – geschrieben in der *fremden Sprache* des Autors – in *eigener Sprache* lesen will, wer ihn in eigener Sprache verstehen und zu einer Interpretation in eigener Sprache gelangen will, *kann sich nicht einfach enthistorisieren,* um so eine Objektivität der Text-Deutung zu erlangen. Der Versuch, den fremden Text und seine fremde Meinung jenseits eigener Sprache zu reformulieren, führte sowohl zur Entfremdung des Interpreten von sich selbst als auch von der Interpretationssituation – und stellte die Brauchbarkeit der Interpretation in Frage.

---

26 Wolfgang Trillhaas: Vom Leben der Kirche. Ein Jahrgang Predigten, München 1938, 243.
27 Johann Wolfgang von Goethe: Maximen und Reflexionen, Berlin 1982, 56 f.
28 Vgl. hierzu den »Signifikationsprozeß zwischen Prediger und Bezugstext« bei Wilfried Engemann: Semiotische Homiletik. Prämissen – Analysen – Konsequenzen, THLI 5, Tübingen / Basel 1993, 65-88.

M. E. steht die Hermeneutik immer noch in der Gefahr, der Versuchung zu erliegen, jene überholten Alternativen weiter zu reflektieren. Dies geschieht zum Beispiel, wenn die in den letzten dreißig Jahren intensiv geführten Debatten um das Wesen und die Interpretation von Texten faktisch auf den radikalen Strukturalismus reduziert werden, um auf die offengebliebenen Fragen mit einer Rückkehr zur Hermeneutik der Aufklärung zu antworten. Während diese die »Ermittlung von Gedanken und Intentionen von Autoren« verfolge, argumentiert beispielsweise Axel Bühler, bewege sich jene »weg von den Autoren« und habe nur »die Feststellung von Textstrukturen« zum Ziel.[29] Zweifelsohne hat das 20. Jahrhundert Texttheorien hervorgebracht, die dem von Bühler gezeichneten Bild entsprechen; aber in den letzten drei Jahrzehnten wurden auch literatur- und textwissenschaftliche Theorien entwickelt, die sich durchaus um *textgemäße Interpretationen* bemüht haben und *um einer angemessenen Interpretation willen* meinten, auf den Anspruch der Eruierung des Autorsinns verzichten zu müssen. Es sind Modelle, die über Jahrhunderte thematisierte *intentio auctoris* durch Überlegungen zum *Part des Lesers bzw. Hörers* und vor allem zum *Part des Textes* bzw. Werkes an seiner eigenen Interpretation (*intentio operis*) zu ergänzen.

So stehen wir am Ende dieser Überlegungen nicht mehr vor der Frage, ob wir die Interpretation eines Textes mit der Intention des Autors in Übereinstimmung bringen wollen – ist doch jene unmittelbare, eindeutige, historische Evidenz des Textes (ob überhaupt und für wen außer dem historischen Autor sie auch immer bestanden haben mag) nicht wiederherstellbar. Wir stehen auch nicht vor der Frage, was wir tun könnten, um uns als Leser aus der Interpretation der Schrift herauszuhalten. Es bedarf eines dritten Weges jenseits der immer wieder neu inszenierten Konkurrenz zwischen Autor und Leser; es bedarf einer »interpretativen Kooperation«[30] zwischen Text und Leser, also einer hermeneutischen Dialektik zwischen der *intentio operis* als sinngenerierender Kraft des Textes und der *intentio lectoris* als entschlossenem Versuch, den Text zu verstehen und als Testament seines Autors lesend zu realisieren.

3. DAS URVERHÄLTNIS DES AUTORS ZUM TEXT ZWISCHEN SELBSTENTEIGNUNG UND EINVERLEIBUNG

Ich beginne mein Werben für eine Intensivierung und Radikalisierung der *Kooperation mit dem Text* mit einer literaturwissenschaftlichen These, die in verschiedenen Variationen zur Prämisse auch konservativerer Texttheorien

---

29 Vgl. Axel Bühlers Einleitung zu dem von ihm herausgegebenen Band »Unzeitgemäße Hermeneutik« (s. Anm. 6), 3. Dem ansonsten äußerst gründlichen, anregenden und die hermeneutische Diskussion sicherlich langfristig befruchtenden Buch fehlt eine Auseinandersetzung mit den Gründen, die die moderne, »zeitgemäße« Textforschung dazu bewogen haben, vom Primat der intentio auctoris abzurücken.
30 Vgl. den Kontext dieses Begriffs bei Umberto Eco: Streit der Interpretationen, Konstanz 1987, 31.

geworden ist. Es geht um einen unaufhebbaren Begleitumstand der *Textproduktion*, dessen Konsequenzen jedoch erst im Prozeß der *Textlektüre* in vollem Umfang deutlich werden. Ich meine die These vom »Tod des Autors«, die *mort de l'auteur*[31] als Preis jeglichen Texten anbefohlenen *Verstanden-Werden-Wollens* und als faktische Voraussetzung jeglichen sich auf Texte beziehenden *Verstehens*.

Roland Barthes sprach vom Ableben des Autors im Hinblick auf den Prozeß des Schreibens, in dessen Verlauf der konkrete Verfasser, der den Text so und nicht anders werden ließ, ein für alle Mal hinter den Text zurücktritt. Der Schriftsteller ist als historische Instanz nicht wieder an seinen Text zurückzurufen, um ihn für einen Moment selbst zu sprechen oder gar zu interpretieren. Barthes schreibt in der ihn kennzeichnenden Poesie: »La voix perd son origine, l'auteur entre dans sa propre mort, l'ecriture commence.«[32] Der Autor tritt im Prozeß des Schreibens in seinen eigenen Tod – und das Geschriebene nimmt seinen eigenen Lauf.

Man kann dies *beklagen* wie Heinrich Heine im Hinblick auf das unaussetzbare Zirkulieren und fremde Interpretieren eigener Texte, deren An- und Absichten er längst nicht mehr teilt: »[...] der Pfeil gehört nicht mehr dem Schützen, sobald er von der Sehne des Bogens fortfliegt, und das Wort gehört nicht mehr dem Sprecher, sobald es seiner Lippe entsprungen und gar durch die Presse vervielfältigt worden.«[33] Man mag sich die Abwesenheit des Autors *wünschen* wie Umberto Eco, wenn er u. a. im Hinblick auf Briefe von Lesern, die von ihm den Titel seines Romans *Der Name der Rose* erklärt haben wollten, äußert: »Der Autor müßte das Zeitliche segnen, nachdem er geschrieben hat. Damit er die Eigenbewegung des Textes nicht stört«.[34] Und schließlich kann man im Hinblick auf die biblischen Bücher den Tod der Autoren auch einfach als biographische Unabänderlichkeit *konstatieren* – wobei man freilich die texttheoretische Pointe jener Redeweise ignorierte.

Wie auch immer: Mit der These vom *Tod des Autors* als ungesuchter Prämisse *jedweder* Textproduktion und -lektüre hat Roland Barthes eine literaturwissenschaftliche Kategorie geschaffen, die mittelfristig über die falsche Alternative zwischen *intentio auctoris* und *intentio lectoris* hinausgeführt und eine entschlossenere Auseinandersetzung mit dem Text selbst auf die Tagesordnung gesetzt hat.

Aber jene Faktizität, der Tod des Autors, hat eine Kehrseite. So endgültig sich der Schöpfer von seinem Text getrennt hat, so unwiderruflich hat er sich

---

31 Vgl. dazu den entscheidenden Text von Roland Barthes: La mort de l'auteur, in: Ders.: Œuvres complètes, Édition établie et présentée par Éric Marty, Paris 1994, 491-495. Vgl. entsprechende Überlegungen Barthes' auch in: ders.: Die Lust am Text, Frankfurt / M. 1982, 43.
32 R. Barthes: La mort de l'auteur, a. a. O., 491.
33 Aus den Geständnissen von Heinrich Heine, in: Ders.: Werke, hg. v. Ewald A. Boucke, Berlin o. J., Bd. 11, 216.
34 Umberto Eco: Nachschrift zum Namen der Rose, München 1986, 14.

in ihn hineingeschrieben. Was also in einem Text von seinem Urheber immerhin zugeben ist, ist der dem Text ein für alle Mal *implizierte Autor*[35], der »Schreiber«[36], der »textinterne« Autor – quasi als die gewollte und in Kauf genommene Posthum-Existenz (oder besser Postscript-Existenz) des historischen, »textexternen«[37] Verfassers. Im Prozeß des Schreibens einverleibt sich ein Autor seinem Text und impliziert ihm damit eine nie sich erledigende Befragungsinstanz, von der keine Textlektüre entbunden ist, die den Anspruch erhebt, den Text zu verstehen.

Der *textinterne Autor* bietet aber Hilfen des Verstehens an: Er hat seinen Text so eingerichtet, daß der Leser der Schrift nicht nur mit einer *dargestellten*[38] vergangenen, gegenwärtigen oder künftigen Welt konfrontiert wird, in die er nur vordringen könnte, nachdem er sich vollständig an den Wissens- und Glaubensstand dieses Autors herangearbeitet hätte. Sondern der Schreiber erschafft sich innerhalb der dargestellten Welt einen *Erzähler* oder zumindest einen Sprecher, der den Leser in eine *erzählte Welt* begleitet, in der es alles das gibt, was erzählt wird, eine Welt, die den Leser zu bestricken vermag, ihm aber gleichzeitig die Möglichkeit bietet, einen Standpunkt zu beziehen. Manchmal – und wenn wirklich erzählt wird, ist das immer der Fall – läßt der Schreiber den Erzähler eine dritte Autorinstanz figurieren: Er erschafft sich einen *Beobachter,* der bei allem dabei ist, was die Personen, von denen erzählt wird, sagen und denken, der alles hört, alles sieht und deshalb – innerhalb der erzählten – schließlich auch eine *zitierte Welt* präsentieren kann.

Die Leistung solcher Modelle für die Frage nach dem Textsinn liegt m. E. vor allem darin, sehen zu lehren, daß der Sinn eines Textes auf keiner der Ebenen *allein* zu suchen ist: weder historisch in der Objektivität der Darstellung, noch geistlich in einem »Kernsatz«, den der Beobachter in der zitier-

---

35 Die Rede vom impliziten Autor hat gelegentlich zu Unklarheiten geführt, verschleiert dieser Begriff doch den Umstand, daß der Urheber des impliziten Autors eben doch der historische ist, jener also zunächst der intentio auctoris entstammt. Deshalb rede ich lieber vom implizierten Autor. Zwar ist auch das Bild, das der Leser vom Autor erarbeitet, am Konstrukt des implizierten Autors beteiligt; es liegt aber auf der Hand, daß die »Deckungsgleichheit« zwischen realem und impliziten Autor ungleich höher ist als zwischen realem und impliziten Leser. Vgl. Hannelore Link: Rezeptionsforschung. Eine Einführung in Methoden und Probleme, Stuttgart / Berlin / Köln / Mainz 1976, 36.
36 Vgl. die Sukzession des »scripteur« auf den »auteur« bei R. Barthes: La mort de'l auteur, a. a. O. (s. Anm. 31) , 494.
37 Zu den im deutschen Sprachraum vor allem durch Wolf Schmid herausgearbeiteten Autor- und Lesertypologien (vgl. ders.: a. a. O. [s. Anm. 20], bes. 20-30) gibt es eine Fülle von Analogiebildungen; die für unseren Zusammenhang wohl besonders geeigneten Bezeichnungen (»textexterner Autor« für den realen bzw. historischen und »textinterner Autor« für die auf den Autor des Textes reduzierte empirische Person) stammt von H. Link (a. a. O. [s. Anm. 35], 16. 25).
38 Vgl. zum Modell der Textwelten die grundlegenden Analysen von W. Schmid, a. a. O. (s. Anm. 20), 23-29.

ten Welt zur Sprache bringt, aber auch nicht einfach in der *Moral von der Geschicht'* – sprich, in der pragmatischen Relevanz der Erzählung. Sofern die skizzierten Textwelten ausschließlich in Symbiose lebensfähig sind, machen sie *gemeinsam* die unverwechselbare Individualität und Konkretheit des Textes und seines Literalsinns aus.

Bei aller Durchschaubarkeit und Konkretheit der Geschichte vom *Opfer Abrahams* (Gen 22,1-13) ist mit der Feststellung des Literalsinns jedoch noch nicht geklärt, was der Text besagt, ja, noch nicht einmal, was die Geschichte erzählt mit dem, was sie erzählt:
   Ist es die Geschichte eines Mannes, der durch eine harte Prüfung zum Prototypen des aus Glauben gehorsamen Menschen wurde? Oder wird erzählt, wie ein launischer Gott die Wirkung seiner Autorität testen will und es deshalb in Kauf nimmt, dem armen Abraham große Pein zu verursachen? Oder lesen wir in der Geschichte, wie Gott einmal im letzten Moment die Ermordung Isaaks durch Abraham verhindern mußte, weil dieser in blindem, vorauseilendem Gehorsam zu glauben bereit war, Gott fordere in der Tat das Leben seines Sohnes? Erzählt die Geschichte also, daß Abraham die Prüfung bestand – oder daß er sie *nicht* bestand? Ist es die Geschichte eines Mannes, der Gott kennen sollte, aber *nicht* kannte, wie sein Verhalten zeigte? Erzählt sie von einem Mann, der, *weil* er Gott kannte, ihn so fürchtete, daß er ihm sein Kind zum Opfer bringen wollte? Wird erzählt, daß der Glaube fordert, »sich in von Gott verordneten Verrücktheiten [zu] üben«[39], oder wird erzählt, daß Glauben damit zu tun hat, alles lassen zu müssen[40]? Ist diese Geschichte eine Lektion über den Gehorsam gegen *Gott,* oder werden wir Zeuge einer Lektion für Abraham, in der er den »Gehorsam um der *Menschen* willen« im Sinne von Dorothee Sölle[41] lernen muß? Wir können diese Geschichte auch als Datum für das Ende des Kinderopfers lesen, vielleicht gar erzählt, um auf die Absurdität des Kinderopfers im Namen irgendeines Gottes hinzuweisen und damit abzuschaffen. Dann ist sie aber auch schlicht als Dokument einer vergangenen, uns unheimlichen Lebens- und Religionspraxis zu interpretieren, die man erleichtert als »fremd« identifizieren mag.
   Wie auch immer wir einen Text lesen und aus welchen Perspektiven wir ihn interpretieren: Es wäre unsinnig zu behaupten, er laufe auf einen einzigen Sinn hinaus. Aber steht damit tatsächlich der Konsens über die Schrift auf dem Spiel? Sollte es nicht möglich sein, einen Konsens über verschiedene Interpretationen der Schrift zu erzielen, statt – textzerstörerisch – einem Autor zu unterstellen, er habe dies und nicht das sagen wollen?

Die Instanzen des implizierten Autors, des Erzählers und des Beobachters treten dementsprechend *gemeinsam* an die Stelle des historischen Autors, sind quasi das Resultat seiner Selbstentäußerung, seiner Entschlossenheit, sich einem Text anzuvertrauen und das Wagnis des Verstandenwerdens und der Mißverständnisse einzugehen. Wie nun eine inkarnatorisch argumentierende Theologie daran festhalten muß, daß Gott sich in der Person Jesu unter den Bedingungen des Menschseins offenbart hat, so gilt von seinem Wort, daß es eingeht in die Bedingungen des Textes und sich allein unter den Bedingungen von Texten erschließt. Die allzu geläufige These von einem sich »in der Hand

---

39 Ulrich Bach: Predigtmeditation zu Gen 22, 1-13, in: GPM, 35. Jhg., 1981, H. 2, 178.
40 Vgl. Claus Westermann: Tausend Jahre und ein Tag, Stuttgart / Berlin 1977, 32.
41 Vgl. Dorothee Sölle, Phantasie und Gehorsam, Stuttgart / Berlin 1968.

behaltenden«, sich nicht den Gestalten und Welten von Texten ausliefernden Gotteswortes ist von derselben Unzulänglichkeit wie eine Christologie, die die menschliche Gestalt der Person Jesu ignoriert.

Wann immer die Predigt den *Tod des Autors* nicht akzeptiert, sein Testament, den Text, nicht zur Interpretation annimmt, sondern einem historisierenden Autorsinn unterwirft, nimmt sie den *Tod des Textes* in Kauf und opfert ihn fatalerweise der Tradition, die doch eigentlich davon lebt, daß man ihn interpretiert.

Den Text als Testament des Autors anzunehmen, heißt anzuerkennen, daß sich dieser selbst zu einem Text als verbindlicher Interpretation entschloß. Da ist jemand gewesen – ich kenne ihn oder ich kenne ihn nicht – ein Seher in jedem Fall, ein Nabi, oder, wie die Septuaginta übersetzte, ein Prophet, ein Interpret, der hat sich festgelegt und, vor unendlichen Möglichkeiten stehend, Ereignisse und Erfahrungen, Hoffnungen und Zweifel – seinen Glauben in Worte zu fassen, *geschrieben*. Der Text ist das Resultat davon. Wer ihn beerben will, akzeptiert, daß dieser Text als Resultat einen neuen Text erwartet, vielleicht eine Predigt.

Solange die Predigt am Text nur etwas erhärtet, was schon vor seiner Interpretation feststand, wirft sie den Text auf sich selbst zurück. Eine Theologie des Wortes und der Schrift darf dies nicht dulden; sie bedarf einer Hermeneutik, die dem Wort und der Schrift einen Interpretationsraum zu deren eigenen Bedingungen einräumt. Der folgende Abschnitt stellt den Versuch dar, für diesen Interpretationsraum ein Modell zu skizzieren.

4. DIE KOOPERATION ZWISCHEN TEXT UND LESER

Im Jahre 1509 schreibt der Humanist Jacques Lefèvre in seinem Vorwort zum *Quincuplex Psalterium*: »Für diejenigen [...], die ihn [d. i. den Buchstaben] nicht zu sehen vermögen, aber nichtsdestotrotz zu sehen behaupten, erwächst [aus dem Gelesenen unversehens] ein anderer Buchstabensinn, der (wie der Apostel sagt) tötet und der dem Geist entgegensteht.«[42] Ein Jahr später stellt ein uns unbekannter Künstler – als hätte er Lefèvre gelesen und seine Werke illustrieren wollen – einen mit den Augengläsern *Lesenden Apostel*[43] dar. Diese Darstellung drückt sinnfällig die dialektische *Zusammenarbeit zwischen Text und*

---

42 »Non videntibus [...], qui se nihilominus videre arbitrantur, alia littera surgit quae (ut inquit Apostolus) occidit et quae Spiritui adversatur« (Jacques Lefèvre d'Etaples: The prefatory epistles and related texts, New York / London, [1509] 1972, 193).

43 Der Lesende Apostel ist Teil eines »Marientodes« (um 1510), der heute im Thüringer Museum in Eiscnach (ehemalige Predigerkirche) zu sehen ist.

Leser[44] aus: Da schaut einer ganz genau hin, um den Text in allen Einzelheiten wahrzunehmen. Er ergreift die Initiative, dringt selbst in den Text ein. In dem Maße aber, in dem er sich selbst vom Text positionieren läßt, beginnt er zugleich damit, das notwendigerweise Ausgesparte, das, was der Text *nicht* sagt, mit eigenem Leben und Sinn zu füllen.

Daß der Text seinerseits – wiewohl er dem Leser still vor Augen gehalten wird – nicht unbeteiligt ist an dem, was da geschieht, ist dem Zuschauer verborgen. Aber Leser und Ausleger selbst wissen ein Lied von der Eigenart zumal biblischer Texte zu singen, mehr zu sagen, als erwartet oder gewünscht oder erlaubt ist. Weil man beim Lesen der Schrift, wie Hieronymus und Origenes bekennen, den Eindruck gewinnen kann, einen »infinitam sensuum silvam«[45] bzw. einen »latissimam Scripturae silvam«[46] zu durchschreiten, oder einen »Ozean«[47], ein »Meer«[48] vor sich zu haben, weil – wie Gilbert von Stanford bezeugt – die Schrift einem »reißenden, überflutenden und nicht ausschöpfbaren Strom«[49] gleicht, der im Fließen neue Bedeutungen schafft, wurden die Texte der Schrift vom Tag ihrer »Geburt« an gebändigt. Dementsprechend kann man die Lehren von der Interpretation der Schrift samt und sonders als *domptierende Theorien* beschreiben, notwendig geworden, um die Sinngenerierung des Textes zu zähmen. *Nach* der Interpretation sagt ein Text nicht mehr alles das, was er vorher sagen konnte, wurde aber auch mit Bedeutungen ausgestattet, von denen er *vorher* noch gar nichts »wußte«. Gelegentlich kann man auch beobachten, wie sich Texte gegen jegliche Konformierungsversuche sperren und deshalb im Jahrtausendzirkus der Interpretationen kaum eine Rolle spielen – bis ihnen vielleicht eines Tages ein neuer Interpretationsraum zur Verfügung steht, in dem sie sich wie von selbst zu verstehen scheinen.

---

44 Vgl. hierzu die grundlegenden Arbeiten von Umberto Eco: Semiotik. Entwurf einer Theorie der Zeichen, München 1987, bes. 366-368. Eco greift hier auf Modelle zurück, die er bereits Ende der sechziger Jahre erarbeitet hat. Eine erste ausführlichere homiletische Auseinandersetzung mit diesem Ansatz und seinen Konsequenzen für einen spezifischen Modus »dialektischer Theologie« habe ich in meiner Habilitationsschrift geführt: W. Engemann, a. a. O. (s. Anm. 28), 168-179.
45 Hier., ep. LXIV 19 (CSEL 54, 609 Hilberg).
46 Or., hom. in Ezech. IV 1 (SC 352, 156 Borret).
47 »Ita et ego, sanctarum scripturarum ingressus oceanum et mysteriorum Dei ut sic loquar labyrinthum.« (Hier., Ezech. XIV 14,9 [CChr .SL 75, 677 Glorie]).
48 »Quantorum legentes progredimur, tantum nobis sacramentorum cumulus augetur. Et ut si quis exiguo vectus navigio ingrediatur mare, donec terrae vicinus est, minus metuit [...].« So beginnt Origenes' 9. Homilie zur Genesis (Or., hom in Gen. IX 1 [GCS 29, 86 Baehrens]).
49 Gilbert von Stanford schreibt in seinem Vorwort zum Commentaire sur le Cantique, AnMo, 1, 1948, 225: »Scriptura sacra morem rapidissimi fluminis tenens sic humanarum mentium profunda replet ut semper exundet«.

In Anbetracht dessen ist festzuhalten, daß die bald andachtsvolle, bald wissenschaftliche Aufmerksamkeit des Lesers einerseits und das semantische Gebaren des Textes andererseits allein noch keine Beschreibung einer beiderseitig sich beanspruchenden Zusammenarbeit ergeben. Eine Kooperation zwischen Text und Leser müßte folgende Umstände in Rechnung stellen:

Sofern das (unmittelbare) »Verstehen« eines Textes zunächst den Charakter eines unwillkürlichen Reflexes hat (weil man nicht absichtlich *nichts* verstehen kann), reagiert man auf das Geschriebe zunächst nach gewohnten Dechiffrierungsregeln, also mit geläufigen Codes, wobei u. U. die gänzlich fremden, eigenen Codes des Textes an vertraute angeglichen, also »normalisiert«[50] werden. Nun gehört es grundlegend zum Wesen von Literatur – und dies gilt in besonderer Weise für die Bücher der Bibel (!) – herrschende Lesarten über Gott und die Welt ihrerseits umzucodieren[51], durch andere Lesarten zu ersetzen und diese in Umlauf zu bringen. Daher ist Skepsis geboten, wenn sich ein Text wie von selbst zu verstehen scheint[52] oder wenn gefordert wird, ihn ausschließlich »aus seiner Zeit« heraus zu verstehen (die die Codes für das Verständnis dieses Textes womöglich noch gar nicht bereitstellen konnte).

Wenn nun die Interpretation eines Textes mehr sein soll als das Resultat eines Scheingefechts zwischen den Argumenten eines ungeschmeidigen, im Schreiben erstarrten Textes und der Intention seines Lesers (wobei auf der Hand liegt, wer über kurz oder lang der Unterlegene ist), müssen beide Seiten bestimmte Vorkehrungen getroffen haben, die es ermöglichen und dazu nötigen, sich in ihrer »Veranlagung« gegenseitig für die anstehende Interpretation zu beanspruchen.

Beginnen wir mit den Vorkehrungen des Textes: Ein Text, der seinem Leser verschiedene Autorinstanzen vor Augen führt, fordert ihm auch verschiedene Leser-Rollen ab.[53] So steht der Leser zunächst vor der schlichten Frage, ob und in welchem Maße er dazu bereit ist, im Zuge der Lektüre *die Lesergestalten* zu verkörpern, die der Text braucht, um erfüllt zu werden – oder ob er sich, lediglich auf ein im Text dargestelltes Fazit aus, damit begnügt, historisch kompetent nur als historischer Leser historische Fragen zu stellen, um historische Antworten zu bekommen.

---

50 Vgl. dazu beispielsweise H. Link, a. a. O. (s. Anm. 35), 80.
51 Vgl. Hans Robert Jauß: Ästhetische Erfahrung und literarische Hermeneutik. Bd. I.: Versuche im Feld der ästhetischen Erfahrung, München 1977, 176-178. Vgl. auch W. Iser, Der Akt des Lesens. Theorie ästhetischer Wirkung, München [1976] ⁴1994, 53.
52 Dementsprechend weist Günther Bornkamm hin und wieder darauf hin, daß die Selbstverständlichkeit, in der Paulus gelegentlich (landläufig) »verstanden« werde, ein Indiz für Unverständnis sei. Vgl. G. Bornkamm: Paulus, Berlin ²1980.
53 Die intentio operis fällt zusammen mit der – wie Barthes formulieren könnte – intention du scripteur – nicht aber mit der intentio auctoris.

III Zum Verhältnis von Text und Predigt

Ich werde gewahr, daß der Text meiner nicht nur als Historiker oder Theologe bedarf, sondern mich zunächst bereiten, zu der Gestalt machen und mir die Kompetenz verschaffen will, ohne die die Interpretation als von beiden Seiten betriebener Prozeß nicht gelingen kann. Weil das Modell des »richtigen Lesers« in den Text selbst eingezeichnet, vom ihm eingeplant ist, kann man – analog zum *implizierten Autor* – nun auch vom *implizierten Leser*[54] sprechen, der von der »perspektivischen Anlage« des Textes selbst »verkörpert«[55] wird. Wir können also sagen: ein Text bietet in seinen verschiedenen Welt-Ebenen das Gesamtportrait genau des Lesers, dessen er bedarf, um verstanden zu werden:

Auf der Ebene der dargestellten Welt impliziert der Text einen Leser, der die Codes dieser Welt kennt bzw. in der Lage ist, sie im genauen Lesen zu vervollständigen. Der Text fordert mir aber nicht nur die Rolle des gut Belesenen ab, der wenigstens in Bruchteilen die Wissensnorm des Textes erfüllt, sondern trägt mir auch – indem er mir eine im Erzählen möglich werdende Welt eröffnet – die Rolle eines *fiktiven Lesers* an. Er erwartet von mir, daß ich mich über die dargestellte Welt hinausführen und in eine Geschichte verwickeln lasse, die mir Stellungnahmen, Identifikationen, Distanzierungen usw. abverlangt. Innerhalb dieser erzählten Welt werde ich schließlich auch als *Beobachter* vorgesehen, der selbst Augen- und Ohrenzeuge einer Welt von Gottesreden, Engelszungen und Menschenworten wird, um in den Gedanken Gottes lesen zu können wie in einem Buch, Abraham mit Isaak im Gespräch zu belauschen oder Jesus und Maria auf der Hochzeit zu Kana bedeutsame Worte wechseln zu hören.

Leider ist es in diesem Rahmen nicht möglich, das einander Zuarbeiten von Text und Leser weiter zu vertiefen und etwa das schon von Augustin formulierte Prinzip der internen Textkohärenz zur Kontrolle der Motive des Lesers im Rahmen heutiger Texttheorien zu reflektieren oder neuere Modelle zur Objektivierbarkeit und Konsensfähigkeit subjektiver Interpretationsprozesse zu besprechen[56]. Insbesondere steht eine eigenständige, produktive theologisch-hermeneutische Rezeption des »impliziten Leser« noch aus. Ich kann daher – über das Gesagte hinaus – in diesem Rahmen nur noch auf einige Grundvoraussetzungen jener interpretativen Kooperation verweisen:

> Das Einstudieren der Rolle des Lesers, die der Text vorsieht, setzt zunächst einmal wirkliches Lesen als wiederholtes Lesen und Betrachten des Textes

---

54 Vgl. den »impliziten Leser« bei W. Iser, a. a. O. (s. Anm. 51), 59 f. Umberto Eco spricht in seiner Abhandlung »Die Rolle des Lesers« (engl. 1981) in einer ähnlichen Definition vom »Modell-Leser«, den ein Text wählt und dessen Kompetenz vom Text selbst geschaffen wird. Vgl. die Schriftensammlung ders.: Im Labyrinth der Vernunft. Texte über Kunst und Zeichen, Leipzig ²1989, 197 f.
55 Vgl. ebd.
56 Vgl. Klaus Weimar: Enzyklopädie der Literaturwissenschaft, München 1980, 188-194.

voraus. Wer aufmerksam liest, dessen Lektüre wird entautomatisiert und hält sich im mutmaßenden »Vorgriff« auf noch nicht Gelesenes und im korrigierenden »Rückgriff« auf schon Gelesenes für neu zu Lesendes bereit.[57] »Wer es vernachlässigt,« schreibt Roland Barthes, »wiederholt zu lesen, ergibt sich dem Zwang, überall die gleiche Geschichte zu lesen.«[58]

Es ist für die Interpretation eines Abschnitts der Heiligen Schrift verhängnisvoll – und die Anzeichen dieses Verhängnisses in der gegenwärtigen Predigtpraxis lassen sich m. E. nicht leugnen –, wenn seinem Ausleger das Leben Paulus' oder die Theologie Johannes' besser geläufig und vertrauter sind als die Texte selbst. Einen Text wirklich zu lesen heißt aber, ihn wie ein *Portrait* zu studieren, dessen Inhalt von seinem Ausdruck nicht zu trennen ist, sondern in dem jedes einzelne Merkmal etwas zur Konstituierung des Gesamtsinnes beisteuert.[59]

Wiederholtes Lesen eröffnet dem Leser die Möglichkeit, nicht nur etwas – z. B. sein Thema – wiederzufinden, sondern auch etwas zu entdecken. Vielleicht führt solches Lesen schließlich zur »Lust am Text«[60], die aus dem Leser einen »idealen Leser« macht, der – wie Umberto Eco einmal formulierte – an einer »idealen Schlaflosigkeit« litte, um den Text »*ad infinitum* befragen« zu können[61]. Eine Definition übrigens, die auffällig der biblischen Variante des ebenfalls schlaflosen, nie fertig werdenden *idealen Lesers* stark ähnelt: »Wohl dem, [...] der Lust hat am Gesetz des Herrn und sinnt über seinem Gesetz Tag und Nacht«, heißt es programmatisch im 1. Psalm.

Einen Text ernst zu nehmen heißt demnach auch, den Modell-Leser ernst zu nehmen, den der Text selbst entwirft. Dieser Leser hat ja nicht nur die Aufgabe, das aufzuspüren, was der Text explizit sagt; sondern von ihm wird auch erwartet, das vom Text Verschwiegene zur Sprache zu bringen,[62] womit ein

---

57 A. a. O., 166-168. Weimar spricht in diesem Zusammenhang gar von der Möglichkeit zur »Selbstbefreiung des Verstehens aus Mißverständnis und Unverständnis« (a. a. O., 175).
58 Roland Barthes: S/Z, Frankfurt / M., ²1994, 20.
59 Der Literaturwissenschaftler Klaus Weimar empfiehlt deshalb, den Text zunächst mit »dummen« Warum-und-Wozu-Fragen nach dem Sosein des Textes zu befassen, um nicht einem ersten Verständnis als einer Selbsttäuschung zu erliegen (vgl. ders.: a. a. O. [s. Anm. 56], 177-179).
60 So lautet der Titel einer bereits zitierten Schrift von Roland Barthes, in der er (freilich in unmittelbarem Bezug auf Severo Sarduys Cobra) von einem »paradiesischen Text« spricht, bei dem jeder »Signifikant [...] ins Schwarze« trifft. »Der Autor (der Leser) scheint zu sagen: ich liebe euch doch alle (Wörter, Wendungen, Sätze, Adjektive, Brüche: alles durcheinander: die Zeichen und die Objektspiegelungen, die sie darstellen); eine Art Franziskanertum ruft alle Wörter auf, sich einzufinden, herbeizueilen, wieder Platz zu machen: ein marmorierter, buntschillernder Text; wir werden von der Sprache verwöhnt wie kleine Kinder, denen niemals etwas abgeschlagen, vorgeworfen oder, schlimmer noch, ›erlaubt‹ wird« (Hervorhebungen und Einklammerungen original, a. a. O. [s. Anm. 31], 15).
61 U. Eco, a. a. O. (s. Anm. 30), 35.
62 Vgl. W. Iser, a. a. O. (s. Anm. 51), 264 f.

weiteres Moment der Zusammenarbeit zwischen Text und Leser in den Blick kommt. Der Schreiber, der sich ja in der Auswahl dessen, was er abfaßte, begrenzen mußte, hat seinen Text so eingerichtet, daß der Leser das »Nicht-Gesagte« – aber mit dem Geschriebenen *Gemeinte* – erschließen kann. Der Text enthält – wie Wolf Schmid sagt – »Unbestimmtheitstellen«[63] und braucht daher einen Leser, der sie konkretisiert und die für ihn bereiteten »Enklaven« des Textes versuchsweise mit Elementen seines eigenen Interpretationssystems besetzt. Nach Wolfgang Iser erweisen sich solche »Leerstellen« als »zentrale[ ] Umschaltelement[e] der Interaktion von Text und Leser«; sie »regulieren die Vorstellungstätigkeit des Lesers, die nun [aber] zu Bedingungen des Textes in Anspruch genommen wird«[64].

Dieser Prozeß der Zuarbeit durch den Leser ähnelt dem, was in der Textforschung als *Konjektur* bezeichnet wird: Indem der Leser anhand und aufgrund des lückenhaften Textes einen ausgefüllteren Text erschließt, ohne den der geschriebene Text unverständlich bliebe, gebraucht er jene Lücken im Text als Enklaven seines eigenen Verständnisses und erklärt sie schließlich zum Territorium des Textes.

Wir könnten also sagen: Sofern sich »Blickpunkt und Horizont« eines Textes zwar aus ihm ergeben, nicht mehr jedoch in ihm selbst dargestellt sind, erhält der Leser die Möglichkeit, *den* Blickpunkt zu besetzen, der vom Text eingerichtet ist, um so zum »Perspektivträger« zu werden. Der *Textstruktur* korrespondiert also eine vom Schreiber vorgesehene *Aktstruktur* – der implizierte Leser –, ohne den die Intention des Textes nicht »erfüllt« werden kann.

Vielleicht kann man im Hinblick auf die Erkennbarkeit der *intentio operis* auch auf das sogenannte literarische *Erhabene* verweisen, daß man – wie in verschiedenen literaturtheoretischen Untersuchungen gezeigt wird – an der Schwierigkeit erkennen kann, die die entsprechende Literatur dem Leser aufgrund ihrer Originalität bereitet. Nach Ansicht des Literaturkritikers Harold Bloom, der sich viele Jahre mit dem Alten Testament befaßt hat, zeigt sich das Erhabene – zum Beispiel in den Geschichten des Jahwisten – darin, daß wir diese Texte weder »einfach«, noch »in einem ganz anderen [als einem erhabenen, ›unheimlichen‹] Sinn lesen können«, worin ein Indiz dafür zu sehen sei, daß die Tradition, deren Teil wir sind, »trotz vieler Versuche in diese Richtung nie vermochte, ihre Ursprünge zu assimilieren«[65].

---

63 Wolf Schmid bezeichnet mit diesem Begriff im Grunde das gleiche Phänomen wie Iser, Woolf, Eco u. a. Schmid betont jedoch ausdrücklich, daß ein literarisches Werk »ein ganzes Spektrum möglicher Ausfüllungen der Unbestimmtheitsstellen« birgt, weshalb »Interpretationen, die die Pluralität der Konkretisationen unterdrücken, [...] sich den Vorwurf gefallen lassen [müssen], daß sie den wahren Sinn des Erzählten verfehlen« (W. Schmid, a. a. O. [s. Anm. 20], 35 f.).
64 Wolfgang Iser formuliert diese Gedanken in einer Auseinandersetzung mit dem von Virginia Woolf entwickelten Modell des Common Reader. Vgl. W. Iser, a. a. O. (s. Anm. 51), 266.
65 Vgl. H. Bloom, a. a. O. (s. Anm. 23), 11 f.

»Der Text sagt ...« – diesen Satz habe ich so lange fortzusetzen, bis – hervorgegangen aus der dialektischen Wechselrede zwischen mir und dem Text – der neue Text entstanden ist, die Predigt als das Resultat dessen, was der Text vorsah, und den Entscheidungen, die er mir zumutete, um verstanden zu werden. Später, wenn ein neuer Text, kaum geboren, schon auf Interpreten wartet, hat jener Text zu schweigen. Nicht, weil ich nicht auf ihn angewiesen wäre, sondern weil ich mich von ihm anweisen *ließ* und zu einer Interpretation gelangt bin, die zu hundert Prozent dem Text und zu hundert Prozent meiner Person zuzuschreiben ist.

Der Leser und der Text – sie sind sich nicht selbst überlassen. Der *Lesende Apostel* liest nicht allein. Während er in der Linken wie zum Zeichen der Aktivität seines Lesens die Augengläser hält (durch deren eines er den Text betrachtet), hält er sich mit seinem rechten Arm selbst fest, umfaßt einen weiteren Apostel, bindet sich also in der unausweichlich subjektiven Lektüre seines Textes an eine Tradition, die freilich nichts anderes ist, als eine intersubjektive Tradition subjektiver Lektüren von Texten.

Neben einer aufmerksamen Lektüre der Texte und der Respektierung ihrer internen Kohärenz besteht die einzige Möglichkeit, einer Fehlinterpretation zu entkommen, darin, daß der Leser der Schrift selbst in der Tradition steht und sie kennt. Andererseits bleibt die Tradition nur dadurch am Leben, daß der Interpretationsprozeß nicht abgeschlossen und verendgültigt wird, sondern neue Texte hervorbringt. Damit stehen wir abschließend vor der Frage, welche Konsequenzen sich aus dem Gesagten für die Predigt selbst ergeben.

5. DER TOD DES PREDIGERS UND DIE INTERPRETATIONSHOHEIT DER HÖRER

Etwa zu derselben Zeit, als Roland Barthes den »Tod des Autors« proklamierte, forderte bzw. erklärte Rudolf Bohren den Tod des Predigers auf der Kanzel: »Gottes Wort bleibt Gottes Wort, darum muß der Mensch, der es ausrichten will, am Wort sterben.«[66]

Gewiß, die Welten, aus denen heraus Barthes und Bohren sprachen, haben miteinander nichts zu tun. Bis jetzt jedenfalls. Was aber geschieht, wenn wir den *toten Autor* Barthes' nach Heidelberg tragen und den *toten Prediger* Bohrens mit nach Paris nehmen? Eine Analyse beider könnte in der Homiletik in der Tat zur Propagierung des *Todes des Predigers* führen; – aber nicht um des Effekts des in Heidelberg verursachten metaphysischen Gedröhns willen, in dem der Text kaum vor der Willkür virtuoser Auslegung geschützt werden

---

[66] Rudolf Bohren: Die Gestalt der Predigt, in: Gert Hummel (Hg.): Die Aufgabe der Predigt, WdF 234, Darmstadt 1971, 207-231, hier: 218.

kann, sondern um vom Prediger zu fordern, er möge sein Testament machen: d. h. sich zu einer Predigt als einem *eigenständigen Text* entschließen, der nicht nur als *Erklärung eines anderen Textes* fungiert, sondern insofern eigen-ständig ist, als sich der Prediger in diesen Text, seine Predigt, als sein Zeugnis inkorporiert hat wie einst der Autor in seinen Text.

Ich plädiere für eine Predigt, die zwar aus einer aufmerksamen, intensiven und methodisch reflektierten Begegnung mit dem Text hervorgeht, die aber den Text dann – im Predigtvollzug – nicht mehr traktieren muß.[67] Wiederum nicht, weil sie ihn ignorierte oder weil der Prediger ein eigenes Evangelium hätte, sondern weil dieser Text einen neuen evoziert hat.

Als authentisches Resultat der Begegnung zwischen Leser und Tradition muß die Predigt selbst als würdiges und notwendiges Interpretandum verstanden werden. Sie hat auf der Kanzel nicht eine neuerliche Interpretation der Schrift zu eröffnen, sondern ist eine aus der Interpretation der Schrift *erwachsene* Rede, erarbeitet in dem Bemühen, wiederum verbindlich zu reden und dem im Zuge der Interpretation *historisch gewordenen* Text[68] einen *gegenwärtigen* Text zuzugesellen. »Historizität ist niemals eine Eigenschaft eines Textes, die man fassen kann, wie man eine Katze am Schwanz packt. Historizität muß dem Text durch Interpretation gegeben und zugestanden werden. Historizität ist keine Eigenschaftsbezeichnung, sondern ein Relationsbegriff, Bezeichnung eines bestimmten Verhältnisses zwischen dem Interpreten und einem Text, der bei ihm Geschichte gemacht hat. Deshalb ist Historizität nicht Voraussetzung, sondern Ergebnis der Textinterpretation.«[69]

Jener *gegenwärtige Text* ist nicht mehr eine Auseinandersetzung mit dem (via interpretatione) historisch gewordenen Text, schon gar nicht die Wiederverkörperung einer historischen Textmeinung in der gegenwärtigen Predigt. Die Predigt muß als gegenwärtiger Text ein Text mit einer eigenen Meinung, ein Text mit Position sein, ein gesprochener Text mithin, dessen Meinung mit der des historisch gewordenen Textes nicht einfach identisch sein kann. Dies heißt ja keineswegs, daß darum die Meinung der Predigt der Meinung des Textes widerspräche; sondern damit wird unterstellt, daß jegliches verantwortungsvolle Interpretieren der Heiligen Schrift einen Konsens über einen bestimmten Fächer von Meinungen sowohl voraussetzt wie zur Folge hat.

---

67 Das heißt nicht zwangsläufig, daß der Text nicht zitiert oder nicht auf andere Weise in die Predigt einbezogen werden sollte; ausschlaggebend ist, ob die Predigt den Text interpretiert oder gebraucht. Sie soll sich seiner nicht bedienen, um insgeheim die Letztgültigkeit ihrer Sinnfindung aus dem Text erhärten zu können oder um sich durch den »Griff nach dem Text« eine Legitimation zu verschaffen, die doch die Predigt als eigener »Text«, als selbständiges Zeugnis selbst implizieren muß.
68 Vgl. K. Weimar, a. a. O. (s. Anm. 56), 197, § 337.
69 A. a. O., 197, § 336.

Ich mißtraue jeder Predigt, zu deren Prämisse die jeder Auslegung vorauseilende Kongruenz von historischer Textmeinung und historischer (gegenwärtiger) Leser- bzw. Predigermeinung gehört. Wo dies unterstellt wird – z. B. durch implizite und explizite Identifikationen mit dem, was der Autor wollte –, liegt ein fragwürdiges Verständnis des Wesens der Offenbarung und des Charakters des Evangeliums vor.

Die Arbeitshaltung, aus der solche Predigt erwächst, die eine eigene Meinung haben und dennoch von »unserem Text« reden kann, ist wiederum am *Lesenden Apostel* zu studieren: Es bleibt mir nichts, als *einen* Arm um die Tradition zu legen, in der ich bisher gehört und gelesen habe, und mit dem *anderen* Arm die Initiative zu ergreifen. Diesmal nicht mit den Augengläsern, um zu lesen, sondern mit der Feder, um zu schreiben und die Predigt als mein Zeugnis, hinter das ich mich nicht zurückziehen kann, in dem ich ganz impliziert bin, der Gemeinde zu vermachen. Das *testamentum* des Predigers ist nur als *testimonium*, was es ist: Weitergabe und Fortschreibung der – um es mit 2 Joh 9 zu sagen – Lehre Christi.

Dies impliziert auch das Plädoyer für eine Kanzelrede, deren Prediger darauf verzichten kann, sich *vor* der eigenen Predigt aufzubauen und sie unablässig zu erklären wie man einen schlecht erzählten Witz erklärt; demgegenüber sollte er sich um eine Predigt bemühen, derer sich die Hörer selbst bemächtigen können, eine Predigt, die überhaupt Hörer impliziert, also nicht nur »um Hörer weiß« und an sie zu »denkt«, sondern sie auch *vorsieht*.[70]

Das hat in diesem Zusammenhang wenig mit der Berücksichtigung der *homiletischen Situation* und noch viel weniger mit jenem vordergründigen Pragmatismus zu tun, der die Hörer bestenfalls zur Umsetzung bereitgestellter Handlungsofferten braucht. Die »homiletische Situation« kommt eher zu ihrem Recht, wenn die Predigt ihren Hörern jene *Enklaven* zur Verfügung stellt, dank derer sie interpretatorisch in und mit der Predigt durch ihren Alltag gehen und gegebenenfalls an der Beantwortung eigener Fragen arbeiten können, von denen der Prediger nichts wissen konnte. Dies setzt wiederum eine Predigt voraus, die überhaupt zu befragen *ist,* weil der Hörer in ihr einen Fuß auf eigenes Territorium setzen, in ihr sich verankern und damit beginnen kann, die Bedeutung der Predigt zu *ihren* Bedingungen mit *seinem* Leben und *seinem* Glauben in Verbindung zu bringen.

---

70 Umberto Eco schreibt vom solchermaßen »offenen Text«: »Ein ›offener Text‹ kann nicht als eine Kommunikationsstrategie beschrieben werden, wenn die Rolle seines Empfängers (des Lesers von Worttexten) im Moment der Erschaffung als Text nicht ins Auge gefaßt wird« (ders.: a. a. O. [s. Anm. 54], 190). Vgl. dazu die Unterscheidung zwischen faktischer und taktischer Ambiguität im Zusammenhang der homiletischen Rezeption der Semiotik Umberto Ecos bei Wilfried Engemann: Wider den redundanten Exzeß. Plädoyer für eine ergänzungsbedürftige Predigt, in: ThLZ, 115. Jhg., 1990, H. 11, 792-796.

Begünstigt wird eine solche Predigt dadurch, daß sie bewohnbare, begehbare Textwelten entwirft, also bereit ist, über die Abstraktionsebene der dargestellten Welt hinauszukommen und in eine *erzählte Welt* vorzudringen, die den Hörer als *Beobachter* lebens- und glaubensrelevanter Ereignisse braucht, ihn dadurch in eine Gleichzeitigkeit mit der Verkündigung bringt und – auf der Ebene von Identifikationsperspektiven – zu Entscheidungen motiviert. (Wenn dies nicht den Rahmen dieses Beitrags sprengen würde, könnten wir hier die Plädoyers für die *narrative Predigt* Revue passieren lassen und darüber spekulieren, ob es »Zufall« ist, daß Jesus so oft anfing, Geschichten zu erzählen, wenn er »predigte«.)

In all diesen Darlegungen kann man die Kettenglieder einer *wandernden Interpretationshoheit* vom Schreiber des Textes bis hin zum Prediger als von Autor zu Autor nachzeichnen.

Zunächst lag die Interpretationshoheit beim *historischen Autor,* der, indem er schrieb, sich einem *(Bibel-)Text* anvertraute und beispielsweise – vereinfachend formuliert – das Reden und Tun Jesu als *(Ereignis-)Text* interpretierte. Der *Leser bzw. Prediger* hatte sich der Interpretationshoheit des *Bibeltextes* zu stellen, also nach bestem Wissen und Gewissen alles das zu berücksichtigen, wodurch sich der Text als vom Autor so gewollt zu erkennen gab. Dann aber war es an ihm, dem *Prediger,* die Herausforderung zur Interpretation anzunehmen und anhand des Textes einen Sinn zu erarbeiten, wobei er schließlich selbst als *Autor* eines Textes – nämlich der Predigt – in Erscheinung tritt.

Text ⇒	Autor ⇒	Text ⇒	Autor ⇒	Text ⇒	Autor ⇒	Text
empirische Wirklichkeit	Verfasser eines bibl. Textes	Bibeltext	Leser bzw. Prediger	Predigt	Hörer	Auredit

Wenn in dieser Kette der weitergereichten Interpretation weitergereichter Texte nicht auch das Gliederpaar *Predigt* und *Hörer* ineinandergreift und der Hörer so die Chance bekommt, in der Auseinandersetzung mit ihr zu einem Text zu gelangen, an dem er selbst als Autor beteiligt ist, fehlt der Predigt ein entscheidendes Element. Die Predigt bedarf also ihrerseits einer *intentio lectoris* bzw. *auditoris*, um »erfüllt« zu werden, ist doch die einzige Weise, in der ein Text zum Verstehen führen kann, die, daß er sein Eigenstes einem neuen Text anverwandeln läßt.

Eine Predigt nun, die nicht vorgibt, eine aktualisierte Abbildung des Textsinns zu sein, sondern, verwurzelt in der Tradition und gehalten von ihr, im reflektierten Verstehen des Textes den Akt der Textproduktion wiederholt, diese Predigt erklärt und macht die Hörer zu derjenigen Instanz, die letztlich kompetent zwischen Tradition und Situation zu vermitteln hat. Die Kompetenz der Gemeinde darf also nicht auf die ihr von Luther zugesprochene Fähigkeit zur Beurteilung der Lehre[71] beschränkt werden, sondern erstreckt sich auch auf die Tätigkeit der Gemeinde, sich im buchstäblichen Sinn eigene Verse auf die Predigt zu machen, die wiederum zu hundert Prozent vom Evangelium und zu hundert Prozent von ihrer Situation motiviert sind.

Eine Homiletik hingegen, die damit kokettiert, sich keinen Hörer vorstellen zu brauchen, sich gar zum Ziel setzt, dessen Zuarbeit als unheilige Entstellung des zu Sagenden abzuwehren und schließlich in aller Unbescheidenheit ihrem Prediger zumutet, *selbst* alles sagen zu müssen und zu können, untergräbt die Kompetenz der Hörer und exkommuniziert sie, statt ihnen die Möglichkeit zu eröffnen, über *ihren* Text mit jenem Ursprung in Verbindung zu treten, der den Autor zur Feder greifen und schreiben ließ.

In diesem Sinne schließe ich mit einer Sympathiebekundung Umberto Ecos gegenüber dem Text: »Ich sympathisiere mit dem Vorhaben, Lesarten zu erschließen, aber ich empfinde auch die fundamentale Pflicht, sie zu schützen, um sie erschließen zu können, denn ich halte es für riskant, sie zu erschließen in der Absicht, sie zu schützen.«[72]

SCHLUSSTHESEN

1. Der *Texttod* der Predigt bezeichnet das Resultat eines parahermeneutischen Verfahrens, bei dem die sinngenerierende Kraft des konkreten Textes – insbesondere durch den homiletischen Mißbrauch historischen Wissens *über* die Texte – unbrauchbar gemacht wird. Im Zuge dieser Prozedur wird häufig auf allgemeine Grundansichten der Textautoren abgehoben, die – da man ihre Theologie oft besser zu kennen scheint als ihre Texte – gefährlicherweise als »alte Bekannte« vereinnahmt werden. An diesem Verfahren nimmt die Predigt als spezifische Gattung insgesamt Schaden.

2. Die gegenwärtige Hermeneutik und ihre homiletische Rezeption stehen in der Gefahr, die im Grunde *veraltete Alternative* zwischen dem, »was der Autor wollte« (*intentio auctoris*) und dem, »was der Ausleger will« (*intentio lectoris*), zu perpetuieren. Deshalb ist es wichtig, sich der Probleme dieser Altenative stärker bewußt zu werden und Modelle zu erarbeiten, die die in der Geschichte der Hermeneutik immer wieder aufgeworfene Frage nach der »Intention des Textes« (*intentio operis*) neu plausibilisieren.

---

71 Vgl. Martin Luther: Das eyn Christliche versamlung odder gemeyne recht und macht habe, alle lere tzu urteylen vnd lerer tzu beruffen, eyn vnd abtzusetzen, Grund und ursach aus der schrifft (1523), WA 11, 408-416.
72 U. Eco, a. a. O. (s. Anm. 30), 40.

3. Indem ein Autor sich festlegt und schreibt, verfertigt er ein unwiderrufliches Testament. Das heißt, daß er als *historischer Autor* ein für alle Mal hinter den Text zurücktritt bzw. den Text an seine Stelle treten läßt. So gesehen ist das Schreiben ein unausweichlicher Prozeß der Selbstenteignung: Der Text »gehört« fortan den Interpreten. Gleichzeitig inkorporiert sich ein Autor in die Gestalt des Textes und ist fortan als der auf das Geschriebene reduzierte Autor, als *implizierter Autor* (als *Schreiber*) bleibend im Text präsent. Sofern sich der implizierte Autor in verschiedenen *Textwelten* bald *darstellend,* bald *erzählend,* bald *zitierend* an seine Leser wendet, stiftet er eine spezifische *intentio operis,* die nicht von einer dieser »Welten« allein gebildet wird, sondern aus der gegenseitigen Interpretation des Dargestellten, Erzählten und Zitierten (Prinzip der internen Textkohärenz).

Eine Predigt, die den *Tod des Autors* nicht akzeptiert, verweigert gewissermaßen die Annahme des Testaments des Autors: die Interpretation des Textes. So wird der Text dem Autor »geopfert«.

4. Zur Annahme des Testaments des Autors gehört nicht nur der Text, sondern auch die Bereitschaft, sich einzulassen auf die *Kooperation mit dem Text.* Sie setzt an beim Studium des *Literalsinns* des Textes, der sich weder auf ein Fazit reduzieren läßt, noch in Beliebigkeit ausufert; dies freilich unter der Voraussetzung, daß der Leser dem Text nicht nur als historisch und theologisch Belesener für die in ihm dargestellte Welt zur Verfügung steht, sondern der Leser wird, den der Text vorsieht – ihm also auch als *fiktiver Leser* und *Beobachter* in die erzählte Welt zu folgen vermag.

In diesem Prozeß stößt der Leser auf die für ihn vorgesehenen *Enklaven des Textes,* auf das Unausgefüllte, wodurch er unter den Bedingungen des Textes als historischer Leser mit eigener Biographie interpretatorisch ergänzend tätig wird.

5. Was für den Autor eines biblischen Textes gilt (These 3), gilt analog für das Verhältnis des Predigers zu seiner Predigt. Den *Tod des Predigers* zu proklamieren heißt demnach, die Predigt als sein »Testament« zu verstehen, das ohne die Hörer nicht erfüllt werden kann und daher »agendarischen« Charakter haben sollte. Dabei wird eine Predigt vorausgesetzt, die so angelegt ist, daß die Hörer mit ihr umgehen können, eine Predigt, die aber auch die *Anhaltspunkte* für ihre eigene »Behandlung« durch die Hörer bietet.

Sofern die Predigt u. a. *Resultat der Auseinandersetzung mit dem Text* ist (These 4), hat sie diese Auseinandersetzung auf der Kanzel nicht zu wiederholen, sondern – selbst Ergebnis der Begegnung mit der Tradition und eigenständiger Text zugleich – darauf bedacht zu sein, daß aus den Hörern unter der Predigt *Autoren eigener Texte* werden, die so die Tradition lebendig halten und die Gemeinde bilden, die letztlich allein und kompetent zwischen Tradition und Situation zu vermitteln hat.

III.2 Überlegungen zur Praxis

Spielerische Inszenierungen des Predigttextes
Zum Beitrag von Andreas Horn

Andreas Horn (Jahrgang 1952) ist heute Pfarrer der Evangelisch-Lutherischen Landeskirche Sachsens. Während seiner Zeit als Wissenschaftlicher Mitarbeiter bei Karl-Heinrich Bieritz am Theologischen Seminar Leipzig (1980-1983) hat sich A. Horn u. a. mit Fragen der Predigtlehre, insbesondere mit der Funktion des Textes in der Vorbereitungsphase der Predigt auseinandergesetzt. Im Zuge der Beschäftigung mit diesem Thema ist der nachfolgende Beitrag mit seinen »hoffentlich entlastenden Bemerkungen zu einer Phase der Predigtvorbereitung« – so der Untertitel – entstanden.[1]

Der ausdrückliche Hinweis auf *eine* Phase der Predigtvorbereitung signalisiert bereits, daß der Verfasser durchaus nicht vorhat, bewährte Formen der Exegese außer Kraft zu setzen. Vielmehr ist ihm daran gelegen, mit dem Ziel eines ebenso angemessenen wie relevanten Textverständnisses auch auf unkonventionelle Mittel der Beschäftigung mit dem Text zurückzugreifen. A. Horn hat dabei jene Phase im Blick, in der der Prediger dem Text gewissermaßen »zum ersten Mal« gegenübersteht und etwas von der sprachlichen Fremdheit und theologischen Abgründigkeit bzw. Überlegenheit gerade jenes Textes spürt, der ihm bei seiner Predigt die entscheidende Hilfe bieten soll.

Dabei werden zwei Beobachtungen angesprochen: Zum einen die der vermeintlichen Vertrautheit, die mit dem Text von vornherein Du-auf-Du ist und dazu verführt, in ihm einen leicht zu handhabenden »Gesprächspartner« zu sehen, einen alten Bekannten, den man schnell wiedererkennt, ohne ihn wirklich wahrzunehmen. Hinter der Prämisse von der vermeintlichen Leicht- oder Selbstverständlichkeit eines Textes, mit dem ich plaudern kann wie mit dem Nachbarn über den Gartenzaun, verbirgt sich, wie der Verfasser zeigt, u. a. ein unzureichender Verstehenswille auf seiten des Lesers: Es ist ein großer Unterschied, ob die Behauptung, »der Text ist mein Gesprächspartner«, in dem Bewusstsein um die Regeln und Schwierigkeiten eines solchen Gesprächs formuliert wird, oder ob sie Ausdruck einer unbekümmert-gedankenlosen Auslegungspraxis ist, wonach im Text auf Biegen und Brechen – oder einfach durch naive Gleichungen aus »damals« und »heute« – immer das gefunden wird, wonach der im Selbstgespräch verharrende Leser sucht.

---

[1] Weitere liturgische und homiletische Beiträge sind gefolgt. Vgl. insbesondere Andreas Horn: Go life. Sieben Gottesdienste für Menschen, die nie einen besuchen, in: Irene Mildenberger / Wolfgang Ratzmann (Hg.): Jenseits der Agende. Reflexion und Dokumentation alternativer Gottesdienste, Leipzig 2003, 135-147.

Auf der anderen Seite ist der nachstehende Text wiederum ein Plädoyer *für* eine »naive« Annäherung an den Text, sofern sich der Ausleger über seine methodisch begründete Naivität im Klaren ist. Der Unterschied zur Naivität der oben genannten Kategorie liegt auf der Hand: Wer seinen Predigttext inszeniert, wer ihn also z. B. singt, einzelne Worte durch Synonyme ersetzt, wer einen Gegentext entwirft oder eine Verteidigungsrede auf den Text verfasst, wer den Text zu einem Briefinhalt umschreibt oder eine Karikatur entwirft, die die (zunächst erfasste) Pointe des Textes auf den Punkt bringt usw., kommt nicht auf den Gedanken, die einzig richtigen Schlüsse aus dem Text gezogen zu haben. Aber er provoziert den Text durch dieses Vorgehen gewissermaßen dazu, verschiedene Facetten der in ihm liegenden Bedeutungsrichtungen preiszugeben, die ohne solche »Übungen« nicht zum Vorschein gekommen wären.

Die von A. Horn im III. Teil seines Beitrags angeführten spielerischen Umgangsformen leisten somit beides: Zum einen halten sie den Leser bzw. potentiellen Prediger in einer notwendigen Distanz zum Text; dessen Fremdheit wird spielerisch thematisiert und bewahrt. Zum andern rückt der Leser durch solche spielerische Distanzierung in seinem Verstehen ein Stück näher an den Text heran.

Die spielerische Sicht auf die Vorbereitung der Predigt und auf das Predigtgeschehen als Ganzes hat in der Homiletik durchaus Tradition. Im Rahmen einer Spieltheorie diskutiert u. a. Karl-Heinrich Bieritz den Text als »Spielgegenstand«, mit dem die »Mitspieler« auf dem »Spielfeld« Gottesdienst in je eigener Weise verfahren.[2] In der Theorie und Praxis des Bibliodramas ist die spielerische Auseinandersetzung mit Texten inzwischen zu einem Verfahren entwickelt worden, das methodisch reflektiert ist und – z. B. neben der historisch-kritischen oder semantischen Analyse – eine Beschäftigung mit Texten auf wissenschaftlichem Niveau ermöglicht.[3]

W. E.

---

2 Karl-Heinrich Bieritz: Die Predigt im Gottesdienst, in: Ders.: Zeichen setzen. Beiträge zu Theologie und Gottesdienst, Stuttgart / Berlin / Köln 1995, 137-158.

3 Vgl. dazu u. a. Jürgen Bobrowski: Bibliodramapraxis. Biblische Symbole im Spiel erfahren, Hamburg 1991; Ulrich Bubenheimer: Bibliodrama. Selbsterfahrung und Bibelauslegung im Spiel, in: Isidor Baumgartner (Hg.): Handbuch für Pastoralpsychologie, Regensburg 1990, 533-545; Gerhard Marcel Martin: Bibliodrama als Spiel, Exegese und Seelsorge, in: WPKG, 68. Jg., 1979, 135-144;. Vgl. außerhalb der am Bibliodrama orientierten Texterschließung: Hans Martin Dober: Flanerie, Sammlung, Spiel. Überlegungen zur homiletischen Produktionsästhetik, in: IJPT, 4. Jg., 2000, 90-106.

Andreas Horn

Der Text und sein Prediger
*Hoffentlich entlastende Bemerkungen
zu einer Phase der Predigtvorbereitung*

I   DER PREDIGTTEXT:
    EIN SELTSAMER GESPRÄCHSPARTNER

»Der Text ist mein Gesprächspartner«, so beurteilte ein Teilnehmer des homiletischen Seminars sein Verhältnis zum biblischen Text bei der Vorbereitung der Predigt. Eine These, gegen die man kaum zu opponieren geneigt ist. Zu hoch im Kurs werden »Gespräch« und »Partnerschaft« zur Zeit gehandelt. Und: Wie verlockend ein partnerschaftliches Gespräch mit dem biblischen Text höchstpersönlich. Um so mehr Anlaß für uns, kritisch nachzufragen.

Doch folgen wir zunächst der verführerischen Einladung. Der Bibeltext als Gesprächspartner, das leuchtet auf Anhieb ein, klingt geradezu sympathisch. Man stellt sich unwillkürlich einen Prediger bei der Predigtvorbereitung vor, der mit seinem Text eine zwanglose Unterhaltung führt. Der Text liegt nicht mehr auf dem Schreibtisch, er hat sich aufgemacht. Aufrecht sitzt er – oder gar: tritt er [254] – dem Prediger gegenüber. Die Fragen und Antworten gehen hinüber und herüber. Das Bild gefällt immer besser: Der Text schweigt nicht mehr, er spricht. Er spricht unsere Sprache, die Sprache unserer alltäglichen Gespräche. Und er stellt sich nicht mehr taub, er hört aufmerksam zu. Das Ganze erinnert an Teamarbeit, Gleichberechtigung. Man spürt freundschaftlich aufgelockerte Gesprächsatmosphäre. Ein Hauch von spielerischer Leichtigkeit und Ungezwungenheit liegt über der Szene: »Der Text wirbt um den Prediger, der Prediger wirbt um den Text.«[1] Wunschbilder drängen uns zuzustimmen: Der Text ist mein Gesprächspartner! Und die Realität?

Ein allwöchentliches Bild überlagert unsere Vision: Als Prediger schlage ich meine Bibel auf, überfliege die Zeilen – oder nur die erste … Der Text liegt stumm und starr auf meinem Tisch, Gesteinsbrocken einer fremden Welt. Er sieht nichts, er hört nichts, er muckst sich nicht. Er liegt da, als ginge ihn das alles überhaupt nichts an. Für die Predigt, die ich schließlich über ihn zu halten habe, scheint er sich nicht im geringsten zu interessieren. Er fragt nicht, antwortet nicht, protestiert nicht einmal. Er läßt alles über sich ergehen. Selbst das

---

1 Kurt Marti: Wie entsteht eine Predigt? Wie entsteht ein Gedicht?; Almanach für Literatur und Theologie 3; Wuppertal 1969, S. 97.

Zuschlagen läßt er sich gefallen, schlägt nicht zurück, reißt nicht aus. Er ist brav! Tot? – Nein, der Text ist kein Gesprächspartner! Er ist weder sehr gesprächig, noch ist er mir gegenüber in irgendeiner Form partnerschaftlich. Das Bild, das uns anfangs so faszinierte, erweist sich als trügerisch. Der Vergleich hinkt nicht nur, er bleibt beim Nachdenken auf der Strecke.

Doch vielleicht läßt sich aus dem Dilemma ein hinkender Vergleich als Utopie retten? Ein hilfreiches Bild für die Predigtvorbereitung? Wir werden gewiß kein Rezept finden, den Text aus seiner Totstarre zu wecken, aber möglicherweise läßt er sich von uns einen kleinen Lebensimpuls einhauchen?! Vielleicht paßt ihm unsere vorbereitete Schreibtischgesprächsatmosphäre nicht? – Und da ließe sich doch etwas machen. Wer weiß?!

In einem Punkt bedürfen wir allerdings zunächst des ehrlichen Konsenses: Daß uns der biblische Text, seine aktuelle Botschaft, das darin verborgene Evangelium unmittelbar ansprechen, daß es uns geradezu wie Schuppen von den Augen fällt, ist und bleibt ein Ausnahmefall. Da hilft weder eine mit Akribie getriebene historisch-kritische Forschung, noch ein immer wieder beschworenes sogenanntes »gläubiges Vernehmen«, ein »Sich-öffnen« für den Text. Wir spitzen unsere Erfahrungen zu: Der Text ist zunächst ein toter Gegenstand, Sprachgestein – und nicht die lebendige Predigt des Paulus, nicht die brisante Szene mit Jesus, nicht der Skandal mit dem Propheten ... Falsche Voraussetzungen verstärken hier auf Dauer nur den Enttäuschungs- und Ermüdungseffekt beim Prediger.

II SCHLECHTE VORAUSSETZUNGEN FÜR EIN GESPRÄCH: DER FESTGELEGTE TEXT

Daß ein Text in seinem Wortlaut festgelegt ist, scheint unabdingbare Voraussetzung der Möglichkeit seiner Rezeption. Doch beschränkt sich die Fixierung der Predigttexte auf den Wortlaut? Wir vermuten, daß die Schweigsamkeit und Totstarre der Texte aus zahlreichen Bindungen resultieren, die keineswegs als selbstverständlich oder als notwendig angesehen werden müssen.

DER ZWECKDRUCK »PREDIGT«

Der Prediger geht in das Gespräch mit fixiertem Blick. Die zu haltende Predigt hängt wie eine dunkle Wolke über dem Schreibtisch und beschattet seine Sicht. Der obligate sonntägliche Auftritt auf der Kanzel drückt ihn, bedrückt ihn; nicht unbedingt als bewußte Belastung (so häufig auch dies sicher der Fall sein dürfte), sondern mehr im Sinne einer im Gespräch unbewußt wirksam werdenden verpflichtenden Zweckorientierung. Der Prediger starrt durch die Maschen des »textus« auf das imaginäre Konzept seiner Predigt. Er liest den Text auf seinen homiletischen Anwendungsfall hin: Was läßt sich aus ihm machen? Wie werden aus den vier Zeilen die vier Seiten der Predigt? Wie wird aus dieser mit mythisch-märchenhaften Motiven durchsetzten Erzählung eine aufgeklärte Zeitgenossen ansprechende und herausfordernde Rede? Wie wird aus diesem Klagelied eine gottesdienstliche Kanzelpredigt? ... Es ist der Zweckdruck »Predigt«, der auf ihm lastet und das Gespräch mit dem Text beschwert.

Der Prediger hat – selbst wenn noch nichts zu Papier gebracht ist – eine Vorstellung von den Kennzeichen einer guten Predigt. Etwa: Sie muß aktuell, sie muß narrativ, sie muß seelsorgerlich, sie muß theologisch durchdacht und dogmatisch verantwortet sein usw. Dieses persönlich favorisierte und mitunter eifernd propagierte »Predigtideal« wirkt als Lese- beziehungsweise Auslegestrategie (was in unseren Worten hieße: Gesprächsstrategie) und Auswahlmechanismus auf die Lektüre zurück. Der Text wird interessengelenkt rezipiert und gerät dabei in den Filter des jeweiligen Vor-Bildes von dem, was eine Predigt zu sein und im konkreten Vorbereitungsfall demnach zu werden hat. Trotz Lesestrategie und Auswahlmechanismus fügt sich der Text nicht glatt den Vorstellungen des Lesers. Belastungen für das Gespräch sind die Folge: Der das Narrative verfechtende Prediger stöhnt unter der abstrakten Begriffssprache des Paulus. Der auf widerspruchsfreie Systematik Bedachte klagt über naive Diskrepanzen ... Vermutlich gilt Ähnliches für das Gegenüber: Der Text fühlt sich unwohl unter den Augen des Predigers.

Die Bürde der Autorität

Der Text ist behaftet mit der der biblischen Überlieferung zugewiesenen Autorität. Es handelt sich um eine Würde, die in der konkreten Gesprächssituation für den sie Tragenden zur Bürde werden kann. Ein Vergleich kann dies verdeutlichen: Wer als Autorität gilt oder solche aufgrund eines Amtes »verwaltet«, begegnet einem an dieser Autorität orientierten Anspruch. Jede Äußerung wird anders gelesen und gehört, wenn sie den Nimbus der Autorität an sich trägt. Überall wird Tiefe und Weisung vermutet. Banales und Beiläufiges wird überhört oder tiefsinnig übermalt und damit in seinem unbeschwerten Charakter nivelliert. Fazit: Autoritäten haben ihre eigenen Kommunikationsprobleme, denn die Vorstellung von dem, was die betreffende Autorität sagen darf, sagen kann, sagen muß, sagen wird, ja was sie eigentlich meint, steuert »regelrecht« die Rezeption der gemachten Äußerungen. Ähnlich ergeht es den biblischen Texten: Herausgelesen wird abgründig Tiefes, zeitlos Gültiges, irgendwie überaus Bedeutsames. Der Sinn und Geschmack für das Marginale fällt aus.

Der Druck, der textualen Autorität trotz anfänglichem [255] (und methodisch geübtem) Zweifel oder gar Widerspruch dann doch zuzustimmen, ist zumindest latent wirksam und führt zum langweiligen Predigtgrundmuster: Am Ende behält der Text recht, mögen die Anfragen anfangs noch so kühn und ketzerisch vorgetragen sein. Die Wahrheit des Textes ist letztlich in der Predigt nicht ernsthaft umstritten, sondern kanonisiert.

Man gewinnt mitunter den Eindruck, daß die biblischen Texte marxistisch-atheistische oder zumindest kirchenunabhängige Gesprächspartner den Predigern vorziehen, um sich der autoritativen Würde und Bürde einmal zu entledigen beziehungsweise damit diese ihnen in einem solchen Fall gar nicht erst auferlegt wird. Vielleicht wünschen sich die biblischen Texte, während sie in Vorbereitung einer Predigt traktiert werden, einmal nichts weiter, als ein Text wie jeder andere zu sein und vom Nimbus des autoritativ-normativen befreit zu werden.

Entstehungssituation und Verfasserintention

Der Bibeltext ist gebunden an seinen Platz. Die theologische Fachsprache nennt es »Sitz im Leben«. Wer voraussetzt, daß Texte potentiell lebendige Gesprächspartner sein können, müßte hier zumindest von »Sitzen im Leben«, von wechselnden Wohnplätzen sprechen. Das historische Interesse der Forschung wirkt sich aber weithin in der Predigtvorbereitung so aus: Der Text wird auf seinen Geburtsort festgenagelt.

Es soll hier nicht bestritten werden, daß der ursprüngliche Kontext für das aktuelle Gespräch mit dem Text unentbehrlich ist. Wenn aber dieser ursprüngliche Lebenszusammenhang absolut gesetzt und damit zum beherrschenden Beurteilungskriterium der Auslegung wird, dann sind wesentliche Möglichkeiten des Textes – nämlich das, was aus ihm noch werden kann – von vornherein abgeschnitten. Wer dauernd nach seiner Geschichte und seinen »Eltern« gefragt wird, kann nicht von seiner Zukunft sprechen. Der Text hat seine historische Dimension, gewiß, wo aber diese Blickrichtung die Auslegung kontrolliert, wird Mehrdimensionalität mit den Möglichkeiten überraschend aktueller Sinnstiftung verhindert. Denn »es ist nicht selbstverständlich, daß das Verständnis eines Textes in der Suche nach der Absicht des Autors besteht«[2]. Der Text ist *nicht* das Ensemble seiner historischen Verhältnisse. Aktuelle Sinnstiftung ist demnach auch nicht nur über diese Dimension zu gewinnen, wenn auch – das sei wiederholt – nicht generell unabhängig von ihr. Es geht

---

2 Paul Ricoeur: Skizze einer abschließenden Zusammenfassung; in: Exegese im Methodenkonflikt. Hrsg. von Xavier Leon-Dufour; Kösel-Verlag, München 1973; S. 188.

uns um eine Relativierung des historisch-kritischen Zugriffs, also um eine gewisse Freiheit des Textes gegenüber dem Beziehungsgeflecht seiner Genese. Zugespitzt formuliert: Ablenkung vom Verfasser, Ablenkung von Entstehungszeit und -ort, Ablenkung vom Kontext! Andererseits: Hinlenkung auf den Text selbst, auf das Sprachmaterial, das vorliegt!

AUF DEN BEGRIFF GEBRACHT

Die Predigtvorbereitung geschieht weithin mit Hilfe eines unbewußt vorhandenen (fast archetypisch anmutenden) Textmodells, dessen prinzipielle Berechtigung hier im einzelnen nicht untersucht werden kann, dessen Auswirkungen aber vor Augen geführt werden müssen. Das Modell läßt sich durch ein Zitat beschreiben, das sicher keine Aktualität mehr beanspruchen kann, das aber in seiner Symptomatik für den Umgang mit Texten noch immer repräsentativ und damit relevant sein dürfte: »Im Zusammenhang solcher Besinnung auf Wesen und Wort gründender Exegese ist uns ... wichtig geworden die Skopusarbeit, also das Suchen nach dem Hauptanliegen, nach dem Grundzuge, nach dem Zielpunkt ..., nach der Sinnmitte, von der aus die Mannigfaltigkeit eines biblischen Textes sich ordnet und klärt.«[3] »Hauptanliegen«, »Grundzug« »Zielpunkt«, »Sinnmitte«, »Skopus« – die Liste ließe sich mit moderneren Vokabeln fortsetzen: etwa »Intention«, gar »Struktur« – verweisen auf unscheinbarere Äquivalente: »Nebenanliegen«, »Nebenzüge«, »Ausgangspunkt«, insgesamt: Randelemente des Textes. Beide Begriffsreihen stehen sich scheinbar recht unabhängig gegenüber. Das Textmodell ist binär oder gar dualistisch strukturiert, wobei eine wertende Tendenz ins Auge fällt: Hinter dem vorliegenden Wortlaut liegt das Eigentliche des Textes, seine Botschaft und Intention. Häufig artikuliert sich dann solcherart vorgestellte Realität hinter dem Text auch im naheliegenden »Jargon der Eigentlichkeit« oder zumindest in abstrakter theologischer Begriffssprache. Der Text wird auf den Begriff gebracht und damit glaubt man, ihn im Griff und begriffen zu haben: Allerdings, der Text sitzt damit fest.

Mit dem Bild von der Nuß gesprochen: Der die Predigt Vorbereitende trennt den Kern von der Schale, das Genießbare, heute noch Verdauliche vom Zufälligen, Zeitbedingten, Beiläufigen, Marginalen. Die konkreten Worte, Bilder, Klänge sind formendes Beiwerk kulissenhafter Sprache, durch das es hindurchzustoßen gilt zur eigentlichen Wahrheit des Textes, zum theologisch formulierbaren Extrakt. Diese Sicht unseres Gesprächspartners belastet: Der Text fühlt sich nicht für voll genommen. Wie könnte er auch,

---

[3] O. Güldenberg: Von der Exegese zur Katechese; Die Christenlehre 1949, 3; S. 73.

tritt er dem Leser doch zunächst einmal als materiale Form konkreter Buchstaben, Worte, Sätze gegenüber.

ZWISCHENBILANZ

Wir haben in vier Punkten die Bindungen des Textes zu beschreiben versucht, die den Dialog zwischen Text und Prediger belasten. Es wird nun kaum möglich sein, die Gesprächsbedingungen so grundlegend zu verändern, daß die genannten Phänomene völlig unwirksam würden. Vielleicht läßt sich aber von dem Belastenden und Einengenden her Entlastendes und Befreiendes finden, das in die Predigtvorbereitung eingeflochten werden kann, um die fixierte Gesprächsatmosphäre zu relativieren und auf einen lebendigen Dialog hin zu verwandeln.

III DIE GEGENSTRATEGIE. PREDIGTVORBEREITUNG ALS SPIEL

Bei der Suche nach Möglichkeiten, einem festgelegten und stumm gemachten Text Leben und Bewegung einzuhauchen, fallen Bilder ein: Kinderhände greifen nach Gegenständen und beginnen mit ihnen zu *spielen*. Tote Dinge erwachen unter der Hand zu einem eigentümlichen Leben: Holzfiguren werden zu streitbaren Wesen, Schreibutensilien zu Fahr- und Flugzeugen, funktionsuntüchtige Gerätschaften zu utopischen Robotern ... Das Spiel birgt die Kraft der Verwandlung hin zum Lebendigen. Es befreit aus fesselnden Funktions- und Sachzwängen, entläßt Leichtigkeit, Freiheit. Wir erinnern uns an unsere Vision: »Ein Hauch von spielerischer Leichtigkeit ...« [256]

Läßt sich mit Texten spielen? Gravierender: Läßt sich mit heiligen Texten spielen? Die Antwort sollte die Spielpraxis liefern, der wir hier ein Plädoyer und eine Anregung widmen möchten. »Nicht, weil man dem creator spiritus durch modische Techniken auf die Beine helfen wollte, sondern um wenigstens die Blockierung zu entfernen, die wir selbst beseitigen können.«[4] Zunächst müßte gezeigt werden, inwiefern spielerischer Umgang mit den Texten entlastend wirken kann.

---

4 Alex Stock: Umgang mit theologischen Texten; Zürich / Einsiedeln / Köln 1974; S. 71.

ZWECKFREI, ABER SINNVOLL

Spielen ist eine Sache für sich. Es ist »eine Tätigkeit um des Tätigseins willen, sinnvoll, aber zweckfrei«.[5] Das Spielerische verfügt über einen Eigenwert, der die Zweck- und Zielorientierung relativiert. In den meisten Fällen ließe sich das betreffende Ziel (falls ein solches überhaupt gesteckt ist) auf kürzerem Wege und mit weniger Aufwand erreichen. Gespielt wird um des Spieles, nicht um des Zieles willen. Beim »Spiel der Wellen« und beim spielenden Kleinkind zeigen sich sogar vollkommene Abwesenheit von Verlaufsorientierungen. Das Spiel schwingt in sich selbst ohne Anfang und Ende.

Textspiele könnten einer allzu starken Zweckorientierung des Umgangs mit biblischen Texten entgegenwirken und dem Gespräch »Predigtvorbereitung« einen Eigenwert verleihen, der sich nicht zwangsläufig im Predigtmanuskript niederschlagen muß. Das Gespräch wäre damit zumindest ein Stück weit befreit von der Fixierung auf die zu haltende Predigt.

»ANTIAUTORITÄRE« AUSLEGUNG

Spiele ignorieren wirkliche wie scheinbare Autoritäten. Sie haben ihre eigenen Regeln und vollziehen sich in einer abgeschlossenen »Sonderwelt«, in der die sonst üblichen Werte und Rangstufen aufgehoben sind. Spiele haben ihren Reiz gerade darin, daß sie einen eigenen Bereich als Spielfeld markieren, in dem die Rollen neu verteilt werden. Die so festgefügt und unumstößlich scheinende Wert- und Autoritätsordnung der realen Wirklichkeit wird durch das Spiel momenthaft in ihrer ganzen Relativität und Zufälligkeit gezeigt. Wer mit Texten zu spielen beginnt, vergreift sich an deren Autorität, jedenfalls, solange das Spiel dauert. Die ehrwürdigen Perikopen geraten dabei in Rollen, in denen sie in ganz neuer Weise fremd erscheinen. Vielleicht beginnen sie Dinge zu erzählen, die sie außerhalb des Spielfeldes nicht »über die Lippen brächten«.

DER TEXT ALS »WELT FÜR SICH«

Das Spiel kümmert sich nicht um die realen Zusammenhänge der beteiligten Personen oder Sachen. Die Elemente werden für die Zeit des Spieles aus ihren Funktionen und Determinationen entlassen und damit frei für neue Sinnstiftungen: Der Schauspieler schlüpft in eine fremde Rolle; beim Wasserspiel

---

5 Hugo Rahner: Der spielende Mensch; Einsiedeln 1952; S. 12.

zählt nur der optische Effekt; das Kreuzworträtsel zielt auf ein bestimmtes Wortgitter. Die Spielelemente bewegen sich unabhängig von ihren üblichen und geschichtlichen Verwendungszusammenhängen. Die historische Dimension, der damalige »Sitz im Leben« gerät in Vergessenheit. Auf die Predigtvorbereitung übertragen: Der Text tritt als isoliertes Sprachphänomen in den Vordergrund. Verfassersituation und -intention, ursprüngliche Adressaten, Quellenlage und intertextuale Abhängigkeiten: All diese sicher nicht unwichtigen kontextuellen Faktoren werden in eine methodische Klammer gesetzt, die das Spielfeld »Text – Prediger« konstituiert (»Perikope«!). Der Text wird zum Universum spielerischer Autarkie.

Sinn für die Oberfläche – Sinn durch Zufall

Das Spiel zeigt wenig Sinn für Skopussuche und Fixierung von eigentlichen Wahrheiten. Gerade weil der spielerische Umgang die Relativität von Rollen und Funktionen kennt, sind ihm überhöhte Ansprüche auf Wahrheit fremd. Spiele stemmen sich gegen den Begriff, der verkürzt. Ihre Neigung ist: Ausufern. Materielle Eigenschaften sind häufig Ausgangspunkte neuer Spiele, und Einzelheiten wie Gesamtkonzeption gehören zusammen. Selbst in seiner vergeistigsten Form hat es noch Interesse an der Materialität seiner Gegenstände. Spiel ist Einheit von Materie und Geist. Das Spiel mit Texten sollte daher nicht bei den Botschaften, sondern bei den konkreten Formen, bei den Lauten, Worten und Sätzen beginnen. Sprachbausteine liegen vor, deren Sinnrepräsentation nicht von vornherein festliegt, sondern variierend durchgespielt wird. Sinn zeigt sich dann im Einfall, fällt zu im plötzlichen Aufleuchten ...

Der Prediger als homo ludens

Doch wie sähe das aus: Spiel mit dem Text? Was ist das eigentlich »Spielen«? Wir sind ja doch keine Kinder mehr, die da kaum Schwierigkeiten hätten. Es liegt in der Offenheit und eigentümlichen Verschwommenheit des Spielbegriffes begründet, daß sich keine exakte Handlungsanweisung ausgeben läßt.

»Bisher jedenfalls hat das Spiel noch jeder logischen und definitorischen Endgültigkeit der Philosophien und Wissenschaften sein Schnippchen geschlagen.«[6] Wir müssen daher prinzipiell auf ein exakt beschreibbares Methodenkonzept verzichten und beschränken uns darauf, eine Grenze zu markieren und eine Richtung anzudeuten.

---

6 Hans Scheuerl (Hrsg.): Theorien des Spiels; Weinheim / Basel 1975; S. 9.

Die Grenze steckt zunächst das Spielfeld ab: Neben den traditionellen Umgang mit dem Text während der Predigtvorbereitung tritt eine selbständige Spielphase, die ergänzend, relativierend, schöpferisch und hoffentlich entlastend auf das Gesamtgespräch einwirkt. In dieser Spielphase gelten andere Regeln und Gesetze als außerhalb ihrer Grenzen. Das, was uns die historisch-kritische Forschung gelehrt hat, sollten wir in der Spielphase beiseite lassen. Ein solcher Freiraum ist ansonsten ein »weites Feld«, denn wir können alles tun mit dem Text außer einem: Darüber nachdenken und wachen, ob das richtig, sinnvoll und für die Predigt nützlich ist. Eine solche Grenzbeschreibung scheint zunächst wenig auszusagen. Aber sie bringt zweierlei Wesensmerkmale des Spieles zur Geltung, die vielleicht auch Wesensmerkmale des guten Gesprächs genannt werden dürfen: Es ist frei von Zweckbindungen und genügt sich selbst, was bedeutet: Es macht Spaß. Im einzelnen kann das für den Prediger sehr verschieden aussehen. Für den einen trägt schon eine moderne Übertragung des Textes Spielcharakter, für den anderen zeigt sich dieser erst in kuriosen Wortspielen und verwirrenden Verfremdungen.

Nun zur Richtung. Anregungen lassen sich von anderen Spielen übernehmen: Von Gesellschaftsspielen, vom Spiel der Wellen, vom Spiel eines Instrumentes, vom Schauspiel, [257] vom spielenden Kind usw. Möglicherweise liefert der Text selber Impulse. »Man muß den Text sozusagen hin und her wenden, um zu sehen, was mit ihm angefangen werden kann.«[7] Dabei fällt einem manches ein:

- den Text in seine Einzelteile zerlegen;
- ihn wieder oder anders rekonstruieren;
- Textelemente vertauschen;
- Worte isolieren und meditieren, ihrem Klang nach lauschen, durch Synonyme ersetzen;
- Assoziationen sammeln;
- Doppelsinnigkeit und Wortspiele entdecken;
- den Text böse oder gut machen;
- den Text kürzen, auffüllen, ausmalen, weiterspinnen;
- an einer Stelle einhaken und in neuer Richtung weitererzählen;
- den Text in Bilder umsetzen, auf eine Bühne bringen;
- einen Antitext konstruieren;
- den Text auf Tonband sprechen und anhören;
- den Text sich als Briefinhalt vorstellen, jemanden ins Gesicht sagen;
- nur stumme Handlungen entwerfen;
- den Text in das Argumentationsgefüge einer Disputation einbauen;

---

7 Alex Stock: ebd., S. 72.

- den Text singen;
- ein Plädoyer verfassen;
- den Text widerlegen;
- eine Musik auswählen oder erfinden;
- ein Gemälde skizzieren;
- Farben assoziieren;
- eine Karikatur entwerfen;
- den Text verschiedenen Typen in den Mund legen: Atheisten argumentieren und Fromme zitieren lassen ...

Insgesamt: Den Gedanken und der notierenden Hand freien Lauf lassen und absurden Ideen das Lebensrecht nicht verweigern.

Um noch einmal deutlich zu machen, warum eine solche Spielphase während der Predigtvorbereitung nicht nur ratsam und erfrischend, sondern letztlich für die gesamte Predigtarbeit höchst notwendig (und darum zwar zweckfrei, aber keineswegs sinnlos) ist und inwiefern sie unseren Gesprächspartner von einigen Zwängen und Erstarrungen zu befreien vermag, soll Spielmeister Brecht zitiert werden, der diesen Vorgang eindrucksvoll beschrieben hat: »Viele Dinge sind erstarrt, die Haut hat sich ihnen verdickt, wir haben Schilde vor, das sind Wörter ... Das Schlimmste, wenn die Dinge sich verkrusten in Wörtern, hart werden, weh tun beim Schmeißen, tot herumliegen. Sie müssen aufgestachelt werden, enthäutet, böse gemacht, man muß sie füttern und herauslocken unter der Schale, ihnen pfeifen, sie streicheln und schlagen, im Taschentuch herumtragen, abrichten. Man hat seine eigene Wäsche ... Man hat nicht seine eigenen Wörter, und man wäscht sie nie.«[8] Auf die Predigtvorbereitung gewendet: Man hat nicht seine eigenen Texte und man wäscht sie nie. Spiel mit dem Text wäre eine Art Textwäsche, bei der manches im Laufe der Zeit Verdeckte oder noch nie Gesichtete zum Vorschein käme. Vielleicht geht es aber vielmehr um eine »Wäsche« unserer Vorurteile und Vorstellungen vom Text. Vielleicht wird bei solch einer Wäsche der Text aus seinem Schlaf geweckt und läßt sich ein auf das Gespräch »Predigtvorbereitung«. Vielleicht erleben wir sogar etwas mit dem Text, was uns beide fest miteinander verbindet, eine Art Urerlebnis. Vielleicht kommen wir dabei dem Text so nahe, wie sich spielende Kinder nahe kommen. Vielleicht wird der Text sogar unser Freund, einfach weil wir beim Spielen etwas erlebt, weil wir ein gemeinsames Geheimnis haben. Vielleicht kann man dann dem Text einen Spruch der Weisheit in den Mund legen, den der Prediger auf sich beziehen darf: »Da ward ich sein Entzücken Tag für Tag, und ich spielte vor ihm zu aller Zeit.«[9]

---

8   B. Brecht: Gesammelte Werke; Edition Suhrkamp Bd. 20; 1967, S. 13.
9   Prov 8,30.

IV

Zum Hörerbezug der Predigt

IV.1 Theoretische Grundlegung

Predigt mit Sitz im Leben
Zum Beitrag von Ernst Lange

Der Begriff der homiletischen Situation ist eng mit der Person und dem Anliegen Ernst Langes (1927-1974)[1] verknüpft. Der gebürtige Berliner, der sich – als Kind einer jüdischen Mutter – in den letzten Jahren des NS-Regimes versteckt halten mußte, studierte nach dem Krieg Theologie in Berlin und Göttingen. Nach seinem Vikariat war er als Pfarrer im Burckhardthaus in Gelnhausen und in einer Gemeinde in Berlin-Spandau, als Professor für Praktische Theologie an der FU Berlin, als Beigeordneter Generalsekretär im ÖRK in Genf und schließlich als Oberkirchenrat bei der EKD in Hannover tätig. Theologische Aufsätze und Monographien sowie ein reiches literarisches Œvre, das von berühmt gewordenen Neufassungen biblischer Texte wie den »Zehn großen Freiheiten« bis hin zu christlichen Musicals reicht, zeugen in eindrucksvoller Weise von dem Ringen Langes um Theorie und Praxis einer für heutige Menschen relevanten »Kommunikation des Evangeliums«. Lange, der zeitlebens unter schweren Depressionen litt, nahm sich 1974 das Leben.

Der folgende Text ist einem Vortrag entnommen, den Ernst Lange im September 1967 auf einer homiletischen Arbeitstagung in Esslingen hielt. Angesichts der »augenscheinliche[n] Irrelevanz der landläufigen Predigt«, die man u. a. auf die Dominanz exegetischer Fragen in der Predigtarbeit zurückführte, ging es den Initiatoren der Tagung darum, ein praxistaugliches homiletisches Verfahren zu entwickeln, das gleichermaßen Text *und* Hörersituation Rechnung tragen sollte.[2] Aus Langes Vortrag, der im Mittelpunkt der Tagung stand, geben wir hier und im nächsten Unterkapitel die beiden Hauptteile wieder. Auf einleitenden Beobachtungen zur Lage der zeitgenössischen Predigt folgen zunächst grundsätzliche Überlegungen zu »Funktion und Struktur des

---

1 Zur Biographie: Werner Simpfendörfer: Ernst Lange. Versuch eines Porträts, Berlin ²1997; unter homiletischer Perspektive: Volker Drehsen: Predigtlegitimation im homiletischen Verfahren: Ernst Lange, in: Christian Albrecht / Martin Weeber (Hgg.): Klassiker der protestantischen Predigtlehre. Einführungen in homiletische Theorieentwürfe von Luther bis Lange, Tübingen 2002, 225-246.

2 Das Zitat ist der Einladung zur Tagung entnommen: Peter Krusche / Ernst Lange / Dietrich Rössler: Statt eines Vorworts, in: Ernst Lange (Hg.): Zur Theorie und Praxis der Predigtarbeit, PSt(S) Beiheft 1, 1968, 8-10, hier: 8. In dem Heft ist neben dem Vortrag Langes (»Zur Theorie und Praxis der Predigtarbeit«; 11-46) auch die sich an den Vortrag anschließende Diskussion dokumentiert. – Zu den aus der Tagung hervorgegangenen »Predigtstudien« vgl. die Einleitung zu Kap. IV.2.

homiletischen Aktes«. Daran anschließend fragt Lange im zweiten Hauptteil (»Auf der Suche nach einem neuen homiletischen Verfahren«; s. u. Kap. IV.2) nach predigtpraktischen Konsequenzen.

Es fällt – jedenfalls auf den ersten Blick – nicht schwer, Langes Argumentation zu folgen. Sein essayistischer Stil kann freilich dazu verführen, die theologische Tiefe und die Tragweite des Vortrags zu unterschätzen. Weit davon entfernt, nur die stärkere Berücksichtigung des Hörers in der Predigt zu fordern, entwirft Lange im vorliegenden Text Grundlinien eines homiletischen Programms, für das die *Lebensrelevanz* der Predigt konstitutiv ist. Um exemplarisch auf drei häufig übersehene Implikationen des Programms hinzuweisen:

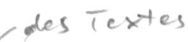

(1.) Der *Textbezug* der Predigt wird bei Lange weder durch den Hörerbezug abgelöst noch um den Hörerbezug einfach ergänzt. Text- und Situationsauslegung werden vielmehr engstens aufeinander bezogen und bedingen einander wechselseitig: Die Situation braucht den biblischen Text als kritisches Gegenüber, wie der Text erst im Horizont der Situation seine Relevanz zu erweisen vermag. Die ausgewogene Balance zwischen Text- und Hörerbezug in der *Predigtvorbereitung*, die durch parallele Begriffe noch hervorgehoben wird (»Textkritik« vs. »Situationskritik«; »Anwalt des Textes« vs. »Anwalt der Hörer«), wird freilich in spezifischer Weise durchbrochen im Blick auf das *Predigtziel*. Kommt es doch nicht darauf an, daß der Hörer am Ende der Predigt einen biblischen Text verstanden hat, sondern daß er sich – mithilfe biblischer Texte – besser auf sein eigenes Leben versteht. Die Funktion als kritisches Gegenüber macht den Text in der Predigt ebenso notwendig, wie sie ihn in seine Schranken verweist.

(2.) In dem von Lange beschriebenen homiletischen Verfahren kommt der *Person* des *Predigers* bzw. der Predigerin u. a. bei der Erfassung der Situation eine Schlüsselrolle zu. Was jeweils der Fall für die Hörer ist, wird – unbeschadet aller Methoden, von denen noch zu reden sein wird – primär durch *Partizipation* des Predigers am Geschick der Hörer erschlossen.[3] Dabei hat der Begriff eine doppelte Bedeutung: Zum einen meint »Partizipation« die dem Prediger gestellte Aufgabe einer aktiven Teilnahme an der Gemeinde und am Leben der einzelnen Hörer. Zum anderen erinnert der Begriff daran, daß der Prediger immer schon selbst teilhat an der Spannung zwischen Wirklichkeit und Verheißung, daß er als Mensch von der drohenden »Resignation des Glaubens« nicht weniger betroffen ist als seine Hörer (vgl. Abschnitt d). Darin, daß sich dementsprechend die homiletische Situation im Kern erst in der Auseinandersetzung mit der eigenen *Anfechtung* zureichend erfassen läßt, dürfte die eigentliche Herausforderung dieses Ansatzes liegen.

(3.) Im Blick auf das *Handlungsrepertoire* von Predigten sind schließlich die Überlegungen zur »Klärung« der Situation (Abschnitt e) bemerkenswert. Lief die Rezeption der Sprechakttheorie in der Homiletik der 70er Jahre tendenziell darauf hinaus, darstellende bzw. informierende

---

3 Schon im Blick darauf wird man dem Urteil nicht zustimmen können, Lange habe »die Person des Predigers und der Predigerin [...] konsequent aus seinen Überlegungen ausgeklammert« bzw. diese(n) lediglich als »selbstlose[n] Zeugen des Wortes Gottes« gesehen (so Axel Denecke: Persönlich predigen. Oder: »Wenn die Predigt endlich zu sich selbst kommt«, in: Uta Pohl-Patalong / Frank Muchlinsky (Hgg.): Predigen im Plural. Homiletische Perspektiven, Hamburg 2001, 195-204, hier: 195 f.).

Sprechhandlungen in der Predigt pauschal zu diskreditieren, macht Lange mit Recht auf das *performative Potential aufklärender Sprachhandlungen* aufmerksam: »Klärung der Situation ist […], streng im Rahmen zwischenmenschlicher Kommunikationsmöglichkeiten, Veränderung der Situation«. Es geht dabei um jene Form von aufklärerischem »Bannbruch«, wie sie Andersen in seinem Märchen von Kaisers neuen Kleidern beschreibt: Bisweilen reicht eine einfache Feststellung aus, um dem Spuk ein Ende zu machen.

Es würde im Effekt beinahe auf eine Geschichte der evangelischen Homiletik im deutschsprachigen Raum seit den 70er Jahren hinauslaufen, wollte man die Wirkungsgeschichte der homiletischen Impulse Ernst Langes nachzeichnen. Von ihm geprägte Begriffe und Wendungen wie »Kommunikation des Evangeliums«, »homiletische Situation« bzw. »homiletische Großwetterlage« u. a. sind längst in das allgemeine Sprachrepertoire der Praktischen Theologie eingegangen. Mit einigem Recht kann man ihn darum zu den »Klassikern« der protestantischen Homiletik zählen. Man tut dann freilich gut daran, ihn nicht wie einen *Klassiker* zu lesen: ehrfürchtig und distanziert und hauptsächlich auf der Suche nach einem schönen Zitat. Dafür sind Langes Impulse, aller Kanonisierung zum Trotz, zu unorthodox, zu aktuell – und zu wertvoll.

F. M. L.

Ernst Lange

Funktion und Struktur des homiletischen Aktes

a) Zu fragen ist in diesem Zusammenhang nicht nach *der* Predigt als praedicatio verbi divini, als Ursprung der Kirche, nach ihrem Wesen und ihrer Verheißung, sondern nach dem konkreten homiletischen Akt, nach der wöchentlichen Predigtaufgabe und ihrer Lösung. Die praedicatio verbi divini ist Gegenstand systematisch-theologischer Erwägung, das heißt der Bemühung um die Verantwortung der christlichen Wahrheit im Horizont der Welterkenntnis und Welterfahrung der jeweiligen Gegenwart. Der Predigtbegriff, der dabei zustande kommt, ist als solcher für die Praktische Theologie, für die Homiletik untauglich. Denn er entsteht, wie er auch aussieht, angesichts der Frage nach der *Verheißung*, die die Kirche mit ihrem Predigtauftrag hat, ohne ihn sich – das steckt schon im Begriff der Verheißung – selbst erfüllen zu können. Die Praktische Theologie aber, als das Nachdenken über die Vollzüge der gegenwärtigen Kirche und ihre verantwortliche Wahrnehmung, fragt nach dem *Auftrag*, der diese Verheißung hat, und nach seiner verantwortlichen Erfüllung. Und indem sie so fragt, muß sie methodisch weitgehend von der Verheißung des Auftrags abstrahieren, jedenfalls kann ihr die Verheißung niemals als Antwort auf die Frage nach dem verantwortlichen Vollzug von Predigt dienen. Mit H. D. Bastian zu sprechen: das Wort Gottes ist kein Instrument kirchlicher Rede, so wahr die kirchliche Rede ein Instrument des Wortes Gottes werden soll. Gegenstand praktisch-theologischer Erwägung ist die *Verantwortung*, die durch den Predigtauftrag der Kirche konstituiert wird, die menschliche Verantwortung und ihre Wahrnehmung. Und es dient in der Tat der Klarheit, wenn Bastian fordert, über diese Verantwortung und ihre Wahrnehmung sei nachzudenken, etsi Deus, etsi Spiritus Sanctus non daretur. [20]

Der systematisch-theologische Predigtbegriff, die Frage also, was Predigt theologisch *sei*, gehört in die Prolegomena der Praktischen Theologie. Und diese Frage darf die andere, die eigentlich homiletische Frage, wie man eine Predigt mache, besser, was man tue, wenn man predige, und wie man es verantwortlich tun könne, nicht relativieren und als »Kinderspiel«, als bloß technisches Problem abqualifizieren, sondern sie muß sie als selbständige Frage ermöglichen und begründen und dann freilich auch begrenzen.

b) Der homiletische Akt ist eine Verständigungsbemühung. Gegenstand dieser Bemühung ist die christliche Überlieferung in ihrer Relevanz für die gegenwärtige Situation des Hörers und der Hörergemeinde. Die Verheißung dieser

Verständigungsbemühung ist das Einverständnis und die Einwilligung des Glaubens in das Bekenntnis der christlichen Kirche, daß Jesus Christus der Herr sei, und zwar in der zugespitzten Form, daß er sei *mein* Herr in je meiner Situation. Der homiletische Akt verfügt nicht über diese seine Erfüllung. Er hat aber ein Ziel, ein erreichbares Ziel, er hat eine Funktion. Seine Funktion ist die *Verständigung* mit dem Hörer über die gegenwärtige Relevanz der christlichen Überlieferung.

Diese Funktionsbestimmung ist sicher in vielem unzureichend. Sie ist aber vor allem darin unzureichend, daß sie den homiletischen Akt nicht von anderen Kommunikationsbemühungen und Kommunikationsformen der Kirche zu unterscheiden vermag. Um die Relevanz der christlichen Überlieferung geht es ja schließlich auch in den Arbeitsformen des Katechumenats, des Gemeinde- wie des Jugendkatechumenats, in der Seelsorge, letztlich auch in der Diakonie und im Religionsunterricht an der Schule, wenngleich da der Begriff der Relevanz sicherlich anders bestimmt werden muß. Genauer wird man sagen müssen, daß die genannte Funktionsbestimmung im Grunde den Kommunikationsprozeß in allen Phasen und Stufen, den Wirkungszusammenhang kennzeichnet. Tatsächlich gibt es, soweit ich sehe, keinerlei Möglichkeit, die ortsgemeindliche Predigt von anderen Kommunikationsbemühungen der Kirche zu unterscheiden als von der Situation her. Verschiedene Situationen fordern die Kommunikationsbemühung der Kirche in verschiedenen, jeweils der speziellen Situa[21]tion angemessenen Vollzugsformen heraus. Worin sich die Situation der sonntäglich versammelten Gemeinde in der Parochie von andern Situationen unterscheidet, welche besonderen Verständigungsbedingungen durch diese traditionelle Zentralversammlung der Ortsgemeinde gegeben sind, kann hier nicht ins einzelne erörtert werden. Hier soll nur aufzählend auf die entscheidenden Merkmale hingewiesen werden:

1. die traditionelle Funktion dieser Zusammenkunft als Hauptversammlung der Parochie, das heißt ihr institutionelles Gewicht;
2. ihre durch das Herkommen bestimmte kultische Gestalt;
3. ihr enormer Funktionsverlust in dieser traditionellen Funktion, ihr faktischer, aber von der Kirche noch nicht wirklich wahrgenommener Funktionswandel;
4. ihre gegenwärtige, nach Gegenden verschiedene, aber doch gewisse gemeinsame Züge aufweisende Zusammensetzung und
5. ihre für den Prediger quälende Unübersichtlichkeit als *homiletische* Situation.

Ihr institutionelles Gewicht bestimmt die Predigt im Gemeindegottesdienst als vorläufig wichtigste Kommunikationsform. Der kultische Zusammenhang, in dem sie steht, zieht ihr in der Zielsetzung, im Redestil und hinsichtlich ihrer Verständigungschancen ganz enge Grenzen und bringt sie in eine besondere

Gefährdung, von der vorhin schon die Rede war. Der praktische Funktionsverlust, der Funktionswandel der Zentralversammlung der Parochie, erschwert ihr die Erfüllung der traditionellen Erwartungen, die von der Kirche und von der Hörergemeinde in sie gesetzt werden, eröffnet ihr aber auch neue Möglichkeiten. Die besondere Zusammensetzung mit dem Vorherrschen von alten Leuten, Kindern und Jugendlichen, von ganz einverständigen Kerngemeindlern und ganz unvorbereiteten Konfirmanden macht das Verständigungsproblem außerordentlich kompliziert. Und ihre Unübersichtlichkeit behindert die Konkretion, erzwingt ein höchst allgemeines, im Gemeinplatz allzu oft steckenbleibendes Reden.

c) Die Erkenntnis, daß sich die Kommunikationsbemühungen der Kirche nur hinsichtlich der Situation, auf die sie bezogen sind, unterscheiden lassen, hat aber auch noch eine [22] andere Bedeutung. Erst sie führt nämlich über ein allgemeines Bedenken der Vollzugsform Gemeindepredigt hinaus zum einzelnen homiletischen Akt. Die besondere Verständigungsaufgabe des einzelnen homiletischen Aktes bestimmt sich nur scheinbar, vorläufig und ungenau von dem Bibeltext, von der durch die Kirche vorgegebenen Perikope und dem Kirchenjahrscharakter des Sonntags her. Ihre eigentliche Bestimmung ergibt sich vielmehr aus der besonderen *homiletischen Situation*. Unter homiletischer Situation soll diejenige spezifische Situation des Hörers, bzw. der Hörergruppe verstanden werden, durch die sich die Kirche, eingedenk ihres Auftrags, zur Predigt, das heißt zu einem konkreten, dieser Situation entsprechenden Predigtakt herausgefordert sieht. Und die Aufgabe des homiletischen Aktes ist, von daher gesehen und formal ausgedrückt, die *Klärung* dieser homiletischen Situation.

Es ist lange genug üblich gewesen, die kirchliche Predigt bei den Amtshandlungen vom Typus der Sonntagspredigt her, also von dem an diesem Typus wenn nicht gewonnenen, so doch demonstrierten Verkündigungsanspruch und Predigtbegriff her zu beurteilen und einzuordnen. Dann wird gerade die augenfällige Besonderheit der Kasualrede, nämlich ihr klarer Situationsbezug, dubios. Diesem Situationsbezug zu verfallen, wird der Prediger gewarnt und nachdrücklich auf seine eigentliche Aufgabe – Dienst an der Eigenbewegung des Wortes Gottes durch treue Textauslegung – verpflichtet.

Es dient aber der von uns gesuchten Klarheit mehr, wenn man umgekehrt verfährt und, ohne die Kommunikationsformen zu vermischen, fragt, ob nicht die Sonntagspredigt in ihrer Problematik von der Kasualrede her verstehbar wird. Bei der Bemühung um die Kasualrede ist das zumindest zeitlich die erste Kenntnisnahme von einer besonderen Situation, von besonderen Menschen und ihrem Geschick. In diese Situation wird die Kirche, aus welchen Motiven auch immer, einberufen, um zu handeln und zu reden. Dadurch wird diese

159

Situation für die Kirche zur homiletischen Situation. Kennzeichnend für diese Situation ist, daß in ihr Schicksale, Erfahrungen, Erwartungen, Konventionen, Vorverständnisse als Niederschlag der Wirkungsgeschichte der Evangeliumspredigt dem Auftrag der Kirche, die Relevanz der christlichen Überlieferung in dieser [23] Situation und für sie zu bezeugen, einen bestimmten Widerstand leisten, aber auch bestimmte besondere Kommunikationswege und Kommunikationschancen eröffnen. Kennzeichnend für die homiletische Situation ist auch, daß der Prediger ihr zunächst nicht mit einem bestimmten Text, sondern mit einer allgemeinen Predigttradition gegenübersteht, die als solche bereits bis zu einem gewissen Grad auf die homiletische Situation zugespitzt ist: er hat die Taufe zu interpretieren und zu bezeugen oder die christliche Ehe oder das christliche Verständnis des Todes im Licht des Osterzeugnisses. Greift er nun zum Text, so hat dieser Text eine diese vorgegebene Predigttradition profilierende und doch wohl auch verfremdende Funktion. Solche Profilierung und Verfremdung ist sinnvoll, weil die vorgegebene Predigttradition sowohl für die Hörergemeinde als auch für den Prediger bis zu einem gewissen Grad das Selbstverständliche und eben darum nicht mehr recht Hörbare geworden ist. Aber was eigentlich mitzuteilen ist, ist nicht die Eigenaussage des Textes, sondern diese durch die Situation herausgeforderte Predigttradition. Der Text wird dabei nicht eigentlich zünftig ausgelegt, sondern im Interesse der Verständigung verbraucht.

Die Frage ist, ob nicht die Sonntagspredigt wesentliche Merkmale mit der Kasualrede gemeinsam hat. Ob es nicht auch hier eine, freilich außerordentlich schwer beschreibbare, aber gleichwohl von Fall zu Fall spezifische Situation gibt, die mit den in ihr enthaltenen Widerständen und Kommunikationschancen die eigentliche Vorgabe, die eigentliche Herausforderung der Predigt darstellt, wobei das Besondere eben die Unübersichtlichkeit dieser Situation und die Tatsache ist, daß der Prediger, der Ortspfarrer an ihr in einem ganz andern Sinn immer schon teilhat, durch sie belastet und bestimmt ist als beim Kasus. Eben darum aber bedarf diese homiletische Situation einer immer neuen, viel schwierigeren Verstehensbemühung. Und gibt es nicht auch bei der Sonntagspredigt eine durch den Katechismus, durch den Kirchenjahrestermin, durch den Frömmigkeitsstil der Gemeinde, durch die Theologie und die Sprache des Predigers, durch das homiletische Klima, das mit der Geschichte der jeweiligen Gemeinde zusammenhängt, usw. vorgegebene, gleichsam selbstverständ[24]liche Predigttradition, die den Prediger bei der Wahrnehmung und Auslegung seines Textes immer schon bestimmt, und zwar mit Recht und Notwendigkeit, von der er sich jedenfalls nicht durch einen Gewaltakt wird befreien können? Und ist nicht also auch bei der Sonntagspredigt die Funktion des Textes eine diese Predigttradition nicht einfach aufhebende, wohl aber kontrollierende, profilierende und verfremdende?

Entscheidend ist hier nur – und das scheint mir *un*bestreitbar zu sein –, daß jede Kommunikationsbemühung der Kirche durch eine bestimmte Hörersituation herausgefordert ist, die eben durch diese Herausforderung, die sie enthält, für die Kirche zur homiletischen Situation wird, und daß es die eigentliche Aufgabe der predigenden Kirche ist, nicht Texte zünftig auszulegen, sondern diese Situation zu *klären* dadurch, daß sie die Relevanz der christlichen Überlieferung für diese Situation und in ihr verständlich macht und bezeugt.

d) Die homiletische Situation leistet, das kam schon zur Sprache, der Bemühung des Predigers um verständliche Bezeugung der Relevanz der christlichen Überlieferung im Hic et Nunc einen spezifischen Widerstand. Dieser Widerstand ist die Summe einer großen Vielfalt von Faktoren. Persönliches Geschick und Zeitgeschick wirken sich in diesem Kraftfeld ebenso aus wie Stimmungen, Spannungen zwischen Prediger und Hörergemeinde oder innerhalb der Hörergemeinde, Erwartungen, Befürchtungen und ganz äußere Einflüsse von Wetter, Jahreszeit usw. Entscheidenden Einfluß hat in der sonntäglichen Versammlung der örtlichen Gemeinde vor allem das Vorverständnis von der christlichen Überlieferung, von der Rolle des Predigers und der Gemeinde, von der Frömmigkeit und vom Bibeltext, in dem sich die Wirkungsgeschichte der bisherigen Predigt, das »Christentum« in allen Stadien der Bewahrung, der Verdünnung, des Verfalls und der Verkehrung meldet. Auch dieses Vorverständnis ist selbstverständlich nicht eindeutig, sondern ein kompliziertes Kraftfeld. Der Prediger hat an ihm teil in dem Maße, in dem er an seiner Gemeinde teilhat, er ist ein sehr wirksamer Faktor in diesem Kraftfeld, aber er kann es selbstverständlich nicht auf eine bequeme Formel bringen.

In seiner Wirkung freilich ist dieser Widerstand, so vielfältig [25] seine Ursachen sein mögen, klar zu beschreiben. Er ist das, was alle bisherige Predigt des Evangeliums für den einzelnen Hörer und für die Hörergemeinde irrelevant zu machen droht oder faktisch irrelevant macht. Er ist das Ensemble der Enttäuschungen, der Ängste, der versäumten Entscheidungen, der vertanen Gelegenheiten der Liebe, der Einsprüche verletzter Gewissen, der Verweigerung von Freiheit und Gehorsam, der schlechten Erfahrungen von Christen mit der Welt, mit der Gemeinde und mit sich selbst. Er verkörpert die Resignation des Glaubens angesichts der Verheißungslosigkeit des alltäglichen Daseins in ihren verschiedenen Gestalten als Zweifel, Skepsis, Zynismus, Quietismus, Trägheit, Stumpfheit, Verzweiflung – die Kapitulation des Glaubens vor der Unausweichlichkeit der Tatsachen. Er ist das, was jetzt und hier vielstimmig gegen Gott, gegen die Vertrauenswürdigkeit Gottes und gegen die Möglichkeit, den Sinn des Gehorsams gegenüber Gott spricht.

Im Kern ist also, biblisch gesprochen, die homiletische Situation die Situation der Anfechtung, die Situation, in der Gott sich entzieht, als Grund des

Glaubens entzogen ist, in der er angesichts der Verheißungslosigkeit der andrängenden Wirklichkeit unaussprechbar wird. Inwieweit diese Situation von den Hörern als Anfechtung *erfahren* wird, mag dahingestellt bleiben. Sie ist Anfechtung im eigentlichen Sinne jedenfalls für den Prediger, der *in* dieser Situation relevant von Gott reden soll. Sie ist es um so mehr, je mehr er an seinen Hörern und ihrem Dasein teilhat. Angesichts der Sprache der Tatsachen verschlägt es ihm die ihm aufgetragene Rede von Gott. Andererseits nötigt ihn eben dieser Prozeßcharakter der homiletischen Situation und nicht nur etwa die unausweichliche Tatsache, daß nächsten Sonntag wieder Gottesdienst zu halten sein wird, zur Aussage. Erst angesichts dieser Einsicht in den Anfechtungscharakter der homiletischen Situation wird es sinnvoll, zu sagen, die homiletische Situation sei diejenige Situation, durch die die Kirche sich, eingedenk ihres Auftrags, jeweils in einem ganz bestimmten Sinn zur *Predigt herausgefordert* sieht.

e) Der homiletische Akt ist die Bemühung um Klärung der homiletischen Situation. Klärung ist mehr als Erhellung. Im [26] Schachspiel etwa erfolgt Klärung der Situation durch einen Zug, der aus einer Bedrohung herausführt, also durch eine reale Veränderung der Situation. Andererseits hat das Wort Klärung einen glücklichen Anklang an den Begriff der Aufklärung. Beide Aspekte des Wortes sind hilfreich für das Nachdenken über Funktion und Struktur des homiletischen Aktes.

Denn einerseits ist daran festzuhalten, daß Predigt eine Verständigungsbemühung ist, die streng im Bereich zwischenmenschlicher Kommunikation, ihrer Bedingungen und Möglichkeiten bleibt. Andererseits zielt diese Bemühung auf eine Situation, die in ihrem Kern eine Situation der Anfechtung ist und also nicht durch bloße Erhellung, sondern nur durch Befreiung verändert werden kann. Natürlich kann Erhellung befreiend wirken, Aufklärung ist Befreiung der Vernunft. Betrifft die Unfreiheit aber den Glauben und seinen Gehorsam in der ihm aufgegebenen Wirklichkeit, dann hilft letztlich nichts, als daß der Glaube wieder Grund bekommt, und der Grund des Glaubens ist Gott allein, Gott in seiner aktuellen Zuwendung zu mir, Gottes befreiendes Wort an mich. Die Predigt kann das Wunder der Befreiung des Glaubens schlechterdings nicht bewirken. Kann sie ihm den Weg bereiten?

Der Glaube wird unfrei durch den Druck der Realität seines Daseins, durch den Zwang des Sachverhalts, er wird mundtot gemacht durch die Sprache der Tatsachen. Der Anspruch Gottes verstummt, geht unter im Stimmengewirr der alltäglichen Ansprüche und Zwänge, er verliert sich, seine Bedeutung für diese alltägliche Wirklichkeit, seine Beziehung auf sie wird undeutlich, dubios. Der Anspruch der Wirklichkeit erweist sich als stärker denn der Anspruch Gottes. Die Christusverheißung, der sich der Glaube verdankt und auf die hin er mit seiner Welt in Hoffnung und Liebe umgeht, wird kraftlos angesichts der Verheißungslosigkeit, der Unveränderlichkeit des Status quo, oder sie gerät über Kreuz mit den Verheißungen, Verlockungen und Verführungen, die die alltägliche Existenz des Menschen in ihren verschiedenen Bezugsfeldern ja immer auch enthält. Und auch hier ist es zuerst und zuletzt die *Bedeutung*, der Bezug, die Wirkmacht der Verheißung, die in Zweifel gerät. Mit einem Wort: die gegenwär[27]tige Wirklichkeit Gottes wird strittig angesichts der wirklichen Gegenwart.

Die Predigt hat den Glauben nicht von dem Gedränge der Wirklichkeit zu entlasten, das ist ohnehin unmöglich; sie hat auch das, was gegen Gott spricht, nicht einfach beziehungslos zu kontrieren mit dem biblischen Zeugnis von dem Geschehen, von dem Menschen, der für Gott spricht, Jesus Christus. Sondern sie hat Verheißung und Wirklichkeit miteinander zu versprechen, so daß verständlich wird, wie die Christusverheißung auch und gerade diese den Glauben bedrängende Wirklichkeit betrifft, aufbricht, in ihrer Bedeutung für den Glaubenden verändert und wie umgekehrt auch und gerade diese ihn umgebende Wirklichkeit im Licht der Verheißung auf eine eigentümliche Weise *für* Gott, *für* den Glauben und seinen Gehorsam in Liebe und Hoffnung zu sprechen beginnt. Die den Glauben bedrängende Wirklichkeit soll durch die Predigt also nicht zum Schweigen gebracht, sondern im Gegenteil neu zum Zeugnis für Gott aufgerufen, zur Sprache gebracht werden, und zwar so, daß *in* dieser Wirklichkeit Gottesdienst und Götzendienst, Treue und Verrat, Hoffnung und Illusion, Wahrheit und Lüge, die Chance der Freiheit und die Gefahr der Unfreiheit sich voneinander unterscheiden und so der Weg des Glaubens in Liebe und Hoffnung sichtbar wird. Ob er gegangen werden wird, ist der Predigt entzogen.

Klärung der Situation ist also in der Tat, streng im Rahmen zwischenmenschlicher Kommunikationsmöglichkeiten, Veränderung der Situation. Die Veränderung betrifft den Zwang, den die Realität auf den Glauben ausübt. Dieser Zwang, dieser Bann wird gebrochen. Es wird, mit Miskotte zu sprechen, sichtbar, wie »Gott sich *in* der Wirklichkeit *von* der Wirklichkeit unterscheidet« als ihre Wahrheit, ihr Heil, ihre Chance, ihre Zukunft, wie diese Wirklichkeit immer noch und erneut das dem Glauben verheißene, eröffnete und aufgegebene Land ist. Was geschieht, ist Bannbruch, Exorzismus. Und in diesem Sinn könnte man und sollte man es dann vielleicht doch schlicht Aufklärung nennen und damit dem Vorgang der Aufklärung seine eigentliche Intention und Würde als Exorzismus zurückgeben.

f) Die Klärung der homiletischen Situation geschieht durch [28] bezeugende Interpretation der biblischen Überlieferung. Der Prediger ist nach Miskotte Interpret und Zeuge. Die beiden Funktionen sind untrennbar aufeinander

IV ZUM HÖRERBEZUG DER PREDIGT

bezogen und können nur miteinander erfüllt werden, selbst wenn sie, wie in bestimmten Stufen des Gemeindekatechumenats, faktisch auf verschiedene Träger verteilt sein sollten. Der Begriff »Zeugnis« meint dabei nicht eine besondere Art erwecklichen Per-Du-Redens, auch nicht die Bürgschaft des Predigers mit seinem eigenen Glauben, sondern streng im Sinn des Begriffes des Augenzeugen die verantwortliche Aussage über das, was er bei seiner Bemühung um das Ver-Sprechen von Verheißungstradition und Situation, bei seiner Predigtarbeit, wahrgenommen hat: Die Relevanz der Überlieferung in der und für die homiletische Situation. Dies ist die Frage, die den homiletischen Akt ausgelöst hat: Welche Relevanz hat die Christusverheißung im Hic et Nunc des Hörers? Um die Beantwortung dieser Frage bemüht sich der Prediger in seiner Arbeit. Gelingt ihm die Arbeit, dann kann er sagen, wie er die Relevanz der Überlieferung für die Situation sieht, wie er sie wahrnimmt. Und eben das hat er nun verständlich zu sagen, und für das, was er hier sagt, ist er persönlich haftbar. Er ist haftbar dafür, daß er verstanden wird. Er ist haftbar insofern, als er sich dem Kreuzverhör, dem Gespräch über seine Aussage, der Diskussion, der Infragestellung dessen, was er gesagt hat, aussetzen muß. Er ist haftbar auch für die Folgen seiner Aussage, für die Entscheidungen, die sie auslöst oder verhindert, das heißt, seine homiletische Verantwortung konstituiert eine seelsorgerliche, eine diakonische Verantwortung. Er ist haftbar auch dafür, daß er der Glaubwürdigkeit der Aussage nicht durch seine persönliche Unglaubwürdigkeit im Wege steht, daß er sich keine Zuständigkeit anmaßt, die er nicht hat usw. Und diese persönliche Haftung kann er nicht auf den Text abschieben. Denn was er über die Relevanz der Überlieferung im Hic et Nunc sagt, das steht nicht im Text. Freilich muß er zeigen können, inwiefern seine Aussage überlieferungs*gemäß* ist, wie sie in der Überlieferung vorbereitet, ermöglicht, angestoßen, aufgegeben ist, wie sie mit der Intention und der Struktur der Überlieferung übereinstimmt. Auch für diese Übereinstimmung ist er haftbar, er ist Zeuge als [29] Interpret und Interpret als Zeuge. Aber als Aktualisierung dieser Überlieferung für eine bestimmte, in ihrer Weise einmalige homiletische Situation ist seine Aussage *neues* Wort, nicht Repetition, sondern verantwortliche Neuformung der Überlieferung.

Der biblischen Überlieferung wird dadurch nicht Gewalt angetan, sondern entsprochen. Sie kann gar nicht anders als bezeugend, in dieser Weise bezeugend interpretiert werden. Als Zeugnis von Jesus Christus als der endgültigen – *ephapax* –, ein für allemal und auf das Ende, auf die Vollendung hin gültigen und wirksamen Verheißung und als Ruf zum Vertrauen auf diese endgültige Verheißung fordert sie ihre Bezeugung, die Zuspitzung des Ein-für-allemal auf das Diesmal selbst heraus. In ihrer eigentlichen Intention kann sie gar nicht zur Sprache gebracht werden, es sei denn so, daß ihre lebensentscheidende

Relevanz für das jeweilige Hic et Nunc zur Sprache gebracht wird, und zwar verständlich, so daß Einverständnis oder Ablehnung möglich wird.

Andererseits ist klar, daß der Prediger sein Zeugnis nicht anders als in der Interpretation der biblischen Überlieferung gewinnen kann. Denn gerade dies steht ja in Frage: die Relevanz des in dieser Überlieferung ursprünglich und normativ bezeugten Christusglaubens für die homiletische Situation. Und diese Frage hat die Dringlichkeit der Anfechtung, sie zwingt, aufs Wort zu merken. Was zwischen Prediger und Gemeinde vom Christentum gewußt, verstanden, angeeignet ist, was zwischen ihnen selbstverständlich ist, eben das ist fraglich geworden. Aus diesem Bestand läßt sich die Relevanz des Christusglaubens gerade nicht verständlich machen, das ist ja das Herausfordernde der homiletischen Situation. So ist die Rückkehr an den Ursprung des Glaubens, zum biblischen Zeugnis, erforderlich. Und eben darum ist der Prediger mit seiner Hörergemeinde in der Regel an den bestimmten Text, an die Perikope verwiesen. Denn das Christentum als Quersumme der Texte, als angeeigneter Katechismus gehört ja mit in den fraglich gewordenen Bestand. Gerade in der vorläufig fremden, unangeeigneten, unerschlossenen, durch das besondere Profil des Einzeltextes versiegelten Gestalt des biblischen Glaubenszeugnisses bekommt die Relevanzfrage [30] erst ihre volle Schärfe, die dabei möglicherweise zu gewinnende Antwort ihre optimale Stringenz, Klarheit und Aussprechbarkeit. Der Widerstand der Situation hat seine Entsprechung im Widerstand des Einzeltextes. Zwischen Text und Situation und ihrer anfänglichen Beziehungslosigkeit, Gleichgültigkeit gegeneinander werden die Fragen radikal, die Antworten, wenn sie möglich sind, entsprechend relevant.

g) Predigtarbeit wird von daher erkennbar als ein Prozeßgeschehen zwischen Tradition und Situation, Predigtvorbereitung die Vorbereitung dieses Prozesses, bei dem der Prediger – das unterscheidet die Sonntagspredigt charakteristisch von anderen Kommunikationsbemühungen – beides wird sein müssen: Anwalt der Hörergemeinde in ihrer jeweiligen Lage und Anwalt der Überlieferung in der besonderen Gestalt des Textes.

Dabei ist der Prediger zunächst Anwalt der Hörergemeinde, denn es ist die homiletische Situation, durch die der homiletische Akt jeweils herausgefordert wird. Der Prediger hat sich, so weit wie möglich, klarzuwerden über den besonderen Charakter dieser Herausforderung, über die Art des Widerstandes, den die Situation der Kommunikationsbemühung der Kirche leistet. Was macht die Überlieferung des Glaubens jetzt und hier für diese Menschen irrelevant, was macht ihre Relevanz zumindest zweifelhaft? Es bedarf nach allem, was hier schon überlegt worden ist, keiner ausführlichen Darlegung mehr, wie schwierig diese Frage zu beantworten ist, nicht nur der Vielzahl der Faktoren wegen, die hier ins Gewicht fallen, sondern vor allem darum, weil

Entscheidendes für den Prediger überhaupt unbekannt und unerkennbar bleiben wird. Gibt es überhaupt eine methodische Erhellung der homiletischen Situation und bis zu welchem Grad? Offenbar geht aller methodischen Erschließung etwas Existentielles voraus, eine Haltung vorbehaltloser Partizipation, vorbehaltloser Teilhabe am Geschick des Hörers, die durch homiletische Technik auf keine Weise zu ersetzen ist. Denn es ist ja, abgesehen von der Möglichkeit des Gesprächs mit dem Hörer in der Kontinuität des Gemeindelebens, auf das in der Tat bei diesem Verständnis der Predigtaufgabe erhebliches Gewicht fällt, abgesehen auch von der nach meiner Ansicht außerordentlich wichtigen [31] Möglichkeit formeller Predigtvorbereitung und Predigtnachbesprechung mit Gemeindegliedern, nur das eigene Bewußtsein und Betroffensein vom Geschick des Hörers, das der Prediger sich bei seiner Predigtvorbereitung methodisch erschließen kann. Seine Intuition wird dabei immer eine entscheidende Rolle spielen, und sie ist eine Funktion seiner Teilhabe, seines Interesses, seines Engagements mit dem Hörer.

Andererseits hat Partizipation als Voraussetzung von Kommunikation auch ihre institutionelle Seite. In der klassischen Parochie hat sich das Partizipationsproblem praktisch gar nicht gestellt. Denn die Parochie selbst war umfassende, institutionelle Teilhabe der Kirche am gesellschaftlichen Leben im übersichtlichen Raum des Dorfes oder der Kleinstadt. Kirchliches und bürgerliches Leben waren fast deckungsgleich und durchdrangen sich wechselseitig. Der Ortspfarrer war nicht nur ex officio, sondern kraft seiner Zugehörigkeit, seiner Stellung im Zentrum des gesellschaftlichen Lebens, seiner Kompetenz für alle Fragen dieses Lebens, seiner Kenntnis aller Menschen, um die es ging, und ihrer Beziehungen kommunikationsfähig in jeder Hinsicht. Erst mit dem Zerbruch dieser parochialen Symbiose stellt sich das Partizipationsproblem hierzulande ebenso dringlich, wie es sich etwa auf dem Missionsfeld stellt. Die volkskirchlichen Gemeinden sind extrem unübersichtlich, das gesellschaftliche Leben spielt sich fast ausschließlich außerhalb der Zuständigkeit, Kompetenz und Reichweite des Ortspfarrers ab; dessen Distanz zum Alltag seiner Gemeindeglieder ist so groß, daß seine Zeitgenossenschaft, seine Kommunikationsfähigkeit ernstlich in Frage steht. An dieser Stelle ist das Predigtproblem offenbar direkt verbunden mit dem Problem der kirchlichen Strukturen, mit den Problemen der Kirchenreform. Aber selbst mit einer befriedigenden Lösung des Strukturproblems wäre die Frage der Partizipation als Voraussetzung von Kommunikation nicht erledigt. Die Präsenz der Kirche in der Gesellschaft und damit ihre Kompetenz und Kommunikationsfähigkeit ist überhaupt nur noch in sehr engen Grenzen institutionell zu sichern, sie muß von Personen und Gruppen geleistet werden, und die Institutionen können nur die Voraussetzungen für diese persönliche Leistung von Partizipation, Präsenz und Kompetenz schaffen. [32]

Für den Predigtvollzug muß die Einsicht genügen, in welch hohem Maß die Möglichkeit der Erhellung der Situation eine Frage der persönlichen Teilhabe des Predigers an seiner Hörergemeinde ist. Keine homiletische Methode kann diese ersetzen. Zu den empfindlichsten Belastungen der heutigen Predigtarbeit gehört jedenfalls, daß die gängige homiletische Theorie die gefährliche Distanz des Predigers zu seinen Hörern mit Behauptungen wie der, daß der Hörer im Texte stecke und daß das Kerygma die Situation schaffe, in der es zum Hören kommen kann, theologisch rechtfertigt und geradezu verklärt. Faktisch wird dadurch nur die eigentliche Übersetzungsarbeit dem Hörer angelastet.

Soviel ist aber richtig, daß der Prediger, selbst der voll partizipierende Prediger nicht anders zu wachsender Klarheit über seine homiletische Situation kommt als so, daß er in ihr nach seinem Text fragt, und zu wachsender Klarheit über seinen Text so, daß er von ihm her nach seiner Situation fragt. Es ist also nicht so, daß die Frage nach der Situation und die Frage nach dem Text und seiner Eigenaussage zwei voneinander getrennte Arbeitsschritte wären. Text und Situation bilden einen Verstehenszirkel, der im Verlauf der Predigtvorbereitung mehrfach abgeschritten wird. Schon mit der ersten Kenntnisnahme vom Bibeltext aktualisiert sich im Prediger seine Kenntnis von der Verstehenssituation seiner Gemeinde, an der er selbst ja teilhat. Er weiß intuitiv, meint jedenfalls zu wissen, wie seine Gemeinde diesen Text bei der Lesung vernehmen, welches Vorverständnis vom Text in ihr dabei wach werden, an welchen Stellen sie Anstoß nehmen wird, welche Wörter ihr Verstehensschwierigkeiten bereiten werden, welche Mißverständnisse drohen usw. Auf dem Hintergrund dieses seines Vorverständnisses vom Vorverständnis der Gemeinde fragt er nun exegetisch nach der Eigenaussage seines Textes. Und je klarer sich ihm diese Eigenaussage erschließt, um so klarer wird ihm auch, wie gleichgültig diese Aussage gegen seine Situation ist und aus welchen Gründen, wie groß andererseits der intellektuelle und existentielle Widerstand seiner Situation gegen diese Aussage ist und welche Ursachen das hat. Indem er nun diese Gründe und Ursachen reflektiert, und zwar im Licht seines Textverständnis[33]ses, wird ihm seine Situation klarer. Er versteht, warum seine Hörergemeinde nicht versteht, mißversteht, umzudeuten versuchen wird. Er eignet sich die Fragen, Anstöße, Zweifel seiner Hörer an, sie werden seine eigenen.

Als Anwalt seiner Hörer wird der Prediger kritischer gegen seinen Text, und zwar gegen den Relevanzanspruch, der in ihm impliziert ist. Denn der Text selbst ist ja schon Bezeugung der Relevanz des Verheißungsgeschehens für einen bestimmten Augenblick in der Gewißheit seiner Relevanz für jeden Augenblick. Der Prediger fragt nun: *Was* wurde da relevant und *wie*, gegen welchen Widerstand wurde es relevant? Gefragt wird nun also nicht mehr nach dem isolierten Text als solchem, sondern nach dem Vorgang des Relevantwer-

167

dens des Verheißungsgeschehens, nach der Struktur und der Bewegung des Interpretationsvorganges, der im Text Gestalt geworden ist. So erschließt sich der Text in seiner geschichtlichen Tiefe als Phase in der Bewegung der traditio fidei, frühere, ursprünglichere Stufen der Tradition und der Interpretation werden in ihm, hinter ihm erkennbar. Es kommt zu so etwas wie einer homiletischen Textkritik, in der Textgestalt wird Relevantes und Irrelevantes, Historisch-Abständiges und Aktuelles, Aktualisierbares unterscheidbar, und zwar nicht einfach unter der gefährlichen Frage: »Was kann ich heute und hier *noch* sagen?«, sondern mit der legitimen Frage: »Wo werde *ich* als Anwalt *meiner Hörer* Zeuge des Relevantwerdens der Überlieferung in ihrer Bewegung von Situation zu Situation?« Eng verbunden mit solcher homiletischen Textkritik ist aber auch eine homiletische Situationskritik. Mir wird in der intensiven Beschäftigung mit dem Text klar, welche Fragen meiner Hörer sich erledigen, weil sie falsch gestellt sind, welche Anstöße entfallen, weil sie nicht die Substanz der Überlieferung betreffen, wo der eigentliche Widerstand meiner Hörer sitzt, *mein* eigentlicher Widerstand, und wo es sich nur um Vorwände handelt, in denen sich dieser eigentliche Widerstand vor sich selbst verbirgt. Ich kann also auch innerhalb der homiletischen Situation in zunehmendem Maße zwischen Relevantem und Irrelevantem, zwischen Scheinproblemen und wirklichen Problemen sowohl des Verstehens als auch des Annehmens des biblischen Zeugnisses unterscheiden. [34]

Irgendwo im Vorgang des mehrfachen Abschreitens dieses Zirkels zwischen Tradition und Situation kommt es zum Predigteinfall. Das heißt, es wird wahrscheinlich zu einer ganzen Reihe von Einfällen kommen, schon beim ersten Lesen des Textes und immer wieder auf dem Weg des wachsenden Verstehens der eigentlichen Spannung zwischen Text und Situation. Aber es wird sich ein Einfall nach dem anderen erledigen als nicht zureichend, es wird ein einziger Einfall sich in immer größerer Klarheit aufdrängen. Es ließe sich begründen, warum es theoretisch nur eine einzige optimale Möglichkeit der Klärung der homiletischen Situation geben kann, die sowohl dem Text als auch den Hörern, als auch der Individualität des Predigers ganz gerecht wird, nur eine einzige Predigtmöglichkeit, die den Rang des notwendigen Wortes, des jetzt und hier die Klärung herbeiführenden Wortes hat. Faktisch liegt in der Nähe dieser optimalen Interpretationsmöglichkeit eine ganze Reihe von möglichen Einfällen, die dann auf dem Weg vom Predigtentschluß zur ausformulierten Predigt noch vielerlei verschiedene Ausgestaltungen zulassen. Gleichwohl gibt es so etwas wie einen Durchbruch in der Predigtarbeit, einen Einfall, der zwingend ist, gegenüber anderen, die nur möglich sind, eine allmähliche oder plötzlich durchbrechende Klarheit, worin die Relevanz der Überlieferung für das Hic et Nunc der Hörer im Kern liegt und wie sie zu bezeugen sein wird.

Der Einfall ist kein Offenbarungsereignis. Er ist ein Durchbruch im Verstehen und zur Möglichkeit des Verständlichmachens, der der Kontrolle und der Kritik unterliegt und der verantwortlichen Ausführung bedarf. Es ist gleichwohl ratsam, auf die besondere Kennzeichnung und Hervorhebung des Augenblicks durchbrechender Klarheit nicht zu verzichten. Ein solcher Verzicht, wie er im Interesse der homiletischen Theorie vom Dienst am Wort Gottes durch Schriftauslegung lange gefordert und geübt wurde, führt nur entweder zur Unterdrückung der schöpferischen Aspekte der Predigtbemühung oder zu ihrem unreflektierten und unkontrollierten Gebrauch. Eins wäre so schlimm wie das andere.

Der hermeneutische Zirkel zwischen Text und Situation bleibt auch jenseits des Einfalls in Kraft: der Einfall führt zu [35] einer erneuten Musterung der Situation, nun im Hinblick auf die Frage, wie er zu einer verständlichen Rede ausgebaut werden kann. Der so entstehende Predigtentwurf als das »neue Wort«, als das Zeugnis des Predigers, für das er voll haftbar ist, ist wiederum zurückzukoppeln auf den Text, inwiefern er im Hinblick auf dessen Eigenaussage verantwortet werden kann.

h) Der Auftrag der Predigt ist die verständliche Bezeugung der Relevanz der biblischen Überlieferung für die homiletische Situation. Der homiletische Akt als isolierte Bemühung vermag aber diesen Auftrag nicht zu erfüllen. Er ist faktisch nur eine Phase in einem mehrphasigen Interpretationsvorgang. Denn die sonntägliche Predigt ist notgedrungen ein »Wort für viele«, das die Konzentration auf die Situation des einzelnen Menschen, der einzelnen Gruppe, der speziellen Auftragslage schuldig bleiben muß. In den Interpretationsstufen des Gemeindekatechumenats, des mutuum colloquium fratrum und des Einzelgesprächs, die den Hörer stufenweise immer stärker an der Über-Setzung des Zeugnisses in seine eigene Lebenssituation beteiligen, bekommt die Predigt erst ihren vollen Sinn als Phase im größeren Kommunikationsprozeß (vgl. zu den Interpretationsstufen meinen Aufsatz »*Der Pfarrer in der Gemeinde heute*« [1]).

---

1 Ernst Lange: Der Pfarrer in der Gemeinde heute, in: Ders.: Predigen als Beruf. Aufsätze, hg. von Rüdiger Schloz, Stuttgart 1976, 96-141.

IV.2 Überlegungen zur Praxis

Homiletische Situationsanalyse

Zum Beitrag von Ernst Lange

Der folgende Text bildet den zweiten Hauptteil eines Vortrags, den Ernst Lange im September 1967 auf einer homiletischen Arbeitstagung in Eßlingen hielt und dem schon der oben abgedruckte Text entnommen war.[1] Hatte Lange zuvor eine an der Lebensrelevanz der Predigt orientierte Homiletik in Umrissen skizziert, zieht er nunmehr daraus einige Konsequenzen im Blick auf Predigthilfen und Predigtpraxis. Dabei zielen die hier formulierten Aufgaben in erster Linie auf die von Lange und anderen seit 1968 herausgegebenen »Predigtstudien«; darüber hinaus handelt es sich freilich zugleich um Anforderungen für die konkrete individuelle Predigtvorbereitung.

Der Abschnitt beginnt und endet mit einem Plädoyer für ein *handhabbares* homiletisches Verfahren, mit dem sich Lange von bestimmten dialektisch-theologischen Positionen abgrenzt: In theologischer Hinsicht sei es legitim, eine Predigt zu *machen*, insofern es nicht darum gehe, das »Wort Gottes« zu sagen, sondern in eigener Person zu sprechen – in der Hoffnung, daß sich dabei Wort Gottes ereignet (Absatz 1); in praktischer Hinsicht müsse ein homiletisches Verfahren gewährleisten, daß eine Predigt *in der tatsächlich zur Verfügung stehenden Zeit erstellt wird* (Absatz 6). Vor diesem Hintergrund formuliert Lange konkrete Anforderungen an eine homiletische Situationsanalyse (Absatz 2), an den Umgang mit dem Text in der Predigtvorbereitung (Absatz 3), an die Kreativität und Sprachfähigkeit des Predigers (Absatz 4) sowie an die Einbettung der Predigt in das Gespräch mit den Hörern (Absatz 5).

Die differenzierten Ausführungen Langes zur Erschließung der homiletischen Situation, die in unserem Zusammenhang von besonderem Interesse sind, machen schnell deutlich, daß sich die einer Predigt vorgegebene Situation keineswegs von selbst versteht, sondern je und je sorgfältiger Auslegung bedarf. Dabei wird die Situation, wie Lange deutlich macht, durch verschiedene Faktoren bestimmt, zu deren Klärung in der Predigtvorbereitung unterschiedliche methodische Zugänge notwendig sind (vgl. die folgende Tabelle).

---

1 Zum Hintergrund des Vortrags und zur Biographie Langes wurde das Notwendige in der vorigen Einleitung (vgl. 153-155) gesagt, so daß wir uns an dieser Stelle auf Überlegungen zum Text beschränken können.

Faktor der Situation	Mögliche Erschließung über
individuelle Verhältnisse und Prägungen	– engagierte Partizipation am Leben der Hörer – (entwicklungs-)psychologische Kenntnisse – soziologische Kenntnisse
gesellschaftliche Prägungen – »Großwetterlage«	– Massenmedien – soziologische Untersuchungen zur Rezeption der »Großwetterlage« vor Ort: – Gespräch mit den Hörern
– »Lage vor Ort«	– eigene Teilhabe an der Situation vor Ort – Gespräch mit den Hörern
religiöse Vorprägungen	– (alltags-)religiöse Zeichen und Äußerungen – Predigtvor- und Predigtnachgespräche – Predigthilfsliteratur wie die »Predigtstudien«

Man kann leicht den Eindruck gewinnen, daß mit dieser Aufstellung relevanter Faktoren ein in der Praxis kaum realisierbarer Anspruch an die Predigtvorbereitung gestellt würde. Angesichts mancher Mißverständnisse, die an dieser Stelle immer wieder auftreten, scheinen darum drei präzisierende Anmerkungen notwendig:

(1.) Besteht zwischen Text- und Situationsauslegung ein »hermeneutischer Zirkel«, so bedeutet das für die homiletische Situationsanalyse eine schrittweise Reduktion aller in Frage kommenden Aspekte im Blick darauf, welche Erfahrungen, Einstellungen, Prägungen usw. *angesichts des konkreten Textes* zur Debatte stehen. Eine allgemeingültige und unspezifische Situationsanalyse ist für die Predigtvorbereitung weder notwendig noch hilfreich.

(2.) Im Blick auf die Erschließung der homiletischen Situation kommt, wie Lange immer wieder hervorhebt, der *Partizipation* des Predigers am Leben der Hörer eine Schlüsselrolle zu. Humanwissenschaftliche Erkenntnisse, etwa entwicklungspsychologische Modelle oder soziologische Gesellschaftsanalysen, stellen in diesem Zusammenhang lediglich heuristische Hilfen dar, d. h. sie sind insoweit von Interesse, als sie helfen, die konkrete Situation präziser wahrzunehmen. Denn unter der Kanzel sitzt – salopp gesagt – weder *der moderne Mensch* noch *die Erlebnisgesellschaft*, sondern allemal eine konkrete Hörerschaft.

(3.) Die Einsicht in die prinzipielle Pluralität und Unbestimmtheit (oder, wie Lange sagt, in die »quälende Unübersichtlichkeit«) der homiletischen Situation schließlich darf nicht dazu führen, im Interesse einer allgemeinen Gültigkeit der Predigt auf Konkretionen möglichst zu verzichten, wie man aus einigen wenigen Äußerungen Langes folgern könnte.[2] Langes Rede vom »Predigteinfall« (vgl. den vorigen Text) beschreibt ja einen intentionalen Kern der Predigt, in dem *eine* Pointe des Textes auf *eine* konkrete Situation bezogen wird und für diese eine Situation Relevanz

---

2   Vgl. oben 169: »Denn die sonntägliche Predigt ist notgedrungen ein ›Wort für viele‹, das die Konzentration auf die Situation des einzelnen Menschen, der einzelnen Gruppe, der speziellen Auftragslage schuldig bleiben muß.«

gewinnt. Einer derartigen Fokussierung einer individuellen Situation in der Predigt steht, wie die Rezeptionsforschung zeigt, die Pluralität der Hörerschaft keineswegs entgegen. Vielmehr bietet eine Predigt erfahrungsgemäß gerade dort Identifikationsmöglichkeiten, wo sie auf allgemeingültige Sätze zugunsten individueller Konkretionen verzichtet.

In den von Ernst Lange mitbegründeten »Predigtstudien« hat das in dem Eßlinger Vortrag umrissene homiletische Programm seine institutionelle Gestalt gefunden: Textauslegung und Wahrnehmungen zur homiletischen Situation stehen gleichberechtigt nebeneinander und sind wechselseitig aufeinander bezogen. Daß dabei die Predigtstudien deutlicher als andere Periodica den Charakter einer Predigt*hilfe* bewahren, die die eigene Auseinandersetzung mit Text und Situation nicht obsolet machen, sondern provozieren will, dürfte sich angesichts von Langes Situationsbegriff von selbst verstehen.

F. M. L.

Ernst Lange

Auf der Suche nach einem neuen homiletischen Verfahren

Einige der hier Anwesenden haben mit mir zusammen ein Schema der Predigthilfe entwickelt, nach dem in den nächsten Jahren Arbeitshilfen für die Sonntagspredigt und andere homiletische Aufgaben erarbeitet und veröffentlicht werden sollen (vgl. den im Juli 1968 erschienenen ersten Halbband der »Predigtstudien zur Perikopenreihe III«). Alle Beteiligten sind sich sehr klar darüber, wie vorläufig und in vieler Hinsicht unbefriedigend dieses Schema ist.

Die Frage nach dem neuen homiletischen Verfahren meint aber natürlich mehr als solche publizistischen Arbeitshilfen für [36] den Prediger. Sie meint die Arbeit des Predigers selbst und ihre Methode, die er auf der Hochschule und im Predigerseminar lernt und dann von Woche zu Woche im Gedränge der Gemeindearbeit anwendet. Niemand kann sie ihm abnehmen, und man kann ihm von außen, auf publizistischem Weg, auch nur sehr begrenzt dabei helfen. Das gilt um so mehr, wenn das hier dargelegte Verständnis des homiletischen Aktes als Kommunikationsbemühung, die auf eine ganz bestimmte Hörersituation bezogen ist und mit diesem Situationsbezug steht und fällt, richtig sein sollte.

Was hätte ein solches homiletisches Verfahren zu leisten?

1. Es hätte die Predigtaufgabe zu entmythologisieren und zu entdramatisieren. Der Prediger ist nicht verantwortlich dafür, daß Wort Gottes geschieht und daß das Wort Gottes sich Glauben verschafft. Die Kommunikation des Evangeliums, der auch seine Predigt dient, hat diese Verheißung, aber der Prediger ist nicht haftbar für die Erfüllung dieser Verheißung. Daß er in diesem Horizont der Verheißung redet, befreit und mahnt ihn, seine Sache so gut wie irgend möglich zu machen, tröstet ihn in der Erfahrung, wie wenig seine Verständigungsbemühung ausrichtet, und kritisiert alle seine Versuche, den Offenbarer, den Erwecker, den Priester, den Statthalter der Autorität Gottes machen zu wollen, mehr sein zu wollen, als er im Rahmen seines begrenzten Auftrags sein kann: ein Interpret der christlichen Überlieferung in ihrer Relevanz für das Leben der Hörer.

Andererseits müßte ein neues Verfahren die Aufgabe des Predigers streng im Rahmen des Interpretationsauftrags doch auch wieder aufwerten. Der Prediger hat mehr zu tun, als biblische Texte möglichst wortgetreu in möglichst heutiger Sprache nachzusprechen. Er hat als Anwalt seiner Hörer zu verstehen und neu verständlich zu machen, worin die Relevanz des in den biblischen Texten bezeugten Verheißungsgeschehens für ihr gegenwärtiges Leben liegt. Seine Rede ist in diesem Sinn »neues Wort«, nicht »neues Wort Gottes«, wohl aber ein neues Wort der Kirche, das sie so noch nie gesprochen hat und das doch übereinstimmen soll mit dem, was sie bisher gesagt hat. Und so, wie die Dinge liegen, ist er in der Situation des Gemeindegottesdienstes der einzige, der dieses neue Wort [37] für seine Gemeinde finden und ihr sagen kann. Jedenfalls ist er der, der dafür besonders ausgebildet und angestellt worden ist.

2. Ein neues Verfahren hätte dem Prediger möglichst wirksame und leicht hantierbare Methoden zur Erschließung der Situation an die Hand zu geben, in der er jetzt und hier reden und durch seine Rede Klarheit schaffen soll. Und dies ist mit Abstand das schwierigste Problem der Predigtarbeit. Denn was hieße Erschließung der Situation?

a) Kenntnis des besonderen Hörerkreises, mit dem der Prediger es zu tun hat, der Menschen und Menschengruppen, ihrer Beziehungen untereinander und zur Umwelt, ihrer Nöte, Probleme und Bedürfnisse, ihres intellektuellen Vermögens, ihres Schicksals und ihrer Frömmigkeit; Kenntnis der alten Leute, die da sitzen, und des Problems des Altwerdens und Altseins in der Leistungsgesellschaft; Kenntnis der Konfirmanden, der Jugendlichen, die da sitzen, und ihrer außerordentlich komplizierten Übergangssituation – physiologisch, intelligenzmäßig, psychologisch, sozial, religiös: der Phase der teils akzelerierten, teils prolongierten Pubertät usw. Kenntnis aber auch der religiösen Differenzierung seines Hörerkreises. Ganz unterschiedliche Distanzen zur Kirche, zum Christentum, zu ihm selbst als Vertreter der Institution sind da im Spiel, ganz unterschiedliche Bedürfnislagen.

Kein homiletisches Verfahren kann dem Prediger diese Kenntnis seiner Gemeinde vermitteln. Sie ist teils Frage seiner Menschenkenntnis, teils seiner psychologischen und soziologischen Ausbildung auf der Universität und der Weiterbildung in diesen Dingen durch Lektüre und Tagungen, teils und vor allem eine Frage seiner Partizipation, seines Interesses, seines Engagements gegenüber den Menschen, für die er da ist. Ein homiletisches Verfahren kann lediglich die Frage nach dem Hörerkreis wachhalten und ihre Bedeutung für den Predigtvollzug unterstreichen.

b) Kenntnis des gesellschaftlichen Kraft- und Beziehungsfeldes, in dem der Hörerkreis steht und das die Kommunikationsbemühung der Predigt auf vielfältige Weise bedingt und beeinflußt. Wir haben bei unseren Bemühungen um ein Arbeitsschema der Predigthilfe einfach zu unserer eigenen Ver[38]ständigung unterschieden zwischen einer »Lage vor Ort« und einer »homiletischen Großwetterlage«. Unterscheidungen dieser Art, wenn sie auch präziser sein sollten als die unsrige, sind für ein homiletisches Verfahren unerläßlich. Denn nicht nur kommt der Prediger zur Kenntnis dieser Einflüsse auf verschiedene

Weise, sie stellen auch der Predigt unterschiedliche Aufgaben. Zur »homiletischen Großwetterlage« gehört der Makrokosmos der Gesellschaftsordnung und des gesellschaftlichen Lebens in seinem ständigen raschen Wandel, gehören politische Ereignisse und Ideen, aber vor allem auch ihre Wirkung auf die Menschen: Ängste, Hoffnungen, Resignation, das Gefühl der Ohnmacht gegenüber den großen gesellschaftlichen Prozessen; gehören Art und Struktur der Weltwahrnehmung, Welterkenntnis und Weltbewältigung im wissenschaftlich-technischen Zeitalter, in der hominisierten Welt und der ganz unterschiedliche Grad, in dem die Wahrnehmung, die Erkenntnis und die Lebensbewältigung der Zeitgenossen davon bereits geprägt sind; gehört die Einsicht, daß die Erfahrung der Nichterfahrbarkeit Gottes in der Lebenswelt des Zeitgenossen heute ebensosehr Ausgangspunkt religiöser Kommunikation ist wie vor der Aufklärung die Erfahrung der selbstverständlichen Erfahrbarkeit Gottes, aber auch die Einsicht, daß in dieser Hinsicht die Predigthörer in keiner Weise einer des anderen Zeitgenossen sind. Die homiletische Großwetterlage enthält alle die Faktoren, die als Zeitgeschick mehr oder weniger hingenommen werden müssen. Den Prediger interessieren aber nicht nur diese Faktoren selbst, von denen er durch Massenmedien und intensive Lektüre Kenntnis nehmen kann, sondern vor allem ihre Wirkung und ihre Verarbeitung durch seine Hörer, also das, was aus der Großwetterlage in die Lage vor Ort hineinwirkt. Und das lernt er nur durch Gespräche, durch gemeinsames Studium dieser Faktoren mit den Hörern. Hier wie an vielen anderen Stellen wird deutlich, wie die homiletische Verantwortung zum Ernstnehmen des Kommunikationsprozesses jenseits der Gottesdienste, hier also des Gemeindekatechumenats zwingt.

In der Lage vor Ort geht es um diejenigen Ereignisse, Beziehungen, Konflikte, Stimmungen, Urteile und Vorurteile, die der Prediger, weil sie nur lokale, kommunale oder gemeind[39]liche Bedeutung haben, nicht aus den Zeitungen erfährt, sondern nur durch eigene Ermittlung oder durch Austausch und gemeinsames Studium mit anderen kirchlichen Mitarbeitern, und die andererseits durch die Predigt beeinflußt, geklärt, verändert werden können und sollen, weil sie im unmittelbaren Verantwortungsbereich von Prediger und Gemeinde liegen.

Auch in diesem Punkt »Kenntnis der Lage« ist durch ein homiletisches Verfahren dem Prediger nur wenig Hilfe zu geben. Immerhin gibt es hier nun doch schon einen ganzen Katalog von Fragen und Anstößen für die Meditation, die zur bewußten Einbeziehung der »Lage« in die Predigtarbeit ermutigen und nötigen könnte.

c) Kenntnis des Vorverständnisses der Gemeinde von der christlichen Überlieferung. Das ist das Feld, in dem das Verfahren wirklich Hilfen und Methoden bieten kann. Da ist nicht nur die Möglichkeit der methodischen und kritischen Besinnung über die eigene bisherige Predigt mit ihren positiven und negativen Wirkungen (die Analyse der eigenen Predigt vom Vorsonntag und die Reaktion, die sie hervorgerufen hat, einschließlich der Predigtkritik in einem Gemeindekreis sollten zum festen Bestand der Predigtvorbereitung gehören). Da ist der Luthertext mit seinem Wörterbestand, der zugleich einen bestimmten Bestand oder Fehlbestand an Verständnis signalisiert. Da sind Predigten anderer Leute, da sind Gesangbuchlieder, da ist der Katechismus, da ist die Liturgie, da ist das religiöse Brauchtum in allen Stadien des Verfalls. Da sind Sprichwörter, Redensarten, Tabuformeln, Aufschriften auf Grabsteinen, da sind die Erfahrungen der Gemeindebesuche und der Amtshandlungsgespräche, da ist die unerschöpfliche Orientierungsmöglichkeit beim Religions- und Konfirmandenunterricht, wo man die zum Teil noch begründeten Urteile der Väter in den Vorurteilen, in den Ressentiments der Söhne aufspüren kann. All das ist Niederschlag der Wirkungsgeschichte der Predigt und der Auseinandersetzung dieser Predigt mit der Antipredigt der Ideologien, Weltanschauungen, Tabus und Vorurteile. All das sind Spuren und Dokumente gegenwärtiger Frömmigkeit und der Jedermann-Ideologie, die mit ihr im Streit liegt. Ein einziges erstes Lesen des Luthertextes löst bereits eine Fülle von Assoziationen aus, die, kritisch reflek[40]tiert, das eigene Vorverständnis und das Vorverständnis der Hörergemeinde als Bedingung künftiger Verständigung klären helfen. Zur methodischen Erschließung dieser Quellen könnte und müßte ein neues homiletisches Verfahren zweifellos Hilfe geben.

Auf jeden Fall ist es nötig, daß »*der* Zeitgenosse«, *der* Hörer, *der* moderne Mensch, der in der hermeneutischen Diskussion herumgeistert und den ich persönlich für ein in abstrakter Manier ausgeführtes Selbstbildnis des homo academicus halte, für die Predigtarbeit abgelöst wird von *den* Hörern, *den* bestimmten Zeitgenossen, mit denen ich es heute und hier zu tun habe und die ich so genau wie möglich zu kennen und zu erkennen versuchen muß. Es bleibt ein sehr glücklicher und wichtiger Hinweis von H. D. Bastian, daß diese meine Hörer im Unterschied zum »modernen Menschen« nicht nur Ohren haben, sondern auch einen Mund. Sie können fragen, dreinreden, Zweifel äußern, protestieren, sie können sich mir auch zu erkennen geben, wenn ich um sie werbe.

3. Ein angemessenes homiletisches Verfahren hätte die Funktion des Textes in der Predigtarbeit klar zu präzisieren und gegenüber der bisherigen homiletischen Theorie neu zu bestimmen. Die bisherige Theorie räumt dem Text, der Perikope und der exegetischen Arbeit an der Perikope in einem so hohen Maße den Primat in der Predigtarbeit ein, daß sich die Predigtarbeit für manche in der exegetischen Bemühung um die Perikope in ihrem Kontext nahezu erschöpft. Hermann Diems These, daß der Prediger, dem sich in der Exegese der Text als Kerygma vom Handeln des dreieinigen Gottes erschlossen hat,

nun vom Zeugnis des Textes sich einfach tragen lassen könne, und zwar doch wohl zur Predigt hinübertragen, wie ein Schwimmer sich vom Strom tragen läßt, ist nur ein Beispiel.

Zunächst ist festzustellen, daß der exegetische Anspruch, obwohl etwa bei Johannes Wolf durchaus so begründet, daß er den Prediger von allzu steilen Vorstellungen über seinen Auftrag entlasten und ihm eine klare, erfüllbare Aufgabe stellen soll, faktisch die Pfarrer bei dem derzeitigen Stand der Exegese total überfordert. Sie wissen, was Exegese sein und leisten müßte, und erfahren doch von Woche zu Woche, wie [41] wenig sie dem zu entsprechen vermögen. Die Frage, wie viele Prediger im Gedränge des Alltags selbst auf die eigene Übersetzung aus dem Urtext verzichten – und nicht nur bei alttestamentlichen Texten –, gehört so sehr in die Intimsphäre eines Theologen, daß noch nicht einmal, soweit ich weiß, religionssoziologische Untersuchungen sie bisher zu stellen gewagt haben. Könnte man sie stellen, das Ergebnis würde erschreckend sein. Faktisch wird der Prediger durch den exegetischen Anspruch den Spezialisten in die Arme getrieben, den Kommentatoren und Verfassern von wissenschaftlichen Meditationen, die ihm das komplizierte Material aufbereiten und mehr oder weniger, oft weniger, verständlich machen. Dagegen wäre an sich gar nichts einzuwenden, wäre da nicht der Anspruch, daß man nur durch intensive eigene Exegese zu einer verantwortbaren Predigt kommen kann. Dieser Anspruch macht dem Pfarrer, da er ihm in der Regel nicht zu genügen vermag und da er ganz genau weiß, wie schwach seine Predigten oft sind, das Gewissen außerordentlich schwer, und die dadurch entstehende Dauermalaise macht ihn dann auch unfähig, für seine Predigt in die Waagschale zu werfen, was er nun wirklich hat: Kenntnis seiner Gemeinde, Zeitgefühl, Liebe zu ihr und die Phantasie, die eine Funktion der Liebe ist. Die Analyse moderner Predigten (etwa die in Dietrich Rösslers Aufsatz im Eröffnungsheft der Theologia Practica) ergibt zudem, daß selbst sehr erfahrene Exegeten in ihrer Predigt erstaunlich wenig Gebrauch von ihrer intimen Kenntnis des speziellen Profils eines Textes machen. Ob ihre Predigten gut sind, und sie sind ja oft sehr gut, auch im Sinne unserer Bestimmung des Predigtauftrags, entscheidet sich nur in ganz geringem Maß an der zünftigen Exegese des Einzeltextes; ins Gewicht fällt viel mehr die große interpretatorische Erfahrung, in der sich die Kenntnis der Überlieferung mit der Reflexion auf ihre Übersetzbarkeit und also mit einem geschärften Zeitgefühl verschränkt. Der übersteigerte exegetische Anspruch an den Prediger gehört zu den unsere kirchliche Gegenwart außerordentlich belastenden Unredlichkeiten. Er dürfte zudem einer der Gründe dafür sein, warum so viele Pfarrer eine immer größere Animosität gegen die sogenannte moderne Theologie entwickeln. Nicht die Thesen dieser Theologie als solche sind [42] das Ärgerliche, sondern die Tatsache, daß sie die eigentliche Übersetzungslast immer mehr auf den Prediger abschiebt und ihm zugleich die Übersetzungsmöglichkeiten, die er hat, immer verdächtiger macht und die Übersetzungshilfe, auf die er angewiesen ist, notorisch schuldig bleibt.

Auszugehen wäre in einem neuen homiletischen Verfahren von der begrenzten Funktion, die der Einzeltext und seine Exegese in der Predigtarbeit haben. Gefragt ist der Prediger in seiner homiletischen Situation keineswegs nach der Relevanz seiner Perikope. Als historischer Text ist sie Zeugnis des Relevantwerdens der christlichen Überlieferung in einer ganz bestimmten, vergangenen Situation und als solche völlig irrelevant für das Hic et Nunc. Gefragt ist der Prediger in seiner Situation nach der Relevanz des Verheißungsgeschehens, das in der christlichen Überlieferung und vor allem in ihrer ursprünglichen, normativen Gestalt, den biblischen Texten, bezeugt ist und das in einer ganz bestimmten Weise unter dem Verdacht der Irrelevanz steht. Aber *die* christliche Überlieferung, *das* biblische Zeugnis, *das* Verheißungsgeschehen ist kein sinnvoller Gegenstand der Interpretation im einzelnen homiletischen Akt. Es gibt keine Generalformel für die Fülle der Glaubensüberlieferung, auch keine biblische, auch keinen Lehrtext der Kirche, der nicht alsbald wieder die detaillierte Interpretation herausforderte. Und selbst wenn es möglich wäre, im einzelnen homiletischen Akt das Ganze des christlichen Glaubens zu verantworten, so wie der Prediger es nach seinem Verständnis vermag – die homiletische Situation ist nicht dadurch zu klären, daß der Prediger dieses sein Verständnis repetiert. Denn sofern er teilhat an seiner Hörergemeinde, und in dem Maße, in dem er teilhat, ist ja mit dem Verständnis der Gemeinde auch sein Verständnis vom christlichen Glauben in die Krise, in den Verdacht der Irrelevanz geraten.

Darum bedarf er des Textes, des einzelnen biblischen Textes, der Perikope.

a) Der Text verfremdet das, was sich von selbst versteht und nun als selbstverständlich in Zweifel geraten ist. In seiner Fremdheit und Besonderheit erzwingt er die Überprüfung des Selbstverständlichen. [43]

b) Der Text, in seiner durch seine historische Situation herausgeforderten Besonderheit, profiliert die Überlieferung des Glaubens und das Ereignis ihres Relevantwerdens für das Leben bestimmter Menschen. So ermöglicht und erzwingt er die Konkretion der Rede, gibt ihr eine bestimmte abgrenzbare Thematik.

c) Der Text ermöglicht der Hörergemeinde die kritische Distanz gegenüber dem Zeugnis des Predigers und diesem selbst die Kontrolle seiner Rede, seiner homiletischen Einfälle, seiner Formeln, seiner Bilder, seiner Urteile hinsichtlich ihrer Überlieferungsgemäßheit. Er zwingt den Prediger sich selbst, seiner Kirche und seiner Gemeinde gegenüber zur Rechenschaft über das, was er sagt, und die Gründe, warum er es so und nicht anders sagt.

All das aber bedeutet in keiner Weise die absolute Herrschaft des Textes und der Exegese über die Predigt. Seine verfremdende, profilierende und kontrollierende Funktion übt der Text auch da aus, wo der Prediger im mehrfachen Abschreiten des Verstehenszirkels zwischen Text und Situation zu der Erkenntnis kommt, daß er nur bestimmte Elemente des Textes in sein Zeugnis aufnehmen kann, andere aber vernachlässigen muß, oder daß er über die Thematik des Textes hinausgreifen oder daß er womöglich in einem bestimmten Sinn gegen den Text predigen muß. Auf jeden Fall differenziert sich dem Prediger in der exegetischen Beschäftigung mit dem Text das Verheißungsgeschehen selbst von der besonderen historischen Gestalt seines Relevantwerdens, wie sie sich im Text dokumentiert, ohne daß er beides säuberlich voneinander trennen könnte und dürfte. Die Differenz, die da sichtbar wird, ermöglicht ihm eine begründbare homiletische Kritik an seinem Text. Er ist ja nicht Zeuge des Textes, sondern Zeuge des Verheißungsgeschehens, er hat nicht das alte Wort des Textes nachzusagen, sondern das neue Wort zu wagen, das jetzt und hier notwendig ist. Daß er es nicht unbegründet und unkontrollierbar sagt, dafür sorgt die Textbindung. Daß er es in persönlicher Haftung riskieren muß, kann ihm kein Text ersparen.

4. Ein neues Verfahren hätte, das ergibt sich schon mit dem letzten Punkt, die Funktion des Predigers als Interpret und [44] Zeuge klar zu definieren, auch hinsichtlich seines unentbehrlichen Beitrags als Person, als Individualität mit ihrer besonderen Begabung, Begrenzung und Ausbildung, mit ihrer Schlüsselrolle im Beziehungsfeld der Gemeinde.

Was dieser Beitrag wiegt, entscheidet sich natürlich vor allem außerhalb des homiletischen Auftragsfeldes im engeren Sinn, zum Beispiel am Grad der Partizipation des Predigers an seiner Gemeinde, ihrem persönlichen, gemeindlichen und ihrem Zeitgeschick und an der Weise, wie die sonntägliche Predigt sinnvoll zusammengeordnet ist mit anderen Kommunikationsbemühungen, mit den Veranstaltungen des Kinder-, Jugend- und Gemeindekatechumenats, inwieweit sie sich aus diesem Wirkungszusammenhang speisen und in ihm wiederum fortsetzen kann.

In der Predigtarbeit selbst ist es vor allem der Einfall und seine sprachliche Ausführung und Ausformung, wo die Individualität des Predigers voll zum Zug kommt und kommen muß. Zwar kommt der Einfall nicht unverhofft, er entsteht bei dem mehrfachen Abschreiten jenes hermeneutischen Zirkels zwischen Text und Situation als intuitive Wahrnehmung einer Möglichkeit der Anordnung und Auswertung des dabei gewonnenen Materials für die Predigt. Aber er ist eben doch ein Ergebnis der Intuition, der interpretatorischen Phantasie, er kommt oft überraschend und hat etwas Schöpferisches. Eben darum bedarf er der Kontrolle, er muß verantwortbar sein gegenüber dem

Text und im Hinblick auf die Person des Predigers: der Prediger muß das ausführen können, was ihm da eingefallen ist; was er jetzt sagen will, muß ihm zu-stehen (Kompetenz), es muß ihm wohl anstehen (Glaubwürdigkeit und Redlichkeit) und es muß ihm stehen (Takt und Geschmack). Ein homiletisches Verfahren, das der gegenwärtigen Auftragslage entspricht, müßte seiner ganzen Anlage nach Mut zum Einfall machen und Methoden zu seiner Prüfung darbieten.

Es müßte schließlich im Hinblick auf die Ausführung der Predigt das verschüttete Erbe der Rhetorik, mindestens die Fragestellungen der klassischen Rhetorik, aktualisieren. Denn die Predigt ist ein Verständigungsauftrag und als solcher angewiesen auf den kontrollierten Einsatz aller sprachlichen Ein-[45]wirkungsmöglichkeiten, genau wie der Religionsunterricht und andere Kommunikationsbemühungen der Kirche. Das Erbe der Rhetorik wird heute vor allem von den Massenmedien verwaltet; von ihnen wird man lernen müssen bei sorgfältiger Unterscheidung der Situationen und in der Schule der Wissenschaften, die das Kommunikationsproblem untersuchen: Soziologie, Sozialpsychologie, Psychologie, Kybernetik, Informationswissenschaft.

Das entscheidende Mittel zur Schulung der Prediger im verantwortlichen Umgang mit der Sprache ist die methodische Predigtkritik. Es gehört mit zu den Folgen eines dogmatisch überfrachteten und überhöhten Predigtbegriffs, daß die Predigtkritik außer im homiletischen Seminar so gut wie überhaupt nicht geübt wird, weder in der Gemeinde noch in den Pfarrkonventen und Pastoralkollegs noch in wissenschaftlicher Bemühung. Infolgedessen fehlt es auch völlig an Kriterien, die dem Pfarrer wenigstens die Selbstkritik ermöglichten. Das gesuchte homiletische Verfahren hätte hier eine seiner wesentlichen Funktionen.

Natürlich könnte man im Zusammenhang der Frage nach der Rolle der Individualität des Predigers noch sehr viel radikaler vorgehen.

Man kann und man muß wohl fragen, ob tatsächlich jeder Pfarrer von der Kirche verpflichtet werden kann, zu predigen. Jeder Pfarrer hat teilzunehmen an dem Gesamtauftrag der Kommunikation des Evangeliums in der Fülle der parochialen und transparochialen Herausforderungen. Aber gibt es irgendeine zureichende Begründung für die Forderung, jeder Pfarrer müsse dies, trotz seiner ganz andersartigen Begabung, in der Weise der sonntäglichen Predigt tun? Die im monopolistischen parochialen Pfarramt konzentrierten Funktionen beginnen sich zu differenzieren. Es gibt Pfarrer, deren Hauptbegabung der Unterricht ist, andere, die die Gabe der Seelsorge haben, andere mit einem organisatorischen Talent, andere, die die geborenen Makler, die geborenen Vermittler zwischen verschiedenen Problembereichen, Interessen, Sachkenntnissen – etwa an einer Evangelischen Akademie – sind. Und es gibt Pfarrer mit einer speziellen rhetorischen und interpretatorischen Begabung. Warum dem

182

nicht Rechnung tragen? Warum [46] nicht die Tatsache, daß sich längst eine Differenzierung kirchlicher Stützpunkte nach ihrer Funktion in der Umwelt ankündigt (Frankfurt am Main – Nordweststadt), positiv aufnehmen und einige von ihnen in zentraler Lage als Zentralkirchen, als spezielle Predigtkirchen ausbauen mit Teams von Pfarrern und Laien, deren besondere Aufgabe eben die Vorbereitung und verantwortliche Durchführung von Predigtgottesdiensten ist? Warum nicht wenigstens diejenigen Pfarrer, die eine besondere Begabung und Erfahrung im Umgang mit den Massenmedien haben, einer rigorosen Spezialausbildung unterwerfen und von allem anderen entlasten? Die Reichweite dieser Medien würde das mehr als rechtfertigen. Aber das traditionelle Verständnis des Pfarramtes macht solche Spezialisierungen gegenwärtig offenbar unmöglich.

5. Ein neues homiletisches Verfahren müßte den Prediger bei der Einsicht festhalten, in welchem Maße er heute auf das kontinuierliche Gespräch mit dem Hörer angewiesen ist.

Er braucht das Gespräch mit dem Hörer zur *Vorbereitung* seiner Predigt, denn nur durch den Hörer gibt sich ihm die Situation zu erkennen, die seine Predigt herausfordert.

Er braucht das Gespräch mit dem Hörer vor allem auch, um möglichst genau zu wissen, mit welchem Vorverständnis von der christlichen Überlieferung in Gestalt des Textes die Hörergemeinde ihm gegenübersitzen wird.

Beide Erwägungen nötigen zur Einrichtung von Predigtvorbereitungskreisen in den Gemeinden.

Der Prediger braucht das Gespräch mit dem Hörer im Anschluß an die Predigt, in der Konsequenz seiner Predigt, um sich zu vergewissern, wie weit er sich verständlich gemacht, was seine Predigt ausgerichtet und angerichtet hat. Der Sonntagsgottesdienst gibt der Gemeinde keine Möglichkeit, das kritische Amen zur Predigt zu sagen, von dem 1. Kor. 14 die Rede ist. Der Prediger muß es sich verschaffen, schon um seiner homiletischen Selbstkritik willen.

Vor allem aber muß er es sich verschaffen um der Gemeinde willen. Geht es bei der Kommunikation des Evangeliums um die verständliche Bezeugung der Relevanz der Überlieferung des Glaubens für das Hic et Nunc, dann ist die sonntägliche Predigt in ihrer Isolierung prinzipiell nicht ausreichend [47] zur Erfüllung des Kommunikationsauftrags. Die sonntägliche Predigt kann, trotz aller Bemühung um Situationsgemäßheit, niemals etwas anderes als das »Wort für alle«, das »Wort für viele«, also ein allgemeines, in der notwendigen Konkretion behindertes Wort sein. Sie muß also, davon war ja schon die Rede, durch weitere Stufen der Interpretation ergänzt werden, den Katechumenat, das mutuum colloquium und das Einzelgespräch.

183

Ziel dieser von der Predigt ausgelösten und zur Predigt zurückführenden Gespräche ist das Relevantwerden der christlichen Überlieferung für die spezielle Lebenssituation, die spezielle Auftragslage des einzelnen Hörers in seinen gesellschaftlichen Gruppierungen, die Diaspora des Glaubens. Gefragt ist letztlich nach Christus als der endgültigen Verheißung, der Verheißung also auch meines alltäglichen Daseins, auf die hin ich als Glaubender in Liebe und Hoffnung mit meiner Umwelt umgehen, sie ertragen und verändern kann. Die Predigt kann nie etwas anderes sein als ein Gesprächsgang in dem Versuch einer Antwort auf diese Frage. Und ob sie ein sinnvoller Gesprächsgang ist, entscheidet sich daran, in welchem Maße sie aus dem Gespräch erwächst und wiederum ins Gespräch hineinführt.

6. Das homiletische Verfahren muß hantierbar sein. Es gibt eine ganze Reihe von durchaus positiven Anweisungen zur Predigtarbeit, sowohl innerhalb der praktisch-theologischen Tradition der Dialektischen Theologie als auch jenseits dieses Ansatzes. Sie haben alle, wie mir scheint, eines gemeinsam: sie rechnen damit, daß der Pfarrer sich zwei oder drei Arbeitstage lang intensiv mit seiner Predigt beschäftigen kann. Der Pfarrer *kann* das nicht, und er wird es angesichts der zurückgehenden Bedeutung des sonntäglichen Gottesdienstes immer weniger können und dürfen. Das ist ja einer der Gründe, warum die verbreiteten und mindestens zum Teil sehr guten wissenschaftlichen Meditationen faktisch für viele eine geringe Hilfe sind und manchmal sogar eine negative, entmutigende Wirkung haben. Sie würden nur helfen, wenn sie wirklich angeeignet werden könnten. Und das allein würde in der Regel einen ganzen Arbeitstag und mehr erfordern. Und dann ist für die Ausformulierung der Predigt ja noch gar nichts getan. [48]

Appelle nützen nicht, sie machen nur das Gewissen schwer. Daß der Pfarrer so wenig Zeit für seine Predigt hat, liegt nicht an seinem bösen Willen, an seiner Trägheit, an seiner Resignation, an seiner falschen Zeiteinteilung, an seiner mangelnden Einsicht in das Wesentliche – das alles sind ja erst Folgen der Überforderung –, sondern es hat strukturelle Gründe. Sein Amt ist, angesichts der exzentrischen Lage der Kirche in der Gesellschaft, dysfunktional geworden. Er kann nicht

zugleich einer volkskirchlichen Mitgliederschaft dienen, deren Teilnahme zwar abnimmt, deren Ansprüche aber gestiegen sind, einfach weil die Zahlen gestiegen sind,

und zugleich einer vereinskirchlichen Gemeinde, die ein intensives Binnenleben zu führen wünscht, zu seiner Aufrechterhaltung aber überall – darin noch ganz volkskirchlich – die Initiative des Pfarrers verlangt,

und zugleich einer Kirche *für andere*, die vorläufig nicht existiert, obgleich der Pfarrer in der Regel über genug Phantasie verfügt, um zu begreifen, welche Verheißung und welche zwingende Kraft dieses Konzept von Kirche hat. Man kann aus diesem Nicht-Können den Schluß ziehen, die ganze Position Ortsgemeinde mit ihrer Zentralfunktion, dem Sonntagsgottesdienst, sei erledigt und sinnlos. Aber der notwendige Wandel der Kirche im Wandel der Zeit ist, wenn man nicht völlig den Reißbrettentwürfen verfällt, eine Frage verantwortlich geleisteter Übergänge. Einer der Orte, an denen der Übergang fällig und, wie ich glaube, möglich ist, ist die Ortsgemeinde. Und das Übergehen wird nicht zustande kommen ohne die Predigt, die nun einmal im Leben der Gemeinden eine wesentliche Bedeutung hat.

Gesucht ist ein neues homiletisches Verfahren. Es muß in der Realität gemeindlichen Lebens hantierbar sein. Es muß die Freude am Predigen fördern.

V

Struktur und Gestalt der Predigt

V.1 Theoretische Grundlegung

Die Bedeutung der Form für die Brauchbarkeit der Predigt

Zu den Beiträgen von Karl-Heinrich Bieritz und Johann Baptist Metz

Karl-Heinrich Bieritz (Jahrgang 1936) war 30 Jahre lang als Praktischer Theologe mit den Schwerpunkten Liturgik und Homiletik im Hochschuldienst tätig. Seine akademischen Stationen waren – nach einer Assistentur bei Prof. D. Dr. Erich Hertzsch in Jena – das Theologische Seminar Leipzig, die Humboldt-Universität Berlin, ab 1992 die Universität Rostock. Seinem umfangreichen Œvre[1] ist jedoch an vielen Stellen abzuspüren, daß er vor seiner Lehrtätigkeit für neun Jahre als Vikar, Pfarrer und Superintendent in der Evangelischen Landeskirche Greifswald (heute Pommersche Evangelische Kirche) tätig war.

Der vorliegende Beitrag ist insofern typisch für den Theologen Karl-Heinrich Bieritz, als er (1.) zum Ausdruck bringt, in welchem Sinne theologische Arbeit in gewisser Weise immer auch kritische Reflexion der Theologie selbst ist, und indem er (2.) zeigt, wie scheinbar profane Fragestellungen zum Ausgangspunkt einer aufschlußreichen Vertiefung (praktisch-)theologischer Einsichten führen können. Schließlich (3.) sind insbesondere die homiletischen Arbeiten von Bieritz von der Überzeugung bestimmt, daß Predigen ein Handeln mit Sprache ist. Ein Prediger sollte dementsprechend wissen, was er auf der Kanzel ›machen‹ will, was er *vorhat*, wenn er sie betritt. Und diese Frage ist nicht damit beantwortet, daß er sagen kann, was die Exegese über den Text oder was die christliche Dogmatik über dessen Leitbegriffe zu vermelden hat.

Vor diesem Hintergrund entfaltet Karl-Heinrich Bieritz sein Plädoyer für eine »eigensinnige Predigt«. Sie zeichnet sich dadurch aus, daß sie eine Eigenaussage hat, die diesen Namen verdient: Es geht um eine Predigt, die selbst etwas zu sagen hat, und nicht in beliebigen Variationen wiederholt, was andernorts gesagt wurde. Etwas je *eigenes* zu sagen, bedeutet freilich nicht zwangsläufig, etwas je ganz *anderes* oder ganz *neues* zur Sprache zu bringen – aber in jedem Fall etwas, was von einem beliebigen anderen nicht genauso gesagt werden könnte: Die Wahl der Worte, der Ton der Stimme, die dabei

---

[1] Vgl. die den Stand des Jahres 2001 widerspiegelnde Bibliographie in: Wilfried Engemann (Hg.): Theologie der Predigt. Grundlagen – Modelle – Konsequenzen, FS Karl-Heinrich Bieritz, Leipzig 2001, 383-413.

eingenommene Haltung, die Bildhaftigkeit der Sprache, der bald ironische, bald vorwurfsvolle, bald feierliche Unterton usw. sind sprachliche Mittel, durch die sich unser Reden vom Reden anderer unterscheidet.

Diese Unterschiede verschwinden umso mehr, je stärker unser Reden nach Form und Inhalt reglementiert und bestimmten Codes (etwa denen einer wissenschaftlichen Fachsprache oder eines bestimmten soziokulturellen Milieus) angepaßt ist. Die Theologie – das gehört zu ihrer Wissenschaftlichkeit – hält ihrerseits eine Fülle von Formeln und Leitsätzen parat, in denen bestimmte, aus der Theologiegeschichte erwachsene Auffassungen über die Wechselbeziehungen zwischen Gott und Mensch, über den Glauben, über Leben und Tod usw. auf den Punkt gebracht werden. Je stärker ein Prediger – vor allem in der Predigt selbst – unmittelbar aus diesem Begriffs- und Formelrepertoire schöpft, umso standardisierter ist seine Sprache, und um so weniger würde es auffallen, wenn er sich beim Predigen durch jemand anderen vertreten ließe, der genauso verführe. Die Frage ist, was in solch einer Predigt überhaupt noch »auffällt«: Wenn der Prediger seinen Text vor allem daraufhin liest, welche dogmatischen oder ethischen Standards am besten zu den ›wichtigen‹ Begriffen der Perikope (Gnade, Sünde, Liebe, Hoffnung, Nächster etc.) ›passen‹, werden seine Predigten in ihrem Einerlei und ihrer unbescholtenen theologischen Richtigkeit mehr und mehr austauschbar sein.

Dieses Problem hängt mit der unaufhebbaren Wechselbeziehung zwischen Inhalt und Form zusammen. Es genügt nicht, sich im Vorfeld der Predigt über die eigene Mitteilungsabsicht klar zu werden und die »Botschaft« als eine Art theologisches Fazit im Kopf zu haben. Wer die Gemeinde dazu motivieren und durch die Predigt selbst dazu anleiten will, mehr zu verstehen, als man auf einem fünfseitigen Manuskript unterbringen kann – und das ist für die Rezipierbarkeit der Predigt in das Alltagsleben ihrer Hörer entscheidend –, der muß die Inhaltsfrage mit der Frage nach der Gestalt und Struktur der Predigt verbinden. Dabei kann man von den eigensinnigen biblischen Texten, die das, was sie sagen, so sagen, wie die meisten anderen Texte es nicht sagen, einiges lernen: Sie haben – wie viele außerbiblische Texte auch – eine je eigene, unverwechselbare Struktur, die es ermöglicht, den Text gewissermaßen zu den ihm eigenen Bedingungen zu studieren, ihm dabei aber durchaus verschiedene und keineswegs beliebige Interpretationen abzugewinnen.

Vor diesem Hintergrund nimmt der Beitrag von Karl-Heinrich Bieritz zunächst das in der Homiletik vieldiskutierte Konzept der »offenen Predigt« auf, das im Laufe der letzten 20 Jahre entwickelt wurde und ursprünglich aus dem Dialog mit der semiotischen Theorie des »offenen Kunstwerks« erwachsen ist. Worum geht es dabei? Ausgangspunkt ist die Qualität guter Kunstwerke, vieldeutig – und in diesem Sinne höchst informativ zu sein. Der Reiz des »offenen Kunstwerks« liegt in seiner spezifischen, eigenwilligen, immer etwas fremd anmutenden Sprache, in seiner Aufmerksamkeit erheischenden Gestalt, die ein quasi automatisches Wiedererkennen vertrauter Inhalte erschwert und auf solche Weise Verstehenshürden aufbaut. Gleichzeitig macht es neugierig und legt mit genau derselben Struktur, die in die ›Verstehenskrise‹ geführt hat, eine Spur des Verstehens. Unversehens ist der Betrachter bzw. Leser mittendrin im Kunstwerk, gewinnt ungewohnte Perspektiven, hat teil an einer neuen Sicht der Dinge – ja, er wird u. U. seiner selbst als eines anderen gewahr.

Die Predigt als »offenes Kunstwerk« zu begreifen, läuft praktisch darauf hinaus, nach einer erschließungsbedürftigen, aber zugleich auch ergänzungsfähigen und interpretationswürdigen Gestalt der Predigt zu suchen. Der semiotische Begriff des Idiolekts – Ausdruck für die unverwechselbare, in ihrer Eigensprache gründende Einzigartigkeit eines Kunstwerks (eines Textes, eines Bildes, von Musik) – ist homiletisch gewendet u. a. als die schlichte Aufforderung zu verstehen, Predigerinnen und Prediger möchten zu ihrer eigenen Sprache finden und einer schleichenden Anpassung an abstrakt-theologische Stilistik, phraseologischen Kirchenjargon und abgedroschene Kanzeljournalistik Widerstand leisten.

Wie das vor sich gehen kann, zeigt Karl-Heinrich Bieritz, indem er in vier Schlaglichtern zunächst die Vorgeschichte sowie die Rezeption und Weiterentwicklung des »offenen Kunstwerks« innerhalb der homiletischen Diskussion skizziert. Dabei spielen (1.) die Expressivität der Predigtsprache (als Sprache eines Subjekts), (2.) die Vieldeutigkeit ästhetischer Kommunikation, (3.) die Inszenierung von Ambiguität und schließlich (4.) die »Arbeit an mentalen Bildern« eine besondere Rolle. In der sich anschließenden Erörterung kultursoziologischer Einsichten verweist Bieritz freilich auf verschiedene Dilemmata, die sich aus der Erlebnisorientierung unserer Gesellschaft und aus der damit paradoxerweise verbundenen Wahrnehmungsstörung ergeben. Wo eine ästhetische *Scheinwirklichkeit* oder eine virtuelle *Simulation von Wirklichkeit* den Erfahrungskontakt mit der eigenen *Lebenswirklichkeit* verdrängt, kann man schwerlich empfehlen, der Gemeinde mit einer als »offenes Kunstwerk« inszenierten Predigt etwas ästhetisch besonders Reizvolles und Unterhaltendes vorzutragen. Auf welche Konsequenzen zielt die »eigensinnige Predigt« aber dann?

Karl-Heinrich Bieritz' Interesse am Eigensinn einer Predigt zielt auf eine *Predigtstruktur*, die – so könnte man seine Überlegungen zusammenfassen – durch ihre Abweichung von klischeehaften kirchlichen oder theologischen Sprachmustern die Wahrnehmung ihrer Hörer entautomatisiert und zugleich in eine Richtung lenkt, in der es wirklich etwas zu entdecken gibt: Der Hörer soll gewissermaßen zu den Konditionen des Reiches Gottes seiner selbst ansichtig werden, ohne dabei seine Lebenswirklichkeit vergessen zu müssen.

Solche Predigt bedarf aber nicht nur einer unverbrauchten Sprache, signifikanter Strukturmerkmale, treffender Bilder und unverwechselbarer Geschichten. Wer predigt, muß auch *inhaltlich* etwas ›riskieren‹ und – zumal in einer Predigt – an den Rand dessen gehen können, was gerade noch gesagt werden kann, sei es als Frage, als Ahnung, als Hoffnung. Eine Predigt soll und darf in dem, was sie aussagt, abweichlerisch sein, denn das Evangelium ist ›von Hause aus‹ eine Botschaft, die quer liegt zu dem, was man sonst so hört: Sie hat nämlich die Eigenart, Menschen ins Leben zu rufen und dabei ihre Existenz zu thematisieren. Und das geht immer an die Substanz.

Eine der bewährtesten homiletischen Möglichkeiten, menschliche Existenz bzw. die damit verbundenen Wirklichkeitserfahrungen ohne Klischees theologisch zu thematisieren und mit dem Evangelium zu versprechen, liegt im Gebrauch narratologischer Formen. Dies wird in dem Beitrag von Johann Baptist Metz (Jahrgang 1928) besonders deutlich. Der katholische Theologe gehört zu jenen Wissenschaftlern, deren Wirken sich kaum auf ein bestimmtes Spezialgebiet oder gar auf ein einzelnes Forschungsfeld beschränken läßt. Von seiner Professur her – er war von 1963 bis 1993 Ordinarius für Fundamentaltheologie an der Katholischen Fakultät der Universität Münster[2] – ist er Dogmatiker. Seine interdisziplinär angelegten Publikationen befassen sich jedoch mit Themen und Fragestellungen, die man auf den ersten Blick eher einem Politikwissenschaftler, einem Soziologen, einem Literaturwissenschaftler oder einem Philosophen[3] unterstellen könnte. Gleichwohl führen seine Arbeiten in ein Kerngeschäft der Theologie: Sie erschließen das Evangelium und die christliche Religion im Bezug auf die bestehenden Verhältnisse in der Welt[4], in der Gesellschaft, in der Kirche; sie dokumentieren ein Verständnis von Theologie, das durch den Bezug auf das Politische seine eigentliche Relevanz gewinnt. Was es mit dem Menschen auf sich hat und wer Gott für den Menschen ist, wird deutlich in den Koordinaten von Raum und Zeit, unter den je und je herrschenden Machtverhältnissen, angesichts von Erfahrungen des Leids und der Freiheit.[5] Die Theologie darf also nicht zu einem von der Weltwirklichkeit abgehobenen Selbstgespräch der Kirche werden.

Vor diesem Hintergrund ist Metz' Plädoyer fürs Erzählen der Geschichte(n) des Glaubens zu verstehen: Wer erzählt, hat eine Perspektive. Wer erzählt,

---

2 Seit seiner Emeritierung lehrt J. B. Metz als Gastprofessor für Religionsphilosophie und Weltanschauungslehre an der Universität Wien.
3 Bevor Metz im Fach Katholische Theologie promovierte (1961), schloß er 1952 sein Philosophiestudium mit dem »Dr. phil.« ab.
4 Vgl. Johann Baptist Metz: Zur Theologie der Welt, Mainz (1968) [5]1985.
5 Vgl. zuletzt: Johann Baptist Metz / Johann Reikerstorfer (Hgg.): Memoria passionis. Ein provozierendes Gedächtnis in pluralistischer Gesellschaft, Freiburg 2006.

stellt Zusammenhänge her. Wer erzählt, bringt sich selbst ins Spiel und zieht sich nicht auf dogmatische Satzwahrheiten zurück. Wer erzählt, läßt sich auf den Austausch von Erfahrungen ein und nimmt sich selbst und die anderen ernst – indem er von diesem Austausch etwas erwartet, ein neues Verständnis für die Gegenwart zum Beispiel. Und Erzählen kann unversehens einen subversiven Charakter bekommen, wenn die Wirklichkeit, die Wort um Wort in und aus der Geschichte ans Licht kommt, der »politisch opportunen« Sicht der Dinge widerspricht,[6] wenn das Erzählte neue Erwartungen weckt, die bestehende Welt in Frage stellt – und die Machtfrage neu beantwortet. Ja, solches Erzählen hat – wie Metz formuliert – »eine gefährlich-befreiende Intention«.

Was und wie wir glauben können, wird im Alten wie im Neuen Testament in hohem Maße in Form von Geschichten überliefert. Angesichts dessen mag man sich darüber wundern, daß in der gegenwärtigen Überlieferungspraxis des christlichen Glaubens das Geschichtenerzählen kaum eine Rolle spielt – allenfalls im Kindergottesdienst oder in der Grundschule. Erzählpredigten sind nach wie vor selten. J. B. Metz erinnert daran, »daß das Christentum nicht primär eine Argumentations- und Interpretationsgemeinschaft, sondern eben eine Erzählgemeinschaft ist«.

Natürlich ist sich der Fundamentaltheologe Metz dessen bewußt, daß es »eine Zeit des Erzählens und eine Zeit des Argumentierens« gibt; und ganz gewiß geht es ihm in seiner Apologie des Erzählens nicht darum, weniger nachzudenken oder weniger verbindlich über die durch den Glauben entstehenden Beziehungsverhältnisse zwischen Gott und Mensch und Welt zu reden. Im Gegenteil: Wo erzählt wird, wird es ernst – oder besser gesagt: Es wird konkret. In der Erzählung vom Auszug Israels aus Ägypten, von der Taufe des Kämmerers, vom verlorenen und wieder aufgenommenen Sohn wird offenkundig, wie Heilsgeschichte sich ereignet.

In dieser Geschichte hat auch das Leid Gottes und des Menschen seinen Platz; andernfalls gäbe es keine Geschichte zu erzählen, sondern nur eine Ideologie zu verbreiten. In vielen Fällen – auch in den großen Erzählungen der Bibel – sind Leid, Protest, Angst und Zweifel überhaupt erst der Anlaß zum Erzählen einer Geschichte, in der das Blatt sich wendet, ohne daß das, was vor dieser Geschichte kommt, aus dem Gedächtnis getilgt werden müßte. Eine Geschichte ohne Leid wäre verlogen – und könnte letztlich auch nicht erzählen, warum es sie gibt. Die vollständig erzählte Geschichte hingegen ist unbestechlich und gewinnt die Qualität eines Arguments: In ihr selbst nämlich – und im Hören auf diese Geschichte – ereignet sich etwas, was aus der Gegenwart nicht mehr verdrängt werden kann, weil es jetzt geschieht: Erfahrung des Heils.

---

6 Man lese aus dieser Perspektive z. B. das Märchen *Des Kaisers neue Kleider*.

Metz' besonderes Interesse an der Geschichte menschlichen Leidens, sein »Respekt vor der Leidensgeschichte« und seine Wertschätzung der »Autorität der Leidenden« erinnert an die in diesem Band schon mehrfach angesprochene Frage nach der Relevanz der Predigt: Nach Metz müßte eine Predigt – sicherlich nicht immer thematisch explizit, aber doch implizit – auf Aspekte, Fragmente und Sequenzen menschlicher Leidensgeschichte[7] bezogen sein und gleichsam erzählen können, wie diese Geschichte im Lichte des Evangeliums weitergehen könnte.

W. E.

---

7 Ernst Lange verweist in analogem Zusammenhang auf die alltäglichen »Anfechtungen« des Glaubens, die eine Predigt fordern, ja, geradezu nach einer Stellungnahme verlangen. Dazu gehört der Mut, jene Geschichten zuzulassen, an und in denen Menschen leiden – und dazu gehört es, sich zu fragen, wie diese ihre Geschichte eine heilvolle Fortsetzung finden kann.

Karl-Heinrich Bieritz

Offenheit und Eigensinn
Plädoyer für eine eigensinnige Predigt

In der Märchensammlung der Gebrüder Grimm findet sich die ebenso kurze wie schreckliche Geschichte vom »eigensinnigen Kind«:

> »Es war einmal ein Kind eigensinnig und tat nicht, was seine Mutter haben wollte. Darum hatte der liebe Gott kein Wohlgefallen an ihm und ließ es krank werden, und kein Arzt konnte ihm helfen, und in kurzem lag es auf dem Totenbettchen. Als es nun ins Grab versenkt und Erde über es hingedeckt war, so kam auf einmal sein Ärmchen wieder hervor und reichte in die Höhe, und wenn sie es hineinlegten und frische Erde darauf warfen, so half das nicht, und das Ärmchen kam immer wieder heraus ...«

Erzählt, um allen kleinen und großen Kindern jeglichen Eigensinn auszutreiben, hinterläßt die Geschichte dennoch ein zwiespältiges Gefühl: Gott, Mutter und Gesellschaft bieten alles auf, um den Willen des Kindes zu brechen. Doch das läßt sich nicht unterkriegen – in einem ganz buchstäblichen Verständnis: Noch aus dem Grab reckt es seine Arme gen Himmel. Solch renitentes Insistieren auf dem eigenen Sinn erregt den Zorn derer, die sich dem Gemein-Sinn verpflichtet wissen: Wieder und wieder häufen sie Erde auf das widersetzliche Zeichen, schlagen es mit Ruten, bannen es in die Grube. Insgeheim jedoch, so darf man vermuten, neiden sie dem kleinen Wesen dieses verstockte Bestehen auf dem eigenen Weg, dem eigenen Wissen, dem eigenen Wollen. Und ihre wohlerzogenen Kinder, denen sie die Geschichte vor dem Schlafengehen erzählen, träumen sich des Nachts in solchen Eigen-Sinn hinein.

Auf der Folie dieser Geschichte zur Sprache gebracht, hat die Rede von der »eigensinnigen Predigt« natürlich an solchem Zwiespalt teil. Ihren Eigen-Sinn auszutreiben, sie auf den Gemein-Sinn, den jeweils aktuellen *common sense* in Theologie, Kirche und Gesellschaft zu verpflichten, tummeln sich Dutzende von Ärzten an ihrem Krankenbett. Sind auch ihre Verschreibungen unterschiedlich, stimmen sie doch in der Diagnose weithin überein: Es ist jene fatale Unflexibilität und Unzeitgemäßheit, jene verbissene und verkrustete Eigenwilligkeit der christlichen Predigt, die sie so unheilbar krank erscheinen [29] läßt. Längst totgesagt, beigesetzt auf dem Friedhof archaischer Kommunikationsmedien, reckt sie immer noch ihre dürren Arme in den postmodernen Himmel. Von denen, die damit beschäftigt sind, allenthalben das Land einzuebnen, wird solcher Eigen-Sinn freilich kaum noch wahrgenommen. Oder gibt es auch hier die Träume, in denen das Zeichen nächtlich weiterwirkt?

I SPIELARTEN DES EIGENSINNS: GESCHICHTEN ZUR »OFFENEN PREDIGT«

Auch die Geschichte der »offenen Predigt« – wenn Sie wollen: von der Predigt als einem »offenen Kunstwerk« –, die ich hier für Sie nacherzählen soll, trägt in mancher Hinsicht märchenhafte Züge. Sie lebt, wie noch zu zeigen sein wird, weithin von Bildern, von Szenen. Und sie beginnt – wie andere Märchen auch – mit »Es war einmal«: Es war einmal, so ist zu vernehmen, ein Wort, das sprach die Menschen frei. Das band sie nicht an die Weisungen des gemeinen Sinns, sondern ließ sie eigene Wege gehen. Das kehrte sie nicht unter den Teppich der öffentlichen Meinung, sondern lehrte sie den aufrechten Gang. Das legte sie nicht auf ihre bitteren Erfahrungen – und die bitteren Erfahrungen ihrer Vorfahren – fest, sondern öffnete ihnen die Augen für die unbegrenzten Möglichkeiten des Himmelreiches. Dieses Wort, so heißt es, nannte man damals *das Evangelium*.

Dieses Wort nun, so heißt es weiter, fiel eines Tages in die Hände der Theologen und Prediger. Die brachten es auf den Begriff, packten es in die Gefäße ihrer dogmatischen Systeme, weckten es ein, dichteten es nach allen Seiten ab, klebten ihre Etiketten an die Gläser und teilten nur nach Maßgabe ihres Sachverstandes davon an die Menschen aus. Da steht es nun auf den hohen Regalen in den Kellern der Kirche und wartet auf den, der es öffnet, der es zur Entfaltung bringt, so daß es nicht nur zu hören und zu sehen, sondern auch zu riechen, zu schmecken, zu fühlen sein wird.

Die Geschichte solcher Öffnung – oder sollte man besser von einer Traumgeschichte sprechen? – wird in unterschiedlichen Varianten erzählt. Einigen dieser Erzählungen – beileibe nicht allen – möchte ich im folgenden rekapitulierend nachgehen.

I.1 Einladung zum Bäumepflanzen: Predigt in Bewegung

Henning Luther – der hier noch vor Gerhard Marcel Martin zu nennen ist – erzählt im Jahre 1983 die Geschichte, wie Joseph Beuys – aufgefordert, sich an der *documenta 7* in Kassel zu beteiligen – dort eintausend Basaltsteine abladen läßt. Die sollen, so lautet die Spielvorschrift des Künstlers, »dadurch abgetragen werden, daß pro Stein ein Baum gekauft und in Kassel gepflanzt [30] wird«.[1] Ein »offenes Kunstwerk« also – besser noch: ein »Kunstwerk in Bewe-

---

[1] Henning Luther: Predigt als Handlung. Überlegungen zur Pragmatik des Predigens. In: ZThK 80 (1983), 223-243, hier: 231. Vgl. auch Gerhard Marcel Martin: Homiletik – Ästhetik – Subjektivität. Zu Henning Luthers Predigttheorie und Predigtpraxis. In: PTh 81 (1992), 356-365; Albrecht Grözinger: Die Predigt soll nicht Antworten geben, sondern

gung«[2] –, das den Betrachter in ein *Spiel* verwickelt, ja, das sich allererst in solchem *Spiel* als *Werk* verwirklicht; ein Kunstwerk, das sich – so Henning Luther – in dem realisiert, »was es auslöst«. Zwar fällt der Ausdruck nicht – nur der Gegenbegriff des »geschlossenen Kunstwerks« wird aufgerufen, die prinzipielle »Offenheit« jeglicher ästhetischer Aneignung und Über-Eignung wird noch nicht eigens thematisiert –, doch ist ganz klar, daß Henning Luther die Predigt ganz im Sinne des Exempels als »offenes Werk« verstanden und gestaltet wissen will: als ein Werk, das erst dort und dann zu seiner Wirkung kommt, »wenn der Hörer aufgrund freier Entscheidung mitspielt«[3].

Um zu solchem Ergebnis zu kommen, muß Henning Luther sein handlungstheoretisches Gerüst – genauer: die Lehre von den Sprechakten nach John L. Austin und John R. Searle – in spezifischer Weise akzentuieren. Zwischen *illocutio* und *perlocutio* – zwischen Redeabsicht und Redewirkung – entdeckt der Theologe den Ort, wo die »Freiheit des Hörers«[4] siedelt; denn der Hörer allein kann und muß entscheiden, ob er sich von der *illocutio* des Redners binden läßt oder ob er sich ihr verweigert. Der Redner, der seine Intentionen nicht verschleiert, sondern offenlegt, respektiert diesen Freiheitsraum. »Der Predigthörer«, schreibt Henning Luther, »muß nicht nur verstehen, *was* der Prediger sagt, sondern auch, *warum* er es sagt.«[5] Offenlegung der Intentionen aber heißt nichts anderes, als daß der Prediger in bestimmter Weise von sich selber spricht. Henning Luther: »Expressive Sprechakte, die die Subjektivität des Predigers zum Ausdruck bringen, gehören unverzichtbar zur Predigt.«[6] Hier schließt sich der Kreis: Denn »expressive Sprechakte«, die »anschlußfähig« für die eigene Subjektivität der Hörer sind – nur um solche kann es gehen –, tangieren allemal den Bereich der Poesie.[7] [31]

Anregend sind auch Henning Luthers Vorschläge, Predigt als »Inszenierung« eines biblischen Textes zu begreifen und zu gestalten[8] – eine Inszenierung, die ihn nicht schlichtweg ›auslegt‹, sondern ihn auf ihre Weise und zu ihrer Zeit ›realisiert‹, ›verwirklicht‹ und damit neu zur Wirklichkeit und zur Wirkung bringt: »Die inszenatorischen Interpretationen«, so sagt er selbst,

---

Antworten finden helfen. Zum Verständnis der Predigt bei Henning Luther. In: ThPr 27 (1992), 209-218.
2 Umberto Eco: Das offene Kunstwerk, stw 222, Frankfurt / M. 1977, 42 u. ö.
3 Luther (s. Anm. 1), 233.
4 Luther (s. Anm. 1), 232.
5 Luther (s. Anm. 1), 235.
6 Luther (s. Anm. 1), 237.
7 Luther (s. Anm. 1), 237 f.
8 Henning Luther: Predigt als inszenierter Text. Überlegungen zur Kunst der Predigt. In: ThPr 18 (1983), 89-100. Auch Luthers Auslegung des Begriffs der »Werktreue« nimmt spätere Debatten um die »Predigt als offenes Kunstwerk« vorweg: »Werktreu ist nicht die Inszenierung, die eine philologisch exakte oder sinnadäquate Wiedergabe des Textes bietet, sondern die, die den veränderten geschichtlichen Umständen entsprechend neue Konkretisationen schafft, in denen der Text weiterlebt« (97).

»stellen daher nicht Versuche der Annäherung an den Text dar, sondern Realisationen desselben.«[9] Realisationen, so muß man ergänzen, an denen die Predigthörer als »Mit-Inszenierende« mitwirken: »Sie sind nicht nur passiv beteiligt, sondern inszenieren das Predigt-›Stück‹ mit bzw. *schreiben* es neu.«[10]

Der Künstler, der vor der *documenta* Steine abladen läßt, um Kassel aufzuforsten, ist ohne Zweifel eine höchst eigensinnige Figur. Und eine gehörige Portion Eigensinn benötigt wohl auch einer, der – aus freien Stücken – an der Vollendung eines derart »offenen Werkes« teilnimmt. Der Ausgang der Sache ist offen, gewiß; offen ist auch der Weg, den sie nehmen wird; beides hängt an der Mitwirkung, am Engagement, auch am Einfallsreichtum des Publikums. Doch die »Lösung« als solche ist vorgegeben; einen gänzlich beliebigen Umgang mit dem Material sehen die Regeln nicht vor. Das ist zu bedenken, folgt man dieser Geschichte. Eine paradoxe Situation: Um des Zieles – eines *eindeutigen* Zieles! – willen bedarf es des offenen, geöffneten Weges. Um einer bestimmten »Praxis« – einer sehr *bestimmten* »Praxis«! – willen liefert der Künstler sein Werk dem mit-wirkenden Publikum aus.

Hilft das weiter, um die spezifische »Offenheit« der Predigt genauer zu bestimmen? Jedenfalls gilt: Das Konzept Henning Luthers gibt sowohl dem Eigen-Sinn der Predigt wie dem Eigen-Sinn des Hörers Raum und eröffnet dennoch ein »Feld«[11] – auch dieser Begriff taucht hier schon auf –, auf dem sie sich begegnen, bewegen und verständigen können.

I.2 Ährenlese auf dem Predigt-Feld: Predigt als »offenes Kunstwerk«

Die Predigt als »ein Feld für verschiedene Ernteerfahrungen« – das ist die Geschichte, die uns Gerhard Marcel Martin erzählen will.[12] Angeleitet durch [32] die eingängige Metapher, sehe ich die Predigthörer vor mir, wie sie sich munter durch das Predigtfeld bewegen – hier ein paar Ähren raufend, dort

---

9 Luther (s. Anm. 8), 97.
10 Thomas Reschke / Michael Thiele: Predigt und Rhetorik. SPT 39, St. Ottilien 1992, 236.
11 Luther (s. Anm. 1), 243.
12 Gerhard Marcel Martin: Predigt als »offenes Kunstwerk«? Zum Dialog zwischen Homiletik und Rezeptionsästhetik. In: EvTh 44 (1984), 46-58, hier: 50. Vgl. auch Henning Schröer: Umberto Eco als Predigthelfer? Fragen an Gerhard Marcel Martin. In: EvTh 44 (1984), 58-63; A. Grözinger: Praktische Theologie und Ästhetik. Ein Beitrag zur Grundlegung der Praktischen Theologie. München 1987, 131 u. ö.; Gert Otto: Predigt als rhetorische Aufgabe. Homiletische Perspektiven. Neukirchen-Vluyn 1987, 106 ff; Frank Witzel: Das Joyce'sche Erbe in der Homiletik. Ein Diskussionsbeitrag zur Predigt als »offenes Kunstwerk«. In: DtPfrBl 91 (1991), 276-279; Reiner Marquard: Homiletische und theologische Ästhetik. Belastende und entlastende Aspekte zum Predigtgeschehen. In: PrTh 30 (1995), 211-219.

einen Strauß aus rotem Mohn oder blauen Kornblumen bindend. Ist auch das Feld begrenzt, kann darum die Ernte auch nicht beliebig ausgeweitet werden, so wird doch die Blütenlese auf dem Acker selbst kaum irgendwelchen Beschränkungen unterworfen.

Gerhard Marcel Martin gebührt das Verdienst, die Vorstellung vom »offenen Kunstwerk«, wie sie der frühe Umberto Eco modelliert hat, ausdrücklich in die Homiletik eingeführt zu haben. Mit dem von ihm empfohlenen »Koalitionswechsel der Homiletik von der Kommunikationswissenschaft zur Ästhetik«[13] verbindet er die Hoffnung, solchermaßen aus der kommunikationswissenschaftlichen Predigt-Not eine ästhetische Tugend machen zu können: Was unter alltäglichen Umständen Verständigung schwer belasten, ja, geradezu verhindern kann – daß nämlich einem einzigen Bedeutungsträger (einem Wort, einer Äußerung, einer Geste, einem Text) häufig mehrere Bedeutungen zuzuordnen sind –, das erscheint nach Umberto Eco geradezu als Bedingung ästhetischer Kommunikation.[14] Das vielfach diagnostizierte Unvermögen der Predigt, die christliche Botschaft so eindeutig an den Mann bzw. die Frau zu bringen, daß die vom Prediger intendierte Aussage »auch so ankommt, wie er sich das vorstellt«[15], wird dergestalt zur Bedingung ihrer ästhetischen Wirkung.

Mit Nachdruck wehrt sich Gerhard Marcel Martin gegen den Verdacht, Predigt – begriffen als prinzipiell deutungsoffenes, unterschiedliche Interpretationen geradezu herausforderndes »Kunstwerk« – werde damit zugleich beliebiger Deutung ausgeliefert: »Mehrdeutigkeit heißt nie Beliebigkeit«, deklariert er. Die Feld-Metapher, die er von Umberto Eco übernimmt – von einem »Suggestivitätsfeld«[16] ist da die Rede, einem »Möglichkeitsfeld«[17], einem [33] »Reizfeld«[18], einem »Feld von Relationen«[19] –, steht im Dienste solcher Unterscheidung: »Das Feld«, sagt Gerhard Marcel Martin, »lenkt die verschiedenen möglichen Auffassungen und leitet die Wahlakte.«[20] Um zu begreifen, wie das »Feld« solch lenkende und begrenzende Funktion zu erfüllen vermag, muß man freilich beim späteren Umberto Eco nachlesen. Da zeigt sich noch deutlicher, daß es nicht die äußere Begrenzung des »Feldes«, sondern seine innere Struktur – genauer: seine entschiedene und unterscheidende »Form« – ist, die solche Leistungen ermöglicht:

---

13 Martin (s. Anm. 12), 49.
14 Eco (s. Anm. 2), 8: »... das Kunstwerk gilt als eine grundsätzlich mehrdeutige Botschaft, als Mehrheit von Signifikaten (Bedeutungen), die in einem einzigen Signifikanten (Bedeutungsträger) enthalten sind.«
15 Reschke / Thiele (s. Anm. 10), 223.
16 Eco (s. Anm. 2), 72.
17 Eco (s. Anm. 2), 48.
18 Eco (s. Anm. 2), 80.
19 Eco (s. Anm. 2), 54.
20 Martin (s. Anm. 12), 53.

Verkürzt dargestellt, beginnt nämlich der Prozeß ästhetischer Kommunikation damit, daß die Ausdrucksebene – anders gesagt: die Ebene des »Materials« – auf ihren tieferen, noch nicht segmentierten und kodierten Niveaus, die gleichsam die Steinbrüche darstellen, aus denen das Material für die Signifikanten, die Bedeutungsträger, geschlagen wird, daß diese Ausdrucksebene eine besondere Bearbeitung erfährt, eine Bearbeitung, die sie »semiotisch interessant«[21] macht. Dadurch entsteht – so Umberto Eco – »ein Überschuß an Ausdruck«, der auf einen möglichen »Überschuß an Inhalt« verweist[22] und so den sprachlichen bzw. nichtsprachlichen »Text« für eine »Vielzahl von Interpretationen«[23] öffnet. Genau auf diesem semiotischen Mechanismus beruht – so Umberto Eco – die »fundamentale Mehrdeutigkeit«[24] ästhetischer Botschaften, ihre »Offenheit im Sinne einer fundamentalen Ambiguität«[25], die den Rezipienten dazu verführt, auch ungewohnte semantische Pfade einzuschlagen, neue Lesarten zu erproben und sozusagen »die Enzyklopädie in Höchstform arbeiten« zu lassen.[26] Aber gerade auf solche Weise gelingt es der ästhetischen Erfahrung, »neues Wissen« zu erzeugen – indem sie den Argwohn weckt, »daß die Korrespondenz zwischen der gegenwärtigen Organisation des Inhalts und den ›wirklichen‹ Sachverhalten weder die beste noch die endgültige ist«[27]. In den soziokulturellen Sinnbildungsprozessen erfüllt ästhetische Kommunikation damit sowohl eine gleichsam subversive, überliefertes Wissen dekonstruierende und überschreitende, wie eine produktive, neues Wissen erzeugende (bzw. vorwegnehmende, ankündigende) Funktion.

Offenheit versus Eigensinn? Eigensinn als Offenheit? Offenheit als Eigensinn? Gerhard Marcel Martin versucht, die Predigt auch theologisch in den [34] »Möglichkeitsfeldern« ästhetischer Kommunikation zu verorten, indem er eine Kettengleichung aufstellt: *Evangelium* gleich *Freiheit* gleich *Liebe* gleich *Inkonsequenz* gleich *Nicht-Eindeutigkeit* gleich *Mehrdeutigkeit* gleich *Offenheit*. Das klingt dann so: »Das Gesetz als Gesetz zwingt in die Konsequenz, das Evangelium setzt frei, läßt leben im Bereich der Liebe, die wesensmäßig inkonsequent ist. *In diesem Sinn* löst Evangelium Eindeutigkeit gerade auf.«[28]

Also doch: Die Hörer als Freigelassene, die sich blütenlesend auf dem weiten Feld der Predigt tummeln, lediglich einer »wesensmäßig inkonsequenten«, vieldeutigen christlichen Liebe verpflichtet? Das ist zu wenig. Das reicht nicht aus, um das »Feld« zu bestimmen, auf dem sich die »Kommunikation des *Evangeliums*« vollzieht. Das schwache Glied in dieser Kette ist, so denke ich, jene Inkonsequenz, die angeblich die Liebe in die Mehrdeutigkeit führt. Das wird dem konsequenten Eigensinn christlicher Liebe, auch der eigensinnigen Liebe Christi, nicht gerecht (man denke nur an jenen überaus eigensinnigen

---

21 Umberto Eco, Semiotik. Entwurf einer Theorie der Zeichen, München 1987, 354.
22 Eco (s. Anm. 21), 359.
23 Eco (s. Anm. 21), 360.
24 Umberto Eco: Apokalyptiker und Integrierte. Zur kritischen Kritik der Massenkultur. Frankfurt a. M. 1986, 78.
25 Eco (s. Anm. 2), 11.
26 Umberto Eco: Semiotik und Philosophie der Sprache. München 1985, 240.
27 Eco (s. Anm. 21), 240.
28 Martin (s. Anm.12), 51.

Samariter, der sich mit seinem barmherzigen Handeln am Feind über jegliches *common sense* hinwegsetzt). Es wird – auf einer ganz anderen Ebene – auch dem Eigensinn des »offenen Kunstwerks« nicht gerecht, für das – nach Umberto Eco – ja gerade seine unverwechselbare Eigensprache, sein »Idiolekt«, gewonnen in unnachsichtiger, überaus konsequenter strukturhomologer Bearbeitung des Materials auf *allen* Organisationsebenen, kennzeichnend ist[29] – eine Eigensprache, die den Rezipienten keineswegs ›freiläßt‹, sondern ihn ausdrücklich ›fesseln‹ will. Es wird schließlich auch der eigensinnigen Predigt nicht gerecht, die gerade darin an der subversiven Offenheit ästhetischer Kommunikation teilhat, daß sie – wie diese – das Gebäude kultureller Selbstverständlichkeiten partiell zum Einsturz bringt und neu errichtet und so immer wieder das Bild verstört, das sich der Gemein-Sinn von der Welt macht. »Mehrdeutigkeit« – so läßt sich mit Wilfried Engemann sagen – ist in solcher Hinsicht nicht das großzügige *Laissez faire,* das alle »Grenzen der Interpretation«[30] aufhebt, sondern Bedingung und Folge einer gezielten und darin höchst eigensinnigen »›Störung‹ jedes auf Eindeutigkeit ausgerichteten Erwartungssystems«[31]. [35]

I.3 WIDER DIE VERDUMMUNG DES SALZES:
 DIE »AMBIGUITÄRE PREDIGT«

»Wider die Verdummung des Salzes«[32]: Wilfried Engemann hat 1993 unter diesem Titel einen Band mit Predigten veröffentlicht. Der Titel bezieht sich auf eine Predigt zu Mt 5,13 und erzählt die Geschichte von dem Salz, das durch »Verwässerung« und »Verklumpung« schließlich »dumm«, »fade« und »gehaltlos« wird.[33] Diese Geschichte, so denke ich, macht deutlich, um was es Wilfried Engemann in seiner »Semiotischen Homiletik«[34] geht: Ziel seiner Kritik ist die in jeder Weise abgesicherte, abgeschirmte und abgedichtete, wenn man so will, »verklebte« und »verklumpte« Predigt, die nichts mehr zu denken gibt, nur auf vertrauten semantischen Pfaden dahingleitet, nichts und niemanden mehr zu bewegen vermag. Dieser von ihm so genannten »obturierten

---

29 Nach Umberto Eco: Einführung in die Semiotik. UTB 105, München 1972, 151 f. formt der »Idiolekt« eines Werkes alle seine Ebenen auf die gleiche Weise und ermöglicht es so auch, etwa von einem Torso auf das Ganze zu schließen.
30 Umberto Eco: Die Grenzen der Interpretation. München 1992.
31 Wilfried Engemann: Wider den redundanten Exzeß. Semiotisches Plädoyer für eine ergänzungsbedürftige Predigt. In: ThLZ 115 (1990), 786-800, hier: 794.
32 Wilfried Engemann: Wider die Verdummung des Salzes. Predigten aus dem Bauch der »Dicken Marie«. Leipzig 1993.
33 Engemann (s. Anm. 32), 46-50: »Wider die Verdummung und Verklumpung des Salzes«.
34 Wilfried Engemann: Semiotische Homiletik. Prämissen – Analysen – Konsequenzen. THLI 5, Tübingen / Basel 1993.

Predigt« setzt er das Programm einer »ambiguitären Predigt« entgegen, die nun gerade nicht – wie manche aus dem Begriff schließen möchten – beliebiger, unverbindlicher Interpretation Tor und Tür öffnet, sondern der »Fremdheit« der Botschaft, auf die sich Predigt bezieht, eine Sprach-Gestalt gibt. »Ambiguitäre Predigt« ist – so ließe sich sagen – »eine überraschend verfremdende Predigt, die den Denk- und damit Ergänzungsprozeß durch den Zuhörer stimulierend in Gang setzt.«[35]

Das wird theologisch untersetzt: Offenbarung, so Wilfried Engemann, ereignet sich immer »im Unerwarteten«, »als Enthüllung signifikanter Strukturen, die den Wahrnehmenden überraschen, die sich querlegen zu seinen bisherigen Erkenntnismustern und unerwarteter Weise eine Erschließungssituation schaffen, in der er etwas entdeckt, was vorher nicht auszudenken war«[36]. »Ambiguitäre Predigt« – so ließe sich fortfahren – kann und will solche »Erschließungssituationen« zwar nicht arrangieren, versucht aber, einen Sprach-Raum offenzuhalten, in dem sie sich ereignen können.[37] In diesem Sinne verhält sich »ambiguitäre Predigt« in der Tat mehr als eigensinnig; nichts stört den Gemein-Sinn ja so sehr wie die Konfrontation mit dem Unausdenklichen – mit dem, was er sich selber zu denken verbietet.

Wilfried Engemann entwickelt seine Predigt-Lehre im begrifflich-methodischen Kontext der Semiotik, der Lehre von den Zeichen. Umfassender noch [36] als Gerhard Marcel Martin stützt er sich dabei auf Umberto Eco, der seine Semiotik als Theorie der Kultur versteht und entwirft: Kultur – so ließe sich verkürzt sagen – ist ein Signifikations- und Kommunikationssystem, das auf der Erzeugung und dem Austausch von Zeichen beruht. Dabei wird das einer Gesellschaft zuhandene Wissen über Gott und die Welt nicht nur fortwährend strukturiert, zitiert und rezipiert, sondern auch verbraucht, ersetzt und erweitert. Kultur befindet sich zu jedem Zeitpunkt in einem »permanenten Prozeß ihrer Revision«[38]. Bei alledem ist es nicht nur der Druck der Situation – der »Kommunikationsumstände«, wie Umberto Eco sagen würde –, der diesen Vorgang in Bewegung hält, sondern auch ein spezifischer Sprach- und Zeichengebrauch, nämlich »die ästhetische Verwendung der Sprache«, die einen Prozeß der Code-Änderung auszulösen und damit »eine neue Art von Weltsicht« hervorzubringen vermag.[39] Theologie und Predigt haben selbstverständlich an diesem Prozeß teil: Einerseits können sie sich nur innerhalb des

---

35 Reschke / Thiele (s. Anm. 10), 224.
36 Engemann (s. Anm. 34), 216 f.
37 Vgl. Wilfried Engemann: Die Erlebnisgesellschaft vor der Offenbarung – ein ästhetisches Problem? Überlegungen zum Ort und zur Aufgabe der Praktischen Theologie heute. In: Albrecht Grözinger / Jürgen Lott (Hrsg.): Gelebte Religion. Im Brennpunkt praktisch-theologischen Denkens und Handelns, FS Gert Otto, Rheinbach-Merzbach 1997, 329-351, hier: 349-351.
38 Engemann (s. Anm. 34), 200.
39 Eco (s. Anm. 21), 347.

semantischen Universums der jeweiligen Kultur zur Sprache bringen, andererseits eröffnet ihnen die kommunizierende Kultur selber die Möglichkeit, dieses Universum zu überschreiten und überlieferte Lesarten von Gott und Welt aufzubrechen, zu erweitern, neu zu fassen.

Wir sehen: Das Modell »Predigt als offenes Kunstwerk« kehrt hier wieder, wenn auch auf einem höheren theoretischen Niveau. So wie die spezifischen, sinnerweiternden, sinnschaffenden Leistungen ästhetischer Kommunikation auf einer »Dialektik zwischen Werktreue und inventiver Freiheit«, »zwischen Treue und Initiative« beruhen,[40] bewegt sich auch die »ambiguitäre Predigt« dialektisch »zwischen *Treue* gegenüber dem in der Tradition Rubrizierten, Erwarteten, und *Freiheit* gegenüber dem Unerwarteten, noch nicht kulturelle Einheit Gewordenen«[41].

Faktisch, so Wilfried Engemann, ist jede Predigt »ambiguitär« – so oder so den Interpretationsversuchen des Hörers ausgeliefert. Es kommt aber nun darauf an, solch »faktische Ambiguität« durch »taktische Ambiguität« zu ersetzen und zu überwinden – dergestalt, daß der Hörer durch »inszenierte Mehrdeutigkeit« provoziert, ja, förmlich genötigt wird, eigene Lesarten »zu entwerfen und sie an der Predigt als einem konkreten, aber offenen Werk auszuprobieren«[42]. Dabei spielt die entschiedene, keineswegs beliebige »Formgebundenheit«[43] der Predigt, ihr konsequenter »Zuschnitt« – das, was Umberto Eco als den »Idiolekt« des Werkes bezeichnet – eine entscheidende Rolle: Gerade [37] hierdurch wird der Hörer in eine Auseinandersetzung mit der Predigt verwickelt, die ihn »zum einen daran hindert, die Botschaft mit naheliegenden Verknüpfungsregeln automatisch ›abzuspeichern‹, [ihm] zum anderen aber gleichzeitig einen Schlüssel anbietet, mit dem sich das Werk (die Predigt) erschließen läßt«[44]. Es ist – so ließe sich sagen – der Eigensinn der Form, der den Hörer zu einer eigensinnigen und allein darin sinnvollen, sinnerfüllenden Rezeption der Predigt herausfordert.

»Was können wir tun«, fragt Wilfried Engemann in seiner Salz-Predigt, »um uns gegen ›Verdummung‹ und ›Verklumpung‹ zu schützen? Vielleicht, daß wir uns dem *alsbaldigen Verbrauch* aussetzen, indem wir uns nicht in einer Ritze zwischen den Fingern der ausstreuenden Hand Gottes verstecken, sondern uns fallen lassen in die Suppen und Eintöpfe dieser Welt, dieses Landes und dieser Stadt. Das kann heiß werden. Das kann dazu führen, daß uns andere die Zähne zeigen – was denn sonst!«[45] Da wird es ganz klar: »Ambiguitäre Predigt« im Sinne Wilfried Engemanns ist keine beliebige Predigt – auch keine, durch

---

40 Eco (s. Anm. 21), 367.
41 Engemann (s. Anm. 34), 213.
42 Engemann (s. Anm. 34), 212 f.
43 Engemann (s. Anm. 34), 215.
44 Engemann (s. Anm. 34), 216.
45 Engemann (s. Anm. 32), 49.

die sich der Prediger beim Gemein-Sinn sonderlich beliebt zu machen vermag. Sie kann sogar, wenn es sein muß, dem *common sense* kräftig die Suppe versalzen.

I.4   DIE WUNDERBARE WANDLUNG: ARBEIT AN MENTALEN BILDERN

Eine vorerst letzte Geschichte erzählt von einer Hochzeit. Sie steht unter der Überschrift ETWAS VERWANDELT SICH WUNDERBAR. Erzählt wird sie uns von Jan Hermelink und Eberhard Müske in einem Aufsatz über »Predigt als Arbeit an mentalen Bildern« aus dem Jahre 1995.[46] Eingeladen nach Kana in Galiläa, finden wir uns mit einem Male am häuslichen Frühstückstisch wieder. Von da ist es nur noch ein kleiner Schritt in den Göttinger Universitätsgottesdienst, wo Wolfgang Trillhaas als Prediger des Evangeliums für uns Wasser in Wein verwandelt.

Daß die ästhetische ›Öffnung‹ der Predigt darauf zielt, »neuen Sinn zu bilden«[47] – darin kommen alle Erzählungen zur ›offenen Predigt‹ überein. Jan Hermelink und Eberhard Müske wollen nun klären, wie solches »Sinnbilden« geschieht, genauer: »wie die konkreten sprachlichen Mittel des Textes dieses Neue poetisch generieren«.[48] Die Frage lautet: »Wie steuert die sprachliche [38] Gestalt einer bestimmten Predigt die individuellen Prozesse der Bedeutungsbildung so, daß bei den Hörenden andere, ungewohnte Inhalte entstehen?«[49] Das zu wissen ist nicht nur für die Analyse von Predigten wichtig. Es könnte auch beim Verfertigen von Predigten von Nutzen sein: ›Offen‹ predigen, ›expressiv‹ predigen, ›ambiguität‹ predigen, gar ›poetisch‹ predigen – wie macht man das?

Die Verfasser beziehen sich auf Modelle, die die *Textsemiotik* entwickelt hat: Texte, so belehren sie uns, dürfen nicht länger als »Behälter von Inhalten und Bedeutungen« begriffen werden, die ihnen dann einfach »entnommen« werden könnten. Sie funktionieren eher als »Auslöser«, die beim Rezipienten einen komplizierten Prozeß der Wahrnehmung, Verknüpfung und Aneignung in Gang setzen – eine Art innerer »Diskurs«, in dessen Verlauf die »konkreten Äußerungsbedeutungen« des rezipierten Textes jeweils individuell konstituiert werden.[50] Dabei spielen »mentale Bilder« eine wichtige Rolle, genauer: »mentale Modelle bestimmter Wirklichkeitsausschnitte«, die unser Wissen über Welt und Wirklichkeit repräsentieren, »typische Szenen«, in denen dieses Wissen gleichsam abgespeichert ist und die wie ein Film vor unserem inneren Auge ablaufen,

---

46 Jan Hermelink / Eberhard Müske: Predigt als Arbeit an mentalen Bildern. Zur Rezeption der Textsemiotik in der Predigtanalyse. In: PrTh 30 (1995), 219-239.
47 Hermelink / Müske (s. Anm. 46), 222, im Anschluß an Johannes Anderegg: Sprache und Verwandlung. Zur literarischen Ästhetik. Göttingen 1985, 51 ff.
48 Hermelink / Müske (s. Anm. 46), 221.
49 Hermelink / Müske (s. Anm. 46), 222.
50 Hermelink / Müske (s. Anm. 46), 221.

wenn wir es aktualisieren.⁵¹ JEMAND BESUCHT EIN RESTAURANT: Es genügen wenige Signale, um eine solche »Modellszene« aufzurufen. Der Leser bzw. Hörer wird diese – zunächst noch recht vage, unscharfe, unbestimmte – Szene dann probeweise dem Text unterlegen, wird versuchen, die »Leerstellen« des Modells mit den konkreten Einzelheiten zu füllen, die ihm der Text zur Verfügung stellt, wird womöglich auch Bestandteile des Textes, die sich nicht ohne weiteres als Konkretionen zu erkennen geben, in die Szene integrieren. So entsteht beim Rezipienten »ein individuell-einmaliges Bild des jeweiligen zentralen Sachverhaltes«⁵². Der Leser bzw. Hörer hat verstanden. Solch bildhaftes Verstehen kann das »ursprüngliche Modell« und damit das Vorwissen des Rezipienten bestätigen. Es kann dieses Wissen aber auch modifizieren, überschreiten, neu konstituieren. Das aber hängt – und damit wird es für den Prediger interessant – nicht zuletzt von der Sprachgestalt des Textes, sprich: der Predigt ab.

Der geheimnisvolle Vorgang, wie sich unter dem Wort neues Wissen, neue Einsicht, neuer Sinn bildet, wird hier, so scheint es, ein Stück weit erhellt: Es ist die »textgesteuerte Umstrukturierung« des ursprünglichen mentalen Bildes – und des in ihm repräsentierten ›Wissens‹ von Welt und Wirklichkeit –, das dieses Wunder bewirkt. Solche »Modell-Modifizierung« kann sich auf verschiedenen Stufen vollziehen. Auf einer ersten Stufe kann schon »die Betonung bestimmter Elemente und Umstände« – also etwa: das Verhalten des Personals beim Betreten des Restaurants – »eine Veränderung des ursprünglich aktualisierten Modells auslösen.« Auf einer zweiten Stufe können einzelne unkonventionelle Bildelemente eingeführt werden, die für das ursprüngliche Modell nicht typisch sind – im Beispiel etwa: das Auftauchen eines Clowns anstelle des Kellners. Auf einer dritten Stufe kann dann – »durch die Radikalisierung der bisher skizzierten Modifikationsformen« – das ursprüngliche Modell im ganzen überschritten werden; das anfänglich induzierte Bild schlägt um »in das Bild eines ganz anderen Sachverhalts«⁵³. Genau auf solch sprachgebundenem Potential der »Modell-Modifizierung« beruht die besondere, sinnerweiternde und sinnbildende Leistung ästhetischer Kommunikation: »Die ästhetische Qualität eines Textes«, so schreiben die Autoren, »besteht wesentlich darin, daß er die Rezipierenden zu *eigenständiger Aktivität* anregt, daß er sie, ausgehend von ihrem kulturell modellierten Vorwissen, zur individuellen Entwicklung eines neuen, u. U. ganz anderen Bildes der Welt auffordert.«⁵⁴

ETWAS VERWANDELT SICH WUNDERBAR: An der von den Verfassern als positives Beispiel eingeführten Predigt von Wolfgang Trillhaas zu Joh 2,1-11 wird mir deutlich, daß der Vorgang der »Modell-Modifizierung« durchaus auch in umgekehrter Richtung ablaufen kann. Ich lese das so: Ein Prediger tritt

---

51 Hermelink / Müske (s. Anm. 46), 225.
52 Hermelink / Müske (s. Anm. 46), 228.
53 Hermelink / Müske (s. Anm. 46), 229.
54 Hermelink / Müske (s. Anm. 46), 230.

an, den Eigen-Sinn des Textes – und die Geschichte von der Hochzeit zu Kana ist ein höchst eigensinniger, wenn man so will, ›offener‹ Text *par excellence* – zu brechen, ihn in zahllosen ›Richtigkeiten‹ zu ersticken. Kein Klischee läßt er aus, um den fremden Text zu verhäuslichen, ihn den konventionellen Bildern zu akkomodieren, in denen sich unser frommes Wissen konstituiert – weder das Tischgebet, das »in abertausend christlichen Familien [. . .] täglich gebetet« wird, noch den »Kelch des Leidens«, der »zu einem Trank des ewigen Lebens verwandelt wird«, noch den obligaten Hinweis darauf, daß »sich diese Geschichte auch am Altar der Gemeinde Jesu ›immer wieder‹ vollzieht«[55]. Das textsemiotische Modell vermag offenbar nicht nur zu erklären, wie ›offene‹ Predigt neue Sprach- und Lebensräume erschließt. Es zeigt auch, wie eigensinnige Texte entschärft und eingeebnet werden können – begraben unter »mentalen Bildern«, die nur das zeigen, was wir immer schon wissen oder zu wissen meinen. Das schmälert freilich seinen Wert keineswegs.

Es war einmal ein Wort: Die Geschichte der »offenen Predigt« ist selber, so zeigt sich, eine offene Geschichte. Sie bietet keine abgeschlossene, in sich abschließbare Predigt-Theorie. Sie wird in unterschiedlichen Varianten überliefert. Und sie setzt sich in unzähligen konkreten Predigt-Geschichten fort. Das heißt auch: Sie wird auf jeder Kanzel anders erzählt, von jedem Hörer in anderer Weise vollendet. Und wenn darauf hingewiesen wird, daß diese vielen *kleinen Geschichten* Teil der *großen Erzählung* vom Verhältnis der Predigt [40] zur Kunstwissenschaft der *Rhetorik* sind, daß man also keinen »Paradigmenwechsel« proklamieren muß, um die »offene Predigt« zu thematisieren, dann ist das sicher richtig.[56]

Freilich würde ich lieber – mit Albrecht Beutel – statt von der »offenen« von der »öffnenden Predigt« sprechen und so die Feld-Metapher durch die Weg-Metapher ergänzen. Die Geschichte, *so* erzählt, befreit beide – den Prediger wie den mit-predigenden Hörer – »aus der hermetischen Geschlossenheit einer instrumentell versicherten Welt« und mutet ihnen »die Offenheit eines Weges« zu, auf dem sie beide – Prediger wie mit-predigender Hörer! – über das »Gesagte« hinauskommen müssen, »um das sinnstiftend Gemeinte zu erreichen«.[57] Die Geschichte, so erzählt, schafft durchaus Raum für den Eigen-Sinn der Predigt. Sie fordert den Eigen-Sinn des Predigers wie den Eigen-Sinn des Hörers heraus und steht so – um wiederum Wilfried Engemann zu zitieren – gegen den »Mythos von der Unerheblichkeit des Predigers« ebenso wie gegen den »Mythos von der Nichtzuständigkeit des Hörers«[58].

---

55 Hermelink / Müske (s. Anm. 46), 232-234.
56 So Reschke / Thiele (s. Anm. 10), 225.
57 Albrecht Beutel: Offene Predigt. Homiletische Bemerkungen zu Sprache und Sache. In: PTh 77 (1988), 518-537, hier: 534 f.
58 Engemann (s. Anm. 34), 143 ff. 148 ff.

II GEGEN DEN *COMMON SENSE:* »OFFENE PREDIGT« UND ÄSTHETISIERUNG DER LEBENSWELT

Der Journalist Peter Iden besucht im Sommer 1995 einen evangelischen Gottesdienst in einer Kleinstadt im Hochtaunus. Neben einigen anderen Merkwürdigkeiten fällt ihm auch die Predigt ins Auge. Er macht sie – welch seltenes Ereignis – zum Gegenstand einer Rezension in der »Frankfurter Rundschau«[59].

Der Predigt geht – offenbar als Anspiel – ein Auftritt der Jungschar voraus, die sich »Die Kunterbuntfliegenpilze« nennt. »Während eine Erwachsene«, so referiert der Journalist, »betulich die Geschichte einer Sonnenblume im Wechsel der Jahreszeiten vorliest, unterziehen sich die blumig kostümierten jungen Leute seltsamen pantomimischen Anstrengungen. Später tritt ein Kind hervor mit ›Ich, die Sonnenblume, sing ein kleines Lied‹. Applaus der stark enthusiasmierten Angehörigen.« Aber nun: die Predigt. Peter Iden berichtet: »Wohl hat er die Kanzel erstiegen und das Mikrofon für sich sorgsam positioniert [...], gestaltet die Predigt dann aber als den Versuch einer Wechselrede, eines dümmlichen Frage- und Antwortspiels mit der Gemeinde. Was braucht eine Blume, um zu erblühen? Na, Sie dort, zweite Reihe Mitte, was meinen Sie? Die Angesprochene stottert etwas von Licht und Luft. Ja – und was ist mit der [41] Liebe Gottes? Aha, dahin will er. Derart hangelt sich unser progressiver Gottesmann über den Parcours für Blöde, unterbrochen durch eine Ermahnung der auf der Empore schwatzenden Konfirmanden ...«

Was ist das? Eine »offene Predigt«? Vordergründig scheinen die Bedingungen erfüllt: Bilder werden ins Spiel gebracht – buchstäblich *inszeniert* –, die nicht nur etwas zu denken, sondern auch zu schauen und zu riechen geben. Vor allem: Hörer und Hörerinnen werden massiv in Anspruch genommen, um die Predigt zu vollenden. Und doch bedarf es kaum der Worte, um die Linien zur »obturierten«, in jeder Weise abgedichteten, verklebten und verklumpten Predigt auszuziehen, von der vorhin die Rede war. Da ist zum einen – glaubt man dem Bericht des Journalisten – eine wahrhaft stupide Pädagogisierung des homiletischen Aktes, die übelste katechetische Praktiken auf der Kanzel repristiniert. Und da ist zum anderen – noch gewichtiger – die Verkehrung des Bildes zum Klischee, das in einem »endlosen Wiederholungszwang«[60] immer nur den gleichen semantischen Reim produziert: Wo sich alles auf die »Liebe Gottes« reimt, bleibt für die Erfahrung der unerwarteten, unverhofften, rettenden »Fremdheit« dieser Liebe kein Raum mehr – solcher Art Sprache fehlt jede »erschließende« Kraft.

Der Eigen-Sinn der Predigt – der doch nur für den Eigen-Sinn des Evangeliums steht – kann auch, so lernen wir daraus, unter Zuckerguß und süßer Sahne

---

59 Peter Iden: Der Pastor als Entertainer. Wenn Gottesdienste zur Mitspiel-Show werden. In: Frankfurter Rundschau vom 14.10.1995.
60 Joachim Scharfenberg: Einführung in die Pastoralpsychologie. UTB 1382, Göttingen 1985, 65, im Anschluß an Alfred Lorenzer.

verscharrt werden. Der »Überzuckerung des Realen mit ästhetischem Flair«[61], dem Markenzeichen der warenförmigen »Erlebnisgesellschaft«[62], entspricht liturgisch-homiletisch der »hübsche Gottesdienst«, entspricht die »hübsche Predigt« – »nett, fromm, harmlos, leicht verständlich und eingängig« –, die alles zu vermeiden trachtet, »was das Wohlbefinden stören könnte«[63].

Die Geschichte der »offenen Predigt« – selber immer wieder unter Verdacht, solcher »Überzuckerung des Realen« Vorschub zu leisten – muß unter dieser Hinsicht noch einmal neu erzählt werden. Ihr Eigen-Sinn muß sich in der Konfrontation mit dem Gemein-Sinn des Zeitalters bewähren. Dieser Gemein-Sinn aber wird, glaubt man einigen Philosophen, Soziologen und Kulturwissenschaftlern, mehr und mehr durch sehr grundlegende Umkehrungen im Selbst- und Weltverhältnis der Zeitgenossen bestimmt. Aus der Fülle plakati[42]ver Begriffe, die angeboten werden, um solchen Wandel zu markieren, greife ich drei heraus, von denen ich meine, daß sie von besonderem Gewicht auch für das Geschick der Predigt sind: *Ästhetisierung, Anästhetisierung, Virtualisierung.*

II.1 ÄSTHETISIERUNG: WAHRNEHMUNG WIRD SELBSTBEZÜGLICH

Für Wolfgang Welsch, einen der philosophischen Protagonisten »ästhetischen Denkens«[64], ist es offenkundig, »daß wir in einer Zeit der Ästhetisierung leben – vom Konsumverhalten über das individuelle Styling bis hin zur Stadtgestaltung, also quer durch die ganze Lebenswelt«[65]. »Immer mehr Elemente in der Wirklichkeit«, so schreibt er, »werden ästhetisch überformt, und zunehmend gilt uns Wirklichkeit im ganzen als ästhetisches Konstrukt.«[66] Ästhetik wird – das ist deutlich – hier in einem umfassenden Sinne als αἰσθητικὴ ἐπιστήμη, als Wissen vom sinnlichen Wahrnehmen und Erkennen, verstanden.[67] »Ästhetisierung der Lebenswelt« meint dann – auf eine Kurzformel gebracht – eine sehr

---

61 Wolfgang Welsch: Das Ästhetische – Eine Schlüsselkategorie unserer Zeit? In: Ders. (Hrsg.): Die Aktualität des Ästhetischen. München 1993, 13-47, hier: 15.
62 Gerhard Schulze: Die Erlebnisgesellschaft. Kultursoziologie der Gegenwart, Studienausgabe, Frankfurt a. M. / New York 1993.
63 Klaus Schwarzwäller: Hier ist kein Leben. Kumpel Jesus und das Elend unserer Gottesdienste. In: LM 35 (1996), H. 3, 7-10, hier: 8.
64 Wolfgang Welsch: Ästhetisches Denken. Stuttgart ⁴1995.
65 Welsch (s. Anm. 64), 13.
66 Welsch (s. Anm. 61), 13.
67 Vgl. Wolfhart Henckmann / Konrad Lotter (Hrsg.): Lexikon der Ästhetik. München 1992, 20: »Ästhetik (griech. aisthetike episteme: Wissenschaft der sinnlichen Erkenntnis, des Gefühls) ist im 18. Jh. [...] von Baumgarten als philosophische Disziplin begründet worden, die die Logik der verschiedenen Arten von sinnlicher Erkenntnis und die Möglichkeiten ihrer Perfektionierung untersuchen sollte, darunter auch die Erkenntnis des Schönen, Erhabenen, Wunderbaren und deren Erzeugung durch die freien Künste.«

grundlegende Umschaltung vom *Wahrzunehmenden* und *Wahrgenommen* auf den Vorgang des *Wahrnehmens* selbst: *Wahrnehmung* wird selbstbezüglich, kreist zunehmend um sich selber, wird sich selbst zum vornehmsten Gegenstand.

Die Geschichte der »offenen Predigt« hat – daran gibt es kaum einen Zweifel – an diesem Prozeß teil. Als homiletische Theorie wie als homiletische Praxis ist sie Ergebnis und Ausdruck solch umfassender *Ästhetisierung* der Lebenswelt. Die grundlegende Umschaltung vom *Wahrzunehmenden* und *Wahrgenommen* auf den Akt des *Wahrnehmens* findet ihre Entsprechung in der Aufmerksamkeit, die hier der konstruktiven Tätigkeit des Predigthörers zugewandt wird, der sich – in *Wahrnehmung* der gehörten Predigt – seinen eigenen Reim, genauer: seinen eigenen Text[68] darauf macht. Sie findet ihre Entsprechung auch in der Aufmerksamkeit, die der Prediger der Sprach- und Sprechgestalt der von ihm entworfenen und gehaltenen Predigt widmet, einer [43] Sprach- und Sprechgestalt, die er weniger als Gefäß vorgängiger *Wahrheiten* begreift, sondern als *Wahrnehmungsraum,* als *Wahrnehmungsstruktur,* in deren Spiel-Räumen Sinn allererst entdeckt und *wahrgenommen, für wahr genommen* werden will.

Auf die theologischen Implikationen solcher Entsprechungen kann hier nur hingewiesen werden. Sie kulminieren in dem Versuch, das Offenbarungserlebnis selbst als eine ästhetische Erfahrung zu beschreiben, die durch die Dialektik von »passiver Betroffenheit und aktiver Ergänzung« bestimmt wird: So wahr Offenbarung einem Menschen ohne sein Zutun widerfährt, so wahr kommt sie doch erst in menschlicher Wahrnehmung (Wahr-Nehmung!) zu ihrem Ziel; die aber setzt stets die »interpretatorische Zuarbeit des Wahrnehmenden« voraus.[69] Aufgeboten wird Mose am brennenden Strauch[70], aufgeboten werden die Emmausjünger[71], aufgeboten wird Jakob am Fuße der Himmelsleiter[72], um für diese Bestimmung zu zeugen. »Phänomene der Offenbarung« – so Albrecht Grözinger – stehen »immer in einer bestimmten Konstellation zur Wahrnehmung des Menschen«, einer Konstellation, die näherhin als »ästhetische Dialektik von Präsentation und Entzug« dargestellt werden kann.[73]

Dialektik von Präsentation *und* Entzug: Es ist deutlich, daß die »hübsche Predigt«, die homiletische »Überzuckerung des Realen mit ästhetischem Flair« solche Dialektik verfehlt. Auch dort, wo Praktische Theologie als Ästhetik betrieben wird, werden Abgrenzungen nötig, um den Eigen-Sinn der Offenba-

---

68 Engemann (s. Anm. 34), 91 u. ö., spricht vom »Auredit« des Hörers (gebildet aus dem Ablativ von *auris* und dem Passivpartizip von *audire* in Analogie zum »Manuskript« des Predigers).
69 Engemann (s. Anm. 37), 28.
70 Grözinger (s. Anm. 12), 92 ff.
71 Grözinger (s. Anm. 12), 99 ff.
72 Engemann (s. Anm. 37), 30.
73 Grözinger (s. Anm. 12), 132.

rung – und damit den Eigen-Sinn der Predigt – gegen den ästhetisierenden Gemein-Sinn des Zeitalters festzuhalten.

»Von den hier dokumentierten Impulsen praktisch-theologischer Ästhetik zu unterscheiden sind jene Versuche, die am Ästhetischen in der Praktischen Theologie primär im Sinne von *Schönem* interessiert sind und dabei die ästhetische Erfahrung letztlich als ›Sich-Wohlfühlen‹ definieren«, schreibt Wilfried Engemann. »Zu den wichtigsten Unterscheidungsmerkmalen zwischen einer naiven Praktischen Theologie der Ganzheitlichkeit oder des ›Schönen‹ und einer Praktischen Theologie der Wahrnehmung gehört der Umstand, daß diese bei der Integration der Ästhetik eine Gestalt der Fremdheit impliziert. Für die gottesdienstliche Feier bedeutet dies beispielsweise, in der Liturgie eben nicht nur die Nähe Gottes zu feiern, sondern auch seine Ferne darzustellen.«[74] [44]

Solches Insistieren auf dem Eigen-Sinn christlicher Praxis wird noch dringlicher, stellt man sich erst einmal den Phänomenen, unter denen sich die »Ästhetisierung der Lebenswelt« und – spiegelbildlich – ihre *Anästhetisierung* gegenwärtig vollzieht.

II.2 ANÄSTHETISIERUNG: SELBSTINSZENIERUNGEN ZWISCHEN BERAUSCHUNG UND BETÄUBUNG

Nach Wolfgang Welsch vollzieht sich die umfassende »Ästhetisierung der Lebenswelt« auf unterschiedlichen Ebenen. Da sind – auf einer ersten, leicht zugänglichen Ebene – jene schon erwähnten »Verschönerungs- oder Verhübschungsprozesse«[75], die darauf zielen, die gesamte kulturelle und natürliche Umwelt zum »Erlebnisraum« zu transformieren. Da begegnet – auf einer zweiten Ebene – »Ästhetisierung als ökonomische Strategie«, in deren Gefolge es »zu einer Vertauschung von Ware und Verpackung, Sein und Schein, hardware und software« kommt: Wichtiger als der Gebrauchswert eines Produktes wird der »Erlebniswert«, den die Werbung mit ihm assoziiert.[76] Da ist – auf einer dritten Ebene – die »Wirklichkeitskonstitution durch die Medien«, die das soziale Sein insgesamt einem Prozeß tiefgreifender Ästhetisierung und Entwirklichung unterwirft.[77] Das führt – auf einer vierten Ebene – dazu, daß auch das Selbstverhältnis des Menschen mehr und mehr ästhetischen Bestimmungen unterliegt: Der *homo aestheticus* nimmt Abschied von der Illusion einer je eigenen, eindeutig bestimmbaren Subjektivität; er inszeniert sich und seine Identität nach Maßgabe rasch wechselnder spiritueller Moden und Persönlich-

---

74 Engemann (s. Anm. 37), 26 f.
75 Welsch (s. Anm. 61), 14.
76 Vgl. Welsch (s. Anm. 61), 16 f.; Norbert Bolz / David Bosshart: KULT-Marketing. Die neuen Götter des Marktes. Düsseldorf 1995, widmen sich ausführlich diesem Phänomen.
77 Welsch (s. Anm. 61), 18 f.

keitsstile.[78] Dem wiederum korrespondiert – gleichsam auf einer fünften Ebene – die Ästhetisierung des moralischen Verhaltens: Ethische Normen, die nur noch als Spielmittel in den wechselnden Selbstinszenierungen ästhetischer Charaktere fungieren, werden in einem tieferen Sinne gleich gültig.[79] Auf einer sechsten Ebene schließlich zeigt sich eine umfassende, irreversible »Ästhetisierung unseres Bewußtseins und unserer gesamten *Auffassung* von Wirklichkeit«, induziert durch die Erfahrung, »wie wenig wirklich die Wirklichkeit ist, wie sehr sie ästhetisch modellierbar ist«[80].

Solche totale »Ästhetisierung der Lebenswelt« wird nun – so Wolfgang Welsch – von einer ebenso totalen, »gigantische[n] Anästhetisierung« begleitet [45] und konterkariert, die wiederum auf unterschiedlichen Ebenen in Erscheinung tritt. Dabei geht es – auf allen Ebenen – um weitreichende Wahrnehmungsverluste. Beispiel 1: Die mit unerbittlicher Konsequenz exekutierten »Verschönerungs- oder Verhübschungsprozesse«, denen insbesondere die städtischen Einkaufszonen unterworfen werden, produzieren am Ende »bei aller chicen Aufgeregtheit und gekonnten Inszenierung doch wieder nur Eintönigkeit« – »leer, zombiehaft und für ein verweilendes Anschauen unerträglich« bieten sich die postmodernen Tempelbezirke des Konsums vor allem nach Geschäftsschluß dar.[81] Beispiel 2: Die hysterische Stimulation »durch Kleinereignisse oder Nichtereignisse«, insbesondere die pausenlose, unbarmherzige Überflutung mit audiovisuellen Reizen, denen der Zeitgenosse allenthalben ausgesetzt ist – und denen er sich ja auch gezielt aussetzt –, hat eine »Anästhetisierung auf der psychischen Ebene« zur Folge, einen Zustand der »Empfindungslosigkeit auf drogenhaft hohem Anregungsniveau«, der zwischen »Berauschung« und »Betäubung« schwankt.[82] Beispiel 3: Psychische und – im engeren Sinne – ästhetische Wahrnehmungsverluste sind mit einer »sozialen Anästhetisierung« verbunden, »einer zunehmenden Desensibilisierung für die gesellschaftlichen Kehrseiten einer ästhetisch narkotisierten Zweidrittel-Gesellschaft«[83], aber auch mit fehlender Sensibilität für kulturelle Differenzen; die wiederum jedoch ist eine »Realbedingung von Toleranz«.[84] *Eure Armut kotzt mich an*: Wer sich den Spruch auf sein Auto klebt, formuliert damit ein ästhetisch-anästhetisches Urteil. Auch hier gilt: Die totale »Ästhetisierung der Lebenswelt« in der Erlebnisgesellschaft läuft partiell auf Anästhetisierung hinaus – »auf die Erzeugung von Unempfindlichkeit, auf Betäubung durch ständige ästhetische Überdrehtheit«[85].

---

78 Welsch (s. Anm. 61), 20 f.
79 Welsch (s. Anm. 61), 21 f.
80 Welsch (s. Anm. 61), 18.
81 Welsch (s. Anm. 64), 13.
82 Welsch (s. Anm. 64), 14.
83 Welsch (s. Anm. 64), 15.
84 Welsch (s. Anm. 61), 47.
85 Welsch (s. Anm. 64), 45.

Angesichts dieses Panoramas vergeht einem die Lust, noch über die eine oder andere »hübsche Predigt« zu raisonnieren. Die Prozesse ästhetischer Anästhetisierung – oder, was auf dasselbe herauskommt, anästhetischer Ästhetisierung – haben längst schon in viel umgreifenderer Weise von der liturgisch-homiletischen Praxis Besitz ergriffen. Ich nenne nur zwei Tendenzen:

(a) Nach dem Vorbild erfolgreicher Marketing-Strategien werden religiöse Produkte – mag es sich dabei um überlieferte Frömmigkeitspraktiken handeln, um spezifische Glaubensinhalte, um ehrwürdige liturgische Elemente – einem konsequenten *Emotional Design* unterworfen.[86] Das heißt, sie werden mit [46] Sehnsüchten – nach Geborgenheit, Zuwendung, Harmonie, Liebe und anderem – aufgeladen, die sie zu »Objekten des Begehrens« für ein breiteres Publikum werden lassen. Das hat dann freilich zur Folge, daß die religiösen Inhalte prinzipiell austauschbar werden; vermarktet, beworben und erworben werden ja nicht eigentlich die überlieferten (oder neu kreierten) Glaubenswahrheiten und Glaubenspraktiken, sondern – wie auf den Märkten der Erlebnisgesellschaft sonst auch – die mit den Produkten verbundenen Erlebniswerte. Die von Wolfgang Welsch beschriebene »Ästhetisierung als ökonomische Strategie«, in deren Gefolge es »zu einer Vertauschung von Ware und Verpackung, Sein und Schein, hardware und software« kommt, kehrt hier im frommen Gewande wieder.[87]

(b) Gegenläufig zu jenem ethisierenden, in mancher Hinsicht gesetzlichen Aktionismus, der noch bis vor kurzem die homiletisch-liturgische Szene beherrschte, scheint sich nun mehr und mehr ein Predigtstil zu etablieren, der durch eine radikale Wendung nach »innen« gekennzeichnet ist und – vielfach in ebenso drängender, gesetzlicher Weise – innerpsychische »Befindlichkeiten« thematisiert. Es fällt nicht schwer, hier Züge jener permanenten Selbststilisierung und Selbstinszenierung wiederzufinden, wie sie nach Wolfgang Welsch für den *homo aestheticus* kennzeichnend ist. Verbunden ist solche Wendung nach »innen« recht häufig mit einer bemerkenswerten Desensibilisierung für die alltagsweltlichen Aspekte der Glaubenspraxis. Konkret: Wenn zum Beispiel Gleichnisse, Heilungsgeschichten und andere Texte nur noch als Material tiefenpsychologischer Deutungen verbraucht werden, ist dies fast immer mit den von Wolfgang Welsch im Gefolge solcher »Hyperästhetisierung«[88] konstatierten Wahrnehmungsverlusten verbunden.

---

86 Bolz / Bosshart (s. Anm. 76), 172, 208 f., 213 f., 218 f., 226 f., 260 f.
87 Kritisch mit dieser Tendenz setzen sich auseinander Alexander Mereien / Andreas Hörmann: Werbung als Dolmetscherin der Kirche? PR-Strategien als Kapitulation vor der Säkularisierung. In: Frankfurter Rundschau vom 7.9.1996, 14: »Die christliche Botschaft wird durch eine Werbebotschaft gerahmt und dadurch zugleich in ihrer Selbstsuggestivität entwertet [...] Entscheidend ist die Austauschbarkeit, die Warenförmigkeit der christlichen Botschaft schon zu diesem Zeitpunkt [...] Die christliche Botschaft ist mehrfach zur Warenförmigkeit denaturiert.«
88 Welsch (s. Anm. 61), 45.

II.3 Virtualisierung: Von der Mimesis zur Simulation

Mimesis, Aneignung und Zueignung durch darstellende Nachahmung, ist die Struktur, die aller ästhetischen Erfahrung wohl ursprünglich zugrundeliegt. Das gilt selbst dort noch, wo sie sich von allem Gegenständlichen löst und sich gänzlich der Negation, der Deformation und Dekonstruktion verschreibt. Der Überschritt »von der Mimesis zur Simulation« (so der Titel einer vor kurzem [47] erschienenen Geschichte der Ästhetik)[89], wie er sich gegenwärtig vollzieht, bezeichnet demgegenüber eine gänzlich neue Situation. Auf den TV-Bildschirmen, erst recht auf den Monitoren leistungsfähiger Rechner, wird Wirklichkeit weder »nachgeahmt« noch schlichtweg »abgebildet«. Sie wird vielmehr in ganz elementarer Weise »erfunden«, »zusammengestellt«, »aufgebaut«, immer wieder neu »errechnet«. »Die hybriden Wirklichkeiten auf den *screens* der Rechner ahmen nicht mehr nach«, schreibt der Philosoph und Medienwissenschaftler Norbert Bolz. »Realität ist nicht mehr hinter den Bildern, sondern allein in ihnen. Die Medienwirklichkeit wird konkret zum Apriori unserer Weltwahrnehmung.«[90] Der Mensch, vernetzt und verkabelt, wird »zunehmend mit synthetischen Wahrnehmungen versorgt«. »Sehmaschinen« produzieren für ihn die virtuellen Welten, in denen, mit denen und für die er künftig leben – und lieben – wird.[91] Das heißt aber auch: »*Die Medienwelt absorbiert die Lebenswelt.* Mediale Simulationen, die sogenannten virtuellen Realitäten, treten als mögliche Welten erfolgreich in Konkurrenz zur empirischen Welt. Das Simulakrum wird zum Erfahrungsraum, und der mediale Schein erweist sich als eine der vielen Stufen von Scheinbarkeit, in die sich unser traditionelles Wirklichkeitskonzept aufgelöst hat.«[92] Für die solchermaßen »erfundenen« Realitäten gilt sogar, daß sie »*wirklicher als die Wirklichkeit*« sind: »*Wer wirklich etwas erleben will, sucht dieses Erlebnis eben nicht mehr in der empirischen, sondern in der virtuellen Realität.* Die ist formbar und weniger störanfällig. Und wer tief fühlen will, der geht ins Kino.«[93]

Ich habe den Verdacht, daß die allgegenwärtige »Simulationskultur«[94], in der die »Ästhetisierung der Lebenswelt« sich zugleich vollendet und aufhebt, mehr und mehr auch unser Verhältnis zu Gottesdienst und Predigt überformt. Ich habe den Verdacht, daß manche Erscheinungen, die wir frohgemut als »Wieder-

---

89 Vgl. Werner Jung: Von der Mimesis zur Simulation. Eine Einführung in die Geschichte der Ästhetik. Hamburg 1995.
90 Norbert Bolz: Chaos und Simulation. München 1992, 125.
91 Bolz (s. Anm. 90), 124.
92 Bolz / Bosshart (s. Anm. 76), 71 f.
93 Bolz / Bosshart (s. Anm. 76), 213.
94 Bolz (s. Anm. 90), 131.

kehr des ›Heiligen‹«[95] feiern, eher dem Reich virtueller Realitäten zuzurechnen sind. Ich habe den Verdacht, daß es sich bei einer Predigt, die [48] sich neuerdings wieder betont als »heilige Rede« gibt,[96] möglicherweise um ein Simulakrum handeln könnte. Ich habe den Verdacht, daß hier – wie auch bei dem mancherorts verkündeten neuen Paradigmenwechsel von der *Ästhetik* zur *Spiritualität* – heilige Tänze vor einer leeren Lade zelebriert werden.[97] Mich macht die Leichtigkeit stutzig, mit der Studentinnen und Studenten – und nicht nur sie – sich auf die exotischsten spirituellen und liturgischen Praktiken einlassen. Es erinnert mich ein wenig an die Leichtigkeit, mit der sie sich auch noch in die absonderlichsten Computerspiele einzufühlen verstehen. Weiß ich doch längst, wie leicht es ihnen fällt, aufrichtigen Herzens allerhand Befindlichkeiten und Betroffenheiten – zu simulieren.

Vielleicht ist es an der Zeit, das Märchen vom »eigensinnigen Kind« neu zu erzählen: Ein Kind, das – aufgewachsen zwischen virtuellen Realitäten – Eigensinn vollendet zu simulieren vermag. Eine Mutter, die darauf mit simuliertem Zorn reagiert. Eine Öffentlichkeit, die ihren Gemein-Sinn mediengerecht in Szene setzt – bis dann, auf dem nächsten Level, das Spiel von neuem beginnt.

Die Frage ist ernst: Was wird aus dem Eigen-Sinn der »offenen Predigt«, was wird aus dem Eigen-Sinn des Evangeliums im »Reich der Simulation«[98]? Gibt es – um mit *Jean Baudrillard* zu reden – ein »Jenseits des Schirms«, »ein Gegenspiel zur Simulation«, »eine Aussicht darüber hinaus«[99]? Ist es vielleicht – wie der Philosoph meint – der Mut, ja, das Bekenntnis zur »vitalen Illusion«[100], zu einer Haltung, die wir als eine Art ungesicherten, unberechenbaren, gänzlich *offenen* Welt- und Gottvertrauens interpretieren würden?[101]

---

95 Albrecht Grözinger: Die Wiederkehr des ›Heiligen‹. Zum Ort des Gottesdienstes in der Erlebnisgesellschaft. In: ZGDP 13 (1995), H. 5, 16-19.
96 Axel Denecke: Predigt als ›heilige Rede‹? Erste Annäherung an ein neues Thema. In: ZGDP 13 (1995), H. 5, 19-21.
97 Grözinger (s. Anm. 1), 212, im Anschluß an George Steiner: Von realer Gegenwart. Hat unser Sprechen Inhalt? München 1990, 165.
98 Jean Baudrillard: Die Illusion und die Virtualität. Bern 1994, 27.
99 Baudrillard (s. Anm. 98), 25 f.
100 Baudrillard (s. Anm. 98), 26 f.
101 Sigmund Freud hat sich einst Gedanken über die »Zukunft einer Illusion« gemacht. Ist es nun an der Zeit, den Begriff, wie dies Baudrillard vorschlägt, positiv auf- und anzunehmen, da der virtuelle Charakter wissenschaftlich-technischer Welterkenntnis und -bewältigung immer offensichtlicher wird? Vgl. Sigmund Freud: Die Zukunft einer Illusion. In: Ders.: Essays III. Auswahl 1920-1937. Hrsg. von D. Simon, Österreichische Bibliothek, Berlin ²1989, 238-295.

III PREDIGT IN DER »SCHULE DES ANDERSSEINS«: AUFFORDERUNG ZUM EIGENSINN

Es war einmal ein Kind eigensinnig und tat nicht, was seine Mutter haben wollte: In fast schon verzweifelter Einmütigkeit wird uns von ganz unter[49]schiedlichen Seiten solcher Eigen-Sinn anempfohlen. Ich rufe abschließend zwei Zeugen – beide weder Theologen noch Prediger – auf, die, wie mir scheint, auf ihre Weise dem Plädoyer für eine eigensinnige Predigt Nachdruck und Substanz verleihen können.

(1) Der Philosoph Wolfgang Welsch, dem wir die erhellende Einsicht in die Dialektik von Ästhetisierung und Anästhetisierung verdanken, schlägt vor, gegenwärtiger »Hyperästhetisierung der Kultur« mit einer »Kultur des blinden Flecks« zu begegnen. Gemeint sind gezielte Störungen, die für die »blinden Flecke« gesellschaftlich-kultureller Wahrnehmung sensibilisieren – für »Differenzen und Ausschlüsse« aller Art, die durch den Oberflächentrend zur »Verhübschung« zugedeckt werden. Eine solche »Kultur des blinden Flecks«, meint Wolfgang Welsch, »nimmt abweichende Prinzipien wahr, durchschaut Imperialismen, ist gegen Ungerechtigkeit allergisch und mahnt, für die Rechte des Unterdrückten einzutreten«.[102] Eine »Schule der Andersheit« möchte der Ästhetiker etablieren, und er verrät uns auch, was auf ihrem Lehrplan stehen soll: »Blitz, Störung, Sprengung, Fremdheit«, so sagt er, »wären für sie Grundkategorien. Gegen das Kontinuum des Kommunizierbaren und gegen die schöne Konsumption setzte sie auf Divergenz und Heterogenität«.[103]

Den Philosophen würde man gern für die homiletische Ausbildung gewinnen. Seine »Schule der Andersheit« ist zugleich – das ist deutlich – eine Schule des Eigen-Sinns. Blitz, Störung, Sprengung, Fremdheit sind – als *ästhetische* Kategorien – vorzüglich geeignet, den etwas vagen Erzählungen zur »offenen Predigt« Farbe und Form zu verleihen. Sie zeigen an, auf welche Weise die auch hier intendierte Unterbrechung des Selbstverständlichen durch das Fremde, Unvermittelte, Unerwartete, Unberechenbare, Unberechnete eine stilistisch-rhetorische Gestalt gewinnen könnte. Mit Blitz, Störung, Sprengung, Fremdheit möchte Wolfgang Welsch der »schwülen Sensitivität« einer Erlebnis- und Aneignungsgesellschaft auf den Leib rücken.[104] Angesichts der »schwülen Sensitivität« harmloser Gottesdienste (»zahnlos schön«, so Christoph Dieckmann), »hübscher« Gebete und Lieder, trivialpsychologischer Textauslegungen und Glaubensübungen empfehlen sich Blitz, Störung, Sprengung, Fremdheit auch als Strategien, um den »redundanten Exzeß« homiletischer und liturgischer Selbstinszenierungen zu unterbrechen.

---

102 Welsch (s. Anm. 61), 46 f.
103 Welsch (s. Anm. 64), 39.
104 Welsch (s. Anm. 64), 40.

(2) Der Soziologe Hans-Georg Soeffner, im Jahre 1995 vor einen homiletischen Kongreß geladen, nimmt ausdrücklich zum Phänomen der Predigt Stel-[50]lung: »Was kann die moderne Gesellschaft von der Predigt erwarten?«[105] Anders als Wolfgang Welsch argumentiert er nicht mit ästhetischen, sondern mit soziologischen und politischen Kategorien. Doch ist die Empfehlung, die Prediger – nein, die Kirchen insgesamt – möchten sich in die »Schule der Andersheit« begeben – wörtlich: »durch Andersartigkeit auf mehr und anderes aufmerksam [...] machen, als von den Interessenverbänden des Tagesgeschäfts artikuliert werden kann«[106] –, auch bei ihm unüberhörbar.

Er verweist auf die Anfänge: »Die christlichen Prediger der Aufbruchszeit«, so sagt er, »waren ausgesprochen ›ärgerliche Erscheinungen‹, sie machten mit der ›öffentlichen Meinung‹ kaum Kompromisse. Wo sie sich in die ›Medien‹ begaben, in die Arena oder den Circus Maximus, unterwarfen sie sich nicht deren Gesetzen. Sie behielten ihre eigene Sprache, setzten ihre eigenen Themen und Schwerpunkte. Hätte es damals Meinungsumfragen gegeben, sie hätten sich nicht danach gerichtet. Modethemen und Aktualitätenbazare waren nicht ihre Sache. Sie versuchten nicht, auf alles und jedes eine Antwort zu haben: Indem sie auf ihren Religionsstifter hinwiesen, verwiesen sie nicht auf einen Kanon ewiger Wahrheiten, sondern auf eine spezifische Haltung gegenüber der alltäglichen Welt und alltäglichen Zwängen, gegenüber menschlichen Ängsten und Krisen.«[107]

Auch wenn er es nicht so ausdrückt: Der Soziologe hofft auf eine auch in theologischer Hinsicht eigensinnige Predigt. Eigensinnig – und gerade darin ihrem Ursprung und Auftrag verpflichtet – vertritt sie »jeden einzelnen ohne Ansehen der Person – gegen die ›Polis‹«. Eigensinnig verteidigt sie »jedes einzelne Individuum und dessen Ängste oder Hoffnungen gegen normative Ansprüche, gleich welcher Gesellschaften, Verbände oder Gruppen«. Eigensinnig reklamiert sie »das ›göttliche Recht‹ jedes einzelnen gegenüber ›dem Gott der Gesellschaft oder der Gesellschaft als Gott‹«. Und wenn der Soziologe dann vom »Schatz der Kirche« spricht – vom »Reichtum überlieferter und zu entschlüsselnder Erfahrungsgeschichten von Menschen mit Gott« –, kommt er dem, was die Protagonisten der »offenen Predigt« bewegt, recht nahe: »Die Predigt«, so sagt er, »kann den darin gesammelten Bildern und Mythen neue Kleider geben und die Hoffnung auf die Möglichkeit der Wiederholbarkeit bestimmter Erfahrungen artikulieren: aus der Erfahrungsgeschichte eine Möglichkeitsgeschichte machen.«[108]

105　Hans Georg Soeffner: Was kann die moderne Gesellschaft von der Predigt erwarten? In: Die Bergpredigt – eine Schule für Predigerinnen und Prediger. Dokumentation, Societas Homiletica Congress Berlin 26.6.-2.7.1995, 7-17.
106　Soeffner (s. Anm. 105), 14.
107　Soeffner (s. Anm. 105), 15.
108　Soeffner (s. Anm. 105), 17.

Johann Baptist Metz

Kleine Apologie des Erzählens

Zeitgenössische theologische Lexika sind verräterisch – vor allem durch das, was sie auslassen. So habe ich in keinem der neueren theologischen und philosophischen Lexika auf dem deutschen Markt das Stichwort »Erzählung« gefunden. Daß diese Fehlanzeige mancherlei verrät über Situation und Selbstverständnis der zeitgenössischen Theologie, macht meines Erachtens der Aufsatz des Sprachwissenschaftlers Harald Weinrich über »narrative Theologie« (in diesem Band) sehr deutlich. Unter Verweis auf diese Überlegungen möchte ich im folgenden eine theologische Option und eine kleine theologische Apologie des Erzählens vortragen, zumal die Kategorie der »gefährlichen Erinnerung«, mit der ich selbst verschiedentlich das Verständnis christlichen Glaubens im Kontext unserer gesellschaftlich-geschichtlichen Situation zu erläutern suchte,[1] offensichtlich erzählende Tiefenstrukturen hat.[2] Was ich hier zum Thema »Erzählen« sagen kann, ist sehr sporadisch, erschöpft sich in der Nennung und anfänglichen Entfaltung von in sich sehr unterschiedlichen Gesichtspunkten und Signalpunkten für die Bedeutung dieses Themas; es geschieht ohne Ehrgeiz auf Vollständigkeit und ohne »System«.[3] In keinem Fall handelt es sich hier um den Versuch einer analytischen linguistischen Behandlung des Erzählthemas. Und dies nicht nur aus offensichtlichem Mangel an Kompetenz, sondern schließlich auch aus dem Eindruck heraus, daß es in der Theologie letztlich nicht darum gehen kann, die Erzählpotentiale des Christentums analytisch zu sortieren und kritisch in eine Sprachtheorie einzuarbeiten (um sie so schließlich als vorwissenschaftliche Mitteilungsformen stillzulegen), sondern vielmehr darum, Erzählvorgänge zu schützen, sie allenfalls um ihrer kritischen Verantwortung willen zu unterbrechen und selbst zu einem kompetenten Erzählen anzuleiten, ohne das die Erfahrung des Glaubens wie jede ursprüngliche Erfahrung sprachlos bliebe.

---

1 So zuletzt in dem Aufsatz »Zukunft aus dem Gedächtnis des Leidens«, in Concilium 8 (1972) Heft 6.
2 Das habe ich ausführlicher begründet in meinem Artikel »Erinnerung«: Handbuch Philosophischer Grundbegriffe I (hrsg. von H. Krings, H. M. Baumgartner, Ch. Wild; München 1973).
3 Die Bedeutung einer erinnernd-erzählenden Erlösungslehre, einer memorativ-narrativen Soteriologie für das zentrale Thema von Erlösungsgeschichte und Freiheitsgeschichte habe ich ausführlicher behandelt in meinem Beitrag »Erlösung und Emanzipation«: Stimmen der Zeit 98 (März 1973) 171-184.

1. ERZÄHLUNG UND ERFAHRUNG

»Der Erzähler – so vertraut uns der Name klingt – ist uns in seiner lebendigen Wirksamkeit keineswegs durchaus gegenwärtig. Er ist uns etwas bereits Entferntes und weiter noch sich Entfernendes ... Es ist, als wenn ein Vermögen, das uns unveräußerlich schien, das Gesichertste unter den Sicheren, von uns genommen würde. Nämlich das Ver[335]mögen, Erfahrungen auszutauschen.«[4] Die Gefahr der Atrophie des Erzählens betrifft in besonderer Weise Theologie und Christentum. Eine Theologie, der die Kategorie des Erzählens abhanden gekommen ist oder die das Erzählen als vorkritische Ausdrucksform theoretisch ächtet, kann die »eigentlichen« und »ursprünglichen« Erfahrungen des Glaubens nur abdrängen in die Ungegenständlichkeit und Sprachlosigkeit und kann dementsprechend alle sprachlichen Ausdrucksformen des Glaubens ausschließlich als kategoriale Objektivationen, als wechselnde Chiffren und Symbole für ein Unsagbares werten. Dadurch aber wird die Erfahrung des Glaubens selbst unbestimmt und ihr Inhalt wird dann ausschließlich in der Sprache der Riten und der Dogmen festgehalten, ohne daß die darin zur Formel gewordene Erzählgestalt selbst noch die Kraft des Austausches von Erfahrung zeigte.

Angefangen bei der Rede der Propheten im AT, die einen Gott verkündeten, der das Alte stürzt und alles neu macht, der das Neue schmerzhaft gegen das Selbstverständliche und Bekannte durchsetzt, bis hin zur unerfindbar neuen Erfahrung der Auferweckung des gekreuzigten Jesus hat Theologie es mit unableitbaren Erfahrungen zu tun, deren sprachliche Artikulation deutlich Erzählmerkmale aufweist. Auch die Schöpfungsthematik wird, wo sie Anfänge darlegt, ebenso wie dort, wo sie Ausblicke auf den Neuen Himmel und die Neue Erde eröffnet, erzählend in Geschichten entfaltet. Die Welt, die aus dem Nichts entstand, der Mensch, der aus Staub gebacken wurde, das neue Reich, dessen Nähe Jesus verkündet, der neue Mensch, die Auferstehung als Durchgang durch den Tod ins Leben, das Ende als Neubeginn, das Leben zukünftiger Herrlichkeit – sie alle sprengen das argumentative Raisonnement und widersetzen sich einer perfekten Auflösung oder Umsetzung ihrer Erzählgestalt. Sie bringen den Logos der Theologie, sofern er sich sein erzählendes Wesen verbirgt, in jene Verlegenheit, vor der die Vernunft steht, wenn sie sich etwa den Fragen nach Anfang und Ende und nach der Bestimmung des Neuen, noch nie Gewesenen stellt. Denn die Frage etwa nach dem Anfang (nach der *arché*), mit der der Logos der Griechen den Bann des reinen Erzählens im Mythos durchbrach, wirft das Denken gleichwohl immer wieder auf das Erzählen zurück. »Anfang« und »Ende« können nur erzählend bzw. vorauserzählend besprochen werden. Hellsichtig spricht Kant in diesem Zusammen-

---

4   W. Benjamin, Der Erzähler: Illuminationen (Frankfurt 1961) 409.

hang vom »rhapsodischen Anfang des Denkens«, der keiner argumentativen Rekonstruktion zugänglich ist. Vor allem aber das Neue und noch nie Dagewesene kann nur erzählend eingeführt und identifiziert werden. Eine Vernunft, die sich dem erzählenden Austausch solcher Erfahrungen des Neuen verschließt oder ihn im Namen ihres kritischen Wesens und ihrer Autonomie total abbricht, erschöpft sich in der Nachkonstruktion und bleibt schließlich ein Stück Technik, wie Th. W. Adorno in den Schlußpassagen seiner Minima Moralia bemerkt. Ausführlicher wird hiervon noch unter den folgenden Abschnitten 4 und 5 die Rede sein.

2. VOM PRAKTISCHEN UND PERFORMATIVEN SINN DER ERZÄHLUNG

Es gibt Beispiele einer Erzähltradition, die sich dem Bann unserer vermeintlich postnarrativen Zeit widersetzt. Die »Chassidischen Geschichten« etwa, die »Kalendergeschichten« eines Johann Peter Hebel und eines Bertold Brecht neben den »Spuren« von Ernst Bloch, dessen Hauptwerk »Prinzip Hoffnung« übrigens wie eine große Enzyklopädie von Hoffnungsgeschichten anmutet, und viele andere können hier meines Erachtens beispielhaft genannt werden. Sie zeigen in besonderer Weise den praktisch-befreienden Charakter solcher Erzählungen. In ihnen wird sichtbar, wie Erzählung auf praktische Mitteilung der in ihr angesammelten Erfahrung drängt und wie der Erzähler und die Zuhörenden in die erzählte Erfahrung einbezogen werden. In seinem Essay über den »Erzähler« hat W. Benjamin diese Eigenart so festgehalten: »Die Ausrichtung auf das praktische Interesse ist ein charakteristischer Zug bei vielen geborenen Erzählern ... Das alles deutet auf die Bewandtnis, die es mit jeder wahren Erzählung hat. Sie führt, offen oder versteckt, ihren Nutzen mit sich. Dieser Nutzen mag einmal in einer Moral bestehen, ein ander Mal in einer praktischen Anweisung, ein drittes Mal in einem Sprichwort oder in einer Lebensregel – in jedem Falle ist der Erzähler ein Mann, der dem Hörer Rat weiß ... Der Erzähler nimmt, was er erzählt, aus der Erfahrung; aus der eigenen oder berichteten. Und er macht es wiederum zur Erfahrung derer, die seiner Geschichte zuhören.«[5]

Martin Buber hat in seiner Einleitung zu den »Chassidischen Geschichten« dieses Charakteristikum bestätigt und zugleich auf weitere entscheidende Gesichtspunkte der Erzählung aufmerksam gemacht. »Das Erzählen ist selber Geschehen, es hat die Weihe einer heiligen Handlung ... Die Erzählung ist mehr als eine Spiegelung: Die heilige [336] Essenz, die in ihr bezeugt wird, lebt in ihr fort. Wunder, das man erzählt, wird von neuem mächtig ... Man bat

---

5 W. Benjamin, a. a. O. 412 f.

einen Rabbi, dessen Großvater ein Schüler des Baalschem gewesen war, eine Geschichte zu erzählen. ›Eine Geschichte‹, sagte er, ›soll man so erzählen, daß sie selber Hilfe sei.‹ Und er erzählte: ›Mein Großvater war lahm. Einmal bat man ihn, eine Geschichte von seinem Lehrer zu erzählen. Da erzählte er, wie der heilige Baalschem beim Beten zu hüpfen und zu tanzen pflegte. Mein Großvater stand und erzählte, und die Erzählung riß ihn so hin, daß er hüpfend und tanzend zeigen mußte, wie der Meister es gemacht hatte. Von der Stunde an war er geheilt. So soll man Geschichten erzählen.‹«[6] Dieser Text scheint mir in unserem Zusammenhang vor allem in zweifacher Hinsicht bemerkenswert. Einmal bietet er, für die kritischen Ohren einer postnarrativen Zeit, ein gelungenes Beispiel dafür, wie narrative Didaktik verbunden sein kann mit der erzählenden Selbstaufklärung über jenes Interesse, das dem Erzählvorgang zugrunde liegt. Hier ist die Erzählung nicht in ideologieverdächtiger Weise bewußtlos gegenüber dem sie leitenden Interesse. Sie stellt dieses Interesse selbst vor und »erprobt« es im Erzählvorgang. Sie verifiziert bzw. falsifiziert sich selbst und überläßt dies nicht einem dem Erzählvorgang externen Diskurs über sie. Dieser Gesichtspunkt scheint mir für eine erkenntnistheoretische Behandlung der Erzählung sehr wichtig zu sein; er kann hier gleichwohl nicht weiter verfolgt werden.

Der von Buber angeführte Text weist aber zum anderen auch noch auf den inneren Zusammenhang von Erzählung und Sakrament hin, auf die Erzählung gewissermaßen als signum efficax und umgekehrt auf den narrativen Grundzug der Sakramente als heilswirkender Zeichen. Unschwer läßt sich das sakramentale Zeichen als eine »Sprachhandlung« charakterisieren, in der die Einheit von Erzählung als wirkendem Wort und praktischer Wirkung im selben Sprechvorgang ausgedrückt wird. Vielleicht wird durch den zeremoniell-ritualistischen Aspekt am sakramentalen Geschehen nicht sofort deutlich, daß Sakramente auch Makrozeichen für Heilserzählungen sind. Bei näherer Betrachtung zeigt sich jedoch, daß die Sprachformeln in der Sakramentenspendung nicht nur Muster dessen sind, was in der Linguistik als »performative« Äußerung gilt,[7] sondern daß sie selbst etwas erzählen – wie z. B. im Meßkanon: »In jener Nacht, da er verraten wurde ...« – oder doch in den größeren Rahmen einer Erzählhandlung eingebaut sind – wie z. B. im Bußsakrament. Es scheint mir von entscheidender Bedeutung zu sein, die narrative Grundverfassung des sakramentalen Geschehens deutlicher herauszuarbeiten. Das hätte seine Konsequenzen – nicht nur für die theologische Erörterung des Verhältnisses von Wort und Sakrament, sondern vor allem auch für die christliche Praxis selbst: das sakramentale Geschehen könnte so viel mehr in die Lebens- und Leidensgeschichten einbezogen und in ihnen als Heilserzählung verdeutlicht werden.

---

6 M. Buber, Werke III (München 1963) 71.
7 Zur Theorie der performativen Äußerungen vgl. vor allem J. L. Austin, How to do things with words (Cambridge / Mass. 1962).

3. VOM PASTORALEN UND SOZIALKRITISCHEN SINN DES ERZÄHLENS

Immer wieder wirken Randgruppen, marginale »Bewegungen« und »Sekten« im kirchlichen und gesellschaftlichen Leben wie ein heilsamer Kulturschock, und es wäre, wie die Geschichte zeigt, höchst bedenklich, wenn z. B. die Großkirchen solche Subkulturen und ihre Botschaften von vornherein neutralisieren oder abstoßen würden. Dies gilt z. B. selbst im Verhältnis zu den sogenannten Jesus-people, obwohl ich weit davon entfernt bin, die tiefe Zweideutigkeit dieser Bewegung zu verkennen, die es jedenfalls verbietet, sie unkritisch zu vereinnahmen oder leichtsinnig als Erneuerungschance des christlichen Lebens zu feiern. Immerhin möchte ich in diesem Zusammenhang auf eines aufmerksam machen: Diese Randgruppen und »Bewegungen« argumentieren zumeist nicht. Sie erzählen vielmehr, oder besser: Sie versuchen zu erzählen. Sie erzählen ihre Bekehrungsgeschichte, erzählen biblische Geschichten nach, oft in hilfloser und sehr leicht durchschaubarer und manipulierbarer Weise. Ist dies aber nur Ausdruck einer psychischen Regression, eine peinliche Demonstration für die Gefahr des Infantilismus und Archaismus im religiösen Leben? Ist dies nur eine immer wiederkehrende Version einer begriffslos schwärmerischen Pseudoreligiosität, nur geistlos-willkürliche Verachtung des Ernstes theologischer Rationalität und Argumentation? Oder schlägt hier nicht etwas durch, was im öffentlichen und offiziellen Leben des Christentums allzu sehr verdrängt erscheint? Rufen nicht gerade auch diese Randgruppen das verdrängte und versteckte, weithin ausgetrocknete Erzählpotential des Christentums an? Erinnern sie nicht auf ihre Art an das erzählende Wesen des Christentums? Daran, daß das Christentum nicht primär eine Argumentations- und Interpretationsgemeinschaft, sondern eben eine Erzählgemeinschaft ist? Daran, daß der Austausch von Glaubenserfahrung wie von jeder ur-[337]sprünglichen »neuen« Erfahrung nicht die Gestalt des Arguments, sondern der Erzählung hat? Und gilt dies nicht besonders eindrucksvoll von jenen religiösen Randgruppen, die in ihrer Weigerung, die übliche Riten- und Theologensprache zu sprechen, lieber verstummen, in nahezu sprachlose Ausdrucksformen ausweichen?

Von hier aus, so scheint mir, ergibt sich ein wichtiger Hinweis und Impuls zunächst innerhalb der pastoralen und kerygmatischen Situation des Christentums. Es scheint mir, als wäre unsere Verkündigung und unsere Pastoral nicht eigentlich deswegen in der Krise, weil wir etwa zuviel erzählen, sondern weil wir kaum mehr richtig, mit praktisch-kritischem Effekt, mit gefährlich-befreiender Intention erzählen können. Denn schon lange suchen wir unser christliches Erzählpotential verschämt zu verstecken und es allenfalls für gutgläubige Kinder und Greise hervorzuholen, obwohl vielleicht nirgendwo so empfindlich und auch so folgenreich auf falsches Erzählen, auf reine Erzählsurrogate, auf einen nur vorgetäuschten Austausch von Erfahrungen reagiert wird wie in der Schule und im Altenheim. Deshalb muß die hier angezielte Herausstellung der Erzählung vor allem vor dem Mißverständnis geschützt werden, als solle den üblichen »Geschichtenerzählern« auf der Kanzel und in der Katechese eine neue Legitimation geliefert werden, wenn sie beliebige Anekdoten erzählen, wo von ihnen Argumente verlangt werden. Es gibt natürlich eine Zeit des Erzählens und eine Zeit des Argumentierens! Auch dieser Unterschied will gelernt sein.

Die Betonung der Erzählung in Verkündigung und Pastoral muß vor einem weiteren Mißverständnis geschützt werden: so, als handelte es sich hier erneut um den Rückzug in das rein Private, Beliebige oder ins Geschmäcklerisch-Ästhetische. Wenn unsere Geschichten diesen Eindruck erwecken, zeigen sie nur, wie sehr wir verlernt haben, wirklich zu erzählen und nachzuerzählen! Gewiß, es gibt solche und solche Geschichten: Geschichten zur Beschwichtigung, zur Entlastung (wie auch etwa das Erzählen von politischen Witzen in einer Diktatur), aber auch Geschichten, die »einem Rat wissen«, die einen Freiheitssinn bergen und zur »Nachfolge« bewegen. Es erzählen die Unmündigen, aber auch die Weisen, die »ein zweites Mal vom Baum der Erkenntnis gegessen haben« (Kleist). Es erzählen die »Kleinen« und die Unterdrückten; aber sie erzählen nicht nur Geschichten, die sie immer wieder dazu verführen, ihre eigene Unterdrückung und ihre eigene Unmündigkeit zu feiern, sondern auch gefährliche, freiheitssuchende Geschichten. Denn Freiheit und Aufklärung, der Übergang von der Unmündigkeit zur Mündigkeit hängt nicht einfach daran, daß man die Erzählsprache völlig aufgibt zugunsten einer rein argumentativen Elitesprache der Aufklärer und derer, die sich selbst dazu privilegiert haben. (Das alte Problem, demzufolge Arbeiter und Intellektuelle so schwer zueinander kommen, hängt meines Erachtens nicht zuletzt an einem Mißverständnis bei den Intellektuellen über den emanzipatorischen Charakter der Erzählsprache, so wie auch die Theologen häufig die Erzählsprache, die »an der Basis« des Christentums gesprochen wird, unterschätzen.) Natürlich, die kritisch-befreiende Kraft solcher Geschichten läßt sich nicht a priori beweisen noch rekonstruieren. Man muß auf sie treffen, sie hören und sie womöglich weitererzählen. Aber gibt es nicht auch in unserer sogenannten postnarrativen Zeit mannigfache »Geschichtenerzähler«, die erkennen lassen, was »Geschichten« heute sein können, sein könnten: eben nicht nur künstliche Gebilde, beliebig, privatistisch, sondern Erzählungen mit öffentlicher, gewissermaßen gesellschaftskritischer Reizwirkung, »gefährliche Geschichten« also? Können wir die Jesusgeschichten heute noch so nacherzählen und (»apokryph«) weitererzählen?

4. DER THEOLOGISCHE SINN DER ERZÄHLUNG: ERZÄHLUNG ALS MEDIUM VON HEIL UND GESCHICHTE

Der im vorigen Abschnitt hervorgehobene pastorale Sinn der Erzählung könnte den Eindruck nahelegen, als würde hier nur ein neues Mal auf die pädagogisch-katechetische Bedeutung der Erzählung hingewiesen, auf die Erzählung als »Beispiel« und damit als ein unverzichtbares Behelfsmittel der »angewandten Theologie«, ohne daß sie die Verfassung der Theologie selbst beträfe. Doch eben diese Vorstellung soll hier gerade abgewiesen werden! Die Unterscheidung etwa: Verkündigung erzählt, Theologie argumentiert, scheint uns zu rasch und zu problemlos zu sein und die narrative Tiefenstruktur der Theo-logie zu unterschlagen. Deshalb soll hier grundsätzlich vom theologischen Sinn des Erzählens gesprochen und der (tatsächlich unlösliche) Zusammenhang von Erzählung und Argument (Erklärung, Analyse ...) erörtert werden. Natürlich ist dabei der Einstieg in diese Frage nicht ohne eine gewisse Willkür. Die im folgenden verwendeten Kategorien, vor allem diejenige einer narrativen Leidensgeschichte, sollen im Abschnitt 5 [338] noch ausführlicher dargelegt und begründet werden.

Die Frage, wie Heil und geschichtliches Leben ohne willkürliche gegenseitige Verkürzung miteinander in Beziehung gebracht werden können, kann getrost als ein Zentralthema unserer gegenwärtigen systematischen Theologie angesprochen werden. Geschichte ist die Erfahrung der Wirklichkeit in Widersprüchen und Konflikten, Heil in einem theologischen Sinn besagt die Versöhnung dieser Widersprüche und Konflikte durch die Tat Gottes in Jesus Christus. Zum geschichtlichen Leben gehört unabweisbar die Erfahrung der Nicht-Identität, die Erfahrung der Entzweiung, die Erfahrung, daß eben nicht alles gut ist, wie es ist und sich zeigt. Es gehört zum geschichtlichen Leben die schmerzlich-leidvolle Erfahrung der Nicht-Identität durch Gewalt und Unterdrückung, durch Ungerechtigkeit und Ungleichheit, aber auch die Erfahrung der Nicht-Identität in der Schuld, im Geschick der Endlichkeit und des Todes. Geschichte ist in diesem Sinne immer auch Leidensgeschichte in einem umfassenden Sinn. (Und es scheint nicht schwer, die menschliche Geschichte in einer Zeit universeller Chancengleichheit, in einer »klassenlosen Zeit«, in einer Zeit der sozialen und ökonomischen Schicksalslosigkeit, auch nochmals als Leidensgeschichte zu imaginieren; denn es bleibt dann, ja tritt womöglich erst so recht hervor, jener inwendig fressende Nihilismus der Kreatur, die Verzweiflung, die Langeweile, die »Melancholie der Erfüllung«, wie das E. Bloch genannt hat.)

Kann nun die theologische Rede vom Heil und von der Erlösung wirklich dieser Leidensgeschichte und der darin sich manifestierenden schmerzlichen

Nicht-Identität geschichtlichen Lebens unverstellt und redlich standhalten? Entzieht die Theologie durch ihre Rede von dem in Jesus Christus besiegelten Heil und von der in ihm unwiderruflich geschehenen Erlösung und Versöhnung den Menschen nicht von vornherein dem Leid der Nicht-Identität geschichtlicher Existenz? Treibt sie nicht ein geschichtsloses und deshalb immer auch mythologieverdächtiges Wesen über den Köpfen der durch ihre Leidensgeschichte gebeugten, gedemütigten, zerstörten Menschen? Mündet sie angesichts des geschichtlich akkumulierten Leidens schließlich nicht in einen objektiven Geschichtszynismus? Gibt es eine theologische »Vermittlung« zwischen Heil und Geschichte, die als Leidensgeschichte überhaupt erst in ihrer Geschichtlichkeit ernst genommen ist? Gibt es diese theologische »Vermittlung«, ohne daß sie zu einer steilen, hochfliegenden und am Ende sich selbst betrügenden spekulativen Versöhnung mit dieser Leidensgeschichte gerät oder aber Heilsgeschichte selbst wieder angesichts dieser Leidensgeschichte suspendiert? An dieser Fragestellung, die sich beliebig als Zentralproblem systematischer Theologie variieren ließe, scheitert meines Erachtens jede rein argumentative Theologie. Ich möchte das kurz verdeutlichen durch die Anführung jener Lösungsrichtungen, die in der gegenwärtigen Theologie für diese Fragestellung repräsentativ sind.[8]

Die eine Lösungsrichtung kann gekennzeichnet werden durch die existentiale und transzendentale Interpretation des Verhältnisses von Heil und Geschichte. Hier bleibt indes die inzwischen ja oft angemeldete Frage, ob die Versöhnung von Heil und Geschichte nicht dadurch gesucht wird, daß Geschichte transzendental oder existential verkürzt wird zur »Geschichtlichkeit«, oder anders ausgedrückt, daß man sich aus der Nicht-Identität geschichtlichen Lebens zurückzieht auf einen geheimen unverfügbar-unsagbaren Identitätspunkt der Existenz bzw. des Subjektes.

Ein anderer Ansatz tendiert auf eine Konditionierung des Heils angesichts der Leidensgeschichte. Heil und Erlösung werden extrem futurisiert, sie bleiben – im durchgehaltenen Respekt vor der Nicht-Identität der Geschichte als Leidensgeschichte – »auf dem Spiele«. Dieser Ansatz muß sich indes immer wieder fragen, was ein auf dem Spiele stehendes Heil anderes ist als eben eine Heilsutopie, von der man allenfalls einen heuristischen Gebrauch im Gang menschlicher Freiheitsgeschichte machen kann.

Eine dritte Lösungsrichtung schließlich, die gegenwärtig, vor allem im deutschen Sprachraum, viel Aufmerksamkeit beansprucht und die ich deshalb etwas ausführlicher erwähne, sucht eine Verbindung von Heilsgeschichte und Leidensgeschichte dadurch zu gewinnen, daß sie diese Frage zurückbindet an die zentrale Frage nach dem spezifischen Gottesverständnis im Christentum,

---

8 Ausführlich dargestellt habe ich das Verhältnis von Heil und Geschichte im Medium menschlicher Leidensgeschichte in meinem in Anmerkung 3 genannten Beitrag.

d. h. schließlich, daß sie sie behandelt als Thema der Trinitätstheologie und der trinitarischen Gottesgeschichte. Die Nicht-Identität menschlicher Leidensgeschichte wird, im Blick auf Gottes Kenose im Kreuz Jesu, hineingenommen in die trinitarische Gottesgeschichte. Leid wird nun zum »Leid zwischen Gott und Gott« (J. Moltmann). Solche Versuche finden sich gegenwärtig im Bereich evangelischer Theologie im Anschluß an Karl Barth z. B. bei E. Jüngel und vor allem in J. Molt[339]manns jüngstem Buch über den »gekreuzigten Gott«. Im katholischen Raum können solche Überlegungen anknüpfen an Karl Rahners Vorschläge zur Einheit von immanenter und ökonomischer Trinität; sie finden sich ansatzweise z. B. in H. Küngs Rede von der Geschichtlichkeit Gottes im Zusammenhang seiner Interpretation der Hegelschen Christologie, am eindringlichsten meines Wissens bei H. U. von Balthasar und seiner Interpretation des Mysterium paschale im Horizont der trinitarisch verstandenen Kenosis-Geschichte Gottes.

Gegenüber diesen Ansätzen möchte ich hier, im Sinne unseres Themas, nur ein zentrales Bedenken formulieren, abgekürzt und in extrem formalisierter Gestalt. Die Nicht-Identität menschlicher Leidensgeschichte kann auch in einer theologischen Dialektik trinitarischer Heilsgeschichte nicht so »aufgehoben« werden, daß sie ihren Geschichtscharakter wahrt. Denn diese schmerzlich erfahrene Nicht-Identität des Leidens ist gerade nicht identisch mit jener Negativität, die zu einem dialektisch verstandenen Geschichtsprozeß gehört, und sei es jener der trinitarischen Gottesgeschichte. Wo immer der Versuch gemacht wird, die Entzweiung menschlicher Leidensgeschichte selbst noch einmal in der Dialektik der trinitarischen Gottesgeschichte zu deuten und zu begreifen, liegt meines Erachtens die genannte Verwechslung zwischen der Negativität des Leidens und der Negativität des dialektischen Begriffs des Leidens vor. Eine begrifflich-argumentative Versöhnung zwischen universaler Heilsgeschichte (als Ausdruck der in Jesus Christus vollbrachten Geschichte der Erlösung) einerseits und menschlicher Leidensgeschichte anderseits scheint mir ausgeschlossen; sie führt entweder zur dualistisch gnostischen Verewigung des Leidens in Gott oder zur Herabdeutung des Leidens auf dessen Begriff; tertium non datur. Das Dilemma kann meines Erachtens nicht durch eine noch subtilere spekulative Argumentation gelöst werden, sondern allein durch eine andere Art, Heil und geschehene Erlösung in der Nicht-Identität der Leidenszeit zur Sprache zu bringen.

Dementsprechend möchte ich hier die These formulieren: Eine Theologie des Heils, die weder die Heilsgeschichte konditioniert oder suspendiert noch die Nicht-Identität der Leidensgeschichte ignoriert bzw. dialektisch überfährt, kann nicht rein argumentativ, sie muß immer auch narrativ expliziert werden; sie ist in fundamentaler Weise memorativ-narrative Theologie. Die Einführung der erzählenden Erinnerung des Heils scheint mir so wenig ein Anzeichen für regressive Entdifferenzierung der geschilderten Problematik zu sein, daß sie allererst die Möglichkeit bietet, Heil in Geschichte, die allemal Leidensgeschichte ist, ohne gegenseitige Verkürzung auszusagen. Die Kategorie der erzählenden Erinnerung läßt meines Erachtens Heil und Erlösung weder in die Geschichtslosigkeit der reinen Paradoxie zurückfallen, noch unterstellt sie Heil und Geschichte dem logischen Identitätszwang einer dialektischen Vermittlung. Dieser gegenüber wirkt Erzählung »klein« und unprätentiös. Sie hat nicht den dialektischen Schlüssel, auch nicht aus der Hand Gottes, mit dem alle dunklen Gänge der Geschichte ins Licht hinein zu öffnen sind, ehe man sie überhaupt betreten und durchschritten hat. Doch auch sie ist nicht ohne Licht. Pascal (darauf weist auch Weinrich hin) wollte wohl auf dieses Licht aufmerksam machen, wenn er sich in seinem »Memorial« die Unterscheidung zwischen dem erzählten »Gott Abrahams, Isaaks und Jakobs« und dem Gott der rein argumentierenden Vernunft, »dem Gott der Philosophen« einprägte.

Diese Einführung der erzählenden Erinnerung und die Betonung ihres kognitiven Primats in der Theologie ist keine ad-hoc-Konstruktion zur Lösung des geschilderten Dilemmas. Sie aktualisiert meines Erachtens vielmehr jene Vermittlung von Heilsgeschichte und menschlicher Leidensgeschichte, wie sie uns in den Testamenten unseres Glaubens begegnet. Wo Theologie diese erzählende Erinnerung zu einer mythologischen Vorstufe des christlichen Logos herabdeutet, erweist sie sich nicht als besonders kritisch, sondern in einem spezifischen Sinn als unkritisch-bewußtlos gegenüber den Möglichkeiten und Grenzen, christliche Heilsbotschaft in der Erfahrung der Nicht-Identität geschichtlichen Lebens affirmativ zur Sprache zu bringen. Die Kritik an Mythen hatte allen Grund; aber sie vergißt leicht, daß Erzählung aller kritischen Argumentation der Theologie innewohnt als vermittelndes Moment ihrer Inhalte. Dies gilt es auch gegenüber der historischen Kritik in der Theologie festzuhalten!

Ohne dem, was im nächsten Abschnitt zu sagen ist, vorzugreifen, möchte ich nämlich dies betonen: Es ist etwas anderes, ob man die historische Frage und die ihr zugeordnete »historische Wahrheit« als eine dem Christentum neuzeitlich aufgedrängte, in diesem Sinn unausweichliche Problemgestalt ansieht oder als das Medium, in dem sich die Wahrheit des Christentums und seiner Heilsbotschaft ursprünglich ausdrückt und identifiziert. Eine rein argumen[340]tative Theologie, die sich ihren Ursprung in erzählender Erinnerung verbirgt und ihn nicht ständig neu aktualisiert, führt angesichts der menschlichen Leidensgeschichte zu jenen tausend Modifikationen in ihrer Argumentation, unter denen unversehens jeder identifizierbare Inhalt christlichen Heils erlischt. Dies ist keineswegs gegen das Argumentieren in der Theologie gesagt. Der Standpunkt »Erinnern-Erzählen versus Argumentieren« wäre in der Tat rein regressiv-entdifferenzierend. Es geht vielmehr um die entsprechende

Relativierung der argumentativen Theologie. Sie hat primär die Funktion, die erzählende Erinnerung des Heils in unserer wissenschaftlichen Welt zu schützen, sie kritisch in der argumentativen Unterbrechung aufs Spiel zu setzen und doch immer wieder neu zu einem Erzählen anzuleiten, ohne das die Erfahrung des Heils sprachlos bliebe.

5. VON DER ERZÄHLENDEN TIEFENSTRUKTUR DER KRITISCHEN VERNUNFT

Geht die bisher entfaltete Überlegung am Ende nicht doch in unkritischer Entdifferenzierung zurück hinter die Prämissen des Zeitalters der Kritik und der kritischen Vernunft? Wirkt z. B. der Gebrauch von Leidensgeschichte nicht willkürlich und unangemessen angesichts des Bewußtseinsstandes historischer Kritik? Wie lassen sich Narrativität und Kritik überhaupt miteinander in Beziehung bringen?

Durch den Sieg des Historismus wurde alle (immer auch erinnernd-erzählend tradierte) Überlieferung in Historie, d. h. in den Gegenstand der kritischen Rekonstruktion historischer Vernunft verwandelt. Denn das rein historisch-kritische Verhältnis »zur Vergangenheit setzt nicht nur voraus, daß diese Vergangenheit vergangen ist, es wirkt offensichtlich auch dahin, diese Inaktualität des Gewesenen zu befestigen und zu besiegeln. Die Historie ist an die Stelle der Tradition getreten, und das heißt: sie besetzt diese Stelle«.[9] Inzwischen hat sich freilich auch eine Kritik dieser historischen Vernunft entfaltet, welche die im Historismus manifest gewordene Erinnerungslosigkeit und Überlieferungslosigkeit unserer wissenschaftlichen Lebenswelt nicht als selbstverständlich und universal hinnimmt. Diese Kritik der historischen Vernunft ist vor allem im Umkreis der neueren Hermeneutik und einer praktisch-kritischen Philosophie der Geschichte und der Gesellschaft ausgebildet worden, die sich besonders den Traditionen der praktischen Philosophie Kants und der Ideologiekritik (nicht zuletzt marxistischer und psychoanalytischer Prägung) verdankt.[10] Geleitet von der Unterscheidung von »Erkenntnis und Interesse« fragt sie nach den Motiven und Interessen historischer Kritik; sie stellt die Frage nach der »Kritik der Kritik« und entlarvt den abstrakten Willen zur Kritik selbst noch einmal als jene Ideologie, die sich allzu fraglos einem vermeintlichen Stufengang im Fortschritt kritischen Bewußtseins überläßt.

---

9 G. Krüger, Die Bedeutung der Tradition für die philosophische Forschung: Studium Generale 4 (1951) 322 f.
10 Eine ausführliche Begründung der Überlegung dieses ganzen Abschnitts findet sich in meinem Artikel »Erinnerung«, vgl. oben Anmerkung 2.

Dabei wird diese »Kritik der Kritik« nicht etwa als eine formale Metakritik verstanden, die das Problem auf rein theoretischer Ebene weiterbehandelt und (tendenziell unbegrenzt) weiterdelegiert, sondern als Problem der praktischen Vernunft, die ihrerseits in bestimmten geschichtlichen Erinnerungs- und Erzähltraditionen steht. In diesem potenzierten Sinn ist und bleibt daher Geschichte – nicht als rekonstruierte Historie, sondern als erinnernd-erzählte Überlieferung – jeder Vernunft immanent, die in befreiender Kritik praktisch wird. Das Thema des Erzählens und der Erinnerung taucht in diesem Zusammenhang unabweislich wieder auf – und zwar als kritische Instanz gegenüber einer historischen Vernunft, die selbst immer mehr zu einer nach rückwärts gewandten Technologie wird und die schließlich auf eine in der Datenbank sortierte »Geschichte« hinausläuft und auf ein Computer-Gedächtnis, das ohne jede Narrativität ist und das weder ein Erinnern noch ein Vergessen kennt. »Inhuman aber ist das Vergessen, weil das akkumulierte Leiden vergessen wird; denn die geschichtliche Spur an den Dingen, Worten, Farben, Tönen ist immer die (Spur) vergangenen Leidens. Darum stellt Tradition heute vor einen unauflöslichen Widerspruch. Keine ist gegenwärtig und zu beschwören; ist aber eine jegliche ausgelöscht, so beginnt der Einmarsch in die Inhumanität.«[11]

Wer sich dieser Aporie nicht beugt, wird auf einen neuen Respekt vor der Geschichte des Leidens in unserem kritischen Bewußtsein drängen. Obsolet erscheint diese Absicht nur für eine kritische Vernunft, die aus lauter Angst vor Heteronomie sich diesen Respekt vor der Leidensgeschichte versagt und deshalb sogar die Autorität der Leidenden im Interesse einer abstrakten Autonomie der Vernunft zerstört. Wo Vernunft sich indes diesen Respekt bewahrt, da macht er sie in einer Weise »vernehmend«, die in der üblichen Entgegensetzung von »Autorität und Erkenntnis«, in der das Autonomieproblem der Vernunft zumeist diskutiert wird, gar nicht ausgedrückt werden kann. In diesem »Vernehmen« gewinnt Geschichte – als erinnerte Leidensgeschichte [341] – für Vernunft allemal die Gestalt einer »gefährlichen Überlieferung«; deren Weitergabe geschieht nie rein argumentativ, sondern anfänglicher narrativ, in »gefährlichen Geschichten«. Sie durchstoßen den Bann einer totalen Rekonstruktion der Geschichte durch abstrakte Vernunft. Sie desavouieren den Versuch, das Bewußtsein aus der abstrakten Einheit des »Ich denke« zu rekonstruieren und zeigen, daß unser Bewußtsein vielmehr ein »in Geschichten verstricktes« Bewußtsein ist, das auf eine narrative Identifizierung verwiesen bleibt und das nach der Auflösung der Argumentationsfigur Historia magistra vitae, nach der Entthronung des »Lehramts« der Geschichte gleichwohl auf das »Lehramt« der Geschichten nicht verzichten kann. F. Truffault hat in seinem Film »Fahrenheit 451« eindringlich dieses »Bewußtsein in Geschichten«, das

---

11 Th. W. Adorno, Thesen über Tradition: Ohne Leitbild (Frankfurt 1967) 34 f.

sich aus dem (in Büchern) akkumulierten Erzählpotential nährt, als Asyl des Widerstands, als einzige Alternative gegen eine Welt der totalen Manipulation und Unfreiheit geschildert.

6. FRAGEN UND NOCHMALS FRAGEN

Natürlich wirft diese »Apologie des Erzählens« eine Fülle von Fragen auf, von denen abschließend wenigstens noch einige genannt seien.

Wie z. B. ist die Kategorie »Erzählung« näher zu bestimmen – angesichts der Tatsache, daß sie ja nicht einfach synonym mit der Kategorie des (historischen) »Berichts« gebraucht werden kann, weil gerade auch nichthistorische Formen des Wissens und der Mitteilung fundamental Erzählstrukturen haben, wie etwa das Märchen, die Sage, die Legende? Wie verhalten sich Fiktionalität und Authentizität von Erzähltexten zueinander? Was heißt: eine Geschichte ist »wahr«, und in welchem Sinn kann man von narrativer Erschließung von Wahrheit sprechen? Wie ist das Verhältnis von erzählter Zeit und physikalischer Zeit? Wie verhalten sich Erzählung und Erzähler näherhin zueinander, und in welchem Sinne verbietet die Unterscheidung von Erzähler und Erzählung, das Erzählen als ein reines Textproblem zu sehen?

Gibt es nicht auch Erzählmomente in den einzelnen Wissenschaften? Und sind diese nur nebensächlich und allenfalls von heuristischem Wert? Muß nicht z. B. eine »Logik der Forschung« den Wandel, die Kontinuität und Diskontinuität in den Wissenschaften auch in narrativen Mustern explizieren? Wirft nicht die Betonung der Erzählstruktur der Theologie auch in neuer Weise die Frage nach deren Wissenschaftscharakter und nach der kognitiven Eigenart, Verbindlichkeit und Kompetenz theologischer Sätze auf?

Was bedeutet die Einführung der Narrativität für die Frage nach dem »historischen Jesus«? Wie verhalten sich Jesusgeschichte und Jesusgeschichten? Ist durch den Kanon des AT und NT nicht ein »Erzählverbot« aufgerichtet, das ein situationsgerechtes Weitererzählen von Geschichten und damit auch ein wirksames Nacherzählen zu verhindern droht? Müßte der Sinn der Unterscheidung zwischen kanonischen und apokryphen Erzählungen nicht erneut untersucht werden? Usw., usw.

V.2 Überlegungen zur Praxis

Der Ereignischarakter der Predigt

*Zu den Beiträgen von Martin Nicol
und Harald Weinrich*

Der Praktische Theologe Martin Nicol (Jahrgang 1953) lehrt seit 1995 an der Theologischen Fakultät der Friedrich-Alexander-Universität Erlangen-Nürnberg. Sein Name ist vor allem mit zwei Forschungsschwerpunkten verbunden: Zum einen mit der Sicherung und Analyse »Biblische(r) Spuren in der deutschsprachigen Lyrik nach 1945«[1], zum anderen mit einem Projekt, das Nicol »Erneuerte Homiletik« nennt. Darunter versteht er die Überwindung solcher homiletischen Leitprogramme, die deduktiv bei Text und Dogma ansetzen und die ganze Kunst der Predigt darin sehen, vorgegebene Begriffswahrheiten zu erklären und auf den Alltag der Hörer zu applizieren. Statt dessen plädiert er für ein *induktives Predigtmodell*, wonach die Hörer, wenn sie eine Predigt hören, gewissermaßen auf Entdeckungsreise gehen. Dem entspricht es, daß er das Ziel einer Predigt nicht darin sieht, den Glauben zu *erklären*, sondern – und zwar auf Seiten des Predigers und Hörers – den Glauben zu *teilen*. Eine Predigt sollte so beschaffen sein, daß sie Ereignischarakter hat, daß also etwas mit den Beteiligten *geschieht*: daß sie nicht über das Reich Gottes belehrt werden, sondern daß sich ihnen unter der Predigt ein Raum eröffnet, in dem sie es gleichsam betreten.

Damit werden zweifellos besondere Anforderungen an die Predigt gestellt: Sie sollte weniger einer Vorlesung oder einem Besinnungsaufsatz gleichen, sondern nach Art eines Films oder Bühnenstücks gemacht sein. Damit wird die Predigt in die Nähe solcher Kunstwerke gerückt, deren Effekt auf dramaturgischen Bemühungen beruht.[2] Dabei spielen die Realisierung der Predigt als lebendiges, mündliches Rede-Ereignis, die dynamische Komposition ihrer einzelnen Sequenzen (»*moves*«) und deren Anordnung (»*structure*«) eine besondere Rolle.[3]

---

1 Siehe www.lyrik-projekt.de.
2 Vgl. ausführlicher die Programmschrift von Martin Nicol: Einander ins Bild setzen. Dramaturgische Homiletik, Göttingen ²2005.
3 Praktische Anregungen zur Einübung in einen lebendigen Predigtstil vermitteln: Martin Nicol / Alexander Deeg: Im Wechselschritt zur Kanzel. Praxisbuch Dramaturgische Homiletik, Göttingen 2005. Das Buch bietet neben hilfreichen Predigtbeispielen interessante Einblicke in die homiletische Hermeneutik, in die Funktionsweise von Metaphern und anderen Sprachspielen, in die Machart literarischer Kunstwerke, in den spannungsvollen Zusammenhang von Predigt und Liturgie.

Dieser Ansatz zielt auf eine praktische Konkretisierung der *ästhetischen Perspektive der Homiletik*. Damit nimmt Martin Nicol eine Tradition auf, die in den letzten 25 Jahren zunehmend an Bedeutung gewonnen hat.[4] Rainer Volp, Gert Otto, Henning Luther, Albrecht Grözinger und andere haben die Einsicht, daß *Inhalt und Form* im Zusammenhang zu bedenken sind, zum Ausgangspunkt ihrer Theoriemodelle gemacht und dementsprechend mit ästhetischen und semiotischen Kategorien gearbeitet.

Dabei wurde der Begriff der *Kunst* für viele der Praxisfelder, mit denen sich die Praktische Theologie auseinandersetzt, wiedergewonnen,[5] was mit einer intensiven Auseinandersetzung mit den Kunstwissenschaften – besonders mit Fragen der Produktion und Rezeption von Kunstwerken – verbunden war. Hermeneutische Fragen wurden zunehmend im Zusammenhang von Gestaltungsfragen theologisch reflektiert, wobei das *Modell des offenen Kunstwerks* in der Homiletik eine besondere Rolle gespielt hat.[6]

Martin Nicol ist es zu verdanken, einen wichtigen Teil des Theoriepotentials praktisch-theologischer Ästhetik handhabbarer gemacht und in praktische Arbeitsschritte übersetzt zu haben. Überdies trägt Nicols umfassende Kenntnis der nordamerikanischen Homiletik zu einer Befruchtung des theoretischen Diskurses bei, wovon der hier abgedruckte Beitrag ebenso zeugt wie die beiden oben genannten, von ihm (mit)verfaßten Bücher. Sein Konzept, die Predigt-Kunst nicht nur in der Theorie, sondern konsequenterweise auch praktisch in den Kontext der anderen Künste zu stellen, hat nicht nur zur Weiterentwicklung der Homiletik als einer wissenschaftlichen Disziplin beigetragen, sondern auch das Verständnis dafür wachsen lassen, daß Predigen »Laune machen«[7] und mit Leidenschaft verbunden sein kann.

Der oben angesprochene Zusammenhang zwischen Inhalt und Form ist in der Erzählpraxis besonders offenkundig. Deshalb drucken wir – analog zu dem narratologischen Theorie-Beitrag von Metz (vgl. V.1) – in diesem Kapitel auch einen Essay von Harald Weinrich ab, in dem die Wahrheit der Texte als Wahrheit von erzählten Geschichten erörtert wird.

---

4 Vgl. dazu die Übersicht in dem Beitrag von Karl-Heinrich Bieritz oben unter V.1, 195-216.
5 Vgl. Rainer Volp: Liturgik. Die Kunst, Gott zu feiern, Bd. 1: Einführung und Geschichte; Bd. 2: Theorien und Gestaltung, Gütersloh 1994; Gert Otto: Die Kunst, verantwortlich zu reden. Rhetorik – Ästhetik – Ethik, Gütersloh 1994; Albrecht Grözinger: Praktische Theologie als Kunst der Wahrnehmung, Gütersloh 1995.
6 Vgl. u. a. Wilfried Engemann: Der Spielraum der Predigt und der Ernst der Verkündigung, in: Erich Garhammer / Heinz-Günther Schöttler (Hgg.): Predigt als offenes Kunstwerk. Homiletik und Rezeptionsästhetik, München 1998, 180-200, sowie ders: Wider den redundanten Exzeß. Semiotisches Plädoyer für eine ergänzungsbedürftige Predigt, in: ThLZ, 115. Jhg., 1990, 785-800.
7 Martin Nicol / Alexander Deeg, a. a. O., 6.

Zur Person: Der Literatur- und Sprachwissenschaftler Harald Weinrich (Jahrgang 1927) lehrt heute – nach Professuren u. a. in Kiel, Köln, Bielefeld und München – als emeritierter Professor mit Schwerpunkt in der Romanistik am College de France in Paris. Er wurde mit zahlreichen Preisen ausgezeichnet und ist Mitglied hochrenommierter wissenschaftlicher Gesellschaften und Akademien in Deutschland und Europa. Seine Bücher und Aufsätze sind z. T. in viele Sprachen übersetzt worden und haben die linguistischen und literaturtheoretischen Debatten über den deutschen Sprachraum hinaus angeregt.

Dabei hat Weinrichs Frage nach der erzählten Welt der Texte[8] eine besondere Rolle gespielt. In dem hier abgedruckten Beitrag geht es um die Frage, inwiefern die Theologie – und wir können ergänzen: erst recht die Predigt – bei ihren Annäherungen an die Wahrheit biblischer Texte nicht in noch stärkerem Maße berücksichtigen müssen,

– daß sie es in der Bibel zu einem großen Teil mit Erzählungen zu tun haben,
– daß uns Jesus von Nazareth in theologisch zentralen Texten (z. B. in den Gleichnissen) als »erzählter Erzähler« entgegentritt
– und daß sich das Christentum u. a. als Erzählgemeinschaft konstituiert.

Damit hinterfragt Weinrich die oftmals noch unterstellte Abhängigkeit der Wahrheit der biblischen Texte primär von der »historischen Welt« dieser Texte. Die Bedeutung und Relevanz einer Geschichte muß nach Ansicht des Verfassers keineswegs darunter leiden, daß dieser Geschichte keine historische Faktizität zukommt. Deshalb wäre es unangemessen, die entsprechenden Texte in der Absicht zu lesen, herauszufinden, wieviel an ihnen historisch ist, bzw. sich ihnen ausschließlich historisch-kritisch anzunähern. Demgegenüber geht es um »ein Mehr oder Weniger an Relevanz«. Das heißt, wer biblische Texte liest, steht primär nicht vor dem Problem, sie schließlich als wahr oder falsch bejahen oder verneinen zu müssen, sondern vor der Frage, ob bzw. wie sie für ihn überhaupt bedeutsam werden können.

Daß gerade erzählte Texte für Leser und Hörer in besonderem Maße Bedeutung gewinnen können, hängt mit bestimmten Strukturmerkmalen und der Fortsetzungsfähigkeit von Erzähltexten zusammen. Dabei spielt das Hypothetisch-Verwickelnde, das Fiktionale – wir könnten heute auch sagen: die Konstruktion virtueller Welten – eine besondere Rolle. Mit anderen Worten: Die Wirklichkeit des Reiches Gottes kann nicht nur nach-erzählt, sondern auch »vor-erzählt«, also z. B. vom Prediger in die heutige Lebenswelt hinein weitererzählt werden.

---

8 Vgl. Harald Weinrich: Tempus – Besprochene und erzählte Welt, Stuttgart (1964) ⁶2001.

Wenngleich das »Geschichten machen am Sonntagmorgen«[9] heute einen besseren Ruf hat als zu Anfang der siebziger Jahre[10] und auch andere theologische Disziplinen neben der Homiletik die Bedeutung narratologischer Strukturen in den biblischen Texten zu würdigen wissen, überwiegen in der Predigtpraxis deutlich die Elemente einer populärwissenschaftlichen Sach- und Fachbuchsprache. Versuche, wenn schon nicht das lebendige Erzählen, so doch Erzähl*elemente* in die Predigt zu integrieren, münden jedoch nicht selten in den Versuch, dogmatische Sätze quasi in verteilten Rollen zur Sprache zu bringen.[11] Dabei kommt guten Erzählungen selbst eine u. a. quasi-dogmatische Funktion zu, sofern sie etwas lehren und auf eine sehr konkrete Weise etwas zu verstehen geben. Sie »speichern« Erfahrungen des Glaubens und können in der Predigtkommunikation die Funktion von Argumenten haben bzw. Argument sein.

Die hier aufgeworfenen Fragen sind auch von anderen behandelt worden. Zu ihnen gehören Gerhard Marcel Martin und Michael Meyer-Blanck. Der zuletzt Genannte und Birgit Weyel haben in einem Kapitel ihres Arbeitsbuches[12] die Wechselbeziehungen zwischen Form und Inhalt der Predigt in den Blick genommen und mit weiteren homiletischen Fragen verknüpft. In meiner Einführung in die Homiletik habe ich versucht, den Zusammenhang von Inhalt und Form einer Predigt systematisch darzustellen und einen Überblick über solche Reflexionsperspektiven zu geben, die die (lernpsychologisch, narratologisch, dialogisch und die semiotisch orientierte) Strukturierung der Predigt betreffen.[13]

W. E.

---

9 Jürg Kleemann: Geschichten machen am Sonntagmorgen, in: ThPr, 19. Jhg., 1984, 250-259.
10 Vgl. die umfangreiche Untersuchung von Isolde Meinhard: Ideologie und Imagination im Predigtprozeß. Zur homiletischen Rezeption der kritischen Narratologie, Leipzig 2003.
11 Zum Problem vgl. Wilfried Engemann: Einführung in die Homiletik, Tübingen / Basel 2002, 44-46 und 307-312.
12 Michael Meyer-Blanck / Birgit Weyel: Arbeitsbuch Praktische Theologie. Ein Begleitbuch zu Studium und Examen, Gütersloh 1999, 64-75.
13 Wilfried Engemann: Einführung in die Homiletik, a. a. O., 290-325.

Martin Nicol

PredigtKunst

Ästhetische Überlegungen zur homiletischen Praxis

I KUNST – UND PREDIGT?

Die Süddeutsche Zeitung hat den Schriftsteller Martin Walser im Vorfeld jener so umstrittenen Rede anläßlich der Verleihung des Friedenspreises des deutschen Buchhandels mit einem barocken Prediger verglichen.[1] Walser biete, so heißt es, seiner Leser-Gemeinde »keine abstrakte Theologie, kein hohles Pathos, sondern brandende Bilder und Geschichten, Verteidigungsreden der Kindheit wie der Wiedervereinigung, Märlein vom Einhorn diesseits und jenseits der Liebe, auch heilige Brocken, geistliche Donnerwetter über das, was zu bezweifeln war, viel Heimatlob nebst Variationen über den Würgegriff, empfindsame Episteln zu Knechtschaft, Mangel und Macht.« Erstaunlich ist, was hier der Kanzelrede zugetraut wird. Predigt kann, so lese ich, voller Saft und Kraft sein, spannend und sprachlich anspruchsvoll wie ein Text der Literatur. Was freilich dem Autor des Artikels, Gerhard Köpf, dabei in den Sinn kommt, ist Predigt des Barock. Zeitgenössische Kanzelrede steht an keiner Stelle zur Debatte. Sprachlust und Sprachkraft, einst auf deutschen Kanzeln anzutreffen, sind, so die These im Hintergrund, längst in die Literatur ausgewandert.

Wenig Chancen für eine Wende scheint es zu geben, wenn ich mir Martin Walsers Weg zur Sprache ansehe. Walsers »ursprünglicher Schreib- und Sprechimpetus«, so Gerhard Köpf, »ist aus dem Geiste der Predigt. In ihm steckt jene homiletische Kanzelwucht, wie sie nur in einem Wirtshaus am Bodensee gedeihen und zur Reife gebracht werden kann.« »Homiletische Kanzelwucht« also sei da dem Schriftsteller zugewachsen auf seinem Lebensweg; zur Reife gebracht wurde solche »Kanzelwucht« – in einem Wirtshaus am Bodensee.

Homiletische Seminare an einer Theologischen Fakultät oder homiletische Übungen im Pastoralkolleg können viel leisten; jenes Bodensee-Wirtshaus können sie nicht ersetzen. Was die Homiletik vermag, ist etwas anderes. Die Homiletik kann, so meine These, versuchen, die Predigt wieder in einem

---

1 Gerhard Köpf, In den Schuhen des Fischers. Der Prediger, der uns die Leviten liest. Eine Einführung in die geistliche Rhetorik des Schriftstellers Martin Walser: Wochenendbeilage der SZ vom 10./11.10.98.

weiten kulturellen Umfeld zu verorten. Sie wäre dann Rede-Kunst in Nähe zu anderen Künsten. Es muß nicht für alle Zeit abwegig erscheinen, zeitgenössische Predigt und Kunst in einem Atemzug zu nennen. Vieles im homiletischen Diskurs spricht inzwischen dafür, daß die Nähe zur Kunst in die Ortsbestimmung moderner Predigt gehören wird. Mit konzeptionellen Überlegungen zum Leitbild der Predigt und mit Hinweisen für eine veränderte Praxis will ich einen Beitrag zu solcher Ortsbestimmung leisten. [20]

II PREDIGT IN DEUTSCHLAND

Die deutschsprachige Predigt ist faktisch noch immer einem Konzept verpflichtet, das intellektuell erkannte und begrifflich fixierte Wahrheit in Kanzelrede umzusetzen sucht. Die Formel, die kaum ein Homiletiker mehr unterschreiben würde, die gleichwohl die Predigtarbeit im Lande verläßlich beherrscht, heißt noch immer »Vom Text zur Predigt!« Ich will an dieser Stelle auf die predigtpraktische Problematik der geläufigen Formel hinweisen.[2] Diese besteht darin, daß dem Predigen ein begrifflich-intellektueller Filter vorgeschaltet wird, der Predigten zum genießbaren Aufguß (applicatio) einer zuvor erkannten und formulierten Wahrheit (explicatio) macht. Predigtsprache wird zur lebenspraktischen Anwendung vorgängig explizierter Begriffswahrheit. Fremd ist solcher Kanzelrede eine Erfahrung mit Sprache, wie sie Martin Walser in Passagen seiner Rede zum Ausdruck bringt, die im Lärm des Walser-Bubis-Streits sofort untergegangen sind. Für den Schriftsteller ist die Sprache ein eigener, überraschender Faktor im kreativen Sprachgeschehen. Die Sprache, so Walser, »hält sich zurück, erwacht sozusagen gar nicht, wenn ich meine schon etwas zu wissen, was ich nur noch mit Hilfe der Sprache formulieren müsse.«[3] Sprache wird dem Dichter zum Medium der Erkundung von Wirklichkeit. Solche Erfahrung mit Sprache stellt sich nicht ein, wo sich Kanzelsprache lediglich als gemeindeverständliche Vermittlung theologisch vorgedachter Wahrheit begreift.

Predigten, die »vom Text zur Predigt« erarbeitet werden, haben ihre Form. Es dominiert, wenn auch bunter geworden und gefälliger als in Väterzeiten, noch

---

2 Zur hermeneutischen Problematik vgl. Martin Nicol, Musikalische Hermeneutik. Hinweis auf das Ereignis in der Schriftauslegung: PTh 80 (1991), S. 230-238; ders., Im Ereignis den Text entdecken. Überlegungen zur Homiletischen Schriftauslegung, in: Einfach von Gott reden, FS Friedrich Mildenberger, hg. v. Jürgen Roloff u. Hans G. Ulrich, Stuttgart u. a. 1994, S. 268-281.
3 Martin Walser, Die Banalität des Guten. Erfahrungen beim Verfassen einer Sonntagsrede, Rede anläßlich der Verleihung des Friedenspreises des deutschen Buchhandels am 11.10.98 in Frankfurt / M.: SZ vom 12.10.98.

immer das Drei-Punkte-Modell: Ein Gedanke wird in (meistens) drei Punkten entfaltet. Das ist, mit unbestreitbaren Verdiensten, ein ehrwürdiges Modell des alten Europa. Aber »brandende Bilder und Geschichten« oder »empfindsame Episteln zu Knechtschaft, Mangel und Macht« (Gerhard Köpf über Martin Walser) habe ich unter der Dominanz des Drei-Punkte-Modells noch selten gefunden. Das Drei-Punkte-Modell eignet sich zur schlüssigen Entwicklung von Argumenten, kaum aber zur kreativen Gestaltung eines sprachlichen Kunstwerks, das aus Bildern lebt und aus Geschichten.

Moderne US-amerikanische Homiletik hat für die hörerfreundlichere Gegenwartsversion des Drei-Punkte-Modells eine ebenso einfache wie eindrückliche Formulierung: a three-points-and-a-poem-sermon. Man nimmt jetzt zu der Predigt in drei Punkten eben noch ein Gedicht hinzu. Aber grundsätzlich ändert das nichts am Modell. Dieses Modell verfährt mit Bibelwort und Predigtstoff wie eine Ausstechform für Weihnachtsplätzchen: »cookie cutter«-Modell – für jeden beliebigen Teig exakt dieselbe Form. So lapidar etikettieren darf freilich nur eine Homiletik, die selbst bessere Rezepte anzubieten hat. Die amerikanische Homiletik hat in den letzten dreißig Jahren Einsichten in homiletisches Neuland weit jenseits des cookie-cutter-Modells gewonnen. Ich skizziere im folgenden Impulse moderner US-Homiletik zum Kunstwerk Predigt. [21]

III HOMILETISCHE IMPULSE AUS DEN USA

Mir selbst haben die homiletischen Einsichten, die ich in den USA gewonnen habe, geholfen, aus den ausgetretenen Pfaden ein wenig herauszukommen. Ich gestehe, daß meine Homiletik an dieser Stelle weiter ist als meine Predigtpraxis. In der Praxis haben die drei Punkte eine Kraft, die vermutlich tief in der Person wurzelt und in der Welt, in der jemand kirchlich aufgewachsen ist. Ähnlich ist es in der Kanzelszene Amerikas. Die Homiletik spricht gerne von einer »homiletical revolution«, die sich vor etwa dreißig Jahren ereignet habe und die nun längst in die Phase der Konsolidierung gekommen sei. Wer aber in den USA einen (weißen) Gottesdienst besucht, wird oft auf eine Predigt stoßen, die sich nicht prinzipiell vom europäischen Vorbild entfernt hat. Diese Unstimmigkeit sollte die deutsche Homiletik nicht daran hindern, Impulse von jenseits des Atlantiks aufmerksam wahrzunehmen.[4]

---

[4] Vgl. Martin Nicol, Preaching from Within. Homiletische Positionslichter aus Nordamerika: PTh 86 (1997), S. 295-309; ders., Homiletik. Positionsbestimmung in den neunziger Jahren: ThLZ 123 (1998), Sp. 1049-1066.

Die »Revolution« in den USA besteht im Kern darin, daß man sich vom herrschenden deduktiven Predigtmodell abwandte, um die Möglichkeiten des induktiven Predigtmodells auszuloten. Damit änderte sich die Zielsetzung der Predigt. Nicht mehr darum geht es, eine Wahrheit des Glaubens zu erklären (deduktiv), sondern Erfahrungen des Glaubens zu teilen (induktiv).[5] Freilich darf das induktive Modell nicht als radikale Alternative zum deduktiven Modell verstanden werden. Die Praxis wird immer Mischformen zeitigen. Gleichwohl ist mit dem induktiven Modell ein Weg beschritten, der Alternativen zur herkömmlichen Predigtpraxis eröffnet. Dabei geht es um Alternativen der Konzeption, also der leitenden Vorstellung von dem, was Predigen sein könnte und sein sollte. Es geht aber auch um handfeste Hilfen zu einer veränderten Praxis. Beides gehört zusammen. Vieles, was in den USA neu ist, rührt daher, daß Konzeption und Praxis aufs engste zusammengesehen und entwickelt werden. Das hat der amerikanischen Homiletik immer wieder den Vorwurf eines Pragmatismus zu Lasten von Theologie eingebracht. Im einen oder anderen Fall mag der Vorwurf berechtigt sein. Insgesamt freilich arbeitet die amerikanische Homiletik auf einem soliden theologischen Hintergrund. Die Predigt wird, im Nachklang von Ernst Fuchs oder Gerhard Ebeling, als »Ereignis« (event) von Menschenworten begriffen, in die sich Gott selbst mit seinem Wort einmischt. Im Unterschied zur deutschen Homiletik gelang es in den USA weit überzeugender und auf breiter Basis, die prinzipielle Homiletik mit materialen und formalen Überlegungen zu vermitteln.

David Buttrick hat 1987 ein umfangreiches Werk veröffentlicht: »Homiletic. Moves and Structures«.[6] Bei Buttrick kommt eine Entwicklung zum vorläufigen Ziel, die schon früher eingesetzt hat. Und zwar hat man an Stelle des starren Punkte-Schemas zunehmend Metaphorik der Bewegung für die Predigt in Anwendung gebracht. Man sprach vom »Fluß« (flow) oder der »Bewegung« (movement) der Predigt. Als Paradigma für die Predigt diente nun nicht mehr die abstrakte Logik eines Besinnungsaufsatzes oder einer Vorlesung. In den Blick traten die Künste, die zeitlich bewegte Abläufe gestalten[7] und vom lebendigen Ereignis der Aufführung (performance) leben, also etwa Tanz, symphonische Musik,[8] Theater oder auch der Film. David Buttrick spricht im Blick auf die einzelnen Sequenzen des Bewegungskunstwerks Predigt von »moves«. Das sind kleinere bewegte Einheiten. Man könnte auch sagen, die Moves seien wie die Sequenzen in einem Film (movie). In der Tat gleicht das

---

5 Als initiales Werk ist zu nennen: Fred B. Craddock, As One Without Authority (1971), Nashville ³1979.
6 David Buttrick, Homiletic. Moves and Structures, Philadelphia 1987.
7 Vgl. Eugene L. Lowry, The Sermon. Dancing the Edge of Mystery, Nashville 1997.
8 Vgl. Mike Graves, The Sermon as Symphony. Preaching the Literary Forms of the New Testament, Valley Forge 1997.

Predigtmodell Buttricks der Dramaturgie des Films, in dem die Einstellungen und [22] Sequenzen nach einem bestimmten Plan aufeinander folgen. Beim Film ist der Plan im Drehbuch festgehalten. Für die Predigt spricht Buttrick von »structure«. Die Structure ist sozusagen der große Plan, das Drehbuch, nach dem die Gesamtbewegung der einzelnen Moves verläuft.

Auf den praktischen Nutzen der Unterscheidung in Moves und Structure komme ich noch zu sprechen. Zunächst liegt mir daran, deren konzeptionellen Wert herauszustellen. Wenn ich die Intentionen US-amerikanischer Homiletik, wie sie sich unter anderem in David Buttricks Werk manifestieren, auf den Punkt bringen will, dann kann ich sagen: Als Predigtparadigma hat der Film die Vorlesung abgelöst. Das klingt einfach, fast beiläufig, bedeutet aber eine prinzipielle Wende im traditionellen Verständnis der Predigt. Grundsätzlich kommt mit dem veränderten Paradigma eine Homiletik zur Geltung, die sich in Nähe zur Ästhetik sieht. Die Predigt wird zum Kunstwerk. Als solche aber hat sie an deutschen Fakultäten keinen leichten Stand. Impulse zur Studienreform seit 1968 sind, aufs Ganze gesehen, ins Leere gelaufen. Das herrschende deduktive Lernmodell wurde durch ein induktives Konzept nicht wirklich, wie damals intendiert, in Frage gestellt oder auch nur ausbalanciert. Dietrich Stollberg dürfte mit seinem resignativen Rückblick auf jene Versuche zu einer Reform des Studiums Recht haben.[9] Was die Predigt betrifft, so hat es eine induktive Homiletik schwer, weil die gesamttheologische Ausbildung an den Fakultäten noch immer deduktiv konzipiert ist. Homiletisch läuft das deduktive Ausbildungsmodell auf die Drei-Punkte-Predigt nach der Formel »Vom Text zur Predigt« hinaus. Das liegt in der Konsequenz einer Abfolge von Biblischer, Historischer, Systematischer und endlich Praktischer Theologie: Was zu sagen ist, wird zuerst expliziert und systematisiert, um dann, ganz am Ende, auch noch ein wenig appliziert zu werden. Rhetorisch-künstlerische Fähigkeiten und Erfahrungen mit Sprechebenen jenseits des wissenschaftlichen Sprechens liegen prinzipiell nicht in der Perspektive einer solchen Ausbildung. Predigt als kreatives Sprachgeschehen zur Erkundung der Weltwirklichkeit Gottes hat es, vorsichtig gesagt, nicht leicht in einem solchen Kontext. Gleichwohl kann sich die Homiletik durch die Macht des Faktischen nicht ihre Visionen verbieten lassen. Gerhard Marcel Martin hat die Predigt in Anlehnung an Umberto Eco als »offenes Kunstwerk« konzipiert,[10] Walter Brueggemann veröffentlichte einen flammenden Appell zugunsten der Predigt als einer

---

9 Dietrich Stollberg, Praktische Theologie und Studienreform: DtPfrBl 98 (1998), S. 405-407.
10 Gerhard Marcel Martin, Predigt als »offenes Kunstwerk«? Zum Dialog zwischen Homiletik und Rezeptionsästhetik: EvTh 44 (1984), S. 46-58.

poetischen Rede in einer prosaflachen Welt,[11] und Bernard Reymond[12] propagierte mit Rückgriff auf Schleiermacher eine Predigt, die den Künsten aller Art weitaus näher ist als der exakten Wissenschaft. Weltweit gewinnt die Perspektive einer Predigt als Kunstwerk an Gewicht. Es ist die Frage, was sich dadurch für die praktische Predigtarbeit ändern könnte.

IV PRAKTISCHE ASPEKTE DER PREDIGTKUNST

Ich gehe einmal davon aus, Predigt sei als Kunstwerk zu konzipieren. Zugleich lasse ich mich durch David Buttricks Unterscheidung in Moves und Structures inspirieren. Als Paradigma für die Predigt dient mir der Film als breitenwirksames Medium unserer Zeit. Drei Aspekte will ich benennen, die sich für meine praktisch-homiletische Arbeit ergeben. [23]

1. Oralitur. Kein Film ist vorstellbar, bei dem die Rollen gelesen werden. Es geht im Film nicht um die Verlesung von Texten, sondern um die mündliche Gestaltung von Sprache mit Einsatz der ganzen Person. Predigt nach dem Paradigma von Film oder auch Theater ist konsequenterweise nicht mehr als »manuscript preaching« vorstellbar. Natürlich hat der Predigt bis in die Details der Sprache eine gründliche Vorbereitung vorauszugehen. Aber Kanzelkommunikation müßte sich einer Kultur des mündlichen, nicht mehr einer Kultur des geschriebenen und gelesenen Wortes verpflichtet fühlen. Das betrifft sowohl die Ausarbeitung der Predigt in wirklicher Sprechsprache als auch ihre rhetorische Gestaltung auf der Kanzel. In Weiterführung amerikanischer Forschungen zur Kultur des mündlichen Wortes (orality) hat Bernard Reymond in französischer Sprache eine Homiletik entworfen, die von der Predigt als einem mündlichen Geschehen ausgeht.[13] Er hat programmatisch einer »littérature« das Kunstwort der »oralitur« zur Seite gestellt, um mündliche Wortereignisse gegenüber schriftgebundenen Sprachgestaltungen als eigene Kunstform zur Geltung zu bringen. Es scheint mir an der Zeit, Predigt als Oralitur zu verstehen.

2. Gestalt. Einer auf das Wie bedachten Homiletik wird gerne der Vorwurf gemacht, sie sei nicht an der Wahrhaftigkeit des Inhalts interessiert, sondern

---

11 Walter Brueggemann, Finally Comes the Poet. Daring Speech for Proclamation, Minneapolis 1989.
12 Bernard Reymond, Le prédicateur, »virtuose« de la religion: Schleiermacher aurait-il vu juste?, in: ETR 72 (1997), S. 163-173. Vgl. insgesamt zur neueren frankophonen Homiletik Martin Nicol, In den Spuren von Alexandre Vinet. Neue Wege der französischsprachigen Homiletik: IJPT 2 (1998), S. 196-207.
13 Bernard Reymond, De vive voix. Oralitur et prédication, Genève 1998.

lediglich an der gefälligen Verpackung. Der Vorwurf greift freilich nur dort, wo Mangel an rhetorischer Gestaltungskraft und Flucht in die Abstraktion theologischer Begriffe als Ausweis reiner, unverfälschter Wahrheit ausgegeben werden. Bei einer Vorlesung nehme ich unter Umständen Langeweile hin, wenn nur die Information stimmt. Anders im Film. Wenn Film oder Theater das Paradigma für Kanzelrede abgeben, dann wird Langeweile bei der Predigt zum prinzipiellen Makel. Ein Kunstwerk besticht dadurch, daß Form und Inhalt zu einer Gestalt verwoben sind, die ein Publikum unmittelbar und ganzheitlich anspricht. Kein Regisseur könnte die Frage nach dem Wie so geringschätzen wie mancher Kanzelredner. Die Unterscheidung in Moves und Structures weckt den Wunsch, der Predigt eine Gestalt zu geben, die sich hören lassen kann. Wenn ich Moves ansetze als die bewegenden Elemente des Predigtgeschehens, dann kann ich nicht ein Move wie das andere gestalten. Die Frage steht im Raum, wie ich jedem Move die Gestalt gebe, die am besten paßt und für die mir die rhetorischen Mittel zu Gebote stehen. Die amerikanische Homiletik hat natürlich narrative Formen propagiert und mit ihnen experimentiert. Wichtig erscheint mir, daß darüber hinaus die Vielfalt der biblischen Sprechformen für die Predigt fruchtbar gemacht wird.[14] Die Mannigfaltigkeit der einzelnen Moves wird zusammengehalten durch die Structure. Sie sorgt dafür, daß die Gesamtbewegung auch beim ersten Hören nachvollziehbar wird. Von einem lerntheoretisch motivierten Modell über eine narrative Gesamtanlage bis hin zu einer gekonnten Collage der einzelnen Moves ist eine Vielfalt an Structures denkbar.

3. Atelier. Im Französischen wird mit »atelier« unter anderem die künstlerische Werkstatt bezeichnet. Wenn das Kunstwerk die Vorlesung oder den Besinnungsaufsatz als homiletisches Paradigma ablöst, dann muß der Schreibtisch auch nicht mehr den primären Ort für die Predigtarbeit abgeben. Das Atelier könnte zur Metapher einer neuen Verortung werden. Eine Predigt wird nun nicht mehr geschrieben wie ein akademischer Vortrag. Im Atelier wird die Predigt gestaltet zum Kunstwerk mündlicher Kommunikation. Das Atelier muß nicht immer ein geschlossener Raum sein; beim Film kommen Außenaufnahmen dazu. Es empfiehlt sich, durch die Welt tatsächlich zu gehen[15] – das Predigtprojekt samt theologischem Design im Herzen, die Augen, die Ohren und alle Sinne geöffnet: Ein Move kann sich im Gehen entwickeln, links, rechts, Form und Inhalt, Schritt für Schritt. Ich weiß dann plötzlich: So muß dieser Move sein. Und irgendwann weiß ich: In diesem Move muß die Predigt kulminieren. Von da aus ergeben sich andere Moves, nehmen Ge[24]stalt an.

---

14 Vgl. Thomas G. Long, Preaching and the Literary Forms of the Bible, Philadelphia 1989.
15 Vgl. Ulrich Giersch, Der gemessene Schritt als Sinn des Körpers: Gehkünste und Kunstgänge, in: Das Schwinden der Sinne, hg. v. Dietmar Kamper u. Christoph Wulf, Frankfurt / M. 1984, S. 261-275.

Ein Plan, wie sich die verschiedenen Moves zu einem sinnvollen Ganzen fügen könnten, zeichnet sich ab. Ideen, die ich auch hatte und die mich begeisterten, werden hinfällig, weil sie in der sich entwickelnden Structure keinen Ort mehr haben. Predigt entsteht, indem ich da und dort so am Detail (Move) arbeite, daß sich die Gestalt des Ganzen (Structure) immer deutlicher abzeichnet. So oder so ähnlich mag es aussehen, wenn Sprache sich aufmacht, künstlerisch die Weltwirklichkeit Gottes zu erkunden.

V TO MAKE THINGS HAPPEN

Film oder Theater bieten keine Begriffswahrheit, sondern Gestaltungen. Als Devise für die Predigtarbeit könnte dienen, was ich in den USA zuweilen so vernommen habe: to make things happen – nicht Begriffe darlegen, sondern Gestaltungen sich ereignen lassen! Oder, um es konkret und am Beispiel zu sagen: Nicht über das Trösten reden, sondern trösten! Genau das ist es, was eine tröstliche Predigt kategorial von einer Vorlesung über das Trösten unterscheidet.

Ich bringe ein kleines, unscheinbares Beispiel. Es zeigt schön, wie das aussehen kann: to make things happen. Es zeigt, wie klein der Schritt von der alten in eine erneuerte Predigtweise sein kann. Deduktives und induktives Predigen können näher beieinanderliegen, als es die konzeptionelle Unterscheidung zunächst erkennen läßt.

Eine Studentin hat bei einem Gottesdienst im Rahmen des Homiletischen Seminars nicht mehr über die Sache geredet, sondern die Sache selbst sich ereignen lassen. Es ging um die Geschichte von Maria und Martha (Lk 10,38-42). Die Studentin hat zwar auch erklärt bzw. informiert: Die Wiederholung des Namens sei im Judentum zur Zeit Jesu ein Zeichen besonderer Vertrautheit gewesen. Aber die Predigerin hat es nicht dabei belassen. Sie hat es sinnenfällig gemacht, hat es uns miterleben lassen: nicht »Martha, Martha« (mit erhobenem Zeigefinger), sondern »Martha, Martha« (mit Liebe und Zuneigung in der Stimme). Die Predigerin hat nicht über das Wiederholen von Namen geredet, sondern sie hat den Namen »Martha« wiederholt. Da entstand im Vollzug der Kanzelrede eine eindrucksvolle Szene, eine kleine Inszenierung, ein, wenn man so will, Stück Film oder Theater. Genau diese kleine Szene war dann im Nachgespräch ein Punkt der Predigt, der bei vielen Hörerinnen und Hörern als besonders eindrücklich im Gedächtnis haften geblieben ist. So eindrucksvoll kann das sein und so einfach: to make things happen. Und so einfach könnte es in der Praxis sein, den konzeptionellen Wechsel einzuleiten von der Predigt als Vorlesung zur PredigtKunst.

Harald Weinrich

Narrative Theologie

In jenen Tagen versammelte Jesus von Nazareth Zöllner und Sünder um sich und erzählte ihnen eine Geschichte. Er sprach: Es lebte einst ein Mann, der hatte hundert Schafe. Eines Tages ging ein Schaf verloren. Da ließ er die Herde im Stich und machte sich auf die Suche nach dem verlorenen Schaf. Nach langer Mühe fand er es, und voll Freude trug er es auf der Schulter zur Herde zurück.

Unter den Zuhörern befand sich aber eine junge Frau, die einen Beutel mit Münzen bei sich trug. Während Jesus seine Geschichte erzählte, fiel der Frau eine Münze aus dem Beutel und rollte ein Stück weit davon. Da sprang die Frau auf und lief hinter der Münze her, bis sie das Geldstück eingefangen hatte. Die anderen Zuhörer blickten tadelnd auf und sprachen zu Jesus: »Herr, sage dieser Frau, sie solle uns nicht im Zuhören stören.«

Jesus lächelte und erzählte ihnen eine weitere Geschichte. Er sprach: Es lebte vor Jahren eine Frau, die besaß zehn Drachmen. Eines Tages ging ihr eine Drachme verloren. Da durchforschte sie das ganze Haus und leuchtete jeden Winkel ab, bis sie die verlorene Münze schließlich wiederfand. Und freudig rief sie die Freundinnen und Nachbarinnen zusammen und erzählte ihnen von der glücklich wiedergefundenen Drachme.

Was habe ich da gemacht? Ich habe eine Geschichte erzählt. Ich fürchte aber, daß ich mich mit meiner Geschichte eines doppelten Skandalon schuldig gemacht habe. Das erste Skandalon: Ich habe ein apokryphes Evangelium hervorgebracht. Denn die Botschaft Jesu ist bekanntlich bereits ein für allemal erzählt, und kein Jota darf sich daran mehr ändern. Das zweite Skandalon: Ich habe in einer wissenschaftlichen Zeitschrift eine Geschichte erzählt. In einer wissenschaftlichen Zeitschrift erzählt man keine Geschichten, sondern man argumentiert. Als beispielsweise diese Zeitschrift das Heft 8/9 des Jahrgangs 1970 dem Thema »Kirchengeschichte im Umbruch« widmete, ließen bereits die Titel der Beiträge erkennen, daß hier nicht etwa erzählt, sondern räsoniert werden sollte: »Kirchengeschichte und Neuorientierung der Geschichtswissenschaft« – »Auf dem Weg zur Ablösung des Historismus und Positivismus« – »Die Kirchengeschichte im Rahmen der anthropologischen Wissenschaften« – »Neue Grenzen der Kirchengeschichte?« – »Die Geschichte der Kirche als locus theologicus« – »Die Geschichte der Kirche als unentbehrlicher Schlüssel zur Interpretation der Entscheidungen des Lehramtes«. Meine Geschichte wird also wohl, so fürchte ich, in der Zeitschrift *Concilium* eine seltene Ausnahme sein. Und auch ich selber, kaum habe ich meine Geschichte erzählt, fange schon an zu argumentieren ...

Um mit einem apologetischen Argument zu beginnen: Warum soll ich in einer theologischen Zeitschrift nicht eine Geschichte erzählen dürfen, wenn doch Jesus von Nazareth einen nicht geringen Teil seines öffentlichen Lebens damit zugebracht hat, Geschichten zu erzählen! Ich will es noch genauer sagen: er hat Geschichten erzählt und nacherzählt. Die Geschichte vom verlorenen Schaf etwa hat er sich nicht selber ausgedacht, sondern bei einem anderen Erzähler gefunden, dem Propheten Ezechiel nämlich (Ez 34, 5-6), von dem wir seinerseits nicht mit Sicherheit sagen können, ob er der Ersterzähler ist. Jesus tradiert diese Geschichte, indem er sie nacherzählt. Vergleicht man nun die beiden Geschichten miteinander, so findet man keine wörtliche Übereinstimmung. Nacherzählen bedeutet also nicht ein wörtliches Reproduzieren. Die Veränderung des Textes (»Umerzählen«) ist bei der Nacherzählung in gewissen Grenzen zulässig und gattungsüblich. In der Folge des biblischen Textes (Luk 15) finden wir die Geschichte von der verlorenen Münze. Der Evangelist legt nahe, diese Geschichte ebenfalls in einem Traditionszusammenhang mit der Geschichte von dem verlorenen Schaf zu sehen. Auch die Geschichte von der verlorenen Münze kann also als Nacherzählung angesehen werden. Sie transponiert die einer prämonetären Wirtschaftsordnung entstammende Geschichte vom verlorenen Schaf (das Schaf ist die normale und normative Tauscheinheit) in die einer monetären Wirtschaftsordnung entsprechende literarische Form.[1] In linguistischer Beschreibung handelt es sich um das auch sonst häufig zu verzeichnende Phänomen einer Metaphern-Modernisierung als erzählerische Variantenbildung innerhalb eines verhältnismäßig festen Überlieferungsrahmens.

Nun habe ich also einen Augenblick linguistisch argumentiert, und wenn es mir des weiteren noch gelingt, diese metaphorologische These gegen alle Falsifikationsversuche zu verteidigen, ist den Spielregeln der Wissenschaft Genüge geschehen. Habe[330]mus veritatem. Es beunruhigt mich jedoch nach wie vor die Frage, ob die gleiche Wahrheit nicht auch in der von mir eingangs erzählten Geschichte enthalten ist, obwohl diese Geschichte in einigen Teilen offensichtlich von mir frei erfunden ist. Indes: die Geschichte, die Jesus von Nazareth bei Lukas erzählt, ist sowohl in ihrer prämonetären als auch in ihrer monetären Variante ebenfalls eine erfundene Geschichte, eine Parabel. Kein Mensch kommt aber auf den Gedanken, sie deshalb für nicht bedenkenswert zu halten. Die Bedeutung der Geschichte leidet nicht darunter, daß ihr keine historische Faktizität zukommt. So ist mir auch aus der Bibellektüre nicht

---

1 Bernhard Laum, Heiliges Geld. Eine historische Untersuchung über den sakralen Ursprung des Geldes (Tübingen 1924); vgl. H. Weinrich, Münze und Wort. Untersuchungen an einem Bildfeld; H. Lausberg / H. Weinreich (ed.), Romanica. Festschrift für G. Rohlfs (Halle 1958) 508-521.

bekannt, daß die Jünger oder andere Zuhörer nach einer Geschichte den Erzähler Jesus jemals gefragt hätten, ob die Geschichte auch wohl tatsächlich so geschehen sei. Ein historisches Interesse an der Wahrheit der Geschichte im modernen Sinne des Wortes (Ranke: »wie es eigentlich gewesen«)[2] ist weder in den Fragen der Jünger noch in den Antworten des Meisters erkennbar.

Es ist daher für mich der Verdacht nicht abweisbar, daß innerhalb der Theologie die Frage nach der *Geschichte* möglicherweise falsch gestellt ist. Die biblische Tradition legt vielmehr die Frage nach der *Erzählung* nahe. Denn ein großer Teil der als Bibel kanonisierten Texte, aber auch sonstiger sowohl oraler als auch skripturaler Texte des Christentums sind Erzählungen. Die Bibel enthält zwar im Alten wie im Neuen Testament auch Texte, die nicht erzählender Natur sind: Gesetzestexte, moralische Anweisungen, hygienische Vorschriften, mahnende Briefe, Lobpreisungen, Danksagungen usw., aber ich sage sicher nicht zu viel, wenn ich behaupte, daß die wichtigsten, die religiös relevantesten Texte Erzählungen sind. Jesus von Nazareth tritt uns vornehmlich als erzählte Person, häufig auch als erzählter Erzähler entgegen, und die Jünger erscheinen als Zuhörer von Erzählungen, die ihrerseits die gehörten Erzählungen weiter- und nacherzählen, mündlich oder schriftlich. So sind diese Erzählungen schließlich auch auf uns gekommen, und wenn wir etwa unseren Kindern die biblischen Geschichten nacherzählen (aber hoffentlich nicht wörtlich reproduzieren!), so treten wir auf diese Weise unsererseits in eine ununterbrochene Erzähltradition ein. Das Christentum ist eine Erzählgemeinschaft. Das ist zweifellos keine erschöpfende Definition. Man kann mit gleichem Recht etwa sagen: Das Christentum ist eine Tischgemeinschaft. Aber das liegt vielleicht gar nicht so weit ab; in beiden Fällen sitzt man in der Runde beisammen, der Meister in der Mitte – wie bei Leonardo.

Wir sollten uns die Erzählrunde der apostolischen Erzählgemeinschaft möglichst konkret vorstellen. Die Apostel und Jünger, die man sich immer als anwesend denken muß, bilden den engeren Zuhörerkreis. Die Erzählrunde ist aber nicht von anderen Zuhörern abgeschnitten; Jesus erzählt öffentlich, wie wir das auch heute noch in einigen Kulturen bei den öffentlichen Geschichtenerzählern beobachten können. Die Erzählungen werden in der Regel nicht (mit einer Deutung) abgeschlossen, sondern setzen sich nach Auflösung der Erzählrunde fort, indem sie von den Zuhörern weiter- und nacherzählt werden. Denn Erzählungen zielen nicht auf das Ja oder Nein der Wahrheit, sondern auf ein Mehr oder Weniger an Relevanz. Die relevantesten Geschichten sind auf den Glauben (fides) gerichtet; sie verlangen von dem Hörer, daß er selber zum Täter der Erzählung wird und den erzählten Handlungen nachfolgt. Die explizite Deutung der Geschichte kann in diesem Prozeß der Rezeption und Nachfolge ohne weiteres ausgespart bleiben, so daß auch für die Armen im

---

[2] Ranke, Sämtliche Werke (Leipzig ²1874) t. 33, p. VI s.

V Struktur und Gestalt der Predigt

Geiste, sofern sie guten Willens sind, die Geschichten nicht umsonst erzählt werden. Daß Jesus, wie wir in den biblischen Berichten häufig erfahren, seinen Jüngern die erzählten Geschichten im nachhinein deutet (»Dieser gute Hirt bin ich ...«), ist ein Arcanum, d. h. ein exzeptionelles Privileg für die ersten und auserwählten Nacherzähler, die auf diese Weise schon als junge Männer (»Jünger«) jene Weisung empfangen, die sich sonst nur nach dem Hören sehr vieler Geschichten am Ende eines langen Lebens als Altersweisheit einstellen mag. Denn die Zeit drängt, wenn die Verwandlung der Welt bevorsteht. So können sie, diese jungen Leute, vorzeitig die Älteren werden: πρεσβύτεροι, Priester.

Man kann sich nun in der Nachfolge Christi, des erzählten Erzählers aus Nazareth, ein Christentum vorstellen, das sich von Generation zu Generation in einer endlosen Kette von Nacherzählungen tradiert: »fides ex auditu«. Ein Wechsel der erzählten Personen und Umstände bliebe dabei durchaus innerhalb der narrativen Toleranz. Es läge also kein Verstoß gegen die Gesetze der Narrativität vor, wenn eine Geschichte, die am Anfang (aber gibt es in der Erzähltradition überhaupt einen Anfang?) von dem Kindermord in Bethlehem handelt, mit einer Geschichte von der Judenverfolgung des Dritten Reiches oder vom Krieg in Vietnam weitererzählt würde. Das ist etwas anderes, wird jemand hier vielleicht einwenden. Gewiß, das sind [331] andere Geschichten, aber in eben solchen Variationen kann eine Erzählrunde von der einen zur anderen Geschichte übergehen. Auf eine erzählte Geschichte folgt nicht notwendig eine genau gleiche Geschichte oder eine genau widersprechende Geschichte, sondern – wie in Boccaccios Decamerone – eine irgendwie anknüpfende, *andere* Geschichte, deren Ertrag nicht unmittelbar in der Konfrontation von Richtig und Falsch »ausdiskutiert« wird, sondern sich allenfalls in der allmählichen Kumulation von erzählter Lebens- und Heilserfahrung zu säkularer Weisheit verrechnen läßt.

Das Christentum ist jedoch keine Erzählgemeinschaft geblieben. In der Berührung mit der hellenistischen Welt hat es seine narrative Unschuld verloren. Denn in der griechischen Kultur war das Erzählen (der »Mythos«) längst dem Räsonieren (dem »Logos«) unterlegen. In den platonischen Schriften können wir die Unterwerfung des erzählenden Mythologen unter den argumentierenden Philosophen ziemlich genau beobachten, wenngleich Platon dem Mythos noch einmal Glanz, nun aber philosophischen Glanz zu geben versucht. Das ist im ganzen ein vergebliches Tun geblieben, und die Philosophen haben sich seitdem mit zunehmender Strenge das Erzählen versagt. Gewiß, Augustinus erzählt noch beichtend sein Leben, Descartes erzählt die Methode seines Denkens, Pascal verlangt nach dem Gott Abrahams, Isaaks und Jakobs (dem erzählten Gott also), Rousseau erzählt die Widersprüche der Menschennatur, und Nietzsche erzählt die Weisheit Zarathustras. Aber auf der anderen Seite finden wir die Heerscharen der anderen Philosophen, die das Räsonieren und Diskutieren, das Ergotieren und Theoretisieren als ihre Aufgabe ansehen und die um keinen Preis der wissenschaftlichen Welt dahin zu bringen sind, eine Geschichte eine Erzählung sein zu lassen. Denn das Geschichtenerzählen, ja schon das Geschichtenhören gilt in unserer Gesellschaft als unwissenschaftliche Beschäftigung.[3]

Das bringt nun die Theologie und einige andere Wissenschaften, die ich hier nicht im einzelnen bezeichnen will, in eine fatale Lage. Die Theologie hat ja ein mehr oder weniger kanonisches Textcorpus vorgegeben, das zu einem großen und wichtigen Teil aus Geschichten besteht. Was Wunder, daß diese Wissenschaft keine dringlichere Aufgabe vor sich sieht, als die tradierten Geschichten möglichst schnell und möglichst vollständig in Nicht-Geschichten zu verwandeln. Eine Zeitlang schien es freilich, als ob umgekehrt der Logos selber in eine Geschichte verwandelt werden sollte: »Im Anfang war das Wort, und das Wort war bei Gott ...« Alle Erzählsignale sind in diesem Text vorhanden, wie in einer richtigen – wahren oder fiktionalen – Geschichte. Aber der Johannes-Prolog bleibt unter diesem Aspekt ohne Folgen. Nicht der Logos wurde narrativiert, sondern die biblischen Erzählungen wurden vielmehr logisiert. Diesen Prozeß brauche ich nicht im einzelnen nachzuzeichnen, er führt beispielsweise zur Existenz solcher theologischer Zeitschriften wie *Concilium*. Auch diese Zeitschrift bezeugt die allgemeine und säkulare Tendenz zur »entmythologisierenden« Austreibung der Narrativität aus der christlichen Überlieferung. Jeglicher Narrativität? Hier unterscheiden sich die beiden großen christlichen Religionsgemeinschaften um ein geringes. Die protestantische Theologie entfernt sich in der Regel noch weiter von den Erzählungen als die katholische Theologie. Aber seltsam: auch bei den konsequentesten Entmythologisierern bleibt eine eklatante Ausnahme bestehen, das erzählte Osterereignis: »Er ist auferstanden.« Was heißt das: ein Ereignis? Wer Geschichten zu hören gewohnt ist, hört sogleich das Erzählsignal heraus: Accidit ut ..., es ereignete sich, daß ..., – Geschehen, Geschichte. Die Formel des Osterereignisses wird somit zum erzählten Ereignis schlechthin, das alle anderen erzählten oder erzählbaren Ereignisse in sich resümiert. Allerdings: dieses Zentralereignis kann auch so wirken, daß diejenigen, die einmal die Erzählung des Osterereignisses als Zuhörer angenommen haben und sich in dieser Eigenschaft noch durch den Ostergruß »Er ist auferstanden!« als Angehörige der christlichen Erzählgemeinschaft zu erkennen geben, nunmehr weiterhin von der Annahme und Weitergabe aller anderen Erzählungen dispensiert werden. Der Christ braucht

---

3 Näheres dazu in meinem Buch, Literatur für Leser. Essays und Aufsätze zur Literaturwissenschaft (Stuttgart 1972) besonders die Kapitel: »Erzählstrukturen des Mythos« und »Erzählte Philosophie oder Geschichte des Geistes«.

nun nur noch das Osterereignis und sonst kein anderes biblisch erzähltes Ereignis mehr nachzuerzählen – ein wichtiger Dispens in einer post-narrativen Zeit.

Wir wollen aber nun noch etwas genauer sagen, welche literarischen Formen in der christlichen Überlieferung als Erzählungen gelten dürfen. Das sind in erster Linie diejenigen Erzählungen – wahr oder fiktional –, die durch bestimmte syntaktische Signale, insbesondere die Erzähltempora und gewisse makrosyntaktische Adverbien, auch dem heutigen literarischen Gattungsverständnis noch [332] als Erzählungen erkennbar sind; so etwa die Geschichte vom verlorenen Sohn (»Ein Mann hatte zwei Söhne. Der ältere von ihnen sprach zum Vater ...«). Wir wollen als Erzählung ferner eine Redeweise rechnen, in der beispielsweise bei Lukas vom verlorenen Schaf und von der verlorenen Münze berichtet wird (»Wer von euch, der hundert Schafe hat, läßt nicht, wenn er eines von ihnen verloren hat, neunundneunzig in der Wüste zurück ...«). Man kann diese Form als hypothetisches Erzählen bezeichnen; Handlungen werden hier als mögliche skizziert. Schließlich soll der Begriff des Erzählens, wie von der Wahrheit, so auch von der Vergangenheit abgelöst werden. Die von Danto eingehend erörterte (und von ihm negativ beantwortete) Frage, ob man von einem Ereignis erzählen könne, bevor es geschehen sei, ist für die Theologie – mindestens für sie – eindeutig zu bejahen.[4] Die Prophetien des biblischen Corpus können als erzählende Entwürfe noch nicht geschehener Handlungen angesehen werden, als ein Vor-Erzählen also. Die Erfüllung (implementum) der Prophetie reichert den Erzählentwurf mit Handlungselementen an, die ihrerseits dann, zusammen mit der vor-erzählten Prophetie, nach-erzählt werden. Es ist bekannt, daß typologische Strukturen dieser Art, durch welche verschiedene Erzählungen miteinander verkettet werden, für das frühe christliche »Geschichtsbild« konstitutiv gewesen sind, bis der moderne Profan-Historismus sie aus dem Bewußtsein der Christen verdrängte.[5]

Nun bin ich – das ist sicher mein drittes Skandalon – in den bisherigen Überlegungen ungefähr so verfahren, als ob ich noch nie von der Geschichtswissenschaft gehört hätte. Ich will im folgenden die Existenz dieser Wissenschaft ausdrücklich in Rechnung stellen, was unser Erzählproblem um ein geringes verschiebt. Um ein geringes, nicht mehr; denn auch die Geschichtswissenschaft besteht zu einem irreduziblen Teil aus Erzählungen. »History tells sto-

---

4 Arthur C. Danto, Analytical Philosophy of History (Cambridge ²1968).
5 Vgl. Erich Auerbach, Figura; ders., Gesammelte Aufsätze zur romanischen Philologie (Bern 1967) 55-92.

ries«, schreibt Danto. Sie ist eine »vera narratio« (Bodin).[6] Die Geschichtswissenschaft – das macht ihr Pathos aus – will aber nur wahre (und natürlich überindividuell relevante) Geschichten erzählen. Sie hat daher ihr Reflexionspotential in hohem Maße auf die Frage konzentriert, wie die Wahrheit einer Geschichte zu finden und im Prozeß der Vermittlung gegen alle Verfälschung zu bewahren ist.

Die Theologie des Christentums hat sich dem bis zum 19. Jahrhundert ständig wachsenden Prestige der Geschichtswissenschaft nicht entziehen können. Auch sie fragt also mit wachsender Dringlichkeit nach dem Wahrheitswert ihrer Geschichten. Man mag darüber streiten, ob man den Anfang beim Auferstehungszweifel ansetzen soll, auf den dann eine nicht nur schlicht nacherzählende, sondern »historisch« bekräftigende Antwort gegeben wird: »Er ist *wahrhaft* auferstanden!« Man kann auch den Bund von Theologie und Geschichtswissenschaft erst dort beginnen lassen, wo christliche Theologen die Anwendung der historischen Textkritik auf biblische Erzählungen zulassen. Gleichviel, heute herrscht in der Theologie die einhellige und kritisch kaum hinterfragte Meinung, daß die biblischen Erzählungen, wenn schon notgedrungen überhaupt von ihnen die Rede sein muß, allenfalls dann als Erzählungen bestehen bleiben dürfen, wenn sie mit den anerkannten Methoden der Geschichtswissenschaft als wahre Geschichten ausgewiesen werden können. Diese Bedingung aber ist nicht eben leicht zu erfüllen, zumal wenn von der Transzendenz die Rede ist. Und so weicht die Theologie auf ihren »Rückzugsgefechten«[7] besonders gerne auf periphere Geschichten aus, die den methodischen Prinzipien der Geschichtswissenschaft leichter genügen können. Sie treibt also (ich zitiere aus einem theologischen Aufsatz): Formgeschichte, Redaktionsgeschichte, Traditionsgeschichte, Auslegungsgeschichte, Wirkungsgeschichte, Kirchengeschichte, Theologiegeschichte, Frömmigkeitsgeschichte, Forschungsgeschichte – dies alles zum Beweis der »vollen Geschichtlichkeit des Christentums«.[8]

Aber ach, die moderne Geschichtswissenschaft ist selber von Zweifeln an ihrer Methode befallen und fragt kritisch nach ihrer »Theoriefähigkeit«.[9] Es ist im großen bekannt, und Reinhard Koselleck hat es im einzelnen beschrieben und dokumentiert, wie aus den (mehr oder weniger wahren) Geschichten der alten Historiographen der Kollektivsingular der Geschichte (»historia ipsa«) wird und wie aufgrund der Äquivokation zwischen erzählender und erzählter

---

6 Danto, a. a. O. 111. – Jean Bodin, Methodus ad facilem historiarum cognitionem (Amsterdam 1650) Neudruck (Aalen 1967) cap. I, p. 8.
7 H. Peukert: J. B. Metz / T. Rendtorff (ed.): Die Theologie in der interdisziplinären Forschung (Düsseldorf 1971) (Interdisziplinäre Studien) 68.
8 U. Wilckens: J. B. Metz / T. Rendtorff (ed.) a. a. O. 85.
9 Vgl. R. Koselleck / W.-D. Stempel (ed.), Geschichten und Geschichte (München 1972) (Poetik und Hermeneutik V).

Geschichte alle möglichen Hypostasen historischer Subjekte den Platz des Erzählers einnehmen, den die Historiker eilfertig freigegeben haben.[10] Denn die modernen Historiker tun alles, um möglichst wenig erzählen zu müssen. »Ceci n'est pas un conte« (Diderot) oder »Schluß mit dem Erzählen« (Michael Scharang) wären geeignete Titel für viele Gelegenheiten, wo Historiker ihren Beruf ausüben. Golo Manns große Geschichtserzählung von Wallenstein (Frankfurt 1971) ist die sublime und vermutlich letzte Ausnahme, die unsere Regel bestätigt. [333]

Wenn nicht nur die argumentierenden Wissenschaften, sondern auch die Geschichtswissenschaft das Erzählen mehr und mehr verschmähen, so ist zu fragen, ob es in unserer heutigen Gesellschaft, außer hastiger Nachrichtenübermittlung, überhaupt noch einen fraglosen Ort des Erzählens gibt. Walter Benjamin und Theodor W. Adorno haben die Frage verneint und generell das Ende des Erzählens diagnostiziert.[11] Immerhin: es gibt noch die literarische Gattung des Romans, die nach wie vor eine starke (aber nicht expansive) Stellung auf dem Buchmarkt hat. Und »Ceci n'est pas un conte« und »Schluß mit dem Erzählen« sind schließlich Titel von Erzählungen. Wir wollen – mit dem Kritiker Reinhart Baumgart – so sagen, daß heute zwar noch eine umfangreiche Erzählliteratur besteht, daß für diese Art Literatur jedoch ein Schreibstil charakteristisch ist, in dem das Erzählen miterzählt wird.[12] Wenn die gegenwärtig schreibenden Autoren also erzählen, so unterwerfen sie den Prozeß des Erzählens selber einer kritischen Reflexion und machen diese Reflexion sogleich wieder zum Gegenstand ihres Erzählens. Naives Erzählen ist heutzutage fast nur noch in der Trivialliteratur anzutreffen. Auch die fiktionale Literatur (»Dichtung«) hat also offenbar ihre narrative Unschuld verloren und bestätigt unsere These, daß diese Gesellschaft (endgültig?) post-narrative Kommunikationsgewohnheiten angenommen hat.

Ich komme zu den Folgerungen. Die heilige oder unheilige Allianz zwischen der Theologie und den Wissenschaften, insbesondere der Geschichtswissenschaft, ist nicht ohne weiteres rückgängig zu machen. Eine nur narrative Theologie ist kaum mehr vorstellbar, zumal nicht in dieser post-narrativen Zeit. Aber der disziplinären und interdisziplinären Theologie-Kritik mag dennoch gestattet sein, die Fraglosigkeit dieses alten Bundes mit der Geschichtswissenschaft in Frage zu stellen. Es ist insbesondere nicht recht einzusehen, warum die Theologen zusammen mit den Historikern wie fixiert auf

---

10 Reinhard Koselleck, Historia magistra vitae: Natur und Geschichte. Karl Löwith zum 70. Geburtstag (Stuttgart 1967) 196-219.
11 W. Benjamin, Illuminationen (Frankfurt 1955) 415; Th. W. Adorno, Noten zur Literatur (Frankfurt 1965) t. I, p. 63.
12 R. Baumgart, Literatur für Zeitgenossen. Essays (Frankfurt 1966, ²1970) (edition Suhrkamp 186); ders., Aussichten des Romans oder Hat Literatur Zukunft? (Neuwied 1968).

den einen Punkt starren, wo es um die Wahrheit einer Geschichte geht. Die Faktizität ist nicht die conditio sine qua non dafür, daß eine Geschichte uns etwas angeht, uns »betrifft«. Auch fiktionale Geschichten können im Modus der Betroffenheit rezipiert werden. Die Betroffenheit ist eine generell narrative und nicht spezifisch historische Kategorie, und die Betroffenheit beim Hören einer fiktionalen Geschichte kann ebenso wie beim Hören einer tatsächlich geschehenen Geschichte jenes Weiterhandeln und das zugehörige Nacherzählen auslösen, das denen auferlegt ist, die hingehen und ein gleiches tun wollen. Der Weg über die Doktrin ist dabei nicht unerläßlich und scheint eher ein Umweg zu sein, wenn man bedenkt, daß eine erzählende und eine praktische (»politische«) Theologie es beide mit Handlungen zu tun haben. Immerhin: die Theologie wird nicht soweit praktisch werden können, daß sie aus dem Bund der theoretischen Wissenschaften auszuträte. Aber auch als theoretische Wissenschaft braucht sie ihre überlieferten Erzählungen nicht – kleingläubig – zu verleugnen. Eine Theorie der Narrativität wäre ein weiträumiges Forschungsprogramm für diese Wissenschaft.[13] Mit ihr könnte sie gleichzeitig verschiedenen anderen Wissenschaften interdisziplinären Beistand bieten, einschließlich der Geschichtswissenschaft, die sich bisher selber ebenfalls kaum für die Bedingungen ihrer eigenen Narrativität interessiert hat. Dieses Forschungsprogramm fiele übrigens nicht mit der bekannten Methode der »Formgeschichte« zusammen. Es bleibt insbesondere der entscheidende Unterschied, daß in dieser Theorie der Narrativität die fundamentale Diskriminierung der Narrativität zugunsten der Diskursivität, zumal in der Wissenschaft, von vornherein negativ in Rechnung zu stellen ist. Selbst die stimmigste Theorie der Narrativität muß daher notwendig als inadäquat gelten gegenüber einer einfachen vor- oder nacherzählten Geschichte, die im Hörer Betroffenheit erzeugt und ihn zum »Täter des Wortes« werden läßt, so daß von ihm wiederum erzählt werden kann. Wenn die pastorale Theologie solche Geschichten weiß, hat sie allemal den besseren Teil erwählt. Giuseppe Roncalli hat das intuitiv gewußt, als er einmal in den Kreis jüdischer Besucher trat und sie mit den Worten grüßte: »Ich bin Joseph, euer Bruder«. Das war einer Geschichte nacherzählt, die er, der XXIII. römische Papst des Namens Johannes, mit seinen jüdischen Brüdern aus Israel teilte. Im Modus der Betroffenheit stellte sich an jenem Tag eine sehr alte Erzählgemeinschaft wieder her.

---

13 Ansätze findet man insbesondere im literarischen Strukturalismus der jüngsten Zeit, sofern dieser sich nicht an dem »neuesten Angriff auf die Geschichte« (A. Schmidt) beteiligt. Vgl. Roland Barthes, Introduction à l'analyse structurale des récits. Communications 8 (1966) 1-27. Tzvetan Todorov, Poétique de la Prose (Paris 1971); Karlheinz Stierle, L'histoire comme exemple, l'exemple comme histoire. Poétique 10 (1972) 176-198. Das Heft 18 (1972) der Zeitschrift Communications ist dem Thema »L'Evénement« gewidmet und enthält interessante Beiträge zur Narrativität der Geschichte.

VI

Predigt als Sprachereignis

VI.1 Theoretische Grundlegung

Predigt im Licht der Rhetorik

Zum Beitrag von Gert Otto

»Die Predigt ist eine rhetorische Aufgabe. Mithin ist die Predigtlehre im Zusammenhang der Rhetorik zu erörtern«[1]: Wie kaum ein anderer Praktischer Theologe des 20. Jahrhunderts hat der Verfasser des nachfolgenden Beitrags das verschüttete Erbe der Rhetorik für die Homiletik erschlossen. Gert Otto (1927-2005) ist nach Theologiestudium und Promotion zunächst einige Jahre am Religionspädagogischen Institut Loccum und am Pädagogischen Institut der Universität Hamburg tätig. Im Anschluß an die Habilitation wird Otto 1963 als Professor für Praktische Theologie an die Universität Mainz berufen, wo er über seine Emeritierung (1992) hinaus als Lehrer und renommierter Forscher wirkt. Otto, der zunächst einen religionspädagogischen Schwerpunkt hat, wendet sich ab Beginn der siebziger Jahre verstärkt homiletischen Fragen zu.[2] Neben zahlreichen Veröffentlichungen in beiden Gebieten publiziert Otto einen zweibändigen Grundriß der Praktischen Theologie.[3] Wegweisend ist dabei u. a. die Entscheidung, die traditionelle Gliederung der Praktischen Theologie nach pastoralen Handlungsfeldern (Homiletik, Liturgik, Poimenik usw.) durch eine Gliederung nach Reflexionsperspektiven (wie »Hermeneutik«, »Didaktik«, »Rhetorik« usw.) zu ersetzen, die für alle Gebiete der Praktischen Theologie gleichermaßen gelten. Dadurch tritt zugleich die Einheit der Praktischen Theologie deutlicher hervor.

Der im folgenden abgedruckte Aufsatz, den Gert Otto kurz vor seinem Tod für das vorliegende Buch bearbeitet hat, faßt in Form einer *tour d'horizont* wichtige Einsichten, gewonnen aus dem Dialog mit der Rhetorik, für die Homiletik zusammen. Dabei setzt sich Otto kritisch mit einigen in der Theologie nach wie vor populären Sprachmythen auseinander. Machen wir uns sein Anliegen anhand von drei Abgrenzungen deutlich:

a) Mit unterschiedlichen Begriffen haben Sprachwissenschaftler und Rhetoriker auf den grundsätzlichen Unterschied zwischen unmittelbar-instrumentel-

---

1 Gert Otto: Rhetorische Predigtlehre. Ein Grundriss, Mainz und Leipzig 1999, 7.
2 Ottos homiletisches Œvre beschränkt sich keineswegs auf theoretische Beiträge. Wenngleich er nie als Pfarrer tätig war, hat er – u. a. als Mainzer Universitätsprediger – zahlreiche Predigten gehalten. Vgl. etwa: Gert Otto: Wer könnte atmen ohne Hoffnung. Predigten, Rheinbach 1996.
3 Grundlegung der Praktischen Theologie. Praktische Theologie Bd. 1, München 1986; Handlungsfelder der Praktischen Theologie. Praktische Theologie Bd. 2, München 1988.

lem und bildhaft-medialem Sprachgebrauch hingewiesen (vgl. dazu unten Thesen 1-4). Verständigen wir uns über alltägliche Vorgänge in der Regel in nicht-bildhafter *instrumenteller* Sprache, lassen sich komplexe Wirklichkeiten – wie etwa Sinndeutungen – oft nur metaphorisch zum Ausdruck bringen: Sprachbilder werden zum *Medium* für anders nicht sagbare Erfahrungen.[4] Angesichts des besonderen Potentials bildhafter bzw. im weiten Sinne »poetischer« Sprache im Blick auf die Kommunikation religiöser Erfahrungen problematisiert Otto nachdrücklich die weitverbreitete Reduktion der Predigt auf instrumentell-sprachliche Äußerungen.

b) Das Plädoyer für eine eigenständige und kreative Predigtsprache bliebe unvollständig, würde man den Bezug der Predigt auf den Predigttext nicht reflektieren. Daß jedenfalls die Bindung der Predigt an die Schrift nicht bedeuten kann, sich um eine originalgetreue Reproduktion biblischer Inhalte zu bemühen, macht Otto anhand einer Analogie zur Aufführung historischer Musik deutlich (These 5): *Hier wie dort existiert das Original nicht mehr.* Dabei geht es nicht um die Zuverlässigkeit der handschriftlichen Überlieferung. Vielmehr sind biblische Texte und Notenblätter ja ihrerseits nur der Niederschlag einmaliger kommunikativer Ereignisse der Vergangenheit, die sich in derselben Form nicht wiederholen lassen. Die Aufgabe besteht entsprechend nicht in einer musealen Kopie des Originals, sondern in einer kreativen Neuinterpretation – die gerade damit dem Aktcharakter der Musik bzw. des Evangeliums Rechnung trägt.[5]

c) Am Ende seines Aufsatzes (These 6) schließlich vollzieht Otto explizit jene Abgrenzung, die implizit den gesamten Text durchzieht: Es ist der Widerspruch gegen die traditionelle Vorstellung, man könne Inhalt und Form einer Botschaft unabhängig voneinander bestimmen. Diese Vorstellung hat in Form der Unterscheidung von materialer und formaler Homiletik[6] ihren klassischen Niederschlag in der Predigtlehre gefunden. Demgegenüber hat seit je die Rhetorik auf den unauflöslichen wechselseitigen Zusammenhang zwischen Form- und Inhaltsfragen hingewiesen; die Erinnerung daran kann die Homiletik davor bewahren, sprachliche Fragen als Fragen von nachgeordneter Bedeutung abzuwerten.

---

4 Um ein Beispiel zu geben: Wer an der Kasse nach einer »Quittung für den Einkauf« fragt, verfolgt mit der Frage ein konkretes alltägliches Handlungsziel; wer hingegen feststellt, der Tod sei die »Quittung für verfehltes Leben« (vgl. Röm 6,23), gibt damit eine komplexe Sinndeutung zu verstehen.
5 Vgl. dazu den oben abgedruckten Beitrag von Wilfried Engemann: Der Text in der Predigt – die Predigt als Text. Herausforderungen für Prediger und Hörer.
6 Die Unterscheidung, die auf Alexander Schweizer (Homiletik der evangelisch-protestantischen Kirche, Leipzig 1848) zurückgeht, kehrt z. B. wieder in: Hans Martin Müller: Homiletik, Berlin / New York 1996.

Es mag dem essayistischen Stil des Textes – sowie der anderweitig breit dokumentierten Vertrautheit seines Verfassers mit den anstehenden Fragen – geschuldet sein, daß die weitreichenden homiletischen Konsequenzen einiger Thesen nur angedeutet werden. Und es zeugt schließlich vom persönlichen Engagement des Verfassers für eine sprachsensible Homiletik, daß er auch vor deutlichen und bisweilen polarisierenden Urteilen nicht zurückschreckt – wenn er etwa im unauflöslichen Zusammenhang zwischen Inhalts- und Formfragen am Ende doch eine Priorität der Formfragen annimmt: »Nicht Theologie, Sprache ist die erste.«

F. M. L.

Gert Otto

Predigt als Sprache

Eine Zusammenfassung in sechs kommentierten Thesen

> Rabbi Pinchas sprach:
> »Wer sagt, die Worte der Lehre seien eine Sache und die Worte der Welt seien eine Sache für sich, wird ein Gottesleugner genannt.«
> Martin Buber

> Von Gott kann man nicht sprechen, wenn man nicht weiß, was Sprache ist.
> Günter Eich

DER AUSGANGSPUNKT[1]

Selbstverständlich sind die folgenden Thesen von einem bestimmten Predigtverständnis gesteuert, das ich vorweg offen legen muss.

Also: Was verstehe ich unter einer Predigt?[2]

Theologie hin, Theologie her – eine Predigt ist eine sprachlich gestaltete Rede, die Zuhörer, Menschen mit Leib und Seele und auch Hirn, erreichen und beeinflussen will. Predigt als bestimmten Menschen zugewandte *sprachliche Gestalt* und *gestaltete Sprache*. Darüber gilt es nachzudenken. Nicht Theologie, Sprache ist die erste. Der beliebte Vorwurf, durch das Plädoyer für die Dominanz der Sprache komme die Theologie im Verständnis der Predigt zu kurz, ist schlicht unsinnig. Wie anders wird denn Theologie artikuliert und vermittelt, wenn nicht sprachlich?!

---

1 Zum Thema insgesamt vgl. auch: Gert Otto, Predigt als Rede, Stuttgart 1976; ders., Predigt als rhetorische Aufgabe (enthält meine Aufsätze seit 1979 bis 1987), Neukirchen 1987; ders., Praktische Theologie, 1: Grundlegung, München 1986; 2: Handlungsfelder, München 1988; ders., Rhetorische Predigtlehre, Mainz / Leipzig 1999. – Eine wichtige Weiterführung der Thematik bietet: Thomas Erne, Rhetorik und Religion, Gütersloh 2002.
2 Vgl. dazu: Gert Otto 1999. – Umfassend: Wilfried Engemann, Einführung in die Homiletik, Tübingen / Basel 2002 (UTB 2128).

VI Predigt als Sprachereignis

Wenn es der Prediger mit der Sprache zu tun hat, dann hat das Folgen. Aber ich möchte zuvor ein Missverständnis ausschließen: Die Folgerungen laufen nicht darauf hinaus, aus dem Prediger einen Laiendichter oder Halbliteraten zu machen. Wo sich der Prediger als Dichter versucht, geht es (meist) schief. Aber für sprachliche Möglichkeiten sensibel werden, die eigene Sprache in ihrer Flexibilität auf die Probe stellen, mit ihr Sprünge wagen – kurz: die Begriffssprache der Wissenschaft aus der Predigt heraushalten, soweit es nur irgend geht, das ist schon genug, ohne dass man auch noch den Dichtern Konkurrenz machen müsste.

Ich fasse die Folgerungen vierfach zusammen.

1. Es geht um keinerlei Verabsolutierungen. Der Ausgangspunkt ist: Predigt wird auf *verschiedenen* sprachlichen Ebenen realisiert. Die Ebene der Begriffssprache, der theologischen Fachsprache, ist eine neben anderen. Sie hat in der Wissenschaft ihr Recht und ihre Funktion (wie weitgehend, ist hier nicht zu diskutieren). Aber in der Predigt ist sie nur dann am Platze, wenn sich der Prediger darüber Rechenschaft abgelegt hat, dass sie auf keine andere Sprachebene überführt werden kann. Nur dann – und das dürfte sehr selten sein!

2. Dahinter steht die Einsicht: *Wirklichkeit* ist mehr als *Begriffssprache* sagen kann. Wirklichkeit ist komplexer als Begriffe. Heinrich Ott[3] hat es einleuchtend umschrieben: Es gibt Dimensionen des Wirklichen, für die der Wittgensteinsche Satz nicht gilt: »Die Welt ist alles, was der Fall ist.« Darüber zu reden, macht Symbolsprache nötig. Sie ist »der Modus, wie vom Unsagbaren nun doch nicht geschwiegen, sondern geredet, wie es in den Prozeß der zwischenmenschlichen Verständigung mit einbezogen wird. Und zwar bringt das Symbol die unsagbare Wirklichkeit als unsagbare zur Sprache. Es löst deren Geheimnis nicht auf.« Aber im Symbol macht Sprache Wirklichkeit sagbar und lehrt sie gegebenenfalls auch neu sehen. Mit solchen Überlegungen geraten wir in den Umkreis der Rhetorik.

3. Gewiss unterhalb der Ebene der Symbole, aber für unseren Zusammenhang von nicht geringerer Bedeutung ist die erfahrungsbezogene, sinnlich-konkrete Sprache der Bilder und Metaphern.
Die Auffassung, dass Homiletik nicht außerhalb des Horizonts der Rhetorik, nicht gegen die Rhetorik traktiert werden kann, zuerst von Manfred Josuttis[4]

---

3 Heinrich Ott, Symbol und Wirklichkeit, in: ThLZ 99. Jg. 1974, 61 ff.
4 Manfred Josuttis, Rhetorik und Theologie in der Predigtarbeit, München 1985 (dort auch die früheren Aufsätze; 9-28).

und Gert Otto (1970, jetzt in: 1987, 18 ff.) wieder in die Diskussion gebracht, hat sich durchgesetzt (vgl. z. B. R. Zerfass; G. Schuepp; A. Grözinger; P. Bukowski u. a.; semiotisch akzentuiert: K.-H. Bieritz; W. Engemann[5]). Dass Einzelaspekte unterschiedlich beurteilt werden und Rückfragen bleiben (vgl. J. Rothermundt[6]), ändert daran nichts. Der antirhetorische Affekt (vgl. E. Thurneysen[7]) der dialektischen Theologie ist überwunden; er prägt noch den letzten großen homiletischen Entwurf, der aus dieser Richtung stammt (R. Bohren[8]). Albrecht Grözinger[9] hat Bohrens negativ besetztes Rhetorikverständnis einleuchtend analysiert und zugleich noch einmal herausgearbeitet, wie die Bezugnahme der Homiletik auf die ambivalente Gestalt und Geschichte der Rhetorik zu fassen ist.[10]

4. Henning Luther[11] hat die These, Predigt ist Rede (G. Otto 1976), dadurch differenziert, dass er den Begriff der Rede mit dem Begriff der Handlung verbunden hat: »Predigt ist als Rede eine Handlung« (1983, 223). Dieser differenzierenden Erweiterung der Ausgangsthese ist zuzustimmen, weil erst so der Hörer und der Lebenszusammenhang von Prediger und Hörer voll zur Geltung kommen:

»Das, was der Prediger sagt, ist nur verstehbar als Reaktionen herausfordernde Anrede an Hörer und ist nur verstehbar auf dem Hintergrund einer gemeinsam geteilten Erfahrungswelt von Prediger und Hörer« (H. Luther 1983, 223). Diese These verdankt ihre Anregung der Sprechakttheorie, die davon geleitet ist, dass es im Sprechen nicht »nur« um Worte geht, sondern wer spricht, tut etwas, indem er spricht (J. L. Austin). Die Intention des Redenden und die Interaktion zwischen Redner und Hörern werden damit zu Schlüsselbegriffen. Dies sind – in neuem Zusammenhang und zum Teil gewandelter Terminologie – alte rhetorische Kategorien. Im neuen wie im alten Gewand helfen sie,

---

5 Vgl. u. a.: Rolf Zerfass, Grundkurs Predigt, 2 Bde., Düsseldorf 1987 und 1992; Guido Schuepp (Hg.), Handbuch zur Predigt, Zürich 1982; Albrecht Grözinger, Die Sprache des Menschen, München 1981; ders., Toleranz und Leidenschaft, Gütersloh 2004; Peter Bukowski, Predigt wahrnehmen, Neukirchen 1992; Klaus Müller, Homiletik, Regensburg 1994; u. a. – *Semiotisch:* Wilfried Engemann, Einführung in die Homiletik, Tübingen 2002; Karl-Heinrich Bieritz, Zeichen setzen, Stuttgart 1995; u. a.
6 Jörg Rothermundt, Der Heilige Geist und die Rhetorik, Gütersloh 1984.
7 Eduard Thurneysen, Das Wort Gottes und die Kirche, München 1971, darin: Die Aufgabe der Predigt, 1921.
8 Rudolf Bohren, Predigtlehre, München 1971.
9 Albrecht Grözinger, Noch einmal: Homiletik und Rhetorik, in: Dt. Pfarrerblatt 87. Jg. 1987, 8-11.
10 Zur Predigtgeschichte vgl. Gert Otto, Artikel: Predigtlehre, in: EKL Bd. 3, Göttingen 1993³, 1305-1317.
11 Henning Luther, Predigt als Handlung, in: ZThK 80. Jg. 1983, 223-243.

darauf aufmerksam zu werden, dass für Predigten gilt, was für Reden in unterschiedlichsten Zusammenhängen ebenso gilt: Sie sind nicht nur auf Interaktion und Kommunikation aus, sondern sie sind zugleich auch immer schon *Ausdruck von Interaktion und Kommunikation* – oder aber sie haben das Genus der Rede gar nicht erreicht, auch wenn sie eine halbe Stunde oder länger andauern.

Damit gerät in der neuesten homiletischen Diskussion etwas wieder ins Blickfeld des Interesses, was Frühere schon erkannt haben. Gleichwohl ist es immer wieder unbeachtet geblieben. Verräterisch ist die in der gängigen Praxis der Predigtvorbereitung (dazu s. u.) nicht selten zu beobachtende Tendenz, die man auch in der homiletischen Literatur belegen könnte, zuerst den theologischen Inhalt der Predigt klären zu wollen, um danach die Beziehung zum Hörer herzustellen. Dagegen: »Der Predigt liegt als Rede eine interaktive Struktur zugrunde. Der Hörerbezug ist ihr also immanent und konstituiert das Predigen immer schon. Er ist nicht nachträglich aufgesetzt als bloße Vermittlung eines Inhalts.« (H. Luther 1983, 241)

Im Horizont der Predigt gibt es also weder den Predigtinhalt »als solchen« noch den Prediger »als solchen« noch die Hörer »als solche«, sondern, sofern es um Predigt als Rede geht, ist die *Subjektivität des Redners* (vgl. dazu noch immer Otto Haendler) ebenso wie die *Lebenswelt der Hörer* in den *Inhalt* eingeschmolzen. Es gibt keinen Inhalt, dessen Teil nicht die Hörer sind (vgl. G. Otto 1979, 16 und 1981, 12).

In Ernst Langes Predigtverständnis[12] leitet genau dieser Blickwinkel. Darum ist sein Beitrag zur Homiletik bleibend wichtig, gerade weil er in der »vorrhetorischen« Diskussionsphase entwickelt worden ist:

»Für den Hörer entscheidet sich die Relevanz der Predigt mit der Klarheit und der Stringenz ihres Bezuges auf seine Lebenswirklichkeit, auf seine spezifische Situation. Dabei ist der Ausdruck ›Wirklichkeitsbezug‹ eigentlich noch zu schwach. Denn der eigentliche Gegenstand christlicher Rede ist eben nicht ein biblischer Text oder ein anderes Dokument aus der Geschichte des Glaubens, sondern nichts anderes als die alltägliche Wirklichkeit des Hörers selbst – im Licht der Verheißung ...

Predigen heißt: Ich rede mit dem Hörer über sein Leben. Ich rede mit ihm über seine Erfahrungen und Anschauungen, seine Hoffnungen und Enttäuschungen, seine Erfolge und sein Versagen, seine Aufgaben und sein Schicksal. Ich rede mit ihm über seine Welt und seine Verantwortung in dieser Welt, über die Bedrohungen und Chancen seines Daseins. Er, der Hörer, ist mein Thema, nichts anderes; freilich: er, der Hörer vor Gott. Aber das fügt nichts hinzu zur

---

12 Ernst Lange, Predigen als Beruf, hg. von Rüdiger Schloz, Stuttgart 1976, darin: Zur Aufgabe christlicher Rede (1968).

Wirklichkeit seines Lebens, die mein Thema ist, es deckt vielmehr die eigentliche Wahrheit dieser Wirklichkeit auf.« (E. Lange 1968, 1976, 57 f.)

Daraus folgt:
Die rhetorische Aufgabe der Predigt, nämlich anzusagen, was »Glauben« für Zeitgenossen in konkreten Lebenssituationen heißen könnte, kann auch das Augenmerk dafür schärfen, wofür und inwiefern *Fachtheologie* überhaupt nützlich ist: als Hilfswissenschaft um historischer, überlieferungsgeschichtlicher Sachklärungen willen, mit wichtiger also, aber eindeutig begrenzter Funktion, die freilich nur dann wirksam wird, wenn die Fachtheologie zur Auseinandersetzung mit *nichttheologischen* Fragestellungen und Einsichten *bereit* und *fähig* ist. Fachtheologie führt jedenfalls nicht zur Predigt für *Zeitgenossen,* die bekanntlich in der Regel nicht mit Fachtheologie beschäftigt sind. Um der »Sache« wie um des *Hörers* willen gilt also: Das Unternehmen der Predigt ist ein sprachlicher Vorgang, der damit lebt oder stirbt, dass der Prediger sich nicht nur auf Fachtheologie, sondern auf *Sprache* und *Realität* einzulassen vermag. Dabei meint dieses Begriffspaar, das hier *eins* aussagt: *Vielfalt von Sprache,* die Realität bis ins Unwirkliche zu artikulieren vermag – *Komplexität von Realität,* Vielschichtigkeit, deren Artikulation auf verschiedene Sprachebenen nötigt.

Darum muss man sagen, zugespitzt, meinethalben überspitzt: Nicht so sehr schlechte Fachtheologie macht schlechte Predigten, sondern das verräterische, weil Realität verleugnende, *sprachliche* Desinteresse und Unvermögen vieler Prediger und Predigerinnen führt sowohl zu inhaltsarmen wie nicht anhörbaren wie unwirksamen Predigten.

Immer noch gilt Gerhard Ebelings scharfes Urteil: »Es gehört eine ziemliche Portion guten Willens dazu, angesichts des durchschnittlichen Predigtgeschehens nicht gelangweilt oder zornig, sarkastisch oder tieftraurig zu werden.«[13]

THESE 1:   AM ANFANG IST DIE SPRACHE.

Bisher war vom Thema Sprache in einem sehr allgemeinen Sinn die Rede. Auf diesem Hintergrund ist es wichtig, eine grundlegende Unterscheidung zwischen zwei verschiedenen Sprachebenen einzuführen und auf ihre Konsequenzen hin zu betrachten. Denn in dieser Unterscheidung stecken nicht nur die Probleme des *Redens* von Religion, sondern mindestens ebenso sehr die Schwierigkeiten, angemessen zu *verstehen,* was in religiösen Aussagen zur Sprache kommt.

---

13 Gerhard Ebeling, Das Wesen des christlichen Glaubens, Tübingen 1959, 9.

VI Predigt als Sprachereignis

Johannes Anderegg unterscheidet zwischen »instrumentellem« und »medialem« Sprachgebrauch. Mit dieser Unterscheidung kann man in das Gelände von Sprache und Verstehen sehr viel Klarheit bringen. Im Überblick kann man die beiden Sprachweisen folgendermaßen charakterisieren:

Einerseits: Wir verständigen uns lapidar: »Ein Tisch ist ein Tisch.« Oder: »Die Sitzung beginnt um 15.00 Uhr.« Aber andererseits:

– Der Jubel der Freude, der Schrei der Not;
– die Klage über Schmerz und Leiden, deren Überwindung erhofft wird;
– die Hoffnung auf ein Leben, in dem, was heute noch nicht ist, morgen sein könnte.

Alles zusammengenommen: Die nackten Tatsachen, das Benennbare unseres Lebens ist eingebettet in Sehnsucht oder Klage, in Wünsche oder Hoffnungen. Darin ist der Mensch er selbst, dass er über die Mauer des Gegebenen hinaus, durch sie hindurch fragen, suchen und hoffen kann.

Wie anders aber soll dies geschehen, wenn nicht in der Sprache? Indem wir sie artikulieren, aussprechen – das heißt: aus uns heraus sprechen! –, hörbar *für andere* werden lassen, erfahren wir letztlich auch selber unsere Hoffnungen erst voll und ganz. Das ist ein *eigentümlicher* Vorgang: Unser Eigenstes, unser Innerstes, aber auch das, was uns am meisten in Bewegung zu bringen vermag, *unsere Hoffnungen* und Sehnsüchte werden uns selbst erst ganz gewiss, wenn wir sie offenbar machen. Also bedürfen wir der Sprache. Wer sich nicht artikuliert, muss verdorren (vgl. J. Anderegg 1985, 36 ff.).

»Indem wir der Sprache dienen ... versuchen wir, unseren ursprünglichen Beruf zu freier menschlicher Geselligkeit zu erfüllen. Verfehlen wir diesen Beruf, so verfehlen wir auch die Sprache ... Die Sprache steht und fällt mit dem Menschen – das ist unsere Herrlichkeit. Aber der Mensch steht und fällt auch mit seiner Sprache – das ist unsere Knechtschaft.«[14]

Alle Rhetorik ist seit ihren Anfängen auf konkrete Situationen bezogen: auf das Forum der Bürger, auf das Für und Wider in Gerichtsverfahren, auf Unterrichtssituationen. Es gibt keine Rhetorik im luftleeren Raum. Folglich ist auch unser Versuch, heute über Rhetorik nachzudenken, in unsere gegenwärtigen Lebenszusammenhänge eingebettet. In ihnen liegen die Voraussetzungen, die Bedingungen und die Veranlassungen unseres Nachdenkens. Das ist unsere Lage:

---

14 Dolf Sternberger, Sprache und Politik, Frankfurt / M. 1991.

THESE 2: SPRACHE IST KOMPLEX.
          DAHER SIND WIR ALLE ZWEISPRACHIG.

Auf diesem Hintergrund ist es wichtig, die schon genannte grundlegende Unterscheidung zwischen zwei verschiedenen Sprachebenen einzuführen und auf ihre Konsequenzen hin zu betrachten. In der Unterscheidung stecken nicht nur die Probleme des *Redens* von Religion, sondern zwischen »*instrumentellem*« und »*medialem*« Sprachgebrauch zugleich alle Verständigungsprobleme.[15] Der *instrumentelle Sprachgebrauch* lässt sich mit Anderegg[16] folgendermaßen zusammenfassend charakterisieren:

Wir gehen im Allgemeinen davon aus, dass die Gegenstände und Sachverhalte, mit denen wir es im Alltag zu tun haben und die wir sprachlich benennen, *eindeutig gegeben* seien. »Dementsprechend erscheint die *Alltagssprache als Instrument* zur Bezeichnung oder zur Bezugnahme innerhalb einer problemlos vorhandenen, immer schon gegebenen Wirklichkeit« (39). Dies aber ist eine Selbsttäuschung, in der wir verkennen, dass unsere Wirklichkeit »das Resultat eines Interpretationsvorganges« (39) ist, der auch anders verlaufen könnte. Ein bestimmter Wahrnehmungshorizont, neben dem es andere gibt, lässt uns unsere Welt so sehen, wie wir sie sehen, und so artikulieren, wie wir sie artikulieren: »Mit der Sprache bzw. in der Sprache aktualisieren wir aus der Fülle des Möglichen jene Ordnung, vollziehen wir jene Ausdifferenzierung und jene komplexe Vernetzung, auf die wir als auf unsere Welt Bezug nehmen.« (40)

Sprache stellt also Welt her. Dass dies (wenigstens in sehr vielen Alltagssituationen) gelingt, liegt daran, dass uns Konventionen leiten, über die wir nicht jedes Mal neu nachdenken müssen. Wir nehmen quasi implizit, ohne es zu merken, auf Sichten von Welt, auf Zusammenhänge, auf vermeintlich Bestehendes Bezug und können uns deshalb verständigen: »Im Alltag werden wir der konstitutiven Dimension von Sprache nicht gewahr, weil wir die Sprache nicht eigentlich konstituierend gebrauchen, sondern auf bereits vollzogene Konstituierungen bestätigend Bezug nehmen, weil die Welten, auf die wir uns beziehen, uns als Konventionen schon vertraut sind ... So gesehen ist die Sprache im Alltag, was das reduktive Kommunikationsmodell ihr zu sein gestattet: *ein Instrument* zur Bezeichnung von Gegebenem.« (43)

Zur Eigenart instrumentell gebrauchter Sprache gehört, dass sie fixiert. Sie macht das, wovon sie spricht, zum »Gegebenen«, und insofern lässt sie »es als

---

15 Johannes Anderegg, Sprache und Verwandlung, Göttingen 1985; dazu neuerdings ders., Über die Sprache des Alltags und Sprache im religiösen Bezug, in: ZThK 95. Jg. 1998, 366-378.
16 1985, 36 ff.; die folgenden Seitenangaben in Klammern beziehen sich stets darauf.

verfügbar erscheinen« (45). Dies ist für unser Welt- und Wirklichkeitsverständnis ungemein folgenreich, denn so, auf dem Wege instrumentellen Sprachgebrauchs, »versichern wir uns auf Schritt und Tritt, *daß wir das Wirkliche haben*«. (46)

Anders dagegen der *mediale Sprachgebrauch*. Wir kennen ihn alle, und doch verkennen wir ihn oft; anders lassen sich viele Missverständnisse oder Verständigungsschwierigkeiten gar nicht erklären.

Nehmen wir die Sprache einer Fabel oder einer Erzählung, einen Abschnitt aus einem Brief, der mehr als die Mitteilung eines Termins enthält, oder einen religiösen Textabschnitt, sei es aus der Schöpfungsgeschichte oder aus den Evangelien oder aus ganz anderen religiösen Traditionen, einen Mythos oder eine Sage: Überall haben wir es mit einer Sprache zu tun, in der sich die Dinge mit einem Mal nicht aufgrund von Konventionen von selbst verstehen, in der uns nicht einfach etwas verfügbar wird wie im instrumentellen Sprachgebrauch, sondern in der wir allemal zu einer Rückfrage, oder besser: zu einer uns erst auf die Spur bringenden Frage genötigt werden. Diese uns weiterbringende Frage lautet: Welchen *Sinn* hat, was da geschrieben oder gesagt ist? Die Sprache ist hier also *Medium* für etwas, was zu finden ist. »Wenn uns ein Sprachgebrauch die Frage nach Sinn nahelegt, so ist er selbst nicht das, worum es uns im letzten geht, sondern er bietet sich an als Medium für eine Sinnbildung, die über ihn hinaussieht; aber dem, worum es eigentlich geht, dem, was sinnbildend begriffen werden soll, nähern wir uns nur, indem wir uns ganz auf den Sprachgebrauch einlassen, indem wir ihn ernst nehmen als Medium für unser sinnbildendes Begreifen.« (51)

Solcher Sinn ist nicht verfügbar, auch nicht registrierbar, sondern er »entsteht im Prozeß der Sinnbildung.« (51)

»Wenn der instrumentelle Sprachgebrauch bezeichnend und bezugnehmend die Gegebenheit dessen setzt, wovon er spricht, so läßt der Sprachgebrauch, der uns zur Sinnbildung anhält und der uns Sinnbildung ermöglicht, der *mediale Sprachgebrauch* also, das, worum es geht, als etwas erfahren, das *in erprobendem Begreifen und Konstituieren* prozeßhaft gebildet werden muß.« (51)

Die Frage nach Sinn und das Bedürfnis nach Sinnbildung sind für den Menschen nicht peripher, sondern sie gehören »in grundlegender Weise zur menschlichen Existenz«. (54) Im Prozess der Sinnbildung, also im Einlassen auf den medialen Sprachgebrauch, erfährt der Mensch, anders als im instrumentellen Sprachgebrauch, mehr und anderes über sich und seine Welt, als er immer schon weiß. »Der mediale Sprachgebrauch transzendiert jene Welten, läßt uns jene Welten transzendieren, deren wir uns instrumentell versichern« (55) – und ich füge hinzu: versichern *müssen,* um im Alltag der Welt bestehen zu können. Aber ebenso gilt umgekehrt: auf medialen Sprachgebrauch ist der angewiesen, »der seine eigene Befindlichkeit oder die Befindlichkeit anderer anders begreifen möchte, als es die konventionelle Situationsbestimmung nahe legt«. (71)

Die Unterscheidung zwischen instrumentellem und medialem Sprachgebrauch darf nicht zu dem Trugschluss führen, als hätte jede der beiden Weisen des Sprachgebrauchs ihre je eigenen Zeichen. Dann hätten wir es mit verschiedenen Sprachen zu tun, je nachdem ob wir ein Kochbuch oder einen Liebesbrief lesen (obwohl doch Liebe durch den Magen geht – was im Unterschied zum Kochrezept eine Aussage medialen Sprachgebrauchs ist). Nein, der mediale Sprachgebrauch bedient sich der sprachlichen Zeichen, die wir alle aus dem Umgang mit dem instrumentellen Sprachgebrauch gut genug kennen. »Insofern ... kann man von einer *Verwandlung von der Instrumentalität in die Medialität* sprechen, stellt der mediale Sprachgebrauch sich als ein verwandelter Sprachgebrauch dar«. (57) Es spricht viel für die Vermutung, dass es ganze Lawinen von theologischen Streitigkeiten nie gegeben hätte und nicht zu geben brauchte, wenn die am Streit Beteiligten sich auf die Unterscheidung zwischen instrumentellem und medialem Sprachgebrauch hätten einigen können – eine Einigung, die freilich schon deswegen so schwer ist, weil beide Male dieselben Wörter / Zeichen gebraucht werden. Der Gegenstand des Streits liegt daher nur zu oft in nichts anderem als darin, dass der eine das entscheidende Wort instrumentell, der andere aber medial gebraucht – zum Beispiel Jungfrauengeburt oder Auferstehung.

Ohne uns des instrumentellen Sprachgebrauchs zu bedienen, sind wir nicht lebensfähig. Verbleiben wir aber allein im instrumentellen Sprachgebrauch, dann beschränken und begrenzen wir uns, möglicherweise gut funktionierend, auf das Gegebene. »In die uns verfügbaren Welten bringt der mediale Sprachgebrauch auf Grund seiner Differenz eine Welt ein, die sich von allen anderen dadurch unterscheidet, daß sie nicht ist, sondern entsteht«. (67) Darum ist der spezifischen Gefahr unserer Zeit zu widerstehen – der Gefahr, dass Leben verkümmern muss, weil der instrumentelle Sprachgebrauch die Alleinherrschaft übernimmt.

Peter Bichsel[17] erzählt eine Geschichte von zwei Menschen, deren Verständigung scheitert, weil sie zwei verschiedene Sprachen sprechen – und dies mit denselben Worten:

»Als ich entdeckte, oder als mir erklärt wurde, daß der Hinduismus eine pädagogische Religion sei, nämlich insofern, als die beste ›gute Tat‹ eines Hindus darin besteht, einem anderen etwas zu erklären, da verlor ich meine Hemmungen und begann mit Fragen, und als die Leute hörten, daß ich einer sei, der fragt, kamen sie alle und wollten antworten.

Ein junger Balinese wurde mein Hauptlehrer. Eines Tages fragte ich ihn, ob er denn glaube, daß die Geschichte vom Prinzen Rama – eines der heiligen Bücher der Hindus – wahr sei. Ohne zu zögern, antwortete er mit ›Ja‹.

---

17 Peter Bichsel, Der Leser. Das Erzählen, Darmstadt 1982, 13 f.

›Du glaubst also, daß Prinz Rama irgendwann irgendwo gelebt hat?‹
›Das weiß ich nicht, ob der gelebt hat‹, sagte er.
›Dann ist es also eine Geschichte?‹
›Ja, es ist eine Geschichte.‹
›Und dann hat wohl jemand diese Geschichte geschrieben – ich meine: ein Mensch hat sie geschrieben?‹
›Sicher hat sie ein Mensch geschrieben‹, sagte er.
›Dann könnte sie ja auch ein Mensch erfunden haben‹, antwortete ich und triumphierte, weil ich dachte, ich hätte ihn überführt.
Er aber sagte: ›Es ist gut möglich, daß einer die Geschichte erfunden hat. Wahr ist sie trotzdem.‹
›Dann hat also Prinz Rama nicht auf dieser Erde gelebt?‹
›Was willst du wissen?‹ fragte er. ›Willst du wissen, ob die Geschichte wahr ist, oder nur ob sie stattgefunden hat?‹

›Die Christen glauben, daß ihr Gott Jesus Christus auf der Erde war‹, sagte ich, ›im Neuen Testament ist das von Menschen beschrieben worden. Aber die Christen glauben, daß dies die Beschreibung von Wirklichkeit ist. Ihr Gott war wirklich auf der Erde.‹

Mein balinesischer Freund überlegte und sagte: ›Davon hat man mir schon erzählt. Ich verstehe nicht, warum es wichtig ist, daß euer Gott auf der Erde war, aber mir fällt auf, daß die Europäer nicht fromm sind. Stimmt das?‹
›Ja, es stimmt‹, sagte ich.«

THESE 3: POETISCHE SPRACHE HILFT, ERFAHRUNGEN UND HOFFNUNGEN ZU ARTIKULIEREN.

Um vermeidbaren Missverständnissen vorzubeugen, sei von vornherein betont, dass der Begriff »Poesie / poetisch« hier in einem sehr weiten Sinn gebraucht wird (und ganz und gar nicht in der einfachen Entgegensetzung von Poesie und Prosa).[18] Als »poetisch« bezeichne ich die Sprachebene, die im Gegensatz zum logisch-diskursiven oder faktisch-berichtenden Stil durch gestaltete Bilder charakterisiert ist. Diese Sprachebene kann sowohl zur Lyrik wie zur Epik gehören, zum Gedicht wie zur Kurzgeschichte – oder zur Rede. Beispiele solcher poetisch-rhetorischen Prosa finden sich etwa auf je verschiedene Weise in Ernst Blochs »Prinzip Hoffnung« (»Der Tagtraum ist keine Vorstufe des nächtlichen Traums«), in Karl Barths »Römerbrief«, in Günter Grass' Reden oder in Pablo Nerudas Autobiographie und in seiner Rede anlässlich der Verleihung des Nobelpreises »Der strahlenden Stadt entgegen«.

---

[18] Zur Poesie: Heinz Schlaffer, Poesie und Wissen, Frankfurt / M. 1990.

Rede ansatzweise poetisch zu verstehen, fällt uns schwer, weil wir auf Begriffs- und Informationssprache fixiert sind, auf Sprache der Naturwissenschaft statt auf Sprache der Bilder, auf Abstand nehmende, »objektivierende« Sprache statt auf Sprache der »Verwicklungen« zwischen Redner und Hörer. Solche Verkürzung sprachlicher Möglichkeiten dürfte das absehbare Ende der Möglichkeit sein, im wahren Sinn des Wortes in der Rede auf den Hörer einzugehen. Dies Ende abwenden wollen, heißt bildhafte Rede wiedergewinnen müssen, heißt notwendig Rückgewinn der Poesie für die Rede.

Das verbindende Moment zwischen Poesie und Rede liegt darin, dass beide den Leser bzw. Hörer gewinnen wollen für das, was gesagt wird. Und dies nicht allein durch logische Ableitung, durch argumentative Kraft – dies in der Rede natürlich immer auch! –, sondern unter Einbeziehung aller Ausdrucks- und Reaktionsmöglichkeiten des Redners wie des Hörers, der imaginativen nicht weniger als der rationalen. Für die Rhetorik dürfte gelten: Poesie erst lässt in der Rede auch der Emotionalität des Hörers ihr Recht, sie hilft, den Hörer allererst als den anzusprechen, der er ist, ein Mensch, der nur insoweit Mensch ist, als er denkt und fühlt. Dann gilt aber auch umgekehrt: Die Einbeziehung poetischer Sprache ermöglicht überhaupt erst, die Fülle und Vieldimensionalität des Lebens zu artikulieren, jenes konkreten Lebens, das von der Sprache der Logik und des Begriffs immer nur partiell erreicht werden kann.[19]

Dabei ist Poesie nicht dann erreicht, wenn der Redner in der richtigen Einsicht, dass der gedankliche Inhalt, den er vermitteln will, für den Hörer schwer oder gar nicht zugänglich ist, nachträglich Illustrationen sucht oder dabei gar ins Seichte gerät, zu billigen Analogien greifend, in die Sprache des Kitsches oder der Sentimentalität abrutschend. Poesie meint in unserem Zusammenhang: gestaltete Sprachbilder, seien sie selbst gewonnen (was immer der Glücksfall sein wird, aber Glücksfälle bestimmen nicht den Alltag) oder reflektiert übernommen und mit dem eigenen Sprachduktus verwoben (was häufig ertragreicher ist als die Sucht nach Originalität).

Ich lasse dabei hier die – literaturwissenschaftlich fraglos berechtigte und notwendige – Differenzierung zwischen der Vielzahl für den Redner zu berücksichtigender unterschiedlicher literarischer Formen und Gattungen absichtlich auf sich beruhen: Gedicht; Kurzgeschichte; Parabel, Gleichnis, Vergleich, Metapher, Allegorie; Sprichwort, Sentenz, Maxime; Fabel, Legende, Märchen usw. Was für den Redner zu lernen und von Fall zu Fall geprüft zu entlehnen ist, ist dies: *in Bildern* zu *denken* und zu *sprechen*. Es geht also um viel mehr als etwa die bloße »Umsetzung« eines schon vorhandenen Gedankens in

---

19 Vgl. Dorothee Sölle, Das Eis der Seele zu spalten, in: Jahrbuch Religionspädagogik, Bd. 4, Neukirchen 1988, 3-10. – Ursula Baltz-Otto, Theologie und Literaturwissenschaft, ebd. 21-41 (dort weitere Lit.).

ein Bild. In Bildern denken, das ist die ansatzweise poetische Gestalt der Rede, eine Möglichkeit, die der Redner im Umgang mit poetischer Sprache kultivieren muss, und zugleich eine Möglichkeit, in der die Dichtung den Redner nicht allein lässt, weil sie ihm »Material« an die Hand gibt. Die Wirkung der Rede lebt wesentlich davon. Vernachlässigt man diese Seite rhetorischer Vorbereitung und Gestaltung, gelingt keine Rede, sondern vielleicht ein Sachreferat, das das Faktum zu überzeugender Hörer nicht ernst nimmt.

Ich kenne kein überzeugenderes Plädoyer für die Notwendigkeit und die Funktion poetischer Sprache als Peter Hacks' großen Essay über »Das Poetische«.[20] Daher zeichne ich seine Argumentation hier nach.

Hacks geht davon aus, dass wir zwar nicht in einer poetischen Welt leben, »aber wir empfinden die Welt als poetisierbar« (119). Was bei dieser Poetisierung der Welt vor sich geht und wozu sie dient, dem gelten seine Überlegungen, die er nicht mit dem Ziel einer Definition des Poetischen anstellt, sondern in der Analyse einiger poetischer Stücke will er »zu erraten trachten, was an ihnen poetisch ist« (120).

Sein Ausgangspunkt ist das Gedicht »Die Räuberbraut« (An einem Fluß, in einem tiefen Tale ...) und dessen außerordentliche Wirkung. Popularität und Wirkung eines Kunstwerks hängen ab von dessen Identifikationswert. »Der Identifikationswert eines literarischen Erzeugnisses ist die Chance, die es dem Leser gibt, es direkt auf seine eigene Lage anzuwenden, also sich mit seiner Hauptperson und ihren Umständen zu identifizieren. Der Identifikationswert ist hoch, wenn das Erzeugnis möglichst grundlegende Erlebnisse einer möglichst umfassenden Zahl von Menschen trifft«. (120 f.)

Bei einer Übersetzung des Gedichts in die reine Tatsachensprache (»Am Wäschebottich im Souterrain saß, während das Wasser aus dem Hahn lief...«) zeigt sich, dass die Wirkung dahin ist, weil mit einem Male etwas fehlt. Der Identifikationswert macht die Wirkung des Gedichts nämlich erst gemeinsam mit einem Zweiten aus, das in der Übersetzung in die Sprache der Fakten verloren gegangen ist. Was ist dieses Zweite? »Es ist offenbar das, was wir als bloße Zutat, Verzierung oder allenfalls Tarnung des Köders glaubten vernachlässigen zu können, das genaue Gegenteil von dem, was wir für das Eigentliche hielten: das Unerreichbare, das Unwirkliche«. (123) Der Erfolg des Kunstwerks, in diesem Fall der »Räuberbraut«, liegt in der *Verbindung* jener beiden gegensätzlichen Eigenschaften zur Einheit: *Identifikationswert* und *Unwirklichkeitswert*. Das Gesetz dieser widersprüchlichen Einheit ist das »Gesetz der künstlerischen Wirkung ...« (125)

---

[20] Peter Hacks, Das Poetische, Berlin 1966/1972. Die folgenden Seitenangaben in Klammern beziehen sich darauf.

Was Hacks mit diesem Plädoyer für die Poesie – ich habe vieles übersprungen und nur das Wichtigste akzentuiert – erreichen will, lässt sich so zuspitzen: Das Poetische unterliegt bei uns dem Verdacht, der Realität besonders ferne zu sein. Diesem Verdacht ist zu widerstehen, weil Realität in ihrer Vielschichtigkeit, ihrer Hintergründigkeit, weil reale Hoffnungen in ihrer Offenheit nicht anders sagbar sind als auf poetische Weise. Das gilt gegen »Tatsachenkitsch«, Faktensalat« und »Dokumentarismus, diesen Realismus des kleinen Mannes« (135).[21]

THESE 4: ÄSTHETISCHE UND SZIENTIFISCHE WAHRNEHMUNG SIND HINSICHTLICH DER PREDIGT GLEICHBERECHTIGT.

Es hat sich gezeigt: Am sprachlichen Vorgang der Predigt hat die Sprache der Bilder, der Symbole, der Metaphern – kurz: hat *poetische* Sprache entscheidenden Anteil. »Beredsamkeit ist die Poesie der Prosa« (William C. Bryant). Rhetorik und Poetik sind ursprünglich Verwandte. Ansatzweise poetische Sprache ist für die Predigt unverzichtbar, weil Alltagssprache nicht mehr kann, als den Alltag verdoppeln, und die Sprache der Wissenschaft gehört nicht auf die Kanzel, weil sie keine allgemein-öffentliche Sprache ist.

Ästhetik bezeichnet, im Anschluss an die einschlägige neuere Diskussion, einen eigenen Modus der Wahrnehmung von Welt und deren Reflexion.[22] Diese Neufassung des Ästhetikbegriffs, in der die Eingrenzung auf die Wahrnehmung von Kunst gesprengt worden ist, geht auf Alexander Gottlieb Baumgarten zurück. Bei zum Teil unterschiedlicher Terminologie haben die gegenwärtig an der Diskussion beteiligten Autoren das gemeinsame Interesse, Erfahrung und Denken nicht allein dem Modus szientifischer Rationalität vorzubehalten, sondern ästhetische Erfahrung als eigenen Modus des Denkens zu behaupten.[23] »Daher kann von ästhetischer Rationalität gesprochen werden.

---

21 Vgl. insgesamt zum größeren Zusammenhang: Hans-Ulrich Gehring, Schriftprinzip und Rezeptionsästhetik. – Außerdem: Gerhard Marcel Martin, Predigt als »offenes Kunstwerk«, in: Ev. Theol. 44. Jg. 1984, 46-58, und die anschließende Diskussion.
22 Zum Ausgangspunkt der neueren Ästhetikdiskussion vgl. Alexander Gottlieb Baumgarten, Aesthetica, 2 Bde., Frankfurt / M. 1750, Reprint 1970. – Grundlegend für die Wiederentdeckung der Ästhetik für die Praktische Theologie: Albrecht Grözinger, Praktische Theologie und Ästhetik, München 1987.
23 Zu dieser Diskussion vgl. Wolfgang Welsch, Ästhetisches Denken, Stuttgart 1990. – Rüdiger Bubner, Ästhetische Erfahrung, Frankfurt / M. 1989. – Martin Seel, Die Kunst der Entzweiung, Frankfurt / M. 1985. – Gunter Otto, Lernen und Lehren zwischen Didaktik und Ästhetik, 3 Bde., Seelze-Velber 1998. – Peter L. Oesterreich, Fundamentalrhetorik, Hamburg 1990. – Peter Ptassek, Rhetorische Rationalität, München 1993.

Ästhetische Rationalität ist somit *ein* Typus von Rationalität; gleichberechtigt neben szientischer Rationalität. Die Vernunft wird in beiden beansprucht, freilich in je verschiedener Weise.

Diese Differenzierung ist in der Rhetorik wohl bekannt. Rhetorik und Ästhetik sind seit alters her aufeinander bezogen. Peter L. Oesterreich[24] stellt – orientiert an Aristoteles' Gattungen von Vernunftgründen – »imaginative« und »rationale« Logik einander gegenüber. Dies entspricht dem Gegenüber von ästhetischer und szientischer Rationalität. Jede Rede muss die Entgegensetzung dieser beiden Denkmodi überwinden.[25] Denn es geht, rhetorisch gesehen, um »die Komplementarität« von ästhetischen und szientischen Zugriffen«. (Gunter Otto 1998, 195) Oder in anderer Formulierung: Die Rhetorik hat ihr »Augenmerk nicht nur auf den Logos zu richten.« (ebd.)

Dies ist auch Peter L. Oesterreichs Interesse. Sein Ziel ist es, eine Philosophie der Rhetorik in Grundzügen vorzulegen. Sein Ausgangspunkt ist die vielfältige rhetorische Praxis in der pluralen Lebenswelt der Moderne. Sie hat dazu geführt, dass sich »selbst die rhetorikrepugnante Philosophie ... nicht mehr einer kritischen Untersuchung der Rhetorik sowie ihres eigenen rhetorischen Moments« (Vorwort) verschließt. Hintergrund dafür ist die Krise eines Vernunftideals, das konkurrierende Positionen – also die Suche nach dem Austrag der Alternativen – ausgeschlossen hat, sei es in platonischer Tradition oder in der Folge naturwissenschaftlich-methodischer Verabsolutierungen. Oesterreich versucht dagegen, »die spezifische Rationalität und Wahrheit des rhetorischen Logos freizulegen« (Vorwort). Dabei kann er von der Beobachtung ausgehen, dass die Frage nach einer »Philosophie der Rhetorik« nicht einfach neu gestellt, sondern Teil der Geschichte der Rhetorik seit ihren Anfängen ist – im Pro und (folgenreicher) im Contra. Jedoch: Nirgends ist es bisher »zu einer expliziten und zusammenhängenden philosophischen Theorie des Phänomens der artifiziell geschulten oder gar kunstlos-alltäglichen persuasiven Rede« gekommen. Was fehlt, ist eine konsistente Rhetoriktheorie. Dem wird man schwerlich widersprechen können. Die Begründung für dieses Defizit ist doppelseitig. Sie liegt in der unzureichenden philosophischen Reflexion seitens der Rhetorik und in der ebenso unzureichenden rhetorischen Reflexion seitens der Philosophie.

Für Oesterreich ist die Rede die jeweilige »Gegenbewegung« gegen die Erschütterungen, Bedrohungen oder Verwerfungen der Lebenswelt, deren Bedeutungsstrukturen immer ungesichert sind. »Der Ansatzpunkt des Redenkönnens liegt in der jeweiligen Situation, deren aktualisierungsbedürftiger oder

---

24 Oesterreich 1990.
25 Dazu Gert Otto 1999, 75 ff. Außerdem: Anderegg 1998; Sölle 1988; Baltz-Otto 1988; Grözinger 2004.

opaker, diffuser, strittiger, gar umkämpfter Sinn eine orationale Deutung, Klärung und Entscheidung provoziert.«[26] Dabei bleibt jede rhetorische Argumentation vorläufig und zugleich durch neue Wirklichkeitserfahrung bedroht. Im Zusammenhang der Diskussion von elocutio und ornatus und ihrer fundamentalrhetorischen Reinterpretation präzisiert Oesterreich die These von der »elokutionären Vermittlung von imaginativer und rationaler Logik« (120 ff.). So kommt er zu dem Schluss, dass die Rede ein »Integrationstypus« ist. Damit ist gemeint: Der Integrationstypus Rede entspringt aus der Synthese von »rationaler und imaginativer Logik«; er »vereinigt in sich Elemente bildhafter Sinnkonstitution und rationaler Sinnrechtfertigung.« (125) Poetische Sprache und rationale Begriffssprache sind, nimmt man sie jeweils für sich, »Vereinseitigungen oder Abspaltungsprodukte von Redestrukturen, die sich in der Plastizität rhetorischer Rede durchdringen.« (ebd.) Dies weiter konkretisierend fährt Oesterreich fort: Die »plastische Gestaltung (scil. der Rede) ermöglicht nicht nur ein Reden über, sondern ein redendes Präsentieren von. Diese poetische Kraft führt nicht nur zu einem Seinsverständnis, sondern darüber hinausgehend zu einem Seinserlebnis. Während die rationale Logik die essentielle Präsenz des thematisierten Seienden ermöglicht, vermag die imaginative Vergegenwärtigung die existentielle Präsenz, ihr evidentes und leibhaftes Dasein ›vor dem geistigen Auge der Zuhörer‹ zu schaffen. Die ›Macht der Rhetorik‹ besteht darin, die Dinge selbst in ihrem existentiell-pragmatischen Wesen im Focus einer oratorischen Öffentlichkeit erscheinen zu lassen ...« (ebd.)

Nach Aristoteles befördert die Rhetorik die praktische Vernunft, die zum Handeln befähigt (vgl. Ptassek 1993). Dieser Vernunftbegriff ist weiter und differenzierter als der neuzeitliche, für den einlinig nur das rationale Argument Geltung hat. Anknüpfend an die von Aristoteles explizierten drei Gattungen von Überzeugungsgründen gilt vielmehr: »Rhetorische Rationalität kann ... keine der reinen Vernunft sein, insofern die Diskussionszusammenhänge, in denen die Rhetorik auf den Plan tritt, immer auch von Interessen, Vormeinungen und Stimmungen sowohl der Hörer als auch der Redner geprägt sind.« (Ptassek 1993, 61)

In der Diskussion der Beziehung zwischen Philosophie und Rhetorik plädiert keiner der Autoren für ein verkürztes instrumentelles, auf Stilistik oder inhaltsunabhängige Form- und Redetechnik beschränktes Rhetorikverständnis. Vielmehr lenkt die philosophische Reflexion gleichzeitig den Blick auf die ethische und ästhetische Dimension der Rhetorik.

Zusammenfassend ist festzuhalten: Philosophie, Ethik und Ästhetik erweisen sich als das Gefüge, in dem sich die Rhetorik konstituiert. Dieses

---

26 Oesterreich 1990, 107; die folgenden Seitenangaben in Klammer beziehen sich darauf.

Gefüge ist unauflöslich. Es ist die bedingende Grundlage rhetorischen Denkens, weil anders die Komplexität und die Vieldimensionalität rhetorischer Problematik und rednerischer Praxis nicht erreicht wird. Das gilt für die Predigt ebenso wie für jede andere Rede. Dass dieser Zusammenhang nicht nur in der Vergangenheit, sondern bis in die Gegenwart immer wieder übersehen (oder geleugnet) worden ist, hat zum Niveauverlust für die kirchliche Predigt geführt. Was man gern die »Krise der Predigt« nennt, ist zuerst eine rhetorische Krise und in deren Folge eine theologische.

THESE 5: DER SPAGAT ZWISCHEN »URTEXT« UND ÜBERLIEFERUNG, ODER: ES GIBT KEIN »ORIGINAL«.

In seinen Essays mit dem so originellen wie irritierenden Titel »Hegels Seele oder die Kühe von Wisconsin«[27] äußert sich der Musikkritiker und Romancier Alessandro Baricco über Aufführung und Interpretation alter Musik. Ich stelle seine Überlegungen an den Anfang, um sogleich zu signalisieren, dass der Umgang mit alter Überlieferung, also auch die homiletische Problematik des Umgangs mit alten Texten, kein isolierbares Specialissimum ist, sondern in unterschiedlichen Kontexten begegnet: in jeweils eigener Prägung, aber strukturell vergleichbar.

»Das ist das Einzigartige«, schreibt Baricco, »und Außergewöhnliche an der Musik: Ihre Überlieferung und ihre Interpretation sind ein und derselbe Vorgang. Bücher oder Gemälde kann man in Bibliotheken oder Museen aufbewahren; interpretieren kann man sie natürlich auch, aber das ist ein anderer, separater Vorgang, der nichts mit ihrer bloßen Erhaltung zu tun hat. Bei der Musik ist das anders. Musik ist Klang, sie existiert erst in dem Moment, in dem sie erklingt – und in dem Moment, in dem man sie zum Klingen bringt, interpretiert man sie unweigerlich. Der Prozess ihrer Erhaltung, ihrer Überlieferung, ist immer ›gezeichnet‹ von den unendlich vielen Variationsmöglichkeiten, die das Musizieren mit sich bringt. Dieser Umstand hat dazu geführt, dass die Musikwelt unter einem Schuldkomplex leidet, der den anderen Künsten fremd ist: Es ist die ständige Angst, das Original zu verraten, weil es dadurch für

---

27 Alessandro Baricco, Hegels Seele oder die Kühe von Wisconsin, München / Zürich 1999. Der Titel erklärt sich aus den beiden Motti, die Baricco seinem Buch voranstellt: einem Zitat aus Hegels Vorlesungen über Ästhetik und einem Satz aus einer Studie der Universität Michigan / Wisconsin: »Bei Kühen, die symphonische Musik hören, steigt die Milchproduktion um 7,5 % an.« – Um Missverständnisse zu vermeiden: Man muss hier biblische Texte von anderen Büchern unterscheiden. Insofern sie allein dadurch, dass sie ausgelegt und verkündigt werden, zu ihrem Ziel kommen (»viva vox«), gilt, was Baricco über die Musik sagt, auch für den Umgang mit biblischer Überlieferung, zum Beispiel in Predigten.

immer verloren gehen könnte. Als verbrenne man ein Buch oder zerstöre eine Kathedrale. Die Entrüstung des Musikfreunds gegenüber einer etwas gewagteren Interpretation, die sich in einem klassischen ›Aber das ist doch nicht Beethoven‹ Luft macht, entspricht der Bestürzung über einen Museumsdiebstahl. Man fühlt sich beraubt. Diese Angst hat die Praxis der musikalischen Interpretation zum Stillstand gebracht. Die Pflicht zur Überlieferung zensiert die Lust an der Interpretation.« (40 f.)

Tauscht man hier den Umgang mit überlieferten Noten gegen den Umgang mit überlieferten biblischen Worten aus, so ist die Problemlage verblüffend ähnlich. Die »Lust an der Interpretation« wird durch die »Pflicht zur Überlieferung« behindert, wenn nicht sogar abgetötet. Der Fundamentalismus regiert. Die Sterilität ungezählter Sonntagspredigten beweist es.

Baricco nennt den Ausweg aus dem Dilemma: »Um einen Ausweg aus diesem Engpass zu finden, gäbe es eine drastische und radikale Methode: Man könnte das Publikum ein für allemal davon in Kenntnis setzen, dass das Original nicht existiert. Dass der echte Beethoven – falls es so etwas je gegeben hat – für immer verloren ist. Die Geschichte ist ein Gefängnis mit losen Gitterstäben. Der Gefangene, der hier immer noch bewacht wird, ist längst entkommen.« (41 f.)

Das »Original« existiert nicht? Wie dies, wenn doch die Noten, von Beethoven oder Bach, vorhanden sind, und ebenso auch die Buchstaben / Texte der Evangelien oder der Paulusbriefe? Die Buchstaben und die Noten schon, aber nicht sie sind das Original. Das »Original« ist der erste Akt hörenden Verstehens, sei es der Musik, sei es der verkündigten Worte des Evangeliums. Das »Original« entsteht durch die Reaktion des ersten Hörers – und eben dieses »Original« ist verloren. Unwiederbringlich. Es ist für uns als heutige Hörer (der Töne oder Worte), unter unvergleichbar anderen Bedingungen als die ersten, nicht mehr erreichbar. Daher ist von Johann Sebastian Bach – mit Hildesheimer[28] – als dem »fernen Bach« zu reden, und durch noch tiefere Gräben sind wir von der biblischen Überlieferung getrennt; das erste Hören, sei es eines Musikstückes, seien es Worte der Überlieferung, für »authentisch« zu erklären, ist ein leerer, willkürlicher Satz. Denn wir kennen es ja gar nicht. Es gar zum Maßstab aller späteren Interpretationen zu erheben, im Namen von so genannter »Werktreue« oder »Textgemäßheit«, ist ein Ausdruck von Welt- und Geschichtslosigkeit.

Daher kann Alessandro Baricco zusammenfassen: »Wie die Ästhetik des zwanzigsten Jahrhunderts lehrt, erreicht uns kein Kunstwerk der Vergangenheit in seiner originalen Form: Was zu uns gelangt, ist ein mit jahrhundertealten Ablagerungen verkrustetes Fossil. Jede Epoche, die es aufbewahrt und

---

28 Wolfgang Hildesheimer, Der ferne Bach, Frankfurt / M. 1985.

überliefert hat, hat darauf ihre Spuren hinterlassen. Und das Werk selbst trägt und überliefert diese Spuren, die zu einem wesentlichen Bestandteil seiner selbst geworden sind. Was wir letztlich erben, ist nicht mehr die unversehrte Schöpfung eines Autors, sondern eine Spurensammlung, bei der die ursprünglichen Merkmale von den anderen nicht mehr zu unterscheiden sind. Die Einheit des Kunstwerks ist engstens mit den eigenen Metamorphosen verknüpft und macht alle Grenzen zwischen einer hypothetischen ursprünglichen Authentizität und seiner historischen Entwicklung hinfällig. Das Kunstwerk *ist* seine eigene Geschichte. All das bringt das Totem der Werktreue ins Wanken. Es gibt gar kein Original, dem man treu bleiben muss, ja, man wird dem Anspruch des Kunstwerks gerade dadurch gerecht, dass man es wie ein Ereignis unserer Zeit geschehen lässt und es nicht wie ein Relikt aus längst vergangener Zeit behandelt ... Der Akt, der das Original preisgibt, findet zum innersten Wesen des Werkes: seinem eigentlichen Anspruch, nie zu vergehen.« (42) Diesem Anspruch zu genügen, in eigenverantworteter gegenwärtiger Interpretation, darum geht es – in der Musik, in der Sprache.

Folgende kleine Szene verdeutlicht das Problem noch einmal in anderem Licht: »Im Jahre 1845 wurde Sir George Grey als Governor-in-Chief von der Britischen Regierung nach Neuseeland geschickt. Dort fand er, daß er ›Ihrer Majestät eingeborene Untertanen‹ trotz Hilfe der Dolmetscher nicht verstehen konnte. Mit großer Mühe erlernte er deren Sprache – und erlebte eine neue Enttäuschung: auch jetzt konnte er die eingeborenen Häuptlinge noch nicht verstehen. ›Ich fand, daß diese Häuptlinge, in Wort und Schrift, zur Erklärung ihrer Ansichten und Absichten Bruchstücke aus der Bilderwelt alter Dichtungen und Sprichwörter zitierten oder Anspielungen machten, die auf ein altes mythologisches System begründet waren; und obwohl die wichtigsten Teile ihrer Mitteilungen in diese bildliche Form gekleidet waren, versagten die Dolmetscher und konnten nur selten (wenn überhaupt) die Dichtungen übersetzen oder die Anspielungen erklären.‹ So sah sich Sir George Grey gezwungen, über die Sprache hinaus in die unbekannte Welt der polynesischen Mythologie vorzudringen, um jenen Verstehensrahmen zu finden, in dem sich das Leben und Denken der ansässigen Bevölkerung bewegte« (nach H. Halbfas).

Es genügt offenbar nicht, die Wörter, die Vokabeln einer anderen Kultur zu lernen: Also in unserem Fall: Griechisch für die Jesusüberlieferung im Neuen Testament, Hebräisch für die Geschichte Israels im Alten Testament.

George Greys Erfahrung, in Neuseeland 1845, zeigt, was die überlieferte Bilderwelt für Menschen bedeuten kann: Sie ist für sie eine Denk- und Ausdrucksform, die der Fremde ebenso lernen muss wie eine Sprache. Sonst versteht er nichts oder alles falsch. Das ist unsere Lage, wenn wir das griechische Wort für Auferstehung lediglich ins Deutsche übersetzen und meinen, nun hätten wir damit auch schon den Sinn erfasst, den die Alten gemeint haben.

Diese Beispiele lassen sich mühelos auf unsere Lage übertragen, wenn wir einen Abschnitt aus der Bibel lesen, etwa die Geschichten von der Auferstehung Jesu: Sie sind, nach einer Zeit mündlicher Überlieferung, geschrieben von spätantiken Menschen für Menschen ihrer Zeit und ihrer Denkweise. Sie sind nicht für uns geschrieben, nicht für »moderne« Leser, die anders denken. Darum ist der gut gemeinte, aber etwas zu naive Appell, die Menschen sollten wieder mehr in der Bibel lesen, allzu kurzatmig. Denn man muss es ganz klar sagen: Wer heute, in unserem Jahrtausend ohne Anleitung in der Bibel liest, kann nur eine Enttäuschung nach der anderen erleben, er versteht entweder nichts oder alles falsch. Und wenn es bis heute gängige Praxis ist, in theologischen Examina entscheidenden Wert auf die Übersetzungsleistung (aus dem Griechischen oder Hebräischen ins Deutsche) der Kandidaten zu legen, so muss die Frage erlaubt sein, ob die Prüfer etwa glauben, so kämen die Prüflinge mit dem »Urtext« in Berührung.

THESE 6: FORM UND INHALT SIND DIALEKTISCH MITEINANDER VERSCHRÄNKT.

Albrecht Grözinger hat eindrucksvoll ausgearbeitet, welche Bedeutung die Ästhetik für die Praktische Theologie hat. (A. Grözinger 1987) Dabei leitet ihn der Begriff der »ästhetischen Erfahrung«, und dieser Begriff wird durch den Rückbezug auf die Bedeutung der Form inhaltlich gefüllt. Die Frage nach der Form wird als unabtrennbar von der Frage nach dem Inhalt begriffen. Anknüpfend an ein Zitat aus Max Frischs Tagebüchern und am simplen, aber instruktiven Beispiel einer »›schön‹ angerichteten Käseplatte« zeigt Grözinger, dass es die »bewusste Form ist, die aus etwas Alltäglichem ein Besonderes macht.« Allgemeiner formuliert: Die Form macht den Inhalt in seiner Eigenart oder in seiner Besonderheit allererst wahrnehmbar. Daraus folgt: »*In ästhetischer Erfahrung ist die Inhaltsfrage als Formfrage präsent.*« Dies gilt nicht nur für den Bereich der Kunst, sondern für »den weiten Raum der gesamten Lebenswelt.« Also lassen sich Form und Inhalt wohl unterscheiden, aber sinnvollerweise nicht voneinander trennen. Die Form konstituiert, was als Inhalt erfahren wird. Der Inhalt determiniert die Form. Beide Prädikate sind austauschbar. Deswegen kann Grözinger sagen: »Der Inhalt ist die Form und umgekehrt.«

Grözingers Argumentation ist schlüssig. Es bleibt die Frage, warum sich viele mit einem derart schlüssigen Sachverhalt so schwer tun. Ich vermute: allein aufgrund einer Täuschung, einer Selbsttäuschung. Wir sind den Zusammenhang von Form und Inhalt derart gewöhnt, er hat sich unserer Wahrnehmungspraxis derart eingeschliffen, dass uns gar nicht mehr *bewusst* ist, welcher Art »ästhetische Erfahrung« ist, was im Erfahrungsprozess geschieht:

dass wir nämlich *Inhalte immer* über ihre Form wahrnehmen und das wir *Formen immer* um der Inhalte willen wahrnehmen. Wir tun das sozusagen automatisch, ohne uns dessen bewusst zu sein, weil gar keine andere Möglichkeit besteht. Werden wir darauf aufmerksam gemacht, dann meinen wir, wir müssten diesen Vorgang des Zusammendenkens von Form und Inhalt in einem gesonderten Arbeitsschritt erst herstellen. Was man aber meint, erst herstellen zu müssen, das glaubt man, auch unterlassen zu können, zum Beispiel um die Sache zu vereinfachen oder um zusätzliche Arbeit zu sparen. Weil aber Form und Inhalt dialektisch verschränkt sind, verfehlt das Ganze, wer nur die Hälfte will.

Die Trennung zwischen Form und Inhalt trägt nicht. Darum ist auch die Frage, was denn dies alles nun *inhaltlich* austrage, so nicht beantwortbar. Wer sich auf Rhetorik einlässt, muss sich *inhaltlich* entscheiden, weil die *Form der Rede* ihn dazu nötigt, und er muss die *Form* der Rede neu bedenken, weil die *Hörer* und ihre Situation zum *Inhalt* gehören. Erst die Einsicht in dieses *Ineinander* führt zur rhetorisch verantworteten Wahrnehmung der oben umschriebenen Predigtaufgabe. Hier gibt es keine Frage, die nur von einer der beiden zusammengehörigen Seiten her zu beantworten wäre. Das ist der Gewinn rhetorischer Betrachtung. Darum trägt auch die traditionelle und bis heute nicht überwundene Trennung zwischen materialer und formaler Homiletik nichts aus, sondern führt in die Irre:[29]

Erst die *rhetorische* Reflexion bringt den Prediger zum Bewusstsein seiner selbst und seiner Aufgabe: nämlich zu realisieren, dass er im Blick auf das Ineinander von inhaltlicher Absicht und Situation seiner Hörer wirksam reden soll. Dies kann ihm die Exegese eines Bibeltextes allein nie und nimmer zeigen.

Am Schluss mag das Wort eines weisen Chinesen stehen, mit dem alles gesagt ist:

Wenn die Sprache nicht stimmt,
so ist das, was gesagt wird,
nicht das, was gemeint ist;
ist das, was gesagt wird,
nicht das, was gemeint ist,
so kommen die Werke nicht zustande;
kommen die Werke nicht zustande,
so gedeihen Moral und Kunst nicht;
gedeihen Moral und Kunst nicht,

---

[29] Wie sich z. B. in Hans Martin Müllers Homiletik, Berlin 1996, 203 ff. und 261 ff., zeigt. Vgl. dazu meine Rezension, in: Praktische Theologie 31. Jg. 1996, 310-312.

so trifft die Justiz nicht;
trifft die Justiz nicht, so weiß das Volk nicht,
wohin Hand und Fuß setzen.
Also dulde man keine Willkür in den Worten.
Das ist alles, worauf es ankommt.

VI.2 Überlegungen zur Praxis

Sprache als Werkzeug

Die folgenden Überlegungen haben ihren Ursprung in einer bestimmten Form von Ratlosigkeit, in der mich Predigten öfter zurücklassen: Ich verstehe am Ende, was der Prediger meint, habe aber keine Vorstellung davon, was er mit dem, wovon er spricht, will. Mag das bisweilen daran liegen, daß der Prediger mit seiner Predigt selbst keine klare Intention verfolgt (vgl. dazu den oben abgedruckten Beitrag von Gottfried Voigt), so scheint mir die häufigere Ursache in einer dysfunktionalen Sprache, d. h. in einem Auseinanderklaffen von Predigtinhalt und sprachlicher Handlung zu liegen. Da spricht z. B. ein Prediger von Gottes Liebe und vom Geschenk der Gnade, von Annahme und Rechtfertigung, ein semantischer Gnadenschwall ergießt sich über mich; aber in all den Begriffen rauscht die Gnade an mir vorbei, bald behauptet, bald erklärt und demonstriert, aber jedenfalls nicht ins Werk gesetzt. Da ruft ein anderer Prediger zu kindlichem Vertrauen auf den himmlischen Vater auf, verbunden mit dem Hinweis, daß Gott widrigenfalls den Unglauben an unserem Ende – und wer weiß schon, wann das ist! – leider bestrafen müsse; in welche perfide Paradoxie der Prediger damit seine Hörer verstrickt, ist ihm offenbar nicht bewußt.

Die in solchen Fällen zutage tretenden Spannungen zwischen Semantik und Pragmatik der Predigt sind Ausdruck einer weitreichenden Ausblendung der Handlungsdimension der Sprache zugunsten inhaltlicher Fragen. Der folgende Beitrag, der Ergebnisse aus meiner 2005 abgeschlossenen Dissertation aufnimmt,[1] skizziert auf dem Hintergrund linguistischer Theorien ein Modell, das Handeln durch und in Predigten zu beschreiben. Damit soll das Gespräch zwischen Homiletik und Sprachpragmatik aus den 70er und 80er Jahren des 20. Jahrhunderts wieder aufgenommen und im Austausch mit zeitgenössischen Ansätzen aus der Textlinguistik fortgesetzt werden.

Daß der Beitrag in erster Linie auf die Untersuchung typischer Handlungs*muster* aus der gegenwärtigen Predigtpraxis fokussiert ist, liegt – abgesehen von jenen Grenzen, die der Umfang setzt – an der m. E. oft unterschätzten Rolle, die unbewußt übernommene »Strickmuster« beim Verfassen einer Predigt spielen. Wie man auf der Kanzel zum Glauben aufruft oder Menschen zu Sündern macht, welche Form ethische Imperative haben sollten und welcher Art kanzelgängige Beispiele sind: Das alles wissen wir – kirchliche Vorprägung

---

[1] Frank M. Lütze: Absicht und Wirkung der Predigt. Eine Untersuchung zur homiletischen Pragmatik, APrTh 29, Leipzig 2006.

einmal vorausgesetzt – längst, bevor wir unsere erste Predigt halten. Bei näherer Betrachtung zeigt sich freilich, daß unter den Gaben, welche die Predigttradition weitergibt, nicht wenige trojanische Pferde sind: Handlungsmuster, deren voraussichtliche Wirkung der semantischen Oberfläche zuwiderläuft. Das eine vom anderen zu trennen, verhängnisvolle Muster auszusortieren und zugleich mit Recht bewährte Strategien der Predigt neu in Umlauf zu bringen, ist die eigentliche Aufgabe einer kritischen Analyse von Predigthandlungsmustern.

F. M. L.

Frank M. Lütze

Die Handlungsdimension der Predigt[1]

Warum predigt ein Prediger oder eine Predigerin? – *Weil es Sonntag ist,* lautet die erstbeste und nicht selten wohl auch bereits hinreichende Antwort. Predigten, so inhaltsschwer und gedankenreich, so biblisch oder persönlich sie sein mögen, wirken oft seltsam absichtslos: Die Predigt sagt etwas, aber sie will im Grunde nichts erreichen, sie hat keine für den Hörer erkennbare Funktion – sieht man einmal von dem augenscheinlichen Zweck ab, die Viertelstunde zwischen Kanzelgruß und Kanzelsegen kultiviert zu gestalten.[2]

Der folgende Beitrag beschreibt das Problem tatenloser Predigt aus sprachanalytischer Perspektive und fragt nach den Handlungsmöglichkeiten einer Predigt, die zugleich tut, was sie sagt. Dazu werden zunächst die sprachwissenschaftlichen Grundlagen einer pragmatischen Textanalyse vorgestellt, die auf typische Handlungsstrukturen der Predigt fokussiert (Kap. I). Anhand je eines populären Beispiels läßt sich anschließend das kritische (Kap. II) wie das konstruktive Potential (Kap. III) des beschriebenen Analyseverfahrens aufzeigen. Am Ende stehen einige Überlegungen zu möglichen Konsequenzen (Kap. IV).

Die Vorstellung einer *im Vollzug handelnden Predigt* hat eine gewichtige Tradition in der protestantischen Homiletik, die letztlich auf zentralen theologischen Überzeugungen der Reformation basiert.[3] Freilich: Die Hochschätzung der performativen Kraft der Predigt hat nur selten dazu geführt, konkrete Modelle oder Anweisungen für eine entsprechende Predigtpraxis zu entwickeln. Einmal abgesehen von methodischen Schwierigkeiten stand (und steht gelegentlich noch heute) der Versuch, den Zusammenhang von Predigtgestaltung und Predigtwirkung systematisch zu erkunden, unter dem Verdikt, damit werde dem unverfügbaren Wirken des Heiligen Geistes vorgegriffen. Ohne die Diskussion hier weiterführen zu können,[4] sei jedenfalls darauf hingewiesen, daß eine trennscharfe Unterscheidung in der Homiletik »zwischen dem, was der Mensch

---

1 Der Beitrag basiert auf: Frank M. Lütze: Absicht und Wirkung der Predigt. Eine Untersuchung zur homiletischen Pragmatik, APrTh 29, Leipzig 2006.
2 Die Funktionslosigkeit vieler Predigten wurzelt nicht zuletzt in dem Umstand, daß sie ihr Entstehen primär nicht einer Mitteilungsabsicht, sondern einer institutionellen Notwendigkeit verdanken. Vgl. F. M. Lütze, a. a. O., 105 f.
3 Oswald Bayer zufolge bestand die reformatorische Entdeckung Luthers im Kern in der Erkenntnis, daß die Verkündigung von Gottes Wort nicht auf einen anderweitigen Sachverhalt verweist, sondern – als *verbum efficax* – eben das zur Wirklichkeit macht, wovon sie spricht: Oswald Bayer: Promissio. Geschichte der reformatorischen Wende, Göttingen 1971; vgl. die Zusammenfassung in: ders.: Martin Luthers Theologie, Tübingen 2003, 41-53.
4 Vgl. dazu F. M. Lütze, a. a. O. (s. Anm. 1), 41-45.

leisten und anstreben kann, und dem, was Gott thut nach seiner absolut freien Weise«[5] nicht nur angesichts kommunikationspsychologischer Erkenntnisse kaum durchführbar ist, sondern auch die eigentliche Pointe der *Pneumatologie* verpassen dürfte – ist hier doch mit der Rede von einem menschlichen Handeln im Raum des Geistes und von einem in und durch menschliches Handeln wirkenden Geist die konkurrenzvolle Dichotomie von menschlichem Handeln und göttlichem Wirken im Grundsatz bereits überwunden.

I PREDIGT ALS SPRACHLICHE HANDLUNG

Sprechen und Handeln, Worte und Taten galten lange als einander ausschließende Gegensätze. Wenn wir hingegen heute wie selbstverständlich von der »Handlungsdimension der Sprache« bzw. von ihrer »Pragmatik« reden, so verdankt sich das wesentlich jenen Impulsen, die seit der Mitte des 20. Jahrhunderts von der angloamerikanischen *Sprechakttheorie* ausgegangen sind.[6] Insofern ihre Terminologie für die linguistische Pragmatik nach wie vor die Grundlage bildet, ist eine knappe Einführung in die Sprechakttheorie unerläßlich (I.1). Um das Handlungsprofil von Predigten zu untersuchen, reicht dieser Theoriehorizont freilich nicht aus. In einem zweiten Abschnitt möchte ich auf einige bisweilen unterschätzte Probleme der Sprechakttheorie hinweisen (I.2). Das anschließend vorgestellte Modell einer pragmatischen Textanalyse, das Impulse und Methoden aus der gegenwärtigen Textlinguistik aufnimmt, stellt demgegenüber den Versuch einer Weiterentwicklung pragmatischer Ansätze in der Homiletik dar (I.3).

I.1 Basics der Sprechakttheorie[7]

1. Was es heißt, durch Sprache zu handeln, kann man sich am besten an einem einfachen Beispiel verdeutlichen. Nehmen wir an, ein Ehepaar besichtige den Kölner Dom. Während sie das Eingangsportal betrachtet, zieht er seinen

---

5 Christian Palmer: Evangelische Homiletik, Stuttgart ⁵1867, 21.
6 Den Anstoß gab eine 1955 gehaltene, posthum edierte Vorlesung des Sprachphilosophen John L. Austin (How to do Things with Words, deutsch: Zur Theorie der Sprechakte. Deutsche Bearbeitung von Eike von Savigny, Stuttgart ²1979). Sein Schüler John R. Searle gab der Sprechakttheorie ihre systematische Gestalt: vgl. ders.: Sprechakte. Ein sprachphilosophischer Essay, übersetzt von R. und R. Wiggershaus, Frankfurt a. M. 1971.
7 Die Darstellung kann auf Elementares beschränkt bleiben, da an Einführungen in die Sprechakttheorie kein Mangel herrscht. Vgl. etwa Wilfried Engemann: Einführung in die Homiletik, Tübingen / Basel 2002, 330-344; Götz Hindelang: Einführung in die Sprechakttheorie, Tübingen ⁴2004; Angelika Linke u. a. (Hgg.): Studienbuch Linguistik, Tübingen ³1996, 182-195.

Fotoapparat hervor, um ein Bild vom Hochaltar zu machen. Da tritt ein Wärter auf ihn zu und sagt:

(1a)   *Keine Fotos im Innenraum!*

Gesetzt nun, seine Frau habe die Szene von ferne beobachtet und wolle dazu näheres wissen, etwa indem sie fragt:

(2)   *Was hat er getan?*,

so stehen dem Mann theoretisch einige Möglichkeiten zur Verfügung, darauf zu antworten, wie z. B.:

(3a)   *Er hat mit mir gesprochen.*
(3b)   *Er hat über das Fotografieren in der Kirche gesprochen.*
(3c)   *Er hat mir verboten, in der Kirche zu fotografieren.*
(3d)   *Er wollte mich vom Fotografieren abhalten.*
(3e)   *Er hat mich vom Fotografieren abgehalten.*

Machen wir uns zunächst die gemeinsame Basis der Sätze (3a)-(3e) deutlich: Jeder Satz antwortet auf Frage (2), indem er sich auf die Äußerung des Wärters (1) und die damit vollzogene Handlung bezieht. Überdies widersprechen sich die Sätze nicht und können untereinander problemlos kombiniert werden (etwa: »Dadurch, daß er mir verboten hat, in der Kirche zu fotografieren, hat er mich vom Fotografieren abgehalten.«).

2. Die Sätze (3a)-(3e) unterscheiden sich freilich charakteristisch in der Art und Weise, in der sie auf Äußerung (1) Bezug nehmen. Dabei wird deutlich, daß Sprechen auf ganz unterschiedlichen Ebenen als Handeln begriffen werden kann:

— (3a) zufolge besteht die Handlung des Wärters schlicht darin, daß er Laute hervorgebracht, bestimmte Worte in einer sinnvollen Reihenfolge geäußert hat usw. Die Sprechakttheorie spricht in diesem Zusammenhang vom *lokutionären Akt* (Austin).[8] Über Inhalt und Funktion der vorgenommenen sprachlichen Handlung ist damit jedoch noch keine Aussage getroffen.

— Die Auskunft, der Wärter habe »über das Fotografieren in der Kirche« gesprochen (3b), nennt das Gesprächsthema bzw., in der Terminologie der Sprechakttheorie, den *propositionalen Gehalt* des Gesprächs. Auch diese Auskunft bleibt freilich unbestimmt im Blick auf die vorgenommene Handlung: Versprach der Wärter, selbst eine bestimmte Aufnahme zu

---

8 Auf die Teilakte des lokutionären Akts (vgl. J. L. Austin, a. a. O. [s. Anm. 6], 112 f.) braucht hier nicht eingegangen zu werden.

machen? Bat er darum, den Hochaltar zu fotografieren? Oder ging es um ein Fachgespräch über Aufnahmen in Kirchenräumen?
- Die Antwort (3c) endlich gibt den Inhalt und die damit verbundene sprachliche Handlung der Äußerung (1) wieder: Wer sagt »Keine Fotos im Innenraum!«, *verbietet* damit das Fotografieren. Die grundlegende Beobachtung der Sprechakttheorie ist, daß in jedem vollständigen Satz ein Inhalt (propositionaler Gehalt) mit einer bestimmten sprachlichen Handlung, einem *illokutionären Akt* (< *in-locutio*, »in der Rede«) verbunden ist. Wer etwa das Fotografieren in der Kirche thematisiert, tut dies immer in einer bestimmten Weise – er bittet darum oder verbietet es, er verspricht es, droht es an, berichtet darüber oder stellt es in Frage usw.

Das gilt übrigens unabhängig davon, ob die vollzogene sprachliche Handlung eigens benannt wird (»Ich verbiete Ihnen hiermit, in der Kirche zu fotografieren!«) oder nicht. I. d. R. kann auf eine explizite Kennzeichnung verzichtet werden, weil die Funktion einer Äußerung hinreichend aus ihrem Kontext hervorgeht.

- Die Äußerung (3d) bezieht sich auf die hinter dem Kommando des Wärters vermutete *Absicht*. Sie kann meist unproblematisch aus der Illokution erschlossen werden, weil der Zusammenhang zwischen Absicht und Sprachhandlung weitgehend konventionalisiert ist (wer etwas verbietet, hat die Absicht, eine mögliche Handlung zu verhindern; und wer will, daß etwas bestimmtes getan wird, wird dafür i. d. R. eine Aufforderung wählen).
- Mit der Aussage (3e) schließlich wird die durch das Verbot ausgelöste *Wirkung* wiedergegeben (in diesem Fall: Der Tourist fotografiert nicht). Wir können auch diese Wirkung der sprachlichen Handlung (1) zuschreiben, im Unterschied zum illokutionären Akt freilich nur in einer indirekten Weise: Die Äußerung (1) *ist* ein Verbot, unabhängig davon, wer sie hört oder befolgt. Welche Wirkung sie hat, läßt sich hingegen erst im Nachhinein – abhängig vom Zuhörer – beschreiben. Austin spricht im Blick auf die Wirkung von Äußerungen von *perlokutionären (durch* die Rede ausgelösten) *Effekten*. Daß diese Effekte nur bedingt voraussagbar sind, liegt in der Natur der Sache (es wäre z. B. genauso denkbar, daß der Tourist sich ärgert oder aus Trotz demonstrativ sein Stativ aufbaut). Die Erfahrung, daß manche Äußerungen das Eintreten der gewünschten Wirkung wahrscheinlicher machen als andere, leitet auf der anderen Seite die Auswahl der konkreten Formulierung.

3. Schon die Fülle sprachbezeichnender Verben im Deutschen (wie »informieren«, »versprechen«, »bitten«, »klagen«, »kondolieren« usw.) läßt die vielfältigen Handlungsmöglichkeiten der Sprache erahnen. Unter den Versuchen, sie auf

eine überschaubare Zahl grundlegender Typen zurückzuführen, hat sich die von John R. Searle entwickelte Sprechakteinteilung[9] durchgesetzt. Ihr zufolge gibt es fünf unterschiedliche Arten illokutionären Handelns (»Sprechaktklassen«):

— *assertive (darstellende) Sprechhandlungen:* Feststellungen, was der Fall ist;
  Beispiele:[10] BEHAUPTEN; FESTSTELLEN; VERMUTEN
— *expressive Sprechhandlungen:* Äußerungen eigener Gefühle;
  Beispiele: SICH ENTSCHULDIGEN; GRATULIEREN
— *direktive (appellative) Sprechhandlungen:* Aufforderungen zu einem bestimmten Handeln;
  Beispiele: BITTEN; BEFEHLEN; FORDERN
— *kommissive (versprechende) Sprechhandlungen:* Voraussagen eigenen Handelns; Beispiele: ANKÜNDIGEN; VERSPRECHEN; ANDROHEN
— *Deklarationen:* Äußerungen, die qua Äußerung eine bestimmte institutionelle Wirklichkeit schaffen;
  Beispiele: ZUM MINISTER ERNENNEN; VERURTEILEN

Die als Beispiele genannten Illokutionen weisen darauf hin, daß jede Sprechaktklasse ihrerseits eine große Zahl von Sprechakten umfaßt, die sich u. a. im Grad ihrer Verbindlichkeit, ihrer Wahrscheinlichkeit, im Blick auf den implizierten propositionalen Gehalt usw. unterscheiden.[11]

I.2 Sprechakttheorie und Predigtanalyse

Daß die Sprechakttheorie zum Standardrepertoire gegenwärtiger homiletischer Lehrbücher gehört, kann nicht darüber hinwegtäuschen, daß die Phase ihrer aktiven Rezeption in der Homiletik auf die 70er und frühen 80er Jahre beschränkt blieb.[12] Dieser Umstand mag nicht zuletzt mit bestimmten Aporien

---

9 John R. Searle: Ausdruck und Bedeutung. Untersuchungen zur Sprechakttheorie, aus dem Amerikanischen von A. Kemmerling, Frankfurt a. M. 1982, 17-50.
10 Der linguistischen Konvention zufolge werden Verben, die illokutionäre Akte bezeichnen, in Kapitälchen gesetzt, Perlokutionen darüber hinaus mit einem Index »p« versehen.
11 Die systematische Erforschung der Verhältnisse zwischen den einzelnen Illokutionen ist Aufgabe der Illokutionslogik. Vgl. dazu Eckard Rolf: Illokutionäre Kräfte. Grundbegriffe der Illokutionslogik, Opladen 1997.
12 Exemplarisch sei genannt: Hans Werner Dannowski: Sprachbefähigung in der Ausbildung. Einleitende Bemerkungen zur Rolle der Sprechakttheorie in der Homiletik, in: P. Düsterfeld / H. B. Kaufmann (Hgg.): Didaktik der Predigt. Materialien zur homiletischen Ausbildung und Fortbildung, Münster 1975, 163-175; Karl-Fritz Daiber u. a.: Predigen und Hören. Bd. II: Kommunikation zwischen Predigern und Hörern – Sozialwissenschaftliche Untersuchungen, München 1983; Henning Luther: Predigt als Handlung. Überlegungen zur Pragmatik des Predigens, in: ZThK 80, 1983, 223-243.

zusammenhängen, die sich aus einer unmittelbaren analytischen Anwendung der Sprechakttheorie ergeben:

1. Die Sprechakttheorie verdankt sich primär einer sprachphilosophischen Fragestellung: Es geht hier darum, das Handeln durch Sprache auf einer grundsätzlichen, für alle Einzelsprachen gleichermaßen gültigen (»universalpragmatischen«) Ebene zu beschreiben. Der für jede Textanalyse grundlegende Zusammenhang zwischen Sprachhandlung und konkreter Äußerungsgestalt kommt demgegenüber allenfalls am Rand in den Blick. Ein kennzeichnendes Beispiel sind die von der frühen Sprechakttheorie weitgehend ausgeklammerten sogenannten *indirekten Sprechakte*, d. h. solche Äußerungen, die auf den ersten Blick eine andere Sprechhandlung zu vollziehen scheinen, als tatsächlich gemeint ist. So hat etwa eine Äußerung wie
(1b) *Es stört die Andacht, wenn Sie hier fotografieren.*
die Gestalt einer Feststellung; tatsächlich ist damit jedoch offensichtlich eine Aufforderung ausgesprochen, nicht zu fotografieren.

Gerade Aufforderungen werden häufig indirekt realisiert. Entsprechend liefe eine unmittelbare Anwendung sprechakttheoretischer Kategorien ohne eine Theorie indirekter Sprechakte in der Predigtanalyse Gefahr, den appellativen Duktus zahlreicher kanzeltypischer Formulierungen wie »Du darfst Gott vertrauen!« zu verkennen.[13]

2. Fragt die Sprechakttheorie primär nach dem illokutionären Handeln, so richtet sich das normative Interesse einer homiletischen Predigtanalyse darüber hinaus auf den Zusammenhang zwischen illokutionärem Handeln und perlokutionärem Effekt. Wenngleich auch dieser Zusammenhang bestimmten Regeln unterliegt, ist er doch mit dem Repertoire der Sprechakttheorie allein nicht zu erfassen; vielmehr bedarf es dazu ergänzend kommunikationspsychologischer Erwägungen. Dabei geht es nicht um eine Wirkungserzwingung beim Hörer, sondern darum, bestimmte Wirkungen durch angemessene sprachliche Handlungen zu ermöglichen bzw. wahrscheinlich zu machen.

3. Daß die Sprechakttheorie sprachliches Handeln weitgehend aus der Perspektive des Sprechers und nicht jener des Hörers beschreibt, ist oft gesehen und nicht selten kritisch angemerkt worden. Eine für unseren Zusammenhang interessante Folge der Sprecherfixiertheit ist die Vorstellung, eine neue Wirklichkeit werde lediglich durch *Deklarationen* geschaffen, hingegen stellten assertive Sprechakte nur fest, was schon zuvor der Fall ist. Das legt den Schluß

---

13 Zum möglichen zynischen Unterton dieses und ähnlicher indirekter Sprechakte vgl. F. M. Lütze, a. a. O. (s. Anm. 1), 91.

nahe, im Interesse einer performativen, im Vollzug wirklichkeitsverändernden Predigt möglichst wenig assertive Sprechakte zu verwenden. Dabei wird freilich übersehen, daß *aus Sicht des Hörers* auch assertive Sprechakte nicht nur Wirklichkeit abbilden, sondern sie in gewissem Sinne zugleich schaffen können (sofern jedenfalls dem Hörer der Inhalt der Aussage nicht zuvor bekannt war); vgl. etwa die folgenden Beispiele:

(4) *Bei der Preisziehung haben Sie den ersten Preis gewonnen.*
(5) *Heute nacht ist dein Großvater gestorben.*
(6) *Ich habe dich neulich angelogen.*

4. Eine wesentliche Schwierigkeit, das Handeln in Predigten zu erfassen, liegt schließlich in der Satzbezogenheit der Sprechakttheorie. Der Zusammenhang von Sprechen und Handeln wurde dort stets auf der Basis von Ein-Satz-Äußerungen erläutert; Texte – Predigten etwa – sind jedoch komplexe Gebilde aus zahlreichen Sätzen. Die Folgen dieses an sich banalen Umstandes sollten nicht unterschätzt werden. Daß es jedenfalls nicht ausreicht, die mit den einzelnen Sätzen eines Textes verbundenen Sprechakte einfach zu summieren, kann man sich leicht anhand von appellativen Texten verdeutlichen: Eine Wahlwerbung einer politischen Partei etwa wird eine Menge von Feststellungen oder Behauptungen, jedoch kaum mehr als ein oder zwei appellative Sätze (»Wählen Sie am nächsten Sonntag N. N.!«) enthalten – und doch ist der appellative Charakter des Textes offensichtlich. Will man das Handeln in Texten und durch Texte erfassen, bedarf es dazu also eines Ansatzes, der der *Textualität* von Texten ausreichend Rechnung trägt.

I.3 TEXTE ALS KOMPLEXE HANDLUNGEN

Aus der textlinguistischen Diskussion zur Handlungsdimension von Texten[14] möchte ich drei Aspekte herausgreifen, die für die Erfassung von Predigthandlungen von zentraler Bedeutung sind. Es geht dabei (1.) um das Wesen von Texthandlungen, (2.) um den Zusammenhang zwischen Texthandlungen und dem Handeln *in* Texten sowie (3.) um das Phänomen der Konventionalisierung bestimmter, häufig wiederkehrender Texthandlungsmuster.

---

14 Zu verschiedenen textpragmatischen Ansätzen (Illokutionsstrukturanalyse, textfunktionale Analyse usw.) vgl. F. M. Lütze, a. a. O. (s. Anm. 1), 92-125. Die folgende Darstellung basiert im wesentlichen auf: Thomas Schröder: Die Handlungsstruktur von Texten. Ein integrativer Beitrag zur Texttheorie, Tübingen 2003.

VI Predigt als Sprachereignis

1. Auf den ersten Blick scheint es möglich, von Texthandlungen in weitgehender Analogie zu Satzhandlungen zu reden – einmal vorausgesetzt, es handelt sich um funktional einheitliche Texte.[15] So kann etwa eine Bitte, ein Versprechen, eine Behauptung oder ein Glückwunsch nicht nur aus einem Einzelsatz, sondern auch aus einem aus mehreren Sätzen gefügten Text bestehen. Darüber hinaus gibt es freilich eine Reihe von textspezifischen Handlungen und Handlungszielen (wie ARGUMENTIEREN, BEWEISEN, BERICHTEN bzw. TROST SPENDEN$_p$), die sich i. d. R. nicht durch einen einzelnen Satz realisieren lassen. Derartige Handlungen und Handlungsziele erfordern vielmehr eine komplexe, aus mehreren Teilhandlungen bestehende Struktur.

2. Texthandlungen werden realisiert, indem mehrere Handlungen *im* Text vollzogen werden: Ein Rezept besteht aus einer Reihe von Anweisungen, eine Bitte um Hilfe kann über den appellativen Satz hinaus eine Begründung aus mehreren Feststellungen umfassen, eine Klage verbindet typischerweise Aussagen über die Notlage mit expressiven Äußerungen usw. Dabei kann im Blick auf die Handlungsstruktur zwischen Nebenordnung und Unterordnung der Teilhandlungen unterschieden werden: So werden etwa in einem Bericht die Aussagen i. d. R. aneinandergereiht, während bei einer Argumentation eine These von ihr untergeordneten Begründungen gestützt wird. Ein umfangreicherer Text – etwa eine Predigt – wird meist durch mehrere Teilhandlungen konstituiert, die ihrerseits aus (Unter-)Teilhandlungen bestehen. Die mögliche Komplexität einer solchen Handlungsstruktur kann anhand einer Predigt zu Eph 2,1-10[16] verdeutlicht werden. Die Predigt ist in sechs Teile gegliedert:

A (1)-(3) Einleitung: *Was wird anders, wenn ich Christ werde?*
B (4)-(16) These: *Die Antwort des Epheserbriefes: Christ werden heißt, vom Tod in der Sünde zum Leben zu kommen.*
C (17)-(26) Explikation des Problems: *Versklavt sein unter die Mächte.*
D (27)-(35) Explikation der ›Lösung‹: *Wir sind jedoch frei.*
E (36)-(57) Anwendung: *Als Christ leben.*
F (58)-(70) Abschluß: *Glaubwürdiges Bild vom Christsein – vertraue darauf!*

Offensichtlich geht es dem Prediger darum, zum Christwerden zu ermutigen bzw. aufzufordern (Teiltext F), und er tut das, indem er das Christsein als

---

15 Die funktionale Einheitlichkeit eines Textes kann als Kriterium der Textkohärenz in toto gelten (vgl. Klaus Brinker: Textfunktionale Analyse, in: ders. u. a. [Hgg.]: Text- und Gesprächslinguistik, HSK 16.1, Berlin / New York 2000, 175-186; hier: 175). Zur diesbezüglichen Problematik institutioneller Texte vgl. oben Anm. 2.

16 Mathias Janson: Nach der großen Befreiung: neues Leben, neues Glück. Predigt über Eph 2,1-10, in: PBl 138, 1998, 433-436. Die in Klammern gesetzten Zahlen beziehen sich auf die numerierten Sätze der Predigt.

erstrebenswertes Gut entfaltet (Teiltexte A-E). Das geschieht konkret wiederum so, daß die vorangestellte These *Christ werden heißt, vom Tod in der Sünde zum Leben zu kommen* (Teiltext B) durch Explikationen (Teiltexte C / D) und ein Anwendungsbeispiel (Teiltext E) gestützt wird. Damit ergibt sich als oberste Ebene[17] der Handlungsstruktur:

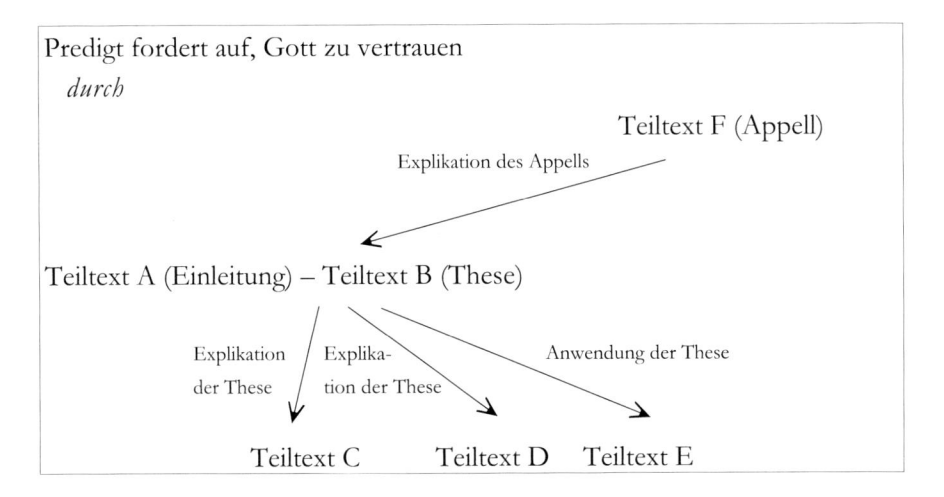

```
Predigt fordert auf, Gott zu vertrauen
  durch
                                              Teiltext F (Appell)
                     Explikation des Appells
                                         ↙
Teiltext A (Einleitung) – Teiltext B (These)
         Explikation  Explika-       Anwendung der These
         der These    tion der These
                ↓        ↓               ↓
         Teiltext C   Teiltext D    Teiltext E
```

Es dürfte evident sein, daß eine pragmatische Predigtanalyse auf eine Rekonstruktion der Handlungsstruktur nicht verzichten kann, da isoliert analysierte Satzhandlungen noch keinen Schluß auf das Handlungsprofil einer Predigt zulassen, vielmehr ihre Bedeutung für die Predigthandlung erst durch die spezifische Funktion, die sie innerhalb des (Teil-)Textes übernehmen, erhalten.

3. Wo es um wiederkehrende kommunikative Aufgaben geht, spielen routinehafte Elemente eine nicht zu unterschätzende Rolle: Begrüßungen und Verabschiedungen etwa sind i. d. R. ebenso an konventionellen sprachlichen Mustern orientiert wie Geschäftsbriefe, Zeitungsberichte oder Kondolenzschreiben. Angesichts bestimmter, häufig wiederkehrender Themen und Handlungen kann es nicht verwundern, wenn auch die Predigtpraxis zu nicht geringen Teilen durch Handlungsmuster geprägt wird. Bestimmte Verfahren etwa zur Konfrontation mit der Sünde oder bestimmte Formen des Appells, dem Evangelium Glauben zu schenken, treten in Predigten unterschiedlicher Provenienzen in vergleichbarer Form auf und lassen auf überindividuelle (wenn auch kaum je bewußte) Standardisierungen schließen.

---

17 Innerhalb der z. T. umfangreichen Teiltexte lassen sich wiederum Untereinheiten abgrenzen. Die Zahl möglicher Gliederungsebenen ist naturgemäß nicht a priori festgelegt.

In der Homiletik wird dem Phänomen bislang kaum Beachtung geschenkt, weil der allgemeinen Überzeugung zufolge eine Predigt ein uneingeschränkt kreativer Akt zu sein hat. Damit wird jedoch nicht nur der faktische Einfluß der Predigttradition und der von ihr zur Verfügung gestellten Bausteine auf den einzelnen Prediger bzw. die einzelne Predigerin erheblich unterschätzt; die pauschale Diskreditierung jedweder Orientierung an Vorgaben blendet auch das performative Potential aus, das in manchem Handlungsmuster steckt. Eine Analyse predigttypischer Handlungsmuster, die textlinguistische Methodik mit kommunikationspsychologischen Erkenntnissen und theologischen Kriterien kombiniert, könnte helfen, sowohl die problematischen Implikationen bestimmter traditioneller Verfahren wahrzunehmen als auch Handlungsstrukturen ins Spiel zu bringen, die besonders geeignet scheinen für die Kommunikation des Evangeliums. Das wird im folgenden an je einem Beispiel zu zeigen sein. Es handelt sich um zwei typische Handlungsmuster der Rechtfertigungspredigt, die jeweils das Ziel verfolgen, dem Hörer den Freiraum des Evangeliums zu erschließen.

Nebenbei leistet die Analyse verbreiteter Predigtmuster auch einen Beitrag zur Erforschung der Textsorte Predigt. Herrscht an normativen Definitionen, was eine Predigt sein *solle*, kein Mangel, so stellt die empirische Untersuchung, was das Genre Predigt, wie es Sonntag für Sonntag produziert wird, *de facto* kennzeichnet, nach wie vor ein Desiderat der Homiletik dar.

II FAUX AMIS AUF DER KANZEL: *RECHTFERTIGUNG MIT REANIMATIONSBEDARF*

»Es war einmal, so ist zu vernehmen, ein Wort, das sprach die Menschen frei ... Das [...] öffnete ihnen die Augen für die unbegrenzten Möglichkeiten des Himmelreichs«, so beginnt Karl-Heinrich Bieritz eine Geschichte zu erzählen von der Kraft des Evangeliums.[18] Ein schönes *Märchen*, will man manchen Predigten glauben. In Wirklichkeit scheint das Evangelium hingegen halbtot zu sein, hilflos darauf wartend, daß es endlich einer durch seinen Glauben wiederbelebt. Typisch für diese Vorstellung ist die Folge von historischem Referat, was Gott einst getan hat (Teil a), und anschließendem Appell, dieses Einst durch den Glauben *jetzt* wirksam zu machen (Teil b).

---

18 Karl-Heinrich Bieritz: Offenheit und Eigensinn. Plädoyer für eine eigensinnige Predigt, in: Erich Garhammer / Heinz-Günther Schöttler (Hgg.): Predigt als offenes Kunstwerk. Homiletik und Rezeptionsästhetik, München 1998, 28–50, hier: 29.

Ein Beispiel aus der von mir untersuchten Sammlung von Predigten: Der Prediger konfrontiert den Hörer zunächst mit seiner Schuld und fährt dann fort:

(a) (24) Nun kommt der springende Punkt. (25) Gott kann zwar nicht anders sein, als er ist. (26) Er kann sich auch nicht um des lieben Friedens willen unseren begrenzten Möglichkeiten anpassen. (27) Aber er hat einen unerwarteten Ausweg aus dieser verzweifelten Lage gefunden. (28) Er hat nämlich Jesus Christus, seinen Sohn, für unsere widergöttliche Art bluten lassen. (29) Er hat ihn, den Sohn, die ewig unbeglichene Rechnung begleichen lassen. (30) Christus hat den Widerspruch zwischen Gottes Ansprüchen und unseren leidvoll geringen Möglichkeiten gesühnt, indem er Gottes Zorn über sich allein ergehen ließ. (31) Das geschah am Kreuz. (32) Das Kreuz zeigt, wie groß Gottes Zorn ist.

(b) (33) Daraus ergibt sich nun eine erstaunliche Möglichkeit für uns Menschen, trotz unserer widergöttlichen Art mit und vor Gott als seine Kinder zu leben: so nämlich, daß wir trotz, ja wegen unserer selbstsüchtigen Art uns in ganzem Vertrauen an Jesus Christus hängen. (34) Denn durch ihn hat Gott ja die Voraussetzungen dafür geschaffen, daß wir trotz aller Verfehlungen sagen können: Christus hat die unbegleichbare Rechnung beglichen.[19]

Was geschieht hier? In der Predigt selbst jedenfalls geschieht im performativen Sinne *gar nichts*. Denn das eine, was Gott getan hat, soll ja längst geschehen sein, zeitlich ebenso weit entfernt, wie uns das implizierte Weltbild fremd geworden ist (von der theologischen Abgründigkeit einer Gottes Zorn besänftigenden Sühne einmal ganz zu schweigen). Und das andere, was zu tun bleibt, um aus der Möglichkeit eine Wirklichkeit zu machen, das soll erst noch geschehen, das muß der Hörer irgendwann und irgendwo für sich selbst tun: sich »in ganzem Vertrauen an Jesus Christus hängen«.

Mit Blick auf vergleichbare appellative Wendungen spricht Manfred Josuttis davon, daß hier der Prediger »den Hörer allein läßt«.[20] Bedeutsamer scheint mir freilich, daß sich auch Gottes Handeln der zitierten Sequenz zufolge auf die (selige!) frühere Zeit beschränkt. Natürlich spricht nichts dagegen, Gottes Zuwendung zum Menschen am Christusgeschehen festzumachen, um damit zu verdeutlichen, daß in der Rechtfertigung ein ἐφάπαξ erworbenes Heil zugeteilt wird. Im Blick auf die Pragmatik einer Predigt ist es freilich fatal, daß Gott nur in diesem in der Vergangenheit liegenden Abschnitt als handelndes Subjekt auftritt. Denn der Mensch trägt dann alleine dafür die Verantwortung, daß am Ende tatsächlich »die Rechnung beglichen« ist, muß das am Boden liegende Heil zum Leben erwecken, muß den »garstig breiten Graben« zwi-

---

19 Johannes Hempel: An Gottes Anerkennung entscheidet sich das Leben. Predigt über Röm 3,21-28, in: Friedrich Winter (Hg.): Nur Zeuge sein. Predigten von Beratern und Lehrern der Verkündigung, Berlin 1975, 31-36.
20 Manfred Josuttis: Gesetzlichkeit in der Predigt der Gegenwart, SPTh 3, München 1966, 30.

schen historischem Ereignis und innerer Gewißheit mit seinem Glauben allein überspringen.[21] Nimmt man die Pragmatik des Musters in den Blick, so tendiert es zu einer Art von *rechtfertigungstheologischem Deismus:* Da war einmal ein Gott, der in Christus die Möglichkeit zum Heil schuf; aber dieser Gott hat sich seit jenen Tagen zurückgezogen und überläßt nunmehr den Menschen das Heil auf Gedeih und Verderb – etsi spiritus sanctus non daretur.

Diese pragmatischen Konsequenzen dürften kaum beabsichtigt sein, wo das Muster RECHTFERTIGUNG MIT REANIMATIONSBEDARF Verwendung findet. Gerade aus diesem Grund scheint eine pragmatische Analyse weitverbreiteter Handlungsmuster angezeigt, um einige häufig wiederkehrende pragmatische Fehlleistungen der Predigt zu problematisieren.

Die Analyse von (Teil-)Handlungsmustern muß sich freilich nicht auf eine Problematisierung pragmatischer Fehler beschränken. Die besondere Chance der Kategorie »Handlungsmuster« sehe ich darin, daß sie sich zugleich eignet, um pragmatisch angemessene, in sich konsistente Predigtstrukturen, mithin: um Muster*lösungen* zu beschreiben. Auch das soll an einem Beispiel gezeigt werden.

III HOMILETISCHE MUSTERLÖSUNGEN:
ENTZAUBERUNG DER SÜNDE

Das folgende Beispiel entstammt wiederum dem Zusammenhang *Rechtfertigungspredigt*. Im Gegensatz aber zum letzten Beispiel wird hier Rechtfertigung nicht nur als Inhalt, sondern als *Funktion* der Predigt begriffen; semantischer Gehalt und pragmatische Umsetzung sind kongruent. Thematisiert wird jener neue Umgang mit Schuld, der im Horizont der Gnade möglich wird; ich habe darum das Muster ENTZAUBERUNG DER SÜNDE genannt. Auch dazu exemplarisch ein Predigtausschnitt. Zunächst führt der Prediger aus, was Sünde bedeuten kann, um dann fortzufahren:

(a) (29) Das waren wir: vom Leben abgeschnitten, auf Gedeih und Verderb auf uns selber angewiesen. [...] (31) Leben wir nicht manchmal immer noch so, als lebten wir vor Christus, ohne ihn, ohne den Einfluß seiner Liebe, seines Geistes? (32) Das ist Vergangenheit.

(b) (33) Denn das *sind* wir: Menschen im Einflußbereich Christi, seiner Liebe, seines Lebens. (34) Nicht ewigen Leistungsforderungen ausgesetzt, sondern mit Leben – ewigem Leben – beschenkt.

---

21 Lessings berühmte Streitschrift »Über den Beweis des Geistes und der Kraft« (zitiert nach: Ders.: Werke, hg. von H. G. Göpfert, Bd. 8, München 1979, 9-14; 13) ist im Blick auf historische Referate in der Predigt nach wie vor bedenkenswert.

(c) (35) Menschen, von denen Gott Gutes erwarten kann. (36) Und zwar gerade deswegen, weil wir entlastet sind von dem Anspruch, wir müßten eigentlich bessere Menschen und bessere Christen sein. (37) Nein, Christsein ist keine Last moralischer und religiöser Forderungen: Hast du auch an Gott gedacht? (38) Hast du es ihm recht gemacht? (39) Statt dessen dürfen wir werden, was wir seit unserer Taufe in Gottes Augen schon sind: Menschen, von einer unendlichen Liebe getragen. (40) Auch wenn wir immer wieder scheitern. (41) Auch wenn wir scheinbar immer noch die alten sind: Menschen mit begrenzten Kräften, begrenzten Möglichkeiten, begrenztem Mut, mit vielen Fehlern und Schwächen, sogar mit Sünde und Schuld belastet. (42) Ja. (43) Aber das alles soll nicht mehr zählen. (44) Denn wir sind Gottes geliebte Geschöpfe, mit seinem Geist begabt und deshalb zu unendlich viel Gutem fähig.[22]

Zwei für dieses Muster charakteristische Elemente seien hervorgehoben: Die durchgehende Anrede der Hörer als *Christen* sowie eine wohltuende Nüchternheit im Blick auf das Verhalten der Angesprochenen. Daß die Hörer als Christen angesprochen werden, kann man zunächst schlicht tauftheologisch verteidigen. Im Blick auf die subjektive Selbsteinschätzung der Hörer scheint freilich die eigentliche Chance dieser Anrede in einer *produktiven Unterstellung* zu bestehen. »Vielleicht«, schreibt Schleiermacher, »kommt die Sache auch dadurch wieder zu Stande, daß man sie voraussezt.«[23] U. U. wird hier eine Wirklichkeit antizipiert, die eben durch diese Antizipation zur Gegenwart werden kann: Wenn sich der Hörer im Spiegel der Predigt als Christ wiederfindet.

Nicht minder spannend ist die Art und Weise, wie hier, auf der Basis unterstellten Christseins, Sünde und Schuld neu definiert werden. Einerseits werden sie als Realität durchaus wahrgenommen; andererseits werden sie als Mächte behandelt, die *in Wirklichkeit* post Christum ohnmächtig sind. Mit erfrischender Respektlosigkeit wird in dem Muster die Sünde depotenziert, wird ihr Allmachtsanspruch entzaubert. Im Sinne Ernst Langes kann hier durchaus von Predigt als Bannbruch, als Exorzismus gesprochen werden.[24] Bemerkenswert ist dabei der nichtmoralisierende Umgang mit der Sünde. Weder wird suggeriert, der wahrhafte Christ sei der Sünde entzogen, noch wird mit moralischem Pathos zu ihrer Überwindung im Handeln aufgerufen. Was – auf der Basis des in der Taufe zugesprochenen Machtwechsels – bekämpft wird, ist nicht unmittelbar die Sünde selbst, sondern ihr totalitärer Anspruch auf den Menschen, ihr gewissermaßen ›incurvierendes‹ Potential.

---

22 Wolfhard Koeppen: Predigt über Eph 2,4-10, in: HMH 67, 1991/92, 440 f.
23 Friedrich D. E. Schleiermacher: Predigten, Bd. 1, Neue Ausgabe Berlin 1843, 7. Zur Deutung der Formulierung im Sinne einer »self-fulfilling prophecy« (Paul Watzlawick) vgl. auch Isolde Karle: Den Glauben wahrscheinlich machen. Schleiermachers Homiletik kommunikationstheoretisch betrachtet, in: ZThK 99, 2002, 332-350.
24 Ernst Lange: Zur Theorie und Praxis der Predigtarbeit, in: ders.: Predigen als Beruf. Aufsätze, hg. von Rüdiger Schloz, Stuttgart 1976, 9-51; 27.

Diese Form der Umdeutung der Sünde kommt dem systemtherapeutischen »Reframing« überraschend nahe: Ein allmächtig scheinendes Problem wird durch einen neuen Bezugsrahmen umgedeutet, mit der Folge, daß es als Problem handhabbar wird.[25] So kann z. B. der Therapeut ein verhaltensauffälliges Kind dafür loben, daß es mit seinem Verhalten wie eine »Warnlampe« auf Probleme der Familie hinweist; Magersucht kann als Ausdruck eines starken Willens, dem Hunger nicht nachzugeben, interpretiert werden usw.[26] Eine alltägliche Form der Umdeutung liegt aber auch dort vor, wo ein Kind sich nachts fürchtet und die Eltern das Licht anmachen: Aus den Gespenstern werden wieder Kleider – kein Grund, sich noch zu fürchten.

Dabei geht es weder in der Therapie noch im Muster ENTZAUBERUNG DER SÜNDE um eine Verharmlosung bzw. Bagatellisierung des Problems. Es geht vielmehr darum, die Allmachtsansprüche zu sabotieren, die das Symptom bzw. die Sünde für den Betroffenen zu erheben scheint, indem der Definitionsrahmen erweitert wird. Die Faktizität der Sünde ist durch ein derartiges »Reframing« so wenig aus der Welt geschaffen wie im therapeutischen Kontext ein manifestes psychisches Symptom; aber sie wird für den Betroffenen wieder zu einem greifbaren, begrenzten Phänomen, vor dem man sich nicht länger zu fürchten braucht.

Auf eine solche Weise vom Schuldigwerden zu reden, hieße, den Freiraum des Evangeliums nicht nur zu postulieren, ihn nicht nur auf einer Karte des fernen, gelobten Landes aufzuzeigen, sondern ihn als einen Raum zu eröffnen, der die Hörer bereits hier und heute umgibt. Und es spricht m. E. nichts dagegen, derartige Formen der Evangeliumsverkündigung als homiletische Musterlösungen zu empfehlen.

IV HOW TO DO THINGS BY PREACHING

Was heißt es, durch Predigten zu handeln? Ich möchte die Überlegungen abschließend in vier kurzen Thesen zusammenfassen.

1. *Eine performative Predigt, die zum Ereignis werden läßt, was sie sagt, ist ein unverfügbares, aber kein unableitbares Ereignis.* Die in der homiletischen Tradition mit Recht betonte letzte Unverfügbarkeit der Predigtwirkung darf nicht den Blick verstellen für faktische Zusammenhänge, die zwischen Absicht, Gestaltung und Wirkung einer Predigt bestehen. Ent-

---

25 Vgl. dazu u. a. Paul Watzlawick et al.: Lösungen. Zur Theorie und Praxis menschlichen Wandels, Bern u. a. ²1979, 116-134; Paul Watzlawick: Die Möglichkeit des Andersseins. Zur Technik der therapeutischen Kommunikation, Bern u. a. 1991, 90-96; Arist von Schlippe / Jochen Schweitzer: Lehrbuch der systemischen Therapie und Beratung, Göttingen ⁷2000, 177-181.
26 Die Beispiele finden sich bei A. von Schlippe / J. Schweitzer, a. a. O., 180. Wie P. Watzlawick et al. 1979, a. a. O., 129-134 zeigen, basieren auch Erfolge in diplomatischen Verhandlungen nicht selten auf erfolgreichen Umdeutungen.

sprechend kann durch eine reflektierte Gestaltung der Predigt die intendierte Wirkung nicht unmittelbar herbeigeführt, aber doch immerhin wahrscheinlich(er) gemacht werden. Die Rede vom schöpferischen Wirken des Geistes in und durch die Predigt steht dazu nicht in einem Konkurrenz-, sondern in einem Begründungsverhältnis.

2. *Performatives Predigen ist idealiter ein kreatives Geschehen auf der Basis soliden handwerklichen Könnens.* Die Einsicht in die kreativen Anteile des Predigtaktes, die in den letzten Jahren im Gefolge ästhetischer Predigttheorien hervorgehoben worden ist, sollte nicht darüber hinwegtäuschen, daß auch das Schaffen von Kunstwerken zunächst die Beherrschung basaler handwerklicher Regeln voraussetzt. Dazu gehört in der Homiletik u. a. die Kenntnis grundlegender pragmatischer Strategien. Sie sind zugleich so zu vermitteln, daß sie nicht als fertige Lösungen übernommen werden können, sondern die selbständige Suche nach Lösungen provozieren und fördern.

3. *Die Sprechakttheorie kann der Homiletik Anregungen vermitteln, bietet aber keine methodische Basis für eine homiletische Pragmatik.* Die Rezeption der Sprechakttheorie in der Homiletik hat zahlreiche Impulse für die Handlungsdimension der Predigt vermittelt, konnte aber letztlich keine befriedigende methodische Basis bereitstellen, um das Handeln durch und in Predigten zu erfassen. Insbesondere wird eine pragmatische Predigtanalyse der *Textualität* von Predigten Rechnung tragen müssen, wie es die hier vorgestellte Handlungsstrukturanalyse versucht.

4. *Für die Wiedergewinnung der Pragmatik bzw. der Funktion theologischer Loci ist eine fachübergreifende Zusammenarbeit erforderlich.* Die traditionell höchst elaborierte Semantik theologischer Loci kann, wie etwa der Streit um die Gemeinsame Erklärung zur Rechtfertigungslehre gezeigt hat, nicht verbergen, daß ihre Pragmatik, d. h. ihr Handlungsprofil, kaum reflektiert ist. Daß auch auf den Kanzeln Rechtfertigung eher gelehrt als getrieben wird, ist entsprechend, vor dem Hintergrund der derzeitigen theologischen Ausbildung gesehen, nicht verwunderlich. Die Wiedergewinnung der Funktion, die theologische Loci als Antworten auf lebensrelevante Fragen einst hatten, kann freilich nicht von der Praktischen Theologie allein geleistet werden, sondern bedarf der konzertierten Anstrengung aller theologischen Disziplinen.

VII

Predigt als Teil des Gottesdienstes

VII.1 Theoretische Grundlegung

Priester und Prophet.
Rollenwechsel im Gottesdienst

Zum Beitrag von Karl-Heinrich Bieritz

Betrachtet man das Gesamtwerk von Karl-Heinrich Bieritz,[1] wird man schnell feststellen können, daß der Schwerpunkt seiner Forschungen im Bereich der Liturgik liegt.[2] Dies spürt man dem weiten Horizont des vorliegenden Beitrags schon nach wenigen Sätzen ab: Der Verfasser legt eine ebenso umfassende wie detaillierte liturgiewissenschaftliche Analyse des Zusammenhangs von Gottesdienst und Predigt und seiner einzelnen Aspekte vor. Im Mittelpunkt steht die These, daß die Predigt so in den Gesamtzusammenhang des Gottesdienstes einzubeziehen ist, daß die ihn (als Kommunikationsgeschehen) kennzeichnende Spannung zwischen ritueller und rhetorischer Kommunikation in angemessener Weise zum Ausdruck kommt bzw. durchgehalten wird.

Damit das gelingt, müssen bestimmte Regeln berücksichtigt werden, die insbesondere die Inszenierung der unterschiedlichen Rollen – des Liturgen als eines »Priesters« einerseits und des Predigers als eines »Propheten« andererseits – betreffen. Der sitzenden Gemeinde in freier Rede gegenüberzutreten und ihr gegenüber das Evangelium zu aktualisieren ist zum Beispiel etwas ganz anderes, als sich mit der Gemeinde kniend zum Altar zu wenden und ein Schuldbekenntnis zu sprechen. Ein großer Teil der Probleme, die entweder die stabilisierende und strukturierende Wirkung des Ritus beeinträchtigen oder die Predigt als bloßes zeremoniales Dekor erscheinen lassen, haben ihre Wurzeln in der Auflösung jener bipolaren – sich gleichermaßen auf Ritual und Rede stützenden – Kommunikationsstruktur des evangelischen Gottesdienstes.

Anhand historischer, semiotischer, rhetorischer und ritualtheoretischer Beobachtungen zeigt Karl-Heinrich Bieritz ein breites Spektrum an Verhältnisbestimmungen zwischen Liturgie und Predigt auf und trägt dabei sowohl katholischen wie protestantischen »Lösungen« Rechnung. Seine Kommentare zu verschiedenen Agenden nehmen u. a. auf folgende Fragen Bezug: In welchem Sinne und in welchem Maße ist die Predigt Teil der Liturgie selbst? Inwieweit kann die Predigt andererseits als Unterbrechung der liturgischen Inszenierung betrachtet werden? Von welchen Zeichen (Sprache, Stimme,

---

1 Zur Person und Werk von Karl-Heinrich Bieritz vgl. oben unter V.1.
2 Vgl. zuletzt Karl-Heinrich Bieritz: Liturgik, Berlin 2004.

Körperhaltung, Gestik, Mimik, Bewegungen usw.) wird der Wechsel vom Ritus zur Rede (und zurück) markiert und begleitet? Welche Zeichen und Texte eignen sich dafür, die oben bezeichnete Spannung zwischen priesterlichem und prophetischem Handeln zu erhalten, und welche tragen dazu bei, den Gottesdienst aus dem Gleichgewicht zu bringen?

Bieritz verweist auf eine Fülle von Regeln und Zusammenhängen, die im Hinblick auf einen »gekonnten« Kanzelauftritt zu bedenken sind; dazu gehört es, falsche Regeln und nur scheinbar sinnvolle Grundsätze für die Zuordnung der Predigt zum Gottesdienst in Frage zu stellen. Wo zum Beispiel das Abweichen vom Predigttext mit der notwendigen – mit diesem Text vermeintlich nicht zu erreichenden – Situationsnähe der Predigt (prophetische Funktion) begründet wird, können durchaus ideologische, ja ritualistische Beweggründe im Spiel sein; das trifft zum Beispiel dann zu, wenn unter Situationsgemäßheit v. a. ein reibungsloses Einpassen der Predigt in den Erwartungshorizont bzw. die (Weihnachts-)Stimmung der Gemeinde verstanden wird.

Die verschiedenen Kommunikationssituationen Ritus und Rede wollen nicht nur theoretisch durchdrungen sein; sie bedürfen einer bewußten Inszenierung, zumal die dafür in Anspruch genommenen Rollen (Priester und Prophet) sich nicht einfach auf Liturgie und Predigt aufteilen lassen: Im Verlauf eines Gottesdienstes gibt es mehrere Elemente der freien Rede (z. B. Begrüßung, Abkündigungen); umgekehrt hat die Predigt zumindest potentiell eine priesterliche Note, sofern man in ihr auch eine Form des Lobopfers erkennen kann. M. Meyer-Blanck hat den Versuch unternommen, die verschiedenen Teile des Gottesdienstes in bezug auf Aspekte ihrer Inszenierung neu zu durchdenken.[3]

Angesichts der Tatsache, daß Liturgen und Prediger auch als »Figuren«, d. h. mit ihrem Körper vor der Gemeinde agieren, ist eine bewußte Einübung in die jeweils geforderten Rollen bzw. Kommunikationssituationen unerläßlich. Hierfür sind die Anregungen von Th. Kabel ausgesprochen hilfreich.[4] Sie zielen auf eine stärkere Präsenz des Liturgen bzw. des Predigers und bieten gleichzeitig einen genauen Einblick in die subtile Dramaturgie des Gottesdienstes.

W. E.

---

3 Michael Meyer-Blanck: Inszenierung des Evangeliums. Ein kurzer Gang durch den Sonntagsgottesdienst nach der Erneuerten Agende, Göttingen 1997.
4 Thomas Kabel: Handbuch der liturgischen Präsenz (Band I): Zur praktischen Inszenierung des Gottesdienstes, Gütersloh ²2003.

Karl-Heinrich Bieritz

Ritus und Rede

Die Predigt im liturgischen Spiel

EIN SPIEL IM SPIEL

»... und das ewige Leben. Amen.« Gemeinsam mit der Gemeinde habe ich, zum Altar gewandt, das Apostolische Glaubensbekenntnis gesprochen. Jetzt intoniert der Organist die Liedstrophe vor der Predigt: »Lob, Ehr und Preis sei Gott ...« (EG 321,3). Ich verlasse meinen Platz am Altar, gehe zur Sakristei, in der sich der Aufgang zur Kanzel befindet. Für eine kurze Zeit bin ich für die Gemeinde unsichtbar, befinde mich, genau genommen, außerhalb des liturgischen Spielfeldes, das durch den gottesdienstlichen Raum konstituiert und begrenzt wird. Dann stehe ich auf der Kanzel, öffne die Bibel, lege meinen Stichwortzettel zurecht, falte die Hände, neige mich zu stillem Gebet, wende mich danach mit Blick und Wort an die Gemeinde: »Gnade sei mit euch und Friede ...« (Röm 1,7b).

Eine Binsenweisheit: Wer liturgisch handelt, teilt sich nicht nur in Worten mit. Jede seiner Bewegungen redet, auch der Ort, an dem er sich befindet, zu dem er sich begibt, von dem er sich entfernt; seine Gesten sprechen, der Ausdruck seines Gesichts, die Kleidung, die er trägt, anlegt, ablegt; die Art, wie er geht und steht, wie er sich hält, wie er Laut gibt. Untersucht man die eben geschilderte Sequenz unter solchem Aspekt, zeichnet sich eine gleich mehrfach kodierte Zäsur im liturgischen Spiel ab, die das nun folgende Geschehen überdeutlich von dem trennt, was ihm vorausgegangen ist. Die Vermutung liegt nahe, daß damit gleichsam ein Spiel im Spiel eröffnet wird, das eigenen Regeln folgt und das dem Leiter bzw. der Leiterin des Gottesdienstes, so sie denn zugleich Prediger bzw. Predigerin sind, einen Rollenwechsel zumutet.

Der Ort, von dem aus gepredigt wird, ist nicht nur durch seine Funktion – Sicht- und Hörbarkeit des Predigers bzw. der Predigerin, akustische Verständlichkeit der Predigt – definiert. Er transportiert zugleich Bedeutungen, die den liturgisch-theologischen Sinn des Vorgangs berühren. Die Kanzeln, mit denen es evangelische Prediger in der Regel zu tun haben, kodieren – meist an der Schwelle zwischen Schiff und Altarraum, am ursprünglichen Ort der Cancelli, oder im Schiff selber plaziert – eine merkwürdige Spannung von Nähe und Distanz: Einerseits begibt sich der Prediger unter seine Zuhörer, rückt ihnen nahe; andererseits erhebt er sich über sie, kommuniziert mit ihnen

›von oben herab‹ – in beidem lesbar als Raum-Zeichen, als raumsprachliches Sinnbild des nah-fernen Gottes, den er verkündet und für den er steht. Auch scheint es, als bedürfe er in solcher Funktion zusätzlichen Schutzes vor dem Zugriff seiner Hörer, vor ihren Blicken, ihrer leiblichen Nähe: Die Kanzel umhüllt ihn wie ein zweites – genauer (da er über seiner Alltagskleidung schon den Talar trägt) – wie ein drittes Gewand.

Und weiter: Was ›liest‹ der Teilnehmer des Gottesdienstes, wenn der Prediger bzw. die Predigerin sich ihm auf dem Weg zur Kanzel für eine Weile entziehen, um ihm dann an neuem Ort, von der Kanzel wie von einer Wolke umgeben und getragen, neu zu erscheinen? Die merkwürdige, dem Prediger in zahlreichen Kirchen architektonisch vorgeschriebene Sequenz gewinnt von daher einen überraschenden Sinn: Sie redet von Offenbarung. Schon zuvor hat sich der Prediger, so er denn zugleich als Liturg, gar als Lektor fungiert, der Gemeinde auf unterschiedliche Weise in persona Dei zugewandt: grüßend, segnend, absolvierend, die Schriften lesend. Jetzt tritt er, so muß man folgern, in die Rolle dessen ein, der sich – anders noch als in den überlieferten Texten, anders auch als im geprägten liturgischen Wort – seiner Gemeinde heute und hier auf unerhörte, aktuelle Weise offenbaren will. Prediger bzw. Predigerin, die diesem Weg folgen, wechseln so aus der Rolle des Mittlers, des Priesters, in die Rolle des Propheten. Kein Zweifel: Damit wird in der Sprache des Raumes – und in der Sprache der Bewegungen, die er ermöglicht und vorsieht – ein wesentlicher Aspekt des überlieferten evangelischen Prediger- und Predigtverständnisses rubriziert.

SPIELZUG ODER SPIELUNTERBRECHUNG?

Jede Umkodierung im räumlichen Bereich eröffnet damit natürlich auch neue ›Lesarten‹ des Geschehens. Ein kurzer Blick in die Predigt- und Liturgiegeschichte wie in neuere katholische Regelungen zum Ort der Predigt (die Predigt in der Messe heißt hier »Homilie«; das hat nichts mit der spezifischen Verwendung des Begriffs in der evangelischen Homiletik zu tun) mag dies verdeutlichen.

»Die Homilie wird vom Priestersitz oder vom Ambo aus gehalten«, bestimmt die Allgemeine Einführung in das Römische Meßbuch in Art. 97,[1] und sie markiert damit den vorläufigen Endpunkt bzw. die Umkehr einer seit dem frühen Mittelalter wirksamen Entwicklung, die schließlich zu einer ›Desintegration‹ von Predigt und Messe, in der Konsequenz gar zum Exodus der Predigt

---

[1] Vgl. Dokumente zur Erneuerung der Liturgie (DEL), Bd. 1, hg. von H. Rennings unter Mitarbeit von M. Klöckener, Kevelaer 1983, 1492.

aus der Messe führte: Noch Martin Luther meinte, die Predigt als vox clamans in deserto sei eigentlich besser vor dem Introitus und damit vor dem Beginn der Messe aufgehoben.[2] Und in einem katholischen Rubrikenbuch aus dem Jahre 1961 kann man lesen: »Predigt C [der Zelebrant] selbst, so kann er das am Altar tun oder an der Kommunionbank (außer der Mitte), oder auf der Kanzel; wenn nicht am Altar, legt er meistens Meßgewand und Manipel ab, setzt aber das Birett auf.«[3] Zur räumlichen Kodierung jener Schwelle, die den »Predigtauftritt«[4] vom liturgischen Geschehen abgrenzt, tritt also eine Markierung durch den liturgischen Kleiderkode (die im übrigen auch im lutherischen Bereich dort bezeugt ist, wo noch Relikte der alten Gewandung überlebten: So legten z. B. in der Thomaskirche zu Leipzig die Geistlichen das »Albe« genannte weiße, ärmellose Chorhemd erst wieder nach getaner Predigt an).

Durch die neuen Bestimmungen wird die Predigt nun aus einem Vorgang, der die Messe ›unterbrach‹ und als ein ›von außen‹ eingedrungener, eigenständiger Akt erschien – darum wurden vor der Predigt auch die Altarkerzen gelöscht, und der Priester legte, wie oben zitiert, die Meßgewänder ab –,[5] wieder zu einem integrierten Element der liturgischen Handlung,[6] zum »pars ipsius liturgiae«, einem Teil der Liturgie selbst.[7]

»Die Homilie« – wir würden sagen: die gottesdienstliche Predigt – »ist ein Teil der Liturgie und wird nachdrücklich empfohlen, denn sie ist notwendig, um

---

2 In der Formula missae et communionis pro Ecclesia Vuittembergensi [1523], WA 12, 205-220.
3 Müller-Frei, Riten- und Rubrikenbuch für Priester und Kandidaten des Priestertums, Freiburg i. Br. [24]1961, 75 f.
4 Vgl. A. Niebergall, Die Geschichte der christlichen Predigt, in: Leiturgia 2 (1955), 181-353, hier 277; K. Frör, Salutationen, Benediktionen, Amen, in: Leiturgia 2 (1955), 569-597, hier 582.
5 Vgl. A. Adam / R. Berger, Pastoralliturgisches Handlexikon, Freiburg i. Br. 1980, 420.
6 II. Vaticanum, Konstitution über die heilige Liturgie »Sacrosanctum Concilium« (SC) 35, 2: »Da die Predigt ein Teil der liturgischen Handlung [... partis actionis liturgicae] ist, sollen ihr auch die Rubriken je nach der Eigenart des einzelnen Ritus einen passenden Ort zuweisen.« Sermo steht hier für die Ansprache bei liturgischen Handlungen allgemein, während Homilia die Predigt im Rahmen der Messe bezeichnet (SC 52).
7 II. Vaticanum, SC 52; vgl. auch Ordo lectionum missae (OLectM) 1981, Praenotanda 24; Allgemeine Einführung in das Römische Meßbuch (AEM) 41. Während der für alle liturgischen Feiern empfohlene Sermo (SC 35, 2) ganz allgemein »aus dem Quell der Heiligen Schrift und der Liturgie« schöpfen soll, wird die Homilia der Messe strenger an das liturgische Jahr und damit an die Leseperikopen gebunden (»Homilia, qua per anni liturgici cursum ex textu sacro fidei mysteria et normae vitae christianae exponuntur ...«). Doch sind damit thematische Predigtreihen, »wenn sie sich dem Rhythmus des Kirchenjahres anpassen«, keineswegs ausgeschlossen; auch werden die Texte des Ordinariums und des Propriums ausdrücklich zur Auslegung in der Homilia empfohlen. Vgl. Instr. Inter Oecumenici 54 f. (DEL Bd. 1, 252 f.); AEM 41; OLectM 1981, Praenotanda 24; B. Fischer, Formen der Verkündigung, in: Gottesdienst der Kirche (GDK) 3 ([2]1990), 77-96, hier 90 f.

das christliche Leben zu stärken«:[8] Eine solche Empfehlung muß, soll sie wirksam werden, in die Sprachen des Gottesdienstes übersetzt, in das liturgische Zeichengefüge eingeschrieben werden. Wird – wie in der Allgemeinen Einführung in das Römische Meßbuch – einerseits der Ambo, anderseits der Vorstehersitz zum Ort der Predigt bestimmt, so werden damit zwei durchaus unterschiedliche Texte formuliert; es steht zu vermuten, daß sie auch die Rolle des Predigers und die liturgische Funktion der Predigt auf unterschiedliche Weise definieren.[9] Doch müssen zunächst noch andere Kodes befragt werden, die sich mit den Sprachen des Raumes[10] und der Gewänder bei der Formulierung jener Texte zu einer vielstimmigen Partitur verbinden.

KÖRPERHALTUNGEN

Kanzel wie Ambo schreiben dem Prediger bzw. der Predigerin nicht nur Wege im Raum, sondern auch eine bestimmte Körperhaltung vor: Sie werden – sind nicht aus Gründen körperlicher Behinderung besondere Vorrichtungen angebracht worden – in der Regel stehend predigen. Wir wissen, daß dies keineswegs der ursprüngliche Predigtgestus ist: Dem Lehrenden kommt – wie dem Herrscher, dem hohen Beamten, dem Richter – in der Antike das Vorrecht zu, bei seinem Vortrag zu sitzen; und jüdische Rabbinen wie christliche Bischöfe haben selbstverständlich dieses Recht für sich in Anspruch genommen. Der Vorgang des Lehrens gewinnt so autoritative, hoheitliche Züge: »Wer amtlich lehrt, sitzt auf einem Sessel.«[11]

---

8 AEM 41.
9 Das ergibt sich schon aus AEM 271 und 272, die die liturgischen Funktionen von Vorstehersitz und Ambo in durchaus differenzierter Weise beschreiben; verweist die sessio als Raum-Zeichen vor allem auf »die theologische Bedeutung des Amtes«, so findet in der hervorgehobenen Stellung des Ambo »die Würde des Wortes Gottes« (AEM 272) ihren räumlichen Ausdruck. Vgl. J. H. Emminghaus, Der gottesdienstliche Raum und seine Ausstattung, in: GDK 3 (²1990), 347-416, hier 392-398.
10 Eine genauere Betrachtung zeigt, daß neben dem architektonischen Kode, der sich in der Regel mittels fest im Raum installierter Objekte und Strukturen – Gebäudeteile, Gegenstände, Wege, Durchbrüche usw. – manifestiert, mindestens noch zwei weitere Kodes hier im Spiele sind: ein hodologischer Kode, der von den Wegen handelt, die im Raum beschritten werden (oder zu deren Beschreiten er einlädt: Prozessionen, einzeln oder in Gemeinschaft), und ein proxemischer Kode, der die Bedeutungen regelt, die sich mit »Abstand und Nähe« im Raum verbinden. Vgl. R. Volp, Liturgik. Die Kunst, Gott zu feiern. Bd. 1: Einführung und Geschichte. Gütersloh 1992, 129; U. Eco, Semiotik. Entwurf einer Theorie der Zeichen. München 1987 (Supplemente 5), 29-35.
11 Emminghaus (s. Anm. 9) 397.

Hierfür mag gelten: »Das Sitzen auf einem erhöhten Stuhl hat zunächst einen rein praktischen Sinn: Wer vor zahlreichen Hörern spricht, ist so besser zu sehen und zu verstehen und kann leichter eine Versammlung leiten. Kulturgeschichtlich ist das Sitzen auf einem Stuhl oder einer Bank eine entwickeltere Stufe gegenüber dem Hocken am Boden und außerdem weitaus bequemer, zumal für einen älteren Menschen.«[12] Ob freilich der Übergang »zur stehend vorgetragenen Predigt« vornehmlich »aus Gründen der Akustik und des Augenkontakts« erfolgt ist,[13] muß bezweifelt werden; vermutlich zeigt solcher Wandel zugleich Umbrüche in den übergreifenden kulturellen Kodes an, durch die die kommunikativen Strukturen insgesamt betroffen sind. Noch gilt bis heute: Wer öffentlich das Wort ergreift, agiert stehend; und es ist gerade die aufrechte Haltung, durch die er sich als Redner zu erkennen gibt. Nur sie erlaubt ihm jenen persuasiven Zugriff auf seine Hörer, der – zumindest seit der Neuzeit[14] – als unterscheidendes Merkmal rhetorischer Kommunikation gilt. Freilich eröffnet auch hier das Zeitalter der audiovisuellen Medien – man denke nur an die Teilnehmer einer Talkshow, die sich sitzend einem Millionenpublikum präsentieren – neue Horizonte der rhetorischen Kommunikation; und es mag sein, daß eine Rubrik, die es nicht nur dem Bischof,[15] sondern jedem Vorsteher der gottesdienstlichen Versammlung[16] prinzipiell erlaubt, zur sitzenden Haltung bei der Predigt zurückzukehren, damit sehr wohl dem erneuten Wandel kommunikativer Strukturen gegenwärtiger Kultur entspricht.

Erwächst, wie wir vermuten, die stehende Haltung des Predigers weniger aus dem Zusammenhang ritueller als vielmehr rhetorischer Kommunikation, so unterscheidet sie sich grundlegend von allem, was sonst noch stehend im Gottesdienst getan wird: vom Stehen beim Gebet, beim Singen, bei der Verlesung des Evangeliums, beim Bekenntnis, beim Empfang der Eucharistie, beim Segen. Unter der nur scheinbar gleichen Körperhaltung realisiert der Prediger auf der Kanzel – oder am Ambo – eine andere Rolle, als wenn er liturgisch handelt: Nicht als Priester, sondern als Rhetor steht er vor der

---

12 Ebd. 396.
13 Fischer (s. Anm. 7) 91.
14 Doch schon »ein Redner wie Chrysostomus [...] besteigt, um seinen Zuhörermassen gerecht zu werden, den Ambo«; J. A. Jungmann, Missarum Sollemnia. Eine genetische Erklärung der römischen Messe (MS), Bd. 1-2, Wien ⁵1962; hier I, 588.
15 »Der Bischof spricht in der Regel von seiner Cathedra aus, und zwar – wodurch seine Autorität zum Ausdruck kommt – meist sitzend« (ebd.). Vgl. Müller-Frei (s. Anm. 3) 109: »Falls der B nun predigt, spricht er vom Altar aus, stehend oder sitzend, mit der Mitra, während die Ministri sitzen.« Auf die Anfrage, »ob ein Bischof die Homilie in der Meßfeier vom Priestersitz und zwar sitzend halten darf«, wird in Notitiae 10 (1974), 80 geantwortet: »Es steht nichts entgegen, daß der Bischof nach überliefertem Brauch die Homilie im Sitzen hält.« Vgl. DEL Bd. 1, 1492, Anm.
16 So OLectM 1981, Praenotanda 26; vgl. Fischer (s. Anm. 7) 91.

Gemeinde, und Haltung wie Gestik und Mimik folgen nicht rituellen, sondern rhetorischen Regeln.

RHETORISCHE UND RITUELLE KODES

Jedem Beobachter, der die mikrostrukturellen Elemente der Körpersprache eines Predigers wahrzunehmen vermag, wird dies offenkundig: Haltung, Gestik, Mimik, Blickverhalten unterscheiden sich erheblich von dem, was sonst im liturgischen Zusammenhang – abgesehen von Vollzügen, die in ähnlicher Weise als rhetorische Situationen definiert sind – erlaubt, gewohnt, geboten erscheint. Nicht, daß der Rhetor frei wäre in seinem Verhalten; nur sind es andere Regeln, die ihn binden. Sie erlauben ihm, sich als Person, mit seinen individuellen Erfahrungen und Empfindungen, mit seinen verbalen und nichtverbalen Ausdrucksmöglichkeiten umfassend in den Kommunikationsvorgang einzubringen; und sie verlangen von ihm, daß er es tut.

Rhetorica movet:[17] Rhetorik zielt als ars movendi[18] auf die »Erregung der Affekte des Zuhörers«[19] – »daß man dy wort recht faßt und den affect und vuls ym hertzen«[20] –, und das setzt voraus, daß auch der Prediger als Rhetor sich cum affectu et sentimento[21] in das Verkündigungsgeschehen hineingibt. Anders die Liturgie als »Kunst, Gott zu feiern«[22]: »Sie ist nicht der unmittelbare Ausdruck einer besonderen Seelenverfassung, weder in ihren Gedanken und Worten noch in ihren Bewegungen, Handlungen und Geräten [...] Stets ist im Bereich der Liturgie die geistliche Ausdrucksform, sie sei nun Wort oder Gebärde, Farbe oder Gerät, bis zu einem gewissen Maße ihrer einzelhaften Bestimmtheit entkleidet, gesteigert, beruhigt, ins Allgemeingültige erhoben.«[23] Wenn Romano Guardini hier »die Gebärden des Priesters am Altar mit den

---

17 Dialectica docet, Rhetorica movet ist ein von Martin Luther »in den Tischreden immer wieder eingehämmerte[r] Satz«: K. Dockhorn, Rhetorica movet. Protestantischer Humanismus und karolingische Renaissance, in: Rhetorik. Beiträge zu ihrer Geschichte in Deutschland vom 16.-20. Jahrhundert, hg. von H. Schanze, Frankfurt a. M. 1974 (Fischer Athenäum Taschenbücher 2095), 17-42, hier 21; vgl. WA TR 2, 2199a und 2216.
18 Vgl. H. O. Burger, Renaissance, Humanismus, Reformation. Deutsche Literatur im europäischen Kontext, Bad Homburg 1969 (Frankfurter Beiträge zur Germanistik 7), 458.
19 K. Dockhorn (s. Anm. 17) 25.
20 WA 12, 444.
21 Nach M. Luther zielt die glaubenweckende Verkündigung auf die notitia adhaesiva cum affectu et sentimento des Hörers (WA 3, 222); dies aber setzt voraus, daß der Prediger mit Sprache, Gebärde und Stimme »den affektiven Wert des Wortes artikuliert«; so H. O. Burger (s. Anm. 18) 422 zu WA 4, 140.
22 Dazu R. Volp (s. Anm. 10) 9 f.
23 R. Guardini, Vom Geist der Liturgie. Freiburg i. Br. [12]1922 (Ecclesia Orans 1), 36 f.

unwillkürlichen Bewegungen eines Betenden« vergleicht,[24] um die Besonderheit rituellen Ausdruckshandelns hervorzuheben, so könnte er sich erst recht auf Haltung, Gestik, Mimik, Stimme, Ausdruck eines Predigers beziehen, der – wenn er denn seinem Auftrag gerecht werden will – eben als einzelner das Allgemeingültige auf einmalig konkrete Weise dem einzelnen Hörer in seiner je besonderen, immer auch affektiv bestimmten Situation zusprechen muß.

So läßt sich sagen: Die kinetischen Kodes – unter welchem Begriff wir hier jene nonverbalen Zeichensysteme bündeln, deren Träger und Medium der menschliche Körper ist (darum auch »Körpersprache«: »Mimik, Gestik und Blickkontakt«, ebenso wie »Berührung, Geruch und Geschmack« u. a.)[25] – sehen für rituelle und rhetorische Kommunikationen offensichtlich unterschiedliche Wörterbücher und Grammatiken vor. Das gilt selbstverständlich auch für den Sprechkode, der die sprachbegleitenden, sog. paralinguistischen Phänomene[26] regelt, und erst recht für den der Predigt angemessenen sprachlichen Ausdruck selbst: Wenn es zutrifft, daß der Prediger dem Schriftwort nicht nur seine Stimme, sondern in einem eigentlichen Sinne seine Sprache und mit ihr all jene Erfahrungen leiht, die in diese Sprache eingegangen und ihm in ihr – und nur in ihr! – gegenwärtig sind,[27] so öffnet sich hier ein sehr weites Feld sprecherischer und sprachlicher Entfaltung, das zwar durch den kommunikativen Kontext begrenzt, nicht aber eigentlich generiert wird.[28]

Freilich: Was heißt es dann, die Predigt »als Teil der Liturgie selbst« zu betrachten und zu gestalten? Sollen die für sie geltenden rhetorischen Kodes außer Kraft gesetzt, soll sie den für andere gottesdienstliche Vollzüge geltenden Sprach-, Sprech- und Verhaltensregeln unterworfen werden? Wäre es dann

---

24 Ebd. 36.
25 R. Volp (s. Anm. 10) 127 f.; U. Eco (s. Anm. 10) 31.
26 U. Eco (s. Anm. 10) 30 nennt u. a. »Tonumfang, vokale Lippenkontrolle, Kehlkopfkontrolle, Artikulationskontrolle usw.«, »Intensität, Tonhöhe, Umfang«.
27 Vgl. K.-H. Bieritz, Das Wort im Gottesdienst, in: GDK 3 (²1990), 47-76, hier 73.
28 Wenn B. Fischer (s. Anm. 7) 90 in der »völlige[n] Freiheit der Formulierung«, die dem Prediger zugestanden wird, den »letzte[n] Rest des sympathischen Anfangszustandes« erblickt, »der einmal für alle nichtbiblischen Texte der Liturgie gegolten hat«, so trifft er den hier angesprochenen Zusammenhang nicht ganz: Selbstverständlich folgt der Vorsteher, der etwa das eucharistische Hochgebet improvisiert, dabei streng den Regeln eines überlieferten rituellen Kodes, der bestimmte Strukturen, Themen, Formulierungen vorgibt und generiert. Die gottesdienstliche Predigt, wie wir sie heute kennen, wird keineswegs in solch unmittelbarer Weise von den rituellen Kodes generiert und regiert; man kann allenfalls von einem mittelbaren Erzeugungszusammenhang sprechen.

nicht konsequent, sie dem Prediger bzw. der Predigerin – wie bei manchen liturgischen Handlungen üblich[29] – buchstäblich ›vorzuschreiben‹?[30]

SPRACH- UND SPRECHWEISEN

Eine genauere Betrachtung der gottesdienstlich verwendeten Sprach- und Sprechweisen ergibt allerdings ein differenzierteres Bild, das sich nicht auf rituelle Kodes hier und rhetorische Kodes dort reduzieren läßt:

(a) Alltagsweltliche Sprach- und Sprechweisen begegnen nicht nur an den Schwellen, die in den Gottesdienst hinein und aus ihm herausführen – im Zusammenhang etwa individueller Begrüßung und Verabschiedung der Teilnehmer –, sondern zum Beispiel auch in Situationen, die die Akteure nötigen, gleichsam ›aus der Rolle zu fallen‹ (innere und äußere Störungen des Verlaufs, Pannen, unvorhersehbare Ereignisse usw.). Gerade der rasche, unvermittelte Wechsel der Sprach-, Sprech- und Verhaltensebenen in solchen Fällen macht deutlich, in welchem Maße gottesdienstliche Kommunikation – in ihrer rituellen wie in ihrer rhetorischen Gestalt – den Regulativen der jeweiligen Kodes unterliegt.

(b) »Gutn Morgn' ... liebe Gemeinde ... herz [Gemeinde, leise: »Morgn, Morgn.«] lich willkommen ... zu unserem Gottesdienst an diesem zweiten Adventssonntag ...«:[31] In dieser – mittels Tonband festgehaltenen – Begrüßungssequenz zeigen sich, vermischt mit alltagsweltlichen Elementen, deutlich die Strukturen institutioneller Sprach- und Sprechstile. Wer immer hier die Gemeinde begrüßt – er tut es im Namen und in der Weise einer Institution, mag sie nun Pfarrei, Gemeinde oder Kirche heißen. Die hier verwendeten Kodes unterscheiden sich deutlich von den rituellen Kodes im engeren Sinne, aber auch von denen, die dem Vorgang rhetorischer Predigt-Kommunikation zugrunde liegen.

---

29 Fischer (s. Anm. 7) spricht von »geronnenen Ansprachen« und verweist auf das Beispiel der Weiheansprache im Pontifikale Romanum; aber auch evangelische Agenden kennen solche vorformulierten Texte im Zusammenhang von Amtshandlungen bzw. als »Abendmahlsvermahnungen« (so schon M. Luther in seiner Deutschen Messe von 1526; vgl. WA 19, 95-97).
30 Vgl. dagegen II. Vaticanum, SC 35, 3; AEM Vorwort 13; AEM 11: »Vom Wesen dieser Hinweise her ist es nicht erforderlich, daß sie wörtlich so vorgetragen werden, wie sie im Meßbuch stehen.« Vgl. Fischer (s. Anm. 7) 93 f.
31 Nach I. Paul, »Fröhlich wir nun all' fangen an«. Sprachliche Probleme am Gottesdienstbeginn, in: ZGDP 10 (1992) 5, 22-25, hier 22.

(c) »P (bedeutend langsamer, Dehnung der Endsilben, gerolltes R): Wir wollen stille werden und beten ... lieber Herr ... Vater im Himmel ...«:[32] Das Tonband gibt zu erkennen, wie stark der Übergang von institutioneller zu ritueller Kommunikation im engeren Sinne durch einen Wechsel der Sprechweise markiert wird; und eine Videoaufzeichnung würde dies sicher durch Signale aus dem Bereich der Körpersprachen ergänzen können. In all dem zeigt sich ein erneuter Rollenwechsel an: Jetzt spricht nicht mehr der Vertreter der Institution, sondern einer wendet sich – im Namen aller – an den Herrn und Vater, vor dem man sich hier versammelt hat. Daß solch rituelle Kommunikation sich in sehr unterschiedlichen Sprachhandlungen – anakletisch, anamnetisch, epikletisch, doxologisch, akklamatorisch u. a.[33] – verwirklicht, ist deutlich; sie alle sind jedoch durch sprachlich-sprecherische, auch gestisch-mimische Merkmale miteinander verbunden, die sich erkennbar von den Sprechakten institutioneller Kommunikation einerseits und rhetorischer Kommunikation andererseits unterscheiden.

(d) »Liebe Gemeinde! Große Erwartungen hatten sie an ihn nach Ostern. Jesu Freunde und Freundinnen glaubten, daß nun endlich auch sichtbar für alle die Gottesherrschaft im Lande errichtet würde ...«:[34] Dieser – hier zufällig ausgewählte – Anfang einer Predigt zu Christi Himmelfahrt (Apg 1,6-12) läßt bereits in den ersten beiden Sätzen das rhetorische Programm erkennen, dem der Prediger folgt. Man weiß, daß er zunächst über die enttäuschten Hoffnungen der Jünger Jesu sprechen wird, in denen sich zugleich unsere Fehlerwartungen, unsere Enttäuschungen chiffrieren; man weiß, daß dann die Engel (V. 10 f.) aufgerufen werden, um ihre und unsere Fehlerwartungen zu korrigieren: »Der sehnsüchtige Blick der Jünger in den Himmel wird nämlich in eine andere Richtung gelenkt ...«[35] Programmatisch ist auch die Wortwahl bereits in diesen beiden ersten Sätzen: »Freunde und Freundinnen« statt »Jünger«, »Erwartungen« statt des biblischen »... wir aber hofften« (Lk 24,21), »sichtbar für alle die Gottesherrschaft ...« statt »... wieder aufrichten das Reich für Israel« (V. 6). Es geht uns hierbei nicht um eine Bewertung dieses hermeneutisch-homiletischen Verfahrens, sondern nur um den Nachweis, daß der hier verwendete rhetorische Kode syntaktische, semantische und pragmatische Regeln enthält, die sich deutlich von der Syntaktik, Semantik und Pragmatik ritueller Sprachkodes unterscheiden. Man mache die Probe auf das Exempel: Jedermann und jede Frau wird beim ersten Hören erkennen, daß hier nicht gebetet, gesegnet, bekannt, gelobt, akklamiert, sondern eben gepredigt wird.

---

32 Ebd. 23.
33 Vgl. M. B. Merz, Gebetsformen der Liturgie, in: GDK 3 (²1990), 97-130, hier 105-108.
34 H.-G. Heimbrock, Von der Auffahrt des Geglaubten, in: ZGDP 9 (1991) 3, 10 f.
35 Ebd. 11.

So läßt sich auch hier festhalten: Die Empfehlung, die Predigt »als Teil der Liturgie selbst« zu betrachten und zu behandeln, wäre gänzlich mißverstanden, würde man sie darum an die implizite Hermeneutik, die Sprechakte, den Wortschatz und die Grammatik ritueller Sprache binden.

KANZELLITURGIE ALS RITUELLE KLAMMER

Man kann der 1955 eingeführten, inzwischen durch das Evangelische Gottesdienstbuch abgelösten Lutherischen Agende[36] gewiß nicht vorwerfen, daß sie dem liturgischen Verhalten übergroße Aufmerksamkeit zuwendet; Rubriken fehlen nicht, sind aber auf das Nötige und Nötigste beschränkt.[37] Um so auffälliger ist die auf das Detail bedachte Sorgfalt, mit der der »Kanzelauftritt« rubriziert wird:

»Beim Schluß des Credo bzw. der Liedstrophe betritt der Liturg (Prediger) die Kanzel. [Er spricht kniend oder stehend ein stilles Gebet, siehe Seite 385.] Dann grüßt er die Gemeinde mit dem Kanzelgruß: Gnade sei mit euch und Friede von Gott, unserm Vater, und dem Herrn Jesu Christo. [...] Gemeinde: Amen. [Wo die Ordnung der Gliedkirche dies vorsieht, spricht der Liturg (Prediger): Lasset uns in der Stille beten. Liturg (Prediger) und Gemeinde beten [kniend] in der Stille um den Segen des Wortes.] Danach sagt der Liturg (Prediger) den Text der Predigt an: So stehet geschrieben im Evangelium des Matthäus [...]: Die Gemeinde erhebt sich, wenn sie nicht schon steht. Es folgt die Lesung des Predigttextes. Der Liturg (Prediger) beschließt die Lesung mit dem Votum: Der Herr segne an uns dies Wort. Die Gemeinde setzt sich. Der Liturg (Prediger) hält die Predigt.«[38] Ähnlich detailliert wird dann auch der Abgang des Predigers von der Kanzel beschrieben; nachdem Predigtschlußgebet, Predigtlied, Abkündigungen und Kanzelsegen rubriziert worden sind, heißt es: »Der Liturg (Prediger) spricht kniend oder stehend ein stilles Gebet. Dann verläßt er die Kanzel.«[39]

---

36 Agende für evangelisch-lutherische Kirchen und Gemeinden. Erster Band: Der Hauptgottesdienst mit Predigt und heiligem Abendmahl und die sonstigen Predigt- und Abendmahlsgottesdienste, Ausgabe für den Pfarrer, Berlin 1955.
37 Sie werden entfaltet und ergänzt durch Richtlinien für das Verhalten von Gemeinde und Pfarrer im Gottesdienst, hg. von der Lutherischen Liturgischen Konferenz Deutschlands, Berlin 1965.
38 Lutherische Agende (s. Anm. 36) 61* f.
39 Ebd. 63*.

Die liturgiegeschichtlichen Hintergründe solch detaillierter »Kanzelliturgie« sind bekannt und müssen hier nicht ausführlich dargestellt werden; das Fazit, das Christhard Mahrenholz in seinem Kommentar zur Agende[40] zieht, soll genügen:

»Wenn wir die Herkunft des Gesamtabschnitts ›Predigt‹ mit den vorbereitenden und nachfolgenden Stücken in den Agenden I prüfen, so wird uns deutlich, daß es sich hier nicht um die altkirchliche Predigt handelt, die ohne vorbereitendes Lied, ohne Kanzelgruß und ohne Kanzelsegen unmittelbar nach dem Evangelium als organisches Stück im Rahmen der Meßordnung gehalten wurde. Die heutige Predigt ist vielmehr daraus erwachsen, daß der mittelalterliche Prädikantengottesdienst in die Hauptgottesdienstordnung der lutherischen Kirche eingebaut wurde.«[41]

Nicht diachron, sondern synchron – im Kontext des heute und hier vollzogenen Gottesdienstes – gelesen, läßt diese mehrfach (verbal und nonverbal) kodierte Heraushebung der Predigt durchaus widersprüchliche Lesarten zu: Zum einen vermag sie natürlich Würde und Wert des homiletischen Aktes auf eindrucksvolle Weise zu unterstreichen. Wenn sich denn in der Predigt die Begegnung mit dem sich aktuell offenbarenden Gott ereignet, bedarf es hierfür der geziemenden, gestuften Vorbereitung. Die liturgischen Elemente, die die Predigt umgeben, folgen darin ganz und gar den Regeln ritueller Kommunikation; sie entsprechen einem Zeichen vor der Klammer, das zugleich Position wie Funktion des rhetorisch-homiletischen Aktes im Gesamtzusammenhang des Gottesdienstes bestimmt.

Zum andern ergibt sich jedoch auch der Eindruck, als solle hier der Prediger gleichsam vor sich selbst geschützt werden: Daß er hier zu freier Rede ermächtigt, aus den Bindungen ritueller Kodes zeitweilig entlassen wird, kann in gewisser Weise als gefährlich, als gefährdend empfunden werden; und die Liturgie begegnet dem, indem sie das unberechenbare Wortgeschehen doppelt und dreifach rituell umklammert.[42]

---

40 Chr. Mahrenholz, Kompendium der Liturgik des Hauptgottesdienstes. Agende I für evangelisch-lutherische Kirchen und Gemeinde und Agende I für die Evangelische Kirche der Union, Kassel 1963. Vgl. auch E. Weismann, Der Predigtgottesdienst und die verwandten Formen, in: Leiturgia 3 (1956) 1-97, der die »Entstehung des Prädikantengottesdienstes im Mittelalter« darstellt, der letztlich strukturell wie intentional hinter der geschilderten »Kanzelliturgie« steht.
41 Mahrenholz (s. Anm. 40) 72.
42 Daß dies Konsequenzen für Sinn und Wirksamkeit der gottesdienstlichen Predigt überhaupt hat, ist deutlich; die Predigt wird dadurch nicht nur »als Teil des Gottesdienstrituals«, sondern weithin selber als »Ritual« empfunden, verstanden und in Anspruch genommen. Vgl. K.-F. Daiber, Predigt als religiöse Rede. Homiletische Überlegungen im Anschluß an eine empirische Untersuchung, München 1991 (Predigen und Hören 3), 228-241.

Man muß dies wissen, wenn man die Predigt aus diesem Zusammenhang buchstäblich ›entbindet‹; es ist dann fast unvermeidlich, daß es zu einer Diffusion der Kodes kommt, die sich prospektiv wie retrospektiv auf das Gesamtgeschehen des Gottesdienstes auszuwirken vermag. Vielleicht hat das Bestreben, die Predigt in der Messe dann wenigstens inhaltlich strikt an »das Mysterium, das gefeiert wird«[43], zu binden, hier eine ihrer Wurzeln.

Die Diffusion ritueller und rhetorischer Kodes kann sich nämlich in unterschiedlicher Weise auswirken: Zum einen ist es denkbar, daß die Predigt sich ganz und gar dem rituellen Kode unterwirft und damit selber zum Ritus, zum »Predigtritual«[44] wird. Zum andern ist es jedoch auch möglich, daß der rhetorische Kode sich gegen den rituellen durchsetzt und der Gottesdienst insgesamt zu einer »Rede« wird, die den Regeln rhetorischer Diskurse folgt. Das ist überall dort der Fall, wo die Liturgie in allen ihren Elementen und Vollzügen einem bestimmten »Thema« unterworfen wird; »gepredigt« wird dann nicht nur auf der Kanzel, sondern auch in den Gebeten, Gesängen, Bekenntnissen, Vollzugs- und Segensformeln usw.

KONFLIKTE UND SPIELSTÖRUNGEN

In der evangelischen Homiletik ist der Begriff der Homilie (von ὁμιλεῖν: sich besprechen, reden; ὁμιλία: Umgang, Verkehr, Zusammensein)[45] mindestens seit der 1. Hälfte des 18. Jahrhunderts[46] ziemlich präzise definiert: Er bezeichnet »die Auslegung und Anwendung des Textes von Vers zu Vers«, im Unter-

---

43 A. Adam, Die Meßpredigt als Teil der eucharistischen Liturgie, in: Gemeinde im Herrenmahl. Zur Praxis der Meßfeier, hg. von Th. Maas-Ewert / K. Richter, Einsiedeln / Freiburg i. Br. 1976 (FS E. J. Lengeling), 242-250, hier 242.
44 S. Anm. 42.
45 Vgl. M. Lattke, Art. ὁμιλέω, ὁμιλία, in: EWNT 2 (1981), 1244-1246, hier 1246: »Das Subst. ὁμιλία gehört noch nicht zum Vokabular ntl. Wortverkündigung und schriftlicher Lehre [...] Wie ActThom 139 (vgl. ActJoh 46) zeigt, kann ὁμιλία in diesem Sinn fast wie κοινωνία [...] stehen.« W. Trillhaas, Evangelische Predigtlehre, München ⁴1955, 142 Anm. 14, nennt folgende Bedeutungen: ὁμιλέω sich besprechen (Lk 24,14 f.; Apg 24,26), zusprechen (Mart Pol 2,2), reden (Diog 11,1;7), predigen (Apg 20,11); ὁμιλία als Predigt: IgnPol 5,1.
46 Vgl. Trillhaas (s. Anm. 45) 142; Niebergall (s. Anm. 4) 215, 218 f., 226, 272. Die Unterscheidung »zwischen ›homilia‹ als fortlaufender Auslegung einer Perikope und ›sermo‹ als thematischer und zusammenhängender Rede« geht freilich schon auf Augustinus zurück; so D. Rössler, Grundriß der Praktischen Theologie, Berlin ²1994, 389 f.: »Den Begriff ›praedicatio‹ hat Lactantius (4. Jahrhundert, der ›Christliche Cicero‹) für die Rede vor der christlichen Gemeinde eingeführt [...] Das Mittelalter versteht die Predigt (bedeutungsgleich mit praedicatio) als sermo. Die Reformation übernimmt diesen Sprachgebrauch, bevorzugt aber contio (oder concio) als Rede in öffentlicher Versammlung und doctrina (bzw. docere) und betont damit die Lehre als Perspektive der Predigt.«

schied zu der »in einer Thematisierung zur Einheit geführte[n] Predigt.«[47] Wenn der Eindruck nicht täuscht, spielt die so bestimmte Homilie – trotz ihrer unerhörten Hochschätzung zum Beispiel durch Karl Barth, Rudolf Bohren u. a.[48] – in der evangelischen Predigtlehre und -praxis gegenwärtig eine recht marginale Rolle; die thematisch aufgebaute Textpredigt dominiert.

Konflikte entzünden sich an einer ganz anderen Frage, die das hier erörterte Verhältnis von Predigt und Liturgie, rhetorischen und rituellen Kodes unmittelbar berührt: Soll man gegebenenfalls mit dem Text gegen den Ritus (zum Beispiel: gegen den durch die »Hauptzeiten und Hauptfeste des Kirchenjahres« gesetzten Zusammenhang und damit letztlich gegen »das Mysterium, das gefeiert wird«)[49] predigen, oder muß der Ritus (konkret: Inhalt und Stimmung des im Kreislauf des liturgischen Jahres gefeierten »Mysteriums«) nicht umgekehrt die Auswahl und Auslegung der Texte regieren?

Die Frage erscheint künstlich: Ist man doch bei der Reform der Lese- und Predigtperikopen in den deutschen evangelischen Landeskirchen, die 1978 zum Abschluß kam und die vom neuen Evangelischen Gottesdienstbuch 1999 übernommen wurde, bewußt vom Grundsatz der »Konsonanz« ausgegangen und hat bei der Auswahl auch der Predigttexte auf eine gewisse thematische Übereinstimmung mit dem Evangelium als dem »rector« des jeweiligen Sonn- bzw. Festtages geachtet.[50]

Wie es dennoch zum Konflikt kommen kann, zeigt exemplarisch eine Auseinandersetzung, die vor einiger Zeit in einer homiletisch-liturgischen Zeitschrift geführt worden ist. »Nein, ich werd's nicht!« ruft da ein Prediger aus;[51] und seine Weigerung bezieht sich auf die von der evangelischen Ordnung der Predigttexte für den Heiligen Abend und den 1. Christtag vorgeschlagenen

---

47 Trillhaas (s. Anm. 45) 142.
48 Vgl. J. Henkys, Ansätze des Predigtverständnisses, in: K.-H. Bieritz u. a., Handbuch der Predigt, Berlin 1990, 27-62, hier 37: »Mit unerhörter Einseitigkeit wendet er [Karl Barth] sich gegen die Thematisierung der Predigttexte. Wer den biblischen Text einem selbstgewählten Thema zuordnet, greift dem Selbstwort Gottes vor. In einem Brief an Thurneysen (23. September 1932) erklärt er, daß er in seiner Übung ›die Notwendigkeit der Homilie geradezu als Glaubensartikel behandle.‹« Vgl. auch R. Bohren, Predigtlehre, München ³1974, und sein »kleines Lob der Homilie« (ebd. 121-127).
49 Adam (s. Anm. 43) 242.
50 Vgl. Perikopenbuch zur Ordnung der Predigttexte, hg. von der Lutherischen Liturgischen Konferenz mit einer Einführung von H. v. Schade, Hamburg 1978; dazu K.-H. Bieritz, Die Ordnung der Lese- und Predigtperikopen in den deutschen evangelischen Landeskirchen, in: Liturgisches Jahrbuch 41 (1991), 119-132.
51 I. Adam / G. Bublitz, Weihnachten und die OPT: Einsprüche, in: ZGDP 6 (1988) H. 6, 39 f.; vgl. dazu K.-H. Bieritz, Der unmögliche Text. Auseinandersetzung mit einem homiletischen Vorurteil, in: ›Vor Ort‹ – Praktische Theologie in der Erprobung (FS P. C. Bloth), hg. von R. Bookhagen u. a., Berlin 1991, 23-36.

VII PREDIGT ALS TEIL DES GOTTESDIENSTES

Texte aus dem Johannesevangelium (7,28 f. und 3,31-36). »Weihnachten«, so schreibt dazu eine Predigerin, »bedeutet für mich in diesem Zusammenhang Themen wie die Geburt Christi, die Hirten, der Stall, die Könige, die Engel, Maria und Josef; ›Licht‹, ›Hoffnung‹; die messianischen Weissagungen und das, was sonst noch zu Weihnachten gehört. Das weiß man, das hat man im Gefühl.«[52] Angesichts solcher Festlegung erscheint ihr der »christologisch hochstilisierte Text« Joh 7,28 f. als »völlig unbrauchbar«; und als sie dann entdeckt, daß sie am anderen Morgen noch über Joh 3,31-36 predigen soll, verschlägt es ihr vollends die Sprache: »Innerhalb von noch nicht einmal 24 Stunden zwei Weihnachtspredigten über solche Texte!«

Auf den ersten Blick scheint es, als sei die Predigerin, indem sie der Ordnung der Predigttexte den schuldigen Gehorsam versagt, darin ganz und gar der Absicht verpflichtet, in ihrer Predigt den »harmonische[n] Zusammenhang [...] mit den Hauptzeiten und -festen des Jahres [...], d. h. mit dem Erlösungsmysterium, zu wahren«[53]. Der zweite Blick zeigt freilich, daß auch die Autoren der Predigttextordnung kein anderes Ziel verfolgten; natürlich haben sie die kritisierten Texte auf Grund der darin enthaltenen, sehr dichten christologischen Aussagen ausgewählt, und die kulminieren in der Botschaft vom Kommen des Logos in die Welt, wie es zu Weihnachten verkündet und gefeiert wird. Wo also entsteht der Konflikt?

Manches wird deutlicher, wenn man die Argumente näher besieht, die gegen die Texte ins Feld geführt werden. »Es wird sie wieder reichlich geben, mehr als in jedem anderen Gottesdienst im Jahr«, schreibt ein Prediger, und er weist damit auf die Hörer hin, die er erwartet, und von denen er weiß, daß sie »aus einer Mischung von Sehnsucht und Nostalgie heraus kommen«, daß sie »ihre Hoffnung, ihr Heimweh, ihren Schmerz, ihr Sehnen und ihre Süchte mitbringen werden, wieder einmal«; und er fragt: »Was soll ich im Blick auf diese Zuhörer mit den mir verordneten Predigttexten machen? [...] Wo sollen die denn zu stehen kommen bei jenem steil-johanneischen Dualismus?! Wo denn, wenn nicht auf der falschen Seite?«[54]

Das zeigt: Hier stehen nicht die Texte gegen die Liturgie, nicht der rhetorische gegen den rituellen Kode; es geht vielmehr um die fundamentale Spannung von Tradition und Situation, von – liturgisch wie homiletisch vergegenwärtigter – Christusbotschaft und aktuellen Bedürfnissen, Erwartungen, Wünschen

---

52 Adam / Bublitz (s. Anm. 51) 39.
53 Instr. Inter Oecumenici 55; vgl. DEL Bd. 1, 253; H. B. Meyer, Eucharistie. Geschichte, Theologie, Pastoral. Mit einem Beitrag von I. Pahl, Regensburg 1989 (GDK 4), 457.
54 Adam / Bublitz (s. Anm. 51) 40.

der Gottesdienstteilnehmer. Das ist eine Spannung, um die auch die einschlägigen liturgischen Dokumente auf katholischer Seite wissen; meinen sie doch, daß der Akzent bei der Predigt in der Messe »entweder auf dem Mysterium, das gefeiert wird, oder auf den besonderen Bedürfnissen der Hörer« liegen könne.[55]

SPANNENDE SPANNUNGEN

Was geschieht aber, wenn das Bedürfnis über die Botschaft, die Situation über die Tradition, die Feststimmung über den konkreten, widerständigen, »unmöglichen« Text obsiegt? Die stimmige, stimmungsvolle, spannungsfreie gottesdienstliche Feier, die sich so ergeben mag – die Predigt fügt sich nahtlos in den rituellen Ablauf ein, rhetorische wie rituelle Aktionen folgen weithin den gleichen Regeln, bedienen sich gleicher Sprechweisen und Sprachhandlungen, sind von der gleichen ›Stimmung‹ getragen, von der gleichen Thematik bestimmt –, die stimmige Feier, die sich so ergeben mag, realisiert nur scheinbar das Idealbild einer in die Liturgie integrierten, organisch mit ihr verbundenen Verkündigung. In Wahrheit legt sich hier – so, wie sich in alten Weihnachtsgeschichten und -träumen Schnee über die Landschaft breitet – eine Art Weihnachts-Ideologie über das Fest: eine Bedeutung über den Bedeutungen, eine »Idee« als höherer, eigentlicher, einziger Sinn – abgehoben von den konkreten, in Texten verdichteten Glaubensgeschichten und -erfahrungen.

Durch solche Verwandlung von Weihnachten in ein »Ideenfest« gerät zugleich das spannungsvolle Verhältnis von ritueller und rhetorischer Kommunikation, über das wir oben gehandelt haben, aus dem Gleichgewicht: Sieht es zunächst so aus, als würde die Predigt – von der Bindung an den »unmöglichen«, widerspenstigen Text befreit – nun endlich ihre Bestimmung als pars ipsius liturgiae erfüllen, so ist es doch in Wirklichkeit umgekehrt. Was hier gesagt und getan, begangen und gefeiert wird, reduziert sich im Grunde auf Rhetorik; der Ritus – der doch nicht eine »Idee« begehen und propagieren will, sondern seine Entsprechung in der zur mythischen narratio verdichteten Ursprungs- und Gotteserfahrung hat – gerät zur Rede, zu einem Akt persuasiver Kommunikation.

Das gottesdienstlich verkündete, vergegenwärtigte, begangene »Mysterium«, das nicht in einer »Idee« aufgeht, sondern in einer Geschichte – der Geschichte, den Geschichten Gottes mit den Menschen – seinen Ursprung hat, sprengt gottlob immer wieder alle Theo-Ideologien, mit denen man es fesseln und den

---

55 Instr. Inter Oecumenici 54; vgl. DEL Bd. 1, 252.

Bedürfnissen des religiösen Marktes anpassen will. So vermögen sich vielleicht auch die »unmöglichen« Johannestexte, in die konventionelle Weihnachts-Thematik, Weihnachts-Stimmung, Weihnachts-Ideologie homiletisch eingespielt, in diesem Sinne als ideologiekritische Sprengsätze zu erweisen; indem sie ihren Eigen-Sinn und ihr Eigen-Recht behaupten, verhelfen sie gerade auch der rituellen Begehung des Festgeheimnisses wieder zu ihrem Recht und bewahren es vor rhetorischem Ausverkauf.

Vielleicht ist die schützende Zone, die der Ritus selber um die stets widersprüchlichen, widerständigen Texte und ihre homiletisch-rhetorische Vergegenwärtigung errichtet – erinnert sei an die oben beschriebene Liturgie des »Kanzelauftritts« –, doch mehr als ein störendes historisches Relikt, das den glatten Lauf der Dinge unterbricht. Wenn es denn stimmt, daß die Spannung von ritueller und rhetorischer Kommunikation den christlichen Gottesdienst von seinen Anfängen an bestimmt (man lese dazu etwa 1 Kor 14), so muß dies auch in der Struktur des Gottesdienstes selber Ausdruck und Halt finden.

MARKETING ODER MYSTAGOGIE?

Mit Recht gilt – neben der paränetischen Predigt und der Lehrpredigt – die mystagogische Predigt[56] als eine »Hochform«[57] christlicher Verkündigung. Sie bereitet nicht nur vor,[58] deutet nicht nur aus, was sich dann im weiteren liturgischen Vollzug kultisch-sakramental ereignet, sondern vollzieht selber – auf die ihr eigene, sprachlich-rhetorische Weise[59] – das »Heilswerk Christi«[60]; sie bringt zur Sprache, was die Gemeinde, die sich zum Gottesdienst versammelt hat, als gegenwärtige Wirklichkeit ergreift und erfährt.[61] In diesem Sinne darf sie wahrhaftig als pars ipsius liturgiae gelten und wirken – aber eben doch nur so, daß sie die ihr eigenen Möglichkeiten rhetorischer Kommunikation nutzt; als ununterscheidbarer Teil des Ritus selbst würde sie gerade ihren mystagogischen Sinn verfehlen.

---

56 Ein frühes Beispiel ist die Passa-Homilie des Bischofs Meliton von Sardes aus dem 2. christlichen Jahrhundert; vgl. Meliton von Sardes, Vom Passa. Die älteste christliche Osterpredigt. Übersetzt, eingeleitet und kommentiert von J. Blank (Sophia. Quellen östlicher Theologie, 3), Freiburg i. Br. 1963.
57 Adam (s. Anm. 43) 246.
58 Ebd. 243: »Die Meßpredigt ist bereitendes Wort.«
59 Meliton von Sardes liefert ein hervorragendes Exempel antiker Redekunst, insbesondere für die in ihr ausgebildete Gattung der Preis- und Festrede, des genus demonstrativum.
60 II. Vaticanum, SC 6.
61 Vgl. K.-H. Bieritz, Strukturen der Verkündigung, in: Liturgisches Jahrbuch 33 (1983), 199-221, hier 207 f.

Andererseits kann sie der Gefahr, die mystagogische Aufgabe mit liturgischem Marketing zu verwechseln, am wirksamsten dadurch begegnen, daß sie sich der Bindung an widerständige Texte nicht entzieht. Was schon für den Kultus des alten Gottesvolkes gilt – daß er nämlich des prophetischen Wortes, immer wieder auch des prophetischen Widerspruchs bedarf, um nicht zu einem Akt der Selbstdarstellung, Selbstbestätigung, Bedürfnisbefriedigung zu verkommen –, gilt für den christlichen Gottesdienst erst recht. Der dem Vorsteher der liturgischen Versammlung zugemutete, rituell geschützte Rollenwechsel vom ›Priester‹ zum ›Propheten‹ (man übersehe nicht die Anführungszeichen!) findet hier seinen Sinn; und dazu gehört eben auch die Kenntnis, die Anerkenntnis und der Gebrauch der die jeweiligen Kommunikationsebenen konstituierenden Regeln.

VII.2 Überlegungen zur Praxis

Die liturgischen Koordinaten der Predigt

Zum Beitrag von Klaus-Peter Hertzsch

Klaus-Peter Hertzsch (geb. 1930) ist seit 1969 Praktischer Theologe an der Theologischen Fakultät der Friedrich-Schiller-Universität Jena. Im Jahre 1995 emeritiert, arbeitet er nach wie vor an jenen Fragen und Themen, die ihn seit Jahrzehnten in Forschung und Lehre bestimmt haben. Dazu gehören u. a. die narratologischen Strukturen der Predigt, das Erzählen im Kontext der Katechetik / Pädagogik sowie die Liturgiewissenschaft.[1] Das Besondere an den Vorträgen und Publikationen von Hertzsch ist ihre ästhetische Perspektive einerseits und ihr ausgeprägtes praktisches Interesse[2] andererseits – Aspekte, die in anderen Entwürfen der Praktischen Theologie oft weit auseinanderliegen. Klaus-Peter Hertzsch gelingt es, die Frage nach den in Gottesdienst, Predigt, Unterricht usw. zu kommunizierenden Inhalten mit der praktischen Frage nach deren Gestaltung zu verbinden. Dabei richtet er das Augenmerk immer wieder auf die sprachlichen, insbesondere die poetischen Ressourcen religiöser Kommunikation[3] und auf deren rituelle Formen.[4]

Das stark an praktischen Fragen ausgerichtete Argumentieren des Praktischen Theologen Klaus-Peter Hertzsch zeigt sich auch in dem hier abgedruckten Artikel, der die Predigt gewissermaßen in ein liturgisches Koordinatensystem einzeichnet. Der Verfasser weist auf Möglichkeiten hin, die verschiedenen Beziehungen zwischen Predigt und Gottesdienst nicht nur liturgiewissenschaftlich zu unterstellen, sondern sie homiletisch zu berücksichtigen, zu integrieren und zu gestalten. In diesem Zusammenhang erläutert er die Chancen und Gefahren einer Orientierung der Predigt an den theologischen Intentionen des Kirchenjahrs bzw. dem »Proprium« des betreffenden Sonntags und

---

1 Durch seine germanistischen Studien in Zürich hat Klaus-Peter Hertzsch zudem einen besonderen Zugang zur theologischen Dimension der Literatur gewonnen. Er promovierte über: Bertolt Brechts Ethik und Anthropologie in ihrer Bedeutung für die Hermeneutik der Rechtfertigungslehre, Dissertation an der Martin-Luther-Universität Halle-Wittenberg 1967.
2 Von daher ist es kein Zufall, daß Klaus-Peter Hertzsch das obligatorische Gemeindepraktikum für Theologiestudenten mit den dazugehörenden Vorbereitungs- und Auswertungsphasen »erfunden« hat.
3 Das zeigt sich u. a. in der Übertragung biblischer Texte in Balladen. Vgl. Klaus-Peter Hertzsch: Wie schön war die Stadt Ninive. Biblische Balladen zum Vorlesen, Berlin ^{4}1972.
4 Vgl. z. B. die von K.-P. Hertzsch neu bearbeitete Edition des *Evangelischen Breviers*, Leipzig ^{5}2001.

weist dabei auf die unaufhebbare Spannung zwischen der je aktuellen geschichtlichen Situation und dem thematischen Akzent eines Sonntags hin.

Im Blick auf das Verhältnis von Predigt und Liturgie erinnert Hertzsch an die Tatsache, daß es Gottesdienste ohne Predigt gibt, eine Predigt ohne Liturgie jedoch nicht vorstellbar ist. Man würde den Verfasser allerdings mißverstehen, wenn man aus dieser – vor allem liturgiegeschichtlich korrekten – Feststellung gottesdiensttheologisch eine Höherbewertung der Liturgie gegenüber der Predigt ableiten wollte.[5] Ebensowenig ist die Liturgie eine bloße Rahmenhandlung zur Predigt; beide sind vielmehr Formen der Kommunikation des Evangeliums, die den Prediger und Liturgen in seiner jeweiligen Rolle entlasten. Zudem sind Predigt und Liturgie für eine ganzheitliche »Ansprache« der Gemeinde von Belang; denn liturgische Gesänge und Kanzelmonolog sind in verschiedenartiger, begrenzter Weise auf die Existenz des Menschen bezogen und mit ganz unterschiedlichen Wahrnehmungsgewohnheiten verbunden.

In praktischer Hinsicht von besonderer Bedeutung ist der III. Teil des Beitrags, der, indem er die Predigt zu den einzelnen Teilen des Gottesdienstes in Beziehung setzt, über das hinausgeht, was sonst zum Verhältnis von Liturgie und Predigt zu lesen ist. Hertzsch verweist auf ein komplexes »Netz innerer Beziehungen«, dessen interaktive Funktionalität für die innere Einheit und die Lebendigkeit eines Gottesdienstes unentbehrlich ist. Dabei spielen folgende Gesichtspunkte eine besondere Rolle: Die Feinabstimmung der Predigt mit den Lesungen; die stimmige Auswahl der Lieder (die zur Predigt u. a. in einem konsonanten, kontrapunktischen, ergänzenden, vertiefenden, antwortenden Verhältnis stehen können); die durch die Stellung des Glaubensbekenntnisses variierbaren Interdependenzen zwischen Credo und Predigt; der Grad der thematischen Verbindung zwischen Fürbitte und Predigt sowie zwischen den Abendmahlsgebeten und der Predigt u. a. m. Überlegungen zur »eigenen Liturgie der Predigt« runden den Essay ab.

Das Evangelische Gottesdienstbuch (EGb) eröffnet durch verschiedene Varianten in der Strukturierung des Gottesdienstes[6] neue Möglichkeiten, bei der Gestaltung der Einheit von Liturgie und Predigt unterschiedliche Akzente zu setzen.

W. E.

---

5   Vgl. dazu im vorherigen Abschnitt die Überlegungen von Karl-Heinrich Bieritz zur priesterlichen und prophetischen Dimension des Gottesdienstes.
6   Vgl. Manfred Kießig: Die Strukturierung des Gottesdienstes, in: Hans-Christoph Schmidt-Lauber u. a.: Handbuch der Liturgik. Liturgiewissenschaft in Theologie und Praxis der Kirche, Göttingen ³2003, 694-705.

Klaus-Peter Hertzsch

Die Predigt im Gottesdienst

I   DIE PREDIGT UND DAS PROPRIUM DES SONNTAGS

Der Gottesdienst ist bestimmt durch sein Ordinarium und durch das Proprium des Sonntags. Die Predigt im Gottesdienst ist eingefügt in dieses Ordinarium und ist mitbestimmt durch das jeweilige Proprium. Natürlich ist es auch wichtig, sich daran zu erinnern, in welchem Gesamtgefüge, in welchem Ablauf und Prozess diese meine Predigt ihren Platz haben wird, also welche Beziehung es zum Ordinarium des Gottesdienstes gibt. Zuerst aber sollte ich mich darüber informieren: Welches ist das Proprium, welches ist das eigene Profil und was ist der Grundgedanke des bevorstehenden Sonn- oder Feiertages? Denn von dort her ist einmal die homiletische Situation mitbestimmt: an den hohen Feiertagen – Weihnachten oder Ostern – ganz unübersehbar, durchaus aber auch an Sonntagen, die – zu Recht oder zu Unrecht – im Bewusstsein der Gemeinde einen eigengeprägten Charakter haben – Sonntag Kantate oder Rogate, Ewigkeitssonntag oder Erster Advent. Doch auch für die Sonntage, die im Gemeindebewusstsein eher normal und damit in gewisser Weise gleichförmig sind – wie etwa die zahlreichen Sonntage nach Trinitatis –, hat das Proprium eine wichtige Bedeutung. Denn es ist zum andern das Grundmotiv für die Auswahl der jeweiligen Predigttexte. Bei den Predigtreihen I und II, bei denen das Evangelium oder die Epistel des Sonntags, also Grundelemente des jeweiligen Propriums, als Predigttexte vorgesehen sind, liegt das ohnehin auf der Hand. Aber auch die anderen Predigtreihen, auch die der Marginaltexte ordnen dem jeweiligen Sonn- und Feiertag einen Predigttext zu, der eine Beziehung zu seinem Proprium hat. Ehe ich also mit der Vorbereitung meiner Predigt beginne, mich dem Bedenken des Predigttextes zuwende, sollte ich fragen: Welches ist das Proprium des Sonntags? Ich weiß dann, welches Motiv zur Auswahl gerade dieses Textes geführt hat. Ich erinnere mich daran, dass Grundlage und Rektor für das Proprium des ganzen Sonntags das jeweilige Sonntagsevangelium ist, von dem also in jedem Fall eine Beziehung zu meinem Predigttext besteht. Ich finde damit meinen Predigttext also nicht nur in seinem eigenen Kontext im Römerbrief oder im Deuteronomium, sondern zugleich im Kontext anderer Bibeltexte und einbezogener Lied- und Gebetstexte. So ergeben sich zwei Koordinaten für den Ort meiner Predigt und ihres Textes: die aktuelle Lage der jeweiligen Gegenwart und das Proprium des jeweiligen Sonn- oder Feiertags, was die Zeitung berichtet und was die Agende anbietet. Natürlich hat auch das Proprium jedes Sonntags eine inhaltliche

VII Predigt als Teil des Gottesdienstes

Aussage, Botschaft und Mitteilung über eine konkrete Wirklichkeit. Sie ist mit der konkreten Wirklichkeit des heutigen Tages in Beziehung zu setzen.

Dabei wird deutlich werden: Das Kirchenjahr, das die Abfolge der Propria für die Sonn- und Feiertage bestimmt, ist zugleich eine Hilfe und zugleich ein Problem für die Predigt.

A. Das Kirchenjahr als Hilfe

1. Wenn ich die spezifische Botschaft, den unverwechselbaren Grundgedanken des jeweiligen Propriums sorgfältig erkunde und ernst nehme, dann kann ich hoffen, dass im Lauf des Jahres die ganze Fülle der biblischen Botschaft und unseres Glaubens in den Blick und zur Sprache kommt. Ich werde gezwungen sein, mich auch mit biblischen Aussagen und theologischen Themen auseinanderzusetzen, mit denen ich selber Mühe habe und die meinem eigenen Denken ferner sind. Aber solch eine Auseinandersetzung ist in aller Regel fruchtbar und ein Gewinn für meine theologische Kompetenz wie für mein geistliches Wachstum. Zugleich wird so die [732] Gemeinde davor bewahrt, nur *den* Ausschnitt der biblischen Botschaft in der Predigt kennen zu lernen, der Denken und Überzeugung ihrer Pfarrerin oder ihres Pfarrers entgegenkommt, oder gar an jedem Sonntag denselben Lieblingsgedanken eintönig und gleichbleibend zu begegnen.

2. Andererseits aber gibt es ein Geheimnis der Wiederholung und der Wiederkehr, sofern diese nicht Einengung oder simple Redundanz bedeuten, sondern ein Wiedererkennen und eine Neubegegnung, die Neubegegnung mit einem Wort, mit einem Gedanken, in den man immer tiefer eindringt und der sich immer weiter entfaltet. Das ist das Geheimnis der Tiefenwirkung, von dem das Kirchenjahr ebenso lebt wie alle Breviergebete und Leseordnungen. Natürlich ist es wichtig, dies auch als Voraussetzung für die Predigt wahrzunehmen und ernstzunehmen.

3. So aus der Vielfalt einerseits und der Wiederkehr andererseits ergibt sich lebensbegleitend der Rhythmus von Fest- und Arbeitszeiten, Freuden- und Besinnungszeit, Erinnerungs- und Hoffnungstagen. Für die regelmäßigen Predigthörer entsteht daraus eine Strukturierung ihres Jahres und Lebens, an der die Predigt des Sonntags und des Feiertags wichtigen Anteil hat.

B. Das Kirchenjahr als Problem

1. In unserer Zeit, die durch rasche Entwicklungen und hohe Informationsdichte gekennzeichnet ist, geschieht es immer häufiger, dass die aktuelle Meldung oder

auch die unmittelbare zeitgeschichtliche Erfahrung das Proprium des Sonntags einfach verdrängt. Während die Predigt sich mit einem theologischen oder anthropologischen Sachverhalt befasst, den der Predigttext und also das ihm zugrunde liegende Proprium des Sonntags vorgesehen hat, sind die Gedanken der Gemeinde ganz anderswo, bei dem, was die Medien eben berichtet haben oder wovon seit gestern auf allen Straßen die Rede ist. Die Predigerin / der Prediger sollte deshalb jedenfalls am Sonntagmorgen die ersten ein oder zwei Spitzenmeldungen einer Nachrichtensendung hören, um nicht zu dieser Stunde in einer ganz andern Welt zu leben als die Gemeinde. Immer wieder stehen Predigerinnen oder Prediger vor der Entscheidung: Ändere ich – möglicherweise kurzfristig – angesichts einer Situation in der Welt, in unserm Land, an unserm Ort die Predigtaussage, den Predigttext, vielleicht das ganze Proprium des Sonntags? Oder sollte ich unangefochten von den zufälligen Tagesstimmungen das traditionelle Thema dieses Gottesdienstes und damit meiner Predigt festhalten und von der Gemeinde fordern oder erhoffen, dass sie mir hierin folgt? Z. B. war der 13. August 1961 ein Sonntag, und zwar der 11. nach Trinitatis. Für alle Menschen in der damaligen DDR war die Nachricht von der endgültigen und undurchdringlichen Schließung der letzten offenen Grenze ihres Landes ein tiefer Einschnitt in ihr gesamtes Leben. Auch wenn es natürlich nicht alle in gleichem Umfang traf, an diesem Sonntag kam sicher niemand in die Kirche, ohne von dieser Nachricht betroffen und erregt zu sein. Das Wochenlied »Aus tiefer Not schrei ich zu dir« traf sicher Situation und Gefühl der Gemeinde. Aber war der vorgesehene Predigttext – in jenem Jahr identisch mit dem Sonntagsevangelium Lk 18,9-14 –, war die Gegenüberstellung von Pharisäer und Zöllner wirklich der Text für diesen Sonntag, für diese Gemeinde, für diese Not? Sieben Jahre später, am 21. August 1968, besetzten Truppen des damaligen Warschauer Vertrags die Tschechoslowakei und erstickten eine Entwicklung im sozialistischen Bereich, auf die viele, vor allem junge Leute große Hoffnung gesetzt hatten, und zeigten ihnen das Gewicht militärischer Macht, erzeugten so ein Gefühl hilfloser Ohnmacht bei vielen. Das geschah am Mittwoch, und in den folgenden Tagen jagten sich die Meldungen über Widerstand und wachsenden Zwang. Auch dieser Sonntag war der 11. nach Trinitatis. Die Prediger wussten genau, was auch an diesem Morgen ihre Hörer zutiefst bewegte, und sie mussten entscheiden, ob und wie sie den vorgesehenen Predigttext – die Epistel des Sonntags I Kor 15,1-10 – auslegen wollten, die Überlieferung der Auferstehungsbotschaft, die Erinnerung an ihre Zeugen und das Selbstzeugnis des Paulus als einer »unzeitigen [733] Geburt«. Ähnliche Situationen ließen sich beschreiben aus dem Herbst 1989 oder für Sonntag, den 9. November 1938 und unlängst nach dem 11. September 2001. Und wenn auch die Situationen bei weitem nicht immer derart dramatisch und weltbewegend sind, so wiederholt sich diese Spannung zwischen eingetretener Lage und vorgegebenem Proprium doch immer wieder und gibt homiletische wie liturgische Probleme auf.

2. Aber auch das Umgekehrte ist denkbar und gehört zu den Erfahrungen des Predigers: Das Proprium des Sonntags, das oft auch etwas wie eine Grundstimmung und beruhigende Vertrautheit bedeutet, verdrängt die Aktualität aus dem Bewusstsein der Gemeinde. Ganz deutlich ist diese Gefahr zu Weihnachten. Für die Predigt besteht die Versuchung, falschen Erwartungen entgegenzukommen und einem kurzzeitigen Selbstbetrug das Wort zu reden: »Still schweigt Kummer und Harm.« Solche Predigt könnte helfen, für einige Zeit aus unserer dunklen Welt auszusteigen; statt deutlich zu machen, dass Gott für alle Zeit in unsere dunkle Welt eingestiegen ist. Aber diese Gefahr gibt es natürlich nicht nur zu Weihnachten, sondern – weniger deutlich, aber anhaltend – durch alle Sonntage des Kirchenjahrs: Das vorgegebene Proprium könnte von der akuten Notlage, von der versäumbaren Aufgabe eines unwiederbringlichen Augenblicks ablenken. Gottesdienstkonzeptionen wie z. B. die des »Politischen Nachtgebets« seinerzeit in Köln verzichten darum grundsätzlich auf einen Bezug zum Kirchenjahr und fragen nur nach dem, was die jeweils aktuelle Situation der Gemeinde für Fragen und Aufgaben stellt und welche Botschaft der biblischen Tradition dann gesagt und gehört werden muss.

So weit aber muss man nicht gehen. Es führt schon weiter, wenn wir uns deutlich machen, dass auch diese biblischen Texte aus geschichtlichen Situationen stammen und keineswegs als zeitlose Wahrheiten über allem schweben oder gar einen Trost vermitteln wollen, der aus den Gesetzen des ewigen Kreislaufs zu gewinnen wäre. Das Weihnachtsevangelium redet nicht vom »Alle Jahre wieder« des Flockenfalls und der Sonnenwende, sondern von der Zeit, da Quirinius Landpfleger in Syrien war. Viele Elemente des heutigen Gottesdienstes, seine Lesungen und seine Lieder, sind bezogen auf solche in der Geschichte erlebten Welt- und Gotteserfahrungen und sind darum Predigt von einst. Hinter allen Texten des wiederkehrenden Propriums stehen – uns bekannte oder nicht mehr bekannte – konkrete Lebenssituationen und unverwechselbare Menschheitstage. So wird immer eine Spannung bestehen zwischen den Spezifika jedes welt- oder lebensgeschichtlichen Augenblicks, den gemeinsamen Grunderfahrungen aller Sterblichen und dem großen Horizont, dem neuen Licht, in dem die biblische Botschaft uns all das sehen lässt. Diese unvermeidliche Spannung zwischen Ordinarium, Proprium und aktuellem Spezifikum jedes Sonntags ist ja gerade die fruchtbare Spannung, die, wenn es gut geht, unsere Predigt spannend macht und die Hörer gespannt zuhören lässt. Wie öffnet unsere heutige Erfahrung diesen Text, und wie sieht unsere Erfahrung im großen Horizont der biblischen Überschau aus, in der die biblischen Autoren ihre damalige Gegenwart gesehen und zu deuten gelernt haben? Meine persönliche Erfahrung sagt, dass bei genauem Zusehen nahezu jeder biblische Text sich in einer aktuellen Situation als aktuell erweist und zu reden beginnt, wenn wir ihm die Fragen des Tages nur dringlich genug stellen.

Der Skopos des Textes vom Pharisäer und Zöllner, wie er im Wochenspruch dieses 11. Sonntags nach Trinitatis angeboten wird, konnte eine hilfreiche Botschaft für den 13. August 1961 werden: »Gott widersteht den Hoffärtigen, aber den Demütigen gibt er Gnade.« Und wie Paulus diese Predigtperikope aus seinem Brief beginnt, das war, denke ich, ohne große Mühe als Anrede auch an die Enttäuschten und Entmutigten vom 25. August 1968 deutlich zu machen. »Liebe Schwestern, liebe Brüder, ich erinnere euch an das Evangelium, das ich euch verkündigt habe, das ihr auch angenommen habt«, das Evangelium von der Auferstehung und der überwundenen Macht des Todes. [734]

II DIE PREDIGT UND DIE LITURGIE DES GOTTESDIENSTES

Wenn wir nach dem Proprium des Sonntags und seiner Bedeutung für die Predigt gefragt haben, dann haben wir vorausgesetzt: die Predigt gehört in den Gottesdienst. Sie hat ihren Ort in seiner Liturgie. Liturgie ohne Predigt ist möglich, also ein Gottesdienst, der liturgisch gestaltet ist, aber keine Predigt enthält, der auf sie einmal verzichtet. Eine Predigt ohne Liturgie ist nicht möglich. Natürlich gibt es Textauslegung in verschiedenen Formen auch außerhalb eines Gottesdienstes; diese wird man dann aber jedenfalls in der evangelischen Kirche kaum »Predigt« nennen, sondern wir haben dafür andere Bezeichnungen. Und auch im katholischen Bereich, als die Predigt aus der Messfeier auswanderte, bildete sich um sie eine kurze eigene Liturgie. Die Predigt hat ihren Platz im Gottesdienst, und wir fragen: Wie sieht in unserm Gottesdienst die Beziehung zwischen Predigt und Liturgie aus? Denn Klarheit in dieser Frage hat Konsequenzen für die Gestaltung sowohl der Predigt wie der Liturgie.

Es gibt *zwei Missverständnisse*, die bei Pfarrern wie bei Gemeindegliedern anzutreffen sind, ausgesprochen oder unausgesprochen, bewusst oder unbewusst:

Zum einen wird die Liturgie als Rahmen für die Predigt verstanden, so wie das Streichquartett oder der Chorgesang der Rahmen für eine Festrede ist. In Mecklenburger Dorfgemeinden erschien der Patron, wenn die Predigt begann, und er verließ die Kirche, wenn ihr Amen gesprochen war. Auf das übrige konnte er verzichten. Aber auch im heutigen Gottesdienst warten viele, die körperlich vom Anfang bis zum Ende anwesend sind, eigentlich auf die Predigt, und wenn sie gehalten ist, denken sie bereits an den Heimweg. Das gilt vor allem, wenn die Person oder die Begabung eines Predigers Anlass zum Gottesdienstbesuch ist. Der besondere Prediger wird durch die gewöhnliche Liturgie umrahmt.

Damit gerät die Predigt aber unter einen starken Erwartungs- und Leistungsdruck. Wenn die Predigt enttäuschend ist, ist der ganze Gottesdienst enttäuschend. Und wer ist schon in der Lage, Sonntag für Sonntag Außerordentliches zu leisten? Es ist sicher: Die Predigerin, der Prediger braucht bei allem intensiven Einsatz für die Predigt doch das Wissen: Wirkung und Segen dieses Gottesdienstes sind nicht nur vom Gelingen meiner Predigt, von der Qualität meines homiletischen Einfalls, von meiner rhetorischen Leistung abhängig. Und die Gemeindeglieder erleben den Gottesdienst anders, wenn sie davon ausgehen und die Erfahrung machen: Auch wenn die Predigt einmal schlecht oder mittelmäßig ist, ist diese gemeinsame Stunde in der Kirche doch keineswegs verlorene Zeit, sondern reich durch viele andere Elemente. Die Predigt muss nicht einmal schlecht sein: Die Lebenssituationen, aus denen heraus Menschen in den Gottesdienst kommen, sind so unterschiedlich, dass es beinahe gar nicht möglich ist, sie alle in gleicher Weise anzusprechen und zu erreichen. Da kommen Fröhliche und Traurige, vom Alltag Gelangweilte und solche, denen ein Menschheitsproblem auf der Seele brennt, Hochgestimmte und Menschen, denen eine ganz persönliche Angst das Leben schwer macht. Niemand wird in einer Predigt allen das richtige Wort sagen können; aber im Kyrie und im Gloria, im Psalm und im Fürbittengebet, im Abendmahl und im Segen können die einen und die andern das finden, was das heutige Predigtthema für sie nicht hergab. Schließlich weist uns die Hörpsychologie darauf hin, dass die Einbahn-Kommunikation zwar der einen, der zentralen, aktiven, redenden Person Erfolgserlebnis und Befriedigung verschaffen kann, dass alle andern aber, solange sie nur passiv, nur zuhörend dabei sind, schnell in die Gefahr geraten, mit ihren Gedanken auszuwandern und auf Nebenbeschäftigungen auszuweichen – die Konfirmanden mit den Händen, die Erwachsenen mit den Gedanken. Gottesdienst, der nur aus umrahmter Predigt bestünde, wäre von solchen Vorgängen ständig betroffen und bedroht. [735]

Zum anderen erscheint die Predigt selbst als ein liturgisches Element, als ein Stück der gewohnten Liturgie. Das ist das andere Missverständnis. Es kann sein, dass jemand andächtig am Gottesdienst teilgenommen hat, unmittelbar danach aber schon keine Einzelheit der Predigt, ja, nicht einmal ihre Grundaussage, vielleicht nicht einmal mehr den Predigttext in Erinnerung hat. Bei Nachgesprächen – z. B. zu Erstpredigten von Theologiestudenten in einem Gemeindegottesdienst – zeigt sich das oft: Wenn der Prediger nur den richtigen Ton getroffen, eine Art Grund-Klima erzeugt hat, das an alle sonst gehörten Predigten erinnert, ist man schon zufrieden und hält die Einzelheiten eher für belanglos. Es gibt offenbar eine Art, Predigt zu hören, die sich mit etwas wie einem Grundgefühl zufrieden gibt, einer Gestimmtheit, die durch vertraute Worte, Bilder und Wendungen erzeugt wird und etwas ist wie ein bergender Sprachraum, in dem man Sonntag für Sonntag einkehrt. Hier wird die Grenze ganz fließend zu den wiederkehrenden Stücken der Liturgie, und ich denke, es ist eine Versuchung für Predigerinnen und Prediger, sich damit genügen zu lassen. Diese Versuchung ist besonders groß bei Fest- und Feiertagspredigten. Sie besteht aber auch bei der Rekapitulation von Glaubenssätzen, ja – gerade bei einer treuen Predigtgemeinde – auch für die Paränese, die uns selber oder andere betrifft. Die Gemeinde ist zufrieden, das Vertraute wieder einmal gehört zu haben, und dabei sind wir ihr Entscheidendes schuldig geblieben. Sie ist unterfordert, zwar befriedigt, nicht aber in Bewegung gebracht worden.

Angesichts dieser beiden Missverständnisse ist es sinnvoll, sich immer wieder an Martin Luthers Torgauer Predigt von 1544 zu erinnern: »dass nichts anderes darin geschehe, denn dass unser lieber Herr selbst mit uns rede durch sein heiliges Wort und wir wiederum mit ihm reden durch Gebet und Lobgesang« (WA 49,588). Hier sind Predigt und Liturgie des Gottesdienstes untrennbar aufeinander bezogen und zwar in einer funktionalen Abhängigkeit voneinander, in einer Beziehung von Aktion und Reaktion, von Ruf und Echo, von Aktivität des Predigers und Aktivität der Gemeinde. Die Predigt zusammen mit den Lesungen und der Eucharistie als dem verbum visibile seu actuale hat eine unverwechselbare, eine konstituierende und aktivierende, eine in Gang setzende Aufgabe; aber der Gottesdienst wird erst zum Gottesdienst, wenn zum Wort die Antwort kommt, wenn die Zuhörer den Mund auftun, wenn die Gemeinde aus einem Auditorium zu einer Communio wird. So entsteht eine Einheit im Gegenüber und in Wechselwirkung. Wo der Liturg nicht hinter dem Abendmahlstisch steht und also der Gemeinde ständig zugewandt ist, zeigt er, indem er sich hin- und her wendet, wie er selber in diese Wechselbeziehung einbezogen ist: als Bote und Zeuge des Herrn, indem er in dessen Namen zur Gemeinde redet, als Mund der Gemeinde, indem er für sie spricht, natürlich aber immer auch als Gemeindeglied, wenn er mit ihr gemeinsam singt, dem Chor oder dem Lektor zuhört. Ich werde anders predigen, wenn ich mir dies immer aufs Neue deutlich mache.

III DIE PREDIGT IN IHREN BEZIEHUNGEN ZU ANDEREN TEILEN DES GOTTESDIENSTES

Neben dieser Wechselbeziehung zwischen dem Gottesdienst als Ganzem und seiner jeweiligen Predigt bestehen auch Zusammenhänge zwischen dieser Predigt und einzelnen Elementen der Liturgie, Zusammenhänge, die wir uns deutlich machen sollten. Denn ein solches Netz innerer Beziehungen zwischen einzelnen Teilen des Gottesdienstes, Beziehungen, die für die Gemeindeglieder auch erkennbar werden, dient zugleich der inneren Einheit und zugleich der variablen Lebendigkeit des Gottesdienstes. Wenn ein Anliegen der Predigt in den Liedern wieder anklingt oder im Fürbittgebet wieder aufgegriffen wird, dann erscheint der Gottesdienst wie ein lebendiger Organismus. Die Predigt hat diesen Gedanken angesprochen, in der Liturgie greift die Gemeinde ihn auf und macht ihn sich zu Eigen. [736]

Zunächst ist es sicher sinnvoll, immer einmal in der Predigt über diese Gesamtstruktur des Gottesdienstes zu sprechen. Es gibt Sonntage – etwa Sonntag Kantate – und es gibt Predigttexte – etwa die Epistel am 7. Sonntag nach Trinitatis, das Summarium in Acta 2,42-47 –, die Anlass geben, einmal mit der Gemeinde über die Grundelemente des christlichen Gottesdienstes – der Apostel Lehre, die Gemeinschaft, das Brotbrechen und das Gebet – nachzudenken und zu zeigen, wie sie in unserer heutigen Gottesdienstordnung enthalten und miteinander verbunden sind. Dann gibt es Predigttexte, die es nahe legen, über ein einzelnes Element unseres Gottesdienstes etwas ausführlicher nachzudenken. Aus den vergangenen Gottesdiensten erinnert sich die Gemeinde an dieses Stück ihrer Liturgie, in künftigen Gottesdiensten wird sie sich vielleicht an das in der heutigen Predigt Gesagte erinnern. So sieht die Reihe V für das Trinitatisfest als Predigttext Num 6,22-27 vor, also den aaronitischen Segen, der in aller Regel am Ende unserer Gottesdienste als Sendung gesprochen wird. Andere Predigttexte bieten die Möglichkeit, über das Kyrie, das Gloria, über das Gebet im Allgemeinen oder besonders über das Vaterunser, über das Abendmahl, das Credo, das Lied im Allgemeinen oder ein Wochenlied im Besonderen mit der Gemeinde nachzudenken. So hat die Predigt immer auch die Aufgabe, der Gemeinde ihren Gottesdienst verständlicher und vertrauter zu machen, die verbindende Tradition und die erfahrbare Aktualität seiner einzelnen Teile ihr nahe zu bringen. Noch wichtiger aber als die Erläuterung dieser Zusammenhänge in der Predigt ist es, sie im Vollzug des Gottesdienstes spürbar und erfahrbar werden zu lassen. Das werde ich – speziell im Hinblick auf die Predigt – bei der Vorbereitung des Gottesdienstes an folgenden Stellen besonders bedenken:

1. Die *Lektionen des Gottesdienstes*. Klar ist, der Predigttext ist ein Teil von ihnen. Da sie ein gemeinsames Proprium haben, sind in gewisser Weise alle gelesenen Texte eines Gottesdienstes die weitere Textgrundlage für die Predigt. Denn die Bibel ist »sui ipsius interpres«, sagt Martin Luther (W A 7, 97). »Also ist die Schrift ihr selbst eigen Licht. Das ist dann fein, wenn sich die Schrift selbst auslegt« (W A 10/III, 238). So ist es zuerst für den Prediger, danach auch für die Gemeinde hilfreich, sich deutlich zu machen, wie diese Texte einander auslegen und ergänzen. Dabei bleibt zu beachten, dass der eigentliche Grundimpuls vom jeweiligen Evangelientext ausgeht. Wenn die Texte der Reihe I gepredigt werden, ist das ohnehin klar; wir erinnern uns, dass durch viele Jahrhunderte das Evangelium des Sonntags der selbstverständliche einzige Predigttext gewesen ist. Das bedeutet übrigens auch: Wenn ich mich entschließe, von den 3 bis 4 Texten des Sonntags – Altes Testament, Epistel,

Evangelium, Predigttext – nur 3 oder 2 zu lesen, so muss unter diesen Texten jedenfalls ein Evangelientext sein. In Jahren, in denen über Texte der Reihe I oder II gepredigt wird, in denen also Lektions- und Predigttext identisch sind, muss ich mich entscheiden, wie ich verfahre. Ich kann der Ankündigung des Lektionstextes – »Die Epistel ... steht geschrieben« – anfügen: »Sie ist zugleich der Text für die heutige Predigt«. Vieles spricht aber auch dafür, den Text ruhig zweimal zu lesen. Einmaliges Hören ist für unsere visuell orientierten Zeitgenossen meist ohnehin wenig einprägsam. Dabei ist zu überlegen, ob ich als Predigttext vielleicht nur einen Teil des Gesamttextes lesen sollte, sodass ich einen einprägsamen Kern dieser Perikope aus dem Kontext der anderen Verse heraushebe. Denkbar ist auch, den Text beim zweiten Lesen in einer anderen Übersetzung anzubieten – in einer modernen wie »Die Gute Nachricht« oder in einer verfremdenden wie der von Martin Buber. Oft bedeutet dies schon eine erste vorlaufende Texterläuterung oder die Herausforderung zu aufmerksamerem, wacherem Hören.

2. Die *Lieder*. Sie gehören neben der Predigt und möglicherweise dem Fürbittengebet zu den Texten des Gottesdienstes, die – auch über das wiederkehrende Proprium hinaus – den stärksten Wechsel und die breiteste Variation erlauben. Dabei gehört das Lied der Woche zum Proprium. [737] Die Predigerin / der Prediger kann also davon ausgehen: dies Lied hat in jedem Fall eine inhaltliche Beziehung zur Grundaussage des Predigttextes. Wenn sie in diesem Lied besonders schön oder besonders klar formuliert ist, kann ich dies homiletisch nutzen. Das Lied nach der Predigt wird dagegen von der Predigerin / vom Prediger ganz aktuell ausgewählt und zwar so, dass ein Bezug zur gehaltenen Predigt deutlich erkennbar ist. Dabei ist es erfahrungsgemäß besser, sich eher um eine gemeinsame Grundhaltung, einen allgemeinen inhaltlichen Bezug und generellen Duktus in Predigt und Lied zu bemühen, statt nach Liedern Ausschau zu halten, in denen möglicherweise wörtliche Textzitate oder bestimmte Stichworte der Predigt – u. U. in ziemlich entlegenen Strophen – auftauchen. An dieser Stelle sollte man Hilfs- und Handbücher zum Gesangbuch eher kritisch benutzen. Die Erfahrung sagt, dass der singenden Gemeinde allzu diffizile Text- oder Sachbezüge entgehen. Aber natürlich gibt es auch Lieder, bei denen der Textbezug klar zutage liegt. Hier kann sich eine ganz glückliche Verbindung zwischen Predigttext, Predigt und Gemeindegesang ergeben – etwa wenn am Altjahrsabend die Epistel Röm 8,31-39 zu predigen ist und danach Paul Gerhardts Lied gesungen wird »Ist Gott für mich, so trete gleich alles wider mich«. Es hat aber auch einen guten Sinn, wenn das Predigtlied nicht den Grundgedanken lediglich wiederholt, sondern wenn es ihn ergänzt, den Gedankengang fortsetzt, ja, auch einen Kontrast zum Gesagten bildet, wenn die paränetische Predigt durch ein Gebetslied, die Gerichtspredigt durch ein Lied der Glaubensgewissheit beantwortet wird. Das EGb geht allerdings

davon aus, dass der Predigt das Credo folgt und sieht damit das Predigtlied nur noch als Möglichkeit, und zwar nur als eine neben anderen an, wie etwa Chorgesang, Instrumentalmusik oder eine Stille nach der Predigt; man sollte dazu auch die Möglichkeit fügen, den Predigttext am Ende noch einmal zu verlesen. Vielleicht entsteht auf die Weise aber auch eine neue Chance für die bisher ungewohnte Praxis, dass an Stelle des traditionellen Predigtliedes ein Lied, in seine Strophen aufgeteilt, in die Predigt selber eingefügt wird, dass nach jedem Teil der Predigt eine Strophe oder zwei gesungen werden, die Predigt so formal strukturiert und die Gemeinde selbst in den Predigtvorgang aktiv einbezogen wird. Es gibt in unserm Gesangbuch Lieder, die sich für solch eine Verflechtung in den Gedankengang der Predigt durchaus eignen – z. B. EG 315 »Nun lasst uns Gott dem Herren Dank sagen und ihn ehren«. Hier könnten die Grenzen fließend werden zu einer Lied-Predigt, mit der wir bisher wenig Erfahrung, vielleicht aber eine interessante homiletische Möglichkeit haben.

3. Das *Glaubensbekenntnis*. Die bisherige Gottesdienstordnung, in unsern Gemeinden weitgehend eingeführt, geht davon aus, dass das Glaubensbekenntnis der Gemeinde seinen Platz vor der Predigt hat. An dieser Stelle hat es die Bedeutung eines Gotteslobes nach dem Evangelium gewonnen. »Wir loben Gott mit dem Bekenntnis unseres Glaubens«, wird gelegentlich formuliert. Neben dieser doxologischen behielt es an dieser Stelle aber auch die Aufgaben, die ihm im Lauf der Jahrhunderte zugewachsen sind: Vergewisserung der Gemeinde über ihren Konsens, antihäretische Abgrenzung gegen Irreführung und Verdunkelung, katechetische Rekapitulation der summa fidei. Es ist immer möglich, dass die Predigt hieran sachlich anknüpft, dass sie den Rückbezug ihrer Aussagen auf das deutlich macht, was wir eben gemeinsam bekannt haben, dass die Predigt von den Konsequenzen spricht, die sich heute aus diesem jahrtausendealten Bekenntnis der ganzen Christenheit ergeben. Freilich ist dieser Ort des Credo seit Jahren in einer kritischen Diskussion. Das EGb entscheidet sich heute anders, indem das Glaubensbekenntnis in der Regel der Predigt folgt (43.45, Ausnahme 42). Damit erhält das Bekenntnis der Gemeinde eine neue Funktion: Es wird zu Antwort und Echo auf die gehörte Botschaft, das Amen der Gemeinde zur gehaltenen Predigt und zwar nicht nur als Mitteilung, dass sie das Gesagte verstanden hat, sondern als Akt, sich jetzt bewusster und [738] aktiver damit zu identifizieren. Dies setzt freilich voraus, dass meine Predigt den Grund dafür wirklich gelegt hat, dass sie solche bekennende Zustimmung nicht vor allem fordert, sondern spontan auslöst. Es ist erwogen worden, ob nicht an dieser Stelle auch einmal ein Teil-Credo sinnvoll ist, also nach einer christologisch geprägten Predigt einmal nur der zweite Artikel – vielleicht mit Luthers Erklärung – gemeinsam bekannt werden sollte. Andererseits ist durchaus einleuchtend, wenn in diesem nachfolgenden ökume-

nischen Bekenntnis das Teil-Kerygma der heute gehaltenen Predigt wieder in den Gesamtzusammenhang unseres gemeinsamen Glaubens eingefügt und sein Ort in ihm für die Gemeinde erkennbar wird.

4. Das *Fürbittengebet.* Ursprünglich war das Gebet unmittelbar mit der Predigt verbunden: Der Bischof betete nach Abschluss der Homilie um den Segen des Wortes, ein Gebet, das dann immer mehr mit den intercessiones aus der missa fidelium zusammengewachsen ist. Auch heute schließt die Predigt ja nicht selten mit einem freien oder einem vorformulierten Gebet. Die Agenden bieten dafür Formulierungen an. Predigt leitet zu Gebet und Fürbitte. Wenn sie wirklich die Gemeinde erreicht hat, dann wird es dieser Gemeinde wichtig sein, ihren Dank auszusprechen, ihre Not vor Gott zu bringen, um Kraft und den offenen Blick zu bitten, Fürbitte für die Welt, die Kirche, die Armen und Geplagten zu halten, von denen in der Predigt die Rede war. Die Erkenntnis unseres Heils, unserer Aufgaben und unserer Grenzen drängt zum Gebet und macht uns dankbar für diese Möglichkeit. Deshalb ist es gut, wenn die Gemeinde in den Formulierungen des Fürbittengebets Gedanken, Inhalte und Anliegen der Predigt wiedererkennt. Sie betet dann mit größerer innerer Beteiligung. Das sollte ich im Blick haben, wenn ich das Fürbittengebet selber formuliere, aber auch, wenn ich vorgegebene Texte aufgreife, sie aber an einigen Stellen aktuell modifiziere. Wenn Prediger und Liturg zwei Personen sind, dann wird dieser Zusammenhang mit der Predigt dadurch noch unterstrichen, dass beide im Wechsel die Anliegen des Gebets sprechen. Eine Versuchung ist freilich gelegentlich, dass der Prediger Gedanken, die er in der Predigt nicht mehr unterbringen konnte oder vergessen hat, ins Gebet übernimmt und so die Predigt in anderer Form fortsetzt. Im Gebet sollen nicht der Gemeinde oder gar Gott dem Herrn neue Gedanken mitgeteilt werden, sondern es soll zur Sprache kommen, was uns jetzt gemeinsam bewusst ist und gemeinsam auf dem Herzen liegt.

5. Das *Abendmahl.* Auch vom Abendmahlsteil her kann eine erkennbare Beziehung zur gehaltenen Predigt hergestellt werden. Die liturgische Praxis in unsern Gemeinden, die für die Präfation, das große Dankgebet, meist eine wiederkehrend gleichbleibende Formulierung bevorzugt, hat ein wenig in Vergessenheit geraten lassen, dass diese Präfation aus einem Rahmen besteht und jeweils wechselnden Einschüben in ihn. An sich sieht die bisher gültige Agende für jeden Sonntag, zumindest für jede Kirchenjahreszeit, einen eigenen Präfations-Einschub vor. Auch das EGb bietet die verschiedensten Einschübe an für die Adventszeit oder das Osterfest, für Bußtage oder Konfirmation, daneben auch »freiere Formen« (616-632). Auf diese Weise wird daran erinnert, dass ursprünglich der Bischof an dieser Stelle einen jeweils aktuellen Einschub improvisierte, das Gotteslob in der Eucharistie also immer genau für

den jeweiligen Tag formulierte. Wer die agendarischen Texte nicht als verbindliche Texte versteht, sondern als Angebote und Modell, der sollte die Möglichkeit überlegen – eventuell in Anlehnung an die agendarischen Angebote –, selber solche Einschübe in die Präfation zu formulieren, und zwar mit deutlichem Rückbezug auf die jeweils gehaltene Predigt. Wenn die Grundaussage dieser Predigt in der Präfation wiedererkennbar wird, dann wird eine Brücke geschlagen von der Verkündigung des Gottesdienstes zur gemeinsamen Feier der beschenkten Gemeinde. Der Anschluss an den vorgegebenen Rahmen wird ohne Mühe herstellbar sein – »und dir danken durch unsern Herrn Jesus Christus« –, wenn nun die Predigtaussage folgt, etwa: »der von uns [739] Abschied genommen hat wie einst von seinen Jüngern, aber nur, um uns wieder zu begegnen in immer neuen Gestalten«, oder »der uns die Angst vor der unbekannten Zukunft nimmt, weil wir wissen: wohin immer wir kommen, dort erwartet er uns schon«. Danach führt der agendarische Rahmen – »Darum loben die Engel deine Herrlichkeit« oder »Darum preisen wir dich mit allen, die dir dienen« – zum gemeinsam gesungenen Sanctus.

6. Die *Taufe im Gottesdienst*. Immer häufiger wird von der Möglichkeit Gebrauch gemacht, die Taufe im sonntäglichen Gemeindegottesdienst zu feiern. Das ist ja auch sinnvoll, weil dieser Mensch mit der Taufe in die Gemeinde, in die communio sanctorum aufgenommen wird. Das EGb bietet verschiedene Möglichkeiten an (149-153). In jedem Fall ist in der Predigt ein Wort über die Taufe zu sagen. Das ist sicher sinnvoller, als zusätzlich eine abgesetzte eigene Taufansprache zu halten. Denn bei jedem Predigttext ist es gut zu fragen: Was bedeutet dieser Text, was bedeutet die Predigtaussage für Menschen, die getauft sind, also Christus anvertraut und in seiner Nachfolge stehend, oder für Menschen, die für die Taufe gewonnen werden sollen, also eingeladen werden, Glied an seinem Leibe zu sein? Es ist kein Predigttext denkbar, der dazu nichts zu sagen hätte. Gut ist es, wenn der Taufspruch für diesen Täufling aus dem Predigttext entnommen werden kann, am besten, wenn er dem Skopos des Textes oder der Predigt entspricht. Dann wird deutlich, dass der Zuspruch und die Mahnung, die uns allen gelten, diesem Täufling als einem von uns heute in besonderer Weise zugesprochen wird. Das wird besonders deutlich, wenn dieser zentrale Satz aus dem Predigttext in der nachfolgenden Taufhandlung wiederholt und als Taufspruch noch einmal nachdrücklich gesprochen wird.

So zeigt sich also: Zwischen verschiedenen Elementen des Gottesdienstes und seiner Predigt bestehen durchaus lebendige Beziehungen, die uns als Predigerinnen und Predigern deutlich sein und die der Gemeinde im Vollzug erkennbar gemacht werden sollten.

7. Ergänzend ist noch davon zu reden, dass es nicht nur Beziehungen zur Predigt gibt, sondern gelegentlich auch verstreute *Elemente von Predigt in anderen Teilen des Gottesdienstes.*

a. Es ist durchaus möglich, Eröffnung und Begrüßung so zu gestalten, dass der Grundgedanke des Gottesdienstes – um nicht zu sagen: sein Thema – der Gemeinde am Anfang deutlich gemacht wird (vgl. EA 462 f., vor allem den Absatz über »Gottesdienst in offener Form«). Dafür bietet sich der Spruch der Woche (Biblisches Votum) an, der ja das Proprium des Sonntags signalisiert und darum in jedem Fall eine innere Verbindung zum Predigttext besitzt. Wenn er durch eine kurze Bemerkung in Hinblick auf das Kirchenjahr oder die aktuelle Lage entfaltet wird, klingt zum ersten Mal ein kurzer Predigtgedanke an. Es ist aber auch denkbar, dass am Anfang des Gottesdienstes ein Problem, eine Not, eine Frage der Zeit oder des Tages benannt werden, die uns alle bewegen, die uns während des Gottesdienstes im Bewusstsein bleiben und die in der Predigt bedacht werden sollen.

b. Manche Gottesdienste, vor allem solche, die Außenstehende oder Kirchenfremde erreichen sollen, machen den Versuch, durch einen begleitenden Kommentar auch diesen den Verlauf des Gottesdienstes durchschaubar und mitvollziehbar zu machen. Wenn dies nicht geschwätzig oder schulmeisterlich wird, kann es durchaus zur Orientierung hilfreich sein und wird bestimmte homiletische Elemente bereits enthalten. Vor allem, wenn der Kommentator später selbst die Predigt hält, wird für die Hörer das eine als Fortsetzung des andern empfunden werden.

c. Es gibt schließlich auch gute Erfahrungen damit, die Schriftlesungen, über die nicht gepredigt wird, oder zumindest eine von ihnen durch ein Präfamen einzuleiten. Das ist ein ganz kurzer Hinweis in Form eines, höchstens zweier Sätze, in denen deutlich gemacht wird, worum es in diesem Text geht. Es gibt alttestamentliche und vor allem Epistel-Texte, denen solch eine kurze [740] vorlaufende Erläuterung sehr zugute kommt. Solch ein Satz muss freilich sehr präzis und knapp sein, wirklich nur den einen wesentlichen Punkt ansprechen und daher jedenfalls genau vorformuliert werden. Wenn sich Präfamen zu Kurzpredigten aus wachsen, werden sie belastend. Solch eine knappe, informierende Vorbemerkung ist gelegentlich auch für ein Lied – vor allem das Wochenlied – hilfreich, das wir zusammen singen wollen. Oft wird es lebendiger und rückt uns näher, wenn durch ein, zwei Sätze erzählt wird, in welcher Situation es entstanden ist: Paul Eber im bedrängten Wittenberg »Wenn wir in höchsten Nöten sein« oder die bewegenden Schicksale im Dreißigjährigen Krieg – Georg Neumark, Paul Fleming, Martin Rinckart und natürlich Paul

Gerhardt – oder Dietrich Bonhoeffer in der Silvesternacht 1944/45 im Gestapokeller »Von guten Mächten wunderbar geborgen«.

Dass der Gottesdienst in all seinen Teilen durch ein gemeinsames Proprium geprägt ist, erlaubt es, dass an verschiedenen Stellen dieses Gottesdienstes auch ein kurzes Stück Predigt hörbar wird. Freilich darf dies nicht zu häufig geschehen. U. U. sollte die eigentliche Predigt zugunsten solcher über den Gottesdienst verteilter Elemente zeitlich und inhaltlich ein Stück reduziert werden. Vor allem aber müssen wir uns an die Erfahrung erinnern: Gottesdienste, in denen der Prediger zu oft und zu reichlich etwas sagen will, hinterlassen den Gesamteindruck – selbst wenn der Redende meint, er habe sehr unterschiedliche Typen, Formen und Funktionen von Texten zusammengestellt –: es waren zu viele Texte, zu viele Gedanken, zu viele Worte. Es ist gut, auch für die Predigt flexible und variable Formen auszuprobieren. Aber wir sollten im Blick behalten: Die gewachsene Grundstruktur des Gottesdienstes, die die Auslegung des Textes auf einem Punkt konzentriert, beruht auf erprobter Erfahrung und sollte jedenfalls als Grundmodell erhalten bleiben.

IV DIE EIGENE LITURGIE DER PREDIGT

Schließlich muss daran erinnert werden, dass die Predigt, obwohl beziehungsreich in das Gesamtgeschehen des Gottesdienstes eingefügt, ihren eigenen kleinen liturgischen Rahmen besitzt. Dadurch wird nach wie vor eine gewisse Sonderstellung der Predigt unterstrichen. Der Kanzelgruß und der Kanzelsegen, möglicherweise auch Gebete auf der Kanzel werden in unseren Gottesdiensten ziemlich selbstverständlich von den Predigerinnen und Predigern gesprochen und von der Gemeinde erwartet. Sie gehen zurück auf die Tradition des Prädikantengottesdienstes, der vor allem im Hochmittelalter neben der Messfeier seinen eigenen wichtigen Platz im Leben der Kirche besaß, vor allem katechetische und volksmissionarische Aufgaben wahrnahm und ganz und gar mit der Kanzel innerhalb, gelegentlich aber auch außerhalb der Kirche verbunden war. So unterschiedlich sich die oberdeutsche und Schweizer reformierte Tradition einerseits und die lutherische andererseits grundsätzlich zu dieser Form des Gottesdienstes gestellt haben, ihre Spuren hat sie bis in die Gottesdienstordnungen unserer Tage hinterlassen. Einleuchtend in seiner Funktion ist solch ein eigener Gruß und abschließender Segen im Grunde nur in den – eher seltenen – Fällen, in denen die Liturgin oder der Liturg, die den Gottesdienst leiten, nicht dieselbe Person sind wie die Predigerin oder der Prediger. Während die bisher gültigen Agenden noch relativ ausführliche Angebote enthalten, Varianten für den Kanzelgruß und verschiedene Kanzelgebete vorsehen, ist darum das EGb hier auffällig knapp gehalten und bemerkt: »Ist der Liturg / die Liturgin zugleich der Prediger / die Predigerin, so entfällt der Kanzelgruß« (42). Den Kanzelsegen freilich sieht sie in jedem Fall noch vor, offenbar, um die besondere Aufgabe, die die Pfarrerin / der Pfarrer auf der Kanzel wahrgenommen hat, einprägsam und in geistlicher Weise abzuschließen. Dies könnte freilich auch der Grund sein, die Gemeinde von der Kanzel oder von dem Ort, an dem die Predigt sonst gehalten [741] wird, ausdrücklich noch einmal zu begrüßen. Ihr wird deutlich: Ich rede jetzt in einer besonderen Funktion, als Keryx und als Martys der biblischen Botschaft, während ich sonst – wenn auch als dieselbe Person – als Liturgin oder Liturg eine andere Aufgabe wahrnehme.

Für den Gruß wie für den Segen hat sich je eine biblische Formulierung durchgesetzt: Röm 1,7b und Phil 4,7, obwohl grundsätzlich natürlich auch andere Gruß- und Segensworte denkbar wären. Für die gleichbleibende Formulierung des Grußes spricht, dass dies nach Ernst Käsemann eine Grußformel ist, die »sich stereotyp in den echten Paulinen wiederfindet«, da möglicherweise »der Apostel im Blick auf etwaige gottesdienstliche Verlesung seiner Briefe besonders sorgfältig und ›liturgisierend‹ stilisiert« (An die Römer, Tübingen 1974, 13). Wir sind also in guter apostolisch-biblischer Tradition damit. Das schließt eine de tempore modifizierte Fassung natürlich nicht aus: »und Friede von dem, der ist und war und kommt«. Beim Kanzelsegen sieht es noch etwas anders aus. Joachim Gnilka weist darauf hin, dass sich auch sonst am Schluss paulinischer Briefe Friedenszusagen finden, aber »die Zusage ist nicht formelhaft. Sie kann variiert werden und ist auch hier dem Kontext angepasst« (Der Philipper-Brief, Leipzig 1968, 171). Einerseits ist es sicher sinnvoll, sich und der Gemeinde beim Abschluss jeder Predigt gleichbleibend deutlich zu machen: Gottes Friede – in einem umfassenden Sinn –, also sein Heil, sein Evangelium übersteigt alles, was wir mit unsern vernünftigen Überlegungen und vorformulierten Sätzen sagen konnten. Es ist tröstlich zu wissen, dass die Kraft und der Reichtum der biblischen Texte von uns nicht erschöpfbar sind. Andererseits aber können auch wir wie der Apostel diese Zusagen variieren und dem Kontext unserer Predigt anpassen: »Der Friede Gottes, der all unsere Vernunft übersteigt, und das Heil Gottes, das größer ist als alles, was wir fürchten und hoffen können, bewahre eure Herzen und Sinne« oder »in Christus Jesus, der in diese Welt gekommen ist, der wiederkommen wird und der doch immer schon bei uns ist«, also ein Segenswunsch am Ende, der zugleich an den Skopos der eben gehörten Predigt erinnert. So ist es sinnvoll, den Gottesdienst im Ganzen und im Einzelnen zu bedenken, wenn ich meine Predigt vorbereite. Und wenn ich den Gottesdienst mit andern gemeinsam gestalte, ist es gut, ihn auch gemeinsam vorzubereiten und zwar so, dass alle, die daran beteiligt sind, ob sie es wissen oder nicht, auch zu dem beitragen, was dann in der Predigt zu sagen sein wird.

LITERATUR

Karl-Heinrich Bieritz, Die Predigt im Gottesdienst: ders., Zeichen setzen (PTHe 22), Stuttgart 1995, 137-158. – Ders., Das Wort im Gottesdienst: GDK 3 (1987) 47-76. – Karl-Fritz Daiber, Gottesdienstreform und Predigttheorie: JLH 18 (1973/74) 36-54. – Ders. / Hans Werner Dannowski / Wolfgang Lukatis / Ludolf Ulrich, Gemeinden erleben ihre Gottesdienste. Erfahrungsberichte, Gütersloh 1978. – Hans Werner Dannowski, Kompendium der Predigtlehre, Gütersloh ²1990, 79-84. – Erich Hertzsch, Die Wirklichkeit der Kirche I. Die Liturgie, Halle 1956. – Horst Hirschler, Biblisch predigen, Hannover ³1992, 484-492. – Manfred Josuttis, Der Weg in das Leben. Eine Einführung in den Gottesdienst auf verhaltenswissenschaftlicher Grundlage, München 1991, 237-245. – Hartmut Genest, Hermeneutische Implikate des gottesdienstlichen Bibelgebrauchs: Dietrich Zilleßen / Stefan Alkier / Ralf Koerrenz / Harald Schroeter (Hg.), Praktisch-theologische Hermeneutik. Ansätze – Anregungen – Aufgaben, Rheinbach-Merzbach 1991, 423-432. – Wolfgang Ratzmann, Liturgisch integriert, konfessorisch und doxologisch. Zum Verständnis der Predigt nach dem Evangelischen Gottesdienstbuch: Wilfried Engemann (Hg.), Theologie der Predigt (APrTh 21), Leipzig 2001, 243-258. – Werner Schütz, Probleme der Predigt (DAW[G] 41), Göttingen 1981, 34-36. – Helmuth Schreiner, Die Verkündigung des Wortes Gottes, Hamburg ⁵1959. – Joachim Stalmann, Die Predigt im Zusammenhang gottesdienstlichen Gestaltens: Niedersächsische Studiendirektorenkonferenz (Hg.), werkstatt predigen. Eine homiletische Korrespondenz, Nr. 29 / 1978, 21-24. – Gottfried Voigt, Die Predigt als Stück der Liturgie: Hans-Christoph Schmidt-Lauber / Manfred Seitz (Hg.), Der Gottesdienst. Grundlagen und Predigthilfen zu den liturgischen Stücken, Stuttgart 1992, 128-137.

VIII
Aspekte der Predigtanalyse

VIII.1 Theoretische Grundlegung

Die Beziehungsdimension der Predigt

Zum Beitrag von Hans-Christoph Piper

In den zurückliegenden Kapiteln dürfte deutlich geworden sein, daß »Predigt« ein komplexes Kommunikationsgeschehen darstellt. Will man eine konkrete Predigt analysieren, tut man darum gut daran, sich jeweils auf ausgewählte Faktoren zu beschränken. Die im folgenden vorzustellende Predigtanalysemethode hat in überzeugender Weise die *Beziehungsdimension* der Predigt fokussiert. Daß sie nicht von einem Homiletiker, sondern von einem Seelsorgelehrer entwickelt wurde, ist dabei sicher kein Zufall.

Hans-Christoph Piper (1930-2002)[1] gehört zu den prominentesten Vertretern der deutschsprachigen Pastoralpsychologie. Nach seinem Theologiestudium in Göttingen, Heidelberg und Amsterdam promovierte er 1964 in Göttingen über Anfechtung und Trost im Kirchenlied. Piper, der in den Niederlanden die auf der Methode des klientenzentrierten Gesprächs (Carl Rogers) aufbauende *Clinical Pastoral Education* (CPE) kennengelernt hatte, wurde in den frühen 70er Jahren zu einem der führenden Wegbereiter der Klinischen Seelsorgeausbildung (KSA) in Deutschland. So konnte unter seiner Leitung am Klinikum der medizinischen Hochschule Hannover, an dem er als Seelsorger tätig war, im Jahr 1970 das erste deutsche Ausbildungszentrum für KSA eingerichtet werden. Daneben war seinen zahlreichen Veröffentlichungen eine breite, bis zur Gegenwart anhaltende Wirkung beschieden; insbesondere seine erstmals 1972 veröffentlichten *Gesprächsanalysen*[2], die ebenso vom fachlichen Können wie vom sensiblen Gespür eines erfahrenen Seelsorgers zeugen, avancierten bald zu einem Standardwerk der Pastoralpsychologie. Schon zuvor in der universitären Ausbildung tätig, lehrte Piper im Anschluß an seine Habilitation 1980 als Professor für Pastoralpsychologie in Göttingen, ohne aber dabei je die Verbindung mit der pastoralen Praxis preiszugeben. Nach längerer Krankheit verstarb Piper im Alter von 71 Jahren am 18.1.2002.

Der unten abgedruckte Text verarbeitet komplexe Theorien in praxisrelevanter und leicht zu rezipierender Weise, ohne sie im einzelnen referieren zu müssen. In der folgenden Einleitung sollen zumindest einige seiner Implikationen exemplarisch benannt werden.

---

1 Zur Biographie: Dietrich Stollberg: Kommunizieren lernen. Zum Tod Hans-Christoph Pipers am 18. Januar 2002, in: DPfrBl 102, 2002, 115.
2 Göttingen 1976 ([6]1994).

Im Unterschied zu anderen Predigtanalysemethoden basiert das von Piper vorgestellte Modell nicht auf einer Analyse des Predigtmanuskripts, sondern primär auf den Rückmeldungen einer Kleingruppe auf den *Höreindruck*, den eine Predigt hinterläßt. Auf diese Weise können zum ersten die spezifischen Probleme und Verständnisschwierigkeiten mündlicher Kommunikation – die sich u. a. aus der Einmaligkeit der Äußerung ergeben – in der Analyse systematisch mitberücksichtigt werden. Zum zweiten spiegelt sich in einem Feedback nicht allein die *gehaltene* Predigt, sondern zugleich schon die individuell und subjektiv *rezipierte* Predigt wider. Damit macht, drittens, das Analysemodell Pipers konsequent Ernst damit, daß eine Predigt kein von einem isolierten Individuum produzierter Text ist, sondern ein komplexes Kommunikations- und Beziehungsgeschehen darstellt. Entsprechend geht es dieser Analyse weniger um Aussagen über den Text ›an sich‹ oder den Prediger ›an sich‹ als vielmehr um die *Aufdeckung des kommunikativen Geschehens* zwischen Prediger und Hörer.[3]

Zu diesem Zweck werden die Predigthörer um ein Feedback zur vernommenen Botschaft sowie zur wahrgenommenen Beziehung zwischen Prediger und Hörer gebeten. Hinter den zwei Fragen steht die in der Kommunikationspsychologie geläufige Unterscheidung zwischen Inhalts- und Beziehungsebene:[4] Demnach ist das Gelingen einer Kommunikation nicht nur von einer sachgemäßen Formulierung von Inhalten bzw. Botschaften,[5] sondern auch von einer adäquaten kommunikativen Beziehung abhängig. Störungen auf der Beziehungsebene blockieren mehr oder minder auch die inhaltliche Verständigung – insbesondere dann, wenn es nicht um die Übermittlung von Daten, sondern um eine Verständigung über die Grundfragen menschlicher Existenz geht. Insofern kann ein diffuses und abstrakt bleibendes Feedback auf die Predigtbotschaft bereits ein erstes Indiz für eine gestörte Beziehungsebene sein. Durch die Frage nach der Wahrnehmung des Predigers bzw. nach eigenen Gefühlen im Blick auf die Predigt wird dann die Beziehungsseite der Predigt explizit thematisiert. Die von Piper formulierten Fragen ließen sich mühelos bei Bedarf durch weitere Aspekte ergänzen bzw. vertiefen, etwa: In welcher Rolle begegnet mir der Prediger / die Predigerin? In welche Rolle hat

---

3 Wenngleich das *symptomatische*, d. h. auf die Predigerpersönlichkeit gerichtete Untersuchungsinteresse erkennbar im Vordergrund steht: »Das Problem der Predigt weist in der Regel auf ein Problem in dem Prediger hin.«

4 Vgl. dazu etwa Paul Watzlawick u. a. (Hg.): Menschliche Kommunikation. Formen, Störungen, Paradoxien, Bern / Stuttgart / Wien [4]1974, 53-56.

5 »Inhalt« meint die bloße Sachinformation (den semantischen Gehalt), während »Botschaft« eine sprachliche Handlung, d. h. eine semantisch-pragmatische Einheit, bezeichnet. Daß etwa ein Pfarrer »über die Sünde gesprochen« habe, gibt in diesem Sinne den *Inhalt* der Predigt, daß er »uns vor der Sünde gewarnt habe« hingegen ihre *Botschaft* wieder.

er / sie mich mit der Predigt versetzt? Wonach ist mir am Ende der Predigt zumute? usw.[6]

In den Rückmeldungen auf die gehörte Predigt zeichnen sich Verständigungsprobleme – freilich auch Momente gelingender Kommunikation! – ab, die im anschließenden Gruppengespräch anhand des Predigtmanuskripts systematisch ausgewertet werden. Dabei geht es in erster Linie um eine *symptomatische Auswertung* der Predigt im Blick auf den Prediger bzw. die Predigerin: Wo hat er / sie selbst Schwierigkeiten mit der Frohen Botschaft? An welcher Stelle wird die Kommunikation des Evangeliums durch eigene unverarbeitete Lebensthemen und Lebensprobleme blockiert? u. ä. Die Fokussierung der Predigerperson ist freilich kein Selbstzweck. Sie basiert vielmehr auf der Einsicht, daß eine gelingende Kommunikation des Evangeliums eine *subjektive Verarbeitung der Botschaft* voraussetzt:[7] Nur wer auf der Kanzel als persönlich Betroffener kommuniziert und dabei auch die eigenen Ambivalenzen – die »Schatten« im eigenen Leben, wie Piper in Aufnahme einer Metapher C. G. Jungs formuliert, – nicht ausspart, kann hoffen, für andere Menschen *relevant* zu predigen.

Die Herkunft des vorliegenden Predigtanalyseverfahrens aus der Klinischen Seelsorgeausbildung, wie sie u. a. Piper lehrte, zeigt sich in vielerlei Hinsicht. Das gilt zunächst für den organisatorischen Rahmen: Hier wie dort wird in festen Kleingruppen mit einer Kombination aus unmittelbarem Feedback und anschließender Diskussion gearbeitet. Das gilt für die Analysebasis: Beide Verfahren verzichten bewußt auf eine empirisch messbare, quasi »objektive« Auswertung von aufgezeichneten Gesprächen bzw. Predigten zugunsten von *Erinnerungen*, d. h. subjektiv gefärbten Eindrücken von den Kommunikationsvorgängen. Das gilt im Blick auf das Ziel: Im Fokus der Analyse steht letztlich nicht die Sprache oder die Struktur der Kommunikation, sondern die handelnde Person – und das nicht in therapeutischer Absicht, sondern im Interesse einer professionellen Ausbildung. Und schließlich setzt Pipers Predigtanalyse ebenso wie ein KSA-Kurs ein Mindestmaß an Offenheit und Vertrautheit in der Kleingruppe voraus, um nicht nur miteinander, sondern in gewisser Weise auch *füreinander* konstruktiv arbeiten zu können.

F. M. L.

---

6 Vgl. Wilfried Engemann: Einführung in die Homiletik, Tübingen / Basel 2002, 429.
7 In der Abgrenzung gegen vermeintliche Objektivitätsideale kommt Piper dem Anliegen Otto Haendlers (vgl. Kap. II.1) besonders nahe.

Hans-Christoph Piper

Die Predigtanalyse[1]

Gern erzählt und belacht wird die Geschichte von dem Gottesdienstbesucher, der, von der Sonntagspredigt heimkehrend, gefragt wird, worüber der Pfarrer denn gesprochen habe. »Von der Sünde«, weiß er zu berichten. Was der Pfarrer denn darüber gesagt habe? »Er war dagegen«, lautet die lapidare Antwort.

Die Wirkung dieser Geschichte liegt nicht allein in der Kürze der Antworten, die sie als »Schottenwitz« ausweisen könnte, sondern vor allem auch darin, daß in dieser Knappheit »alles« über die Predigt gesagt ist. Ist in der ersten Antwort das Thema der Predigt mit einem Stichwort genannt, so sagt die zweite Antwort etwas darüber aus, wie der Hörer den Prediger erlebt hat. »Er war dagegen!«

Es ist kaum anzunehmen, daß der Hörer ein Stück Befreiung mit nach Hause genommen hat, ein Stück Hilfe, wie er mit seiner »Sünde« umzugehen habe. »Er war dagegen« – befragt man diesen Satz auf seinen Gefühlswert, dann zeigt er, daß der Predighörer sich abgespeist gefühlt hat. Der Prediger war – für sein Erleben – auch gegen ihn selbst.

Die Wirkung dieser Geschichte liegt darin, daß jener Gottesdienstbesucher ein lapidares »feed-back« auf die Predigt gegeben hat, das so treffend ist, daß wir uns den Prediger und seine Predigt vorstellen können. Eigene Erfahrungen werden angesprochen. Das »feed-back« hat eine entlastende Wirkung. Man kann befreit lachen. Die Geschichte ist ein »guter Witz«. Schade nur, daß dieses »feed-back« den Prediger, den es angeht, nicht erreicht ... [92]

I EIN MODELL DER PREDIGTANALYSE

In den Kursen der Klinischen Seelsorgeausbildung gehört die Predigtbesprechung mit dem emotionalen »feed-back« zum festen Bestandteil des Programms. Die Kursteilnehmer halten während des Trainings Andachten und Predigten, die auf einem Tonband festgehalten werden. Zu Beginn der Predigtbesprechung (in der Regel einige Tage später) kann das Tonband zur Auf-

---

[1] Dieser Beitrag schließt an die Überlegungen meines Aufsatzes »Die Predigtanalyse in der Klinischen Seelsorgeausbildung« in: Wege zum Menschen, 25 / 1973, 355-365 an. Weiterführend war für mich eine Übung »Der seelsorgerliche Aspekt in der Predigt«, die ich gemeinsam mit Professor Dr. Dr. Ulrich Nembach im WS 1974/75 an der theologischen Fakultät in Göttingen gehalten habe. Vgl. auch mein Buch: Predigtanalysen. Kommunikation und Kommunikationsstörungen in der Predigt, Göttingen / Wien 1976.

frischung des Gedächtnisses abgespielt werden. Notwendig ist das Tonband allerdings nicht. Als es einige Male nicht zur Verfügung stand, zeigte sich, daß – wenn die Hörer auch Schwierigkeiten mit einer genaueren Inhaltsangabe hatten – der *emotionale* Eindruck, den die Predigt hinterlassen hatte, auch nach mehreren Tagen noch unverwischt war.

Wichtig für die Predigtanalyse ist, daß die Hörer sich ganz und gar auf ihr Gehör verlassen. Sie machen sich keine schriftlichen Notizen. Dafür werden sie *nach* dem Anhören der Predigt aufgefordert, schriftlich möglichst knapp folgende zwei Fragen zu beantworten:

1. Was für eine Botschaft hat mir der Prediger übermitteln wollen?
2. Wie habe ich die Predigt und den Prediger erlebt; welche Gefühle und Empfindungen habe ich während des Zuhörens registriert?

Auch der Prediger wird gebeten, bestimmte Fragen zu beantworten, die – mit Ausnahme der dritten – den Fragen an die Zuhörer entsprechen:

1. Was für eine Botschaft habe ich übermitteln wollen?
2. Was habe ich an Befindlichkeit (z. B. Zutrauen, Freiheit) vermitteln wollen?
3. Wie habe ich mich selber (meine Stimme auf dem Tonband) erlebt?

Die schriftliche Fixierung soll eine gegenseitige Beeinflussung verhindern und eine größtmögliche Differenzierung ermöglichen. Die einzelnen Voten werden der Reihe nach vorgebracht und vom Gesprächsleiter stichwortartig an der Tafel (Overhead-Projektor o. ä.) festgehalten. Der Gesprächsleiter fragt lediglich nach, wenn ihm etwas unklar erscheint, und hilft, Gefühle zu verbalisieren.

Dies – auf den ersten Blick vielleicht ein wenig schulmäßig anmutende – Vorgehen hat zwei Effekte. Einmal werden die einzelnen Voten versachlicht. Der Gruppenteilnehmer sagt sein Votum in Richtung des Gesprächsleiters, er wendet sich zunächst noch nicht unmittelbar an den Prediger selbst. Dadurch wird der Prediger vor einer zu verunsichernden Konfrontation geschützt. Das kann vor allem zu Beginn eines Kurses, wo der »non-judgmental approach« in der Gruppe noch nicht eingeübt [93] ist, geboten sein. Zum anderen hilft das Tafelbild, bestimmte Strukturen sichtbar zu machen. Mit Hilfe verschiedener Farben können parallele Äußerungen in den einzelnen Voten hervorgehoben werden. Das Problem dieser Predigt tritt zutage. Das Problem der Predigt wiederum weist in der Regel auf ein Problem in dem Prediger hin. Dies aufzuzeigen und daran zu arbeiten, ist das Ziel der Predigtanalyse.[2]

---

2 Je weiter eine Gruppe in ihrem Kommunikationsprozeß vorangeschritten ist, desto mehr kann man auf derartige Strukturierungen verzichten.

Nicht zuletzt hat die schriftliche Fixierung des »feed-back« die Möglichkeit geschaffen, Material zu sammeln, Vergleiche anzustellen und erste, vorsichtige Thesen im Blick auf die Wirkung von Predigten auf den Hörer zu formulieren. Der Prediger legt seine Predigt der Gruppe im Verlauf des Nachgesprächs auch schriftlich vor. Auf diese Weise können Eindrücke der Hörer am Text konkretisiert werden – zugleich ergibt sich dabei aber auch die Möglichkeit, zu überprüfen, was von der Predigt vom Hörer überhaupt registriert und was von ihm »überhört« wurde. Dies wiederum läßt Rückschlüsse auf den Kommunikationsvorgang zwischen dem Prediger und seinen Hörern zu.[3]

II EIN BEISPIEL EINER PREDIGTANALYSE

Im folgenden soll das Beispiel einer Predigtanalyse vorgeführt werden. Zunächst drucken wir den Wortlaut der Predigt ab, geben dann die einzelnen Voten der Hörer wieder und teilen schließlich das sich daran anschließende Gespräch in der Gruppe mit.

Dem Leser schlagen wir vor, sich an der Predigtanalyse zu beteiligen, und zwar dergestalt, daß er die Predigt auf sich wirken läßt und dann seinerseits – ehe er das Feedback der Gruppe liest – für sich die Antworten notiert, die er auf die oben gestellten Fragen geben würde. Er muß sich dabei freilich bewußt bleiben, daß eine Predigt unterschiedlich erlebt werden kann, je nachdem, ob sie gelesen oder ob sie gehört wird.

Der Text der Predigt ist Jesaja 55, 8 entnommen.

Liebe Gemeinde!
  Wir wollen heute auf ein Wort aus dem Buch des Propheten Jesaja hören. Gott spricht: »Meine Gedanken sind nicht eure Gedanken, und meine Wege sind nicht eure Wege.« Im Jesajabuch steht dies Wort im Zusammenhang eines Bußwortes. Mir fällt bei diesem Wort auf, daß Gott sich gegen sein Volk, gegen seine Gemeinde abgrenzt. [94] Gott sagt: Hier sind meine Gedanken – dort sind eure Gedanken. Hier sind meine Wege – dort sind eure Wege: Im Jesajabuch ist dieses Wort eine Antwort, die Gott gibt. Gott antwortet auf die Klage und Anklage seines Volkes: Du hast uns verlassen! Es ist alles ganz anders gekommen, als Du, Gott, es zugesagt hattest. Es ist alles ganz anders gekommen, es ist alles ganz anders geworden, als wir es uns vorgestellt hatten. Wir erwarteten Frieden, Ruhe und Glück, und was ist daraus geworden?
  Sind das nicht so manches Mal auch unsere Gedanken: Es ist ganz anders geworden! Und bedrängt uns nicht auch so manches Mal die Frage: Sind die Wege, die wir gehen, auf die man uns gedrängt hat oder auf die wir uns drängen ließen – sind das überhaupt Gottes Wege mit uns?

---

3 Die sog. »Perzeptionsfaustregel«, nach der ein Mensch 20 % dessen aufnimmt, was er hört, kann von hier aus differenziert werden. Aufgenommen wird, was *kommuniziert* wird. Vgl. dazu K. W. Dahm, Beruf: Pfarrer, München 1971, 317.

VIII ASPEKTE DER PREDIGTANALYSE

Aus dem Wort: »Meine Gedanken sind nicht eure Gedanken, und eure Wege sind nicht meine Wege« will ich einen Gedanken besonders herausgreifen und darüber nachdenken, das Wort »Weg«. Wir alle kennen viele Wege, ebene Wege und holprige Wege mit Schlaglöchern. Wir kennen Wege, die gut beleuchtet sind, und Wege, die im Dunkeln liegen. Da läßt es sich schlecht gehen. Wir kennen Wege, die sich gut gehen lassen, und Wege, die beschwerlich sind. Jeder dieser Wege hat einen Anfang, und jeder dieser Wege hat ein Ende. Den Anfang kennen wir wohl stets, das Ende kennen wir meist nicht. Es gibt gerade Wege und krumme Wege. Es gibt Wege, die aufwärts führen, und es gibt Wege, die abwärts führen. Oft gebrauchen wir auch das Bild des Weges als ein Symbol. Wir sagen dann: Mit diesem Menschen, mit dieser Sache, mit dieser Angelegenheit geht es vorwärts, bergauf, oder es geht rückwärts, bergab.

Oft ist es auch so, daß wir voller Hoffnung einen neuen Weg beschreiten; aber manchmal zeigt es sich dann, daß dieser neue Weg nicht weiterführt. Er ist eine Sackgasse. Der Weg ist dann zuende, und es bleibt nur die Möglichkeit, mühsam wieder zurückzugehen und einen anderen Weg zu suchen.

Bei diesem Bild des Weges fällt mir auch das Bild des Umweges ein. Umwege haben oft eine große Bedeutung in unserem Leben. Vielfach erkennen wir erst rückblickend, daß wir und was wir für Umwege gegangen sind. Umwege können uns helfen, wichtige Lebenserfahrungen zu machen.

Ein Weg ist nicht ohne Zeichen. Viele Wege haben Markierungen, und an vielen Wegkreuzungen stehen Weiser. Gott stellt auch Wegweiser an unsere Lebenswege. Gott gibt hilfreiche Markierungen an die Wege, die er führt. Gott tut das, damit wir uns zurechtfinden und nicht in irgendeiner Sackgasse enden. Gott tut das, damit wir auf seinem Wege vorankommen und nicht immer wieder von Neuem anfangen müssen. Gott tut das, damit wir auf seinem Wege bleiben können und Hoffnung behalten. Wer die Wegweiser mißachtet oder die Markierungen übersieht oder auch nicht sehen will, der kommt nicht an das Ende des Weges. Der kommt nicht an das Ziel. Wer nicht an das Ziel kommt, bleibt schließlich irgendwo unterwegs auf dem Wege liegen. Die Kraft ist verbraucht. Die Hoffnung ist dahin. Ich kenne viele Menschen, die müde sind, die resignieren, die stumpf geworden sind, weil sie keine Hoffnung mehr haben, zum Ziel zu kommen. Ich kenne Menschen, die nur noch für ihren Tag, für den Tag jetzt schlechthin leben, weil ihr Weg kein Ziel mehr hat.

Der Weg hat auch etwas zu tun mit der Nachfolge Jesu. Nachfolge heißt doch den Weg nachgehen, den Jesus vorangegangen ist. Ich finde, hier wird es besonders deutlich, daß Gottes Wege nicht unsere Wege sind, denn Jesu Weg zur Herrlichkeit führt über Golgatha. Jesu Weg ist der Weg über das Kreuz. Es ist nicht leicht, daß ich mich auf Gottes Weg führen lasse, und daß ich zu diesem Weg dann Ja sage. Viele Beispiele kann ich dafür nennen. Da sind die Eltern mit dem hirngeschädigten Kind, für das kein Bett frei ist in einer Einrichtung oder in einer Tagesstätte, so daß das Kind nicht gefördert werden kann, und seine Anlagen verkümmern immer mehr. Da ist die Familie mit der schwer pflegebedürftigen Oma, die keinen Heimplatz bekommt, und sie alle wissen nicht, wie es so noch weitergehen kann. Da ist eine Familie mit einem Kind, das seine eigenen Wege, Abwege, geht und keinen Rat annimmt. [95]

Wenn ich den Weg allein finden will, wenn ich den Weg allein gehen will, ist meine Kraft bald erschöpft. Gott sagt: Meine Wege sind nicht eure Wege. Und doch liegt eine große Verheißung auf dem Weg: Wir gehen ihn nicht allein. Jesus stellt Menschen neben uns, mit denen wir gemeinsam gehen: Gemeinde. Wir sind gemeinsam auf dem Weg, als Gemeinde Jesu Christi sind wir gemeinsam auf dem Weg, der zum Ziel führt; in einem immer neuen Lauschen auf seine Stimme; so daß wir täglich Gottes Hand ergreifen; so daß wir uns täglich in seinen Willen hineinbegeben; so daß wir bitten:

Herr, laß Du unsere Wege Deine Wege sein. Herr, führe uns auf Deinem Weg und laß uns gehen zum Ziel. Deiner großen Freude entgegen. Amen.

Als erster äußerte sich der Prediger zu seiner Predigt. Als Botschaft, die er weitersagen wollte, formulierte er: »Gott macht unsere Wege zu seinen Wegen, obwohl wir es oft nicht verstehen.« Er wollte Hoffnung vermitteln. Er war, nachdem er seine Predigt noch einmal vom Band gehört hatte, mit sich selbst unzufrieden. Er empfand sich selber als »viel zu leidenschaftslos. Es war viel zu wenig Hoffnung drin.« Den Schluß empfand er als »angehängt: Das hätte von Anfang an mitschwingen müssen.«

Von den Hörern kamen folgende Voten:

A: 1. Als Botschaft habe ich gehört: Auf meinem Weg bin ich nicht allein. Es sind Menschen mit mir auf dem Weg.
2. Ich war während der Predigt mit auf dem Weg. Aber das Ziel blieb mir unklar. Bei der »Nachfolge« klaffte die Predigt auseinander. Von da an konnte ich nicht mehr gut zuhören.

B: 1. Ich kann keine Botschaft formulieren.
2. Ich konnte am Anfang gut zuhören. Die Passage über die verschiedenen Wege habe ich als eine Art Dichterlesung »*über* den Weg« erlebt. Dann tauchte Gott auf. Eine Störung habe ich bei »Christus« und »Nachfolge« empfunden. Ebenfalls bei den konkreten Beispielen, die dann kamen. Da riß der Faden. Der Trost klang müde – ich konnte ihn nicht annehmen. Was sind Gottes Wege? – das blieb offen.

C: 1. Die Botschaft lautete: »Gottes Wege sind anders als unsere Um- und Irrwege.« Ich habe darin einen Appell gehört.
2. Ich empfand die Stimme als unnatürlich. Bei den Beispielen (am Schluß) fragte ich mich: Was soll das hier? Was hilft das mir? Wo steht der Prediger selber? Ich habe irgendwo den moralischen Zeigefinger gehört und fragte mich: wie kann er das beurteilen? Mir war unbehaglich zumute.

D: 1. Ich habe Schwierigkeiten, eine Botschaft zu formulieren. Vielleicht könnte ich es so sagen: »Ihr könnt ans Ziel kommen mit Ihm.« [96]
2. Die Sprache kam mir sehr langsam vor. Ich konnte schlecht zuhören. Als der Prediger von den Umwegen anfing, war ich eine Weile ganz

weg. Ich verstand nichts mehr bis zu dem Wort »Markierungen«. Bei der Stelle über die »Enttäuschungen« dachte ich: Das kann »man« so sagen, ohne daß es gefährlich werden könnte.

E: 1. Ich habe Schwierigkeiten mit der Botschaft. Vielleicht so: »Einer weiß mein Ziel. Er wird mich dahin bringen, auch wenn ich den direkten Weg nicht weiß.«
2. Ich habe die Stimme als eindringlich-suggestiv erlebt. Ich spürte: Da will mir einer etwas einreden. Ich empfand eine Störung. Ich weiß den Anfang nicht mehr, bis zu den »Wegen«. Das Bild vom »Weg« konnte ich nachmeditieren. Ich habe weiter zugehört – bin aber nicht froh geworden. Der Prediger redete *über* den Weg. Ich hatte nicht das Gefühl, daß da einer mitgeht. Die Konkretionen (am Schluß) stammten aus dem Lebensbereich des Predigers (er ist in der Inneren Mission tätig). Aber ist er selber froh darüber geworden? Inwiefern steht der Text in einem Bußzusammenhang? Das ist mir nicht deutlich geworden.

Danach entspann sich ein Gespräch, das wir skizzenhaft wiedergeben. Der Prediger, von dem »feed-back« betroffen, formulierte noch einmal (und nun sehr viel konkreter), was er mit seiner Predigt bewirken wollte: »Ich wollte den Hörern helfen, aus ihrem Leid keine Anklage gegen Gott zu machen.«

B: »Kann man aber mit negativen Beispielen Hoffnung wecken?«
Prediger: »Deshalb habe ich ja den Weg Christi mit hineingebracht.«
B: »Da konnte ich nicht zuhören! Mit Gottes Wegen kann ich nichts anfangen – da mußte dann Christus als Pflaster draufgeklebt werden! Warum darf Gott eigentlich nicht angeklagt werden? Er läßt es doch zu – warum Sie nicht?«
Prediger: »Aber dabei dürfen wir doch nicht stehenbleiben!«
B: »Dennoch – die Anklage hat zu wenig Raum. Deshalb hatte ich Hörschwierigkeiten!«
Gesprächsleiter: »Ich frage mich, ob die Beispiele, die Sie am Schluß gebracht haben, Gottes Wege sind! Sind es nicht vielmehr sündige, menschliche Wege? – Ich möchte den Finger noch einmal auf das Votum legen, in dem es hieß: Der Trost klang müde. Und später fragte jemand: Ist der Prediger selber froh darüber geworden?«
Prediger: »Ich fühle mich verstanden. Es müßte viel mehr deutlich werden, was mit Hoffnung gemeint ist. Ich hatte selber Mühe, die Bilder zu bändigen, die ich mit dem Wort ›Weg‹ assoziierte.«
Gesprächsleiter: »Was für Bilder waren das? Was für Farben hatten die?«
Prediger: »Viele Grautöne. Sehr persönliche Bilder. Es hat mir zur Klärung verholfen.«
Gesprächsleiter: »Was haben Sie verarbeitet?«
Prediger: »Ein Stück eigener Hoffnungslosigkeit.«
Gruppe: »Das haben wir aber nicht gehört!«

[97] Prediger: »Ich habe mich abgesichert! Ich hätte jedes Bild mit persönlichen Dingen füllen können. Das habe ich nicht gewagt. Ich habe gedacht, das kann den anderen ja doch nicht helfen. Die haben andere Probleme.«

Die Hörer fingen an, den Prediger, seine Predigt und ihre eigenen Reaktionen auf sie zu verstehen. Und der Prediger verstand seine Zuhörer, aber es öffnete sich ihm auch die Einsicht für das, was sich in ihm selber im Zusammenhang mit seiner Predigt ereignet hatte.

Der Prediger wurde von einem biblischen Text betroffen. Vor allem der Satz: »Eure Wege sind nicht meine Wege, spricht der Herr« rief in ihm eine Fülle von Assoziationen hervor, so daß er selber Mühe hatte, die in ihm aufsteigenden, sehr persönlichen Bilder zu bändigen. Er mußte sich absichern, und zwar offenbar nicht nur gegenüber seinen Hörern, die er mit seinen Problemen nicht belasten wollte, sondern auch sich selbst gegenüber, denn die »Bilder« drohten ihn zu überschwemmen. Es waren Bilder mit vielen Grautönen, Bilder der Hoffnungslosigkeit.

Der Prediger versucht – das geht ihm erst jetzt auf –, seine eigene Problematik, seine eigene Hoffnungslosigkeit in und mit der Predigt zu verarbeiten. Aber er tut es so, indem er sich absichert. Seine Rede über die verschiedenartigen Wege stellt eine Art »Dichterlesung« dar, und über Enttäuschungen spricht er so unpersönlich, daß es nicht »gefährlich« werden kann. »Wo steht der Prediger selber?« Überhaupt ist es bezeichnend, daß von den verschiedenen Wegen stets in Alternativen gesprochen wird: ebene und holprige, beleuchtete und dunkle, aufwärts und abwärts, krumme und gerade Wege. Das läuft dann auf die Alternative: Gottes Wege und Wege der Menschen hinaus. Gleich am Anfang wird die Abgrenzung zwischen diesen bei den Alternativen vorgenommen: »Mir fällt bei diesem Wort auf, daß Gott sich gegen sein Volk, gegen seine Gemeinde abgrenzt.«

Jetzt wird verständlich, warum einer der Hörer äußert: »Ich hatte nicht das Gefühl, daß da einer mitgeht.« Oder daß das Ziel unklar blieb. Oder daß die Frage offen blieb, was denn nun Gottes Wege seien. Der Prediger selber blieb in den Alternativen hängen. Er selber ist keinen Weg gegangen. Die Hörer standen so unter dem Eindruck der Abgrenzung zwischen den Alternativen, daß sie den theologischen Versuch, eine Brücke zu schlagen, nämlich durch den Hinweis auf den Weg Christi und die Nachfolge, nicht nachvollziehen konnten. Bei der Nachfolge – so empfindet es einer der Hörer – klafft die Predigt auseinander! Auf der einen Seite wird die Gemeinde zur Nachfolge aufgerufen – auf der anderen Seite wird es hier »besonders deutlich, daß Gottes Wege nicht un[98]sere Wege sind«. Durch die Alternativen mit der unerbittlichen Abgrenzung wird der Weg zur Nachfolge geradezu versperrt.

Der Prediger sagt: »Ich kenne viele Menschen, die müde sind, die resignieren, die stumpf geworden sind, weil sie keine Hoffnung mehr haben, zum Ziel zu kommen.« Die Reaktion der Hörer lautet: »Der Trost klang müde – ich konnte ihn nicht annehmen.« Und dem Prediger geht auf, wie er – als er von den »vielen Menschen« redet, die er kennt, – von sich selber spricht, und zwar von einer Seite in sich selbst, die er nicht akzeptieren und nicht wahrhaben will, mit der er sich aber dennoch insgeheim auseinandersetzen möchte: »Viel zu wenig Hoffnung.« Die Predigt ist der Niederschlag dieses Wunsches, ohne daß ihm dies aber während der Predigtvorbereitung und während der Predigt selber bewußt geworden wäre. So ist er in der Auseinandersetzung mit sich selbst steckengeblieben. Die Predigt hat resignierende Züge. Es bleibt nichts anderes übrig, als »Ja« zu sagen zu Zuständen, die niemand bejahen kann. An der Stelle, wo die Predigt konkret wird, wo sie Zustände beim Namen nennt, wird zugleich am deutlichsten, wie der Prediger in einen emotionalen Konflikt mit sich selbst verstrickt ist, wie sogar seine eigene Aktivität blockiert wird. Es hat den Anschein, als ob er angesichts der untragbaren Verhältnisse gelähmt ist. Dabei sollten dies doch Beispiele dafür sein, wie es aussieht, wenn ich mich auf Gottes Wegen führen lasse.

Die Hörer vernehmen einen Appell, sie empfinden den moralischen Zeigefinger – fühlen sich aber damit alleingelassen. Es ist auffallend (und wird nach dem Erarbeiteten doch verständlich), warum viele der Hörer Schwierigkeiten haben, eine »Botschaft« zu formulieren. Zwar konnten sie alle das »Thema« angeben, aber offenbar wurde das Thema für die Mehrzahl nicht zur »Botschaft«.

Wenden wir uns schließlich dem Predigttext zu und dem Zusammenhang, in dem er bei Jesaja 55 steht, dann fällt ins Auge, daß der Tenor des Textes anders, ja entgegengesetzt dem lautet, was der Prediger herausgehört hat: »Mir fällt auf, daß Gott sich gegen sein Volk, gegen seine Gemeinde abgrenzt.« Jesaja 55 ist eben keine Abgrenzung, sondern Einladung, Angebot des Heils: »Auf, ihr Dürstenden alle, kommet zum Wasser; und die ihr kein Brot habt, kommet ... Neigt euer Ohr und kommet zu mir; höret, so wird eure Seele leben ...« Diesen Ton hat der Prediger nicht gehört. Sein Ohr war blockiert. Das wird ihm jetzt, in der Reaktion der Hörer auf seine Predigt, deutlich. Er konnte die Einladung zum Leben nicht vernehmen, weil sein Gottesverständnis in einer bestimmten Weise vorgeprägt war. Er glaubte einen Gott vor sich zu haben, der sich »gegen sein Volk«, aber auch gegen ihn selbst abgrenzt, [99] dessen Gedanken die eigenen Gedanken, die auf Frieden, Ruhe und Glück ausgerichtet sind, nicht akzeptiert, der das Leid auf seine Fahne geschrieben hat, so daß Auflehnung nutzlos, Ergebung aber geboten ist. Dieser Gott durchkreuzt prinzipiell die Wege der Menschen und verurteilt ihre Bedürfnisse. Ihm gegenüber kann man nur resignieren.

Theologisch zugespitzt können wir formulieren: Die Kommunikationsstörung zwischen Prediger und Hörer hat ihre Wurzel in einer Kommunikationsstörung zwischen dem Prediger und Gott. Und diese korrespondiert mit einer Kommunikationsstörung des Predigers mit sich selbst. Denn er kann auch selber seine eigenen Bedürfnisse nach Frieden, Ruhe und Glück nicht akzeptieren. Es ist müßig, darüber zu diskutieren, was hier Ursache und was Wirkung ist. Wichtig ist, daß wir an einer Stelle den Zirkelschluß durchbrechen, daß wir »einander helfen, um beim Hören auf das Wort Gottes weniger zu projizieren und mehr zu meditieren«.[4] Gelingt dies, dann hat die Predigtanalyse ihr Ziel erreicht. Übrigens erkannte die Gruppe, die diese Predigtanalyse durchführte, zum großen Teil das Gottesbild des Predigers in sich selbst wieder.

III PREDIGTANALYSE ALS ANALYSE EINES KOMMUNIKATIONSPROZESSES

Die vorgelegte Predigtanalyse deutet darauf hin, daß Predigen auf der einen und Predigthören auf der anderen Seite einen sehr subtilen Kommunikationsprozeß darstellen. Dabei bildet eine Gruppe, die zu einem Training Klinischer Seelsorgeausbildung zusammengekommen ist, keineswegs eine Ausnahmesituation. Das haben Experimente mit Kontrollgruppen bewiesen, die sich nicht in einer Trainingssituation befanden. Die Reaktionen auf die Predigten stimmen mit denen, die aus einer Gruppe in einem gruppendynamischen Labor stammten, überein.

Die Erfahrungen, die wir auf die oben beschriebene Weise in über hundert Predigtanalysen gesammelt haben, ergänzen die Versuche, den Predigt- und den Hörprozeß mittels kommunikationstheoretischer Modelle zu begreifen, an einem wesentlichen Punkt.[5] In diesen Modellen wird in der Regel dem Prozeß, der sich zwischen der »Information« – in unserem Fall dem Predigttext – und dem Prediger abspielt, zu wenig [100] Beachtung geschenkt. »Der Text der Predigt ... wird aber ... sozusagen als Gesprächspartner eigener Art empfunden.«[6]

Indem wir uns an die schematische Darstellung von Kommunikationsprozessen anlehnen, wollen wir unsere Erfahrungen wie folgt veranschaulichen:

---

4 W. J. Berger, Preken en counselen, in: Tijdschrift voor Pastorale Psychologie, 4 / 1972, 37.
5 Vgl. dazu die Beiträge in: Konfrontation – Massenmedien und kirchliche Verkündigung. Verkündigen 3, Jahrbuch der Arbeitsgemeinschaft katholischer Homiletiker, Stuttgart 1971.
6 K. W. Dahm, a. a. O., 226. Dahm geht dem aber auch nicht weiter nach.

VIII Aspekte der Predigtanalyse

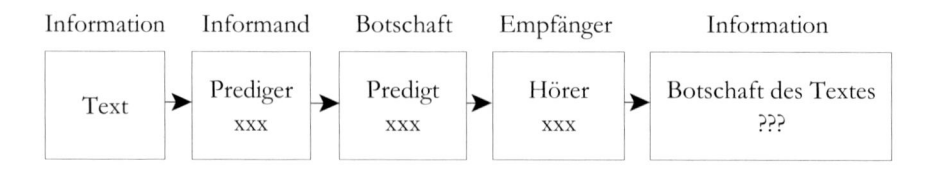

Information	Informand	Botschaft	Empfänger	Information
Text	Prediger xxx	Predigt xxx	Hörer xxx	Botschaft des Textes ???

1. Der Predigttext als solcher ist noch nicht »Botschaft«. Er drängt darauf, laut zu werden. »Denn das ist ja recht eigentlich das Evangelium, nämlich ein gut Geschrei ..., nicht eigentlich auf Papier geschrieben, sondern mit lebendiger Stimme in die Welt gerufen und bekannt.«[7]

2. Der Prediger tritt mit der Predigtvorbereitung in ein Gespräch mit dem Text ein. Er wird von ihm angesprochen, und er reagiert darauf. Da es sich bei biblischen Texten nicht um reine Sachinformation (etwa um mathematische Formeln) handelt, sondern um Texte, die existentielle Erfahrungen vermitteln, wird der Prediger – ohne daß er sich dessen bewußt zu werden braucht – auch weniger auf der kognitiven Ebene als in seinen emotionalen Bereichen angesprochen. Dementsprechend stammen seine Impulse, mit denen er auf das Angesprochensein reagiert, auch aus den Bereichen seiner Emotionalität.

Die Erfahrungen in den Predigtanalysen zeigen nun, daß die erste und wichtigste Störung in dem Kommunikationsprozeß Predigen-Predigthören bereits in dem »Gespräch« zwischen Text und Prediger liegt. Trifft ein Text (vielleicht auch nur *ein* Reizwort in dem Text) auf eine unbewältigte emotionale Problematik in dem Prediger, so löst er in ihm Irritationen (xxx) aus.

Nicht immer wird diese Irritation so offen formuliert wie in einer Predigt über Epheser 6,10-18, die mit den Worten beginnt: »Liebe Gemeinde! Mit diesem Text konnte ich sehr wenig anfangen, als ich ihn das erste Mal las. Aber auch beim zweiten und beim dritten Mal ging es mir nicht viel besser.« Nach einer Paraphrasierung des Textes sagt er (und man spürt deutlich die Irritation zwischen den Zeilen!): »Ich schlage vor, daß wir uns jetzt von dem Bild des gut ausgerüsteten Soldaten trennen. Ich schlage vor, daß wir in diesem Bild die ganze altertümliche Kriegerausrüstung weglassen.« Dennoch hält sich die Irritation durch, so daß es nicht gelingt, die Bildsprache [101] des Textes umzusetzen. Das Ergebnis (die »Botschaft«) der Predigt lautet schließlich: »Wir können uns jemanden suchen, der uns in einer bedrohlichen Lage beisteht.« In der Predigtanalyse ging dem Prediger auf, wie sehr er mit seinen eigenen aggressiven Gefühlen im Konflikt liegt. Vordergründig zeigte sich das daran, daß er seine Militärzeit keineswegs verarbeitet hatte.

---

7 M. Luther, Predigt vom 7. 9. 1522, WA 10 III, 304 f. Zitiert nach: D. Martin Luthers Evangelien-Auslegung, herausgegeben von E. Mülhaupt, Band III, Göttingen 1953, 11.

Wird der Grund der Irritation nicht bewußt, dann wird bzw. bleibt er verdrängt. »Verdrängung schafft latente Aggression, die nun auf die vor ihm sitzenden Hörer übertragen und dabei manifest wird.«[8] Die theologische Manifestation der Verdrängung in der Predigt ist die »Gesetzlichkeit«, jene »Form der Verkündigung, die auf der Vermischung von Gesetz und Evangelium basiert, und aus der die Ideologisierung des Evangeliums und die Moralisierung des Gesetzes resultiert.[9]

Ein Theologe in einer kirchenleitenden Funktion predigt in einer Abendmahlsfeier für die Pastoren seines Bezirks über Römer 2,4: »Weißt du nicht, daß Gottes Güte dich zur Umkehr treibt?« In der Predigtanalyse sagt er, daß er mit dieser Predigt »Zuversicht zum Durchhalten ohne Resignation oder Anpassung« vermitteln wollte. Das »feed-back« ergab, daß als Botschaft verstanden wurde: »Umkehr treibt zum Gehorsam.« Der Vergleich dieses Satzes mit dem Predigttext zeigt, wie der Satz des Paulus auf dem Weg über die Predigt gesetzlich pervertiert wurde. Dem Prediger ging, als er mit dem »feed-back« konfrontiert wurde, auf, wie sehr er *seine eigene* Resignation »niedergepredigt« hatte.

3. Damit sind wir bereits mitten in der Predigt. Es wäre ein Irrtum zu meinen, etwaige subjektive Elemente in der Predigt durch eine möglichst objektive Auslegung eliminieren zu können. »Wird nämlich das Subjektive zugunsten eines scheinbar Objektiven verdrängt, so droht das nunmehr nicht Gelebte, nicht Gewagte in das Extrem des Gegenimpulses umzuschlagen.«[10] Mit innerer Notwendigkeit schlagen sich die Irritationen des Predigers in seiner Predigt in Form von »Signalen« nieder. Das kann durch die Sprache geschehen. Nicht zufällig ist den Hörern der oben wiedergegebenen Predigt etwas an der Sprache des Predigers aufgefallen. Sie kam ihnen »unnatürlich« vor, »sehr langsam«, so daß der Hörer schlecht zuhören konnte, »eindringlich-suggestiv«, so daß der Hörer das (unangenehme) Gefühl bekam: »Da will mir einer etwas einreden.« Aber auch dem Prediger selbst fiel beim Anhören des Tonbandes auf, daß seine Stimme »viel zu leidenschaftslos« war. Er wurde mit seiner eigenen Hoffnungslosigkeit konfrontiert: »Da war viel zu wenig Hoffnung drin.« Während der Predigtvorbereitung und selbst während des Predigens hatte er das nicht bemerkt. Aber auch textlich lassen sich dann der[102]artige Signale aufspüren, etwa in »Ungereimtheiten«, die der Prediger als solche erst im Nachhinein erkennt.

Der Hörer fängt derartige Irritations-Signale auf. *Was* ihn da eigentlich irritiert, weiß er im Augenblick des Hörens nicht. Vorerst *reagiert* er lediglich

---

8 H.-J. Thilo, Zum Problem des Subjekt-Objekt-Verhältnisses in der Predigt, in: Psyche und Wort, Göttingen 1974, 111.
9 M. Josuttis, Gesetzlichkeit in der Predigt der Gegenwart, München 1966, 13.
10 H.-J. Thilo, a. a. O., 107.

irritiert auf die Signale, die er während der Predigt empfängt. Die Irritation des Predigers überträgt sich auf ihn.

Als Beispiel dafür führen wir eine Predigt an, die in einer Justizvollzugsanstalt gehalten wurde. In einer Reihe von Predigtanalysen, die in einem Training für Gefängnisseelsorger gehalten wurden, stellte sich heraus, daß die Hörergemeinde vernehmbar auf Störungen zwischen Prediger und Hörer reagierte. Noch auf dem Tonband kann man Unruhe und Unkonzentriertheit an denjenigen Stellen registrieren, wo in der Analyse Kommunikationsstörungen festgestellt wurden.

In einer Predigt über das Gleichnis vom Pharisäer und Zöllner (Lukas 18, 10-14) weiß der Prediger nicht, ob er seine Gemeinde (und sich selbst) mit dem Pharisäer oder mit dem Zöllner identifizieren soll. Zwar verkündet er: »Bei Gott ist der Zöllner angenommen, und nicht der Pharisäer.« Aber er vermag es nicht, dies bis in den Alltag seiner Gemeinde durchzuhalten, d. h. es in den Alltag der Gefangenen zu integrieren. »Die Verhältnisse sind nicht so, sind noch nicht so, hier nicht im Knast und vielleicht noch weniger draußen.« Im folgenden Satz beginnt er plötzlich, einige Worte zu wiederholen (was er immer zu tun pflegt, wenn er unsicher wird, ob er sein Gegenüber auch wirklich erreicht): »Da müssen wir, weil eben der Himmel noch nicht auf Erden ist – noch nicht auf Erden ist –« an dieser Stelle unterbricht er sich und sagt: »Ich bin irritiert, weil nicht alle zuhören können« – um darauf den Satz noch einmal zu beginnen: »Da müssen wir, weil eben der Himmel noch nicht auf Erden ist, oft genug auch noch den Pharisäer spielen.«

In der Predigtanalyse sagt er, er könne sich nicht erklären, warum ihm ausgerechnet an dieser Stelle der Faden gerissen sei. Die Unkonzentriertheit seiner Hörer sei jedenfalls nicht allein dafür verantwortlich zu machen. Erst nach dem »feed-back« geht ihm auf, daß er an dieser Stelle deshalb so irritiert war, weil er *sich selber* nicht mehr zuhören konnte. Er konnte das Gleichnis Jesu, so wie es da stand, ohne jedes Wenn und Aber, weder für sich persönlich noch für seine Gemeinde annehmen. Deshalb konnte er es auch nicht weitergeben. Der Faden – die Kommunikation – riß. Selbstverständlich reagierte darauf auch die Gemeinde deutlich irritiert.

4. Die Predigtanalysen zeigen übereinstimmend, daß der Predigthörer ein *Bedürfnis* nach Kommunikation hat. Deswegen reagiert er auf Kommunikationsstörungen irritiert. Die Probleme, die während der Predigt im Blick auf die Kommunikation auftauchen, gleichen weitgehend denen, die auch für das seelsorgerliche Gespräch gelten.[11] So möchte der Predigthörer sich *verstanden* fühlen. Nach unseren Erfahrungen ist es ihm weniger darum zu tun, sich vom Prediger bestätigt zu wissen,[12] als [103] vielmehr in seiner Widersprüchlichkeit akzeptiert zu sein: in seinem Glauben *und* Zweifel, in seinem Können *und* Versagen, in seiner Hoffnung *und* in seiner Resignation, in seiner Schwachheit

---

11 Vgl. dazu H.-C. Piper, Gesprächsanalysen, Göttingen 1973, und: Einflüsse psychischer Strukturen auf Predigt und Seelsorge, in: Evangelische Theologie, 35 / 1975, 60-71.
12 Im Unterschied zu K. W. Dahm, a. a. O., 235, der den »Wunsch nach Bestätigung von Grundüberzeugungen« für den Auswahlmechanismus des Predigthörens mit verantwortlich machen will.

und in seiner Stärke. Versucht der Prediger, das Positive (Glaube, Hoffnung, Liebe) zu stärken, indem er das Negative verwirft, so fühlt sich der Hörer in einem wichtigen Teil seines Wesens verworfen. So entsteht mit Notwendigkeit Abwehr in ihm, ohne daß er sich dessen immer bewußt sein muß, was an der Predigt die negativen Gefühle in ihm hervorruft.

Der Hörer hat in der Regel ein ausgesprochenes Gespür für Konflikte und Probleme, auch wenn sie nicht ausdrücklich thematisiert werden. Gerade die nicht-verbalisierten, dem Prediger vielleicht nicht einmal bewußten Konflikte fängt er auf. Gerade Verdrängtes wird übertragen. Der Hörer wird dadurch an eigenes Unbewältigtes »erinnert« und hofft insgeheim auf Angebote zur Bewältigung und Verarbeitung. Wird nun aber in der Predigt ein Konflikt derart angegangen, daß er »niedergepredigt« anstatt verarbeitet wird, so reagiert der Hörer dementsprechend enttäuscht.

Wird in der Predigt das Evangelium *gegen* den Konflikt gesetzt, so bekommt der Hörer regelmäßig den Eindruck des »Unvermittelten«. Durch die Predigt geht ein Bruch. Die theologischen Aussagen stehen unvermittelt neben der Situationsanalyse. Nicht-integrierte Theologie aber widersetzt sich der Kommunikation. Sie bleibt un-vermittelt. Der Hörer hat das Bedürfnis, gemeinsam mit dem Prediger ein Stück Weges zu gehen. Er möchte den Verarbeitungsprozeß des Predigers miterleben. Deshalb möchte er auch das »Ich« des Predigers ein Stück weit kennenlernen.[13] Bietet die Predigt ihm eine fertige Lösung an und versagt ihm die Möglichkeit, den Prozeß selber zu vollziehen, so fühlt er sich im Stich gelassen.

Nicht schon die Tatsache, daß der Prediger Konflikte hat, ist mit Notwendigkeit ein Störfaktor in der Predigt. Im Gegenteil: Er darf davon ausgehen, daß seine Hörer nicht so sehr viel anders sind als er, daß sie mit ähnlichen Problemen vor ihm sitzen und auf den Predigttext mit ähnlichen Gefühlen wie er selber reagieren.[14] Es kommt vielmehr alles [104] darauf an, wie er mit seinen eigenen Spannungen und Konflikten umgeht. Verdrängt er Emotionen, die er doch – ob er will oder nicht – in seinen Hörern wachgerufen hat, so müssen diese den Eindruck bekommen: »Er ist dagegen!« Kann er jedoch mit seinen Emotionen umgehen, kommuniziert er mit seinem »Schatten«, erkennt er seine eigenen Ambivalenzen – dann wird ihm auch die Kommunikation mit

---

13 Vgl. dazu M. Josuttis, Der Prediger in der Predigt, in: Praxis des Evangeliums zwischen Politik und Religion, München 1974, 70 ff. – Ein genaueres Hinhören auf das »feed-back« der Predigthörer läßt mir die Bezeichnung »Einbahnstraße« für den Kommunikationsvorgang zwischen Prediger und Hörer, wie Dahm sie verwendet (a. a. O., 222) immer mehr als unzutreffend erscheinen.

14 Daß und wie der Prediger bei seiner Predigtvorbereitung sich seine eigenen Reaktionen und die seiner Hörer auf einen Text bewußt machen kann, um sie für seine Predigt fruchtbar werden zu lassen, zeigt die Predigtmeditation über Epheser 5, 1-9 von M. Josuttis, in: Göttinger Predigtmeditationen, 28 / 1974, 154 f.

einzelnen (durch das Gespräch) wie mit Gruppen (etwa durch die Predigt) gelingen. Je mehr er mit sich selbst im Gespräch ist, desto besser führt er das Gespräch mit dem Text, der durch ihn Botschaft werden will, sowie mit denjenigen, die auf die Botschaft warten.

5. Ein treffsicherer Gradmesser für eine gelungene oder mißlungene Kommunikation in der Predigt ist die Antwort auf die Frage, welche Botschaft man vernommen hat. Abstrakte und unpersönliche Formulierungen, allgemein gehaltene Thema-Angaben weisen bereits auf Störungen hin. Weicht die Antwort des Hörers erheblich von dem ab, was der Prediger vermitteln wollte, oder hat der Hörer gar Schwierigkeiten, überhaupt eine Antwort zu finden, so zeigen sich bei näherem Hinsehen starke Kommunikationsblockaden.

Es ergibt sich also, daß Predigen sehr hohe Anforderungen an die Kommunikationsfähigkeit des Theologen stellt. Ob ein Text zur Botschaft für den Hörer wird, hängt zu einem entscheidenden Teil davon ab, ob der Prediger in der Lage ist (den Text) zu kommunizieren. Das ist gewiß nicht immer in diesem Maße der Fall gewesen (und mag auch heute nicht überall so sein). Wo der Prediger und seine Gemeinde in feste Strukturen eingebettet sind, wo die Kommunikation auch in der Predigt in vertrauten und vorgegebenen Bahnen verläuft, dort reden und hören Prediger und Gemeinde nicht so leicht aneinander vorbei. Der Text ist dem Gemeindeglied bereits vertraut. Schon sein Zitieren bedeutet, daß das Fundament sichtbar wird, auf dem Prediger und Hörer miteinander umgehen.

Diese Voraussetzung ist aber in den meisten Gemeinden schon seit geraumer Zeit nicht mehr gegeben. Vielmehr muß durch Seelsorge und Predigt Kommunikation erst wieder gestiftet werden. Die Predigt trifft auf Hörer, die gegenüber Glauben und Kirche ambivalente Gefühle haben. Erwartungen und Widerstände liegen miteinander im Streit. Der Mensch erlebt sich nur noch selten *eindeutig* als Glaubender. Er weiß nicht, was in ihm überwiegt: Glaube oder Zweifel. Appelle auf der einen – oder das Angebot objektiver Heilswahrheiten auf der anderen Seite helfen ihm in dieser Situation wenig. Im Gegenteil: er fühlt sich bedrängt und [105] entwickelt Widerstände.[15] Was er braucht, ist, daß ihn jemand (und vor allem der »Vertreter« des Glaubens) in seinem Konflikt versteht und sich mit ihm auf den Weg macht, den Konflikt zu bewältigen, d. h. über seine Ambivalenz hinauszuwachsen.

---

15 In diesem Zusammenhang müßte C. R. Rogers' Warnung vor dem Moralisieren, Dogmatisieren, Verallgemeinern und dem »pushing« im beratenden Gespräch um der Kommunikation willen auch für die Predigt durchdacht werden. Vgl. dazu auch W. J. Berger, a. a. O., 35-38.

Die theologische Tradition, in der der heutige Prediger steht, macht es ihm nicht leicht, auf subjektive Erfahrungen zu hören und sie ernst zu nehmen. Noch schwieriger ist es, sie in Verbindung mit dem Wort Gottes zu bringen, dessen Objektivität allzu lange auf Kosten der Subjektivität des Predigers und des Predigthörers behauptet wurde.

An dieser Stelle setzt die Predigtanalyse, wie wir sie dargestellt haben, an. »Sie ist eine Übung im Zuhören, im Hören aufeinander, auf sich selbst und auf das Evangelium. Es handelt sich dabei um einen hermeneutischen Zirkel, in dem das Hören auf das Evangelium Anfang und Ende sind.«[16]

---

16 W. Zijlstra, Methoden van preekanalyse, in: Tijdschrift voor Pastorale Psychologie, 4 / 1972, 34.

VIII.2 Überlegungen zur Praxis

Mentale Konzepte in der Predigt

Zum Beitrag von Jan Hermelink und Eberhard Müske

Im Unterschied zur pastoralpsychologisch orientierten Predigtanalyse Pipers, die sich auf die Person des Predigers (bzw. der Predigerin) richtet, fokussiert die von Jan Hermelink und Eberhard Müske entwickelte Predigtanalyse die Art und Weise, wie die *Situation des Hörers* in der Predigt aufgegriffen und verarbeitet wird. Dabei spiegelt sich in der Kombination einer genuin homiletischen Fragestellung mit textsemiotischen Überlegungen und Methoden die interdisziplinäre Zusammenarbeit der beiden Autoren.

Jan Hermelink, Jahrgang 1958, wurde an der Kirchlichen Hochschule Berlin 1990 promoviert mit einer Untersuchung über den Situationsbegriff in der jüngeren Homiletik. Anschließend war er als Dozent am Predigerseminar in Brandenburg sowie als Assistent an der Universität Halle tätig. Aus einer zusammen mit Eberhard Müske angebotenen Lehrveranstaltung in Halle ging der unten abgedruckte Text hervor. Seit 2001 lehrt Hermelink, der sich 1999 mit einer Arbeit über Kirchenmitgliedschaft habilitierte, als Professor für Praktische Theologie / Pastoraltheologie in Göttingen. – *Eberhard Müske*, Jahrgang 1954, war zunächst Gymnasiallehrer, bevor er (1983-1997) Assistent und später Oberassistent im Fachbereich Sprach- und Literaturwissenschaften der Universität Halle wurde. Seine Untersuchung von Dialogstrukturen in einem Drama von Brecht (Promotion; 1983) sowie seine Habilitation zur Diskurssemiotik (1991) dokumentieren ein ausgeprägtes empirisch-sprachanalytisches Interesse. Müske, der über mehrere supervisorische Zusatzqualifikationen verfügt, ist seit einigen Jahren als Supervisor selbständig.

Unser Verstehen von Wirklichkeit wird, so die Grundthese des nachfolgenden Textes, wesentlich von mentalen Konzepten, d. h. von bestimmten Vorstellungen von Handlungsabläufen, Kausalzusammenhängen etc. geprägt. Kleine Andeutungen reichen in der Kommunikation in der Regel bereits aus, um derartige Konzepte beim Angesprochenen zu reaktivieren (so verbinden wir etwa ein ganzes Ensemble von Vorstellungen mit einem Satz wie: »Darf ich Ihnen aus dem Mantel helfen?«). Die hier vorzustellende Predigtanalyse fragt systematisch danach, welche mentalen Konzepte mit einer Predigt durch Schlüsselbegriffe und bestimmte Sprachstrukturen beim Hörer wachgerufen werden – und in welcher Weise diese mentalen Konzepte in der Predigt verarbeitet, interpretiert und gegebenenfalls verändert werden.

Eine besondere Leistung des Beitrags besteht darin, anspruchsvolle semiotische Überlegungen zur Wirkung ästhetischer Strukturen plastisch zu erschließen und für die konkrete Predigtarbeit fruchtbar zu machen. Anstelle einer Inhaltswiedergabe beschränke ich mich an dieser Stelle darauf, einige predigtpraktische Konsequenzen des Ansatzes herauszustellen.

(1.) Die Einsicht in die Bedeutung mentaler Konzepte konkretisiert den in der jüngeren Homiletik vehement eingeforderten Situationsbezug der Predigt.[1] Demzufolge kommt es in einer homiletischen Situationsanalyse weniger auf eine möglichst genaue Kenntnis gemeindestatistischer Daten an, als vielmehr darauf, die Vorstellungen, (Sprach-)Bilder und Handlungsschemen zu erfassen, die das Verständnis der Hörer von der einen allen gemeinsamen Wirklichkeit[2] bestimmen. Dabei kann die Auflistung der für mentale Bilder kennzeichnenden Paradigmen helfen, wesentliche Details wahrzunehmen.

(2.) Mit Hilfe einer Predigtanalyse, die untersucht, wie in einer Predigt mentale Konzepte der Hörer zugleich aufgenommen und verarbeitet werden, lassen sich zwei problematische Formen des Situationsbezugs der Predigt aufweisen: Die Reduktion der Situationsschilderung auf den Predigteinstieg (a) sowie die bloße Wiedergabe der Situation, ohne eine weiterführende Perspektive zu eröffnen (b).

(a) Häufig – bei Bestattungsansprachen ist es weitgehend der Regelfall – beginnen Predigten mit einer mehr oder minder lebendigen Situationsschilderung, die jedoch alsbald in den Hintergrund tritt zugunsten der »eigentlichen«, oft nur über eine dünne Brücke mit dem Einstieg verbundenen Verkündigung. Ein wesentliches Indiz für diese Form des Situationsgebrauchs ist die mangelnde Konsistenz der in der Predigt verwandten mentalen Bilder. Die Probleme eines solchen Verfahrens dürften evident sein: Die Gegenwart des Hörers wird zum »Aufhänger« der Predigt degradiert; ihre Verarbeitung bzw. Öffnung für die Zukunft hat hingegen keinen Ort in der Predigt.

(b) Wer sich darum bemüht, die Erfahrungen der Hörer in angemessener Weise zur Sprache zu bringen, kann freilich umgekehrt Gefahr laufen, am Ende in einer Schilderung des Ist-Zustandes zu verharren. Die in der Predigt eingespielten mentalen Bilder gleichen dann Dokumentarfotografien, die Ausschnitte der Wirklichkeit detailgetreu wiedergeben, sie aber zugleich festlegen auf einen bestimmten unveränderlichen Zustand. Im Rückgriff auf den dialektischen Situationsbegriff Ernst Langes plädieren hingegen Hermelink und Müske in ihrem Beitrag für eine Predigt, die die Erfahrungen und Vorstellungen der Hörer zugleich *aufgreift* und »im Licht der Verheißung« (Lange) *neu erschließt* bzw. zu sehen gibt. Es geht darum, scheinbar abgeschlossene Bilder

---

1 Vgl. dazu insbesondere die in Kapitel IV abgedruckten Beiträge Ernst Langes.
2 Vgl. dazu den oben (I.1) abgedruckten Text von Manfred Mezger.

weiterzumalen, kanonisierte Lebensgeschichten neu zu erzählen, Handlungsroutinen zu hinterfragen und die Zukunft als offenen Raum zu antizipieren.³ Dabei kann die Analogie zur kreativen Verarbeitung von mentalen Bildern in poetischen Texten Anregungen für die konkrete Gestaltung der Predigt geben.

(3.) Interessant ist schließlich die Frage nach dem Zusammenhang zwischen den mentalen Bildern der Hörer und jenen Bildern, die der Predigttext anspricht. Der Beitrag deutet zwei unterschiedliche Formen des Bezugs an: Wird ein mentales Bild aus der Gegenwart durch das biblische Bild interpretiert, oder bildet umgekehrt das biblische Konzept den Ausgangspunkt der Predigt, um anschließend als »Paradigma« allgemeinmenschlicher Erfahrungen gedeutet zu werden?

Dabei handelt es sich freilich nicht um einen exklusiven Gegensatz. In einem jüngeren Beitrag macht Jan Hermelink vielmehr deutlich, daß es in einer Predigt durchaus zu einer systematischen Verschränkung der mentalen Bildwelten kommen kann: Ein alltägliches Bild wird durchsichtig für eine religiöse Wirklichkeit; zugleich wird das biblische Zeugnis von dieser Wirklichkeit im Licht alltäglicher Erfahrung neu erschlossen.

F. M. L.

---

3 Vgl. zu dieser Aufgabe der Predigt Wilfried Engemann: Predigt als Schöpfungsakt. Zur Auswirkung der Predigt auf das Leben eines Menschen, in: ders. (Hg.): Theologie der Predigt. Grundlagen – Modelle – Konsequenzen, FS Karl-Heinrich Bieritz, Leipzig 2001, 71-92.

Jan Hermelink / Eberhard Müske

Predigt als Arbeit an mentalen Bildern

Zur Rezeption der Textsemiotik in der Predigtanalyse

I ZUR BEDEUTUNG DES BILDES
　　IM PREDIGTGESCHEHEN

Daß die Predigt mit Bildern arbeiten muß, um ihrem Gegenstand wie ihren Hörer/inne/n gerecht zu werden, ist in der Predigtlehre nicht mehr umstritten.[1] Metaphern, Symbole und andere Formen »medialer« Sprache[2] verleihen der Predigt konkreten Lebensbezug und zugleich die Mög-[220]lichkeit, den »Mehrwert der Verheißung« (E. Lange) überhaupt zur Sprache zu bringen. Seit geraumer Zeit wird darum versucht, auch die Predigt insgesamt als poetisches Kunstwerk zu verstehen und daraus Regeln für die Predigtarbeit abzuleiten.[3] Das Geschehen der Predigt wird mit ästhetischen Kategorien beschrieben, um deutlicher zu machen, wie hier *Neues geschieht,* wie das Evangelium Wissen und Erfahrungen der Hörenden verändert, ihren Horizont öffnet und die Schablonen des Vorhandenen sprengt.

Mindestens vier Kriterien haben sich in dieser Debatte als bedeutsam herausgestellt, um das Neue des Evangeliums zur Sprache zu bringen. Die Wirkung einer in diesem Sinne »poetischen Predigt« ist zunächst auf den »Mut zum Detail« (Bieritz, a. a. O., 246) angewiesen, auf eine möglichst anschauliche, *konkret-sinnliche Sprache.* Zugleich verlangt bildhafte Gestaltung Aufmerksamkeit auf die »Struktur, das syntaktische und rhetorische Gefüge« der Predigt (ebd.), die verschiedenen Ebenen und Aspekte der Kommunikation sollen einander auch *formal entsprechen.* Das Neue, das in der Dialektik von Konkretion und Form erscheint, wird sodann nur sichtbar

---

1　Vgl. aus jüngster Zeit etwa G. Otto, Predigt als rhetorische Aufgabe, Neukirchen-Vluyn 1987, 118 ff.; D. Rössler, Grundriß der Praktischen Theologie, Berlin / New York l986, 355; R. Zerfaß, Grundkurs Predigt I: Spruchpredigt, Düsseldorf 1987, 157 ff. Ein Überblick bei K.-H. Bieritz, Predigt-Kunst? Poesie als Predigthilfe; PTh 78 (1989), (228-246) 234 ff.
2　Eine definitorische Unterscheidung dieser verschiedenen Sprachformen ist hier unnötig; vgl. zur ersten Orientierung etwa A. Grözinger, Die Sprache des Menschen, München 1991, 94 ff. 130 ff. – Der Begriff der Medialität findet sich bei J. Anderegg, Sprache und Verwandlung. Zur literarischen Ästhetik, Göttingen 1985, 51 ff.
3　Vgl. besonders G. M. Martin, Predigt als »offenes Kunstwerk«? Zum Dialog zwischen Homiletik und Rezeptionsästhetik; EvTh 44 (1984), 46-58; K.-H. Bieritz, a. a. O. (Anm. 1); G. Otto, a. a. O. (Anm. 1), 106 ff.; A. Beutel, Offene Predigt. Homiletische Bemerkungen zu Sprache und Sache; PTh 77 (1988), 518-537; zuletzt W. Engemann, Semiotische Homiletik. Prämissen – Analysen – Konsequenzen, Tübingen 1992.

in der bewußten *Abhebung gegen das Konventionelle,* gegen selbstverständliche Seh- und Denkgewohnheiten. Diese und andere Eigenarten poetischer Sprache zielen schließlich darauf, die Gemeinde zu einer *eigenständigen Deutung* zu provozieren: Die Predigt soll zum »offenen Kunstwerk« werden,[4] das erst die einzelnen Hörer/innen selbst zu einer eindeutigen Botschaft machen.

Diese ästhetisch-semiotische Betrachtungsweise des Predigtgeschehens soll im folgenden konkretisiert und in ein Modell der Predigtanalyse umgesetzt werden. Dies geschieht nicht zuletzt im Blick auf den homiletischen Unterricht. Denn erst die methodisch geleitete *Wahrnehmung von Predigten im Blick auf ihre ästhetische Struktur* eröffnet die Chance, die eigene Predigtarbeit auch unter dieser Perspektive kritisch zu verstehen und gezielt zu verbessern.[5] Wir fragen also im folgenden, wie die Entstehung einer neuen, das Gewohnte aufbrechenden Sicht der Hörenden durch die Predigt konkret zu beschreiben ist. [221]

Zur Beantwortung dieser Frage hat sich eine *Kooperation von Theologie und Literaturwissenschaft* als hilfreich erwiesen, die wir in einer universitären Übung zur Predigtanalyse und in zahlreichen Gesprächen praktisch erprobt haben. Denn auch die Literaturwissenschaft muß die Frage beantworten, wie ein künstlerischer Text einen bestimmten Inhalt, ein neues »literarisches Bild« präsentiert; sie muß Modellvorstellungen darüber entwickeln, wie die konkreten sprachlichen Mittel des Textes dieses Neue poetisch generieren und den Leser/inne/n vermitteln. Innerhalb des von uns gewählten textsemiotischen Beschreibungsrahmens zielt die oben gestellte Frage auf die Bestimmung der *»konkreten Äußerungsbedeutung«* eines Textes:[6] Auf welche Weise gibt der Text seinen Inhalt, seine spezielle »Botschaft« zu verstehen?

---

4 Die neuere Debatte um die Ästhetik der Predigt verdankt sich durchgehend einer Rezeption der ästhetischen und semiotischen Schriften Umberto Ecos; vgl. etwa ders., Das offene Kunstwerk (1962/67), Frankfurt / M. 1977; ders., Semiotik. Entwurf einer Theorie der Zeichen (engl. 1976), München 1987; ders., Lector in fabula. Die Mitarbeit der Interpretation in erzählenden Texten, München 1987.
5 Dies gilt natürlich nicht nur für den ästhetischen Aspekt der Predigt, sondern grundsätzlich; vgl. K.-P. Jörns, Predigen ist Hörensagen. Über den Zusammenhang von Predigtanalyse und Predigtgestaltung; in: R. Bohren / ders. (Hg.), Die Predigtanalyse als Weg zur Predigt, Tübingen 1989, 155-175; und zuletzt P. Bukowski, Predigt wahrnehmen. Homiletische Perspektiven, Neukirchen-Vluyn 1990.
6 Vgl. E. Müske, Diskurssemiotik. Zur funktionellen Integration des Frame-Konzepts in ein dynamisches Modell literarisch-künstlerischer Texte, Stuttgart 1992, bes. 36 ff. 157 ff. Diese Arbeit stellt selbst eine Konkretisierung und Weiterführung des ursprünglich von G. Lerchner entwickelten Modells des literarisch-künstlerischen Diskurses dar; vgl. etwa G. Lerchner, Literarischer Text und kommunikatives Handeln, Berlin / DDR 1987; ders., Literarischer Text und literarischer Diskurs; in: Sprach- und literaturwissenschaftliche Aspekte bei der Interpretation literarischer Texte, Dokumentation Teil I, Veliko Tirnovo 1987, 7-22.

»Als eine der wesentlichen [Einsichten] moderner, vor allem holistisch orientierter Theorieansätze der Textwissenschaft darf gelten, daß die Mitteilung eines Textes, sein Inhalt, eben seine konkrete Äußerungsbedeutung, nicht eigentlich von der Äußerung *selbst* an den Rezipienten herangetragen, sondern der sprachlichen Oberfläche des Textes innerhalb eines jeweils individuellen und aktuellen Diskurses *zugeordnet wird*. Die konkrete Äußerungsbedeutung ist also einem Text nicht eingeschrieben, sondern wird innerhalb eines komplexen und in sich widersprüchlichen Textverarbeitungsprozesses immer wieder neu hervorgebracht, also mental realisiert.«[7]

Was die Homiletik von der Textsemiotik lernen kann, ist also zunächst eine neue Betrachtungsweise des Phänomens »Text« selbst. Man darf sich die kommunikative Funktion eines bestimmten Textes, also auch einer Predigt, offenbar nicht so vorstellen, als sei er gleichsam ein Behälter von Inhalten oder Bedeutungen, die ihm dann einfach »entnommen« werden könnten. Der Text fungiert vielmehr als *Auslöser einer höchst komplizierten Tätigkeit seiner Rezipient/inn/en*, ohne die das Textverstehen gar nicht denkbar ist. Beim Wahrnehmen eines Textes, so läßt sich vorstellen, wird in verschiedener Hinsicht das *Vorwissen* der Lesenden bzw. Hörenden aktiviert, z. B. ihre grammatischen, lexikalischen, aber auch ihre empirischen und nicht zuletzt »literarisch-poetologischen« Kenntnisse (Müske, a. a. O., 162). In der probeweisen Zuordnung dieses (natürlich zumeist impliziten) Vorwissens zur konkreten sprachlichen Gestalt des Textes, in diesem literarischen »Diskurs« entstehen dann jeweils individuelle »konkrete Äußerungsbedeutungen«.[8] [222]

Daß das Textverstehen auf eigenständige Aktivität der Verstehenden angewiesen ist, gilt demnach nicht erst für poetische Texte. Deren spezifisch ästhetische Qualität besteht vielmehr eben darin, bei den Rezipient/inn/en etwas *Neues* auszulösen, »neuen Sinn zu bilden«.[9] Im Blick auf die poetische Dimension der Predigt ist also zu fragen: Wie steuert die sprachliche Gestalt einer bestimmten Predigt die individuellen Prozesse der Bedeutungsbildung so, daß bei den einzelnen Hörenden andere, ungewohnte Inhalte entstehen?

Um das Feld der Untersuchung einzuschränken, konzentrieren wir uns im folgenden auf denjenigen Aspekt der »konkreten Äußerungsbedeutung«, der sich auf *Sachverhalte* bezieht. Texte, insbesondere auch Predigten, wollen zwar ohne Zweifel eine bestimmte Sicht der Beziehung zwischen den Dialogpartnern vermitteln; und sie zielen auch prinzipiell auf ein bestimmtes (ggf. auch nur »inneres«) Handeln ihres Gegenübers, wie die Sprechakttheorie klarge-

---

7 Nach E. Müske, a. a. O., 36.
8 Diese Vorstellung von Textverstehen entspricht im wesentlichen der semiotischen Theorie der Zeichenerzeugung und -interpretation, wie sie U. Eco entwickelt hat, vgl. besonders: ders., Semiotik, a. a. O. (Anm. 4).
9 »Sinnbildung« versteht J. Anderegg als Ziel medialen Sprachgebrauchs (vgl. ders., Sprache und Verwandlung, a. a. O. [Anm. 2], 51). Eine Übersicht darüber, wie der »ästhetische Text als Erfindung« neuer Bedeutung funktioniert, gibt U. Eco, Semiotik, a. a. O., 347 ff.

macht hat.[10] Aber die zentrale Eigenschaft sprachlicher Kommunikation scheint doch ihr deutender *Bezug auf eine gegebene Wirklichkeit* zu sein, die die an der Kommunikation Beteiligten gemeinsam betrifft: »Das, was in bezug auf diese gemeinsam zugängliche Welt kommunikativ eingebracht wird, wird von den Teilnehmern aufgegriffen, durch Aspekte der subjektiven Sicht dieser Welt ergänzt, weitergeführt, bewertet und unter Umständen auch verworfen.«[11] Und je mehr ein Text darauf zielt, diese Ergänzungs- und Bewertungsprozesse in neue, unkonventionelle Bilder der »gemeinsam zugänglichen Welt« zu überführen, desto eher eignet ihm eine poetische Qualität.

Wird die Analyse der bildhaften Sprache einer Predigt zugespitzt auf ihre (neue) *Deutung gemeinsam zugänglicher Wirklichkeit,* so ist damit auch homiletisch ein wesentlicher Aspekt in den Vordergrund gerückt, den E. Lange folgendermaßen formuliert hat:

»Predigen heißt: Ich rede mit dem Hörer über sein Leben. Ich rede mit ihm über seine Erfahrungen und Anschauungen, seine Hoffnungen und Enttäuschungen, seine Erfolge und sein Versagen [...]. Ich rede mit ihm über seine Welt und seine Verantwortung in dieser Welt, über die Bedrohungen und die Chancen seines Daseins. Er, der Hörer, ist mein Thema, nichts anderes; freilich: er, der Hörer, vor Gott.«[12] [223]

Der Erfolg der kommunikativen Bemühung der Predigt hängt nicht zuletzt davon ab, daß sie die »*homiletische Situation*«, die vielschichtige Lebenswirklichkeit der Hörenden anzusprechen und »vor Gott« zu thematisieren vermag. Es ist jene gemeinsam zugängliche Welt, die die Predigt »im Licht der Christusverheißung« zu zeigen und zu deuten hat.[13] Im Blick auf die Predigtaufgabe sind dann genauer *zwei Aspekte des Situationsbegriffs* zu unterscheiden. Die erfahrbare, in sich widersprüchliche Wirklichkeit muß exemplarisch zum Ausdruck gebracht werden; und zugleich zielt die Predigt des Evangeliums auf eine Veränderung der Situation, »indem sie Menschen ermutigt, Neues sehen lehrt, über die christliche Lebenspraxis aufklärt und zur Vergewisserung im

---

10 Vgl. J. R. Searle, Sprechakte. Ein sprachphilosophischer Essay (engl. 1969), Frankfurt / M. 1971; D. Wunderlich, Studien zur Sprechakttheorie, Frankfurt / M. 1976; G. Hindelang, Einführung in die Sprechakttheorie, Tübingen 1983. Zur homiletischen Rezeption der Sprechakttheorie vgl. P. Bukowski, Predigt wahrnehmen, a. a. O. (Anm. 5), 38 ff.
11 W. Hartung, Wissensarten und Textkonstitution, Berlin 1989, 98. Im folgenden geht es also, linguistisch präzisiert, nicht um das sprachbezogene Wissen der Kommunizierenden (*Intensionen*), sondern um ihr »Weltwissen« (*Extensionen*).
12 E. Lange, Zur Aufgabe christlicher Rede (1968); in: ders., Predigen als Beruf. Aufsätze zu Homiletik, Liturgik und Pfarramt, München 1982, (52 ff) 58.
13 Vgl. E. Lange, a. a. O., 62. Zum Begriff der »homiletischen Situation« vgl. ders., Zur Theorie und Praxis der Predigtarbeit (1968); in: ders., Predigen als Beruf, a. a. O., (9 ff) 22 ff. 49 ff; vgl. ausführlicher J. Hermelink, Die homiletische Situation. Zur jüngeren Geschichte eines Predigtproblems, Göttingen 1992.

Glauben beiträgt«.[14] Gerade im Blick auf die »homiletische Situation« ist die ästhetische Dimension der Predigt also unverzichtbar, um den Hörenden eine neue, klärende und befreiende Perspektive zu ermöglichen.

Auffällig ist nun, daß die Methoden der Predigtanalyse, die in der homiletischen Ausbildung gegenwärtig Verwendung finden, die Frage nach der homiletischen Situation eher stiefmütterlich behandeln.[15] Die Gründe hierfür liegen zunächst in der jüngeren Geschichte der Predigtlehre, die sich auf das Verständnis der Predigt als »Wort Gottes« bzw. als personale, psychologisch aufzuklärende Kommunikation konzentriert hat. Die üblichen Analyseverfahren beziehen sich darum vornehmlich auf den systematisch-theologisch oder auch exegetisch normierten *Inhalt* der Predigt; oder sie zeichnen die *persönlich-biographischen Einstellungen* nach, die das Predigtgeschehen bestimmen.[16] Die Frage nach der Bedeutung der homiletischen Situation für eine konkrete Predigt ist dagegen nach wie vor mit der Hypothek der »natürlichen Theologie« belastet.[17]

Darüber hinaus stößt eine Untersuchung des homiletischen Bezugs auf die Lebenswirklichkeit aber auch auf empirische Schwierigkeiten. Denn wenn dieser Situationsbezug nicht zuletzt an der poetisch-bildhaften Dimension der Predigt hängt, so muß hier vornehmlich nach deren *konkreter sprachlicher Form* gefragt werden: Wie die gemeinsam zugängliche Wirklichkeit in den Blick kommt und in welchem »Licht« sie erscheint, das ist in hohem Maße von den jeweiligen sprachlichen Mitteln [224] abhängig, mittels derer die Predigt bei ihren Hörer/inne/n allgemein vertraute, aber eben auch befreiend neue Sichtweisen initiiert.

Im folgenden möchten wir nun zeigen, auf welche Weise sich der ästhetische Bezug einer Predigt auf ihre »homiletische Situation« analytisch nachzeichnen läßt. Dazu wird zunächst ein textsemiotisches Modell vorgestellt, das die Leistung eines literarisch-künstlerischen Textes als Auslösung eines bestimmten, subjektiv geprägten Bildes der Wirklichkeit beschreibt (II). Aus diesem Modell lassen sich die Umrisse eines analytischen Verfahrens ableiten (III), das an einer konkreten Predigt vorgeführt werden soll (IV). An den Schluß stellen wir einige Überlegungen zum Begriff der homiletischen Situation und deren »poetischer« Zugänglichkeit (V).

---

14 F. Wintzer, Aufgabe und Funktion der Gemeindepredigt; in: ders. u. a., Praktische Theologie, Neukirchen-Vluyn 1982, (102 ff.) 111.
15 Vgl. R. Bohren / K.-P. Jörns (Hg.), Die Predigtanalyse als Weg zur Predigt, a. a. O. (Anm. 5); besonders 55 ff. 179 ff.
16 Vgl. vor allem den Versuch, die Verfahren der Klinischen Seelsorgeausbildung (KSA / CPT) in der Predigtausbildung zu verwenden, bei H.-Chr. Piper, Predigtanalysen. Kommunikation und Kommunikationsstörungen in der Predigt, Göttingen 1979.
17 Vgl. die einschlägige Auseinandersetzung zwischen R. Bohren, Predigtlehre, München ⁴1980 557 ff; ders., Die Differenz zwischen Meinen und Sagen; PTh 70 (1981), 416-430; und P. Krusche, Die Schwierigkeit, Ernst Lange zu verstehen; PTh 70 (1981), 430-441.

II TEXTVERSTEHEN ALS AUFBAU BILDHAFTER REPRÄSENTATIONEN VON WIRKLICHKEIT

(1) Unser Modell geht von der oben bereits skizzierten Überlegung aus, daß sich das Verstehen als diskursiver Prozeß zwischen dem konkreten Text und seinen Rezipient/inn/en vollzieht, die ihm je individuelle Bedeutungen beilegen. Die materielle Zeichenstruktur des Textes, sein *Substrat,* aktiviert ein kulturell geprägtes Vorwissen über die Verfassung der Wirklichkeit, das den Kommunizierenden gemeinsam, wenn auch in je individueller Färbung zur Verfügung steht; und zugleich steuert das Textsubstrat die Ergänzung, Bewertung oder Relativierung dieses Vorwissens, so daß die Hörenden / Lesenden sich eine einmalige Perspektive bezüglich eines Wirklichkeitsausschnittes vergegenwärtigen. Man kann vereinfacht sagen, daß das Textsubstrat auf diese Weise eine bestimmte Wirklichkeitsdeutung *vorführt,* die von den Hörenden / Lesenden ihrerseits ergänzt, verändert, bewertet und unter Umständen auch verworfen wird.

Diese Grundidee muß nun in zwei Hinsichten entfaltet werden. Zum einen ist die *Form jenes kulturell geteilten Weltwissens* näher zu bestimmen: In welcher Weise kann die Alltagswirklichkeit, auf die die am Verstehensprozeß Beteiligten zurückgreifen, subjektiv-mental repräsentiert sein, s. u. (2)-(6)? Zum anderen ist zu beschreiben, *wie* der konkrete sprachliche Bestand des Textes, das Substrat der Kommunikation, diese subjektiven Repräsentationen *aufruft, konkretisiert* und zugleich ihre *diskursive Modifizierung* auslöst, s. u. (7)-(13).

(2) In der Textlinguistik werden zwei verschiedene Repräsentationsformen von Weltwissen diskutiert. Forschungsschwerpunkt waren lange Zeit *digitale Organisationsmodelle.* Danach werden Sachverhalte in der Form von Propositionen[18] und ihrer Verbindung dargestellt; ein Text löst jeweils die »Kombination diskreter Informationseinheiten« aus (Müske, a. a. O., 117), die, so kann man sich sehr vereinfacht vorstellen, aus einer Art Lexikon aller möglichen Propositionsbestandteile zu entnehmen sind. Propositionale Strukturen spielen bei der Textverarbeitung zweifellos eine wichtige Rolle. So wird das »Thema« eines Textes wohl zunächst durch die Identifikation von Schlüsselaussagen bestimmt; und an diese proposi[225]tionalen »Kerne« werden dann probeweise andere inhaltliche Aussagen angelagert.[19] Auf die Grenzen solcher digitaler Wissensmodelle ist hier nicht weiter einzugehen.

(3) Neben einer solchen, auf Satz- und Propositionsstrukturen beruhenden Vorstellung ist jedoch, wie schon die Selbstbeobachtung zeigt, auch eine

---

18 Propositionen sind, in der Aussagenlogik, Verknüpfungen eines *Arguments* (grammatisch: Subjekt) mit einer *Prädikation* (grammatisch [z. B.]: Prädikat). Ein Beispiel ihrer einfachsten Form ist etwa »Das Wasser kocht«.
19 Vgl. dazu genauer E. Müske, a. a. O. (Anm. 6), 117 f.

analoge, eine *bildhafte Organisation* von Weltwissen anzunehmen. Das Verarbeiten von Texten läßt sich auch als »Prozeß der Veranschaulichung (envisioning)« beschreiben (Müske, a. a. O., 118), gleichsam als das Entstehen eines Filmes vor dem inneren Auge. Mittels sprachlicher Strukturen ruft der Text nach dieser Auffassung »quasisinnliche Vorstellungen« hervor, ja insgesamt besteht die Qualität insbesondere eines literarisch-künstlerischen Textes darin, den Rezipient/inn/en die *sinnliche Vergegenwärtigung* der jeweils »vorgeführten« Sachverhalte zu ermöglichen, und zwar in einem bestimmten, individuellen »Blickwinkel«, der die konventionelle Sicht modifiziert oder gar transzendiert.[20]

(4) Mit verschiedenen gängigen Texttheorien bezeichnen wir diese analog-bildhafte Repräsentation als ein *mentales Modell*.[21] Das Vorwissen, das die Kommunizierenden im Blick auf die (alltägliche) Wirklichkeit teilen, setzt sich dann nicht zuletzt aus den jeweils kulturell verfügbaren, untereinander verknüpften mentalen Modellen bestimmter Wirklichkeitsausschnitte zusammen;[22] und die kommunikative Funktion eines Textes besteht darin, bei den Hörenden / Lesenden ein inneres Modell von Lebenswelt aufzurufen und – angeregt durch bestimmte sprachliche Mittel – gleichzeitig zu modifizieren. Wie läßt sich die Struktur solcher Modelle genauer beschreiben?

(5) Bleibt man im Bild des (inneren) Filmes, so sind diese Modelle, diese bildlichen Vergegenwärtigungen, in einem weiten Sinn als *typische Szenen* vorzustellen, »die ihrerseits aus Teilereignissen bestehen, diese wiederum aus Objekten, Vorgängen, Tätigkeiten, Zuständen etc.« (Müske, a. a. O., 125). Gern und oft benutztes Beispiel ist das mentale Modell JEMAND BESUCHT EIN RESTAURANT[23], das konventionellerweise ein räumliches Gefüge (Eingangsräume, Gastraum, Küche, Toiletten etc.), bestimmte Personen bzw. Rollen (Gäste, Kellner, Koch, Besitzer etc.), typische Abläufe (von der Platzsuche bis zum Bezahlen und Verlassen des Restaurants), gebräuchliche Objekte (Speisekarte, Geschirr, [226] Mahlzeiten, Rechnung etc.) umfaßt, dazu spezifische Anlässe, Ergebnisse u. a. ... Mentale Modelle beziehen sich, allgemein

---

20 Vgl. zur praktisch-theologischen Bedeutung der ästhetischen Phänomene »Blick« und »Blickwinkel« A. Grözinger, Praktische Theologie und Ästhetik, München 1987, 223 ff.
21 Vgl. die Erörterungen und Nachweise bei E. Müske, a. a. O., 118 ff.
22 Wie diese Modelle de facto im menschlichen Bewußtsein »gespeichert« sind, kann und muß nicht näher bestimmt werden. Betont sei aber, daß sie nicht als gleichsam »objektive« Abbilder der Realität aufzufassen sind, sondern als stets *interessengeleitete* Abstraktionen, die der Orientierung (und letztlich dem Überleben) des jeweiligen Individuums dienen; vgl. E. Müske, a. a. O., 121.
23 Die Majuskelschreibung wird hier und im folgenden verwendet, um zu verdeutlichen, daß nicht die Wörter, sondern die sich hinter ihnen »verbergenden« Konzepte gemeint sind.

gesagt, auf einen *konventionellen alltagsweltlichen Tätigkeitszusammenhang*. Eine solche Szene umfaßt einen thematischen Kern, der sich auch propositional bestimmen läßt, ist jedoch in der konkreten Ausgestaltung dieses Kerns *notwendig unbestimmt*: Es handelt sich eben *nicht* um konkrete Bilder einzelner Restaurantbesuche (oder Kleiderkäufe, Geburtstagsfeiern, Hochzeitsgottesdienste etc.), sondern um vage, gleichsam unscharfe Modellszenen. Die jeweils typischen Elemente erscheinen als Leerstellen (slots), die erst im konkreten Fall eine Füllung (filler) erhalten und gegebenenfalls Modifikation erfahren. Eben diese »Konventionalisiertheit bei gleichzeitiger Vagheit«[24] macht die kommunikative Dynamik solcher Modelle aus.

(6) Nach aktuellem Kenntnisstand können für viele mentale Modelle[25] mindestens folgende »slots« angenommen werden. Dabei handelt es sich lediglich um ein idealtypisches Ordnungsschema, das man sich jeweils spezifiziert denken muß.[26]

- *Ort / Raum / räumliches Gefüge:* Ort und Raum können für die Beschreibung und Bewertung einer Handlung / eines Geschehens / einer Tätigkeit usw. (fortan Vorgang genannt) zentrale Bedeutung erhalten, vor allem die Frage nach der Beschaffenheit des Ortes: privat, öffentlich, halböffentlich.

- *Zeit:* Auch die Zeit ist für die Beschreibung und Bewertung eines Vorgangs von zentraler Bedeutung, vor allem die Frage nach der Dauer, dem Zeitpunkt des Beginns und des Endes.

- *Umstände:* die konkreten materiellen, ökonomischen, biologischen und physikalischen Umstände eines Vorgangs, vor allem dann, wenn es eine Diskrepanz gibt zwischen intendiertem und tatsächlich erfolgtem Tun.

- *Personen / Rollen / Teilnehmer:* Name, Geschlecht, Alter, Beruf, Abstammung, Biographie, Wesensart, Neigung, ... der handelnden Personen, sofern bekannt oder erschließbar.

- *Typische Abläufe / Phasen:* die einzelnen Etappen eines Vorgangs, Teilszenen usw.

- *Typische Anlässe / Beweggründe / Ursachen:* hier vor allem die Frage danach, warum ein Vorgang stattfindet. Nach Quintilian gibt es zwei Typen von Gründen: das Gewinnen, Steigern, Erhalten und Gebrauchen von Gütern sowie das Meiden, Freimachen, Vermindern oder Ertragen von Übeln.

---

24 K. Müller, Rahmenanalyse des Dialogs. Aspekte des Sprachverstehens in Alltagssituationen, Tübingen 1984, 34.
25 Zutreffend mindestens für die Typen JEMAND HANDELT, ETWAS GESCHIEHT, ETWAS EREIGNET SICH, JEMAND TUT ETWAS / IST TÄTIG.
26 Dieses Schema lehnt sich an die rhetorische Lehre von den Suchorten, den »Topoi« an; vgl. etwa die Überblicke bei G. Ueding, Rhetorik des Schreibens, Frankfurt / M. ^{3}1991, 40 ff; oder G. Ueding / H. Steinbrink, Grundriß der Rhetorik, Stuttgart 1986, 257 ff.

- *Typische Modi der Durchführung:* insgesamt die Art und Weise, in der ein Vorgang abläuft, die Art und Weise der Realisierung einer Tätigkeit, Handlung usw.

- *Möglichkeit eines Vorgangs, eines Handlungsmittels (auch: eines Werkzeugs):* die Frage danach, ob ein (berichteter) Vorgang unter den gegebenen Umständen und mit den beteiligten Personen möglich gewesen sein kann; eng zusammenhängend mit der Frage, ob ein Geschehen Glaubwürdigkeit beanspruchen darf.

- *Typische Details / Objekte:* alle typischerweise im Zusammenhang mit einem Vorgang für wichtig zu erachtenden Gegenstände und Gegebenheiten. [227]

(7) Welches sind nun die Mittel, mit denen die sprachliche Oberfläche eines konkreten Textes, also auch einer Predigt, solche mentalen Modelle der alltäglichen Wirklichkeit aufruft und ihre individuelle Modifikation anregt? Von entscheidender Bedeutung ist nach unserer Auffassung, daß jeder Text durch seine Wortwahl, durch bestimmte Sätze und Satzverbindungen *bildhafte Erinnerungen* auslöst, so daß sich das sprachliche Verstehen nicht zuletzt als fortwährende Induktion einzelner »quasisinnlicher Vorstellungen« vollzieht (Müske, a. a. O., 40. 119. 131). Da diese elementaren Vorstellungen von den um Verstehen Bemühten stets als Bestandteile möglicher mentaler Modelle, also innerer Bilder aufgefaßt werden, seien sie im folgenden als *Bildelemente* bezeichnet. Für das holistische Textverstehen kommen ihnen damit, so nehmen wir an, stets zwei Funktionen zu: Sie regen die *Aktualisierung* konventioneller mentaler Modelle an, s. u. (8) f; und zugleich modifizieren sie das aktualisierte Modell, indem sie seine Konkretisierung, Ergänzung, Veränderung etc. steuern, s. u. (11) ff.

(8) Im Blick auf einen bestimmten Text (sowie auf jeden seiner Teile) läßt sich stets ein bestimmtes *Thema* postulieren, genauer ein dominierender, zentraler Sachverhalt (oder Sachverhaltszusammenhang) aus der gemeinsam zugänglichen Wirklichkeit. Die spezifischen Strukturen, die das mentale Modell dieses Sachverhalts bei den Lesenden / Hörenden auslösen oder aktualisieren, liegen keineswegs allein auf der Textoberfläche. Sie sind eher in der Zuordnung und Kombination bestimmter Handlungs- und Ablaufschemata zu finden, die bei den Rezipierenden intuitiv ein bestimmtes Grundschema, etwa das der Erzählung, auslösen.[27] Solche Grundstrukturen ebenso wie einzelne Oberflä-

---

[27] Diese Ordnungsschemata werden als *Textoide* bezeichnet; vgl. M. Metzeltin / H. Jaschke, Textsemantik. Ein Modell zur Analyse von Texten, Tübingen 1983, 52 ff.; E. Müske, a. a. O. (Anm. 6), 95 ff. Gängig sind besonders das »transformative narrative Textoid«, das etwa Erzählungen und Berichten zugrundeliegt, sowie das deskriptive und das argumentative Textoid, das die entsprechenden Texttypen (Beschreibung, Porträt bzw. Argumentation) strukturiert. Die Analyse eines Textes auf die zugrundeliegenden Textoide kann Schlüssel-

chen-signale, die als Bildelemente interpretiert werden, führen die Lesenden / Hörenden zur Aktualisierung eines *usuellen mentalen Modells,* eben einer konventionalisierten und zugleich vagen Modellszene desjenigen Sachverhalts, den der Text in der einen oder anderen Weise zu verhandeln scheint. Welches usuelle Modell der Text auslösen wird, läßt sich durch bestimmte linguistische Verfahren wahrscheinlich machen; aber auch eine entsprechend geübte Analysegruppe wird die zentralen Themen mittels des kulturell verfügbaren Sprachgefühls bestimmen können.

(9) Es ist wichtig, sich klarzumachen, daß das Verstehen von Texten im wesentlichen *ganzheitlich geschieht.* Bildelemente und Textstrukturen werden stets als Signale, als Hinweis auf einen zusammenhängenden Komplex von Vorstellungen aufgefaßt. Während des Lesens / Hörens ei[228]nes konkreten Textes genügt bereits das »Auftauchen« weniger Elemente eines mentalen Modells, um es in Gänze zu aktivieren. So wird beispielsweise die Äußerung »Ich bin gestern ausnahmsweise einmal nicht plaziert worden« mit hoher Wahrscheinlichkeit das mentale Modell JEMAND BESUCHT EIN RESTAURANT aktivieren. Denkbar wäre allerdings auch JEMAND NIMMT AN EINEM SPORTLICHEN WETTKAMPF TEIL. Alle weiteren Aussagen im »Umfeld« dieser Äußerung werden dann auf dem Hintergrund dieses probeweise aktivierten mentalen Modells interpretiert.[28]

Kognitionspsychologisch ist diese holistische Verarbeitungsstruktur als *Gestaltschließungszwang* bekannt:[29] Alle Einzelwahrnehmungen werden vom Menschen grundsätzlich in einen Zusammenhang gebracht, sie werden, um alsbald Orientierung zu ermöglichen, stets sofort als Teil einer »Gestalt« verstanden. Die entsprechenden Schlußverfahren, die jeder Zeichenverarbeitung zugrunde liegen, hat U. Eco als Induktion und vor allem als *Abduktion* beschrieben: Einzelne Zeichen (Signifikanten) werden kreativ als Fall bzw. Fälle einer bestimmten Regel interpretiert und auf diese Weise versuchsweise einander zugeordnet.[30] Dementsprechend werden auch die Elemente und Strukturen des Textes, die als bedeutsam erscheinen, stets als »partes pro toto« eines kulturell verfügbaren usuellen Modells begriffen, das auf diese Weise mit allen seinen typischen Zügen ins Bewußtsein tritt. – Umgekehrt geht von diesem abduktiv gewonnenen Modell ein gewisser *Erwartungsdruck* aus, nun auch andere bedeutsame Bestandteile zu finden. Im konkreten Text, so läßt sich vermuten, wird retro- und prospektiv nach den jeweils relevanten »Leerstellen« des Modells und ihren »Füllungen« gesucht.

---

stellen und -sachverhalte deutlich machen, die das »Thema« des Textes enthalten; vgl. Metzeltin / Jaschke, a. a. O., 132 ff.
28 Das Beispiel macht zugleich deutlich, wie sehr die Frage nach der Auswahl bestimmter mentaler Modelle wie danach, welche Elemente sie üblicherweise beinhalten, nur im Rahmen eines bestimmten sozial-kulturellen Zusammenhangs zu beantworten ist.
29 Vgl. J. R. Anderson, Kognitive Psychologie, Heidelberg o. J., 63 ff.
30 Vgl. U. Eco, Semiotik und Philosophie der Sprache, München 1985, 66 ff.; vgl. auch ders., Semiotik, a. a. O. (Anm. 4), 185 ff.

(10) Es ist darum in analytischer Hinsicht problematisch, *unmittelbar* nach relevanten Bildelementen zu suchen. Denn welche Strukturen, Figuren und Sätze des Textsubstrats dafür in Frage kommen, läßt sich eben nur im Blick auf das jeweils aktualisierte mentale Modell bestimmen. Unter dieser Maßgabe besteht die Funktion der Bildelemente eines bestimmten Textes dann offenbar darin, daß sie, ausgehend vom usuellen Modell, bei den Lesenden / Hörenden ein *individuell-einmaliges Bild des jeweiligen zentralen Sachverhalts* anregen. Im Blick auf diese Modell-Modifizierung lassen sich im wesentlichen drei Fälle unterscheiden.[31]

(11) Zunächst sei daran erinnert, daß ein mentales Modell als eine Konfiguration typischer Leerstellen zu beschreiben ist, eben als Repräsentation einer konventionellen alltagsweltlichen Szene, die bestimmte *Klassen* von Ereignissen, Personen, Objekten etc. umfaßt und einander in bestimmter Weise zuordnet. Diese Szene wird nun vom Text *konkretisiert,* [229] indem bestimmte Bildelemente als »filler« typischer Leerstellen des Modells erscheinen.[32] Im Falle des Restaurantbesuchs könnte der Text z. B. die Speisekarte oder die Kleidung der Kellner genauer beschreiben. Diese Konkretisierung zu einem bestimmten Bild kann mehr oder weniger der Konvention entsprechen, sie kann aber auch, etwa durch die Betonung bestimmter Elemente und Umstände, bereits eine Veränderung des ursprünglich aktualisierten Modells auslösen.

(12) Der Gestaltschließungseffekt führt dazu, daß auch Textbestandteile, die nicht ohne weiteres als Konkretisierung des usuellen Modells aufgefaßt werden können, als Bildelemente verstanden und versuchsweise integriert werden. Auch das Auftauchen z. B. eines Clowns wird dann zunächst als Element eines konkreten Restaurantbesuchs aufgefaßt; das Modell JEMAND BESUCHT EIN RESTAURANT wird auf diese Weise *umstrukturiert,* es bekommt gleichsam eine bestimmte »Schlagseite«, z. B. in Richtung einer Heiterkeit auslösenden Szene. Allgemein läßt sich diese Integration von unkonventionellen Bildelementen vor allem als das Hinzufügen weiterer, für das ursprüngliche Modell nicht typischer Leerstellen beschreiben, die dann natürlich im weiteren Textverlauf ebenfalls konkretisiert werden können.[33] Der zentrale Sachverhalt des Textes erscheint damit in einer *neuen, ungewohnten Perspektive.*

---

31 Die folgenden Überlegungen führen die Unterscheidungen aus E. Müske, a. a. O. (Anm. 6), 122-124 weiter und vereinfachen sie zugleich sachlich und vor allem terminologisch. Dort wird die oben skizzierte Aktualisierung eines mentalen Modells als »Expansion« bezeichnet, die jeweils durch den konkreten Text modifiziert wird.
32 Dieser Verarbeitungstyp kann als »*qualitative Expansionsmodifizierung*« bezeichnet werden, weil der »Wertebereich« bestimmter Leerstellen (slots) inhaltlich näher bestimmt wird.
33 Im Blick auf diese Hinzufügung von »slots« kann von »*quantitativer Expansionsmodifizierung*« gesprochen werden; vgl. E. Müske, a. a. O., 122 f.

(13) Die textgesteuerte Umstrukturierung, aber auch die Konkretisierung kann das ursprüngliche mentale Modell so stark verändern, daß das ausgelöste Bild gleichsam »umschlägt« in das Bild eines ganz anderen Sachverhalts. Mehr oder minder deutlich signalisieren die vom Text präsentierten Bildelemente, daß das usuelle Modell insgesamt *transzendiert* wird. Dies geschieht offenbar durch die Radikalisierung der bisher skizzierten Modifikationsformen: Werden typische Leerstellen ständig auf ungewöhnliche Weise gefüllt oder werden immer wieder ganz unerwartete Aspekte und damit neue Leerstellen in das bisherige Bild eingeführt, so müssen die Rezipierenden schließlich vermuten, daß »eigentlich« von einem ganz anderen Sachverhalt die Rede ist.[34]

Das Überschreiten des ursprünglichen Modells kann auch durch eine rein quantitative Strategie ausgelöst werden, indem eine typische Leerstelle des Modells ein Übermaß an Betonung erfährt:[35] Wird die Schilderung des Restaurantbesuchs de facto zu einem detaillierten Referat der Speisekarte, so geht es offenbar »eigentlich« um etwas anderes, etwa um den Luxus des Ortes oder den pedantisch-zwanghaften Charakter des lesenden Gastes.

An der transzendierenden Modifizierung wird besonders deutlich, wie textgesteuerte Kommunikation über Sachverhalte grundsätzlich abläuft. [230]

Das vom Text angeregte Bild eines bestimmten Wirklichkeitsausschnitts wird von der Textoberfläche in keiner Weise ausdrücklich und direkt angesprochen. Das Verstehen dieser Perspektive vollzieht sich vielmehr im Umgang mit den konventionellen mentalen Modellen, die die Rezipierenden aktualisieren und die *sie* angesichts des konkreten Textes verändern, ja gegebenenfalls überschreiten. Die ästhetische Qualität eines Textes besteht wesentlich darin, daß er die Rezipierenden zu *eigenständiger Aktivität* anregt, daß er sie, ausgehend von ihrem kulturell modellierten Vorwissen, zur individuellen Entwicklung eines neuen, u. U. ganz anderen Bildes der Welt auffordert.[36]

III ZUR METHODIK EINER ANALYSE MENTALER BILDER IN DER PREDIGT

Das Konzept des mentalen Bildes, das oben skizziert wurde, beschreibt den textgesteuerten Aufbau einer »subjektiven Wirklichkeitssicht« als fortgesetztes

---

34 Die Bildelemente des konkreten Textes werden dann insgesamt auf ein neues mentales Modell bezogen; sie werden mithin bezüglich dieses Modells »*generalisiert*«; vgl. E. Müske, a. a. O., 124.
35 Vgl. die Analyse des Gedichts »Erziehung« bei E. Müske, a. a. O., 43 ff.
36 Vgl. U. Eco, Semiotik, a. a. O. (Anm. 4), 364 ff.

Auslösen usueller mentaler Modelle, die durch entsprechende Textsignale zu immer konkreteren mentalen Bildern modifiziert werden. Wir nehmen nun an, daß auch der Umgang der Predigt mit der »homiletischen Situation« als ein vielschichtiges Arbeiten an mentalen Modellen bzw. alltagsweltlich begründeten Bildern begriffen werden kann. Wie läßt sich diese produktive und rezeptive Arbeit an konkreten Predigten rekonstruieren?[37]

(1) Die erste Aufgabe der Analyse besteht darin, diejenigen Sachverhalte bzw. Sachverhaltszusammenhänge zu bestimmen, die in der jeweiligen Predigt von dominanter Bedeutung sind. Neben der sprachlichen Intuition können hier die Analyse des Predigtaufbaus und interner Gliederungssignale hilfreich sein.[38] In der Regel werden es höchstens drei bis vier Ausschnitte der Lebenswirklichkeit sein, deren mentale Modellierung die konkrete Äußerungsbedeutung der Predigt im wesentlichen bestimmen. Für jeden dieser Sachverhaltszusammenhänge läßt sich der Aufbau eines mentalen Bildes in *vier Analyseschritten* nachvollziehen, s. u. (2)-(5).

(2) Mittels der jeweiligen muttersprachlichen oder kulturellen Kompetenz wird das *usuelle mentale Modell* des jeweiligen Sachverhalts umrissen. Die Beschreibung kann sich an dem oben (II. 6) skizzierten allgemeinen Rahmenkonzept orientieren. Die Bestimmung einzelner Bestandteile sollte dabei, gerade in Zweifelsfällen, auch durch Nachschlagewerke und einschlägige Fachliteratur unterstützt werden. [231]

(3) Im dialektischen Wechselspiel mit dieser allgemeinen Beschreibung steht die Identifikation und Benennung derjenigen Elemente der Predigt, die als *Auslöser* dieses Modells interpretiert werden können und die zugleich seiner sukzessiven *Konkretisierung* dienen.[39]

---

37 Wir gehen dabei, im wesentlichen aus praktischen Gründen, vom Vorliegen eines schriftlichen Textes der Predigt aus. Die Frage, wie sehr ein (noch so wortgenaues) Manuskript der Predigt bereits eine Abstraktion von der Realität der – wesentlich mündlichen – Predigtkommunikation darstellt, kann hier nicht weiter verfolgt werden.
38 Vgl. zu möglichen Verfahren der Aufbauanalyse J. Konrad, Die evangelische Predigt. Grundsätze und Beispiele homiletischer Analysen, Vergleiche und Kritiken, Bremen 1963, 479 f.; P. Bukowski, Predigt wahrnehmen, a. a. O. (Anm. 5), 14 ff.
39 Eine detailliertere Analyse kann dann, unter Rückgriff auf eine präzise Aufbauanalyse, die *Funktion einzelner Textelemente* bestimmen: Welche typischen »Leerstellen« des jeweiligen Modells werden damit gefüllt, welche gerade nicht? Welche Erwartungen im Blick auf weitere topologisch einschlägige, insofern typische Bildelemente werden auf diese Weise aufgebaut; werden diese Erwartungen durch den weiteren Text bestätigt oder enttäuscht? Welche Aspekte des usuellen Modells treten damit in den Vordergrund, welche bleiben unbetont?

(4) Zugleich wird auf diese Weise deutlich, welche Elemente des Textes der Predigt dieses Modell zwar ebenfalls betreffen, sich aber nicht in seine usuelle Struktur einfügen. Sie sind dann zu benennen als Auslöser quasisinnlicher Vorstellungen, die das Modell in bestimmter Weise *umstrukturieren;* damit sind sie als Elemente eines neuen, nicht mehr usuellen mentalen Bildes zu interpretieren.[40]

(5) Schließlich ist die Art der Modifizierung zu beschreiben, die jene Bildelemente insgesamt bewirken. Welches *konkrete mentale Bild* des fraglichen Sachverhalts kann die Predigt bei den Rezipierenden auslösen? Auch hier wird sich die Analyse in einem Wechselspiel zwischen der Identifikation einzelner Textelemente und der immer genaueren Skizze des mentalen Bildes im ganzen bewegen. Von besonderem Interesse ist dabei, ob das usuelle Modell *transzendiert* wird, ob und wie also jene Dialektik »umkippt« in das Bild eines ganz anderen Wirklichkeitszusammenhangs (s. o. II. 13).

(6) Die einzelnen Analysen zum Aufbau mentaler Bilder können schließlich zusammengeführt werden, indem Verweisungen und andere Zusammenhänge zwischen den verschiedenen Bildern beschrieben und die Prozesse der Modellmodifikation (bzw. Modelltranszendierung) im Blick auf die gesamte Predigt *verallgemeinert* werden.

Die protestantische Auffassung der Predigt als Textpredigt legt es nahe, hier speziell nach der *Rolle des biblischen Textes* zu fragen, der ja meist zu Beginn der Predigt verlesen wird und den Aufbau mentaler Bilder damit von vornherein entscheidend prägt. Wie steuern die von der Perikope selbst thematisierten Sachverhalte die Auswahl und Modifizierung alltäglicher Wirklichkeitssegmente? Wie werden also in der Predigt biblische und alltägliche »Welt« konkret in Beziehung gesetzt?[41] [232]

Abschließend sei darauf hingewiesen, daß die Analyse einer konkreten Predigt offenbar an mehreren Stellen auf eine gleichsam *kulturelle Kompetenz* angewiesen ist, die sich nicht vollständig in linguistischen Regeln objektivieren

---

40 Auch hier kann gegebenenfalls detaillierter nach der Funktion einzelner Textelemente gefragt werden: Bildelemente, die dem mentalen Modell nicht ohne weiteres und unproblematisch zuzuordnen sind, können als untypische, überraschende Konkretisierung einer möglichen Leerstelle verstanden werden; aber auch als Eröffnung einer untypischen Leerstelle: Ein im usuellen Modell gar nicht vorgesehener Aspekt tritt in den Blick und kann dann durch weitere Bildelemente konkretisiert, eben »gefüllt« werden.
41 Genauere Analysen wären dann nicht zuletzt dazu geeignet, die homiletisch traditionelle, aber ganz unfruchtbare Alternative »Textpredigt vs. Themapredigt« zu überwinden. Denn weder »der« Text noch »die« Situation der Hörenden vermögen je für sich die bildhafte Wirklichkeitssicht der Predigt allein zu bestimmen.

läßt: Sowohl die Beschreibung eines usuellen mentalen Modells als auch die Bestimmung der Textelemente, die dieses Modell aktualisieren sowie den Prozeß der Neustrukturierung anregen, beruhen auf individueller Interpretationsleistung. Entsprechende Predigtanalysen sollten darum stets in einer *Gruppe* durchgeführt werden, in der sich unterschiedliche Kompetenzen ergänzen und zugleich die Vielfalt möglicher subjektiver Rezeption des gleichen Textes in den Blick kommt.

IV EXEMPLARISCHE PREDIGTANALYSE

Die Leistungsfähigkeit (und die Grenzen) der skizzierten Methodik soll nun exemplarisch an einer Predigt von *W. Trillhaas* über Joh 2,1-11 (Hochzeit zu Kana) vorgeführt werden.[42]

»[a] Das Johannesevangelium ist mit Wundergeschichten sehr sparsam. Es hat nur sieben, und die Geschichte vom Weinwunder in Kana war die erste, was ausdrücklich gesagt wird: ›Das ist das erste Zeichen, das Jesus tat.‹ Aber Zeichen wollen verstanden werden. Zeichen, besonders diese ›Zeichen‹ sind dem Außenstehenden verschlossen, so daß es nicht wundernimmt, wenn die Nichtbetroffenen sich hier keinen Vers drauf machen können, so daß sie dann auch über dies Zeichen unangemessen reden. Der erste Außenstehende, der unangemessen darüber redet, ist der Kellermeister unserer Geschichte, der dem Hausherrn den Vorwurf über das Ungewohnte macht. Woher hätte er es auch anders wissen sollen? Und so gewissermaßen hinter dem Kellermeister her ist durch die Jahrhunderte über wenige Geschichten bis in die Neuzeit so viel Unangemessenes gesagt worden wie über diese Geschichte: Jesus mischt sich unter eine ausgelassene Hochzeitsgesellschaft und nimmt teil am allgemeinen Vergnügen. Daß er aus Wasser Wein macht, hat in mancherlei Weise die Phantasie beschäftigt. Warum bei einer so alltäglichen Gelegenheit? Und wenn auch die materielle Hilfe in der damaligen Verlegenheit eindrücklich war, was haben wir denn davon? Oder man kommt zum Schluß: Diese Geschichte ist gar nicht passiert, sie ist nicht wahr. Das ist dann der Triumph der Vernunft über das Evangelium.

[b] Und in der Tat: Diese Geschichte hat sich nie begeben oder – sie geschieht immer neu! Sie kann dort immer neu geschehen, wo der Herr, der dies Zeichen wirken kann, sich an unseren Tisch setzt, wo wir ihn zu uns einladen: Komm, Herr Jesu, sei unser Gast! In abertausend christlichen Familien wird dies Tischgebet täglich gebetet. Und wenn es wirklich ein Gebet ist in dem Sinn, wie es lautet, also eine wirkliche Bitte um den Eintritt dieses Gastes in unsere Tischgemeinschaft, dann ist es der tägliche Neubeginn dieser Geschichte. Das heißt: Täglich neu kann sich das, was sich hier ereignet hat, wieder ereignen: nämlich die Geschichte der göttlichen Verwandlung.

---

42 Die Predigt findet sich in W. Trillhaas, Predigten aus den Jahren 1956-1966, Göttingen 1967, 33-36. Joh 2,1-11 ist das altkirchliche Evangelium für den 2. Sonntag nach Epiphanias. Die Einteilung der Abschnitte entspricht der Druckfassung; die Zählung [a]-[h] ist von uns hinzugefügt. – Die Schritte der nachfolgenden Analyse sind parallel zu Abschnitt III numeriert.

[c] Das Erste, was wir bei dieser Geschichte der göttlichen Verwandlung zu beobachten und zu bedenken haben, ist: Jesus Christus wandelt sich selbst. Er tritt ein als ein erbetener Gast. Denken wir noch einen Augenblick den Zügen nach, die der Bericht des Evangelisten diesem Umstand mitgibt: Die Leute haben von Jesus gar [233] nichts gewollt. Sie wollten keine Aussprache mit ihm, sie wollten lediglich die Ehre seines Besuches genießen, wollten seine Anwesenheit. Es war wohl auch nicht eine große Hochzeit, sonst wäre ihnen der Wein nicht so schnell ausgegangen. Sie haben sich übernommen, und es war nicht genug ›dahinter‹ bzw. im Keller. Vielleicht ist es wie eine kleine Bauernhochzeit zu denken, wo nach und nach gegessen wird. Wer gespeist hat, setzt sich an die Seite, daß die anderen speisen können. Jesus ist hier jedenfalls unauffällig. Er ist eine Randfigur, eine nicht von allen Gästen beachtete Gestalt. Aber diese Randfigur wird tätig, als der Notstand einsetzt. Er wird heimlich tätig; denn offenbar haben die meisten gar nicht gemerkt, wie sich der Gast in den Wirt verwandelt, der die Not behebt und dafür sorgt, daß die Hochzeit festlich weiter und zu Ende gehen kann. So ist es, wenn Gott bei uns eintritt. Er tritt bei uns ein unerkennbar und unerkannt, als eine Randgestalt. Er ist eine Randfigur in der menschlichen Gesellschaft. In der Öffentlichkeit wird wenig von ihm gesprochen, seine Anrufung geschieht gar nicht oder mit reduzierter Ernsthaftigkeit. Das ernsthafte Reden über oder zu Gott geschieht abseits hinter Kirchenmauern oder im Geheimen. Von vielen Zeitgenossen bleibt er unbeachtet. Wem die Augen aufgehen, der spürt, wie er heimlich alles bewegt, wie er Not behebt und in Freude verwandelt. Aber die Frage bleibt doch bis mitten in die Theologie hinein bestehen: Wer ist dieser stille Gast der Weltgeschichte, der Religions- und Kirchengeschichte? Mitunter werden in der Religionsgeschichte Erscheinungen sichtbar, die dem stillen Gast von Kana zum Verwechseln ähnlich sehen. Dann geht ein leichtes Zittern durch unser Denken, durch unsere Religion, ob man diesen stillen Gast wirklich so genau identifizieren kann. Man kann ihn nur dadurch identifizieren, daß man seine Wohltaten empfängt. – Wer etwas von der Wandlung dieses Gastes ahnt, begehrt etwas von ihm zu empfangen.

[d] Dann begegnet uns die zweite Wandlung unseres Evangeliums: die Verwandlung der Gaben. Jesus wandelt auch den Trank. In unserer Geschichte bringt Jesus keine Geschenke, er ist arm. Wasser, pures Wasser ist ihm zur Verfügung, also etwas, was man kennt, was ohne alle Sensation ist. Das pure Wasser ist überall, unscheinbar und alltäglich. Wir kennen dieses pure Wasser. Man kennt doch die Worte und Geschichten, von denen in der Kirche immer wieder geredet wird. Und den Mann auf der Kanzel kennt man leider auch. Was ist das schon! Ein wenig Neugier und Kritik kommen dazu. Aber wo ist das Göttliche in der Sache? Das ist doch pures Wasser. Goethe hat von den bedauernswerten Kanzelmännern gesprochen, die die gedroschene Garbe immer wieder von neuem auszudreschen haben. Die Bibel als immer wieder ausgedroschene Garbe! – Aber das ist nun das eigentliche Evangelium unseres Textes, daß uns Jesus dieses ›Wasser‹, dieses bekannte und gewöhnliche Element verwandelt, etwas daraus macht, was in keines Menschen Hand und Gewalt steht. Mitunter macht er das nicht auf den Höhepunkten der Geschichte, sondern gerade an den Tiefpunkten, wenn die Menschen mit ihrem Einmaleins zu Ende sind, wenn der natürliche Wein ausgegangen ist und sie nichts mehr zu servieren haben, wenn die Verlegenheiten im tieferen Sinne kommen. Dann kommt die Stunde der Wandlung. Dann macht er etwas aus dem anscheinend Geringen. Dann füllt er die leer gewordenen Gefäße der alttestamentlichen Religion, dann füllt er altgewordene Sitten mit Geist. Dann teilt er in geringen Gaben die Fülle seines Trostes mit. Dann wird der Alltagstrank zu einem Trank, der Kraft gibt und ins ewige Leben führt. Mitunter reicht er uns einen Trank, den

wir gar nicht wollen. Auch der Kelch des Leidens bedeutet etwas, wenn er aus der Hand dieses Meisters kommt und von ihm zu einem Trank des ewigen Lebens verwandelt wird. ›Was Gott tut, das ist wohlgetan, muß ich den Kelch gleich schmecken, der bitter ist nach meinem Wahn, laß ich mich doch nicht schrecken, weil doch zuletzt ich werd ergötzt mit süßem Trost im Herzen; da weichen alle Schmerzen.‹

[e] Diese Geschichte ist nie geschehen oder geschieht immer neu. Geschieht sie immer? Nein; denn Er bestimmt die Stunde. Eine kleine Szene ist unserer Geschichte eingesprengt: Maria will vermitteln. Sie ist ein Bild des gutherzigen, geschäftigen Glaubens, der meint, man muß nur bitten, ›anregen‹, dann kommt alles [234] wie gewünscht. Aber Jesus lehnt das ab. Er unterwirft sich nicht jedem Wunsch, er bleibt zurückgezogen, riskiert mit dieser Absage sogar Enttäuschung. Er ruht, wenn wir anklopfen, und er handelt, wenn wir es nicht mehr erwarten. Er tritt hervor, wenn seine Stunde kommt. Wann ist das? War das gestern, wird es morgen oder am Ende der Zeit sein? Es ist immer dann, wenn Er will. Dann verwandelt er die Erwartung in Erfüllung; denn es ist nicht das Wesen des Glaubens, daß er in eine ewige Erwartung hineinverdammt ist. Nur, Er erfüllt anders und zu anderer Zeit, was wir denken.

[f] So ist dies eine Geschichte der göttlichen Verwandlung. Der Gast verwandelt sich in den Wirt, in den Herrn der Hochzeit, der austeilt. Das Alltägliche und Geringe verwandelt er in seine Gaben, in den Wein des Geistes und in göttlichen Trost. Ungeduldige Wünsche verwandelt er in Erwartung, bis seine Stunde schlägt.

[g] Wo vollzieht sich diese Geschichte ›immer wieder‹? Dort wo man ihn zu Tisch lädt: ›Komm, Herr Jesu, sei unser Gast!‹ Es vollzieht sich in unserem häuslichen Kreis. Wird so das Evangelium verbürgerlicht? Warum nicht? Es gibt kein göttliches Wort gegen das Bürgertum. Aber darin erschöpft es sich natürlich nicht. Es kommen andere Möglichkeiten hinzu. Wenn man das Evangelium mit den Ohren der frühen Christenheit liest, bekommt es einen Klang, der unseren protestantischen Ohren leicht entgeht! Da ist zweimal von den Diakonen die Rede. Sie erfüllen die Anweisung und dienen zu Tisch. Sie haben Kenntnis, was da geschieht. Kurz, das sakramentale Verständnis legt sich nahe und gibt einen Hinweis, wie sich diese Geschichte auch am Altar der Gemeinde Jesu ›immer wieder‹ vollzieht.

[h] Eines ist noch am Schluß zu sagen. Es ist noch einer Wandlung zu gedenken, die gleichsam über die Geschichte hinausliegt. Es ist davon zu sprechen, daß wir selber anders und neu werden müssen. Wenn es uns geschenkt wird, die eigene Not in das Licht des Evangeliums zu stellen, geht die Wandlung an. – Hochzeit ist durch alle Evangelien hindurch der Inbegriff und das Bild der Gemeinschaft mit Ihm. Wir müssen neu werden, wenn wir zu seiner Hochzeit eingehen sollen und dürfen. Es ist in diesem Evangelium eine heimliche Einladung enthalten, uns bereitzumachen und zu halten. Alles ist bereit, kommt zur Hochzeit! Amen.«

(1) Zunächst einige Bemerkungen zu Binnengliederung und Themenentfaltung. Eine Einleitung, die in zwei Schritten nach den Verständnismöglichkeiten der Perikope fragt [a, b], gibt schließlich deren leitende Betrachtungsweise an, nämlich als »Geschichte der göttlichen Verwandlung«. Diese Perspektive wird in drei Hinsichten durchgeführt [c-e], indem der Predigttext jeweils mit bestimmten gegenwärtigen Phänomenen und Problemen konfrontiert wird; die Kernsätze werden ausdrücklich noch einmal zusammenge-

faßt [f]. Im Rückgriff auf die bereits in [b] angestellten Erwägungen werden zwei Orte der gegenwärtigen Realisierung angedeutet [g]; den Schluß bildet der Hinweis auf eine vierte Perspektive. – Einigen Abschnitten entsprechen offensichtlich bestimmte Sachverhaltszusammenhänge: In [b] ist das *häusliche Tischgebet* angesprochen, das dann in [g] als »bürgerliche« Situation apostrophiert wird; [d] verweist auf die Situation des *gewohnten Sonntagsgottesdienstes;* »den Mann auf der Kanzel kennt man leider auch« (vgl. auch [g]). In [d] finden sich außerdem Hinweise auf *individuelle Krisenerfahrungen* (»Tiefpunkte«, »Verlegenheiten«), auf die auch in [e], [f] und [h] verwiesen wird.

Es wäre möglich,[43] von diesen Teilthemen des Textes auszugehen und die entsprechenden mentalen Modelle und ihre Modifizierungen zu skizzie[235]ren. Die straffe thematische Organisation der Predigt erlaubt es jedoch ohne weiteres, von *einem* dominanten Sachverhalt, einem durchgängigen Predigtthema zu sprechen, das mit dem Stichwort »Wandlung« auch ausdrücklich gemacht wird. Wir benennen diesen zentralen Sachverhalt als ETWAS VERWANDELT SICH WUNDERBAR.

(2) In Anlehnung an das oben (II. 6) vorgestellte idealtypische Ordnungsschema skizzieren wir u. E. wesentliche Bestandteile eines Modells mit dem Kern ETWAS VERWANDELT SICH WUNDERBAR: *Ort* und *Zeit* des Geschehens sind unbestimmt, ebenso die teilnehmenden *Personen.* Auch spezielle *Objekte* lassen sich nicht angeben. Als typische *Umstände* sind bedrohliche oder aussichtslose, jedenfalls vom Mangel geprägte Situationen vorausgesetzt. Das Geschehen ist regelmäßig in zwei *Phasen* (vorher / nachher) einzuteilen, die gewöhnlich rasch aufeinander folgen. Die *Ursachen* für die Verwandlung sind gerade nicht erkennbar und hinterfragbar, damit wird das Wunderbare des Vorgangs konstituiert. Auch der *Modus* der Durchführung läßt sich kaum aufhellen; er ist von Überraschung geprägt, aber sonst nicht weiter festzulegen. Die *Glaubwürdigkeit* des Geschehens ist gering, zugleich aber für die Beteiligten Gegenstand der Hoffnung.

(3) Wird das mentale Modell ETWAS VERWANDELT SICH WUNDERBAR nun im Blick auf die Gegebenheiten und Bildelemente der vorliegenden Predigt beschrieben, so ergeben sich zunächst folgende Konkretisierungen: Die Predigt qualifiziert die wunderbare Wandlung bezüglich der *Zeit* als »immer wieder«, »täglich neu« möglich [g, b]; und sie nennt mehrere konkrete *Orte* dieses Geschehens: Den »häuslichen Kreis« [g, b], den Gottesdienst sowie die Beschäftigung mit der »Weltgeschichte, der Religions- und Kirchengeschichte« [c]. Betroffene *Personen* können »alle Menschen« sein [d]; aber es ist auch

---

43 Und in einer Vorfassung dieses Aufsatzes wurde es auch versucht.

immer wieder von »uns«, den konkret Hörenden die Rede. Das usuelle mentale Modell wird von der Predigt also konkretisiert auf die *Situation der hörenden Gemeinde,* die akademisch-bürgerlich geprägt ist[44] und für die tägliches Gebet und Gottesdienstbesuch selbstverständliche Gewohnheit sind.

(4) Wie wird dieses mentale Modell nun von der Predigt umstrukturiert? Zunächst fällt auf, daß die Zäsur zwischen den beiden *Phasen* der Verwandlung nicht betont erscheint, die Wandlung vollzieht sich vielmehr gerade unauffällig, still und »heimlich« [c]. Auch die *Umstände* werden gerade nicht als dramatisch geschildert; es sind die gewohnten Situationen des »anscheinend Geringen«, der »altgewordenen Sitten« von Gottesdienst und Gebet [d, b]. Dazu kommen allerdings die menschlichen Höhepunkte, aber auch die Krisen, »wenn die Verlegenheiten im tieferen Sinne kommen« [d]. Als typischer *Modus* der Verwandlung wird herausgestellt, daß gerade dieses Gewohnte und Unauffällige Geist und Kraft [236] spendet und daß an den Krisenpunkten des Lebens Trost zu erfahren ist, weil die Gegenwart Gottes spürbar wird [d, c]. Zur betonten Alltäglichkeit des Geschehens gehört auch der Hinweis auf die Verwandlung ungeduldiger Wünsche in geduldige Erwartung [e].
 Im Blick auf den Modus des Geschehens stellt die Predigt weiterhin die Regel auf »immer dann, wenn Er will« [e]. In ähnlicher Weise modifiziert sie die Leerstellen des Modells im Blick auf die *Ursachen* der Wandlung: Es ist Jesus, der »dieses bekannte und gewöhnliche Element verwandelt, etwas daraus macht« [d]; er reicht den Trank des Trostes und des »ewigen Lebens«. Die wunderbare Verwandlung beruht auf seinem Willen, die Not zu beheben [c, h]; er ist das souveräne Subjekt des Geschehens [e]. Umgekehrt erscheint dann das Vertrauen auf seine Gegenwart als Voraussetzung der Wandlung [b, e, h].
 Schließlich ist eine Modifizierung der typischen *Objekte* feststellbar: Der Hinweis auf den Gottesdienst und insbesondere auf das Abendmahl [g][45] macht deutlich, an welche Gegebenheiten man sich bei der Suche nach der durch Jesus bewirkten Verwandlung bevorzugt zu halten hat.

(5) Das *konkrete mentale Bild,* das die Predigt mittels des usuellen Wandlungs-Modells auslöst, ist besonders durch drei Züge gekennzeichnet. Zum einen erhält die Verwandlung ein konkretes Subjekt; als Akteur und Ursache des Geschehens erscheint Jesus; und sein Tun zielt auf die Behebung der Not und die »Gemeinschaft mit Ihm« [h]. Zum zweiten wird das Geschehen nicht nur

---

44 Die Predigt wurde wahrscheinlich als Göttinger Universitätspredigt gehalten; vgl. W. Trillhaas, a. a. O., 5 [Vorwort]. Zur Konkretisierung auf das »Bürgertum« [g]; vgl. außer den expliziten Verweisen auch den ausführlichen Rückgriff auf Goethes Predigtkritik [d].
45 Vgl. auch schon die betonte Rede vom Trank, »der Kraft gibt und ins ewige Leben führt« [d], wie überhaupt das Stichwort der »Wandlung«.

auf Wende- und Krisensituationen, sondern vor allem auf typische und gewohnte Lebenssituationen der Hörenden bezogen. Auf diese Weise wird schließlich die sachliche (»Wundergeschichte«) und die historische Distanz zur Tat Jesu aufgehoben; und als einzige Voraussetzung einer heilsamen Verwandlung erscheint die Bereitschaft der Hörenden selbst, in ihren »altgewordenen Sitten« und Gewohnheiten Jesus und seine »Gaben« zu erwarten. Dieses konkrete Bild benennen wir probehalber folgendermaßen: DIE ROUTINEN DES LEBENS (UND DER RELIGION) WERDEN VON JESUS HEILSAM DURCHBROCHEN. Eine weitere Konkretisierung des Bildes erfolgt durch Verweise auf die liturgischen Vollzüge, bei denen die Hörenden in besonderer Weise hoffen können, diese Erfahrung zu machen.

(6) Es ist deutlich, daß sowohl das usuelle Modell ETWAS VERWANDELT SICH WUNDERBAR als auch das von der Predigt gesteuerte konkrete mentale Bild enge Berührungen mit dem Text der *biblischen Perikope* aus Joh 2 aufweisen, die dieser Predigt vorgegeben ist. Man könnte darum noch einen Schritt weitergehen und das usuelle Modell dieser Predigt direkt von Joh 2 her bestimmen, etwa als EIN WUNDER GESCHIEHT. Die Predigt wäre dann als Konkretisierung und Umstrukturierung dieses – wirkungsgeschichtlich gewiß konventionellen – Modells zu analysieren; sie wäre eine Textpredigt im strengen Sinne. Dagegen spricht allerdings, daß wir – in Aufnahme der Debatte um die »homileti[237]sche Situation« – das mentale Modell ausdrücklich als eine *alltagsweltliche* Szene bestimmt haben, eben als Modell eines Ausschnittes der Wirklichkeit, den Predigende und Hörende *teilen*. Die Leistung der vorliegenden Predigt besteht dann gerade darin, einen prinzipiell alltäglichen Sachverhalt in das »Licht« der biblischen Perikope zu rücken und die Hörenden damit zu einer neuen, produktiven Deutung ihrer eigenen Situation anzuregen.

V SCHLUSSFOLGERUNGEN: DIE MEHRDEUTIGKEIT DER »HOMILETISCHEN SITUATION«

Vorweg sei nochmals die *eingeschränkte Perspektive* der vorgestellten Analysemethodik betont: Gefragt wird hier nicht nach den individuell-psychischen Prägungen der Beteiligten; und auch nur indirekt nach der Rolle des biblischen Predigttextes. Außerdem konzentriert sich unser Vorschlag auf die »Bildlogik« der Predigt, während die rhetorischen Ebenen der argumentativ-begrifflichen Entwicklung sowie der Gefühls- und Beziehungsstrukturen weitgehend ausgeblendet sind.[46] Nach unseren Analyseerfahrungen hat aber gerade die Ebene der *Generierung mentaler*

---

46 Vgl. zu dieser Differenzierung der Predigtrhetorik R. Preul, Deskriptiv predigen! Predigt als Vergegenwärtigung erlebter Wirklichkeit; in: ders., Luther und die Praktische Theologie, Marburg 1989, (84 ff) 107 ff.

Bilder zentrale Bedeutung für den homiletischen Bezug auf die Lebenswirklichkeit der Beteiligten. Wird diese Ebene, wie wir es versucht haben, genauer beschrieben und am konkreten Fall untersucht, dann zeigt sich zugleich, wie vielschichtig der Begriff der »homiletischen Situation« selbst ist.

Zunächst konkretisiert das vorgestellte Modell den oben (I) angedeuteten *doppelten Sinn des Situationsbegriffs*. Auf der einen Seite bezieht sich die Predigt notwendig auf die gewohnte, konventionelle Sicht des jeweiligen Wirklichkeitsausschnittes, indem sie bei ihren Hörer/inne/n das usuelle Modell des entsprechenden Sachverhalts auslöst. Dabei kann allerdings schon die Art und Weise dieser Aktualisierung Aspekte der »Situation« in den Vordergrund rücken, die – eben auf Grund ihrer Selbstverständlichkeit – der Aufmerksamkeit der Hörenden normalerweise entzogen sind.[47] Zum anderen intendiert jede Predigt eine Veränderung der konventionellen Sichtweise, indem sie das usuelle Modell in ein konkretes und differenzierteres mentales Bild überführt: Sie präsentiert – mit Hilfe der Konvention! – eine neue, einmalige Perspektive auf die Situation; und je überzeugender ihr das gelingt, um so eher werden die Hörenden ihrerseits zu einem »offenen« Umgang mit ihrer Lebenswirklichkeit provoziert.

Die untersuchte Predigt zeigt u. E. auch eine typische Form, in der kulturell eingeschliffene Wirklichkeitsbilder homiletisch in »das Licht der Christusverheißung« (E. Lange) zu stellen sind: Das mentale Bild präsentiert, gegen die konventionelle Sicht, *Jesus als handelndes Subjekt* in gegenwärtiger Wirklichkeit; und zwar so, daß dieses göttliche Subjekt alltägliche Lebenserfahrung nicht zum Verschwinden bringt oder nur als [238] negative Folie nutzt, sondern dem menschlichen Denken, Wünschen und Handeln bedingungslos und damit »gnädig zuvorkommt«.[48] Es dürfte reizvoll sein, auch andere dogmatische Bestimmungen der Predigt, z. B. »Gesetz / Evangelium« oder »Anfechtung / Verheißung«, als Strukturen der Modifizierung mentaler Bilder in konkreten Predigten aufzusuchen.

Typisch ist die vorgestellte Predigt gewiß auch darin, daß der *biblische Predigttext* für die Generierung ihrer Bildlichkeit eine gewichtige Rolle spielt (s. o. IV. 6). Es würde – nicht nur in diesem Fall – einiges dafür sprechen, die dort präsentierte Szene als selbst usuelles Modell eines Sachverhalts »Wunder« zu verstehen, als ein für kirchliche Hörer durchaus alltagsweltliches Bild. Die

---

47 So rückt Trillhaas' Predigt die distanzierte, akademisch-bürgerliche Religiosität der Hörerschaft in einer Weise ins Licht, die selbst schon einen gewissen kritischen Impuls enthält.
48 Vgl. dazu E. Jüngel, Was hat die Predigt mit dem Text zu tun? (1968); in: A. Beutel u. a. (Hg.), Homiletisches Lesebuch. Texte zur heutigen Predigtlehre, Tübingen 1986, (111 ff) 122 f. Im Blick auf die konkrete Predigtarbeit bezieht Jüngel dieses Zuvorkommen allerdings ausschließlich auf den Predigttext.

Sicht der Perikope wird dann nicht als Ziel, sondern als aktualisierter Ausgangspunkt des homiletischen Bildaufbaus verstanden; und die modifizierende Leistung der Predigt bestünde nicht in der Einführung eines aktuell handelnden göttlichen Subjekts in alltäglicher Lebenswirklichkeit, sondern *umgekehrt* darin, das biblisch »normale« Wunder als Paradigma allgemein bekannter Wandlungsprozesse zu zeigen und damit auf ein gleichsam »nicht-religiöses« Bild hin zu transzendieren.[49] Die Entscheidung für die eine oder andere Interpretation hängt offenbar nicht zuletzt von der Einschätzung der konkreten Hörerschaft ab.

Diese Überlegungen machen nochmals deutlich, daß die Trennung der homiletischen Faktoren »Text« und »Situation« allenfalls heuristischen Sinn hat. Denn in der konkreten Predigt kann die Perikope, wie angedeutet, durchaus als konstitutiver Bestandteil der (kirchlich geprägten) homiletischen Situation erscheinen; und umgekehrt wird der Predigttext in jedem Fall die Aktualisierung und Ausarbeitung bestimmter mentaler Wirklichkeitsmodelle nahelegen. In der Predigtanalyse, aber auch bei der Gestaltung der Predigt, ist das Augenmerk darum eher auf die ästhetische *Vermittlung von Text und Situation* zu richten, konkreter: auf mentale Bilder, die über die konventionelle Sicht des Textes *und* der gemeinsam zugänglichen Lebenswelt hinausführen.[50]

Es scheint mithin, auch im Blick auf eine konkrete Predigt, durchaus nicht eindeutig zu sein, was jeweils als »homiletische Situation« oder, allgemeiner formuliert, als *»gemeinsam zugängliche Welt«*[51] zu bestim[239]men ist. Das Analysebeispiel zeigt, daß die Arbeit der Predigt an mentalen Bildern keineswegs von der konkreten Situation »vor Ort« ausgehen muß, sondern auch bei allgemein-menschlichen Erfahrungen, bei innerseelischen Vorgängen oder, in anderer Perspektive, in der »biblischen Welt« ansetzen kann. Auch in der semiotischen Literaturwissenschaft ist im übrigen umstritten, auf welcher Abstraktionsebene jeweils von »alltagsweltlichem Sachverhalt« zu sprechen ist. Gerade im Blick auf ihre bildlich-ästhetische Deutung ist die »homiletische Situation« offenbar ein *mehrdeutiges Phänomen;* und eben diese Offenheit gilt es in der Predigtarbeit wie in ihrer Analyse produktiv zu nutzen.

Die konstitutive Bedeutung der homiletischen Situation markiert schließlich auch eine *Grenze des literaturwissenschaftlich-ästhetischen Zugangs* zum Predigt-

---

49 Die Differenz zwischen dieser gleichsam neuzeitlich-liberalen Auffassung der homiletischen Situationsdeutung und der kirchlich-traditionellen Sicht, die in Abschnitt IV entfaltet ist, hat – wohl nicht zufällig – unsere eigenen Diskussionen über die Predigt nachhaltig bestimmt.

50 Ähnlich, wenn auch auf die formale Homiletik eingeschränkt, formuliert D. Rössler: »Die sprachliche Aufgabe der Predigtarbeit besteht vornehmlich darin, die gegenwartsgültigen Auslegungen eines überlieferten Bildes oder eines schon im Prozeß dieser Auslegung gewonnenen eigenen und selbständigen Bildes aufzusuchen und zu bestimmen« (Grundriß der Praktischen Theologie, Berlin / New York 1986, 355).

51 Siehe oben bei Anm. 11.

geschehen. Predigten sind eben keine gleichsam autonomen Kunstwerke, die usuelle Modelle der Wirklichkeit völlig unabhängig von der konkreten Situation ihrer Rezipient/inn/en aktualisieren und in neue künstlerische Bilder transformieren. Im relativen Gegensatz etwa zum Gedicht, dessen ästhetische Kraft im wesentlichen nicht an seine ursprüngliche Entstehungssituation gebunden ist, aktualisiert und modifiziert die Predigt stets auch Bilder derjenigen Wirklichkeit, die die Hörenden gegenwärtig betrifft. Die poetische Dimension der Predigtarbeit unterliegt offenbar letztlich einem *theologisch-ethischen Kriterium,* nämlich der Aufgabe, den Hörer/inne/n ihre widersprüchliche und bedrängende Lebenswelt auf neue und befreiende Weise, »im Licht der Christusverheißung« zu präsentieren.

IX

Zur Erarbeitung einer Predigt

IX.1 Theoretische Grundlegung

Der Kunstwerkcharakter der Predigt. Prolegomena einer homiletischen Ästhetik

Zum Beitrag von Henning Luther

Als Schüler Gert Ottos (1927-2005) widmet sich Henning Luther (Jahrgang 1947) nach seiner Promotion über hochschuldidaktische Fragen des Theologiestudiums vor allem zwei Schwerpunkten: Er befaßt sich mit der Ästhetik F. D. E. Schleiermachers und setzt sich intensiv mit dem Subjektbegriff in der Praktischen Theologie (im Anschluß an F. Niebergall)[1] auseinander. Diese beiden Aspekte kommen auch in dem nachstehend abgedruckten Beitrag in besonderer Weise zur Geltung. Schon bald nach seiner Habilitation (1982) wird H. Luther auf einen Lehrstuhl für Praktische Theologie nach Marburg berufen (1986), wo er bis zu seinem Tode (1991) lehrt.

Seine noch vorsichtig formulierten Theoriefragmente zur ästhetischen Seite der Predigtarbeit legt Luther zu einem Zeitpunkt vor, als die Praktische Theologie die mit der »empirischen Wende« verbundenen großen Auseinandersetzungen mit der »dialektischen Theologie« weitgehend hinter sich hat. Sie steht vor der Herausforderung, sich auf der Basis ihres wiedergewonnenen Empiriebezuges als theologische Wissenschaftsdisziplin zu behaupten und sich dabei den Standards des interdisziplinären Dialogs zu stellen. In der Homiletik sind es zu Anfang der 80er Jahre vor allem die Literatur- und die Kommunikationswissenschaft (letztere besonders in Gestalt der Rezeptionsästhetik), die sich auf grenzüberschreitende Fachgespräche einlassen. Dabei wird die Frage nach dem Predigen als einem Kunst(hand)werk bzw. nach dem Werkcharakter der Predigt neu gestellt: Worin muß man eigentlich »gut« sein, um gut predigen zu können?

Daß man überhaupt *selbst* etwas können und in die Predigt einbringen *darf*, galt in der Homiletik lange als Tabu. Noch Rudolf Bohren geht mit jeglichen Kunstregeln, die – wie er befürchtet – dem Wirken des Heiligen Geistes zuvorkommen wollen, arg ins Gericht.[2] Seine Homiletik ist ganz im Geist jenes Predigtverständnisses geschrieben, wonach die *Credenda* der Homiletik gegen

---

[1] Während der Arbeit an dem hier abgedruckten Text entsteht u. a. auch die Habilitationsschrift Henning Luthers: Religion, Subjekt, Erziehung. Grundbegriffe der Erwachsenenbildung am Beispiel der Praktischen Theologie Friedrich Niebergalls, München 1984.

[2] »Der größte Jammer pflegt mich bei Predigern zu überfallen, die reden können« (Rudolf Bohren: Predigtlehre, München ⁶1993, 23).

die *Facienda* homiletischer Praxis ausgespielt werden: Was der Prediger in bezug auf seine Predigt zu *glauben* hatte, erübrigte faktisch ein *methodisches Nachdenken* über Predigtstrategien, geschweige denn ein im künstlerischen Sinn konzeptionelles Zu-Werke-Gehen. Anspruch und Wirklichkeit, Proklamation des *verbum Dei* und Frustration im Bewußtsein des Nicht-Predigen-Könnens, notorische Beschwörung der alleinigen Wirkung des Geistes und die einsame Erfahrung der eigenen wirkungsarmen Rede, dies alles verband sich für viele Pfarrer zu einer frustrierenden homiletischen Hypothek, der allein mit Ironie kaum beizukommen war.[3]

Vor diesem Hintergrund – und angesichts der bereits laufenden, aber noch wenig konturierten Debatte um personale Kompetenz als homiletische Kategorie – versucht H. Luther, die Frage nach dem »kreativen Ausgangspunkt der Predigtmühe« zu präzisieren. Mit Bezug auf Friedrich Schleiermacher und Friedrich Niebergall weist er zunächst den vermeintlichen Antagonismus zwischen dem Agieren des Predigers als Subjekt[4] und dem Wirken des Geistes als Fehlkonstruktion zurück. Dabei verschiebt er den Fokus der homiletischen Diskussion gleich um einige Grade: Für die Predigtarbeit bringt es nichts, den Streit um die Autorschaft der Predigt bald zugunsten des Heiligen Geistes, bald zugunsten des Predigers zu entscheiden. Es gilt, die Rezeption der Predigt durch die Hörer ernst zu nehmen und nach Möglichkeiten zu fragen, diesen Teil des Predigtprozesses bei der Arbeit an der Predigt im Blick zu haben.

Bei diesem Versuch postuliert H. Luther eine strukturelle Analogie zwischen Predigt und Kunst. Diese Analogie ergibt sich aus dem Anliegen beider, so ›gemacht‹ zu sein, daß die Hörer – oder eben die Rezipienten eines Kunstwerkes – selber zu Akteuren werden. Die Hörer einer Predigt müssen den Kanzelmonolog ganz ähnlich produktiv in ihre Situation übertragen, wie die Zuschauer im Theater ihr Leben in den Szenen eines fremden Stückes unterbringen sollen. Ein Prediger muß sich also – so könnten wir Luther interpretieren – von vornherein im klaren darüber sein, daß mit seiner Predigt noch etwas (anderes) passieren soll als das, was er selbst mit ihr gemacht hat.

Henning Luthers These ist, daß die »Inszenierungsbemühungen eines Regisseurs«, der einen dramatischen Text in eine szenische Interpretation übersetzt, derjenigen Arbeit als Orientierung dienen kann, die ein Prediger mit seiner Kanzelrede hat. Beide – Prediger und Künstler – eint der Respekt und die Wertschätzung gegenüber dem Werk (bzw. dem Text). Um dem Werk bzw. dem Text treu zu bleiben, müssen sie jedoch das Werk / den Text gewissermaßen in die Gegenwart ›hineininszenieren‹ und Gesichtspunkte aus dem Hier

---

3 »Ein mehr oder weniger gelungener Monolog verläßt die Sakristei; das Wort Gottes betritt die Kanzel« (Hans-Dieter Bastian: Verfremdung und Verkündigung, München 1965).
4 Hierfür hätte H. Luther in Otto Haendler einen weiteren Kronzeugen finden können (s. oben II.1.).

und Heute ins Spiel bringen, die das Werk gar nicht kennt, die die Hörer bzw. Zuschauer aber brauchen, um das Werk / die Predigt in ihre Situation hinein fortsetzen zu können. Text, Prediger und Hörer sind also an dem »Gesamtkunstwerk«[5] Predigt beteiligt, das in einem Gottesdienst aufgeführt wird.

Sehr gut lesbare Forschungsbeiträge, die die weitere homiletische Entwicklung der rezeptionsästhetischen bzw. semiotischen Dimension der Predigt zumindest bis 1998 dokumentieren, bietet der von E. Garhammer und H.-G. Schöttler herausgegebene Band »Predigt als offenes Kunstwerk«.[6]

W. E.

---

5 Dieser Begriff taucht bei H. Luther ebensowenig auf wie Rede von den Hörern als »Akteuren« (s. o.) – Begriffe, die in den folgenden Jahren durch den Dialog der Praktischen Theologie mit der Semiotik genauer bestimmt und Bestandteil homiletischer Argumentationsmuster werden. Vgl. die stärkeren theoretischen Differenzierungen bereits bei Gerhard Marcel Martin: Predigt als »offenes Kunstwerk«? Zum Dialog zwischen Homiletik und Rezeptionsästhetik, in: EvTh, 44. Jhg. 1984, 46-58. H. Luther kommt jedoch das Verdienst zu, die praktisch-theologische Theoriebildung mit neuen Impulsen angeregt zu haben, auch wenn er sich an deren Ausarbeitung kaum noch selbst beteiligen konnte.
6 Erich Garhammer / Heinz-Günther Schöttler (Hgg.): Predigt als offenes Kunstwerk. Homiletik und Rezeptionsästhetik, München 1998. Ein Versuch, konvergente Entwicklungen zwischen Literaturwissenschaft und Homiletik auszuwerten, deren Theoriebildung noch stärker aufeinander zu beziehen und für das Ganze der Theologie fruchtbar zu machen, findet sich bei Wilfried Engemann: Texte über Texte: Die Beziehungen zwischen Theologie, Literaturwissenschaft und Rezeptionsästhetik, in: PrTh, 35. Jg. 2000, 227-245.

Henning Luther

Predigt als inszenierter Text
Überlegungen zur Kunst der Predigt

Nachdem das theologische Geheimnis menschlicher Predigtproduktionen entmythologisiert worden ist, haben Handwerkslehren für Prediger Konjunktur. Predigttechniken werden endlich lehr- und lernbar – ohne Skrupel gegenüber den rigiden Idealisierungen einer überspannten Wort-Gottes-Homiletik. Der Markt an Predigtanleitungen belegt, daß die Handwerker sich der zur menschlichen Rede emanzipierten Predigt bemächtigen wollen. Das Interesse an der Technik der Predigt – das ist aber nicht nur eine schlechte, sondern die falsche Konsequenz aus der Entdeckung der Predigt als Rede, aus der rhetorischen Wende der Homiletik. »Predigt als Rede« kann – den besten homiletischen und rhetorischen Traditionen folgend – nur *poetisch*, nicht aber technisch realisiert werden.

Der idealisierende Schein der Wort-Gottes-Homiletik war möglich und notwendig angesichts einer im Schnitt eher dürftigen Predigtpraxis; jede noch so gestammelte, kauderwelsche Kanzelrede wurde vom Verkündigungsmythos verklärt. Die Kritik am Schein dieses Predigtmythos' meinte also den falschen Glanz über einer eher mageren Praxis, um den wirklichen Glanz der Predigt zu ermöglichen. Anders wird gottlose Rede vollends zur geistlosen Rede. Predigt als Kunst will nun nichts weniger, als Geist *in* die Rede zu bringen (anstatt seinen Schein *über* ihr schweben zu lassen). Nur als geistvolle wird sie zur begeisternden Rede – und nichts weniger als das ist das Ziel des künstlerischen Aktes des Predigens. »Weil aber der Mensch der Begeisterung nie vertraue, könne er die Poesie als Gott nicht fassen.«[1] [90] »Der Mensch soll immer die größte Handlung tun und nie eine andre, und da will ich Dir gleich zuvorkommen und sagen, daß jede Handlung eine größte sein kann und soll.«[2]

I PREDIGT ALS KUNST

Daß gute Predigt nicht aus der Befolgung technischer Anleitungen (allein) heraus zu bewerkstelligen sei, veranlaßte die Dialektische Theologie, nicht nur

---

1 B. von Armin: Werke und Briefe. Hg. v. G. Konrad. Freche, Köln 1963, zit. n. G. Dischner: Bettina. Berlin 1978. S. 127.
2 A. a. O., zit. nach G. Dischner, a. a. O., S. 110.

die Inkommensurabilität von Predigtmethodik und zu verkündigendem Wort Gottes zu konstatieren, sondern darüber hinaus die Unmöglichkeit menschlicher Predigt. »Nur in der tiefen Einsicht kann gepredigt werden, daß eigentlich nicht gepredigt werden kann.«[3] Nur mit dieser paradoxen Auskunft glaubte man vor dem Lachen bestehen zu können, »das im Himmel über sämtlichen Ratschlägen, Rezepten und Mittelchen der praktischen Theologie ertönt.«[4] Ob diese Auskunft Predigten besser macht, steht ebenso dahin, wie die Aussicht, daß damit nicht nur der himmlische, sondern auch der irdische Spott über Kanzelreden verstumme.

Damit Predigt gelinge, darf aus der Einsicht, daß ihr Gelingen nicht durch die Anwendung von Rezepten verfügbar ist, nicht der kurzschlüssige Verzicht auf (menschliche) Bemühung überhaupt werden. Vielmehr muß das Bewußtsein, daß nicht schon die richtige Methode die Predigt ausmacht, den kreativen Ausgangspunkt der Predigtmühe abgeben. Das aber heißt, Predigt nicht als Handwerk, dessen regelrechte Ausübung das Gelingen garantiert, sondern als Kunst zu verstehen, deren Wirkung riskant bleibt, die aber gewagt werden muß.

Gegen homiletischen Defaitismus hatte schon Schleiermacher die Kraft der Kunst ins Feld geführt: »Sodann ist nicht zu leugnen, daß wenn der göttliche Geist in den Menschen wohnt, er dann auch menschlich, auf eine der menschlichen Natur gemäße Weise wirkt, und so müssen seine Wirkungen auch als menschlich richtige dargestellt werden, und das ist es was wir unter Kunst verstehen. Also können sich Wirksamkeit des göttlichen Geistes und Kunst nicht widersprechen.«[5]

Schleiermacher unterscheidet nun zwischen einer mechanischen Kunst und dem Bereich der sog. schönen Künste. Anders als in der bloß mechanischen Kunst (Technik) ist auf dem Gebiet der schönen Künste mit den Regeln nicht zugleich schon die Anwendung gegeben.[6] Er betont die Einsicht, [91] »daß die

---

3   E. Thurneysen: Die Aufgabe der Predigt: In: Ders.: Das Wort Gottes und die Kirche. Aufsätze und Vorträge (Hg. von E. Wolf). München 1971. S. 95 ff., hier S. 97.
4   A. a. O., S. 95/96. Das Lachen Gottes hat nicht nur die Dialektische Theologie, sondern auch die liberale Theologie für ihre Argumente bemüht, allerdings in milderer, freundlicher Form: »Gott lächelt über die, die göttlicher sein wollen als er selbst«, befindet Niebergall angesichts dogmatischer Streitereien. (In: F. Niebergall: Praktische Auslegung des Neuen Testaments. Tübingen 1923. S. 25.)
5   F. Schleiermacher: Die Praktische Theologie nach den Grundsätzen der evangelischen Kirche im Zusammenhange dargestellt. Aus Schleiermachers handschriftlichem Nachlasse und nachgeschriebenen Vorlesungen. Hg. von Frerichs (Sämtliche Werke 1. Abthg. Zur Theologie Bd. 13). Berlin 1850. S. 30. Schleiermacher argumentiert, daß weder Schriften noch Erfahrung die Notwendigkeit der Kunst bestreiten: »Es ist unmöglich in der Schrift gesagt, und alle Erfahrung, wenn man auf die Resultate sieht, selbst die Praxis der Kirche leugnet es, daß die Wirksamkeit des göttlichen Geistes der wissenschaftlichen Bestrebung und der Kunst entbehren könne.« (a. a. O., S. 31).
6   A. a. O., S. 36.

Regeln und die Technik mit der wir es zu thun haben unentbehrlich / sind; aber nicht nur daß sie nicht im Stande sind die Thätigkeit selbst zu bilden, sondern daß sie auch immer etwas unbestimmtes an sich tragen werden, wodurch sie *Kunstregeln* sind, so daß noch etwas anderes in dem der die Regeln anwendet sein muß, was die Anwendung sichert.«[7] »Was außer den Regeln vorhanden sein muß damit der Künstler entstehe, ist die Wahrheit und Reinheit der christlichen Gesinnung.«[8]

Die Predigt soll Sache des Geistes sein, und der Prediger hat dafür Sorge zu tragen, daß der Geist recht lebendig sei.[9] Dafür aber reichen technische Vorschriften nicht aus. Die produktive Basis der Predigt liegt vielmehr in der sich mitteilenden Subjektivität dessen, der redet. Nun läßt diese (die Wahrheit der christlichen Gesinnung) sich zwar mitteilen auch ohne Kunst (wenn anders umgangssprachliche Kommunikation zwischen Christen möglich sein soll), »aber die Sicherheit und Reinheit der Wirkung wird immer erfordern, daß die Kunst zu Hülfe genommen wird.«[10]

Predigt als Kunst wird zwar der Regel nicht entraten, aber sie verlangt darüber hinaus mehr: die Spontaneität eines wahrhaftigen Subjektes, das sich in die Rede einbringen und von dem eine Wirkung ausgehen soll, und eine anregend-kommunikative Kraft, damit auf andere eine Wirkung hervorgebracht werden kann. Predigt ist Kunst, insofern sie kommunikativer Wirkungsprozeß ist und nicht eine Belehrung über objektive Wahrheiten. »Also alle wirken und lassen auf sich wirken; die praktische Theologie wäre also eine Kunst für alle.«[11]

Daß »die Aufgabe der Predigt weniger der des Lehrers, als der des Künstlers gleichen soll«, hat später dann auch Friedrich Niebergall gefordert.[12] Er, der die Praktische Theologie als Erziehungslehre, die Homiletik als religionspädagogische Disziplin verstanden haben wissen wollte[13], hat doch den »religiös-künstlerischen Charakter gegen den lehrhaft-pädagogischen Charakter der Predigt«[14] betont. Es läge auch viel näher, »Grundsätze für die Auslegung vom ästhetischen als vom juristischen Gebiet zu holen.«[15]

In seiner Darstellung der kulturgeschichtlichen und theologischen Grundlagen der modernen Predigt verdeutlicht Niebergall diesen künstlerischen

---

7 A. a. O., S. 43/44.
8 A. a. O., S. 46.
9 A. a. O., S. 43.
10 A. a. O., S. 46.
11 A. a. O., S. 50.
12 F. Niebergall: Die evangelische Kirche und ihre Reformen. Leipzig 1908. S. 90.
13 So F. Niebergall: Christliche Jugend- und Volkserziehung. Göttingen 1924 sowie ders: Praktische Theologie, 2 Bde. Tübingen 1918/1919.
14 Ders.: Die moderne Predigt. Tübingen 1929. S. 98.
15 Ders.: Praktische Auslegung des Neuen Testaments. A. a. O., S. 45.

Charakter der Predigt, indem er einzelne Prediger als Lyriker, Dramatiker, Tonkünstler oder Maler der Predigt[16] charakterisiert oder Parallelen zwischen der Entwicklung der Predigt (»daß die Predigt als Rede erkannt wurde«[17]) und bestimmten Veränderungen auf dem Gebiete der Kunst feststellte und entsprechend forderte, [92] die gegenwärtige Kunstauffassung (hier: die Neue Sachlichkeit) für das Predigtverständnis fruchtbar zu machen.[18] Obwohl er im Blick auf die Gesamttätigkeit des Pfarrers unmißverständlich die Grenze dahin zieht, daß es sich dabei nicht um Kunst, sondern um sittliche Aufgaben handelt,[19] sieht er doch *Predigt* und Kunst dieselbe Aufgabe verfolgen. Beide bemühen sich um den wirkungsvollen Ausdruck des erhöhten Innenlebens derart, »daß es in allen Empfänglichen wiedererzeugt wird.«[20]

Daß Niebergall durchaus nicht einem subjektivistischen, verinnerlichten Verständnis der Predigt als einem nur intuitiv vermittelbaren Erlebnis folgte, sondern auch und gerade die künstlerische Predigt als eine Arbeit ansah, bei deren Produktion Methodik und Regeln eine Rolle spielen, macht eine Auseinandersetzung deutlich, die sich an seinem Aufsatz »Zur homiletischen Diätetik«[21] entzündete. Der Herausgeber der »Evangelischen Freiheit«, Baumgarten, hatte gegen diesen Beitrag Bedenken erhoben, da ihm darin »der intuitive, von innen heraus schaffende Charakter der Predigt bedroht« schien.[22] Niebergall war demgegenüber in seinem Aufsatz bemüht, die »Gesetze der Predigt zu erfassen«, da er annahm, »daß solche Gesetze zu Regeln führen können.«[23] Freilich müsse sich dieses »nosse« in ein »posse« verwandeln. Eine Bereicherung stellen diese Regeln nur dann dar, »wenn sie, ins Unbewußte versunken, doch unser ganzes Auswählen und Gestalten leiten.«[24] So dient aber die Methodik dazu, die Eigentümlichkeit »eines jeden einzelnen« zu ergänzen, zu entfalten und bereichern.

Man könnte in Übertragung des Herbartschen Gedankens diese Fähigkeit, das theoretische Wissen der Regeln der konkreten (Predigt-)Praxis nicht äußerlich, wie ein Gesetz, gegenüberzustellen, sondern in ihr, durch sie gebrochen und vermittelt, gleichsam unbewußt zur Geltung kommen zu lassen, den homiletischen Takt nennen.[25]

---

16 Ders.: Die moderne Predigt. A. a. O., S. 102 f.
17 A. a. O., S. 211.
18 A. a. O., S. 224.
19 Ders.: Gott und die Gemeinde. Tübingen 1912. S. 30.
20 Ders.: Wie predigen wir dem modernen Menschen? Bd. I. Tübingen ⁴1920. S. 156.
21 In: Evangelische Freiheit 9 (1909) S. 389 ff.
22 A. a. O., S 389 Anm. 1.
23 A. a. O., S. 389.
24 A. a. O., S. 466.
25 Niebergall selbst verwendet beiläufig den Begriff des Taktes, wenn auch nicht in jenem explizit systematischen Sinn wie Herbart, der damit die spezifisch pädagogische Form der Theorie-Praxis-Vermittlung charakterisierte. Die Homiletik könne nicht, schreibt Niedergall,

In der neueren Diskussion bietet sich für diese Beherrschung subjektiv angeeigneter und anverwandelter Regeln der Begriff der Kompetenz an. Homiletische Kompetenz meint dann nicht das Kennen je einzelner Regeln und Anleitungen, sondern die souveräne Verfügung über eine Regelstruktur, in der Regeln nicht mehr als solche bewußt gemacht und für jeden Predigtprozeß vergegenwärtigt werden müssen, sondern wie die Grammatik einer Sprache unbewußt leitend sind.[26] [93] Dem entspricht, daß nach Niebergall homiletische Regeln nicht abstrakt konstruiert, sondern »nur auf dem Weg der Analyse und der Abstraktion von wirklichen lebendigen Predigten gewonnen« werden können – so wie die Regeln der Grammatik nicht abstrakt erworben werden, sondern im lebendigen Gebrauch der Sprache.[27]

II   »DIE REDE IST EIN MONOLOGES DRAMA«[28]

Erkennt man an, daß Predigt bei aller Regelgebundenheit in der Dimension von Kunst sich bewegt, und ferner, daß gerade die rhetorische Revision der Homiletik Predigt nicht in Gegensatz zur Poesie bringt, sondern vielmehr den engen »Zusammenhang von Poetik und Rhetorik, von Rede und Poesie«[29] neuentdeckt hat, ist näher zu fragen, wie sich das Künstlerische in der Predigt realisieren kann. Wodurch wird Predigt Kunst, worin liegen Berührungspunkte zwischen Predigt und anderen künstlerischen Produktionsweisen?

---

je mehr sie realistisch und ganz praktisch werde, Gesetze geben (ebensowenig wie die Praktische Theologie insgesamt), sondern sie zeige nur »Möglichkeiten der Regelmäßigkeiten, um es dem Takt und Geschick jedes einzelnen zu überlassen, wie weit er sie in seinen Verhältnissen anwendet.« (a. a. O., S. 465).

26 Eilert Herms, aber auch Manfred Josuttis verwenden den Kompetenzbegriff etwas unpräziser, indem sie Kompetenz mit Qualifikation gleichsetzen, also den systematisch entscheidenden Unterschied zwischen Kompetenz und Performanz verwischen. Vgl. E. Herms: »Was heißt theologische Kompetenz«? In: WzM 30 (1978) S. 235 ff. sowie ders.: Der Beitrag der Dogmatik zur Gewinnung theologischer Kompetenz. In: EvTh 39 (1979) S. 276 ff., wo er die Performanz-Kompetenz-Differenzierung explizit ablehnt, da er »das Mißverständnis vermeiden« möchte, »als könne personale Existenz anders denn als handelnde gedacht werden.« Demgegenüber behauptet er: »... die personalen Fähigkeiten existieren nur als Aspekte der aktualen Personwirklichkeit, und zwar als derjenige Aspekt, der die Qualifizierbarkeit personalen Handelns ausmacht.« (a. a. O., S. 277 Anm. 3). Der Unterschied zwischen Handlungsfähigkeit und Handlungsvollzug wird mit der – auch rechtfertigungstheologisch problematischen – Unterstellung verwischt, der Mensch (mit seinen Möglichkeiten und Fähigkeiten) gehe auf in dem, was er tut. Vgl. ferner M. Josuttis: Dimensionen homiletischer Kompetenz. Zuerst in: EvTh 39 (1979) S. 319 ff., jetzt auch in R. Zerfaß, F. Kamphaus (Hg.): Die Kompetenz des Predigers im Spannungsfeld zwischen Rolle und Person. Münster 1979. S. 41 ff.
27 F. Niebergall: Zur homiletischen Diätetik. A. a. O., S. 466.
28 Novalis: Werke, Briefe, Dokumente. Hg. von E. Wasmuth. Bd. II. Heidelberg 1957. S. 377.
29 G. Otto: Predigt als Rede. Stuttgart 1976. S. 53.

Schleiermacher hat gefordert, »daß der Ausdruck in der religiösen Rede aus dem reinen Gebiet der Prosa gewonnen sein muß, daß alles poetische in derselben außer seiner Stelle sein würde.«[30] Damit verbindet sich die positive Anweisung, daß der Ausdruck der religiösen Rede »populär« sein müsse, d. h. der Umgangssprache der Gemeinde entnommen sein. Populär heißt nun aber zugleich, die Rede darf weder »plebeje« sein, also im beschränkten, ungebildeten Sprachkreis verhaftet bleiben, der *allen* Schichten eignet, noch technisch der Terminologie von Berufssprachen (incl. der theologischen Fachsprache) entnommen sein. Das »Recht der Kunst« ist es, im populären Sprachgebrauch die Grenzen zur ›gebildeten Sprache‹ hin aufzustoßen, um dessen Ausdrucks- und Bedeutungspotential zu erweitern.[31]

Schleiermachers Ablehnung des Poetischen bezieht sich auf den »Ausdruck« in der religiösen Rede, nicht auf die Predigt als solche. In seinem Urteil leitet ein bestimmtes Verständnis, das Poesie – im Gegensatz zur Prosa – im Sinne von gebundener, lyrischer Sprache versteht. Daß Predigt keine Lyrik sein kann, – diese Einsicht führt zur nächsten Frage, in welchem Sinn denn dann Predigt Poesie, Kunst sein kann. [94]

Schleiermachers Unterscheidung zwischen prosaischem und poetischem Ausdruck macht auf ein entscheidendes Merkmal der künstlerischen Form religiöser Rede aufmerksam: sie lebt, eingebettet in einen spezifischen situativen Rahmen (Liturgie, Gottesdienst), von ihrem *aktualisierenden* Vollzug vor einem – mit dem Prozeß der Produktion *gleichanwesenden* – *Hörerkreis*. Anders als die in schriftlichen Formen sich artikulierenden künstlerischen Gattungen (Lyrik, Erzählung etc.) entsteht die Predigt im situativen Gegenüber des Hörers, gleichsam im Präsens. Die Rezeption der Rede ist mit ihrer endgültigen Produktion gleichzeitig. Daraus gewinnt sie auch ihr eigentümliches Profil.[32]

Während also die Schrift werdenden Gattungen, die nicht den Hörer, sondern den Leser als Partner haben, »das strikte, ungestörte Alleinsein mit dem abwesenden Autor und die stimmlose Ein-Mann-Sprache des Erzählens«[33] voraussetzen, ist für Kunstgattungen wie die Predigt und die Rede die unmittelbare Gegenwart eines mithörenden Publikums (Gemeinde) *konstitutiv*. Weder der Autor der Predigt noch der Hörer sind je mit dem Text allein. Beide konfrontieren sich einander im konkreten Rahmen einer gegenwärtigen Situation.

---

30 F. Schleiermacher: a. a. O., S. 286.
31 A. a. O., S. 288.
32 Manfred Mezger hat daher mit Recht den theologischen Topos, daß die Gemeinde aus der Predigt entsteht, dahingehend ergänzt, daß »die Geburt der Predigt ... in der Gemeinde« geschehe, »denn die Hörer ... sind die Träger der eindringenden Wortschließung.« (Verkündigung heute. Hamburg 1966. S. 43).
33 B. Strauss: Die Widmung. München 1980. S. 64.

Im Anschluß an den Literaturtheoretiker Ruttkowski hat der Theatersoziologe Uri Rapp eine Einteilung der wortbezogenen Künste vorgenommen, die nicht nach den reinen Literaturgattungen gliedert, sondern von den »Darstellungsmöglichkeiten in der Beziehung Sender-Empfänger«[34] ausgeht und nach »Grundhaltungen des Sprechens und des Gestaltens, der Weise der Kundgabe« differenziert. Er unterscheidet zwischen Lyrik, Epik, Dramatik und Rhetorik (Artistik). Ausschlaggebend ist zum einen die jeweilige Beziehung von Subjekt und Objekt (Stoff, Gehalt), zum anderen das jeweilige Verhältnis von Autor und Publikum. Dem ersten Kriterium zufolge vollzieht sich in den vier Typen in der genannten Reihenfolge eine steigende Distanzierung des Subjekts zum dargestellten Objekt; dem zweiten Kriterium zufolge vollzieht sich eine Abstufung der Perspektivität. Für jeden Typos ist eine spezifische Als-Ob-Fiktion charakteristisch.

Die Lyrik »ringt vorwiegend mit dem Stoff und verhält sich zum Leser oder Hörer, als sei er nicht ein ›mit-definitor‹ der Situation – als ob es ihn nicht gäbe.«[35] »Die epische Grundhaltung enthält Distanz des Erzählers zum Erzählten ... Das Als-Ob ist hier die Einheit von Berichterstatter und Zuhörer, in perspektivischer Distanz zum Objekt gerichtet.«[36] In der dramatischen Grundhaltung, die eine dialogische ist, »ist die Perspektivität ins Werk selbst hineinverlegt, aber im Plural. Die Perspektiven wechseln mit der dargebotenen Rolle, und der Darsteller, resp. der imaginierende Leser oder Zuschauer, identifiziert sich jeweils mit der Einzelperspektive, während das Gesamtwerk die Vielzahl der Perspektiven gegeneinander stellt – als ob es keinen Autor gäbe ... und als ob es kein Publikum gäbe.«[37] [95]

Artistik bzw. Rhetorik unterscheiden sich nun vom internen Gesprächscharakter der Dramatik dadurch, daß sie »eine Grundeinstellung der Ansprache, sogar des Einredens, an ein Publikum« darstellen.[38] Während für die Lyrik die Perspektivenlosigkeit, für das Epische die Einperspektivität und für das Dramatische die Vielperspektivität bestimmend ist, ist die Rhetorik durch die Überperspektivität charakterisiert. Überperspektivität streicht den sozialen Sachverhalt heraus, »daß hier gerade der Zuschauer (Zuhörer) zum zentralen Orientierungspunkt wird und zum letzten und souveränen Beurteiler der artistischen Darbietung, die der Vortragende nur im ›role-taking‹ und in der Einführung ins Publikum leisten kann.«[39]

---

34 U. Rapp: Handeln und Zuschauen. Darmstadt / Neuwied 1973. S. 64.
35 A. a. O., S. 71.
36 A. a. O.
37 A. a. O.
38 A. a. O.
39 A. a. O., S. 73.

Wenngleich Predigten lyrische und narrative Elemente *enthalten* können, so ist deutlich, daß sie im Blick auf die »Darstellungsmöglichkeiten in der Beziehung Sender-Empfänger« weder die lyrische noch die epische Grundhaltung als solche verkörpern. Sieht man einmal von der liturgischen Lokalisierung der Predigt in den dramaturgischen Ablauf eines Gottesdienstes ab (woraus sich zusätzliche Aspekte für das Predigtverständnis ableiten ließen), so sind für die künstlerische Grundhaltung der Predigt zwei Aspekte charakteristisch: zum einen stellt sie einen Dialog des Predigers mit der *vielstimmigen* christlichen Tradition im Monolog dar; zum anderen lebt sie aus der direkten, einredenden Hinwendung zur Gemeinde (Publikum).[40] Auch und gerade für die Predigt gilt daher der Aphorismus des Novalis: »Die Rede ist ein monologes Drama.«

Die vielperspektivische Auseinandersetzung des Predigers im Dialog zwischen vieldeutiger Situation und polyphoner christlicher Tradition verweist auf die dramatische, die unmittelbare involvierende Ansprache an die Hörer verweist auf die artistisch-rhetorische Grundhaltung der Predigt. Wenn auch das Mischungsverhältnis beider Grundhaltungen in der theatralischen Aufführung (vieler) und in der vorgetragenen Predigt (eines einzelnen) durchaus unterschiedlich ist, so läßt sich doch aus einem Vergleich zwischen den publikumsbezogenen Darbietungsformen des Theaters und der Predigt für das Verständnis letzterer einiges gewinnen.

Aus der komplexeren Problematik, die ein solcher Vergleich aufwirft, soll ein Aspekt herausgegriffen werden. Der Vergleich zwischen Theater und Predigt, zwischen Bühne und Kanzel soll nicht die früher öfter durchgeführte, aber immer umstrittene Parallelisierung von Prediger und Schauspieler thematisieren,[41] sondern die Arbeit des Predigers im Umgang mit seinem (bibli[96]schen)

---

40 Daß das Verfahren der Predigt seiner Natur nach in doppelter Weise ein dialogisches sei, hatte bereits Schleiermacher betont: »... es ist ein Dialog mit seiner (sc. des Predigers) Schriftstelle, die er fragt und die ihm antwortet, und mit seiner Gemeinde.« (a. a. O., S. 248).
41 Der Ansatz, Prozesse der Textverarbeitung in der Predigt durch einen strukturellen Vergleich mit der Aufgabe der Textinszenierung auf der Bühne zu erhellen, ist auch ein Stück Wiedergutmachung am von Theologie und Kirche nicht wenig diffamierten Theater. Die Kanzel von der Schaubühne lernen zu lassen, den Prediger in die Lehre des Regisseurs zu schicken, könnte glaubwürdig jene brutale Tradition brechen, in der die Kanzel sich zum erbarmungslosen Richter über die Bühne aufgespielt hat. Vgl. hierzu: W. Rieck: Schaubühne contra Kanzel. In: Forschungen und Fortschritte 39 (1965) S. 50 ff., ferner: H. Alt: Theater und Kirche in ihrem gegenseitigen Verhältnis historisch dargestellt. Berlin 1846, bes. S. 310 ff., 693 ff. Schleiermacher hat ein mögliches Lernen der Kanzel von der Bühne kategorisch verurteilt: »Es hat etwas verletzendes ... wenn auf der Kanzel Momente dargestellt werden, die auf die Bühne gehören ...« (a. a. O., S. 317). Er hatte dabei Ansichten vor Augen, die empfahlen, daß der Geistliche vom Schauspieler lernen müsse. Dem Kriterium der Wahrheit der christlichen Gesinnung (subjektive Wahrhaftigkeit) der religiösen Rede gemäß dürfe der Geistliche keine Rede des Als-Ob führen. Der Geistliche soll er selber sein, er darf sich nicht wie der Schauspieler verleugnen. Spätestens seit der Destruktion des illusionären aristotelischen Theaters dürfte allerdings Schleiermachers Urteil – auch im Blick auf das Verhältnis

Text in Analogie setzen zur Inszenierungsbemühung eines Regisseurs, den dramatischen Text in eine szenische Interpretation zu übersetzen.

Eine nicht unwesentliche Parallele liegt im Problem der Normativität des jeweiligen Textumgangs. Was auf homiletischer Ebene als Frage der Text- oder Schriftgemäßheit zur Diskussion steht, wird auf der Ebene des Theaters (vor allem seit den Zwanziger Jahren) als Problem der Werktreue speziell der Klassiker-Inszenierungen verhandelt.

III DIE WERKTREUE DER PREDIGT

Das Problem der »Werktreue« wurde in dem Moment virulent, als Regisseure bei der Inszenierung der sog. Klassiker nicht mehr die »Einschüchterung durch die Klassizität«[42] akzeptieren wollten und »an die Stelle der konventionsgebundenen Reproduktion der Klassiker ihre Problematisierung setzten«.[43] Im »Gespräch über Klassiker«, das Bert Brecht etwa 1929 mit Herbert Jhering führte,[44] wird die »falsche, geistig unfruchtbare, konservative Verehrung« der Klassiker als kulinarische, besitzorientierte Vernichtung gegeißelt.[45] »Es gab keine Tradition, nur Verbrauch.«[46]

Nicht durch die historisierende, museale Repristinierung des klassischen ›Textes an sich‹, sondern nur durch eine kritisch reflektierte, Entstehungsbedingungen und Rezeptionsgeschichte des Textes gleichermaßen aufarbeitende, sowie aktualitätsbezogene Re-Interpretation konnte der virtuelle Gehalt der Klassiker für die Gegenwart in Freiheit gesetzt werden.

»Aufgehobene Tradition verstanden als eine zu stiftende Tradition«[47] – nur mit dieser Maxime konnte »die ursprüngliche Frische der klassischen Werke, ihr damalig Überraschendes, Neues, Produktives«[48] für die Gegenwart gerettet werden. Was die einen als ›Tod der Klassiker‹ verdammten, war für die anderen die einzige Möglichkeit zu einer »lebendigen, menschlichen Darstellung«[49]: produktive, interpretative Vergegenwärtigung.

Schauspieler / Prediger – revisionsbedürftig sein. In neuerer Zeit hat Hans Dieter Bastians Aufnahme des Brechtschen Verfremdungsgedankens den kleinen Grenzverkehr zwischen Theater und Theologie eröffnet (vgl. Verfremdung und Verkündigung. München 1965).
42 B. Brecht: Gesammelte Werke. Bd. 17. Frankfurt 1974. S. 1275.
43 J. Hintze: Ansätze zu einer neuen Klassikerrezeption auf dem Theater der Bundesrepublik. In: H. Sandig: Klassiker heute. München 1972. S. 88 ff., hier S. 93.
44 B. Brecht: a. a. O. Bd. 15. S. 176 ff.
45 A. a. O., S. 178.
46 A. a. O.
47 H. Mayer: Bertolt Brecht und die Tradition. München 1961. S. 19.
48 B. Brecht: a. a. O. Bd. 17. S. 1275.
49 A. a. O., S. 1277.

Werktreue bzw. Textgemäßheit kann sich daher nicht am isolierten Text als solchen festmachen, da die Inszenierung dann asymptotisch auf bloße Textlesung hinausliefe, sondern muß ausgehen [97] vom dialektischen Vermittlungsprozeß zwischen dem Text in seiner Zeit und Geschichte einerseits und dem Interpreten in seiner gegenwärtigen Situation andererseits. Im homiletischen Bereich hat bereits Niebergall auf den produktiven Charakter der Textverarbeitung in der Predigt aufmerksam gemacht, wenn er betont, daß es anstelle der »Texterschöpfung« darauf ankomme, »auf Grund des Textes eine Textleistung zu bieten.«[50] Das »Prinzip des Vergessens gegenüber der eigenen Situation«[51] ist gerade nicht die Voraussetzung der Wirksamkeit des überlieferten Textes, sondern ihre Verhinderung. Vielmehr lebt der Text »nur in Konkretisierungen und durch Konkretisation«[52], die das interpretierende Subjekt je in seiner Zeit vornimmt. »Die Überzeitlichkeit des Werkes liegt in seiner Zeitlichkeit als Aktivität.«[53]

Werktreue wäre demnach nur als Wirkungstreue zu verstehen, als Bereitschaft, den vergangenen alten Text in unserer Zeit aktiv werden zu lassen. Die inszenatorischen Interpretationen stellen daher nicht Versuche der Annäherung an den Text dar, sondern Realisationen desselben. Werktreu ist nicht die Inszenierung, die eine philologisch exakte oder sinnadäquate Wiedergabe des Textes bietet, sondern die, die den veränderten geschichtlichen Umständen entsprechende neue Konkretisationen schafft, in denen der Text weiterlebt.

Wenden wir diesen Überlegungsgang auf die homiletische Praxis an, so würde das bedeuten, daß die Schriftgemäßheit einer Predigt gerade nicht an der autarken Struktur des biblischen Textes an sich bemessen werden kann, sondern nur unter gleichzeitiger Berücksichtigung seiner Wirkungskapazität, d. h. nur im Horizont seiner interpretatorischen Konkretisationen.[54] Aus diesem hermeneutischen Zirkel heraus auf objektivierende Maßstäbe hinauszuwollen, hieße den intentionalen, wirkende Fortbildung eröffnenden Charakter (biblischer) Texte verkennen.[55] Predigt wäre demnach *nicht als Textauslegung* zu begreifen, sondern *als die Inszenierung eines Textes*, als der

---

50 F. Niebergall: Die moderne Predigt. A. a. O., S. 76. Genau dies dürfte auch Manfred Mezger im Sinn haben, wenn er für den Umgang mit dem Text in der Predigt folgende Richtung angibt: »Wir sollen zwar zum Text zurückfragen, aber wir sollen nicht dorthin zurückgehen, wo der Text seinen Ort hat, sondern ihn zu uns herkommen lassen, daß er uns heute unseren Ort (oder Weg) anweise.« (Verantwortete Wahrheit. Hamburg 1968. S. 102).
51 P. U. Hohendahl: Einleitung zu: ders. (Hg.): Sozialgeschichte und Wirkungsästhetik. Frankfurt 1974. S. 9 ff., hier S. 11.
52 K. Kosik: Historismus und Historizismus. In: P. U. Hohendahl (Hg.): a. a. O., S. 202 ff., hier S. 206.
53 A. a. O., S. 208.
54 Gg. O. Fuchs: Sprechen in Gegensätzen. München 1978. S. 298.
55 Vgl. F. Niebergall: Praktische Auslegung des Neuen Testaments. A. a. O., S. 26: »... die Schrift ist als eine Sammlung von Schriften zu beurteilen, die wirken wollen ...«

Versuch, den Text in die Szenen unserer Situation, unserer Gegenwart zu versetzen, damit er da neu wirken und leben kann.

In seiner »Pfingstpredigt« hat Bazon Brock – die Pfingstrede des Petrus aufnehmend – die Überführung des nachplappernden Zungenredens in »inhaltliches Sprechen« gefordert.[56] »Ihm (sc. Petrus) liegt nicht an peinlicher Unterwerfung unter den normalen vorgegebenen Text: nicht an seiner bloß immer erneuten Auslegung, sondern an einer immer erneuten Her[98]vorbringung der Botschaft – ein Konstituieren von Sinn. Dies sollte die kerygmatische Funktion des Vermittlungszusammenhangs genannt werden.«[57]

IV ASPEKTE DER TEXTINSZENIERUNG

Die Textverarbeitung der Predigt als eine inszenatorische Leistung zu verstehen, hat Konsequenzen, die sich für jede der drei den Predigtprozeß konstituierenden Größen Text / Tradition – Prediger – Hörer auswirken. Sie seien abschließend kurz skizziert.

1. GEGENWARTSBEDEUTUNG DER TRADITION (TEXT)

Praktische Wirksamkeit wird der Tradition nur durch die interessierte, nicht voreingenommene Frage nach ihrer Gegenwartsbedeutung eröffnet. »Das ist also ein Gebrauch der Vergangenheit, im besonderen der Schrift, der sie in den Dienst unserer Aufgaben in der Gegenwart stellt.«[58] Ein geschichtliches Verständnis der Tradition nimmt diese nicht als abstrakte dogmatische »Wahrheiten«, sondern knüpft an das ihnen innewohnende praktische *Wirkungsmotiv* an, um es unter den Bedingungen der Gegenwart zu reformulieren. »Es gehört sozusagen eine Art von künstlerischem Ingenium dazu, sich hineinzufühlen in die innerste Meinung und Absicht einer Schriftstelle, um dann mit ähnlicher Sicherheit herauszufinden, auf welche Verhältnisse sich heute das dort Gesagte bezieht ... Und wenn man es dann glücklich hat, was drinnen steckt, dann muß man es auch noch so ausdrücken, wie es die neutestamentlichen Schriftsteller heute ausgedrückt hätten ... Schrift und Leben einander anzunähern, das ist die Kunst.«[59]

---

56 B. Brock: Pfingstpredigt. In: K. Brau, P. Iden (Hg.): Neues deutsches Theater. Zürich 1971. S. VII ff., hier S. XI.
57 A. a. O., S. XV.
58 F. Niebergall: a. a. O., S. 23.
59 A. a. O., S. 43.

Textbezogenheit und Situationsbezug bilden daher keine Alternative, sondern sind miteinander verschränkt. Erst durch die konkrete Situationsvermittlung erhält die Tradition lebendige Kraft. Erst durch die Verfremdung der nichtgegenwärtigen Überlieferung werden Deutungsperspektiven artikulierbar, die über die Situation hinausgreifen. Die Gegenwartsbedeutung der Tradition verknüpft beides miteinander: die Aufgaben und Fragen unserer Lebenspraxis und das praktische Wirkungsinteresse der Tradition. »... unser Wirken verlangt nach der Schrift« – dieser Satz wird komplementär ergänzt durch den anderen: »... die Schrift verlangt und unterstützt unser Wirken.«[60] [99]

2. Interpretatorische Subjektivität (Prediger)

Der Inszenierung des Textes gelingt nur dann wirkliche, authentische Vergegenwärtigung, wenn in die Interpretation die persönliche Subjektivität des Interpreten, in der sich die Teilhabe und Teilnahme an der Gegenwart reflektiert, uneingeschränkt eingeht. Insofern die Tradition auf praktische Wirkung abzielt, kann ihre interpretative Vergegenwärtigung nicht von der Betroffenheit dessen absehen, auf den sie wirkt. Nicht eine unpersönliche, vermeintliche objektive Inszenierung des Textes, sondern allein die unverwechselbar subjektive Interpretation kann dem Bemühen um die Entfaltung der konkreten Wahrheit des Textes behilflich sein.

So wie das Prinzip der Gegenwartsbedeutung vor der Abstraktion bewahrt, als sei die Wahrheit jenseits der Geschichte, so bewahrt das Prinzip der interpretatorischen Subjektivität vor der Abstraktion, als liege das Kriterium der Wahrheit in der Einheit (und in der transsubjektiven Allgemeinheit). »Wir müssen dem Kriterium der Gewissenhaftigkeit einen viel größeren Raum als dem der Einheit gewähren.«[61] Und erst auf dem Resonanzboden einer unverstellten Subjektivität vermag der Interpret aus der vordergründig »einheitlichen und gleichmäßigen Fläche«[62] der Tradition und des Textes die Vielfalt unterschiedlich subjektiv gefärbter Stimmen herauszuhören. Nur so können wir hoffen, wieder konkrete Menschen, die geglaubt, geliebt, gehofft haben, hinter dem sich verselbständigenden Abstraktum »Tradition« zu entdecken. Dieser –

---

60 A. a. O., S. 26. Vgl. hierzu Manfred Mezger, der darauf hinweist, daß der Prediger kein Lieferant ewiger Wahrheiten ist, sondern der Interpret der zeitlichen. (Verantwortete Wahrheit, a. a. O., S. 60). In ähnliche Richtung führt auch seine Unterscheidung dessen, was dasteht, von dem, was drinsteht (a. a. O., S. 48; auch in: Verkündigung heute. A. a. O., S. 68). »Das ist redliche Auslegung, weil der Wortlaut der Botschaft nicht nachgeplappert wird, sondern nach seinem Sinn und Willen verstanden.« (a. a. O., S. 68).
61 F. Niebergall: a. a. O., S. 24.
62 A. a. O., S. 19.

gleichsam doppelte – Subjektivismus »ist unentrinnbar«.⁶³ Ihn zu beklagen, ihn gar mit seinem Extremfall, der Willkür, gleichzusetzen, hat nur der Anlaß, der Wahrheit ohne Wahrhaftigkeit glaubt haben zu können.⁶⁴

3. DER AKTIVE HÖRER – REZEPTION ALS KONSTRUKTION

Wenn die Inszenierung des Textes erst aus der Darbietung vor ihrem Publikum (der Gemeinde) lebt, dann endet die Interpretationstätigkeit nicht beim Autor (Prediger). Daß Hören kein linear-rezeptiver Vorgang der »Informationsaufnahme« ist, sondern »eine Synthese von Wahrnehmung und Schaffen«⁶⁵, genauer, daß Hören selbst einen konstruktiven Prozeß der Aneignung und Verarbeitung des Gehörten darstelle, gilt für die sozialen, publikumszugewandten Darbietungsformen (Theater, Predigt) im besonderen Maße.⁶⁶ Der Autor bringt in der Inszenierung [100] des Textes durch die Artikulation *seiner* Perspektiven nicht nur die vielstimmige Tradition zum Sprechen, sondern provoziert damit zugleich das angesprochene Publikum zur Bildung seiner eigenen Perspektiven. Die erkennbar authentische Subjektivität der Inszenierung reizt – in Widerspruch und Zuspruch – den Hörer zum eigenen interpretatorischen Engagement. Die Inszenierung ist weder auf gehorsame Annahme (Hören als Gehorchen) noch auf kulinarische Akklamation angelegt, sondern ist ein »Appell an die Freiheit« der Hörer, auf daß diese sich an dem »Hervorbringen ... (des) Werkes« beteiligen.⁶⁷

---

63 A. a. O., S. 27.
64 Ähnliches meint wohl auch Manfred Mezger mit seinem Satz: »Die Stärke rechter Predigt ist, daß sie nicht allgemeine Wahrheiten feststellt, die so langweilig sind, sondern pointierte persönliche Wahrheit, durch die unser nächstes Wegstück in der Welt hell wird.« (a. a. O., S. 80). Vgl. auch folgenden Hinweis: »Ich habe die Wahrheit des Textes nicht als Gottes theoretische Möglichkeit, sondern als meine konkrete Wirklichkeit zu verantworten.« (Verantwortete Wahrheit. A. a. O., S. 100). Und: »Wahrhaftigkeit, als Frucht der Wahrheit des Textes, ist Zuwachs an Freiheit.« (a. a. O., S. 57).
65 J. P. Sartre: Autor und Leser. In: P. U. Hohendahl (Hg.): a. a. O., S. 166 ff., hier S. 169.
66 Vgl. schon Niebergall: »Unser Wort ist doch niemals ohne weiteres das Transportmittel für unsere Eindrücke, Wünsche und Strebungen, sondern bloß ein Anlaß, daß ›drüben‹ im Hörer Vorstellungen und Strebungen ins Bewußtsein treten, die mit dem Klang des gemeinsamen Wortes in seinem Geiste verbunden sind.« (Wie predigen wir dem modernen Menschen? Bd. II, a. a. O., S. 8). Daß der Hörer weniger die Predigt des Predigers rezipiert, sondern, durch sie veranlaßt, seine Predigt konstruiert, hatte Niebergall ebenfalls herausgestrichen: »Mancher spinnt auch für sich den Faden / der Predigt weiter und hält sich dann selber eine; die sicher noch viel besser als die gehörte allgemeine ist.« (Praktische Theologie. Bd. II, 1919. S. 83). Vgl. hierzu auch ders.: Die Predigtkunst in Deutschland. Berlin 1910. S. 5 ff.
67 J. P. Sartre: a. a. O., S. 172. Manfred Mezger fordert entsprechend den »kritischen Hörer« (analog zum kritischen kunstverständigen Publikum): »Wem es bei der Mitteilung einer Sache um denkende Partner zu tun ist, sei es auch um den Preis des Widerspruchs oder der Ableh-

Der Künstler muß die »Sorge, das, was er begonnen hat, zu vollenden, einem anderen überlassen«.[68] Die Angst vor der Subjektivität der Inszenierung hat nur dann Recht, wenn der Autor das letzte Wort hätte. Lebt er (der Geistliche) aber »in und mit seiner Gemeinde«[69], dann ist seine Inszenierung des Textes nur das erste Wort, das den intersubjektiven Austausch eröffnet. Genau dies aber ist das Ideal einer »Homiletik gleichsam von unten«[70], daß dem »Geistlichen seine Gedankenreihe entsteht ... aus dem gemeinsamen Leben« der Gemeinde[71], so daß »die Rede in die Form des Gesprächs sich hinüberzieht.«[72] So kann man Predigen verstehen als eine »Tätigkeit ..., die ... einer Gemeinde dazu verhilft, auf ihre Fragen und Nöte Antwort und Hilfe zu finden.«[73]

---

  nung, der wird kritische Hörer schätzen ... (Verkündigung heute. A. a. O., S. 75). »Sowohl dem Künstler als dem Prediger ist der wachsame Hörer der beste Verbündete, denn er hilft zu strengerer Werkgestalt, zu tieferer Wahrheitserkenntnis« (a. a. O., S. 79).
68 J. P. Sartre: a. a. O., S. 171. Zum Verhältnis Dichter und Publikum vgl. bereits W. Scherer: Poetik. (1888). Hg. von G. Reiss. Tübingen 1977. S. 54 ff.
69 F. Schleiermacher, a. a. O., S. 240.
70 F. Niebergall: Wie predigen wir dem modernen Menschen? a. a. O., S. 5.
71 F. Schleiermacher, a. a. O., S. 240.
72 A. a. O., S. 304.
73 F. Niebergall: Die moderne Predigt. In: ZThK 15 (1905). S. 203 ff., hier S. 205.

IX.2 Überlegungen zur Praxis

Der Weg zur Predigt und die Schwierigkeiten homiletischer Didaktik

Der »Weg zur Predigt«, d. h. die einzelnen, praktischen Schritte hin zu einer Rede, die alles das berücksichtigt, wovon die Homiletik handelt, läßt sich nur teilweise auf der Basis angeeigneten Lehrbuchwissens bewältigen. Das hängt einerseits damit zusammen, daß viele der einschlägigen homiletischen Handbücher – aus verständlichen Gründen – den »Herstellungsprozeß« der Predigt gar nicht erst in den Blick nehmen. (Schließlich ist die Predigtarbeit, wie wir von Henning Luther[1] gelernt haben, eine Kunst, und welcher Künstler könnte schon für jedermann nachvollziehbar darlegen, wie und warum man es gerade so macht?) Andererseits werden häufig nur die klassischen theologischen Routine-Arbeiten in den Blick genommen (Exegese, systematische Reflexion, hermeneutische Erwägungen, homiletische Perspektiven), wobei sich Ergebnis an Ergebnis reiht. Dabei entsteht der Eindruck, als wären alle Probleme beseitigt, wenn man diese Schritte gegangen sei – und der »Weg zur Predigt« verstünde sich dann von selbst.[2] Aber so ist es ja nicht, wie jeder weiß, der sich einmal auf eine Predigt vorbereitet hat. Die Summe verschiedener, z. T. disparater Ergebnisse und Lösungen ergibt noch kein kohärentes Ganzes.[3]

Die bloße Erarbeitung und Anwendung plausibler Einzelergebnisse zieht noch keine plausible Predigt nach sich. Aufgrund dieser Erfahrung ist im folgenden Text der Akzent nicht einseitig auf die Erarbeitung von (Einzel-)Lösungen gelegt worden, sondern gleichermaßen auf die Frage, welche Proble-

---

1 Vgl. IX.1
2 In dem ansonsten ausgesprochen lesenswerten »homiletischen Exerzitium« von Christian Möller (Einführung in die Praktische Theologie, Tübingen / Basel 2004, 144-148) wird das »Aufschreiben der Predigt« am Samstag nur erwähnt (148). Ähnlich strukturiert ist das knappe, von der Auswahl des Bibeltextes bis zum Vortrag der Predigt reichende Schema von Achim Härtner / Holger Eschmann (Predigen lernen. Ein Lehrbuch für die Praxis, Stuttgart 2001, 43-49). Sehr nützlich für die Predigtarbeit ist in diesem Buch das Kapitel »Für die Hörer predigen« (a. a. O., 67-87).
3 Das »Modell zur Erarbeitung einer Predigt« (Wilfried Engemann: Einführung in die Homiletik, Tübingen / Basel 2002, 450-468) stellt den Versuch dar, dieses Dilemma zumindest ein Stück weit zu überwinden, indem die verschiedenen Arbeitsschritte u. a. durch zahlreiche Rückkopplungen eng miteinander verzahnt werden und von vornherein – nicht additiv am Ende der Predigtvorbereitungen – die Person des Predigers und die Lebenswelt der Hörer mit ins Spiel bringen. Dieses Modell regt dazu an, die Anwendung homiletischer Fertigkeiten mit ca. 50 Fragen zu verbinden, durch die die einzelnen Arbeitsschritte fortlaufend miteinander in Beziehung gesetzt werden.

me dabei eigentlich bewältigt werden sollen – bzw. welche Probleme tatsächlich angegangen werden müssen, wenn man mit Bezug auf einen bestimmten Text und eine bestimmte Situation eine Predigt entwerfen möchte.

Hinter diesem Vorgehen steht wiederum eine Erfahrung: nämlich die, daß der – bei guten Vorarbeiten – leichte Zugriff auf eine Reihe exegetischer und theologisch-hermeneutischer Ergebnisse[4] die Predigtarbeit u. U. nur *scheinbar* erleichtert, und daß diese Leichtigkeit aus einem Mangel an einer genaueren Kenntnis der Probleme resultieren kann, vor denen ein Prediger im konkreten Fall steht. Deshalb geht das hier vorgestellte Verfahren von der Überzeugung aus, daß der Schlüssel für eine »gute« Predigt in einem *adäquaten Verständnis und einer Klärung der Probleme* besteht, vor die die Erarbeitung einer Predigt mit Bezug auf einen bestimmten Text in einer je und je zu konkretisierenden Situation stellt.

Die folgenden Schritte zur Vorbereitung und zur Auswertung der Predigt sind vor allem im Rahmen und für die Bedarfe homiletischer Hauptseminare entwickelt worden. Es wurde jedoch darauf geachtet, daß die Studierenden und Vikare, mit denen diese Methoden erprobt wurden, damit ein Instrumentarium an die Hand bekommen, das im Prinzip nicht auf die Anwendung in Gruppen beschränkt ist. Die verschiedenen Anwalt-Rollen (Anwalt des Textes und der Theologie, Anwalt des Hörers bzw. der Lebenswirklichkeit, Anwalt des Predigers, Anwalt der Sprache) können mit einiger Übung – und mit Einschränkungen im Ergebnis – auch in »eigener Personalunion« übernommen werden.

W. E.

---

[4] Vgl. die »Zuordnung der Bauelemente« bei A. Härtner / H. Eschmann (a. a. O., 48). Die von Ch. Möller angesprochene Erfahrung, daß »sich eine Predigt (manchmal) am Samstagnachmittag nahezu von selbst« schreibe (Ch. Möller, a. a. O., 148), sollte daher nicht – wie Möller richtig sieht – die Regel werden.

Wilfried Engemann

Die Problematisierung der Predigtaufgabe als Basis homiletischer Reflexion

Eine Methode der Predigtvorbereitung

Die Probleme einer Predigt können unter Bezugnahme auf verschiedene Elemente des homiletischen Arbeitsprozesses erörtert werden. Entscheidend ist, welche Fragen man stellt, also – und darüber läßt sich trefflich streiten – welche Fragen man im Zusammenhang der Arbeit an einer Predigt für homiletisch wichtig hält. Die Elemente, die die Predigtkunst ebenso fördern wie erschweren können, betreffen den gesamten Prozeß der Predigtarbeit, angefangen von den ersten Annäherungen bis hin zum Predigtnachgespräch[1]. Es geht also u. a. um Fragen in Bezug auf das Verständnis eines Textes, um Fragen zur Analyse einer homiletischen Situation und um Fragen, die auf die Auseinandersetzung mit der eigenen Person im Zusammenhang der sich herauskristallisierenden Predigtaufgabe zielen.[2]

TEIL A – INDIVIDUELLE VORBEREITUNG: DAS STUDIUM DER WELT DER ZEICHEN UND DIE FORMULIERUNG EINER PREDIGTHYPOTHESE

Die ersten Schritte der konkreten Predigtvorbereitung werden immer – also auch im Fall späterer Gruppenarbeit – individuell unternommen. Diejenige Person, die später die Predigt halten wird, hat die Aufgabe, sich auf der Basis einer sorgfältigen Exegese, Selbstwahrnehmung und Situationsanalyse der Predigtaufgabe anzunähern und die dabei auftretenden Probleme zu kon-

---

1 Auch wenn Predigtnachgespräche – wie sollte es anders sein – *nach* dem Predigtvortrag in der Gemeinde oder im Seminar stattfinden, sind sie ein ausgesprochen geeignetes Mittel der *Vorbereitung* auf die (nächste) Predigt. Was im auswertenden Gespräch mit der Gruppe gelernt wird, ist erfahrungsgemäß von besonderer Bedeutung für die weitere Arbeit des einzelnen und kann nur bedingt in Eigenarbeit erworben werden. Ohne ein Mindestmaß an methodischem Feedback (das man niemals leiten sollte, wenn es um die eigene Predigt geht) ist eine Verbesserung der eigenen Predigtarbeit nur sehr eingeschränkt möglich.
2 Die folgenden Arbeitsschritte werden in jedem Homiletischen Hauptseminar in einer ausführlichen Einleitung theoretisch sowie praktisch anhand von Beispielen erläutert.

kretisieren.³ Diese Aufgabe hat mit der Lektüre von Zeichen ganz unterschiedlicher Art zu tun.

1. ERARBEITUNG EINES TEXTVERSTÄNDNISSES

Bei der Analyse und Deutung der Zeichen des *Textes* geht es um eine semantische Analyse der Begriffe, Bilder, Metaphern und Strukturen eines Textes, bestimmt von dem Interesse, zu klären, »wofür« der Text als Ganzer steht, für welche Theologie er ein Zeichen ist, welche menschliche Grundhaltung oder Erfahrung er zeigt, d. h. letztlich auch: wofür es ein Zeichen ist, daß es ihn gibt. Hierbei kommen außer semantischen alle notwendigen exegetischen Untersuchungsmethoden zum Einsatz.

Dabei können folgende *Leitfragen* hilfreich sein:
– Welche Auffassung vertritt dieser Text?
– Wie lautete die entgegengesetzte Auffassung?
– Welche Formulierungen sind für die Aussage des Textes bezeichnend?
– Welches Gottesbild, welches Menschenbild, welches Weltbild impliziert der Text?
– Was verrät er über den Autor?
– Was erfahren wir im Text über die Adressaten des Autors?
– Welche Darstellungsebenen lassen sich im Text unterscheiden? D. h.:
  – Welche sprachlichen Zeichen (Begriffe, Erläuterungen, Kontexte usw.) verweisen auf die *historische Welt* des Textes?
  – Wovon handelt die *erzählte Welt*?
  – Gibt es innerhalb der erzählten Welt Fiktionen, Visionen, die über das Erzählte noch hinausweisen und eine *virtuelle Welt* konstituieren?⁴

Bezogen auf die Predigtaufgabe:
– Was bedeutet die Mitteilung des Textes für die Aufgabe der Predigt?
– Welche Botschaft, welcher Widerspruch, welche Position wird mir abverlangt, zugetraut, ermöglicht mit diesem Text?
– Was heißt es für die Predigt, wenn ich mich zum Anwalt des Textes machen lasse?

---

3 Die übrigen Teilnehmer haben denselben Auftrag, um für die durch den Prediger / die Predigerin später vorzunehmende »Problematisierung der Predigtaufgabe« (s. unten) gesprächsfähig zu sein.
4 Zu den verschiedenen Textwelten vgl. W. Engemann, Einführung in die Homiletik, Tübingen 2002, 263-271.

2. Erarbeitung eines Situationsverständnisses in konkreter Perspektive

Nun kommen spezifische Inhalte, Themen und Erfahrungen als Komponenten einer konkreten Situation ins Spiel. Vor dem Hintergrund unseres gegenwärtigen soziokulturellen Kontextes fragen wir nach den Zeichen (wiederum nach Begriffen, Bildern, Metaphern, Redeweisen, Strukturen usw.), die den vom Text bezeichneten Sachverhalt *heute* verkörpern könnten. Dabei versuchen wir, auf eventuelle Erfahrungs- und Problem-Analogien zur Situation *damals* zu stoßen. Das setzt die Fähigkeit zur Lektüre der aktuellen (persönlichen, familiären, sozialen, partnerschaftlichen usw.) Situation voraus, also die Fähigkeit, durch deren Betrachtung etwas zu erkennen – z. B. einen Zusammenhang von Ursache und Folge, destruktive Beziehungsstrukturen, einen »Notstand« und entsprechenden Bedarf an Veränderung u. a. m. Auf diese Weise kann man auf sogenannte ›anthropologische Konstanten‹ stoßen (Angst vor einer Entscheidung, Sorge um die Zukunft, Aufbegehren gegen Unrecht usw.), die zugleich persönlich und konkret sowie überindividuell und allgemein, also in der Regel auch verständlich sind.

Die *Leitfragen* hierzu können so lauten:
– Gibt es Berührungspunkte zwischen der »Situation damals« und einer plausiblen, ›echten‹ Situation heute?
– Ist eine Situation vorstellbar, für die die Pointe des Textes unmittelbar zu gelten scheint?
– Welche Erfahrungen muß ich auf seiten der Gemeinde / unter Zeitgenossen unterstellen, wenn die (erarbeitete) Aussage des Textes relevant sein soll?
– In welchen sprachlichen Ausdrücken, Bildern, Szenen kommt die dem Text zugrundeliegende Situation (»Sitz im Leben«) in anderen Kontexten heute zur Sprache?
– Wie äußert sich die Erfahrung, die ich ansprechen möchte, in der heutigen Gesellschaft, in meinen Beziehungen, in meinem persönlichen Leben? In welchen Symbolen, Geschichten, Events usw. drückt sie sich aus?

Bezogen auf die Predigtaufgabe:
– Was könnte meine Predigt im Hinblick auf die von mir wahrgenommene Situation bewirken?
– Welche Lesarten (Codes) über das Leben, über Gott, bestimmte Erfahrungen usw. sollte sie bestätigen bzw. in Frage stellen?
– Worin müßte sich die Relevanz meiner Predigt für die analysierte Situation zeigen?

3. Selbstwahrnehmung in der Perspektive von Text und Situation

Bereits Schritt 2 führte z. T. auf das Feld jener Zeichen, die mit unserer *Person* zusammenhängen: Da sind die Warn- und Hinweisschilder unserer Erinnerung, unsere unbewußten »Alarmglocken«, womöglich die uns begleitenden Ängste und Wünsche, die das Lesen und Abfassen von Texten mitbestimmen. Solche Zeichen sind auch Empfindungen wie Ärger oder Unlust, Wut oder ein plötzlicher Übereifer, die dem Text, mit dem wir uns gerade beschäftigen, eine ganz bestimmte Note geben können.

Einige Leitfragen:
– Welche Aussagen des Textes empfinde ich beim ersten Lesen als besonders attraktiv? Kann ich die Gründe dafür benennen?
– Um welche Aussagen möchte ich mich spontan »herumdrücken«?
– Kann ich diese Bevorzugung oder Abwehr mit meiner Persönlichkeitsstruktur in Verbindung bringen? Was fällt mir aus persönlichen Gründen schwer, auszusprechen, obwohl es mir bewußt ist?
– Unabhängig vom Text: Gibt es in meiner persönlichen gegenwärtigen Lebenssituation Schwierigkeiten, die »obenauf« liegen? Habe ich konkrete Ideen und Wünsche bezüglich einer Veränderung dieser schwierigen Situation? Kann ich einen Zusammenhang erkennen zwischen diesen Vorstellungen und denen, die der Text vertritt?

Bezogen auf die Predigtaufgabe:
– Kann ich meine Person im Interesse des Zeugnisses meiner Predigt ins Spiel bringen?
– In welchem Sinne kann ich »Ich« sagen, um zu erkennen zu geben, was das, was ich predige, für mich selbst bedeutet?

Die zu Hause erfolgende Beschäftigung mit dem Text, der Situation und der eigenen Person mündet in ein ca. 30-minütiges, im Seminar vorgetragenes Referat, das vor allem die Aufgabe hat, die zentralen Gesichtspunkte der Predigtarbeit deutlich zu machen, ihre Probleme zu erkennen und möglichst genaue Fragen zu formulieren, die sich im Prozeß der Vorbereitung auf die Predigt ergeben haben. Es geht um *Ergebnisse im Sinne von Problemanzeigen*, um eine existentiale Präzisierung theologischer Streitfragen, um methodisch unterschiedliche Anläufe für die anvisierte Predigt. Die Darstellung dieser Versuche ist erfahrungsgemäß sowohl dem jeweiligen Prediger als auch der Arbeitsgruppe eine Hilfe, die Aufgabe einer Predigt besser zu verstehen. Worum es dabei im einzelnen geht, wird im nächsten Punkt erläutert.

TEIL B – VERSTÄNDIGUNG ÜBER DIE PREDIGTAUFGABE IN DER GRUPPE

1. DAS REFERAT ZUR PROBLEMATISIERUNG DER PREDIGTAUFGABE

Das Referat zur Erörterung der Predigtaufgabe ist in didaktischer Hinsicht besonders wichtig. Es tritt, was die Gestaltung der gemeinsamen Seminarsitzungen angeht, an die Stelle des früher so genannten »exegetischen Referats«, das nach diesem Modell nicht mehr als isolierter Input in die Gruppe gegeben wird. Der einzelne hat die Aufgabe, zu Hause eine fachgerechte Exegese vorzunehmen (s. o. 1.), in der Gruppenarbeit jedoch einzelne Exegetica nur noch insoweit zur Sprache zu bringen, als sie zur Erläuterung und Problematisierung der Predigtaufgabe herangezogen werden müssen.

Die Entscheidung, so zu verfahren, wurde nicht aus einer Geringschätzung der Exegese, sondern ausschließlich in didaktischer Absicht getroffen. Trotz eingehender Vorübungen und Verständigungen darüber, daß eine Exegese im homiletischen Seminar ein stärker hermeneutisches Interesse hat und es nicht darum geht, das NT- oder AT-Proseminar zu wiederholen, waren in früheren Jahrgängen mehr als 80 Prozent aller exegetischen Referate kaum mehr als das Zusammentragen von Einzelinformationen *über* den Text, ohne damit zum besseren *Verstehen* seiner Aussagen, geschweige denn zu einem kohärenten Gesamtverständnis des Textes beizutragen. Der Text wurde gewissermaßen auf den Seziertisch gelegt, während der Referent und die Gruppe eifrig damit befaßt waren, seine Einzelteile zu benennen und dabei allerlei Richtigkeiten aufzulisten – ohne mit ihnen etwas anfangen zu können.

Dies hat sich durch die Vorverlagerung der Exegese in die Eigenarbeit und durch die Notwendigkeit, u. a. *auf der Basis der Exegese* die Aufgabe der Predigt sowie Probleme ihrer Erarbeitung in den Blick zu nehmen, spürbar verändert: Wir führen verstärkt homiletische, hermeneutische und systematisch-theologische Debatten, was sich positiv auf das theologische Profil und die homiletische Reflexion der Predigten auswirkt.

Die in Form eines Referats eingebrachte Erläuterung und Problematisierung der Predigtaufgabe fixiert den Stand der Überlegungen zu dem Zeitpunkt, an dem sich der einzelne Seminarteilnehmer der Schwierigkeiten bei der Umsetzung der Predigtaufgabe bewußt wird: Nachdem die Exegese abgeschlossen und eine Aussageabsicht des Textes erarbeitet worden ist,[5] nachdem sich der Prediger mit der Lebenswelt seiner Hörer beschäftigt[6] und eine erste Gegen-

---

5 Vgl. a. a. O., 262-282 sowie die Arbeitsschritte 1.2, 1.3 und 2.1 (453-456).
6 Vgl. a. a. O., 368-397.

überstellung[7] zwischen der Funktion des Textes / der Situation damals und der Aufgabe / der Situation der Predigt heute vorgenommen hat, steht man vor der Schwierigkeit, jenes »damals« und »heute« in eine Rede zu integrieren.

Die Seminarteilnehmer sollen sich in folgende Situation hineindenken: Man hat sich mehrere Tage hindurch immer wieder einmal mit einem Text von damals und der Situation heute befaßt und verschiedene Möglichkeiten der Erschließung der homiletischen Situation erwogen. Nun steht man vom Schreibtisch auf, besucht einen Freund, mit dem man sich zum Kaffee verabredet hat, und berichtet ihm vom Stand der Dinge, von den Fragen, die noch zu beantworten, von den Schwierigkeiten, die noch zu bewältigen sind, womöglich auch von grundsätzlichen theologischen Problemen mit dem Text, die sich nicht aufgrund mangelnder Zeit für die Exegese, sondern gerade aus der genauen Kenntnis des Textes ergeben haben.

Eine solche Unterredung erfordert es, Fragestellungen herauszuarbeiten, die sich z. B. aus der Rezeption antiker Texte und historischer Erfahrungen ergeben, aus der Konkurrenz unterschiedlicher theologischer Glaubens- und Gottesbilder, aus differierenden Lebensumständen – oder aus einem bei aller Exegese doch defizitären Verständnis der Probleme von Juden und Christen, die bald 2000 Jahre vor uns gelebt haben. Wer die in den biblischen Texten niedergelegten Erfahrungen einerseits ernst nehmen und andererseits seiner Aufgabe als Prediger einer Gemeinde von heute gerecht werden will, muß in der Predigtvorbereitung Konsequenzen daraus ziehen, daß »sein Text« nicht in der Absicht zu Papier gebracht wurde, den Predigttext für den kommenden Sonntag abzugeben. Vor diesem Hintergrund ist in diesem Referat folgendes zur Sprache zu bringen.

1.1 Kurze Darstellung des Ertrags der Annäherung an den Text (Bezugnahme auf A 1)

Leitendes Interesse dieses Teils des Referats ist das (u. U. vorläufige) Verständnis des Textes. Hier geht es weniger um exegetische Informationen *über* den Text, sondern um ein tieferes Gesamtverständnis des Textes selbst. Der Text selbst soll zum Sprechen kommen. Es gilt, den theologischen Ort und die Intention des Textes zu verstehen, seinen Skopus zu erfassen, seine Pointe, seinen ›Witz‹ zu erkennen.[8] Dabei helfen einleitende Wendungen wie: »Der Text macht deutlich, daß ein Mensch ...«, »Der Text steht für die Überzeugung, daß Gott ...«, »Der Text ist ein Dokument für die Erfahrung, daß ...«

Für den Transfer einer Botschaft von »dort und damals« nach »hier und heute« ist es hilfreich, nach dem *Erfahrungskern* zu fragen, der das, was die Menschen (z. B. Verfasser und Adressaten des Textes) in der Vergangenheit bewegt hat, mit dem verbindet, was Menschen heute bewegt, womit die schon erwähnten anthropologischen Konstanten in den Blick kommen.

---

7   Im Sinne des Arbeitsschrittes 2.2-2.5, a. a. O., 457-461.
8   Hierzu sollen die Leitfragen zur Inhaltsebene (vgl. a. a. O., 454) und – in Vorbereitung dazu – die Fragen nach den Motiven des Textes (a. a. O., 459) herangezogen werden.

1.2 Berührungspunkte und Widersprüchlichkeiten zwischen den Erfahrungen damals und heute (Bezugnahme auf A 2)
Das Referat geht nun auf Berührungspunkte und Widersprüchlichkeiten zwischen den Erfahrungen, die hinter dem Text stehen, und den Lebenserfahrungen bzw. dem gesellschaftlichen Diskurs heute ein.

Dabei ist über den Bibeltext hinaus auf einen zeitgenössischen Text eigener Wahl (eine Erzählung, ein kulturwissenschaftliches Fachbuch, einen Zeitungsartikel) Bezug zu nehmen, der eine Erfahrung zur Sprache bringt, die nach Ansicht des referierenden Seminarteilnehmers einen Bezug zu der Erfahrung aufweist, die im Text zum Ausdruck kommt. Zu diesem Schritt gehört ferner die Aufgabe, das Resultat einer kritischen Auseinandersetzung mit einer selbst ausgewählten Predigt aus der Literatur vorzutragen, wobei in wenigen Sätzen dargestellt und beurteilt werden soll, wie dort der Bezug zwischen der Erfahrung damals und heute hergestellt wird. Es geht um homiletische ›Lösungsversuche‹ aus zweiter Hand, mit denen man ringt – sei es, weil sie faszinieren, sei es, weil man sie für ›unmöglich‹ hält.

1.3 Theologischer Kommentar
Hier schließt sich ein theologischer Kommentar an, der die Theologie im Hinblick auf anthropologische, schöpfungstheologische, soteriologische u. a. Modelle befragt, die zum theologischen Verständnis und zur Diskussion der angezeigten Berührungspunkte und Widersprüche herangezogen werden. Das Referat sollte sich an *Leitfragen* wie diesen orientieren:

– Welche theologische Einsicht ist für den Text (und unter Umständen für meine Predigt) zentral?
– Mit welcher theologischen Argumentation kann diese Einsicht untermauert und vertieft werden?
– Inwiefern eignet sich die erarbeitete theologische Argumentation zur hermeneutischen Vermittlung zwischen Text und Situation?
– Inwieweit kann der Text als eine Form der Zuspitzung gegenwärtiger Probleme gelten? Welche Aussagen des Textes scheinen ›wie für heute geschrieben‹ zu sein?
– Was ›erschwert‹ eine Predigt mit diesem Text in theologischer Sicht? Besteht die Gefahr bestimmter theologischer Mißverständnisse?
– Welche aktuelle bzw. zeitgenössische Problemanzeige gäbe einer Predigt mit diesem Text besondere theologische Relevanz?

1.4 Überlegungen zur Predigtaufgabe und ihren homiletischen Anforderungen
In einem weiteren Reflexionsgang werden erste Überlegungen zur Predigtaufgabe sowie darüber ausgeführt, mit welchen Mitteln man ihr gerecht werden könnte. Dabei geht es um Arbeitshypothesen zur Durchführung der weiteren Predigtarbeit. Dazu wiederum einige *ausgewählte Leitfragen:*

– Für welche Menschen werde ich mit diesem Text predigen?
– Was möchte ich mit meiner Predigt zum Ausdruck bringen?
– Zu welchem Verhalten will ich ermutigen bzw. welche Einstellungs- und / oder Verhaltensänderung habe ich im Blick?
– Wozu predige ich? Was ist das Ziel meiner Predigt – formuliert im Hinblick auf das Glauben, Denken, Verhalten der Gemeindeglieder?
– Auf der Basis welcher homiletischen Einsichten kann ich erwarten, dieses Ziel auch zu erreichen?

1.5 Weitere Probleme und offene Fragen

Schließlich gilt es, solche Fragen und Probleme anzusprechen, die den o. g. Schritten nicht eindeutig zuzuordnen sind. Dies kann die Suche nach geeigneten Bildern, Vergleichen, Beispielen, die dem Kommunikationsziel der Predigt dienen könnten, einschließen. Hierher gehört es auch, eventuelle Zweifel hinsichtlich der Relevanz oder Plausibilität der anvisierten Predigt auszusprechen. Des weiteren könnten hier Überlegungen für eine besondere Gestaltung von Gottesdienst und Predigt angestellt und diskutiert werden.

Auf der Basis dieser Gespräche hat der betreffende Seminarteilnehmer die Gelegenheit, seine Überlegungen zum Inhalt und zur Aufgabe der Predigt noch einmal zu überdenken, gegebenenfalls neu zu arrangieren, Schwerpunktverlagerungen vorzunehmen, Pointen herauszuarbeiten u. a. m.[9]

2. PREDIGTVORTRAG

Die Predigt wird 14 Tage später, also in der jeweils übernächsten Seminarsitzung gehalten. Nachdem ich über viele Jahre hin Seminargottesdienste in authentischen Gemeindesituationen durchgeführt habe, bin ich im Interesse einer didaktischen Reduktion auf homiletische Fragen – die sonst im Studium kaum mehr vertieft werden – dazu übergegangen, den Predigtvortrag wieder in den Hörsaal bzw. in die Universitätskirche (im Sinne eines Labors) zu verlegen. Nachgespräche in und mit den Gemeinden waren häufig recht unkritisch und teils von der Tendenz bestimmt, den Prediger vor allem zu loben, teils von der deutlichen Selbstzurücknahme einzelner Gemeindeglieder: »Wir können und wollen das nicht beurteilen, denn wir haben nicht studiert.« Offene Auseinandersetzungen, allein schon Gespräche mit kritischen Rückfragen in fremden Gemeinden, erweisen sich als schwierig. Vorsichtige Zweifel und Selbstzweifel von Predigerinnen und Predigern wurden häufig zerstreut, ehe sie klar formuliert waren.

---

9 Der Prozeß der Arbeit an der Predigt selbst wird hier nicht weiter dargestellt. Im Sinne einer Einführung s. das »Modell zur Erarbeitung einer Predigt« in: W. Engemann, a. a. O., 450–465.

Vor allem aber fehlte es an Zeit für paradigmatische homiletische Analysen, die in einem homiletischen Hauptseminar unerläßlich sind, um im Laufe der einzelnen Sitzungen den Blick für das Spezifische homiletischer Argumentation mehr und mehr zu schärfen.[10]

Beim Predigtvortrag wird Wert darauf gelegt, daß der Anfang der Predigt (Gruß und ca. die ersten 2 Minuten), das Ende der Predigt (ca. 2 Minuten) und – aus der Sicht des Predigers – der Höhepunkt der Predigt frei vorgetragen werden. Auf diese Weise werden die Predigenden dazu herausgefordert, sich an entscheidenden Punkten der Predigt direkt an die Hörerinnen und Hörer zu wenden, wodurch die »Mündlichkeit« der Predigt gefordert werden soll.

3. Die Auseinandersetzung mit der Predigt

Die folgende Form der Predigtbesprechung verbindet spontane Reaktionsmöglichkeiten der gesamten Gruppe, vorbereitete Statements von »Anwälten« für bestimmte homiletische Fragen und vertiefende Gespräche über Theologie, Botschaft und Wirkung der Predigt. Die in der Einleitungsphase des Seminars bzw. in der Vorbereitungsphase der Predigt thematisierten Schwerpunkte (Text, Situation / Hörer, Person, Sprache) werden an dieser Stelle wieder aufgenommen und mit entsprechenden Ansätzen der Predigtanalyse verbunden.

3.1 Reaktionen auf der Inhalts- und Beziehungsebene
Nach dem Hören der Predigt besteht der erste Teil der Auseinandersetzung mit der Predigt darin, die spezifischen Möglichkeiten der Gruppensituation zu nutzen, indem die Hörer um ein Feedback gebeten werden, das sich auf die Inhalts- und Beziehungsebene der soeben mitvollzogenen Predigtkommunikation bezieht. Die Hörer werden um eine möglichst kurze, aber konkrete Inhaltsangabe der Predigt sowie um eine Beschreibung ihres emotionalen Eindrucks gebeten.

Leitfragen zur Inhaltsebene:
— Was ist mir durch die Predigt mitgeteilt worden?
— Worin liegt nach meinem Verständnis der Aussagekern der Predigt?

---

10 Im Sinne einer gewissen Kompensation des fehlenden liturgischen Gesamtzusammenhangs finden am Seminar für Praktische Theologie in Münster allerdings regelmäßig liturgische Seminare und Übungen statt, in denen liturgische Präsenz, das Beten im Gottesdienst, die Gestaltung von Taufe und Abendmahl usw. theoretisch durchdacht und praktisch erprobt werden.

- Was hat die Predigt mir deutlich gemacht?
- Welche Überschrift würde ich der Predigt geben?

Leitfragen zur Beziehungsebene:
- Wie habe ich die Predigtkommunikation erlebt?
- Welche Empfindungen habe ich bei mir registriert?
- Wie habe ich den Prediger erlebt? Als wer trat er mir gegenüber?
- In welche Befindlichkeit hat mich die Predigt versetzt?

Diese Fragen sind nicht einzeln abzuarbeiten, sondern sollen helfen, die beiden Ebenen der Kommunikation besser zu unterscheiden und die eigene Wahrnehmung zu präzisieren. Im Ergebnis bringt jeder Seminarteilnehmer in je einem Satz seine Wahrnehmung bezüglich der Inhalts- und Beziehungsebene der Predigt zu Papier. Diese Einzelbeobachtungen werden anschließend reihum verlesen, wobei vereinbart wird, daß sich die Seminarteilnehmer in ihren Äußerungen nicht auf schon Gesagtes beziehen oder es diskutieren sollen. Eventuelle Rückfragen werden notiert und in der Aussprache am Schluß eingebracht. Auch der Prediger selbst kommentiert diese Äußerungen nicht.[11]

Diese im wesentlichen auf H.-Ch. Piper zurückgehende Form einer (ersten) Auseinandersetzung mit der Predigt[12] ermöglicht es, mit zunächst wenig homiletischem Know How die Rezeption einer Predigt als komplexen Prozeß zu verstehen, den Unterschied zwischen dem Inhalt und der Wirkung einer Predigt zu ›sehen‹ und erste Anhaltspunkte dafür in der mangelnden Kongruenz der Inhalts- und Beziehungsdimension der Predigt zu finden.

3.2 Das Plädoyer der Anwälte
Eine Woche vor dem Predigtvortrag erhalten vier Seminarteilnehmer das Manuskript der Predigt und haben die Aufgabe, ein schriftliches Plädoyer von je 5-10 Minuten zu erarbeiten, das die ›Interessen‹ der Person (des Predigers), des Textes bzw. der Theologie[13], der Situation bzw. des Hörers und der Spra-

---

11 Bevor es dazu kommt, hat zunächst sein »Anwalt« das Wort. S. unten B 3.2.1.
12 Vgl. Hans-Christoph Piper: Predigtanalysen. Kommunikation und Kommunikationsstörungen in der Predigt, Göttingen / Wien 1976.
13 Die Kontinuität zwischen Text und Predigt ist vor allem theologisch zu bestimmen. »Theologie« kommt nicht nach der Exegese in den Text, sondern der Text treibt selbst schon Theologie. Jemand, der einen biblischen Text angemessen verstehen will, muß sich ihm als Theologe nähern. Und für eine auf einen Text Bezug nehmende Predigt braucht es wiederum Theologie. Von daher ist es – für den Reflexionsbedarf im Zusammenhang der Erarbeitung einer Predigt – sinnvoll, die Auseinandersetzung mit dem Text und das theologische Profil einer Predigt im Zusammenhang zu sehen. Man kann auch sagen: Es geht hier um die Frage, inwieweit, mit welcher Theologie, der Prediger dem Text theologisch gerecht wird.

che vertritt. Bei diesen Plädoyers kommt es darauf an, die Funktion der erwähnten Elemente des Predigtprozesses in der konkreten Predigt zu beurteilen und sie gegebenenfalls »einzuklagen«. Die Anwälte haben darauf zu achten, daß Person, Text, Situation zu ihrem Recht kommen und daß die Sprache angemessen verwendet und nicht mißbraucht wird.[14]

3.2.1 Der Anwalt des Predigers
Der Anwalt des Predigers hat nicht – wie man zunächst vermuten könnte – dessen Predigt gegen eventuelle Kritik aus der Gruppe zu verteidigen. Er soll vielmehr erkunden und darlegen, in welcher Weise die Person des Predigers in der Predigt (einschließlich Predigtvortrag) zur Geltung kommt. Der Anwalt der Person des Predigers wird sich womöglich kritisch mit der Struktur der Predigt auseinandersetzen, weil sie dem Prediger keine Chance läßt, sich selbst zu erkennen zu geben. Er wird nach dem ›Subjekt Prediger‹ in dessen eigenem Interesse in dessen eigener Predigt forschen und zu beurteilen suchen, inwieweit die Predigt zum Prediger ›paßt‹, an welcher Stelle Irritationen auftreten und wo gegebenenfalls Veränderungen vorzunehmen sind.

Ausgewählte Leitfragen:
— Wird der Prediger als Person in ausreichendem Maße sichtbar?
— Wie redet er von sich selbst?
— Welches »Ich« ist vor allem in Aktion?[15]
— Tritt er in theologischem Sinne als »Zeuge« auf?
— Wenn ja, worin besteht sein Zeugnis und auf welche Weise wird es vernehmbar?
— Kommen in der Predigt Erfahrungen des Predigers zur Sprache?
— Trägt der Prediger durch seine Person zur Glaubwürdigkeit und Authentizität der Predigt bei?
— Was hat die ›Sichtbarkeit‹ des Predigers für die Hörenden erschwert?
— Welches Amts- und Rollenverständnis drückt sich in der Predigt aus?
— Wie würden Sie den Typus bzw. die Strategie der Predigt näher bestimmen?[16]

Wenngleich jedes Predigtmanuskript zahlreiche Anhaltspunkte für diese Fragen gibt, erhält der Anwalt des Predigers durch den Predigtvortrag selbst

---

14 Aus Zeitgründen werden für eine Predigt – nach vorheriger Absprache – nur zwei bis drei Plädoyers erarbeitet, damit noch genügend Zeit bleibt, einzelne Aspekte der mit dem Plädoyer korrespondierenden Art der Predigtanalyse anzusprechen.
15 Vgl. W. Engemann, a. a. O., 228.
16 Vgl. die entsprechende Übersicht a. a. O., 221 im Zusammenhang des gesamten Abschnitts 2.2.4 (209-222).

weitere Orientierungspunkte, die seine durch das Manuskript gewonnenen Beobachtungen teils bestärken, teils in Frage stellen können. Deshalb ist dieser Part etwas schwieriger; der betreffende Seminarteilnehmer muß sein Plädoyer unter Umständen ad hoc modifizieren. Im Anschluß an dieses Plädoyer wird die Gruppe gebeten, sich zu eigenen Beobachtungen auf der Basis der pastoralpsychologischen Predigtanalyse zu äußern.[17]

3.2.2 Der Anwalt der Situation bzw. des Hörers

Hier wird die Integration der in der Einleitungsphase des Seminars und unter A 3 erarbeiteten Gesichtspunkte in die Predigt erörtert. Der Anwalt der Situation muß sich dazu äußern, ob die Interessen der Hörer, die Lebenswirklichkeit der Gemeindeglieder, die Probleme heute lebender Menschen, kurz – ob *wirkliche* Wirklichkeit in der Ausrichtung der Predigt eine Rolle spielt. Er soll erklären, was er sich – Defizite in dieser Sache vorausgesetzt – im Interesse der Hörer gewünscht hätte, welche Fragen zu Unrecht unter den Tisch gefallen sind und welche naheliegenden Themen mitbedacht werden müßten.

Ausgewählte Leitfragen:
– Kommt in der Predigt die »wirkliche Wirklichkeit« heute lebender Menschen zur Sprache oder bietet sie eher kirchliche Klischees *über* die Wirklichkeit?
– Von welchem Grundproblem geht die Predigt aus?
– Inwiefern ist dieses Problem relevant?
– In welchem Sinne kann die Predigt als ›lebensdienlich‹ bezeichnet werden?
– Welche Lebensperspektive – im Sinne einer ›evangelischen‹ Sicht[18] der Dinge – zeigt die Predigt auf?
– Kann die Predigt als seelsorgliche Predigt gelten?[19]
– Hat sie eine politische Note?[20]
– An welcher Stelle und in welcher Weise könnte die Predigt noch deutlicher auf die Lebenswirklichkeit ihrer Hörer eingehen?
– Fühlen Sie sich als Mensch und Christ(in) in der Predigt ernstgenommen?
– Welches Bild hat der Prediger von seinen Hörern? Finden Sie sich darin wieder?

Die Präsenz der Lebenswirklichkeit in der Predigt ist eine der wichtigsten Voraussetzungen für deren Relevanz. Die Wahrnehmung von Lebenswirklich-

---

17 Die elementaren Voraussetzungen hierfür werden im Zusammenhang der Einführung zur Person des Predigers erläutert. Vgl. a. a. O., 427-431.
18 Damit ist keine konfessionelle Sichtweise gemeint, sondern eine, die in der Kommunikation des Evangeliums als einem befreienden und ermutigenden Prozeß begründet ist.
19 A. a. O., 391-397.
20 A. a. O., 383-391.

keit ist von grundlegender Bedeutung für die Ausrichtung der Predigt. Die in der Tradition des christlichen Glaubens überlieferten Verheißungen sind ja keine Ansammlung abstrakter Dogmen, sondern haben immer auch Konsequenzen für die spezifische Lebenssituation des einzelnen, für die (Veränderung der) Lage der Dinge im Leben eines Menschen.

Der Begriff der »homiletischen Situation«[21] bezeichnet hingegen nicht die schon bestehende, sondern die in homiletischer Arbeit je und je zu erarbeitende bzw. zu beschreibende, aus didaktischen und hermeneutischen Gründen auf bestimmte Aspekte »reduzierte« Situation. Sie ist von der grundsätzlichen Spannung zwischen zugesprochener Verheißung und widerständiger, gegenläufiger Erfahrung bestimmt, die nicht nur die Grundsituation des Menschen vor Gott betrifft; sie schlägt sich auch nieder in konkreten Einzelerfahrungen, an denen die Predigt anzuknüpfen und vor deren Hintergrund sie das Evangelium zu verdeutlichen hat.

In einer Besprechung, in der die Analyse und das Verstehen des Wirklichkeitsbezugs der Predigt im Mittelpunkt stehen, liegt es nahe, ausgewählte contentanalytische Fragen[22] einzubeziehen, d. h. nach Kategorien zu suchen, in denen sich der Bezug auf Lebenswirklichkeit darstellt. Die Contentanalyse fragt u. a. formal nach den in der Predigt genannten Adressaten, nach der Präsenz sozialer Wirklichkeit (z. B. Familie), nach dem Bezug auf politische Verhältnisse, dem Stellenwert von Krisen u. a. m.

3.2.3 Der Anwalt des Textes bzw. der Theologie

Der Anwalt des Textes bzw. der Theologie hat die Aufgabe, der inhaltlichen Kontinuität zwischen Text und Predigt nachzugehen. Er fragt danach, inwiefern die Aussagen der Predigt mit denen des Textes zu tun haben. Er beurteilt die Angemessenheit der Rezeption des Textes durch die Predigt, indem er nachzuzeichnen sucht, inwieweit die Predigt den Überlieferungsprozeß des Textes fortsetzt. Dies kann nur unter Bezugnahme auf Theologie erfolgen, weshalb bei diesem Plädoyer – wie oben ausgeführt – Theologie und Text gleichermaßen geltend gemacht werden.

---

21 »Unter homiletischer Situation soll diejenige spezifische Situation des Hörers bzw. der Hörergruppe verstanden werden, durch die sich die Kirche, eingedenk ihres Auftrags, zur Predigt, das heißt zu einem konkreten, dieser Situation entsprechenden Predigtakt herausgefordert sieht. Und die Aufgabe des homiletischen Aktes ist, von daher gesehen und formal ausgedrückt, die Klärung dieser homiletischen Situation. [...] Kennzeichnend für diese Situation ist, daß in ihr Schicksale, Erfahrungen, Erwartungen, Konventionen [...] dem Auftrag der Kirche, die Relevanz der christlichen Überlieferung in dieser Situation und für sie zu bezeugen, einen bestimmten Widerstand leisten, aber auch bestimmte besondere [...] Kommunikationschancen eröffnen.« Die homiletische Situation ist also »die von Fall zu Fall spezifische Situation, die mit den in ihr enthaltenen Widerständen und Kommunikationschancen [...] die eigentliche Herausforderung der Predigt darstellt« (Ernst Lange, Predigen als Beruf, Stuttgart / Berlin 1976, 22 f.; Hervorhebung W. E.).
22 Zur Contentanalyse vgl. W. Engemann, a. a. O., 424-426.

Ausgewählte Leitfragen zur Theologie der Predigt:
— Welche theologische Pointe hat die Predigt?
— Ist diese Pointe theologisch plausibel?
— Teilen Sie die Auffassung des Predigers? Kommentieren Sie Ihre Zustimmung bzw. Ablehnung theologisch.
— Ist es möglich, die Predigt im Profil protestantischer Theologie zu verorten?
— *Wird in der Predigt theologisch etwas riskiert*, d. h. vermag sich der Prediger als Theologe ›leidenschaftlich‹ zu erkennen zu geben, oder beschränkt sich die Predigt eher auf das Ventilieren vertrauter Dogmatik?
— Wie beurteilen Sie das Verhältnis von »Gesetz und Evangelium« in der Predigt?
— Nehmen Sie in der Predigt moralisierende Tendenzen wahr?
— Wird in der Predigt eine ethische Haltung erkennbar? Wenn ja, welche?
— Hat die Predigt einen christologischen Charakter?

Ausgewählte Leitfragen zum Text der Predigt:
— Hat der Text in der Predigt ein eigenes Gewicht – z. B. gegenüber der Erfahrung des Predigers oder landläufigen Erfahrungen von jedermann?
— Kann man sagen, daß der Text in der Predigt historisch *wird*,[23] oder befaßt sich die Predigt mit dem Text nur historisch?
— Hat der Prediger bei der Erarbeitung seines Textverständnisses alle Ebenen des Textes genutzt?[24]
— Wie steht es um die Angemessenheit der vom Prediger hergestellten Analogien zwischen der Situation und den Aussagen des Textes und denen der Predigt?
— Wie ist das Verhältnis der Predigt dem Text gegenüber zu bestimmen? Hat er eine überwiegend informierende oder eher eine konfrontierende Funktion? Bestätigt er die Predigt (bzw. den Prediger) oder dient er auch als Kontrapunkt? Vergewissert er die Gemeinde oder stellt er sie in Frage?[25]
— Ist die Predigt theologisch nur auf den einzelnen Predigttext oder auf die Überlieferung des gesamten Schriftzeugnisses bezogen?

Die Bezugnahme einer Predigt auf einen Text ist ein so komplexer Prozeß, daß mit diesen Fragen längst nicht alle denkbaren Aspekte genannt sind. Ausdrücklich sei darauf hingewiesen, daß dieser Reflexionsgang nicht die Aufgabe hat, das Dogma des Textes gegen die Dogmatik der Predigt obsiegen zu lassen bzw. eine theologische Variation der Theologie des Textes zu verbieten. Es

---

23 Vgl. dazu W. Engemann, a. a. O., 238-245. 252-258.
24 Vgl. a. a. O., 263-271.
25 Vgl. a. a. O., 277-289.

geht vielmehr um ein Bewußtmachen der theologischen Überlegungen und Entscheidungen, die notwendigerweise anzustellen bzw. zu treffen sind, wenn man sich bei der Erarbeitung einer Predigt auf einen Text bezieht.

Die adäquate analytische Methode für diese Dimension der Predigt ist insbesondere mit dem semantischen Ansatz[26] gegeben. Er nimmt z. B. die Interpretanten für »Gott«, »Mensch«, »Sünde«, »Heil« unter die Lupe und untersucht dabei einzelne Bedeutungsstrukturen der Predigt. Darüber hinaus ist es möglich, mit dieser Methode die Argumentationswelt der Predigt präzise zu beschreiben, ihre semantischen Achsen zu definieren und mit denen des Textes zu vergleichen. Bei diesem Arbeitsschritt tritt der Gewinn einer semiotischen Betrachtungsweise der Predigt besonders deutlich hervor.

3.2.4 Der Anwalt der Sprache

Wer predigt, bedient sich der Sprache als eines Mediums, mit dem u. a. Bedeutungen konstruiert, Handlungen ausgeführt, Wirkungen erzeugt werden können – mit dem Wirklichkeit gestaltet werden soll. Dies geschieht um so eher und nachhaltiger, je besser der Prediger mit den entsprechenden Regeln der Sprache vertraut ist, die es ihm ermöglichen, seine Predigt in einer bestimmten Absicht zu gestalten. Der Anwalt der Sprache hat dementsprechend darauf zu achten, ob die Inhalte der Predigt in angemessenen sprachlichen Formen ausgedrückt werden, ob der Ausdruck klar, die Sprechakte plausibel, die Vergleiche überzeugend, die Argumentation schlüssig ist usw.[27]

Ausgewählte Leitfragen:
— Kommt die Vielfalt sprachlicher Handlungsmöglichkeiten zur Sprache oder wird die Predigt von *einem* Sprechakt dominiert?
— Was bedeutet das für die Funktion(en) der Predigt?
— Welche Sprechakte sind in der Predigt unterrepräsentiert oder fehlen ganz? Was bedeutet das für die zu erwartende Wahrnehmung der Hörer?
— Werden die von der Predigt im einzelnen angestrebten Wirkungen mit den passenden sprachlichen Mitteln in den Blick genommen? (Beispiele: Wer etwas verspricht, muß etwas *Künftiges* im Blick haben; wenn etwas *geraten* wird, muß eine Entscheidung anstehen; wo etwas *erlaubt* wird, muß ein Verbot wirksam sein usw.)
— Kommt die für die Aufmerksamkeit des Hörers besonders wichtige Kontakt- bzw. Ausdrucksfunktion der Sprache zur Geltung?
— Ist die Predigt auch Signal? Regt sie zu einem bestimmten Handeln, gar zu konkreten »Aktionen« an?

---

26 Vgl. zur Erläuterung der einzelnen Schritte a. a. O., 443-448.
27 Vgl. ausführlicher a. a. O., 326-359.

Die Frage nach der Funktion der Sprache (in) der Predigt hat seit vielen Jahren ihren festen Ort in der Predigtanalyse. Von daher liegt es nahe, daß der »Anwalt der Sprache« bei seinem Plädoyer die einschlägige Literatur dazu mit heranzieht.

Die hier skizzierten Plädoyers sind, ohne daß die Seminarteilnehmer stets von Neuem darauf hingewiesen werden müßten, insofern semiotisch angelegt, als sie die wichtigsten Elemente des Zeichenprozesses (Zeichenproduzent, Zeichenrezipient, Zeichenmaterial und – insbesondere bei der Auseinandersetzung mit Text und Theologie – bestimmte Codes) in den Blick nehmen und sich mit den unterschiedlichen Zeichenrelationen (zum Sachverhalt, zum Sprecher, zum Hörer) auseinandersetzen. Dabei wächst nicht nur das Verständnis dafür, inwiefern mit ein und derselben Äußerung durchaus unterschiedliche Inhalte verbunden sein können, sondern auch dafür, daß die Frage nach dem Gehalt einer Predigt nicht von der Frage nach ihrer Gestalt getrennt werden kann.

Diese Plädoyers, darauf ist bei der Einführung dieses Modells hinzuweisen, fällen kein Urteil über die Predigt, schon gar nicht über den Prediger, sondern vertreten gewissermaßen fremde Interessen mit dem Ziel, diese noch stärker in der Predigt berücksichtigt zu finden. Das entbindet den Prediger davon, sich oder seine Predigt vor der Gruppe verteidigen zu müssen.

Nach den Plädoyers wird der Prediger darum gebeten, nun selbst das Interesse seiner Predigt zu erläutern und die angestrebte Wirkung seiner Ansprache zu verdeutlichen. Ferner hat er die Möglichkeit, aus den Plädoyers der Anwälte jene Gesichtspunkte herauszugreifen, unter denen er – denn es soll *seine* Predigt bleiben und nicht die der Gruppe werden – eine Weiterarbeit für aussichtsreich hält.

Die Arbeit an jeder einzelnen Predigt vollzieht sich also in vier Schritten.[28] Da die Sitzungen jeweils dreistündig angelegt sind, kann an den einzelnen Predigten versetzt gearbeitet werden: D. h. in den Sitzungen, in denen eine Predigt gehalten und besprochen wurde, ist es möglich, sich nach einer Pause auch noch über die Möglichkeiten und Schwierigkeiten eines anderen Predigtprojekts zu verständigen.

---

28 Vgl. die Übersicht unten.

1. Schritt	2. Schritt	3. Schritt	4. Schritt
individuelle Vorbereitung	**1. Sitzung**	**individuelle Arbeit an der Predigt**	**2. Sitzung**
Auseinandersetzung mit Text, Situation und eigener Person	Erläuterung und Problematisierung der Predigtaufgabe	Erarbeitung der Predigt	Predigtvortrag und -besprechung
Erarbeitung eines homiletischen Referats	*Vortrag in der Gruppe mit anschließendem Austausch*	*Unter der Woche wird die Predigt an die »Anwälte« verschickt, die sich auf ihr »Plädoyer« vorbereiten.*	*Die Predigt wird in der Gruppe besprochen, wobei die »Anwälte« in besonderer Weise die »Interessen« des Textes, der Hörer, der Sprache und der Person des Predigers vertreten.*

In diesem Modell lösen produktive und kritisch-analytische Arbeitsschritte – beide sind im engeren Sinne des Wortes konstruktiv – wechselweise einander ab. Der Prozeß der Predigtarbeit beginnt mit der sowohl schöpferischen wie kritisch-distanzierten Beschäftigung mit der Aufgabe der Predigt. Er wird fortgesetzt mit der Erörterung und Problematisierung der Predigtaufgabe in der Gruppe, ein Element, das schließlich wieder in schöpferisches Nachdenken über die Bewältigung der angesprochenen Fragen führt. Die »Anwälte« vertreten die verschiedenen Elemente der Predigt erfahrungsgemäß ausgesprochen kreativ und leisten damit einen substantiellen Beitrag zur »Verbesserung« der Predigt. Mit ihrem kritischen Blick rücken sie bestimmte Facetten der Predigt ins Blickfeld, die es verdienen, weiterbearbeitet zu werden.

Daraus ergibt sich als roter Faden eine fortlaufende, sich mehr und mehr präzisierende Problematisierung der Aufgabe der Predigt. Das ist Absicht; denn nur wer imstande ist, Probleme zu sehen, kann sie in Rechnung stellen. Wer übers offene Meer segeln will und sagt, »Kein Problem!«, dem wird die Wirklichkeit widersprechen. Er wird beim ersten Sturm kentern oder stranden, wo er gar nicht hinwollte. Nur wer um die Probleme einer Segelfahrt auf offenem Meer weiß, kann eine solche Fahrt bestehen. So ist es auch mit dem Predigen-Lernen: Erst wenn man verstanden hat, vor welchen Problemen man beim Predigen steht, kann man sinnvoll an einer Predigt arbeiten.

Quellenverzeichnis

Kapitel I: Predigt als theologische Herausforderung

Manfred Mezger: Die eine Wirklichkeit. Vorspiel zur Freude an der Predigt
In: Dietrich Rössler u. a. (Hgg.): Fides et Communicatio, FS Martin Doerne, Göttingen 1970, 215-225.

Gottfried Voigt: Die Predigt muß etwas wollen
In: Ders.: Botschafter des Christus. Beiträge zur Predigtlehre, Berlin 1962, 138-145.

Kapitel II: Zur Bedeutung der Person für die Predigt

Otto Haendler: Die Bedeutung des Subjekts für die Predigt
In: Ders.: Die Predigt. Tiefenpsychologische Grundlagen und Grundfragen, 2., durchgearbeitete und erweiterte Auflage Berlin 1949, 46-54.

Fritz Riemann: Die Persönlichkeit des Predigers aus tiefenpsychologischer Sicht
In: Richard Riess (Hg.): Perspektiven der Pastoralpsychologie, Göttingen 1974, 152-166.

Manfred Josuttis: Der Prediger in der Predigt. Sündiger Mensch oder mündiger Zeuge?
In: Ders.: Praxis des Evangeliums zwischen Politik und Religion. Grundprobleme der Praktischen Theologie, München ⁴1988, 70-94.

Kapitel III: Zum Verhältnis von Text und Predigt

Wilfried Engemann: Der Text in der Predigt – die Predigt als Text. Herausforderungen für Prediger und Hörer
Bearbeitete Fassung von: »Unser Text sagt ...«. Hermeneutischer Versuch zur Interpretation und Überwindung des »Texttods« der Predigt, in: ZThK 93, 1996, 450-480.

Andreas Horn: Der Text und sein Prediger. Hoffentlich entlastende Bemerkungen zu einer Phase der Predigtvorbereitung
In: ZdZ 37, 1983, 253-257.

Kapitel IV: Zum Hörerbezug der Predigt

Ernst Lange: Funktion und Struktur des homiletischen Aktes
   Auszug aus: Ders.: Zur Theorie und Praxis der Predigtarbeit, in: Ders.: Predigen als Beruf. Aufsätze, hg. von Rüdiger Schloz, Stuttgart 1976, 19-35.

Ernst Lange: Auf der Suche nach einem neuen homiletischen Verfahren
   Auszug aus: Ders.: Zur Theorie und Praxis der Predigtarbeit, in: Ders.: Predigen als Beruf. Aufsätze, hg. von Rüdiger Schloz, Stuttgart 1976, 35-48.

Kapitel V: Struktur und Gestalt der Predigt

Karl-Heinrich Bieritz: Offenheit und Eigensinn. Plädoyer für eine eigensinnige Predigt
   In: Erich Garhammer / Heinz-Günther Schöttler (Hgg.): Predigt als offenes Kunstwerk. Homiletik und Rezeptionsästhetik, München 1998, 28-50.

Johann Baptist Metz: Kleine Apologie des Erzählens
   In: Conc(D) 9, 1973, 334-341.

Martin Nicol: PredigtKunst. Ästhetische Überlegungen zur homiletischen Praxis
   In: PrTh 35, 2000, 19-24.

Harald Weinrich: Narrative Theologie
   In: Conc(D) 9, 1973, 329-334.

Kapitel VI: Predigt als Sprachereignis

Gert Otto: Predigt als Sprache. Eine Zusammenfassung in sechs kommentierten Thesen
   Bearbeitete Fassung von: Ders.: Predigt als Sprache. Eine Zusammenfassung in sechs kommentierten Thesen, in: ThPr 17, 1982, H. 1/2, 117-127.

Frank M. Lütze: Die Handlungsdimension der Predigt
   [unveröffentlicht].

Kapitel VII: Predigt as Teil des Gottesdienstes

Karl-Heinrich Bieritz: Ritus und Rede. Die Predigt im liturgischen Spiel
   Bearbeitete Fassung von: Ders.: Die Homilie, in: Reinhard Meßner u. a. (Hgg.): Bewahren und Erneuern. Studien zur Meßliturgie, FS Hans Bernhard Meyer, Innsbruck 1995, 77-91.

Klaus-Peter Hertzsch: Die Predigt im Gottesdienst
   In: Hans-Christoph Schmidt-Lauber u. a. (Hgg.): Handbuch der Liturgik, 3., vollständig neubearbeitete und ergänzte Auflage Göttingen 2003, 731-741.

Kapitel VIII: Aspekte der Predigtanalyse

Hans-Christoph Piper: Die Predigtanalyse
   In: Werner Becher (Hg.): Seelsorgeausbildung. Theorien, Methoden, Modelle, Göttingen 1976, 91-105.

Jan Hermelink / Eberhard Müske: Predigt als Arbeit an mentalen Bildern. Zur Rezeption der Textsemiotik in der Predigtanalyse
   In: PrTh 30, 1995, 219-239.

Kapitel IX: Zur Erarbeitung einer Predigt

Henning Luther: Predigt als inszenierter Text. Überlegungen zur Kunst der Predigt
   In: ThPr 18, 1983, 89-100.

Wilfried Engemann: Die Problematisierung der Predigtaufgabe als Basis homiletischer Reflexion. Eine Methode der Predigtvorbereitung
   Völlig neubearbeitete Fassung von: Ders.: Die Problematisierung der Predigtaufgabe als Kern homiletischer Didaktik. Zur Methodik der Predigtvorbereitung, in: PrTh 39, 2004, 193-206.

Theologie der Predigt

Wilfried Engemann (Hrsg.)
Theologie der Predigt
Grundlagen – Modelle – Konsequenzen

Arbeiten zur Praktischen Theologie
(APrTh), Band 21
Hardcover, 416 Seiten
ISBN 978-3-374-01936-6

Wie viel Theologie braucht eine Predigt? Die Predigt selbst gehört zu den zentralen Gegenständen protestantischer Theologie. Es gilt, neu über die Funktion der Predigt in der Öffentlichkeit nachzudenken, die Aufgabe der Predigt zu präzisieren und nach der homiletischen Kompetenz zu fragen. Wer predigt, braucht Theologie.

Die Autoren befassen sich in 22 Beiträgen mit der Gegenüberstellung von homiletischer Theoriebildung und Predigtpraxis (Teil I), mit der Frage nach der Begründung und Aufgabe der Predigt (Teil II), mit der Predigt im gegenwärtigen gesellschaftlichen Kontext (Teil III) und als Teil des gottesdienstlichen Prozesses (Teil IV) sowie mit Fragen der homiletischen Didaktik (Teil V).

EVANGELISCHE VERLAGSANSTALT
Leipzig

www.eva-leipzig.de